海船船员适任考试用书

航海学同步辅导

——航海地文、天文和仪器篇

（二/三副适用）

主　编　刘加钊　贺国峰
副主编　郑建佳　王　勇
主　审　卢金海

大连海事大学出版社

图书在版编目(CIP)数据

航海学同步辅导. 航海地文、天文和仪器篇 / 刘加钊, 贺国峰主编.
— 大连 : 大连海事大学出版社,2014.11
海船船员适任考试用书. 二、三副适用
ISBN 978-7-5632-3103-4

Ⅰ. ①航…　Ⅱ. ①刘… ②贺…　Ⅲ. ①航海学-资格考试-自学参考资料②地文航海-资格考试-自学参考资料③天文航海-资格考试-自学参考资料④航海仪器-资格考试-自学参考资料　Ⅳ. ①U675

中国版本图书馆 CIP 数据核字(2014)第 263827 号

大连海事大学出版社出版

地址:大连市凌海路1号　邮编:116026　电话:0411-84728394　传真:0411-84727996
http://www.dmupress.com　E-mail:cbs@dmupress.com

大连美跃彩色印刷有限公司印装　大连海事大学出版社发行

2014 年 11 月第 1 版　2014 年 11 月第 1 次印刷
幅面尺寸:185 mm × 260 mm　印张:32
字数:737 千　印数:1 ~ 2000 册

出版人:徐华东

责任编辑:李继凯　责任校对:宋彩霞
封面设计:王　艳　版式设计:解瑶瑶

ISBN 978-7-5632-3103-4　定价:79.00 元

前言

本书依据《中华人民共和国海船船员适任考试大纲》编写，与《航海学同步辅导——航海气象与海洋学篇（二/三副适用）》配合使用，能够满足海船二/三副适任考试科目“航海学”的要求，对于航海技术专业在校学生和参加海船三副适任培训的学员，具有较强的实用性。

本书旨在帮助读者加深对航海学专业知识的理解，提高分析问题、解决问题、专业自学的能力。在编写过程中，充分考虑到我国海船船员适任证书考题的发展变化，力求能够涵盖航海学的考点和基本题型，并从中选取了一些具有代表性或者一定难度的试题进行阐释，以便找出最有效的解题思路和方法。

本书由青岛远洋船员职业学院刘加钊、贺国峰任主编，郑建佳、王勇任副主编，卢金海任主审。全书共分十二章，其中第一章第三节至第六节，第二章由郑建佳编写；第三章第二节至第五节，第四章和第五章由王勇编写；第六章第二节，第七章第三节和第八章第一节由刘加钊编写；第九章，第十一章由贺国峰编写；第一章第一节、第二节由李振中编写；第三章第一节，第十二章由马海洋编写；第六章第一节，第八章第三节至第五节由韩鹏编写；第八章第二节由龚安祥编写；第七章第一节、第二节，第十章由张锡海编写；全书由刘加钊、贺国峰统稿。

本书在编写过程中力求系统全面，参考了大量的航海专业书籍和互联网共享资料，并从中受益匪浅，恕未能一一列举。编写工作也得到了青岛远洋船员职业学院和大连海事大学出版社各级领导、专家以及航海教研室全体老师的大力支持和帮助。在此，一并表示衷心感谢！

由于时间仓促，并受编者水平所限，书中不足和错漏之处在所难免，敬请同行和读者批评指正。

编　者

2014 年 10 月

目 录

第一章　坐标、向位和距离

第一节　地理坐标

一、选择题

1. 与大地水准面最吻合的面是________。
   A. 地球表面　　B. 地球椭圆体表面
   C. 平均海面　　D. 地球圆球体表面
2. 航海上为了简化计算，通常将地球当作________。
   A. 圆球体　　B. 椭圆体
   C. 椭球体　　D. 不规则几何体
3. 航海上进行精度较高的计算时，通常将地球当作________。
   A. 圆球体　　B. 椭圆体
   C. 椭球体　　D. 不规则几何体
4. 航海学中，用来计算大地球体的近似几何体有________。
   Ⅰ. 椭圆体；Ⅱ. 正圆体；Ⅲ. 圆球体；Ⅳ. 横圆体；Ⅴ. 大地水准面围成的几何体；Ⅵ. 地球自然表面围成的几何体
   A. Ⅱ，Ⅲ　　B. Ⅱ，Ⅳ
   C. Ⅴ，Ⅵ　　D. Ⅰ，Ⅲ
5. 航海学中，使用地球椭圆体作为地球数学模型的场合是________。
   Ⅰ. 描述地球形状时；Ⅱ. 定义地理坐标时；Ⅲ. 制作墨卡托投影海图时；Ⅳ. 计算大圆航线时；Ⅴ. 制作简易墨卡托图网时
   A. Ⅰ，Ⅱ　　B. Ⅱ，Ⅲ
   C. Ⅲ，Ⅳ　　D. Ⅲ，Ⅴ
6. 航海学中，使用地球圆球体作为地球数学模型的场合是________。
   Ⅰ. 描述地球形状时；Ⅱ. 定义地理坐标时；Ⅲ. 制作墨卡托投影海图时；Ⅳ. 计算大圆航线时；Ⅴ. 制作简易墨卡托图网时

A. Ⅰ,Ⅱ
B. Ⅱ,Ⅲ
C. Ⅲ,Ⅳ
D. Ⅳ,Ⅴ

7. 解决航海实际问题时,将地球形状视为圆球体的有________。
Ⅰ. 定义地理坐标;Ⅱ. 定义海里;Ⅲ. 制作简易墨卡托投影海图;Ⅳ. 航迹计算中的平均纬度算法;Ⅴ. 航迹计算中的墨卡托算法;Ⅵ. 设计大圆航线
A. Ⅰ,Ⅱ,Ⅲ,Ⅳ,Ⅵ
B. Ⅱ,Ⅲ,Ⅳ,Ⅵ
C. Ⅲ,Ⅳ,Ⅵ
D. Ⅲ,Ⅳ,Ⅴ,Ⅵ

8. 地球椭圆体描述为________。
A. 子午线为椭圆
B. 等纬圈为椭圆
C. 子午线为圆
D. 赤道为椭圆

9. 地球椭圆体表面上一点和两极所在的平面与地球椭圆体相截,截痕是________。
A. 过地心的椭圆
B. 过地心的圆
C. 过地轴的圆
D. 过地轴的椭圆

10. 以地球椭圆体为大地球体近似体,则其表面上一点和两极所在的平面与其相截,截痕是________。
A. 过地轴且半径为 a 的圆
B. 过地轴且半径为 b 的圆
C. 不规则的曲线
D. 过地轴的椭圆

11. 航海学中的地球形状是指________。
A. 地球自然表面围成的几何体
B. 大地水准面围成的几何体
C. 地球圆球体
D. 地球椭圆体

12. 航海学中的地球形状用________来描述。
A. 地球自然表面围成的几何体
B. 大地球体
C. 地球椭圆体
D. 地球圆球体

13. 地理经度以________作为基准线。
A. 赤道
B. 格林经线
C. 测者经线
D. 测者子午圈

14. 某地地理经度是格林子午线与该地子午线之间的________。
Ⅰ. 赤道短弧;Ⅱ. 赤道短弧所对应的球心角;Ⅲ. 极角
A. Ⅱ,Ⅲ
B. Ⅰ,Ⅲ
C. Ⅰ,Ⅱ
D. Ⅰ,Ⅱ,Ⅲ

15. 地理坐标的基准线是________。
A. 经线、纬线
B. 赤道、经线
C. 格林子午圈、纬圈
D. 赤道、格林子午线

16. 地理经度的度量方法是________。
Ⅰ. 由格林子午线向东度量到该点子午线,度量范围 0°~180°;Ⅱ. 由格林子午线向西度量到该点子午线,度量范围 0°~180°;Ⅲ. 由格林子午线向东度量到该点子午线,度量范围 0°~360°

A. Ⅱ,Ⅲ
B. Ⅰ,Ⅲ
C. Ⅰ,Ⅱ,Ⅲ
D. Ⅰ,Ⅱ

17. 所谓“地理纬度”是指________。

A. 地球上某点的法线与赤道面的交角
B. 地球上某点和地心连线与赤道面的交角
C. 地球椭圆子午线上某点和地心连线与赤道面的交角
D. 某点在地球椭圆子午线上的法线与赤道面的交角

18. 某纬线圈上两点间劣弧对应的角度________。

A. 东西距
B. 纬差
C. 经差
D. 不能确定

19. 地心纬度的定义是________。

A. 某点与地心的连线与赤道面的交角
B. 某点地球圆球体的向径与赤道面的交角
C. 某点地球椭圆体的向径与赤道面的交角
D. 某点的法线与赤道面的交角

20. 地理经度和地理纬度是建立在________的基础上的。

A. 地球圆球体
B. 地球椭圆体
C. 地球椭球体
D. 球面直角坐标系

21. 某点地理纬度的度量方法是________。

A. 自赤道向南或向北度量到该点等纬圈,度量范围0°~180°
B. 自赤道向南或向北度量到该点等纬圈,度量范围0°~90°
C. 自该点等纬圈向南或向北度量到赤道,度量范围0°~180°
D. 自该点等纬圈向南或向北度量到赤道,度量范围0°~90°

22. 地理经度和地理纬度的度量范围分别是________。

A. 0°~90°、0°~90°
B. 0°~180°、0°~180°
C. 0°~90°、0°~180°
D. 0°~180°、0°~90°

23. 纬度是以________作为基准线计量的。

A. 赤道
B. 等纬圈
C. 格林经线
D. 测者经线

24. 经差、纬差的方向是根据________来确定的。

A. 起航点相对于到达点的方向
B. 到达点相对于起航点的方向
C. 起航点的地理坐标的名称
D. 到达点的地理坐标的名称

25. 下列关于经差、纬差的说法中,正确的是________。

A. 纬差不能大于90°
B. 经差不能大于180°
C. 到达点在南半球,纬差方向为南
D. 经差不能大于90°

26. 经差和纬差的度量范围分别是________。

A. 0°~90°、0°~90°
B. 0°~180°、0°~180°
C. 0°~90°、0°~180°
D. 0°~180°、0°~90°

27. 经差的方向是根据________来确定的。

A. 到达点的经度与起航点的经度之差的符号
B. 到达点的经度与起航点的经度之差,绝对值小于180°的符号
C. 起航点相对于到达点的方向
D. 到达点的经度与起航点的经度之差,绝对值小于90°的符号

28. 下列关于纬差方向的说法中,正确的是________。

A. 到达点在南半球,纬差方向为南
B. 船舶在北半球航行,纬差方向为北
C. 由北半球航行至南半球,纬差方向为南
D. 由北半球航行至南半球,纬差方向为北

29. 下列关于经差、纬差的说法中,正确的是________。

A. 经差最大为180°
B. 纬差最大为90°
C. 由东半球航行至西半球,经差一定是东
D. 经差最大为90°

30. 下列关于经差、纬差的说法中,正确的是________。

A. 船舶由东半球航行至西半球,经差一定是东
B. 船舶由西半球航行至东半球,经差一定是西
C. 船舶由南半球航行至北半球,纬差一定是北
D. 船舶由东半球航行至西半球,经差一定是西

31. 下列关于经差、纬差的说法中,正确的是________。

A. 船舶由东半球航行至西半球,经差不一定是东
B. 船舶由北半球航行至南半球,纬差不一定是南
C. 船舶由南半球航行至北半球,纬差不一定是北
D. 船舶由东半球航行至西半球,经差一定是东

32. 某船由33°30′N,170°W起航,航行进入东半球,航程不超过1500海里,则该船经差的方向为________。

A. 东
B. 西
C. 东、西均可
D. 无法判断

33. 甲船从179°E航行至179°W,乙船从1°E航行至1°W,下列说法正确的是________。

A. 经差大小、方向都相同
B. 经差大小、方向都不相同
C. 经差大小相同,方向不同
D. 经差方向都相同,大小不同

34. 某船由20°S,170°W航行至20°N,150°W,则该船经差和纬差的方向分别为________。

A. E经差、N纬差
B. E经差、S纬差

C. W 经差、N 纬差　　D. W 经差、S 纬差

35. 地球上某点 $\varphi=40°N,\lambda=120°E$，则它与赤道面的对称点是________。

A. $\varphi=60°S,\lambda=120°E$　　B. $\varphi=40°S,\lambda=120°E$

C. $\varphi=40°N,\lambda=060°W$　　D. $\varphi=40°S,\lambda=060°W$

36. 地球上某点 $\varphi=40°N,\lambda=120°E$，则它与地心的对称点是________。

A. $\varphi=40°S,\lambda=120°W$　　B. $\varphi=40°S,\lambda=120°E$

C. $\varphi=40°N,\lambda=060°W$　　D. $\varphi=40°S,\lambda=060°W$

37. 地球上某点 $\varphi=40°N,\lambda=120°E$，则它与地轴的对称点是________。

A. $\varphi=40°N,\lambda=120°W$　　B. $\varphi=40°S,\lambda=120°E$

C. $\varphi=40°N,\lambda=060°W$　　D. $\varphi=40°S,\lambda=060°W$

38. 已知到达点经度 $\lambda_2=168°12'.6E$，两地间的经差 $D\lambda=24°26'.0W$，则起航点经度 λ_1 为________。

A. 012°38′.6E　　B. 143°46′.6E

C. 012°38′.6W　　D. 167°21′.4W

39. 已知到达点纬度 $\varphi_2=26°24'.6N$，两地间纬差 $D\varphi=08°06'.2N$，则起航点纬度 φ_1 为________。

A. 18°18′.4N　　B. 15°47′.8N

C. 34°30′.8N　　D. 15°12′.2N

40. 已知起航点经度 $\lambda_1=006°12'.7W$，到达点经度 $\lambda_2=107°24'.9E$，则两地间的经差 $D\lambda$ 为________。

A. 113°37′.6W　　B. 113°37′.6E

C. 101°12′.2E　　D. 101°12′.2W

41. 已知起航点经度 $\lambda_1=056°10'.2W$，两地间的经差 $D\lambda=60°00'.0E$，则到达点经度 λ_2 为________。

A. 004°49′.8E　　B. 004°49′.8W

C. 003°49′.8E　　D. 116°10′.2E

42. 已知起航点纬度 $\varphi_1=04°24'.8S$，到达点纬度 $\varphi_2=11°36'.4N$，则两地间纬差 $D\varphi$ 为________。

A. 07°11′.6N　　B. 16°01′.2N

C. 07°11′.6S　　D. 15°01′.2N

43. 已知起航点纬度 $\varphi_1=21°11'.3S$，两地间纬差 $D\varphi=15°13'.4N$，则到达点纬度 φ_2 为________。

A. 36°44′.7S　　B. 06°57′.9S

C. 05°57′.9S　　D. 06°02′.1S

44. 由起航点 10°02′N，006°05′E 至到达点 02°58′S，001°57′W 的纬差与经差为________。

A. 13°S，008°02′W　　B. 13°N，008°02′E

C. 13°S，008°02′E　　D. 13°N，008°02′W

45. 下列哪项是建立大地坐标系时应明确的问题？

Ⅰ. 确定椭圆体的参数；Ⅱ. 确定椭圆体中心的位置；Ⅲ. 确定坐标轴的方向

A. Ⅰ，Ⅱ　　B. Ⅰ，Ⅲ

C. Ⅱ,Ⅲ
D. Ⅰ,Ⅱ,Ⅲ

46. 各国使用的大地坐标系不同的原因是________。
A. 所选择的椭圆体与该地大地水准面最吻合
B. 主要考虑地球椭圆体参数的精度问题
C. 各国的地形不一致
D. 所选择的圆球体与该地大地水准面最吻合

47. GPS 卫星导航系统(美国)是在 WGS84 大地坐标系下确定的椭圆体表面上测定船舶位置的,该大地坐标系的原点在________。
A. 地心
B. 地球表面
C. 北京
D. 东京

48. 英版海图的绘制基于下列哪一种大地坐标系?
Ⅰ. WGS84;Ⅱ. 东京 1918 ;Ⅲ. 欧洲 1950
A. Ⅰ,Ⅱ,Ⅲ
B. Ⅱ,Ⅲ
C. Ⅰ,Ⅱ
D. Ⅰ,Ⅲ

49. 某船使用中、英版海图进行航线设计,当航行中更换海图进行定位时,发现在相邻两张不同版本的海图上定位出现了差异,则产生该误差的原因可能是________。(不考虑作图误差。)
A. 海图基准纬度不一致
B. 海图比例尺不一致
C. 海图坐标系不一致
D. 海图新、旧程度不一致

50. 下列说法正确的是________。
A. 因采用的大地坐标系不同,同一地点在不同版本的海图中经纬度可能不一致
B. 各国采用的大地坐标系不同,主要考虑地球椭圆体参数的精度问题
C. 无论用什么样的海图,GPS 显示的船位与海图中的位置完全一致
D. 不同的大地坐标系,但地理坐标是一样的

51. 不同大地坐标系的海图转换时________。
①用经纬度定位不用改正;②用经纬度定位要改正;③用固定物标距离方位定位不用改正
A. ①
B. ②③
C. ①③
D. ③

52. 船舶在航行中更换海图时,如果两张海图是基于不同的大地坐标系绘制的,则下列做法正确的是________。
Ⅰ. 若用船位的经纬度值换图,则不必进行不同的大地坐标系之间的船位修正;Ⅱ. 若用船位的经纬度值换图,则需进行不同的大地坐标系之间的船位修正;Ⅲ. 若以两张海图中共有某一固定物标的方位和距离表示的船位换图,则不必进行不同的大地坐标系之间的船位修正
A. Ⅱ,Ⅲ
B. Ⅰ,Ⅲ
C. Ⅲ
D. Ⅰ

53. 船舶在航行中更换海图时,如果两张海图是基于不同的大地坐标系绘制的,则下列做法正确的是________。
Ⅰ. 若用船位的经纬度值换图,则不必进行不同的大地坐标系之间的船位修正;Ⅱ. 若用船位

的经纬度值换图，则需进行不同的大地坐标系之间的船位修正；Ⅲ.若以两张海图中共有某一固定物标的方位和距离表示的船位换图，则不必进行不同的大地坐标系之间的船位修正

A. Ⅱ,Ⅲ　　B. Ⅰ,Ⅲ

C. Ⅲ　　D. Ⅰ

54. 中国海区比例尺大于等于1:250000的新版海图于2006年1月1日起正式对外发行。本次改版海图除正常的资料更新外，新版图全部采用什么坐标系？

A. WGS84　　B. 1954北京坐标系

C. 2000国家大地坐标系（CGCS2000）　　D. 1980年国家大地坐标系

55. 自2009年2月1日起，中版《航海通告》开始启用2000国家大地坐标系（CGCS2000），其他航海图书将在改版时陆续启用CGCS2000，在使用中版《航海通告》及航海图书时，CGCS2000坐标系可等同于下列哪个坐标系？

A. 1954年北京坐标系　　B. 1980年国家大地坐标系

C. WGS84　　D. 欧洲1950年坐标系

56. 从海图上查得GPS船位修正的说明中有"Latitude 1′.10 Southward, Longitude 0′.4 Westward"字样。GPS的经、纬度读数为30°40′.2S，15°12′.5W，则用于海图上定位的数据应为________。

A. 30°41′.3S，15°12′.9W　　B. 30°41′.2S，15°12′.7W

C. 30°39′.2S，15°12′.3W　　D. 30°40′.0S，15°11′.5W

57. 某船由33°30′N，170°E起航，航行进入西半球，航程不超过1500海里，则该船经差的方向为________。

A. 东　　B. 西

C. 东、西均可　　D. 无法判断

58. 某船由45°S，12°W起航，航行进入东半球，航程不超过1500海里，则该船经差的方向为________。

A. 东　　B. 西

C. 东、西均可　　D. 无法判断

59. 某船由30°S，60°W航行至40°S，60°E，则该船经差和纬差的方向分别为________。

A. E经差、N纬差　　B. W经差、S纬差

C. E经差、S纬差　　D. W经差、N纬差

60. 某船由30°N，60°E航行至40°N，60°W，则该船经差和纬差的方向分别为________。

A. E经差、N纬差　　B. W经差、S纬差

C. E经差、S纬差　　D. W经差、N纬差

61. 某船由20°N，170°E航行至30°N，170°W，则该船经差和纬差的方向分别为________。

A. E经差、N纬差　　B. E经差、S纬差

C. W经差、N纬差　　D. W经差、S纬差

62. 某船由20°S，170°W航行至30°S，170°E，则该船经差和纬差的方向分别为________。

A. E经差、N纬差　　B. E经差、S纬差

C. W 经差、N 纬差　　D. W 经差、S 纬差

63. 已知到达点经度 λ_2 = 006°18′.0E，两地间的经差 $D\lambda$ = 12°12′.0E，则起航点经度 λ_1 为________。

A. 005°54°.0E　　B. 018°30′.0E

C. 005°54°.0W　　D. 018°30′.0W

64. 已知到达点经度 λ_2 = 168°16′.8W，两地间的经差 $D\lambda$ = 36°12′.4E，则起航点经度 λ_1 为________。

A. 024°29′.2E　　B. 132°04′.2W

C. 024°29′.2W　　D. 155°30′.8E

65. 已知到达点纬度 φ_2 = 06°11′.8N，两地间纬差 $D\varphi$ = 14°07′.8N，则起航点纬度 φ_1 为________。

A. 20°19′.6N　　B. 08°04′.0N

C. 07°56′.0S　　D. 08°04′.0S

66. 已知到达点纬度 φ_2 = 08°31′.9N，两地间纬差 $D\varphi$ = 17°20′.4S，则起航点纬度 φ_1 为________。

A. 09°11′.9S　　B. 25°52′.3N

C. 09°11′.5N　　D. 08°48′.5S

67. 已知起航点经度 λ_1 = 106°23′.2E，到达点经度 λ_2 = 168°21′.0W，则两地间的经差 $D\lambda$ 为________。

A. 274°44′.2W　　B. 085°15′.8E

C. 094°44′.2E　　D. 061°57′.8E

68. 已知起航点经度 λ_1 = 118°24′.3E，到达点经度 λ_2 = 108°25′.8E，则两地间的经差 $D\lambda$ 为________。

A. 010°01′.4W　　B. 010°58′.5E

C. 009°58′.5E　　D. 009°58′.5W

69. 已知起航点经度 λ_1 = 136°12′.7W，到达点经度 λ_2 = 114°21′.3E，则两地间的经差 $D\lambda$ 为________。

A. 070°34′.0E　　B. 250°34′.0E

C. 070°34′.0W　　D. 109°26′.0W

70. 已知起航点经度 λ_1 = 146°24′.5W，两地间的经差 $D\lambda$ = 60°21′.3W，则到达点经度 λ_2 为________。

A. 086°03′.2W　　B. 026°45′.8W

C. 026°45′.8E　　D. 153°14′.2E

71. 已知起航点纬度 φ_1 = 22°48′.4S，到达点纬度 φ_2 = 11°36′.4S，则两地间纬差 $D\varphi$ 为________。

A. 34°24′.8S　　B. 11°12′.0S

C. 35°24′.8S　　D. 11°12′.0N

72. 已知起航点纬度 φ_1 = 25°10′.2N，到达点纬度 φ_2 = 13°08′.3N，则两地间纬差 $D\varphi$ 为________。

A. 12°01′.9S　　B. 12°01′.9N

C. 12°12′.9S　　D. 38°18′.5N

73. 由起航点 30°10′N,120°08′E 至到达点 10°30′N,145°05′E 的纬差与经差为________。
A. 44°40′N,024°57′E　　B. 19°40′S,024°57′E
C. 19°40′N,024°57′W　　D. 40°40′S,024°57′W

74. 从海图上查得 GPS 船位修正的说明中有“Latitude 2′. 10 Northward, Longitude 1′. 4 Eastward”字样。GPS 的经纬度读数为 30°40′. 2S,15°12′. 5W,则用于海图上定位的数据应为________。
A. 30°41′. 3S,15°12′. 9W　　B. 30°40′. 0S,15°11′. 5W
C. 30°39′. 2S,15°12′. 3W　　D. 30°38′. 1S,15°11′. 1W

75. 从海图上查得 GPS 船位修正的说明中有“Latitude 1′. 0 Northward, Longitude 0′. 2 Eastward”字样。GPS 的经纬度读数为 33°40′. 2S,10°12′. 5E,则用于海图上定位的数据应为________。
A. 33°39′. 2S,10°12′. 7E　　B. 33°41′. 2S,10°12′. 7E
C. 33°39′. 2S,10°12′. 3E　　D. 33°40′. 0S,10°11′. 5E

76. 从海图上查得 GPS 船位修正的说明中有“Latitude 1′. 0 Southward, Longitude 0′. 2 Westward”字样。GPS 的经纬度读数为 33°40′. 2N,10°12′. 5E,则用于海图上定位的数据应为________。
A. 33°40′. 2N,10°12′. 5E　　B. 33°39′. 2N,10°12′. 3E
C. 33°39′. 2S,10°12′. 3E　　D. 33°39′. 0N,10°12′. 7E

二、简答题

1. 简述大地水准面、大地球体的定义。
2. 简述大地球体的近似体及其应用时机。
3. 简述地理经度、地理纬度的定义。
4. 简述经差、纬差的定义及其方向是如何确定的。

参考答案

1. C	2. A	3. B	4. D	5. B	6. D	7. C	8. A	9. D	10. D
11. B	12. B	13. B	14. D	15. D	16. D	17. D	18. C	19. C	20. B
21. B	22. D	23. A	24. B	25. B	26. B	27. B	28. C	29. A	30. C
31. A	32. B	33. C	34. A	35. B	36. D	37. C	38. D	39. A	40. B
41. C	42. B	43. C	44. A	45. D	46. A	47. A	48. D	49. C	50. A
51. B	52. A	53. A	54. A	55. C	56. A	57. A	58. A	59. C	60. D
61. A	62. D	63. C	64. D	65. C	66. B	67. B	68. D	69. D	70. D
71. D	72. A	73. B	74. D	75. A	76. B				

部分答案解析

31. 经差、纬差的定义是到达点与出发点的经度之差、纬度之差,最大都为180°。纬差不会出现超过180°的值,由北半球进入南半球其值为“-”(南纬差),由南半球进入北半球其值为“+”(北纬差)。两地经度之差有可能会大于180°,由东半球进入西半球,两地经度差为“+”,若经度差小于180°,则经差为E,大于180°,则应变为W。

32. 航海学上东西半球划分以0°和180°子午圈为界,由起航点出发,向两个方向航行都能进入另外一个半球,但航程要求较短的话只能向一个方向。

35. (36、37题见本题解析)关于赤道面的对称点:经度相同,纬度同值异号;关于地心对称:经度异号加和180°,纬度同值异号;关于地轴对称:经度异号加和180°,纬度相同。

74. GPS(75、76题见本题解析)船位修正中:Northward/ Southward, Eastward / Westward是将GPS的度数:向北/向南,向东/向西修正相应的数值,即将GPS经、纬度加上对应的修正量,经度及其修正量符号均为东“+”,西“-”,纬度及其修正量均为北“+”,南“-”。

第二节　航海上常用的度量单位

一、选择题

1. 1 n mile,即地球椭圆子午线上纬度1′所对应的弧长,表达式为________。

A. 1 n mile = $1852.25 - 9.31\cos\varphi$　　B. 1 n mile = $1852.25 - 9.31\sin\varphi$

C. 1 n mile = $1852.25 - 9.31\cos2\varphi$　　D. 1 n mile = $1852.25 - 9.31\sin2\varphi$

2. 1 n mile的实际长度________。

A. 在赤道附近最短　　B. 在纬度45°附近最短

C. 在两极附近最短　　D. 固定不变

3. 1 n mile的实际长度________。

A. 在赤道附近最长　　B. 在纬度45°附近最长

C. 在两极附近最长　　D. 固定不变

4. 地球椭圆体上不同纬度1′弧长不相等,在纬度45°处1 n mile等于________。

A. 1842.9 m　　B. 1852.3 m

C. 1852.0 m　　D. 1861.6 m

5. 关于海里的说法,下列哪个是错误的?

A. 地球椭圆子午线上纬度1′的弧长

B. 1海里的实际长度随纬度的变化而变化

C. 我国和国际上都将1852 m定为1海里的标准长度

D. 将1852 m定为1海里的标准长度后,在纬度45°附近产生的误差最大

6. 航海上1海里的定义是________。

A. 1852 m

B. 地球圆球体上纬度1′的子午弧长

C. 地球椭圆体上球心角1′所对应的子午弧长

D. 地球椭圆子午线上纬度1′所对应的弧长

7. 将1 n mile规定为1852 m后，在航海实践中所产生的误差________。

A. 在赤道附近最小　　B. 在两极附近最小

C. 在纬度45°附近最小　　D. 在纬度45°附近最大

8. 某船沿赤道航行，已知计程仪改正率0.0%，无航行和推算误差，则实际船位比在海图上按计程仪航程推算的船位________。（不考虑风流影响。）

A. 超前　　B. 落后

C. 一致　　D. 不一定

9. 某船沿极圈（66°30′N）航行，已知计程仪改正率为0.0%，无航行和推算误差，则在海图上按计程仪航程推算的推算船位比实际船位________。（不考虑风流影响。）

A. 超前　　B. 落后

C. 一致　　D. 不一定

10. 某船沿中纬度圈（44°14′）航行，无航行和推算误差，则实际船位比推算船位________。（不考虑风流影响。）

A. 超前　　B. 落后

C. 一致　　D. 不一定

11. 某轮沿赤道自西向东航行，无航行误差，计程仪改正率为0.0%，则在海图上按计程仪航程推算的船位位于实际船位的________。（不考虑风流影响。）

A. 东面　　B. 西面

C. 同一点　　D. 不一定

12. 某轮沿极圈（66°33′）自东向西航行，无航行误差，计程仪改正率为0.0%，则实际船位位于在海图上按计程仪航程推算的船位的________。（不考虑风流影响。）

A. 东面　　B. 西面

C. 同一点　　D. 不一定

13. 某轮由45°N纬线向北航行，无航行误差，计程仪改正率为0.0%，则1 h后实际船位位于推算船位的________。（不考虑风流影响。）

A. 北面　　B. 南面

C. 同一点　　D. 不一定

14. 某轮由45°S纬线向南航行，无航行误差，计程仪改正率为0.0%，则1 h后实际船位位于推算船位的________。（不考虑风流影响。）

A. 北面　　B. 南面

C. 同一点　　D. 不一定

15. 某轮由赤道向北航行，无航行误差，计程仪改正率为0.0%，则1 h后实际船位位于推算船位的________。（不考虑风流影响。）

A. 北面　　B. 南面

C. 同一点　　D. 不一定

16. 某轮计程仪改正率为0.0%,无航行误差,则在下列哪个范围内推算船位超前、实际船位落后?(不考虑风流影响。)

A. 44°14′S~44°14′N之间　　B. 0°~90°S之间

C. 0°~90°N之间　　D. 44°14′N~90°N之间

17. 某轮计程仪改正率为0.0%,无航行误差,则在下列哪个范围内实际船位超前、推算船位落后?(不考虑风流影响。)

A. 44°14′S~44°14′N之间　　B. 0°~90°S之间

C. 0°~90°N之间　　D. 44°14′N~90°N之间

18. 某轮计程仪改正率为0.0%,无航行误差,则在44°14′S~44°14′N范围内,无论航向是多少,实际船位永远比推算船位________。(不考虑风流影响。)

A. 超前　　B. 落后

C. 重合　　D. 无法确定

19. 某轮计程仪改正率为0.0%,无航行误差,则在44°14′S~90°S范围内,无论航向是多少,实际船位永远比推算船位________。(不考虑风流影响。)

A. 超前　　B. 落后

C. 重合　　D. 无法确定

20. 某轮由44°N起沿子午线向南航行,计程仪读数差为240′,$\Delta L=0\%$,不考虑外界影响和航行误差等,则到达点的纬度________。

A. 等于40°N　　B. 大于40°N

C. 小于40°N　　D. 无法确定

21. 某轮由纬度60°S沿子午线向北航行,计程仪读数差为600′,$\Delta L=0\%$,不考虑外界影响和航行误差等,则到达点的纬度________。

A. 等于50°S　　B. 在50°S北面

C. 在50°S南面　　D. 无法确定

22. 某船沿赤道航行,已知计程仪改正率0.0%,无航行和推算误差,则在海图上按计程仪航程推算的船位比实际船位________。(不考虑风流影响。)

A. 超前　　B. 落后

C. 一致　　D. 不一定

23. 某轮沿赤道自东向西航行,无航行误差,计程仪改正率为0.0%,则在海图上按计程仪航程推算的船位位于实际船位的________。(不考虑风流影响。)

A. 东面　　B. 西面

C. 同一点　　D. 不一定

24. 某轮沿极圈(66°33′)自西向东航行,无航行误差,计程仪改正率为0.0%,则在海图上按计程仪航程推算的船位位于实际船位的________。(不考虑风流影响。)

A. 东面　　B. 西面

C. 同一点　　D. 不一定

25. 某轮由 45°N 纬线向北航行，无航行误差，计程仪改正率为 0.0%，则 1 h 后推算船位位于实际船位的________。（不考虑风流影响。）

A. 北面　　B. 南面

C. 同一点　　D. 不一定

26. 某轮由 45°S 纬线向南航行，无航行误差，计程仪改正率为 0.0%，则 1 h 后推算船位位于实际船位的________。（不考虑风流影响。）

A. 北面　　B. 南面

C. 同一点　　D. 不一定

27. 某轮由 50°N 纬线向南航行，无航行误差，计程仪改正率为 0.0%，则 1 h 后实际船位位于推算船位的________。（不考虑风流影响。）

A. 北面　　B. 南面

C. 同一点　　D. 不一定

28. 某轮由 50°S 纬线向北航行，无航行误差，计程仪改正率为 0.0%，则 1 h 后实际船位位于推算船位的________。（不考虑风流影响。）

A. 北面　　B. 南面

C. 同一点　　D. 不一定

29. 某轮由赤道向南航行，无航行误差，计程仪改正率为 0.0%，则 1 h 后推算船位位于实际船位的________。（不考虑风流影响。）

A. 北面　　B. 南面

C. 同一点　　D. 不一定

30. 某轮计程仪改正率为 0.0%，无航行误差，则在 44°14′S ~ 44°14′N 范围内，无论航向是多少，推算船位永远比实际船位________。（不考虑风流影响。）

A. 超前　　B. 落后

C. 重合　　D. 无法确定

31. 某轮计程仪改正率为 0.0%，无航行误差，则在 44°14′N ~ 90°N 范围内，无论航向是多少，实际船位永远比推算船位________。（不考虑风流影响。）

A. 超前　　B. 落后

C. 重合　　D. 无法确定

32. 某轮由赤道起沿子午线向北航行，计程仪读数差为 720′，$\Delta L = 0\%$，不考虑外界影响和航行等误差，则实际到达点的纬度________。

A. 等于 12°N　　B. 大于 12°N

C. 小于 12°N　　D. 无法确定

二、简答题

1. 试述海里定义及其与海里标准的区别。
2. 写出下列长度单位和米的关系：链、拓、英尺、码。

参考答案

1. C　2. A　3. C　4. B　5. D　6. D　7. C　8. A　9. A　10. C
11. B　12. A　13. B　14. A　15. A　16. D　17. A　18. A　19. B　20. C
21. C　22. B　23. A　24. A　25. A　26. B　27. A　28. B　29. A　30. B
31. B　32. B

部分答案解析

8. 计程仪航程是以 1852 m 为 1 海里计算的，其计量的航程为船舶的实际航程。推算航程是根据计程仪所指示的航程(海里数)，以 1 分纬度为 1 海里在海图上量取的。根据 1 分纬度 = 1 n mile = $1852.25-9.31\cos2\varphi$，当船舶在 44°14′S/N 纬线上，1 分纬度即 1 海里为 1852 m，推算航程与实际航程相等，推算船位和实际船位重合；当船舶在 44°14′S ~ 44°14′N 之间航行，1 分纬度的长度小于 1852 m，导致推算航程小于实际航程，实际船位超前；当船舶在 44°14′S/N ~ 90°S/N 之间航行，1 分纬度的长度大于 1852 m，导致推算航程大于实际航程，实际船位落后。可以归纳为低纬(实际船位)快，高纬慢。

第三节　能见地平距离和地理能见距离

一、选择题

1. 航海上，公式 D_e(n mile) $=2.09\sqrt{e}$ 是用于计算________。
   A. 测者能见地平距离　　B. 物标能见地平距离
   C. 物标地理能见距离　　D. 雷达地理能见距离
2. 设物标高度为 H(单位：m)，测者眼高为 e(单位：m)，则理论上物标能见地平距离 D_H(单位：n mile)为________。
   A. $2.09\sqrt{e}$　　B. $2.09\sqrt{H}$
   C. $2.09\sqrt{e}+2.09\sqrt{H}$　　D. $2.20\sqrt{e}$
3. 物标能见地平距离和下列哪些要素有关?
   A. 测者眼高　　B. 物标顶端距海平面的距离
   C. 蒙气差　　D. 人眼对物标的分辨率
4. 物标高度为 H(单位：m)，测者眼高为 e(单位：m)，则理论上物标地理能见距离 D_0(单位：

n mile)为________。

A. $2.09\sqrt{e}$　　B. $2.09\sqrt{H}$

C. $2.09\sqrt{e}+2.09\sqrt{H}$　　D. $2.20\sqrt{e}$

5. 测者眼高为 9 m,物标高程为 16 m,则测者能见地平距离为________海里。

A. 6.27　　B. 8.36

C. 14.63　　D. 6.67

6. 测者眼高为 16 m,物标高程为 16 m,则物标能见地平距离为________海里。

A. 6.27　　B. 8.36

C. 14.63　　D. 16.72

7. 测者眼高为 16 m,物标高程为 25 m,则物标地理能见距离为________海里。

A. 6.27　　B. 8.36

C. 10.45　　D. 18.81

8. 中版海图和航标表所标灯塔射程与下列哪项因素无关?

A. 灯高　　B. 灯光强度

C. 地面曲率　　D. 测者实际眼高

9. 中版海图和航标表所标灯塔射程与下列哪些因素有关?

Ⅰ. 实际眼高;Ⅱ. 灯高;Ⅲ. 地面蒙气差;Ⅳ. 地面曲率;Ⅴ. 灯光强度

A. Ⅰ,Ⅱ,Ⅲ,Ⅳ　　B. Ⅰ,Ⅱ,Ⅳ

C. Ⅱ,Ⅲ,Ⅳ　　D. Ⅱ,Ⅲ,Ⅳ,Ⅴ

10. 中版海图和航标表中灯塔灯光的最大可见距离可能与下列哪些因素有关?

Ⅰ. 测者眼高;Ⅱ. 灯高;Ⅲ. 射程;Ⅳ. 地面曲率;Ⅴ. 地面蒙气差;Ⅵ. 能见度

A. Ⅰ,Ⅱ,Ⅲ　　B. Ⅳ,Ⅴ,Ⅵ

C. Ⅲ,Ⅳ,Ⅴ　　D. Ⅰ,Ⅱ,Ⅲ,Ⅳ,Ⅴ,Ⅵ

11. 中版海图和航标表中灯标射程取值为________。

A. 光力能见距离与地理能见距离两者当中较大者

B. 光力能见距离与地理能见距离两者当中较小者

C. 光力能见距离与测者 5 m 眼高的地理能见距离两者当中较大者

D. 光力能见距离与测者 5 m 眼高的地理能见距离两者当中较小者

12. 中版海图和航标表中关于灯塔射程的定义________。

①天黑夜,当测者眼高为 5 m 时,能够看到灯塔灯光的最大距离;②光力射程与 5 m 眼高的灯塔地理能见距离中的较小者;③光力射程与 5 m 眼高的灯塔地理能见距离中的较大者;④光力能见距离与 5 m 眼高的灯塔地理能见距离中的较小者;⑤光力能见距离与 5 m 眼高的灯塔地理能见距离中的较大者

A. ①②　　B. ①②④

C. ①②⑤　　D. ①②③④⑤

13. 下面可能是中版灯塔射程的是________。

A. $2.09\sqrt{e}$　　B. $2.09\sqrt{H}$

C. $2.09\sqrt{e}+2.09\sqrt{H}$ D. $2.09\sqrt{5}+2.09\sqrt{H}$

14. 英版海图和灯标表中所标灯塔射程是________。

Ⅰ. 光力射程;Ⅱ. 额定光力射程;Ⅲ. 地理射程

A. Ⅰ,Ⅲ B. Ⅱ,Ⅲ

C. Ⅰ,Ⅱ,Ⅲ D. Ⅰ,Ⅱ

15. 通常英版海图和灯标表所标灯塔射程与下列哪项因素有关?

A. 测者眼高 B. 灯高

C. 灯光强度 D. 地面曲率

16. 通常英版海图和灯标表中灯塔灯光的最大可见距离可能与下列哪些因素有关?

Ⅰ. 测者眼高;Ⅱ. 灯高;Ⅲ. 射程;Ⅳ. 地面曲率;Ⅴ. 地面蒙气差;Ⅵ. 能见度

A. Ⅰ,Ⅱ,Ⅲ B. Ⅳ,Ⅴ,Ⅵ

C. Ⅲ,Ⅳ,Ⅴ D. Ⅰ,Ⅱ,Ⅲ,Ⅳ,Ⅴ,Ⅵ

17. 英版海图和灯标表中所标灯塔射程,通常是________。

A. 光力射程 B. 额定光力射程

C. 地理射程 D. A 或 B

18. 航海人员通过英版《灯标和雾号表》查阅“Special Remarks”中的注解来确定英版海图和灯标表中所标注的射程是光力射程还是额定光力射程。下列说法正确的是________。

A. 光力射程是指在能见度良好情况下的光照距离

B. 额定光力射程是指在能见度 10 海里情况下的光照距离

C. 额定光力射程是指在能见度 20 海里情况下的光照距离

D. 光力射程、额定光力射程均与灯高、驾驶台的眼高有关

19. 根据灯光强度在英版灯标表光力射程图中查得某灯塔在能见度为 20 海里时的光力射程为 25 海里,则该灯塔的额定光力射程为________。

A. 大于 25 海里 B. 小于 25 海里

C. 等于 20 海里 D. 等于 25 海里

20. 根据灯光强度在英版灯标表光力射程图中查得某灯塔在能见度为 6 海里时的光力射程为 15 海里,则该灯塔的额定光力射程为________。

A. 大于 15 海里 B. 等于 15 海里

C. 大于 6 海里 D. 等于 10 海里

21. 英版海图中灯塔射程分为光力射程和额定光力射程,光力射程与下列哪些因素有关?

Ⅰ. 气象能见度;Ⅱ. 灯高; Ⅲ. 地面蒙气差;Ⅳ. 地面曲率;Ⅴ. 灯光强度

A. Ⅰ,Ⅱ,Ⅲ B. Ⅰ,Ⅴ

C. Ⅰ,Ⅱ,Ⅲ,Ⅳ,Ⅴ D. Ⅴ

22. 对于英版海图和灯标表中灯标射程,以下说法正确的是________。

A. 光力射程只与气象能见度有关 B. 额定光力射程只与气象能见度有关

C. 关力射程只与光力强度有关 D. 额定光力射程只与光力强度有关

23. 英版海图中灯塔射程分为光力射程和额定光力射程,额定光力射程与下列哪些因素有关?

Ⅰ. 气象能见度；Ⅱ. 灯高；Ⅲ. 地面蒙气差；Ⅳ. 地面曲率；Ⅴ. 灯光强度

A. Ⅰ，Ⅱ，Ⅲ　　B. Ⅰ，Ⅴ

C. Ⅰ，Ⅱ，Ⅲ，Ⅳ，Ⅴ　　D. Ⅴ

24. 在英版《灯标和雾号表》的“Special Remarks”（特殊说明）中查取________。

A. 采用额定光力射程的国家和地区　　B. 采用光力射程的国家和地区

C. 灯光强度　　D. 气象能见度

25. 英版海图和灯标表中标注的射程是________。

A. 光力射程

B. 额定光力射程

C. 既是光力射程，也是额定光力射程

D. 光力射程或额定光力射程，可通过 ALL 查“Special Remarks”确定

26. 英版海图和灯标表中所标射程仅与________有关。

A. 测者眼高和灯塔灯高

B. 灯塔灯高和灯光强度

C. 灯光强度和气象能见度

D. 灯塔灯高、灯光强度、地面曲率和地面蒙气差

27. 英版海图上某灯塔灯高 36 m，额定光力射程 17 M，已知测者眼高为 9 m，则能见度良好（10 n mile）时该灯塔灯光的最大可见距离是________。

A. 12.7 n mile　　B. 17.0 n mile

C. 18.8 n mile　　D. 19.8 n mile

28. 英版海图上某灯塔灯高 64 m，额定光力射程 30 M，已知测者眼高为 25 m，则能见度良好（10 n mile）时该灯塔灯光的最大可见距离是________。

A. 21.4 n mile　　B. 27.2 n mile

C. 28.6 n mile　　D. 25.0 n mile

29. 英版海图上某灯塔灯高 69 英尺，该轮额定光力射程 18 海里，你船眼高 45 英尺，当气象能见度为 10 海里时，该灯塔灯高最大可见距离为________。

A. 18.0 海里　　B. 17.2 海里

C. 12.2 海里　　D. 10.0 海里

30. 英版海图上某灯塔灯质为 Fl(2) 6s64m20M，若测者眼高为 9 m，则该灯塔灯光的最大可见距离为________。

A. 25 n mile　　B. 23 n mile

C. 24 n mile　　D. 20 n mile

31. 英版海图（额定光力射程）上某灯塔的灯质为 Fl(2) 4s49m20M，测者眼高为 16 m，则能见度为 6 n mile 时，该灯塔灯光的最大可见距离为________。

A. 大于 20 n mile　　B. 小于 20 n mile

C. 大于 23 n mile　　D. 小于 23 n mile

32. 英版海图（额定光力射程）上某灯塔的灯质为 Fl(2) 4s49m20M，测者眼高为 16 m，则能见度

为 12 n mile 时,该灯塔灯光的最大可见距离为________。

A. 大于 20 n mile　　B. 小于 20 n mile

C. 大于 23 n mile　　D. 小于 23 n mile

33. 测者眼高为 9 m,物标高程为 36 m,则测者能见地平距离为________。

A. 6.27 n mile　　B. 12.54 n mile

C. 18.81 n mile　　D. 19.84 n mile

34. 测者眼高为 9 m,物标高程为 36 m,则物标能见地平距离为________。

A. 6.27 n mile　　B. 12.54 n mile

C. 18.81 n mile　　D. 19.84 n mile

35. 测者眼高为 9 m,物标高程为 36 m,则物标地理能见距离为________。

A. 6.27 n mile　　B. 12.54 n mile

C. 18.81 n mile　　D. 19.84 n mile

36. 某轮海上看见一灯塔刚好消失,英版海图上标注 Fl(4) 6s81m35M,测者眼高 25 m,则与灯塔大约相距________。

A. 29.3 n mile　　B. 10.5 n mile

C. 18.8 n mile　　D. 35 n mile

37. 某轮海上看见一灯塔刚好出现,英版海图上标注 Fl(4) 6s81m35M,测者眼高 25 米,则与灯塔大约相距________。

A. 29.3 海里　　B. 10.5 海里

C. 18.8 海里　　D. 35 海里

38. 某轮海上看见一灯塔刚好消失,英版海图上标注 Fl(4) 6s81m15M,测者眼高 25 米,则与灯塔大约相距________。

A. 29.3 海里　　B. 10.5 海里

C. 18.8 海里　　D. 15 海里

39. 某轮海上看见一灯塔刚好出现,英版海图上标注 Fl(4) 6s81m15M,测者眼高 25 米,则与灯塔大约相距________。

A. 29.3 海里　　B. 10.5 海里

C. 18.8 海里　　D. 15 海里

40. 英版海图上标注 Fl(6) 10s81m15M(额定光力射程),在航行中发现该灯塔刚好消失,已知测者眼高为 25 米,当时能见度为 6 海里,则船与灯塔相距________。

A. 小于 15 海里　　B. 等于 15 海里

C. 大于 15 海里　　D. 等于 29 海里

41. 英版海图上某灯塔灯高 49 m,额定光力射程 25 n mile,已知测者眼高为 16 m,则能见度良好(10 n mile)时该灯塔灯光的最大可见距离是________。

A. 19.3 n mile　　B. 23.0 n mile

C. 24.2 n mile　　D. 25.0 n mile

42. 英版海图上某灯塔灯高 81 m,额定光力射程 24 n mile,已知测者眼高为 9 m,则能见度良好

(10 n mile)时该灯塔灯光的最大可见距离是________。

A. 26.4 n mile　　B. 25.0 n mile

C. 24.0 n mile　　D. 23.5 n mile

43. 英版海图上某灯塔的灯质为 Fl(2) 10s25m14M,测者眼高为 9 米,则能见度为 7 海里时,该灯塔灯光的最大可见距离为________。

A. 大于 14 海里　　B. 小于 14 海里

C. 大于 16.7 海里　　D. 小于 16.7 海里

44. 英版海图(额定光力射程)上某灯塔的灯质为 Fl(2) 6s81m22M,测者眼高为 9 米,则能见度为 12 海里时,该灯塔灯光的最大可见距离为________。

A. 大于 22 海里　　B. 小于 22 海里

C. 大于 25.1 海里　　D. 小于 25.1 海里

45. 英版海图(额定光力射程)上某灯塔的灯质为 Fl(2) 4s49m24M,测者眼高为 16 米,则能见度为 10 海里时,该灯塔灯光的最大可见距离为________。

A. 19.3 海里　　B. 24 海里

C. 23 海里　　D. 22 海里

46. 英版海图(额定光力射程)上某灯塔的灯质为 Fl(2) 10s25m18M,测者眼高为 9 米,则能见度为 11 海里时,该灯塔灯光的最大可见距离为________。

A. 大于 18 海里　　B. 小于 18 海里

C. 等于 16.7 海里　　D. 小于 16.7 海里

47. 英版海图(额定光力射程)上某灯塔的灯质为 Fl(2)6s81m35M,测者眼高 25 米,则能见度为 12 海里时,该灯塔灯光的最大可见距离为________。

A. 大于 29.3 海里　　B. 29.3 海里

C. 大于 35 海里　　D. 35 海里

二、简答题

1. 简述测者能见地平距离、物标能见地平距离、物标地理能见距离的定义。
2. 简述我国海图和航标表中关于灯塔射程的定义以及如何判断强光灯塔和弱光灯塔。
3. 简述英版海图和灯标表中关于灯塔射程的定义以及影响其大小的因素。

参考答案

1. A	2. B	3. B	4. C	5. A	6. B	7. D	8. D	9. D	10. D
11. D	12. B	13. D	14. D	15. C	16. D	17. D	18. B	19. B	20. A
21. B	22. D	23. D	24. A	25. D	26. C	27. B	28. B	29. B	30. D
31. B	32. A	33. A	34. B	35. C	36. A	37. A	38. D	39. D	40. A
41. B	42. C	43. B	44. A	45. C	46. C	47. B			

部分答案解析

8. (9～12 题见本题解析)中版海图与航标表中,灯塔射程定义是:晴天黑夜,当测者眼高为 5 m 时,能够看到灯塔灯光的最大距离。它等于光力能见距离(或称光力射程)与 5 m 眼高的灯塔地理能见距离(或称地理射程)中较小者。由于眼高固定为 5 m,能见度又设定为晴天,所以和测者眼高、能见度无关。中版资料中灯塔射程的取值为光力能见距离(或称光力射程)与 5 m 眼高的灯塔地理能见距离(或称地理射程)中较小者,当光力能见距离小于 5 m 眼高的灯塔地理能见距离时,射程由光力能见距离决定,灯光强度越强,光力能见距离越大。当光力能见距离大于 5 m 眼高的灯塔地理能见距离时,射程由 5 m 眼高的灯塔地理能见距离决定,公式为 $2.09\sqrt{e}+2.09\sqrt{H}$。从公式中可看出射程与灯高有关,另外,公式中 2.09 的取值是根据一定的地面曲率和光线折射率得出的,所以射程也与这两个因素有关。中版灯塔最大可见距离为灯塔地理能见距离与灯塔射程两者较小者,所以和测者眼高、灯高、射程、地面曲率、地面蒙气差、能见度有关。

13. 光力能见距离(或称光力射程)与 5 m 眼高的灯塔地理能见距离中较小者,5 m 眼高的灯塔地理能见距离即 $2.09\sqrt{5}+2.09\sqrt{H}$。

14. (15～17 题及 26 见本题解析)英版灯塔是指光力射程或者额定光力射程,所以只和灯光强度、气象能见度有关。英版灯塔最大可见距离为灯塔地理能见距离与灯塔射程两者较小者,所以和测者眼高、灯高、射程、地面曲率、地面蒙气差、能见度有关。

19. (20 题见本题解析) 额定光力射程是指在气象能见度为 10 n mile 条件下,该灯塔灯光的光力射程。当能见度大于 10 n mile,额定光力射程会小于实际光力射程,当能见度小于 10 n mile,额定光力射程会大于实际光力射程。

27. (28～32 题和 41～47 题参见本题解析)灯塔灯光的最大可见距离为地理能见距离与光力射程的较小者。而光力射程在能见度为 10 海里时等于额定光力射程,在能见度大于 10 海里时大于额定光力射程,在能见度小于 10 海里时小于额定光力射程。最大可见距离的判断可分为三种情况:

(1)当能见度为 10 n mile 时,光力射程等于额定光力射程。如果灯塔灯光的地理能见距离大于额定光力射程,则灯塔灯光的地理能见距离也大于光力射程,所以最大可见距离取光力射程,即等于额定光力射程。如果地理能见距离小于额定光力射程,则其值也小于光力射程,所以最大可见距离取地理能见距离,即等于额定光力射程。

(2)当能见度大于 10 n mile 时,光力射程大于额定光力射程。如果地理能见距离大于额定光力射程,并不能确定其能否大于光力射程,但无论取哪个值,最大可见距离都应大于额定光力射程;如果地理能见距离小于额定光力射程,则其值也小于光力射程,最大可见距离应取地理能见距离。

(3)当能见度小于 10 n mile 时,光力射程小于额定光力射程。如果地理能见距离大于额定光力射程,则其值也大于光力射程,最大可见距离应取光力射程,即小于额定光力射程的值;如果地理能见距离小于额定光力射程,无法确定地理能见距离与光力射程的大小,但无论取何值,最大可见距离肯定会小于额定光力射程。

36.(37 ~ 40 题参见本题解析)灯塔刚好消失说明船舶位于灯塔的最大可见位置,本题题意为求灯塔灯光的最大可见距离。相关内容参见 27 题解析。

第四节 向位和舷角

一、选择题

1. 在 NE 半圆,半圆方向换算为圆周方向的法则是________。

A. 圆周方向 = 半圆方向　　B. 圆周方向 = 180° − 半圆方向

C. 圆周方向 = 180° + 半圆方向　　D. 圆周方向 = 360° − 半圆方向

2. 在 SE 半圆,半圆方向换算为圆周方向的法则是________。

A. 圆周方向 = 半圆方向　　B. 圆周方向 = 180° − 半圆方向

C. 圆周方向 = 180° + 半圆方向　　D. 圆周方向 = 360° − 半圆方向

3. 在 NW 半圆,半圆方向换算为圆周方向的法则是________。

A. 圆周方向 = 半圆方向　　B. 圆周方向 = 180° − 半圆方向

C. 圆周方向 = 180° + 半圆方向　　D. 圆周方向 = 360° − 半圆方向

4. 在 SW 半圆,半圆方向换算为圆周方向的法则是________。

A. 圆周方向 = 半圆方向　　B. 圆周方向 = 180° − 半圆方向

C. 圆周方向 = 180° + 半圆方向　　D. 圆周方向 = 360° − 半圆方向

5. 测者东西线是由什么面确定的?

A. 测者卯酉圈平面与测者子午圈平面　　B. 测者东西圈平面与测者卯酉圈平面

C. 测者地面真地平平面与测者子午圈平面　　D. 测者地面真地平平面与测者卯酉圈平面

6. 测者南北线是由什么面确定的?

A. 测者真地平平面与测者子午圈平面

B. 测者真地平平面与测者卯酉圈平面

C. 测者地面真地平平面与测者子午圈平面

D. 测者地面真地平平面与测者卯酉圈平面

7. 航海上划分方向的方法有________。

Ⅰ. 罗经点法;Ⅱ. 半圆周法;Ⅲ. 圆周法

A. Ⅱ,Ⅲ

B. Ⅰ,Ⅲ

C. Ⅰ,Ⅱ

D. Ⅰ,Ⅱ,Ⅲ

8. 航海上划分方向的方法中最常用的是________。

A. 半圆周法

B. 圆周法

C. 罗经点法

D. 四点方位法

9. 航海上是在________上确定方向的。

A. 测者真地平平面

B. 测者地面真地平平面

C. 测者子午圈平面

D. 测者卯酉圈平面

10. 位于地理北极的测者,其真北方向为________。

A. 无真北方向

B. 任意方向

C. 向上

D. 向前

11. 位于地理南极的测者,其真北方向为________。

A. 无真北方向

B. 任意方向

C. 向上

D. 向前

12. 用半圆周法表示方向时,某方向通常________。

A. 只有一种表示方法

B. 可有两种表示方法

C. 可有三种表示方法

D. 至少有两种表示方法

13. 用罗经点划分方向,相邻两罗经点间的夹角为________。

A. 11°30′

B. 22°30′

C. 11°15′

D. 45°

14. 三字点是平分相邻基点和隅点的方向,它们的名称由________构成。

A. 最接近的基点名称 + 隅点名称

B. 最接近的隅点名称 + 基点名称

C. 相邻的两个基点名称

D. 相邻的两个隅点名称

15. 根据方向划分定义,三字点是平分________的方向。

A. 相邻基点

B. 相邻隅点

C. 相邻基点和隅点

D. 相邻偏点

16. 偏点名称由两部分构成,“/”前是________,“/”后是________。

A. 最接近的基点或隅点名称;偏向(基点名称)

B. 最接近的基点或隅点名称;偏向(隅点名称)

C. 最接近的基点或隅点名称;偏向(三字点名称)

D. 三字点名称;偏向(基点或隅点名称)

17. 半圆方向 120°SE 换算成圆周方向为________。

A. 030°

B. 060°

C. 120° D. 150°

18. 半圆方向 120°SW 换算成圆周方向为________。

A. 210° B. 240°

C. 300° D. 330°

19. 半圆方向 30°NE 换算成圆周方向为________。

A. 300° B. 150°

C. 330° D. 030°

20. 半圆方向 30°NW 换算成圆周方向为________。

A. 210° B. 240°

C. 300° D. 330°

21. 罗经点方向 ENE 换算成圆周方向为________。

A. 067°.5 B. 079°.75

C. 056°.25 D. 033°.75

22. 罗经点方向 NE/E 换算成圆周方向为________。

A. 033°.75 B. 056°.25

C. 079°.75 D. 011°.25

23. 罗经点方向 S/W 换算成圆周方向为________。

A. 191°.25 B. 258°.75

C. 213°.75 D. 236°.25

24. 罗经点方向 SE 相当于________。

A. 45°SE B. 45°NE

C. 45°ES D. 045°

25. 罗经点方向 W/S 换算成圆周方向为________。

A. 258°.75 B. 236°.25

C. 213°.75 D. 191°.25

26. 舷角是________。

A. 船首尾线与物标方位线的夹角 B. 物标的方向

C. 真航向减去真方位 D. 真北与物标方位线的夹角

27. 真航向是________。

A. 船舶航行的方向 B. 船首尾线的方向

C. 船首向 D. 船舶航行时真北与船首尾线的夹角

28. 真方位是________。

A. 船首尾线与物标方位线的夹角 B. 物标的方向

C. 真航向减去真方位 D. 真北与船舶和物标连线的夹角

29. 甲、乙两船对驶，为避让船舶，甲船大幅度向右转向，乙船保向保速，此时下列说法正确的是________。

A. 甲船位于乙船的舷角发生变化 B. 甲船位于乙船的舷角不发生变化

C. 乙船位于甲船的舷角不发生变化
D. 两船位于对方的舷角都不发生变化

30. 甲、乙两船对遇,为避让船舶,甲船大幅度向右转向,乙船保向保速,此时下列说法正确的是________。

A. 甲船位于乙船的舷角发生变化
B. 乙船位于甲船的舷角不发生变化
C. 乙船位于甲船的舷角发生变化
D. 两船位于对方的舷角都发生变化

31. 罗经点方向 E/N 换算成圆周方向为________。

A. 011°.25
B. 078°.25
C. 078°.75
D. 101°.25

32. 罗经点方向 E/S 换算成圆周方向为________。

A. 045°
B. 101°.25
C. 035°
D. 168°.75

33. 罗经点方向 NW/N 换算成圆周方向为________。

A. 303°.75
B. 315°
C. 326°.25
D. 337°.5

34. 罗经点方向 SE/S 换算成圆周方向为________。

A. 123°.75
B. 146°.25
C. 157°.5
D. 168°.75

35. 罗经点方向 SSE 换算成圆周方向为________。

A. 168°.75
B. 146°.25
C. 123°.75
D. 157°.5

36. 罗经点方向 WSW 换算成圆周方向为________。

A. 258°.75
B. 236°.25
C. 202°.5
D. 247°.5

37. 罗经点方向 NE 相当于________。

Ⅰ. 045°;Ⅱ. 45°NE;Ⅲ. 135°SE

A. Ⅰ,Ⅱ
B. Ⅱ,Ⅲ
C. Ⅰ,Ⅲ
D. Ⅰ,Ⅱ,Ⅲ

38. 罗经点方向 SW 相当于________。

Ⅰ. 225°;Ⅱ. 45°SW;Ⅲ. 135°NW

A. Ⅰ,Ⅱ
B. Ⅱ,Ⅲ
C. Ⅰ,Ⅲ
D. Ⅰ,Ⅱ,Ⅲ

二、简答题

1. 航海上,N、E、S、W 四个基本方向是如何确定的?
2. 简述航海上划分方向的方法、分类并举例说明其应用的时机。

参考答案

1. A	2. B	3. D	4. C	5. D	6. C	7. D	8. B	9. B	10. A
11. B	12. B	13. C	14. A	15. C	16. A	17. B	18. C	19. D	20. D
21. A	22. B	23. A	24. A	25. A	26. A	27. D	28. D	29. B	30. C
31. C	32. B	33. C	34. B	35. D	36. D	37. D	38. D		

部分答案解析

17. 根据半圆方向换算为圆周方向的法则，在 SE 半圆 120°SE = 180° − 120° = 060°，同理在 SW、NE、NW 半圆，根据相应的公式也将半圆方向换算为圆周方向。要注意圆周方向整数部分一定由三位数字组成。

21. (22 ~ 25 题和 31 ~ 38 题见本题解析)罗经点换算成圆周方向的方法：基点、隅点方向应该记住；三字点度数 =（基点度数 + 隅点度数）/2；偏点度数 = 基点/隅点度数 ± 11°15′（偏向顺时针方向为 +，逆时针方向为 −）。

29. (30 题见本题解析)对遇情形如下图所示，甲船转向之后的短时间内，位于乙船的舷角不发生变化——还在正前方；乙船位于甲船的舷角发生变化——变为左舷角。

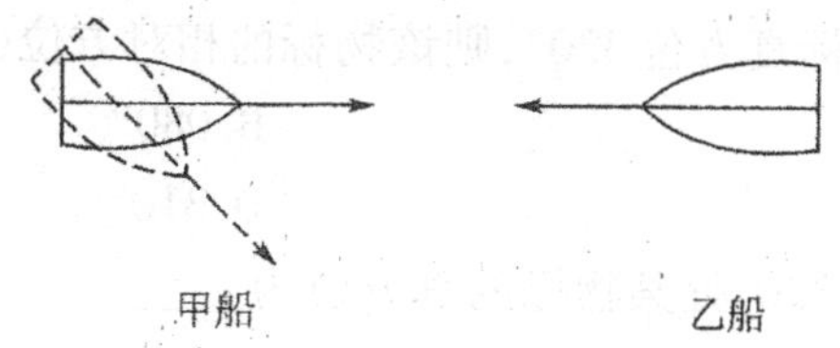

第五节　向位测定与换算

一、选择题

1. 我船航向 000°，某船位于我船左舷 10°，距离 5 海里，若该船航向为 200°，两船保向保速，则 5 分钟后，该船位于我船舷角（半圆法度量）________。

A. 增大　　　　B. 减小

C. 不变　　　　D. 不确定

2. 我船航向 060°，某船位于我船右舷 10°，距离 8 海里，若该船航向为 220°，两船保向保速，则 5 分钟后，我船位于该船舷角（圆周法度量）________。

A. 增大　　B. 减小

C. 不变　　D. 不确定

3. 某船在我船左前方成交叉态势,系统观察后断定该船能安全在我船首通过,则该船通过我船船首线之前时,他船位于我船的舷角(半圆法度量)如何变化?

A. 舷角变大　　B. 舷角变小

C. 舷角不变　　D. 无法确定

4. 某船在我船左前方成交叉态势,系统观察后断定该船能安全在我船首通过,则该船通过我船船首线之后时,他船位于我船的舷角(圆周法度量)如何变化?

A. 舷角变大　　B. 舷角变小

C. 舷角不变　　D. 无法确定

5. 某船在我船右前方成交叉态势,系统观察后断定该船能安全在我船首通过,则该船通过我船船首线之前时,他船位于我船的舷角(半圆法度量)如何变化?

A. 舷角变大　　B. 舷角变小

C. 舷角不变　　D. 无法确定

6. 某船在我船右前方成交叉态势,系统观察后断定该船能安全在我船首通过,则该船通过我船船首线之后时,他船位于我船的舷角(圆周法度量)如何变化?

A. 舷角变大　　B. 舷角变小

C. 舷角不变　　D. 无法确定

7. 某船真航向 040°,测得某物标真方位 320°,则该物标的相对方位(舷角)为________。

A. 80°　　B. 080°

C. 280°　　D. 310°

8. 某船真航向 060°,该船舷角 330°处某物标的真方位为________。

A. 30°　　B. 030°

C. 270°　　D. 390°

9. 某船真航向 060°,该船右正横某物标的真方位为________。

A. 150°　　B. 330°

C. 090°　　D. 060°

10. 某船真航向 240°,测得某物标真方位 270°,则该物标的相对方位(舷角)为________。

A. 30°　　B. 030°

C. 30°左　　D. 150°

11. 某船真航向 300°,测得某物标真方位 350°,则该物标的相对方位(舷角)为________。

A. 350°　　B. 50°右

C. 50°左　　D. 290°右

12. 我船航向 010°,某船位于我船左舷 40°,若该船航向为 270°,则我船位于该船舷角________。

A. 120°左　　B. 120°右

C. 30°右　　D. 30°左

13. 我船航向 030°,某船位于我船右舷 10°,该船航向为 210°,为避让船舶,我船转向至 070°,则此时该船位于我船舷角________。

A. 30°左　　B. 30°右

C. 40°右　　D. 40°左

14. 陀罗差随下列哪些因素的变化而变化?

A. 航向　　B. 方位

C. 时间　　D. 航速和纬度

15. 陀罗差主要随下列哪些因素的变化而变化?

A. 航向和时间　　B. 方位和纬度

C. 航向和航速　　D. 航速和纬度

16. 真北与陀罗北之间的夹角为________。

A. 磁差　　B. 自差

C. 罗经差　　D. 陀罗差

17. 陀罗航向是________。

A. 真北和陀罗北之间的夹角　　B. 真北和航向线之间的夹角

C. 陀罗北和航向线之间的夹角　　D. 陀罗北和方位线之间的夹角

18. 陀罗方位是________。

A. 真北和陀罗北之间的夹角　　B. 真北和方位线之间的夹角

C. 陀罗北和航向线之间的夹角　　D. 陀罗北和方位线之间的夹角

19. 真航向是 ________。

A. 真北和陀罗北之间的夹角　　B. 真北和航向线之间的夹角

C. 陀罗北和航向线之间的夹角　　D. 真北和方位线之间的夹角

20. 真方位是________。

A. 真北和陀罗北之间的夹角　　B. 真北和航向线之间的夹角

C. 陀罗北和方位线之间的夹角　　D. 真北和方位线之间的夹角

21. 真航向是________。

A. 真北和航向线之间的夹角　　B. 真北和方位线之间的夹角

C. 陀罗北和航向线之间的夹角　　D. 陀罗北和方位线之间的夹角

22. 真方位是________。

A. 真北和航向线之间的夹角　　B. 真北和方位线之间的夹角

C. 陀罗北和航向线之间的夹角　　D. 陀罗北和方位线之间的夹角

23. 陀罗航向是________。

A. 真北和航向线之间的夹角　　B. 真北和方位线之间的夹角

C. 陀罗北和航向线之间的夹角　　D. 陀罗北和方位线之间的夹角

24. 陀罗方位是________。

A. 真北和航向线之间的夹角　　B. 真北和方位线之间的夹角

C. 陀罗北和航向线之间的夹角　　D. 陀罗北和方位线之间的夹角

25. 罗航向是________。

A. 真北和航向线之间的夹角
B. 航向线和方位线之间的夹角
C. 罗北和航向线之间的夹角
D. 罗北和方位线之间的夹角

26. 罗方位是________。
A. 真北和航向线之间的夹角
B. 航向线和方位线之间的夹角
C. 罗北和航向线之间的夹角
D. 罗北和方位线之间的夹角

27. 舷角是________。
A. 真北和航向线之间的夹角
B. 航向线和方位线之间的夹角
C. 罗北和航向线之间的夹角
D. 罗北和方位线之间的夹角

28. 下列关于真航向度量的说法中,正确的是________。
A. 由真北逆时针度量到航向线,度量范围 000°~360°
B. 由真北顺时针度量到航向线,度量范围 000°~360°
C. 由陀罗北逆时针度量到航向线,度量范围 000°~360°
D. 由陀罗北顺时针度量到航向线,度量范围 000°~360°

29. 下列关于陀罗航向度量的说法中,正确的是________。
A. 由真北逆时针度量到航向线,度量范围 000°~360°
B. 由真北顺时针度量到航向线,度量范围 000°~360°
C. 由陀罗北逆时针度量到航向线,度量范围 000°~360°
D. 由陀罗北顺时针度量到航向线,度量范围 000°~360°

30. 下列关于真方位度量的说法中,正确的是________。
A. 由真北逆时针度量到物标方位线,度量范围 000°~360°
B. 由真北顺时针度量到物标方位线,度量范围 000°~360°
C. 由陀罗北逆时针度量到物标方位线,度量范围 000°~360°
D. 由陀罗北顺时针度量到物标方位线,度量范围 000°~360°

31. 下列关于陀罗方位度量的说法中,正确的是________。
A. 由真北逆时针度量到物标方位线,度量范围 000°~360°
B. 由真北顺时针度量到物标方位线,度量范围 000°~360°
C. 由陀罗北逆时针度量到物标方位线,度量范围 000°~360°
D. 由陀罗北顺时针度量到物标方位线,度量范围 000°~360°

32. 下列关于舷角度量的说法中,正确的是________。
A. 由航向线顺时针度量到物标方位线,度量范围 000°~180°
B. 由航向线顺时针度量到物标方位线,度量范围 000°~360°
C. 由航向线逆时针度量到物标方位线,度量范围 000°~180°
D. 由航向线逆时针度量到物标方位线,度量范围 000°~360°

33. 下列关于舷角度量的说法中,正确的是________。
A. 由物标方位线顺时针度量到航向线,度量范围 000°~180°
B. 由物标方位线顺时针度量到航向线,度量范围 000°~360°
C. 由航向线顺时针度量到物标方位线,度量范围 000°~180°

D. 由航向线顺时针度量到物标方位线，度量范围 000°~360°

34. 某轮陀罗航向 140°，陀罗差 2°E，测得某物标陀罗方位 350°，则该物标舷角为________。

A. 210°　　B. 152°左

C. 148°左　　D. 212°

35. 某轮陀罗航向 043°，陀罗差 -1°，该轮左舷 60°处物标陀罗方位为________。

A. 102°　　B. 103°

C. 343°　　D. 342°

36. 某轮陀罗航向 044°，陀罗差 1°E，测得某物标舷角 030°时该物标真方位为________。

A. 015°　　B. 075°

C. 013°　　D. 073°

37. 某轮陀罗航向 230°，陀罗差 2°E，测得某物标真方位 260°时该物标的舷角为________。

A. 028°　　B. 030°

C. 032°　　D. 28°左

38. 某轮陀罗航向 030°，陀罗差 2°E，则左正横处物标的陀罗方位是________。

A. 300°　　B. 302°

C. 288°　　D. 270°

39. 某轮罗航向 060°，磁差 3°E、自差 2°W，则右正横处物标的磁方位是________。

A. 150°　　B. 148°

C. 153°　　D. 151°

40. 船舶在航行中，要求经常比对磁罗经航向和陀罗航向，其主要目的是________。

A. 求罗经差　　B. 求自差

C. 及时发现陀螺罗经工作的不正常　　D. 为了记录航海日志

41. 船舶在航行中，应经常测定罗经差和自差，应该________。

Ⅰ. 每天尽可能测定一次；Ⅱ. 每天尽可能早晚各测一次；Ⅲ. 长航线改向后尽可能测定一次

A. Ⅰ，Ⅱ　　B. Ⅰ，Ⅱ，Ⅲ

C. Ⅰ，Ⅲ　　D. Ⅱ，Ⅲ

42. 船上磁罗经指示的 0°可能是________。

Ⅰ. 真北方向；Ⅱ. 磁北方向；Ⅲ. 罗北方向

A. Ⅰ，Ⅱ　　B. Ⅰ，Ⅲ

C. Ⅱ，Ⅲ　　D. Ⅰ，Ⅱ，Ⅲ

43. 磁北与罗北之间的夹角为________。

A. 磁差　　B. 自差

C. 罗经差　　D. 陀罗差

44. 真北与磁北之间的夹角为________。

A. 磁差　　B. 自差

C. 罗经差　　D. 陀罗差

45. 真北与罗北之间的夹角为________。

A. 磁差
B. 自差
C. 罗经差
D. 陀罗差

46. 真北与陀罗北之间的夹角为________。
A. 磁差
B. 自差
C. 罗经差
D. 陀罗差

47. 磁差 Var 等于________。
A. $GC+\Delta G-Dev$
B. $GC+\Delta G-MC$
C. $CC+Var+MC$
D. $CC+Var-MC$

48. 磁差 Var 等于________。
A. $GB+\Delta G-MB$
B. $GB+\Delta G-CB+Dev$
C. $GB+\Delta G+CB-Dev$
D. $GB+\Delta G+MB$

49. 磁差的变化主要与下列哪些因素有关?
A. 地区、时间和磁暴
B. 地区、航向和地磁异常
C. 纬度、船磁和磁暴
D. 船磁、磁暴和地磁异常

50. 磁差随________的变化而变化。
A. 地区与船磁
B. 地区与吃水
C. 地区与时间
D. 装载与吃水

51. 磁方位 MB 等于________。
A. $TB+Var$
B. $CB-Dev$
C. $CC+Dev+Q$
D. $CB+Var$

52. 磁航向 MC 等于________。
A. $TC+Var$
B. $CC-Dev$
C. $CC+Dev$
D. $GC+\Delta G+Var$

53. 磁航向等于________。
A. $MB+Var-Q$
B. $MB-Q$
C. $MB-Dev$
D. $MB+Dev$

54. 磁罗经的自差是________。
A. 真北至罗北的夹角
B. 磁北至罗北的夹角
C. 真北至磁北的夹角
D. 罗北至船首线的夹角

55. 磁罗经自差 Dev 等于________。
A. $GB+\Delta G-CB$
B. $GB+\Delta G-MB$
C. $MB-CB$
D. $CB-MB$

56. 磁罗经自差是________。
Ⅰ. 磁北与罗北的夹角;Ⅱ. 罗经差减去磁差;Ⅲ. 磁方位减去罗方位
A. Ⅱ,Ⅲ
B. Ⅰ,Ⅱ
C. Ⅰ,Ⅲ
D. Ⅰ,Ⅱ,Ⅲ

57. 磁罗经自差主要随________的改变而变化。

A. 航向　　B. 方位
C. 舷角　　D. A 或 C

58. 从磁罗经自差表查取自差时,查表引数为________。
A. 真航向　　B. 陀罗航向
C. 罗航向　　D. 罗方位

59. 从磁罗经自差曲线或自差表查取罗经自差时,可用________近似代替罗航向查取。
A. 罗方位　　B. 罗向位
C. 磁航向　　D. 磁向位

60. 当船舶改向时,随之发生变化的有________。
A. 磁差、自差和磁方位　　B. 舷角、陀罗方位和陀罗差
C. 舷角、罗方位和罗航向　　D. 磁差、磁方位和磁航向

61. 当船舶改向时,下列各项中哪些发生变化?
A. 磁差、自差和物标方位　　B. 物标舷角、磁罗经差和陀罗差
C. 磁罗经方位、物标舷角和真航向　　D. 磁罗经航向、磁罗经方位和磁差

62. 当船舶改向时,下列哪项发生变化?
A. 物标真方位　　B. 磁差
C. 年差　　D. 罗经差

63. 当船舶转向时,下列各项中哪些不发生改变?
Ⅰ. 磁差;Ⅱ. 自差;Ⅲ. 年差;Ⅳ. 罗经差;Ⅴ. 真方位;Ⅵ. 罗方位
A. Ⅰ,Ⅱ,Ⅲ　　B. Ⅳ,Ⅴ,Ⅵ
C. Ⅰ,Ⅲ,Ⅴ　　D. Ⅱ,Ⅳ,Ⅵ

64. 当船舶转向时,下列各项中哪些不发生改变?
Ⅰ. 真方位;Ⅱ. 罗方位;Ⅲ. 磁方位;Ⅳ. 舷角
A. Ⅰ,Ⅱ　　B. Ⅲ,Ⅳ
C. Ⅰ,Ⅲ　　D. Ⅱ,Ⅳ

65. 当船舶转向时,下列各项中哪些随之发生改变?
Ⅰ. 磁差;Ⅱ. 自差;Ⅲ. 年差;Ⅳ. 罗经差;Ⅴ. 真方位;Ⅵ. 罗方位
A. Ⅰ,Ⅱ,Ⅲ　　B. Ⅳ,Ⅴ,Ⅵ
C. Ⅰ,Ⅲ,Ⅴ　　D. Ⅱ,Ⅳ,Ⅵ

66. 当船舶转向时,下列哪些随之发生改变?
Ⅰ. 真方位;Ⅱ. 罗方位;Ⅲ. 磁方位;Ⅳ. 舷角
A. Ⅰ,Ⅱ　　B. Ⅲ,Ⅳ
C. Ⅰ,Ⅲ　　D. Ⅱ,Ⅳ

67. 罗经差为负时________。
A. 真方位大于罗方位　　B. 真方位大于磁方位
C. 罗方位大于真方位　　D. 磁方位大于罗方位

68. 下列关于磁差的说法中,不正确的是________。

A. 磁差是由于磁极与地极不重合而产生的
B. 磁差最大可达 180°
C. 在磁赤道附近磁差最小
D. 磁差随时间、地区和舷角的变化而变化

69. 下列关于磁差的说法中,正确的是________。
A. 真北与罗北之间的夹角
B. 磁北与罗北之间的夹角
C. 真北与磁北之间的夹角
D. 磁差随航向的变化而变化

70. 下列因素中哪些不会引起磁差的改变?
Ⅰ. 地磁异常;Ⅱ. 磁暴;Ⅲ. 装卸磁性矿物;Ⅳ. 修船
A. Ⅰ,Ⅱ
B. Ⅲ,Ⅳ
C. Ⅰ,Ⅲ
D. Ⅱ,Ⅳ

71. 下列因素中哪些会引起磁差的改变?
Ⅰ. 地磁异常;Ⅱ. 磁暴;Ⅲ. 装卸磁性矿物;Ⅳ. 修船
A. Ⅰ,Ⅱ
B. Ⅲ,Ⅳ
C. Ⅰ,Ⅲ
D. Ⅱ,Ⅳ

72. 下列因素中哪些会引起罗经差的改变?
Ⅰ. 地磁异常;Ⅱ. 磁暴;Ⅲ. 装卸磁性矿物;Ⅳ. 修船
A. Ⅰ,Ⅱ
B. Ⅲ,Ⅳ
C. Ⅰ,Ⅱ,Ⅲ,Ⅳ
D. Ⅱ,Ⅲ,Ⅳ

73. 下列因素中哪些可能引起自差的改变?
Ⅰ. 地磁异常;Ⅱ. 磁暴;Ⅲ. 装卸磁性矿物;Ⅳ. 修船
A. Ⅰ,Ⅱ
B. Ⅲ,Ⅳ
C. Ⅰ,Ⅱ,Ⅲ,Ⅳ
D. Ⅱ,Ⅲ,Ⅳ

74. 下列关于磁差随地区变化的说法中,何者正确?
A. 在赤道附近磁差变化最快
B. 在中纬地区磁差变化最快
C. 在地极附近磁差变化最快
D. 在磁极附近磁差变化最快

75. 用船上磁罗经测得物标方位后,要经过哪项改正后才能在海图上画出方位线?
A. 磁差
B. 自差
C. 罗经差
D. 陀罗差

76. 用罗经点划分方向,相邻两罗经点间的夹角为________。
A. 11°30′
B. 22°30′
C. 11°15′
D. 45°

77. 在大比例尺港泊图上,磁差资料通常刊印在________。
A. 向位圈(罗经花)上
B. 等磁差曲线上
C. 海图标题栏内
D. B 和 C

78. 在通常的航海图上,磁差资料一般刊印在________。
A. 向位圈(罗经花)上
B. 等磁差曲线上
C. 海图标题栏内
D. A 和 C

79. 在小比例尺大洋海图上,磁差资料通常刊印在________。

A. 向位圈(罗经花)上　　B. 等磁差曲线上
C. 海图标题栏内　　D. B 和 C

80. 真北与磁北之间的夹角为________。
A. 磁差　　B. 自差
C. 罗经差　　D. 陀罗差

81. 真北与罗北之间的夹角为________。
A. 磁差　　B. 自差
C. 罗经差　　D. 陀罗差

82. 自差 *Dev* 等于________。
A. $GC+\Delta G-CC+Dev$　　B. $GC+\Delta G+MC$
C. $GC+\Delta G-MC$　　D. $MC-CC$

83. 当船舶改向时,下列哪项发生变化?
A. 真北　　B. 磁北
C. 陀罗北　　D. 罗北

84. 当船舶改向时,下列哪项发生变化?
A. 磁差　　B. 自差
C. 陀螺罗经差　　D. 年差

85. 下列叙述中哪种说法是错误的?
A. 磁差以真北为基准开始度量　　B. 罗经差以真北为基准开始度量
C. 陀螺罗经差以真北为基准开始度量　　D. 自差以真北为基准开始度量

86. 关于船舶磁罗经曲线或自差表,下列说法中不正确的是________。
A. 每年重新测定一次
B. 每两年重新测定一次
C. 发现实测值与表列数值相差较大时需重新测定
D. 修船后船磁发生较大变化时需重新测定

87. 1996 年 6 月 5 日,某轮以 *TC* 120°在某海区航行,该地磁差资料为磁差偏西 4°20′(1986),年差 -2′,自差 1°W,则测得某物标 *CB* 130°时该物标的舷角是________。
A. 10°右　　B. 5°右
C. 5°左　　D. 10°左

88. 1996 年某月某日,某轮罗航向 330°,当地磁差资料为 0°18′W(1976),年差 -3′,自差为 0°18′E,测得某物标舷角 040°,则该船时刻该物标的真方位为________。
A. 010°　　B. 011°
C. 012°　　D. 091°

89. 某地磁差资料为 Var. 0°40′E(1979),2′.5E annually,则该地 1999 年的磁差为________。
A. 1°30′E　　B. 1°05′E
C. 0°15′W　　D. 0°10′W

90. 某地磁差资料为 Var. 0°40′E(1979),decrease about 2′.5 annually,则该地 1999 年的磁差为

________。

A. 1°30′E　　B. 1°05′E

C. 0°15′W　　D. 0°10′W

91. 某地磁差资料为 Var. 0°40′E(1979), increase about 2′. 5 annually, 则该地 1999 年的磁差为________。

A. 1°30′E　　B. 1°05′E

C. 0°15′E　　D. 0°10′W

92. 某地磁差资料为磁差 0°30′E(1979), 年差 2′. 0W, 则该地 1999 年的磁差为________。

A. 0°50′E　　B. 1°10′E

C. 0°10′E　　D. 0°10′W

93. 某地磁差资料为磁差偏西 0°30′(1989), 年差 +2′. 0, 则该地 1999 年的磁差为________。

A. 0°50′E　　B. 0°50′W

C. 0°10′E　　D. 0°10′W

94. 某海图向位圈标明磁差 0°15′E(1979), 年差 −3′. 0, 则该地 1999 年的磁差为________。

A. 45′E　　B. 1°15′E

C. 45′W　　D. 1°15′W

95. 某轮 2006 年 3 月航行于下列两个罗经花中间, 罗经花 A 的磁差资料为 4°30′W 1996(3′E), 罗经花 B 的磁差资料为 2°30′W1996(3′W), 则按正确算法, 当时该船处的磁差 Var. 为________。

A. 4°W　　B. 3°W

C. 3°30′W　　D. 以上都对

96. 某轮 2006 年 10 月航行于距罗经花 A 约 7 海里, 距罗经花 B 约 3. 5 海里处, 罗经花 A 的磁差资料有 4°30′W 1996(3′E), 罗经花 B 的磁差资料为 2°30′W 1996(3′W)。则按正确算法当时该船应当采用的 Var. 为________。

A. 3°W　　B. 3°20′W

C. 3°40′W　　D. 3°30′W

97. 某轮磁航向 085°, 自差 2° W, 磁差 5° E, 测得某物标舷角为 090°, 则该物标的真方位为________。

A. 180°　　B. 176°

C. 000°　　D. 354°

98. 某轮罗航向 314°, 该轮磁差 1°W, 自差 2°E, 则右舷 150°处物标罗方位为________。

A. 103°　　B. 104°

C. 105°　　D. 165°

99. 若安装磁罗经时基线偏左 2°, 当罗航向为 032°时, 罗经差为 −2°, 测得某物标舷角为 65°(左), 则该物标真方位为________。

A. 329°　　B. 327°

C. 325°　　D. 323°

100. 若已知某轮罗航向 $CC = 000°$，磁差 $Var = 2°W$，罗经差 $\Delta C = 1°W$，则该轮真航向为________。

A. 357°　　B. 359°

C. 001°　　D. 003°

101. 真航向 358°，磁差 5°E，自差 11°W，则罗航向为________。

A. 004°　　B. 351°

C. 352°　　D. 014°

102. 某船真航向 040°，测得某物标真方位 320°，则该物标的相对方位（舷角）为________。

A. 80°　　B. 080°

C. 280°　　D. 310°

103. 某船真航向 060°，该船左正横某物标的真方位为________。

A. 150°　　B. 330°

C. 090°　　D. 060°

104. 某船真航向 120°，该船右舷 280°某物标的真方位为________。

A. 400°　　B. 160°

C. 40°　　D. 040°

105. 某船真航向 240°，测得某物标真方位 080°，则该物标的相对方位（舷角）为________。

A. 160°　　B. 220°

C. 160°左　　D. 160°右

106. 我船航向 180°，某船位于我船右舷 30°，若该船航向为 350°，则我船位于该船舷角________。

A. 40°右　　B. 30°右

C. 150°右　　D. 150°左

107. 某船陀罗航向 230°，陀罗差 2°W，测得某物标真方位 170°，则该物标舷角为________。

A. 62°左　　B. 60°左

C. 298°　　D. 302°

108. 某轮陀罗航向 045°，陀罗差 1°E，则当物标舷角 060°时陀罗方位为________。

A. 105°　　B. 106°

C. 345°　　D. 344°

109. 某轮陀罗航向 046°，陀罗差 1°W，该轮左舷 30°处物标真方位为________。

A. 076°　　B. 075°

C. 016°　　D. 015°

110. 某轮陀罗航向 314°，陀罗差 +3°，该轮左舷 60°处物标陀罗方位为________。

A. 251°　　B. 254°

C. 257°　　D. 017°

111. 某轮陀罗航向 030°，陀罗差 2°E，则左正横处物标的真方位是________。

A. 300°　　B. 302°

C. 288°　　D. 270°

112. 某轮罗航向 060°，磁差 3°E，自差 2°W，则右正横处物标的罗方位是________。

A. 150°　　B. 148°

C. 153°　　D. 151°

113. 某轮罗航向 060°,磁差 3°E,自差 2°W,则左正横处物标的磁方位是________。

A. 328°　　B. 330°

C. 331°　　D. 333°

114. 某轮罗航向 060°,磁差 3°E,自差 4°W,则左正横处物标的真方位是________。

A. 326°　　B. 329°

C. 330°　　D. 331°

115. 某船真航向 318°,该船磁差 2°E,自差 3°W,该船左舷 050°处物标的磁方位为________。

A. 265°　　B. 266°

C. 267°　　D. 268°

116. 某地 1989 年磁差资料为 0°25′W,年差 -3′,则该地 1999 年的磁差为________。

A. 0°. 1W　　B. 0°. 9W

C. 0°. 1E　　D. 0°. 9E

117. 某地磁差资料为 Var. 0°40′E(1979),2′. 5W annually,则该地 1999 年的磁差为________。

A. 1°30′E　　B. 1°05′E

C. 0°15′E　　D. 0°10′W

118. 某地磁差资料为 Var. 0°40′W(1979),decrease about 2′. 5 annually,则该地 1999 年的磁差为________。

A. 1°05′W　　B. 1°30′W

C. 1°30′E　　D. 0°10′E

119. 某地磁差资料为 Var. 0°40′W(1989),increase about 2′. 5 annually,则该地 1999 年的磁差为________。

A. 1°05′W　　B. 1°05′E

C. 0°15′E　　D. 0°15′W

120. 某地磁差资料为磁差 0°30′W(1989),年差 2′. 0E,则该地 1999 年的磁差为________。

A. 0°50′E　　B. 0°50′W

C. 0°10′E　　D. 0°10′W

121. 某地磁差资料为磁差偏东 0°30′(1979),年差 +2′. 0,则该地 1999 年的磁差为________。

A. 0°50′E　　B. 1°10′E

C. 0°10′E　　D. 0°10′W

122. 某地磁差资料为磁差偏东 0°30′(1979),年差 -2′. 0,则该地 1999 年的磁差为________。

A. 0°10′E　　B. 1°10′E

C. 1°10′W　　D. 0°10′W

123. 某船 2006 年 3 月航行于距罗经花 A 约 8 海里,距罗经花 B 约 3 海里处,罗经花 A 的磁差资料为 4°30′W 1996(3′E),罗经花 B 的磁差资料为 2°30′W 1996(3′W)。则按正确算法当时该船应当采用的 Var. 为________。

A. 3°30′W　　B. 3°20′W

C. 3°16′W　　D. 3°10′W

124. 某船 2006 年 5 月航行于距罗经花 A 约 10 海里，距罗经花 B 约 4 海里处，罗经花 A 的磁差资料为 5°30′W 1996（+3′），罗经花 B 的磁差资料为 3°30′W 1996（−3′）。则按正确算法当时该船应当采用的 Var. 为________。

A. 4°30′.2W　　B. 3°51′.4W

C. 3°36′.8W　　D. 3°20′W

125. 某轮罗航向 046°，磁差 2°E，自差 3°W，则该轮右正横物标的真方位为________。

A. 135°　　B. 315°

C. 137°　　D. 136°

126. 若安装磁罗经时基线偏右 2°，当罗航向为 032°时，罗经差为 −2°，测得某物标舷角为 65°（左），则该物标真方位为________。

A. 329°　　B. 327°

C. 325°　　D. 323°

127. 若安装磁罗经时基线偏左 2°，当罗航向为 032°时，罗经差为 +2°，测得某物标舷角为 65°（左），则该物标真方位为________。

A. 329°　　B. 327°

C. 325°　　D. 323°

128. 某船从某港装载钢铁出航，航行途中当船舶改向后，发现罗经差变化很大，这是因为________。

A. 罗经自差变化较大　　B. 地磁有异常

C. 磁暴　　D. 改向频繁

129. 某船陀罗差 ΔG 为 0°.3W，陀罗航向 GC 为 128°.5，磁罗经航向 126°.8，磁差 Var 为 3°.2E，则磁罗经自差为________。

A. 1.8°W　　B. 1.8°E

C. 1.5°W　　D. 1.2°E

130. 如图所示，2008 年某船纵向平行正平的靠泊在码头上，此时海图上量得海图岸线的航向为 045°，船上磁罗经显示的船首向为 051°，海图上的罗经花如图所示，则该磁罗经自差为________。

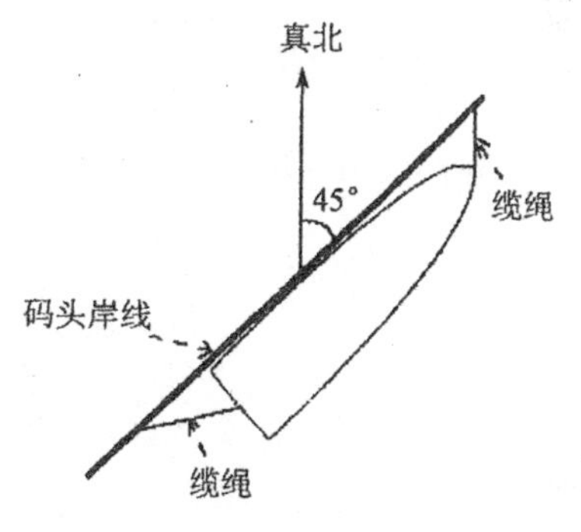

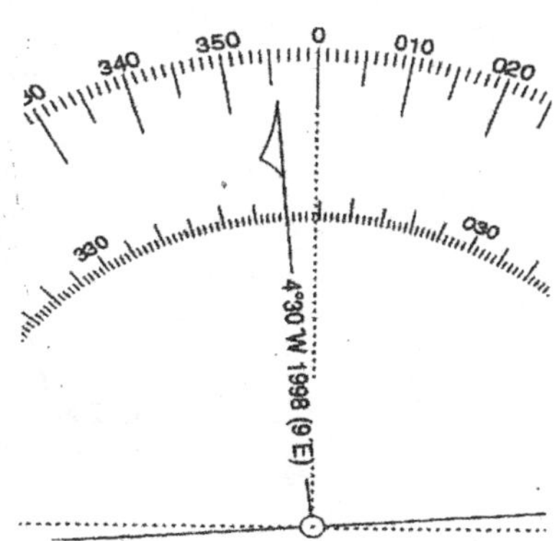

A. 6°W　　　　B. 3°W

C. 2. 5°W　　　　D. 3°E

二、简答题

1. 什么是磁差？影响磁差大小的因素有哪些？如何获取磁差资料？

2. 什么是磁罗经的自差？自差的大小和什么因素有关？如何查取自差的资料？

参考答案

1. A	2. A	3. B	4. A	5. B	6. B	7. C	8. B	9. A	10. B
11. B	12. A	13. A	14. D	15. D	16. D	17. C	18. D	19. B	20. D
21. A	22. B	23. C	24. D	25. C	26. D	27. B	28. B	29. D	30. B
31. D	32. B	33. D	34. A	35. C	36. B	37. A	38. A	39. B	40. C
41. D	42. D	43. B	44. A	45. C	46. D	47. B	48. A	49. A	50. C
51. C	52. C	53. B	54. B	55. C	56. D	57. A	58. C	59. C	60. C
61. C	62. D	63. C	64. C	65. D	66. D	67. C	68. D	69. C	70. B
71. A	72. C	73. C	74. D	75. C	76. C	77. C	78. A	79. D	80. A
81. C	82. D	83. D	84. B	85. D	86. B	87. B	88. B	89. A	90. D
91. A	92. D	93. B	94. C	95. C	96. B	97. A	98. B	99. C	100. B
101. A	102. C	103. B	104. D	105. C	106. A	107. D	108. A	109. D	110. B
111. B	112. A	113. A	114. B	115. B	116. C	117. D	118. D	119. A	120. D
121. B	122. D	123. C	124. B	125. A	126. C	127. A	128. A	129. A	130. B

部分答案解析

1. 如图所示，该船位于我船舷角(半圆法度量)由 Q_1 变为 Q_2，舷角增大。

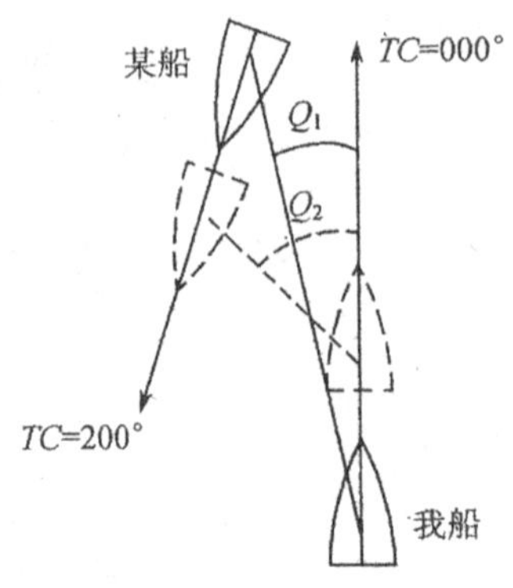

2. 如图所示，我船位于某船舷角（圆周法度量）由 Q_1 变为 Q_2，舷角增大。

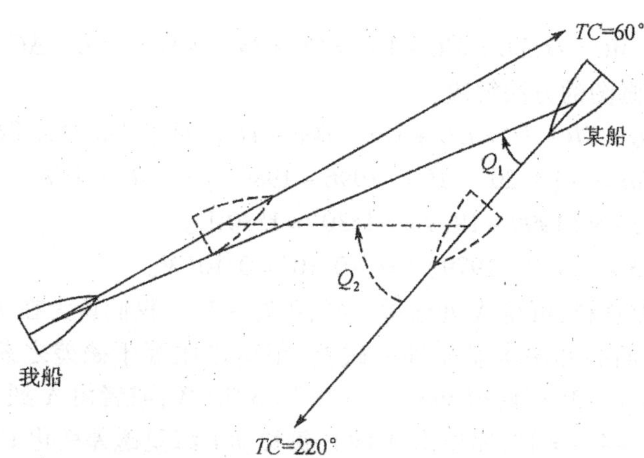

3. （4～6 题见本题解析）某船相对于我船的相对运动如图所示，某船位于我船的舷角由 Q_1 变为 Q_2（半圆法），舷角减小；圆周法度量的舷角由 Q_3 变为 Q_4，舷角增大。

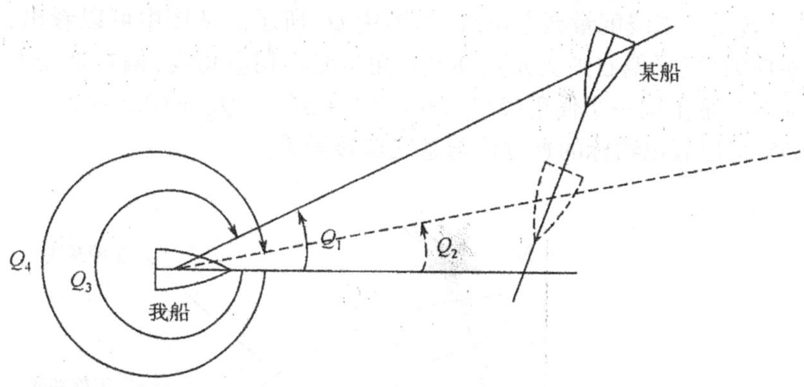

12. 我船位于该船舷角（半圆法度量）$Q = 90° + 30° = 120°$左。

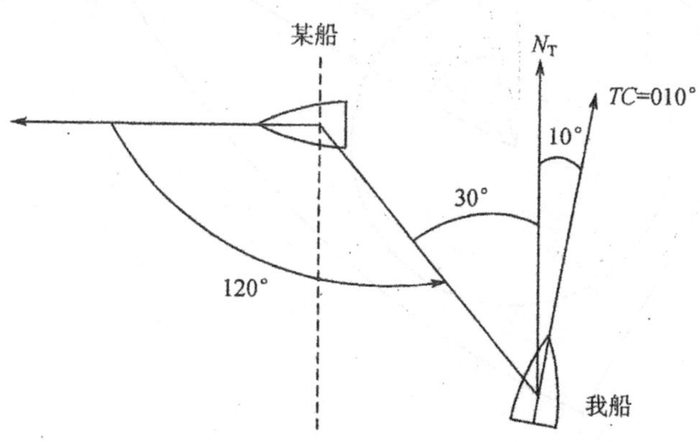

34. (35 ~38 题见本题解析) $TC = GC + \Delta G, GB = GC + Q, TB = TC + Q$,左(右)正横是指 $Q = 90°$左(右)。

39. $MC = CC + Dev, MB = MC + Q, TC = MC + Var = CC + Dev + Var = CC + \Delta C$。公式要会转化并灵活运用,也可以运用画图的方法解决。

87. (88 题见本题解析) $Q = TB - TC = CB + Var + Dev - TC$。对于 Var 的求取,要结合题目给出的磁差资料的形式。$Var = -[4°20' - 2' \times (1996 - 1986)] = -4° = 4°W$。

89. $Var = 0°40' + (+2'.5) \times (1999 - 1979) = 1°30' = 1°30'E$。

90. $Var = +[0°40' - 2'.5 \times (1999 - 1979)] = -0°10' = 0°10'W$。

96. 根据罗经花给出磁差资料,可得 A 处磁差 $-4°$,B 处 $-3°$。我们认为在 A、B 之间磁差均匀变化,可以运用线性内插的办法求船舶处的磁差:距离之比等于磁差之差的比值,即 $7/3.5 = (-4° - Var)/[Var - (-3°)]$解得 $Var = -3°20' = 3°20'W$;或者由 A 到 B 距离共 10.5 海里,磁差共变化 $-3° - (-4°) = 1°$,船位由 A 向 B 每移动 1 海里磁差变化 $1°/10.5$,船位距 A 处 7 海里,共变化 $(1°/10.5) \times 7$,再加上 A 的原始值 $-4°$,结果为 $-3°.333333$,即 $3°20'W$。

99. 如图所示,磁罗经安装在船舶上时,应该将基线与船舶首尾线重合,罗航如图中 CC_1 所示,左舷角如图中 Q_1 所示。偏左安装后,罗航向 CC 应由 N_C 度量至偏转后的基线,如图中 CC_2 所示,舷角也由偏转后的基线度量至方位线,如图中 Q_2 所示。从图中可以看出,基线偏左会使罗航向变小相应的角度(偏右则变大),使左舷角也变小相应角度(偏右则变大),真实的罗航向及左舷角应各自加上同一个偏角(2°),$TB = CC + \Delta C - Q_{左} = (32° + 2°) - 2° - (65° + 2°) = -35° = 325°$,可以看出物标的真方位与基线偏转无关。

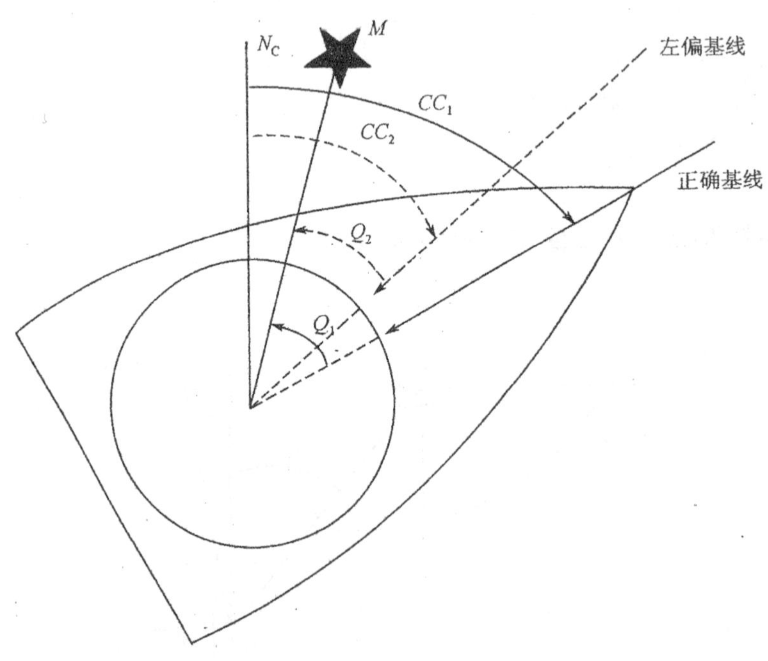

130. 根据左图岸线与真北夹角得航向为 $TC = 045°, CC = 051°$,则 $\Delta C = TC - CC = -6°$;根据右图

罗经花上磁差资料得 $Var = -4°30' + 9' \times (2008 - 1998) = -3°$；由 $\Delta C = Var + Dev$ 得 $Dev = -6° - (-3°) = -3° = 3°W$

第六节　航速与航程

一、选择题

1. 什么情况下，某船船速与实际航速（对地航速）相同？
   A. 无风流　　B. 有风无流
   C. 有流无风　　D. 有风流
2. 船舶驾驶台中的主机转速与船速对照表，是在下列哪种情况下进行测定的？
   Ⅰ. 船舶满载；Ⅱ. 船舶半载；Ⅲ. 船舶空载
   A. Ⅰ，Ⅱ　　B. Ⅱ，Ⅲ
   C. Ⅰ，Ⅱ，Ⅲ　　D. Ⅰ，Ⅲ
3. 对水航程是船舶在________情况下的对水航程。
   Ⅰ. 无风流；Ⅱ. 有风无流；Ⅲ. 有流无风；Ⅳ. 有风流
   A. Ⅰ　　B. Ⅰ，Ⅱ
   C. Ⅰ，Ⅱ，Ⅳ　　D. Ⅰ，Ⅱ，Ⅲ，Ⅳ
4. 对水航速是船舶在________情况下的对水航速。
   Ⅰ. 无风流；Ⅱ. 有风无流；Ⅲ. 有流无风；Ⅳ. 有风流
   A. Ⅰ　　B. Ⅰ，Ⅱ，Ⅲ，Ⅳ
   C. Ⅰ，Ⅱ，Ⅳ　　D. Ⅰ，Ⅱ
5. 对地航程是船舶在________情况下的对地航程。
   Ⅰ. 无风流；Ⅱ. 有风无流；Ⅲ. 有流无风；Ⅳ. 有风流
   A. Ⅰ　　B. Ⅰ，Ⅱ
   C. Ⅰ，Ⅱ，Ⅲ，Ⅳ　　D. Ⅰ，Ⅱ，Ⅳ
6. 对地航速是船舶在________情况下的对地航速。
   Ⅰ. 无风流；Ⅱ. 有风无流；Ⅲ. 有流无风；Ⅳ. 有风流
   A. Ⅰ，Ⅱ，Ⅲ，Ⅳ　　B. Ⅰ，Ⅱ
   C. Ⅰ，Ⅱ，Ⅳ　　D. Ⅰ
7. 相对计程仪航程是船舶在________情况下的对水航程。
   Ⅰ. 无风流；Ⅱ. 有风无流；Ⅲ. 有流无风；Ⅳ. 有风流
   A. Ⅰ，Ⅱ，Ⅲ，Ⅳ　　B. Ⅰ，Ⅱ
   C. Ⅰ，Ⅱ，Ⅳ　　D. Ⅰ

8. 绝对计程仪航程是船舶在________情况下的对地航程。

Ⅰ. 无风流；Ⅱ. 有风无流；Ⅲ. 有流无风；Ⅳ. 有风流

A. Ⅰ
B. Ⅰ，Ⅱ，Ⅲ，Ⅳ
C. Ⅰ，Ⅱ，Ⅳ
D. Ⅰ，Ⅱ

9. 相对计程仪航速是船舶在________情况下的对水航速。

Ⅰ. 无风流；Ⅱ. 有风无流；Ⅲ. 有流无风；Ⅳ. 有风流

A. Ⅰ
B. Ⅰ，Ⅱ
C. Ⅰ，Ⅱ，Ⅲ，Ⅳ
D. Ⅰ，Ⅱ，Ⅳ

10. 绝对计程仪航速是船舶在________情况下的对地航速。

Ⅰ. 无风流；Ⅱ. 有风无流；Ⅲ. 有流无风；Ⅳ. 有风流

A. Ⅰ
B. Ⅰ，Ⅱ
C. Ⅰ，Ⅱ，Ⅳ
D. Ⅰ，Ⅱ，Ⅲ，Ⅳ

11. 对水航程是________。

A. 船舶在仅仅受到风的影响下的对水航程
B. 船舶在仅仅受到流的影响下的对水航程
C. 船舶在各种风流情况下的对水航程
D. 船舶在各种风流情况下的对地航程

12. 对地航程是________。

A. 船舶在仅仅受到风的影响下的对地航程
B. 船舶在仅仅受到流的影响下的对地航程
C. 船舶在各种风流情况下的对水航程
D. 船舶在各种风流情况下的对地航程

13. 对水航速是________。

A. 船舶在仅仅受到风的影响下的对水航速
B. 船舶在仅仅受到流的影响下的对水航速
C. 船舶在各种风流情况下的对水航速
D. 船舶在各种风流情况下的对地航速

14. 对地航速是________。

A. 船舶在仅仅受到风的影响下的对地航速
B. 船舶在仅仅受到流的影响下的对地航速
C. 船舶在各种风流情况下的对水航速
D. 船舶在各种风流情况下的对地航速

15. 相对计程仪显示的航程是________。

A. 船舶在各种风流情况下的对水航程
B. 船舶在各种风流情况下的对地航程
C. 船舶在仅仅受到风的影响下的对水航程
D. 船舶在仅仅受到流的影响下的对水航程

16. 绝对计程仪显示的航程是________。
  A. 船舶在各种风流情况下的对水航程
  B. 船舶在各种风流情况下的对地航程
  C. 船舶在仅仅受到风的影响下的对水航程
  D. 船舶在仅仅受到流的影响下的对水航程

17. 相对计程仪显示的航速是________。
  A. 船舶在各种风流情况下的对水航速
  B. 船舶在各种风流情况下的对地航速
  C. 船舶在仅仅受到风的影响下的对水航速
  D. 船舶在仅仅受到流的影响下的对水航速

18. 绝对计程仪显示的航速是________。
  A. 船舶在各种风流情况下的对水航速
  B. 船舶在各种风流情况下的对地航速
  C. 船舶在仅仅受到风的影响下的对水航速
  D. 船舶在仅仅受到流的影响下的对水航速

19. 船速是船舶在________情况下的航行速度。
  A. 无风流　　B. 有风无流
  C. 有流无风　　D. 有风流

20. 某轮船速 12 kn，航行 2 h 后相对计程仪读数差为 24′.0，计程仪改正率 $\Delta L = 0\%$，已知该轮实际航程为 24 n mile，则该轮航行在________中。
  A. 无风流　　B. 有风无流
  C. 有流无风　　D. 有风流

21. 某轮船速 12 kn，航行 2 h 后相对计程仪读数差为 27′.0，计程仪改正率 $\Delta L = 0\%$，已知该轮实际航程为 30 n mile，则该轮航行在________中。
  A. 顺风顺流　　B. 顶风顺流
  C. 顶流顺风　　D. 顶风顶流

22. 某船电磁计程仪指示的航速为 12 kn，计程仪改正率 $\Delta L = 0\%$，当时流速为 3 kn，试问顶流时该船对水速度是多少？
  A. 15 kn　　B. 12 kn
  C. 9 kn　　D. 3 kn

23. 某轮船速 15 kn，航行 2 h 后相对计程仪读数差为 28′.0，计程仪改正率 $\Delta L = 0\%$，已知该轮实际航程为 26 n mile，则该轮航行在________中。
  A. 顺风顺流　　B. 顶风顺流
  C. 顶流顺风　　D. 顶风顶流

24. 某轮船速 15 kn，航行 2 h 后相对计程仪读数差为 28′.0，计程仪改正率 $\Delta L = 0\%$，已知该轮实际航程为 30 n mile，则该轮航行在________中。
  A. 无风无流　　B. 顶风顺流

C. 顶流顺风　　D. 顶风顶流

25. 某轮船速 15 kn,航行 2 h 后相对计程仪读数差为 30′.0,计程仪改正率 $\Delta L=0\%$,已知该轮实际航程为 30 n mile,则该轮航行在________中。

A. 无风流　　B. 有风无流

C. 有流无风　　D. 有风流

26. 某轮船速 15 kn,航行 2 h 后相对计程仪读数差为 32′.0,计程仪改正率 $\Delta L=0\%$,已知该轮实际航程为 30 n mile,则该轮航行在________中。

A. 无风无流　　B. 顶风顺流

C. 顶流顺风　　D. 顶风顶流

27. 某轮船速 15 kn,航行 2 h 后相对计程仪读数差为 32′.0,计程仪改正率 $\Delta L=0\%$,已知该轮实际航程为 34 n mile,则该轮航行在________中。

A. 顺风顺流　　B. 顶风顺流

C. 顶流顺风　　D. 顶风顶流

28. 某轮船速 16 kn,航行 2 h 后相对计程仪读数差为 30′.0,计程仪改正率 $\Delta L=0\%$,已知该轮实际航程为 32 n mile,则该轮航行在________中。

A. 无风无流　　B. 顶风顺流

C. 顶流顺风　　D. 顶风顶流

29. 某轮船速 17 kn,航行 2 h 后相对计程仪读数差为 36′.0,计程仪改正率 $\Delta L=0\%$,已知该轮实际航程为 34 n mile,则该轮航行在________中。

A. 无风无流　　B. 顶风顺流

C. 顶流顺风　　D. 顶风顶流

30. 某轮船速 18 kn,航行 2 h 后相对计程仪读数差为 34′.0,计程仪改正率 $\Delta L=0\%$,已知该轮实际航程为 32 n mile,则该轮航行在________中。

A. 顺风顺流　　B. 顶风顺流

C. 顶流顺风　　D. 顶风顶流

31. 顺风顺流情况下航行,船舶对水航程 s_L,对地航程 s_G,船速 v_E,航时 t,则________。

A. $s_G<s_L<v_E\times t$　　B. $s_L>v_E\times t$,且 $s_L>s_G$

C. $s_G>s_L>v_E\times t$　　D. $s_L<v_E\times t$,且 $s_G>s_L$

32. 顺风顶流情况下航行,船舶对水航程 s_L,对地航程 s_G,船速 v_E,航时 t,则________。

A. $s_G<s_L<v_E\times t$　　B. $s_L>v_E\times t$,且 $s_L>s_G$

C. $s_G>s_L>v_E\times t$　　D. $s_L<v_E\times t$,且 $s_G>s_L$

33. 顶风顺流情况下航行,船舶对水航程 s_L,对地航程 s_G,船速 v_E,航时 t,则________。

A. $s_G<s_L<v_E\times t$　　B. $s_L>v_E\times t$,且 $s_L>s_G$

C. $s_G>s_L>v_E\times t$　　D. $s_L<v_E\times t$,且 $s_G>s_L$

34. 顶风顶流情况下航行,船舶对水航程 s_L,对地航程 s_G,船速 v_E,航时 t,则________。

A. $s_G<s_L<v_E\times t$　　B. $s_L>v_E\times t$,且 $s_L>s_G$

C. $s_G>s_L>v_E\times t$　　D. $s_L<v_E\times t$,且 $s_G>s_L$

35. 顺风顺流情况下航行，船舶对水航速 v_L，对地航速 v_G，船速 v_E，航时 t，则________。

A. $v_G < v_L < v_E$　　B. $v_L > v_E$，且 $v_L > v_G$

C. $v_G > v_L > v_E$　　D. $v_L < v_E$，且 $v_G > v_L$

36. 顺风顶流情况下航行，船舶对水航速 v_L，对地航速 v_G，船速 v_E，航时 t，则________。

A. $v_G < v_L < v_E$　　B. $v_L > v_E$，且 $v_L > v_G$

C. $v_G > v_L > v_E$　　D. $v_L < v_E$，且 $v_G > v_L$

37. 顶风顺流情况下航行，船舶对水航速 v_L，对地航速 v_G，船速 v_E，航时 t，则________。

A. $v_G < v_L < v_E$　　B. $v_L > v_E$，且 $v_L > v_G$

C. $v_G > v_L > v_E$　　D. $v_L < v_E$，且 $v_G > v_L$

38. 顶风顶流情况下航行，船舶对水航速 v_L，对地航速 v_G，船速 v_E，航时 t，则________。

A. $v_G < v_L < v_E$　　B. $v_L > v_E$，且 $v_L > v_G$

C. $v_G > v_L > v_E$　　D. $v_L < v_E$，且 $v_G > v_L$

39. 船舶对水航程 s_L，对地航程 s_G，船速 v_E，航时 t，若 $s_G < s_L < v_E \times t$，则船舶航行在________情况下。

A. 顺风顺流　　B. 顶风顶流

C. 顺风顶流　　D. 顶风顺流

40. 船舶对水航程 s_L，对地航程 s_G，船速 v_E，航时 t，若 $s_L > v_E \times t$，且 $s_L > s_G$，则船舶航行在________情况下。

A. 顺风顺流　　B. 顶风顶流

C. 顺风顶流　　D. 顶风顺流

41. 船舶对水航程 s_L，对地航程 s_G，船速 v_E，航时 t，若 $s_G > s_L > v_E \times t$，则船舶航行在________情况下。

A. 顺风顺流　　B. 顶风顶流

C. 顺风顶流　　D. 顶风顺流

42. 船舶对水航程 s_L，对地航程 s_G，船速 v_E，航时 t，若 $s_L < v_E \times t$，且 $s_G > s_L$，则船舶航行在________情况下。

A. 顺风顺流　　B. 顶风顶流

C. 顺风顶流　　D. 顶风顺流

43. 船舶对水航速 v_L，对地航速 v_G，船速 v_E，如果 $v_G < v_L < v_E$，则船舶航行在________情况下。

A. 顺风顺流　　B. 顶风顶流

C. 顺风顶流　　D. 顶风顺流

44. 船舶对水航速 v_L，对地航速 v_G，船速 v_E，如果 $v_L > v_E$，而且 $v_L > v_G$，则船舶航行在________情况下。

A. 顺风顺流　　B. 顶风顶流

C. 顺风顶流　　D. 顶风顺流

45. 船舶对水航速 v_L，对地航速 v_G，船速 v_E，如果 $v_G > v_L > v_E$，则船舶航行在________情况下。

A. 顺风顺流　　B. 顶风顶流

C. 顺风顶流　　D. 顶风顺流

46. 船舶对水航速 v_L，对地航速 v_G，船速 v_E，如果 $v_L < v_E$，而且 $v_G > v_L$，则船舶航行在________情况下。

A. 顺风顺流　　B. 顶风顶流

C. 顺风顶流　　D. 顶风顺流

47. 某轮顺流航行，船速 15 节，流速 2 节，2 小时后相对计程仪读数差为 28′.0，计程仪改正率 +10%，则该轮对水航程为________。

A. 30′.8　　B. 34′.8

C. 26′.8　　D. 25′.2

48. 某轮船速 12 kn，逆风逆流航行，流速 1 kn，风使船减速 1 kn，则 1 h 后船舶对水航程为________。

A. 9 n mile　　B. 10 n mile

C. 11 n mile　　D. 12 n mile

49. 某轮船速 12 kn，顶风顺流航行，流速 2 kn，风使船减速 1 kn，则 1 h 后船舶对水航程为________。

A. 11 n mile　　B. 12 n mile

C. 13 n mile　　D. 14 n mile

50. 某轮船速 12 kn，顶风顺流航行，流速 2 kn，风使船减速 1 kn，则 1 h 后船舶实际航程为________。

A. 11 n mile　　B. 12 n mile

C. 13 n mile　　D. 14 n mile

51. 某轮船速 12 kn，顶流顺风航行，流速 2 kn，风使船增速 1 kn，则 1 h 后船舶对水航程为________。

A. 10 n mile　　B. 11 n mile

C. 12 n mile　　D. 13 n mile

52. 某轮船速 12 kn，顶流顺风航行，流速 2 kn，风使船增速 1 kn，则 1 h 后船舶实际航程为________。

A. 10 n mile　　B. 11 n mile

C. 12 n mile　　D. 13 n mile

53. 某轮船速 12 kn，逆风逆流航行，流速 2 kn，风使船减速 1 kn，则 1 h 后船舶实际航程为________。

A. 9 n mile　　B. 10 n mile

C. 11 n mile　　D. 12 n mile

54. 某轮船速 12 kn，顺风顺流航行，流速 2 kn，风使船增速 1 kn，则 1 h 后船舶对水航程为________。

A. 12 n mile　　B. 13 n mile

C. 14 n mile　　D. 15 n mile

55. 某轮船速 12 kn，顺风顺流航行，流速 2 kn，风使船增速 1 kn，则 1 h 后船舶实际航程为________。

A. 12 n mile　　B. 13 n mile

C. 14 n mile　　D. 15 n mile

56. 某轮船速 14 kn，顺风顺流航行，流速 3 kn，航行 1 h 后相对计程仪读数差为 15′.0，计程仪改正率为 0，则该轮实际航程为________。

A. 14′.0　　B. 15′.0

C. 17′.0　　D. 18′.0

57. 某轮船速 15 kn，顶风顺流航行，流速 2 kn，相对计程仪改正率 $\Delta L=0\%$，航行 2 h 后计程仪读数差为 28′，则该轮实际航程为________。

A. 32′　　B. 34′

C. 24′　　D. 30′

58. 某轮顶流航行，船速 15 节，流速 2 节，2 小时后相对计程仪读数差为 28′.0，计程仪改正率 +10%，则该轮对水航程为________。

A. 25′.2　　B. 29′.2

C. 21′.2　　D. 30′.8

59. 某轮顺流航行，船速 15 节，流速 2 节，2 小时后相对计程仪读数差为 28′.0，计程仪改正率 −10%，则该轮对水航程为________。

A. 30′.8　　B. 34′.8

C. 26′.8　　D. 25′.2

60. 某轮顶流航行，船速 15 节，流速 2 节，2 小时后相对计程仪读数差为 28′.0，计程仪改正率 −10%，则该轮对水航程为________。

A. 25′.2　　B. 29′.2

C. 21′.2　　D. 30′.8

61. 某轮顺流航行，船速 15 节，流速 2 节，2 小时后相对计程仪读数差为 32′.0，计程仪改正率 +10%，则该轮对水航程为________。

A. 35′.2　　B. 39′.2

C. 31′.2　　D. 28′.8

62. 某轮顶流航行，船速 15 节，流速 2 节，2 小时后相对计程仪读数差为 32′.0，计程仪改正率 +10%，则该轮对水航程为________。

A. 35′.2　　B. 39′.2

C. 31′.2　　D. 28′.8

63. 某轮顺流航行，船速 15 节，流速 2 节，2 小时后相对计程仪读数差为 32′.0，计程仪改正率 −10%，则该轮对水航程为________。

A. 28′.8　　B. 32′.8

C. 24′.8　　D. 35′.2

64. 某轮顶流航行，船速 15 节，流速 2 节，2 小时后相对计程仪读数差为 32′.0，计程仪改正率

-10%,则该轮对水航程为________。

A. 28′.8　　B. 32′.8

C. 24′.8　　D. 35′.2

65. 某轮顺流航行,船速15节,流速2节,2小时后相对计程仪读数差为28′.0,计程仪改正率+10%,则该轮实际航程为________。

A. 30′.8　　B. 34′.8

C. 26′.8　　D. 25′.2

66. 某轮顶流航行,船速15节,流速2节,2小时后相对计程仪读数差为28′.0,计程仪改正率+10%,则该轮实际航程为________。

A. 30′.8　　B. 34′.8

C. 26′.8　　D. 25′.2

67. 某轮顺流航行,船速15节,流速2节,2小时后相对计程仪读数差为28′.0,计程仪改正率-10%,则该轮实际航程为________。

A. 35′.2　　B. 29′.2

C. 21′.2　　D. 28′.8

68. 某轮顶流航行,船速15节,流速2节,2小时后相对计程仪读数差为28′.0,计程仪改正率-10%,则该轮实际航程为________。

A. 35′.2　　B. 29′.2

C. 21′.2　　D. 28′.8

69. 某轮顺流航行,船速15节,流速2节,2小时后相对计程仪读数差为32′.0,计程仪改正率+10%,则该轮实际航程为________。

A. 35′.2　　B. 39′.2

C. 31′.2　　D. 28′.8

70. 某轮顶流航行,船速15节,流速2节,2小时后相对计程仪读数差为32′.0,计程仪改正率+10%,则该轮实际航程为________。

A. 35′.2　　B. 39′.2

C. 31′.2　　D. 28′.8

71. 某轮顺流航行,船速15节,流速2节,2小时后相对计程仪读数差为32′.0,计程仪改正率-10%,则该轮实际航程为________。

A. 28′.8　　B. 32′.8

C. 24′.8　　D. 35′.2

72. 某轮顶流航行,船速15节,流速2节,2小时后相对计程仪读数差为32′.0,计程仪改正率-10%,则该轮实际航程为________。

A. 28′.8　　B. 32′.8

C. 24′.8　　D. 35′.2

73. 某轮顺风顺流航行,船速18节,流速2节,风对船舶航速的影响为1节,计程仪改正率+8%,0400计程仪读数L_1=100′.0,则2小时后相对计程仪读数L_2为________。

A. 127′.8　　B. 131′.5

C. 135′.2　　D. 138′.9

74. 某轮顺风顶流航行，船速 18 节，流速 2 节，风对船舶航速的影响为 1 节，计程仪改正率 +8%，0400 计程仪读数 L_1 = 100′.0，则 2 小时后相对计程仪读数 L_2 为________。

A. 127′.8　　B. 131′.5

C. 135′.2　　D. 138′.9

75. 某轮顶风顺流航行，船速 18 节，流速 2 节，风使船减速 1 节，计程仪改正率 +8%，0400 计程仪读数 L_1 = 100′.0，则 2 小时后相对计程仪读数 L_2 为________。

A. 127′.8　　B. 131′.5

C. 135′.2　　D. 138′.9

76. 某轮顶风顶流航行，船速 18 节，流速 2 节，风使船减速 1 节，计程仪改正率 +8%，0400 计程仪读数 L_1 = 100′.0，则 2 小时后相对计程仪读数 L_2 为________。

A. 127′.8　　B. 131′.5

C. 135′.2　　D. 138′.9

77. 某轮顺风顺流航行，船速 18 节，流速 2 节，风对船舶航速的影响为 1 节，计程仪改正率 +8%，0400 计程仪读数 L_1 = 100′.0，则 2 小时后绝对计程仪读数 L_2 为________。

A. 127′.8　　B. 131′.5

C. 135′.2　　D. 138′.9

78. 某轮顺风顶流航行，船速 18 节，流速 2 节，风对船舶航速的影响为 1 节，计程仪改正率 +8%，0400 计程仪读数 L_1 = 100′.0，则 2 小时后绝对计程仪读数 L_2 为________。

A. 127′.8　　B. 131′.5

C. 135′.2　　D. 138′.9

79. 某轮顶风顺流航行，船速 18 节，流速 2 节，风使船减速 1 节，计程仪改正率 +8%，0400 计程仪读数 L_1 = 100′.0，则 2 小时后绝对计程仪读数 L_2 为________。

A. 127′.8　　B. 131′.5

C. 135′.2　　D. 138′.9

80. 某轮顶风顶流航行，船速 18 节，流速 2 节，风使船减速 1 节，计程仪改正率 +8%，0400 计程仪读数 L_1 = 100′.0，则 2 小时后绝对计程仪读数 L_2 为________。

A. 127′.8　　B. 131′.5

C. 135′.2　　D. 138′.9

81. 某轮顺风顺流航行，船速 18 节，流速 2 节，风对船舶航速的影响为 1 节，计程仪改正率 −8%，0400 计程仪读数 L_1 = 100′.0，则 2 小时后相对计程仪读数 L_2 为________。

A. 132′.6　　B. 137′.0

C. 141′.3　　D. 145′.7

82. 某轮顺风顶流航行，船速 18 节，流速 2 节，风对船舶航速的影响为 1 节，计程仪改正率 −8%，0400 计程仪读数 L_1 = 100′.0，则 2 小时后相对计程仪读数 L_2 为________。

A. 132′.6　　B. 137′.0

C. 141′.3　　　　D. 145′.7

83. 某轮顶风顺流航行,船速 18 节,流速 2 节,风使船减速 1 节,计程仪改正率 -8%,0400 计程仪读数 $L_1 = 100'.0$,则 2 小时后相对计程仪读数 L_2 为________。

A. 132′.6　　　　B. 137′.0

C. 141′.3　　　　D. 145′.7

84. 某轮顶风顶流航行,船速 18 节,流速 2 节,风使船减速 1 节,计程仪改正率 -8%,0400 计程仪读数 $L_1 = 100'.0$,则 2 小时后相对计程仪读数 L_2 为________。

A. 132′.6　　　　B. 137′.0

C. 141′.3　　　　D. 145′.7

85. 某轮顺风顺流航行,船速 18 节,流速 2 节,风对船舶航速的影响为 1 节,计程仪改正率 -8%,0400 计程仪读数 $L_1 = 100'.0$,则 2 小时后绝对计程仪读数 L_2 为________。

A. 132′.6　　　　B. 137′.0

C. 141′.3　　　　D. 145′.7

86. 某轮顺风顶流航行,船速 18 节,流速 2 节,风对船舶航速的影响为 1 节,计程仪改正率 -8%,0400 计程仪读数 $L_1 = 100'.0$,则 2 小时后绝对计程仪读数 L_2 为________。

A. 132′.6　　　　B. 137′.0

C. 141′.3　　　　D. 145′.7

87. 某轮顶风顺流航行,船速 18 节,流速 2 节,风使船减速 1 节,计程仪改正率 -8%,0400 计程仪读数 $L_1 = 100'.0$,则 2 小时后绝对计程仪读数 L_2 为________。

A. 132′.6　　　　B. 137′.0

C. 141′.3　　　　D. 145′.7

88. 某轮顶风顶流航行,船速 18 节,流速 2 节,风使船减速 1 节,计程仪改正率 -8%,0400 计程仪读数 $L_1 = 100'.0$,则 2 小时后绝对计程仪读数 L_2 为________。

A. 132′.6　　　　B. 137′.0

C. 141′.3　　　　D. 145′.7

89. 某轮漂航,船上相对计程仪改正率 $\Delta L = 0\%$,海区内有流,流速 2 kn,1 h 后计程仪航程为________。

A. 0′.0　　　　B. +2′.0

C. -2′.0　　　　D. 视海区内风、流方向而定

90. 某轮相对计程仪改正率 $\Delta L = 0\%$,$L_1 = 110'.5$,船速 16 kn,顺风顺流航行,流速 3 kn,风使船增速 1.5 kn,2 h 后计程仪读数 L_2 为________。

A. 145′.5　　　　B. 151′.5

C. 148′.5　　　　D. 142′.5

91. 某轮在狭水道内锚泊,当时水道内恒流流速 1 kn,该轮计程仪改正率为 0,则 2 h 后相对计程仪读数差为________。

A. 0′.0　　　　B. 1′.0

C. 2′.0　　　　D. 无法确定

92. 已知计程仪读数差为(L_2-L_1)，计程仪改正率为ΔL，则相应的计程仪航程s_L为________。

A. $s_L=(L_2-L_1)\cdot(1-\Delta L)$　　B. $s_L=(L_2-L_1)\cdot(1+\Delta L)$

C. $s_L=(L_2-L_1)/(1+\Delta L)$　　D. $s_L=(L_2-L_1)/(1-\Delta L)$

93. 有风无流时，如计程仪改正率$\Delta L=0\%$，则相对计程仪航程(s_L)和实际航程(s_G)之间的关系为________。

A. $s_L>s_G$　　B. $s_L=s_G$

C. $s_L<s_G$　　D. 视风的顺逆而定

94. 某船0400起始计程仪读数$L_1=0'.0$，船速10 kn，计程仪改正率$\Delta L=0\%$，$TC=090°$，当时流向090°，流速2 kn，0800时$L_2=40'.0$，该轮实际航程和相对计程仪航程分别为________。

A. 40′、48′　　B. 36′、48′

C. 48′、40′　　D. 40′、40′

95. 某船顶风顶流航行，船速16 kn，流速2 kn，2 h后相对计程仪读数差为30′.0，计程仪改正率$\Delta L=-10\%$，则该船实际航程为________。

A. 23′　　B. 25′

C. 27′　　D. 30′

96. 某船顶风顺流航行，船速15 kn，流速2 kn，2 h后相对计程仪读数差为30′.0，计程仪改正率$\Delta L=-10\%$，则该船实际航程为________。

A. 27′.0　　B. 30′.0

C. 30′.6　　D. 31′.0

97. 某船顶流顺风航行，船速15 kn，流速2 kn，2 h后相对计程仪读数差为32′.0，计程仪改正率$\Delta L=+10\%$，则该船实际航程为________。

A. 30′.0　　B. 30′.8

C. 31′.2　　D. 35′.2

98. 某船顺风顺流航行，船速15 kn，流速2 kn，2 h后相对计程仪读数差为32′.0，计程仪改正率$\Delta L=+5\%$，则该船实际航程为________。

A. 33′.6　　B. 36′.0

C. 37′.6　　D. 37′.8

99. 某轮船速12 kn，顶风顺流航行，流速2 kn，风使船减速1 kn，0600计程仪读数为100′.0，计程仪改正率$\Delta L=+10\%$，则1 h后相对计程仪读数为________。

A. 110′.0　　B. 110′.9

C. 111′.8　　D. 112′.7

100. 某轮船速12 kn，顶流顺风航行，流速2 kn，风使船增速1 kn，0800计程仪读数为110′.0，计程仪改正率$\Delta L=-10\%$，则1 h后相对计程仪读数为________。

A. 121′.1　　B. 122′.2

C. 123′.3　　D. 124′.4

101. 某轮船速12 kn，逆风逆流航行，流速1 kn，风使船减速1 kn，0600计程仪读数为120′.0，计程仪改正率$\Delta L=+3\%$，则1 h后相对计程仪读数为________。

A. 128′.7
B. 129′.7
C. 130′.7
D. 131′.7

102. 某轮船速 14 kn,顺风顺流航行,流速 2 kn,风使船增速 1 kn,0600 计程仪读数为 100′.0,计程仪改正率 $\Delta L = -5\%$,则 2 h 后相对计程仪读数为________。

A. 129′.5
B. 131′.6
C. 133′.7
D. 135′.8

103. 某轮顺流航行 4 h,实际航程为 52 n mile,0800 计程仪读数 $L_1 = 50'.0$,计程仪改正率 $\Delta L = -7\%$,船速 12 kn,流速 1 kn,则 1200 相对计程仪读数 L_2 为________。

A. 105′.9
B. 94′.8
C. 101′.6
D. 103′.2

104. 在船速校验场上测定船速,如海区内有水流存在,则应________。

A. 尽可能重复观测
B. 在短时间内重复观测
C. 相隔一定时间后重复观测
D. 在短时间内往返重复观测

105. 对计程航速表述正确的是________。

A. 计程仪指示的船舶运动速度,即单位时间内的对地航程
B. 计程仪指示的船舶运动速度
C. 无风流情况下,单位时间内的航程
D. 计程仪指示的船舶运动速度,即单位时间内的对水速度

二、简答题

1. 什么是船速、航速和实际航速?航速与实际航速有什么关系?
2. 什么是相对计程仪?什么是绝对计程仪?它们各有哪些特点?

参考答案

1. A	2. D	3. D	4. B	5. C	6. A	7. A	8. B	9. C	10. D
11. C	12. D	13. C	14. D	15. A	16. B	17. A	18. B	19. A	20. A
21. A	22. B	23. D	24. B	25. A	26. C	27. A	28. B	29. C	30. D
31. C	32. B	33. D	34. A	35. C	36. B	37. D	38. A	39. B	40. C
41. A	42. D	43. B	44. C	45. A	46. D	47. A	48. C	49. A	50. C
51. D	52. B	53. A	54. B	55. D	56. D	57. A	58. D	59. D	60. A
61. A	62. A	63. A	64. A	65. B	66. C	67. B	68. C	69. B	70. C
71. B	72. C	73. C	74. C	75. B	76. B	77. D	78. B	79. C	80. A
81. C	82. C	83. B	84. B	85. D	86. B	87. C	88. A	89. A	90. A
91. C	92. B	93. B	94. C	95. A	96. D	97. C	98. C	99. A	100. D
101. C	102. B	103. C	104. D	105. B					

部分答案解析

1.（137 题参见本题解析）船速是船舶在无风流情况下的航行速度；实际航速是指船舶对地航速，用绝对计程仪测量；相对计程仪测量的是船舶对水的航速；计程航速是指计程仪指示的船舶运动速度，是各种风流情况下，单位时间内的航程。

3.（4 ~ 18 题参见本题解析）航程和航速，不论对水还是对地，都是在各种风流情况下进行计量的。相对计程仪计量的是对水的数据，绝对计程仪计量的是对地的数据。

20. 船速与时间的乘积 $v_E \times t$ 是船舶在无风流情况下航程；相对计程仪测量的航程是船舶对水航程 s_L，计风不计流——只计量了风对航程的影响；实际航程是对地航程 s_G，计风又计流——计量了风和流对航程的影响。所以比较船速与时间的乘积 $v_E \times t$、相对航程 s_L 可判断无风、顶风或顺风；比较相对航程 s_L、绝对航程 s_G 可判断无流、顺流或顶流。$12 \times 2 = 24$ 故无风无流；21 题中 $12 \times 2 < 27 < 30$，故顺风顺流。

22. 电磁计程仪是相对计程仪，显示的航速即为对水速度，计风不计流，无论顶流、顺流、流速多少，对水速度不变。

23. 由 $15 \times 2 > 28$ 得顶风，由 $28 > 26$ 得顶流。

31.（32 ~ 46 题参见本题解析）顺风时 $v_L > v_E$，$s_L > v_E \times t$；顶风时 $v_L < v_E$，$s_L < v_E \times t$。顺流时 $v_G > v_L$，$s_G > s_L$；顶流时 $v_G < v_L$，$s_G < s_L$。

48.（49 题参见本题解析）顺风时，对水航速 = 船速 + 风使船增速；顶风时，对水航速 = 船速 - 风使船减速。

50.（51 ~ 72 题和 92 ~ 98 题参见本题解析）实际航速（对地航速）= 对水航速 ± 流速（顺流为 +，顶流为 -）。对应于航程为：实际航程 = 相对计程仪航程 ± 流程（顺流为 +，顶流为 -）。

73.（74 ~ 88 题、90 题、99 ~ 103 题参见本题解析）$s_L = (L_2 - L_1) \cdot (1 + \Delta L)$，变形得：$L_2 = L_1 + s_L/(1 + \Delta L)$。

89.（91 题参见本题解析）漂航指主机不工作，船舶随风浪漂流。船舶相对于水是静止状态，相对计程仪不计程。而当船舶锚泊时，虽然主机不工作，但有恒流，所以船舶相对于水向反方向运动，大小等于流速。

94. 风向是风吹过来的方向，流向是水流流过去的方向，即“风来流去”。

104. 在船速校验场上可以测定船速和计程仪改正率，如海区内有水流存在，则应在短时间内往返重复观测，在利用公式处理得到准确船速和计程仪改正率。有恒流时，往返两次；有等加速流时往返三次；有变加速流时往返四次。

第二章 海图

第一节 地图投影与分类

一、选择题

1. 下列何者不是等角投影的特性?

A. 图上各点局部比例尺相等

B. 地面上一个微分圆,投影到地图上仍能保持是一个圆

C. 地面上某地的一个角度,投影到地图上后仍能保持其角度大小不变

D. 地面上不同地点两个相等的微分圆,投影到地图上可能成为不同大小的两个圆

2. 下列何者不是等角投影的特性?

A. 图上无限小的局部图像与地面上相应的地形保持相似

B. 图上任意点的各个方向上的局部比例尺相等

C. 不同点的局部比例尺随经、纬度的变化而变化

D. 地面上和图上相应处的面积成恒定比例

3. 在地图投影中,等积投影的特性之一是________。

A. 地面上一个微分圆,投影到地图上仍能保持是一个圆

B. 地面上不同地点两个相等的微分圆,投影到地图上可能成为不同大小的两个圆

C. 地面上和图上相应处的面积成恒定比例

D. B 和 C

4. 在地图投影中,等积投影的特性之一是________。

A. 图上无限小的局部图像与地面上相应的地形保持相似

B. 图上任意点的各个方向上的局部比例尺相等

C. 地面上不同地点两个相等的微分圆,投影到地图上可能成为不同大小的两个圆

D. 地面上和图上相应处的面积成恒定比例

5. 下列关于等角投影的说法中,不正确的是________。

A. 等角投影,又称正形投影,就是投影图上任意图像与地面上相对应的地形保持相似

B. 在等角投影图上,图上任意点在各个方向上的局部比例尺都相等

C. 地面上某地的一个角度,投影到地图上后保持角度的大小不变

D. 墨卡托投影就是等角投影的性质

6. 关于等角投影、等积投影和任意投影之间的关系,下列说法正确的是________。

①在等积投影中不能保持等角特性;②在任意投影中不能保持等角和等积特性;③在等积投影中,形状变形比其他投影大;④在等角投影中,面积变形比其他投影大

A. ②③④　　B. ①②

C. ①③　　D. ①②③④

7. 图上某一点局部比例尺定义________。

A. 无限小范围内某点在地图上某方向上图长与地面上该方向长度之比的极限

B. 一定范围内某点在地图上某方向上图长与地面上该方向长度之比

C. 过该点的图长与实地长度之比

D. 该图的基准比例尺

8. 墨卡托海图的比例尺是________。

Ⅰ. 图上各个局部比例尺的平均值;Ⅱ. 图上某基准纬线的局部比例尺;Ⅲ. 图外某基准纬度的局部比例尺

A. Ⅰ,Ⅱ　　B. Ⅰ,Ⅱ,Ⅲ

C. Ⅰ,Ⅲ　　D. Ⅱ,Ⅲ

9. 某海图基准比例尺 $C=1:750000$(基准纬度 45°N),若该纬线上 110°E 经线处局部比例尺为 C_1,120°E 经线处局部比例尺为 C_2,130°E 经线处局部比例尺为 C_3,则________。

A. $C_1 > C_2 > C_3$　　B. $C_3 > C_2 > C_1$

C. $C_1 = C_2 = C_3$　　D. $C_2 = 2(C_1 + C_3)$

10. 某海图基准比例尺 $C=1:750000$(基准纬度 45°S),若该图上 30°S 纬线的局部比例尺为 C_1,60°S 纬线的局部比例尺为 C_2,则________。

A. $C_1 > C > C_2$　　B. $C_2 > C > C_1$

C. $C_1 = C = C_2$　　D. $C = 2(C_1 + C_2)$

11. 某张墨卡托海图的基准纬度________。

A. 等于该图的平均纬度　　B. 等于该图的最高纬度

C. 等于该图的最低纬度　　D. 可能不在该图内

12. 设 m, n 分别为墨卡托海图上某点经线和纬线方向的局部比例尺,则________。

A. $m > n$　　B. $m < n$

C. $m = n$　　D. 以上都可能

13. 同一墨卡托海图上 30°N 纬线上某点经线方向的局部比例尺比 31°N 纬线上某点纬线方向的局部比例尺________。

A. 大　　B. 小

C. 相同　　D. 无法比较

14. 下列有关墨卡托海图局部比例尺的说法中,何者准确?

A. 墨卡托海图上任意点各个方向的局部比例尺相同
B. 墨卡托海图内各点局部比例尺均不相同
C. 墨卡托海图上某点各个方向的局部比例尺可能都不相同
D. 墨卡托海图同一纬线各点的局部比例尺不同

15. 在墨卡托海图上,图上某个图形与地面上对应图形相似是指________。
A. 具有一定面积的图形　　B. 无限小的图形
C. 任意大小的图形　　D. 整个图幅覆盖范围内的图形

16. 海图绘制工作中绘画误差不超过0.1 mm,比例尺为1∶50000的海图的极限精度为________。
A. 5 m　　B. 100 m
C. 150 m　　D. 200 m

17. 海图的极限精度是海图存在的不可避免的误差,它相当于海图上________的实地水平长度。
A. 0.05 mm　　B. 0.1 mm
C. 0.15 mm　　D. 0.2 mm

18. 海图比例尺越大,海图的极限精度________。
A. 越大(高)　　B. 越小(低)
C. 不变　　D. 不一定

19. 海图作业精度及详尽程度与比例尺有关,下列说法正确的是________。
A. 海图作业用的铅笔最小直径为0.2 mm,则在1∶350000的海图上海图作业的最大精度为70 m
B. 在基准比例尺1∶100000和1∶300000的海图上,后者资料详尽
C. 在基准比例尺1∶100000和1∶300000的海图上,前者作业精度低
D. 海图作业用的铅笔最小直径为0.2 mm,则在1∶350000的海图的基准纬线上海图作业的最大精度为70 m

20. 已知GPS的P码定位精度为10 m,则在下列哪种比例尺的海图上可用作图的方法表示该定位精度?(海图作业的最高精度为0.2 mm。)
A. 1∶50000　　B. 1∶200000
C. 1∶1000000　　D. 1∶100000

21. 已知GPS的P码定位精度为10 m,则在下列哪种比例尺的海图上可用作图的方法表示该定位精度?(海图绘制的作图误差不超过0.1 mm。)
A. 1∶100000　　B. 1∶1000000
C. 1∶500000　　D. 1∶200000

22. 在某张小比例尺海图上,如需量取某一长航线的总航程,则应选取该段航线上哪部分的纬度图尺为基准尺度?
A. 任意纬度处　　B. 较高纬度处
C. 较低纬度处　　D. 平均纬度处

23. 在同样图幅的海图上,下列说法正确的是________。
A. 基准比例尺越小,海图所表示的地理范围越小,精度越高

B. 基准比例尺越小，海图所表示的地理范围越大，精度越高

C. 基准比例尺越小，海图所表示的地理范围越小，精度越低

D. 基准比例尺越小，海图所表示的地理范围越大，精度越低

24. 海图比例尺的表现形式有直线比例尺和数字比例尺，其中数字比例尺用一比若干数字表示。关于数字比例尺说法正确的是________。

A. 比例尺 1: 100000 小于 1: 300000，前者相同图幅尺寸的海图包括范围小

B. 比例尺 1: 100000 小于 1: 300000，前者相同图幅尺寸的海图包括范围大

C. 比例尺 1: 100000 大于 1: 300000，前者相同图幅尺寸的海图包括范围大

D. 比例尺 1: 100000 大于 1: 300000，前者相同图幅尺寸的海图包括范围小

25. 海图标题栏记录的比例尺是________。

①基准比例尺；②普通比例尺；③局部比例尺

A. ①　　B. ①②

C. ①③　　D. ①②③

26. 下列哪个不是海图基准比例尺的取值方法？

A. 图上某一点的局部比例尺　　B. 图上某经线的局部比例尺

C. 图上某纬线的局部比例尺　　D. 图外某基准纬度的局部比例尺

27. 在下列数字比例尺中，比例尺最大的是________。

A. 1: 20000　　B. 1: 30000

C. 1: 40000　　D. 1: 50000

28. 墨卡托海图能保持等角投影是由于________。

A. 图上任意点各个方向局部比例尺相同　　B. 图上各点局部比例尺相同

C. 图上各点局部比例尺均等于基准比例尺　　D. 图上各纬线局部比例尺相同

29. 等角横圆柱投影，即高斯－克吕格投影，在航海上常被用来绘制________。

A. 极区海图　　B. 大圆海图

C. 大比例尺港泊图　　D. A + C

30. 等角正圆柱投影在航海上常被用来绘制________。

A. 半球星图　　B. 大圆海图

C. 墨卡托航用海图　　D. 大比例尺港泊图

31. 方位投影大都是透视投影，视点在球面的方位投影称为________。

A. 心射投影　　B. 极射投影

C. 外射投影　　D. 日晷投影

32. 方位投影大都是透视投影，视点在球外的方位投影称为________。

A. 心射投影　　B. 极射投影

C. 外射投影　　D. 日晷投影

33. 方位投影大都是透视投影，视点在球心的方位投影称为________。

A. 心射投影　　B. 极射投影

C. 日晷投影　　D. A 和 C

34. 将地面上的经线和纬线直接投射到与地球面相切或相割的平面上去的投影方法称为________。

A. 平面投影　　B. 方位投影
C. 圆锥投影　　D. A 和 B

35. 平面投影又称方位投影,其中透视点在球面的等角方位投影在航海上常被用来绘制________。

A. 半球星图　　B. 大圆海图
C. 墨卡托航用海图　　D. 大比例尺港泊图

36. 平面投影又称方位投影,其中透视点在球心的心射投影在航海上常被用来绘制________。

A. 大圆海图　　B. 大比例尺港湾图
C. 极区海图　　D. 以上都是

37. 平面投影又称方位投影,其中透视点在球心的心射投影在航海上主要被用来绘制________。

A. 半球星图　　B. 大圆海图
C. 航路设计图　　D. B + C

二、简答题

1. 绘制海图常用的投影方法有哪几种? 各有何特点和用途?
2. 什么是局部比例尺? 什么是基准比例尺? 在航行中为什么要选用大比例尺海图?

参考答案

1. A	2. D	3. C	4. D	5. A	6. D	7. A	8. D	9. C	10. B
11. D	12. C	13. B	14. A	15. B	16. A	17. B	18. A	19. D	20. A
21. A	22. D	23. D	24. D	25. B	26. B	27. A	28. A	29. D	30. C
31. B	32. C	33. D	34. D	35. A	36. D	37. B			

部分答案解析

9. (10 题参见本题解析)墨卡托海图上,同一纬线的局部比例尺相同。不同纬度,纬度越高,比例尺越大。
12. (13、14 题参见本题解析)墨卡托海图是等角投影,等角投影中任意一点沿各个方向的局部比例尺相等,且纬度越高比例尺越大。
16. 极限精度的概念。0.1 mm × 50000 ÷ 1000 = 5 m。
20. (21 题参见本题解析)为能正确表示该定位精度,海图作图误差导致的船位误差应小于等于 10 m,即海图作图最高精度 0.2 m 代表的实地长度应小于等于 10 m,只有选项 A 的比例尺能满足要求。

22. 由于海图上不同纬度处比例尺不同，所以在平均纬度处量取，可以减小误差。

第二节 墨卡托海图

一、选择题

1. 船舶在近海和沿岸航行，通常都采用恒向线航线，这是因为________。
   A. 墨卡托海图上恒向线是直线，是两点间最短航程航线
   B. 按恒向线航行，船舶操纵方便，对航程的影响也不大
   C. 恒向线是等角航线，能保持海图的等角特性
   D. 恒向线能保持与纬度渐长特性一致
2. 航用海图的必备条件是________。
   A. 图上恒向线为直线　　B. 等角投影
   C. 大圆弧为凸向赤道的曲线　　D. A + B
3. 恒向线在地面的形状是________。
   A. 子午线　　B. 球面螺旋线
   C. 等纬圈　　D. 以上都可能
4. 某船以固定航向 050°航行，该船在球面的理想航行轨迹为________。
   A. 与所有子午线相交成恒定角度　　B. 与同一纬线仅相交一次
   C. 与所有子午线相交无数次　　D. 以上均是
5. 某船以固定航向 060°航行，该船航行的理想轨迹是________。
   A. 绕地球一周，最后回到原点
   B. 逐渐靠近地极，最终到达地极
   C. 螺旋上升，逐渐趋近地极，但永远达不到地极
   D. 以上都错
6. 下列哪条曲线可能不是恒向线？
   A. 任意大圆　　B. 赤道
   C. 子午圈　　D. 等纬圈
7. 下列哪条曲线是恒向线？
   Ⅰ. 双曲线；Ⅱ. 子午线；Ⅲ. 等纬圈；Ⅳ. 任意大圆；Ⅴ. 赤道
   A. Ⅰ，Ⅱ，Ⅲ，Ⅳ　　B. Ⅰ，Ⅱ，Ⅲ，Ⅴ
   C. Ⅱ，Ⅲ，Ⅴ　　D. Ⅱ，Ⅲ，Ⅳ
8. 下列哪项是恒向线的特性？
   A. 在墨卡托海图上为直线，但并非最短航程航线　　B. 与经线仅相交一次

C. 与纬线相交无数次　　D. 以上都是

9. 航向为 000°时,恒向线与________重合。

A. 格林子午线圈　　B. 子午线圈

C. 赤道　　D. 等纬圈

10. 航向为 180°时,恒向线与________重合。

A. 格林子午线圈　　B. 子午线圈

C. 赤道　　D. 等纬圈

11. 航向为 090°时,恒向线与________重合。

A. 格林子午线圈　　B. 子午线圈

C. 赤道　　D. 等纬圈

12. 航向为 270°时,恒向线与________重合。

A. 格林子午线圈　　B. 子午线圈

C. 赤道　　D. 等纬圈

13. 下列说法正确的是________。

A. 船舶通常沿恒向线方向航行,因为这样航行航程最短

B. 船舶沿大圆弧航行,能保持航向稳定

C. 船舶沿等纬圈航行,航程最短

D. 船舶在等纬圈上航行,航向为 270 度或 90 度

14. 该图代表何种投影方式?

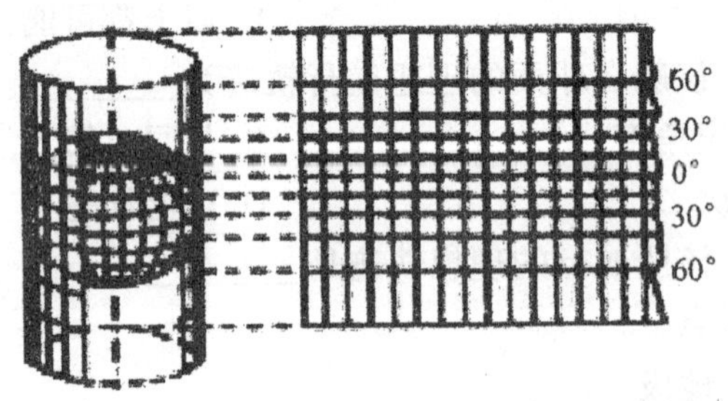

A. 等角横圆柱　　B. 大圆海图投影

C. 墨卡托投影　　D. 高斯投影

15. 如图该图代表下列何种投影方式?

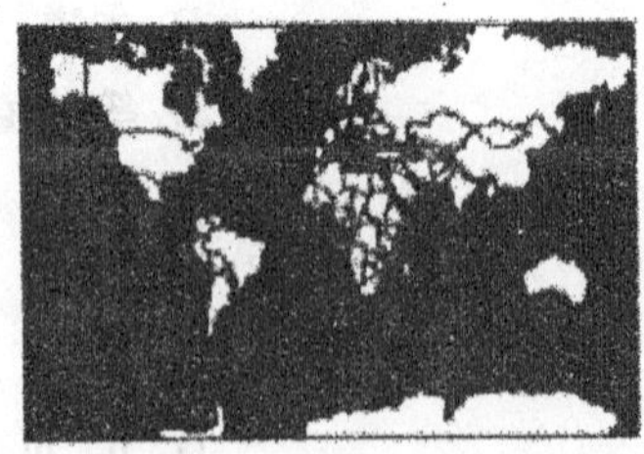

A. 高斯投影　　B. 方位投影

C. 墨卡托投影　　D. 等角横圆柱投影

16. 下列哪种投影方式中满足“所有经线成为与赤道垂直、间距相等的平行线；纬线成为与赤道平行、与经线垂直的直线”？

A. 圆锥投影　　B. 平面投影

C. 正圆柱投影　　D. 横圆柱投影

17. 同一张墨卡托海图上，下列正确的是________。

A. 各点局部比例尺不相等　　B. 各点局部比例尺可能不相等

C. 同一点各个方向都不相等　　D. 各个点的局部比例尺都相等

18. 将地球作为圆球体时，同一张墨卡托海图上赤道上纬度1′的长度与经度1′的长度________。

A. 一样长　　B. 纬度1′比经度1′长

C. 经度1′比纬度1′长　　D. 不一定

19. 墨卡托海图的主要特点是________。

A. 图上各点比例尺相等　　B. 同一纬线上各点比例尺相等

C. 同一经线上各点比例尺相等　　D. A + B

20. 墨卡托海图上各条纬线的纬度渐长率是________。

A. 固定不变的　　B. 随经度的变化而变化

C. 随局部比例尺的变化而变化　　D. 随海图比例尺的变化而变化

21. 纬度渐长率是指墨卡托海图上________。

A. 自赤道到某纬度线的距离

B. 自赤道到某纬线的距离与图上1海里的比

C. 自赤道到某纬线的距离与图上1赤道里的比

D. 任意两纬线之间的距离与图上1赤道里的比

22. 下列关于墨卡托海图的说法中正确的是________。

A. 局部比例尺随纬度变化而改变　　B. 图上两点间直线为最短航程航线

C. 等角投影，没有投影变形　　D. 图内各点局部比例尺相同

23. 在比例尺为 C_2 的航用海图上，某纬线的纬度渐长率为 MP_2，假设该纬线在比例尺为 C_1、C_3 的航用海图上的纬度渐长率分别为 MP_1 和 MP_3，如 $C_1 > C_2 > C_3$，则________。

A. $MP_1 > MP_2 > MP_3$　　B. $MP_1 < MP_2 < MP_3$

C. $MP_1 = MP_2 = MP_3$　　D. 基准纬度不定，无法确定

24. 在不同的墨卡托海图上，同一纬度的纬度渐长率________。

A. 在比例尺大的海图上高　　B. 在比例尺小的海图上高

C. 相等　　D. 不一定，取决于1赤道里的长度

25. 在墨卡托投影中，纬度渐长率是________。

A. 将地球作为椭圆体而必然产生的　　B. 将地球作为圆球体而必然产生的

C. 等角正圆柱投影必然存在的　　D. 以上都是

26. 在墨卡托海图上________。

A. 每一分经度长度相等　　B. 每一分纬度长度不等

C. 每一分纬度随纬度逐渐升高而变长　　D. 以上都对

27. 在墨卡托海图上,下列哪个结论是正确的?

A. 同一张图上纬度1′的长度不变
B. 同一张图上经度1′的长度不变
C. 同一地点经线方向变形比纬线方向变形大
D. B+C

28. 在墨卡托海图上,相邻纬线间的经线长度等于________。

A. 两纬线纬度渐长率之差
B. 两纬线纬度渐长率差与图上1海里长度之积
C. 两纬线纬度渐长率差与图上1赤道里长度之积
D. B或C

29. 墨卡托海图能够满足等角投影是因为________。

A. 经线上各点的局部比例尺不相等
B. 纬线上各点的局部比例尺相等
C. 图上各点的局部比例尺不相等
D. 任意点各方向上的局部比例尺相等

30. 在同一张墨卡托海图上,1′经度的图长________。

A. 随着纬度的升高而渐长
B. 随着纬度的升高而变短
C. 处处相等
D. 以上都有可能

31. 设有不同基准比例尺的两张墨卡托海图,则两图上同一纬度线到赤道的子午线图长的关系为(MP 为该纬度的纬度渐长率)________。

A. 两者相等
B. 两者不等
C. 均为 $MP \times 1'$ 经度的图长
D. B、C均正确

32. 有A、B两张墨卡托海图,A图上1′经差的图长为1 mm,B图上1′经差的图长为2 mm,则A图的基准比例尺 C_A(20°N)与B图的基准比例尺 C_B(10°N)之间的关系为________。

A. C_A 一定是 C_B 的2倍
B. C_B 一定是 C_A 的2倍
C. C_A 与 C_B 相等
D. 以上均错

33. 有A、B两张墨卡托图,A图比例尺1: 100000(30°N),B图比例尺1: 100000(30°N),A图上1′经差的长度为 a,B图上1′经差的长度为 b,则________。

A. $a > b$
B. $a = b$
C. $a < b$
D. 不能确定

34. 有A、B两张墨卡托图,A图比例尺1: 100000(30°N),B图比例尺1: 100000(35°N),A图上1′经差的长度为 a,B图上1′经差的长度为 b,则________。

A. $a > b$
B. $a = b$
C. $a < b$
D. 不能确定

35. 有A、B两张墨卡托图,A图比例尺1: 100000(30°N),B图比例尺1: 200000(30°N),A图上1′经差的长度为 a,B图上1′经差的长度为 b,则________。

A. $a > b$
B. $a = b$
C. $a < b$
D. 不能确定

36. 同一张墨卡托海图上,120°E经线上某一点纬线方向的局部比例尺比125°E经线上某一点纬线方向的局部比例尺________。

A. 大
B. 小

C. 相等　　D. 无法比较

37. 有不同海区的两张墨卡托海图 A 和 B，A 图的纬度范围 30°N—35°N，基准比例尺 1: 300000（基准纬度 30°N）；B 图的纬度范围 35°N—40°N，基准比例尺 1: 300000（基准纬度 30°N）。设 A 图上 121°E 经线和 122°E 经线的图上距离等于 a，在 B 图上 121°E 经线和 112°E 经线的图上距离等于 b，则________。

A. a 和 b 的大小无法比较　　B. $a<b$

C. $a=b$　　D. $a>b$

38. 有 A、B 两张墨卡托海图，A 图上 10°N 纬线到赤道的子午线图长为 601.5 mm，B 图上 10°N 纬线到赤道的子午线图长为 621 mm，则两图的基准比例尺之间的关系为________。

A. A 图一定比 B 图大　　B. B 图一定比 A 图大

C. A 图与 B 图相等　　D. 视两图的基准纬度而定

39. 某墨卡托图上 1′经差的图长为 1 mm，20°N 纬线的局部比例尺为 C_A，10°N 纬线的局部比例尺为 C_B，则________。

A. $C_A>C_B$　　B. $C_B>C_A$

C. $C_A=C_B$　　D. 无法比较

40. 已知墨卡托海图上 10°N 纬线到赤道的子午线图长为 599.1 mm，10°N 纬线上 1′经差的图长为 1 mm，则 10°N 的纬度渐长率 MP 为________。

A. 59.91　　B. 599.1 mm

C. 599.1　　D. 无法计算

41. 已知 A 图上 30°N 纬线到赤道的子午线图长为 1876.9 mm，15°N 纬线上 1′经差的图长为 1 mm，B 图上 10°N 纬线上 1′经差的图长为 0.8 mm，则 B 图上 30°N 纬线到赤道的子午线图长为________。

A. 1876.9 mm　　B. 1501.5 mm

C. 2346.1 mm　　D. 无法计算

42. 已知某墨卡托图上 5°N 纬线到赤道的子午线图长为 596 mm，10°N 纬线上 1′经差的图长为 2 mm，则 5°N 的纬度渐长率 MP 为________。

A. 298 mm　　B. 298

C. 596　　D. 无法计算

43. 已知墨卡托海图 A 图上 5°N 纬线到赤道的子午线图长为 596 mm，5°N 纬线上 1′经差的图长为 2 mm，B 图上 5°N 纬线到赤道的子午线图长为 298 mm，则 B 图的赤道上 1′经差的图长为________。

A. 2 mm　　B. 2cos5° mm

C. 1 mm　　D. 无法计算

44. 若赤道上 1′经度的墨卡托投影图长为 1 cm，则在同一张图上的 60°纬度处的 1′经度的图长与下列哪一值最接近？

A. 1 cm　　B. 2 cm

C. 1.414 cm　　D. 0.5 cm

45. 在同一张墨卡托海图上,设 1855 m 的地面长度的赤道图长为 1 cm,则在 30°纬度线上,1855 m地面长度的图长约为________。

A. 1 cm　　B. 0.866 cm

C. 1.155 cm　　D. 0.5 cm

46. 在同一张墨卡托海图上,设赤道上图长 1 cm 代表地面长度约为 1855 m,则在 30°纬度线上图长 1 cm 约代表地面长度________。

A. 1855 m　　B. 1843 m

C. 1606 m　　D. 2141 cm

47. 若赤道上 1′纬度的墨卡托投影图长为 1 cm,则在同一张图上的 60°纬度处的 1′纬度的图长与下列哪一值最接近?

A. 1 cm　　B. 2 cm

C. 1.414 cm　　D. 0.5 cm

48. 赤道上 1 海里的地面长度约为 1843 m,若投影到墨卡托海图上的图长为 1 cm,则在同一张图上的 60°纬度线上 1 海里的图长与下列哪一值最接近?

A. 1 cm　　B. 2 cm

C. 1.414 cm　　D. 0.5 cm

49. 某墨卡托海图基准比例尺为 1: 50000,该图上某纬线的纬度渐长率为 1500,则该纬线在另一张基准比例尺为 1: 100000 的海图上的纬度渐长率是________。

A. 750　　B. 1500

C. 3000　　D. 无法确定

50. 简易墨卡托图网的特点是________。

A. 将地球当作圆球体　　B. 等纬圈弧长放大了 $\sec\varphi$ 倍

C. 相邻纬线间经线长度放大了 $\sec\varphi_m$ 倍　　D. A + B + C

51. 墨卡托海图的投影方法是________。

A. 等积正圆柱投影　　B. 等积横圆柱投影

C. 等角正圆柱投影　　D. 等角横圆柱投影

52. 制作简易墨卡托图网的基本原理是________。

A. 经差 = 东西距 × sin 中分纬度　　B. 经差 = 东西距 × sec 中分纬度

C. 经差 = 东西距 × sin 平均纬度　　D. 经差 = 东西距 × sec 平均纬度

53. 在简易墨卡托图网上,纬度 1′的长度与 1 赤道里的长度________。

A. 在任何纬度都相等　　B. 在任何纬度都相等

C. 在赤道上相等　　D. 在赤道上不相等

54. 在简易墨卡托图网中,相邻两纬线间的每 1′弧长________。

A. 在任何纬度都相等　　B. 随纬度升高变长

C. 随纬度升高变短　　D. 不能确定

55. 在简易墨卡托图网中,相邻两纬线间经线上任意两点的比例尺________。

A. 相等　　B. 随纬度升高变大

C. 随纬度升高变小　　D. 不能确定

56. 在简易墨卡托图网的制作中，若相邻两经线间的经差为30′，则相邻两纬线间的纬差应为________。

A. 15′　　B. 30′

C. 45′　　D. 60′

57. 在下列哪种情况下，航海员可以自己绘制墨卡托图网使用？

A. 缺少近海航行图　　B. 缺少空白定位图

C. 绘制航行事故分析图　　D. B + C

58. 某轮由45°N纬线先向北航行600 n mile，再分别向东、向南和向西各航行600 n mile，则该轮最终到达点位于其起始点的________。

A. 东面　　B. 西面

C. 同一点　　D. 无法确定

59. 某轮由45°S纬线先向北航行600 n mile，再分别向西、向南和向东各航行600 n mile，则该轮最终到达点位于其起始点的________。

A. 东面　　B. 西面

C. 同一点　　D. 无法确定

60. 纬度渐长率的单位是________。

A. 海里　　B. 赤道里

C. 分　　D. 无单位

61. 某墨卡托海图比例尺为1: 100000(30°N)，在地球表面45°N有一东西宽1000 m的小岛，该小岛投影到上述海图上后的图上宽度约为多少？

A. 9 mm　　B. 10 mm

C. 11 mm　　D. 12 mm

62. 某张简易墨卡托图网的基准纬度为30°N，基准比例尺为1: 100000，则该图上相邻两整度经线之间的距离约为________。

A. 89 cm　　B. 90 cm

C. 96 cm　　D. 101 cm

63. 某轮由赤道先向北航行600 n mile，再分别向东、向南和向西各航行600 n mile，则该轮最终到达点位于其起始点的________。

A. 东面　　B. 西面

C. 同一点　　D. 无法确定

64. 某轮由赤道先向东航行600 n mile，再分别向北、向西和向南各航行600 n mile，则该轮最终到达点位于其起始点的________。

A. 东面　　B. 西面

C. 同一点　　D. 无法确定

65. 某轮由赤道先向南航行600 n mile，再分别向东、向北和向西各航行600 n mile，则该轮最终到达点位于其起始点的________。

A. 东面
B. 西面
C. 同一点
D. 无法确定

66. 某张简易墨卡托图网的基准纬度为45°N,基准比例尺为1: 100000,则该图上相邻两整度经线之间的距离约为________。
A. 78 cm
B. 79 cm
C. 80 cm
D. 81 cm

67. 某张墨卡托海图比例尺为1: 100000(45°N),若图上北纬45°处有一东西宽1 cm的小岛,则该小岛在地面上的实际宽度为________。
A. 500 m
B. 707 m
C. 1000 m
D. 2000 m

68. 1赤道里的地面长度约为1855 m,若投影到墨卡托海图上的赤道图长为1 cm,则在同一张图上该地面长度在60°纬度线上的图长与下列哪一值最接近?
A. 1 cm
B. 2 cm
C. 1.414 cm
D. 0.5 cm

69. 赤道上1′经度的地面长度约为1855m,若投影到墨卡托海图上的赤道图长为1 cm,则在同一张图上的60°纬度线上1′经度的图长与下列哪一值最接近?
A. 1 cm
B. 2 cm
C. 1.414 cm
D. 0.5 cm

70. 在同一张墨卡托海图上,1′经度的图长________。
A. 随着纬度的升高而渐长
B. 随着纬度的升高而变短
C. 处处等长
D. 以上都有可能

71. 设A图的比例尺为1: 750000(30°N),B图为1: 1500000(30°N),已知某一纬度的纬度渐长率$MP=904.5$,若A图上该纬线到赤道的子午线图长为X_A cm,则B图上该纬度线到赤道的子午线图长X_B等于________。
A. X_A cm
B. $1/2X_A$ cm
C. $2X_A$ cm
D. 不可比较

二、简答题

1. 试述恒向线的定义及性质。
2. 航用海图需具备哪些条件?墨卡托海图是如何满足这些条件的?
3. 什么是纬度渐长率和纬度渐长率差?
4. 试述墨卡托海图的特点。
5. 试述空白海图的特点和作用。

参考答案

1.B	2.D	3.D	4.D	5.C	6.A	7.C	8.A	9.B	10.B
11.D	12.D	13.D	14.C	15.C	16.C	17.B	18.A	19.B	20.A
21.C	22.A	23.C	24.C	25.C	26.D	27.B	28.C	29.D	30.C
31.D	32.D	33.B	34.A	35.A	36.D	37.C	38.D	39.A	40.C
41.B	42.B	43.C	44.A	45.C	46.C	47.B	48.B	49.B	50.D
51.C	52.D	53.C	54.A	55.A	56.B	57.D	58.A	59.A	60.B
61.D	62.C	63.A	64.B	65.A	66.B	67.C	68.B	69.A	70.C
71.B									

部分答案解析

18.（53 题参见本题解析）地球作为圆球体时，1 海里 =1 赤道里，且经线和纬线方向比例尺相等，赤道上无纬度渐长现象，所以图长相等。

20.（23、24、49 题参见本题解析）纬度渐长率只和纬度的大小有关，与其他因素无关。

22. 纬线到赤道的图长为 $MP \times e$，所以两纬线间的图长等于 $MP_1 \times e - MP_2 \times e = DMP \times e$。

32.（37 题参见本题解析）基准比例尺与基准纬度有关，基准纬度不同，比准比例尺无法直接比较。

33.（34、35 题参见本题解析）同一墨卡托海图上，1′经差的长度处处相等。不同墨卡托海图若同一纬度处的比例尺相等，两图的 1′经差图长相等，同一纬度处比例尺大的海图 1′经差图长也大。本题两图基准纬度都为 30°，且比例尺相等，故 1′经差图长相等。34 题 A 图比例尺 1:100000(30°N)，根据墨卡托海图的特点，该图 35°纬度处的比例尺应大于该值，即大于 B 图的比例尺。

38. 同一墨卡托海图不同纬度处的比例尺是不同的，要比较两张图的基准比例尺，必须已知两图的基准纬度，否则无法比较。

41.（43、70 题参见本题解析）根据纬度渐长率定义，$MP_{30} = 1876.9\ \text{mm} \div 1\ \text{mm} = 1876.9$，所以 B 图 30°纬线到赤道的图长为 $1876.9 \times 0.8\ \text{mm} = 1501.5\ \text{mm}$。70 题里 $e_A = 2e_B$。

44.（69、70 题参见本题解析）墨卡托海图上，等经差的图长处处相等。

45.（46 ~ 48 题参见本题解析）此题考的是大小弧长之间的关系、比例尺与纬度间的关系以及等经差的距离图长相等。根据大小弧长之间的关系：$ab/AB = \cos\varphi$，且 ab 与 AB 的图长相等。因此比例尺 $C_\varphi / C_{赤道} = 1/\cos\varphi$，所以实地长度相等时，30°处图长/赤道图长 = $C_{30°}/C_{赤道} = 1/\cos 30°$。

49. 墨卡托海图同一纬度的纬度渐长率相等，与海图比例尺无关。

54.（55 题参见本题解析）简易墨卡托图网中相邻两纬线间的总体放大倍数取的是 $\sec\varphi_m$，因此相邻纬线之间每一段的放大倍数都是相等的，比例尺也是相等的。

58.（59、63 ~ 65 题参见本题解析）考点是大小弧长之间的关系，经差相等时，纬度越高实际距离越短；实际距离相等时，纬度越高，跨越的经差越大。可通过画图帮助解题。

67. 本题考点包括大小弧长之间的关系、不同纬度处比例尺之间的关系、墨卡托海图等经差的图长相等。1 赤道里 =1 海里 =1852 米。$C\varphi_1 / C\varphi_2 = \cos\varphi_2 / \cos\varphi_1 = \sec\varphi_1 / \sec\varphi_2$。图长 = 实际长

度×比例尺。可以通过画图帮助理解。

第三节　大圆海图

一、选择题

1. 在大圆海图上,大圆弧为直线,恒向线则为曲线。在北半球恒向线为________的曲线。
   A. 凸向南极　　B. 凸向赤道
   C. 凸向北极　　D. 凸向任意方向
2. 在大圆海图上,大圆弧为直线,恒向线则为曲线。在南半球恒向线为________的曲线。
   A. 凸向南极　　B. 凸向赤道
   C. 凸向北极　　D. 凸向任意方向
3. 墨卡托海图上,在南半球大圆弧为________。
   A. 凸向南极的曲线　　B. 凸向赤道的曲线
   C. 凸向南极的折线　　D. 直线
4. 从构制图网的方法来说,大圆海图属于________。
   A. 平面投影　　B. 圆锥投影
   C. 圆柱投影　　D. 条件投影
5. 大圆海图的投影方法属于________。
   A. 心射平面投影　　B. 极射平面投影
   C. 外射平面投影　　D. 等角平面投影
6. 平面投影的形式有________。
   Ⅰ. 日晷;Ⅱ. 高斯;Ⅲ. 墨卡托;Ⅳ. 极射
   A. Ⅰ,Ⅱ,Ⅳ　　B. Ⅰ,Ⅱ,Ⅲ
   C. Ⅱ,Ⅲ,Ⅳ　　D. Ⅰ,Ⅳ
7. 关于大圆海图投影方法表述正确的是________。
   A. 大圆海图是视点在球心的等角投影,投影面与球面相离
   B. 大圆海图是心射平面投影,投影平面与球面相切
   C. 大圆海图是极射平面投影,投影平面与球面相切
   D. 大圆海图是外射平面投影,投影平面与球面相割
8. 平面心射投影图上,如果纬线是以极点为圆心的同心圆弧,则投影平面与________相切。
   A. 赤道　　B. 地极
   C. 某一子午线　　D. 某一等纬圈
9. 下列说法中,哪项是错误的?

A. 大圆海图上,任意两点间的直线均为大圆弧

B. 墨卡托海图上,任意两点间直线均为恒向线

C. 墨卡托海图上,某两点间直线可能是大圆弧

D. 在墨卡托海图和大圆海图上,两点间直线均为最短航程航线

10. 心射平面投影图上,经线为南北向相互平行的直线,则投影面与________相切。

A. 赤道　　B. 地极

C. 某一子午线　　D. 某一等纬圈

11. 在大圆海图上,下列哪个不是直线?

A. 赤道　　B. 任意大圆

C. 任意子午线　　D. 任意等纬圈

12. 平面心射投影,以赤道为切点,则________。

A. 经线为南北向相互平行的直线,越远离切点,越稀疏

B. 经线为南北向相互平行的直线,越远离切点,越密集

C. 经线为东西向相互平行的直线,越远离切点,越稀疏

D. 经线为东西向相互平行的直线,越远离切点,越密集

13. 在大圆海图上能直接量取________。

A. 物标的方位　　B. 物标的经、纬度

C. 两点间的距离　　D. 两点间的航向

14. 关于大圆海图的说法,何者正确?

A. 大圆海图非等角投影,一般不能直接在图上量取方向和夹角

B. 同纬度处变形不同,一般不能直接在图上量取距离

C. A、B 都对

D. A、B 都错

15. 关于大圆海图的说法,何者正确?

A. 大圆海图非等角投影,一般不能直接在图上量取方向和夹角

B. 同纬度处变形不同,一般不能直接在图上量取距离和某点的经纬度

C. A、B 都对

D. A、B 都错

二、简答题

1. 大圆海图的投影方式是什么?有何特点和使用注意事项?

参考答案

1. B　2. B　3. A　4. A　5. A　6. D　7. B　8. B　9. D　10. A

11. D　12. A　13. B　14. C　15. A

第四节　其他航用海图

一、选择题

1. 高斯投影,即高斯－克吕格投影,在航海上适宜用来绘制________。
   A. 经差小、纬差大的狭长区域的海图
   B. 高纬地区海图
   C. 大比例尺港泊图
   D. 以上均是
2. 高斯投影的投影方式为________。
   A. 圆柱投影　B. 圆锥投影
   C. 平面投影　D. 条件投影
3. 高斯投影中,地轴与其投影面圆柱轴的相互位置关系为________。
   A. 斜交　B. 垂直
   C. 重合　D. 平行
4. 大比例尺港泊图可以采用下列哪种投影方式?
   A. 高斯投影　B. 平面图
   C. 心射投影　D. 以上都可
5. 在用平面图制作的大比例尺港泊图中,图上任意两点的局部比例尺________。
   A. 相等　B. 随纬度升高变大
   C. 随纬度升高变小　D. 不能确定
6. 关于高斯投影,下列说法不正确的是________。
   A. 将地球当作椭圆体　B. 地轴与圆柱轴垂直
   C. 投影圆柱面与某子午面相切　D. 赤道投影后是一条直线
7. 以下关于高斯投影比例尺的说法中,正确的是________。
   A. 同一条子午线上局部比例尺相等　B. 各点局部比例尺相等
   C. 距离轴子午线越远 长度变形越大　D. 同一条纬线上的局部比例尺相等
8. 高斯投影图上有两种图网,经纬线图网和公里线图网,下列说法不正确的是________。
   A. 公里线图网垂直正交　B. 经纬线图网垂直正交
   C. 轴子午线和赤道垂直正交　D. 经纬线均被投影成曲线
9. 高斯投影仅适宜用来描绘轴子午线________的狭长地带。
   A. 经差大、纬差小　B. 经差小、纬差大
   C. 经差大、纬差大　D. 经差小、纬差小

10. 高斯投影是将地球当作________,以圆柱面作为辅助面的一种投影手段。

A. 圆球体　　B. 椭圆体

C. 椭球体　　D. 任意球体

11. 在心射平面投影图上________。

A. 所有子午线是由极向外辐射的直线　　B. 所有子午线是南北向平行的直线

C. 大圆弧为直线,恒向线均为曲线　　D. A、B 都可能

12. 海图按作用可分为________。

Ⅰ. 纸海图;Ⅱ. 电子海图;Ⅲ. 航用海图;Ⅳ. 参考图

A. Ⅰ,Ⅱ　　B. Ⅲ,Ⅳ

C. Ⅰ,Ⅲ　　D. Ⅱ,Ⅳ

13. 概括描绘了相应海区的总貌,比例尺小于 1: 3000000,图上主要表示海区范围、陆地地貌、港湾、岛屿、海峡、水道、水深、海底地貌、灯塔和地名要素以及与海岸有一定距离的航海危险物的海图属________。

A. 海区总图　　B. 航行图

C. 港湾图　　D. 参考图

14. 主要供研究海区形势及拟订航行计划使用的海图叫作________。

A. 海区总图　　B. 航行图

C. 港湾图　　D. 参考图

15. 比例尺介于 1: 100000 ~ 1: 2990000 万,图上主要表示与近海航行有关的航道、水深、陆地地貌、显著目标、助航设备、海洋水文和海底地貌地形等要素,设置在港湾内、从外海看不到航标没有画出,除岸边的浅滩和礁石可忽略不计外、应详细记载所有外海的航海危险物的海图叫作________。

A. 海区总图　　B. 航行图

C. 港湾图　　D. 参考图

16. 主要供船舶在海上航行使用,也可供海洋调查、海洋研究参考使用的海图叫做________。

A. 海区总图　　B. 航行图

C. 港湾图　　D. 参考图

17. 比例尺一般大于 1: 100000,图上以表示港湾、锚地为主,详细表示海岸的性质、水深、底质、航行障碍物、助航设备、港湾设施、锚地、港区界限和港务机关等要素,并附有潮信表的海图叫作________。

A. 海区总图　　B. 航行图

C. 港湾图　　D. 参考图

18. 主要供船舶进出港湾、避风锚地、停靠驻泊时使用,也可用于码头装卸作业和港湾施工建设等方面工作的海图叫作________。

A. 海区总图　　B. 航行图

C. 港湾图　　D. 参考图

19. 下列哪种海图不属于航海图?

A. 总图
B. 航行图
C. 参考图
D. 港湾图

20. 下列哪种(些)投影方法可以用来绘制航用海图?
A. 等角正圆柱投影
B. 等角横圆柱投影
C. A、B 都对
D. A、B 都错

二、简答题

1. 试述高斯海图的特点和作用。
2. 简要说明海图的分类。

参考答案

1. D	2. A	3. B	4. D	5. A	6. A	7. C	8. B	9. B	10. A
11. D	12. B	13. A	14. A	15. B	16. B	17. C	18. C	19. C	20. C

第五节　海图识读、管理与使用

一、选择题

1. 海图高程基准面通常作为海图上所标________等高程的起算面。
A. 山头
B. 岛屿
C. 明礁
D. 以上都是

2. 海图深度基准面通常是海图所标________的起算面。
A. 水深
B. 干出高度
C. 净空高度
D. A 或 B

3. 中版海图,我国沿海系统测量区域采用________为深度基准。
A. 理论最低潮面
B. 天文最低潮面
C. 平均大潮低潮面
D. 平均低低潮面

4. 中版海图通常采用________作为高程基准面。
A. 1985 国家高程基准面
B. 当地平均海面
C. 平均大潮高潮面
D. A 或 B

5. 英版海图通常采用________为深度基准。
A. 理论最低潮面
B. 天文最低潮面

C. 平均大潮低潮面　　D. 平均低低潮面

6. 我国海图深度基准面 CD 采用理论最低潮面，不宜过高或过低，下列说法正确的是________。

A. 海图基准面 CD 过低即 CD 值过大，海图上标注的水深值偏大，实际水深可能小于海图水深，易于误导航海人员

B. 海图基准面 CD 过高即 CD 值过小，海图上标注的水深值偏大，实际水深可能小于海图水深，易于误导航海人员

C. 海图基准面 CD 过低即 CD 值过小，海图上标注的水深值偏小，实际水深可能大于海图水深，易于造成航海人员心理恐惧

D. 海图基准面 CD 过高即 CD 值过小，海图上标注的水深值偏小，实际水深可能大于海图水深，易于造成航海人员心理恐惧

7. 英版海图如用平均海面代替海图深度基准面会有什么影响？

A. 海图上标注的水深值偏大，实际水深可能小于海图水深，易于误导航海人员

B. 海图上标注的水深值偏小，实际水深可能大于海图水深，易造成航海人员心理恐惧

C. 海图水深偏大，有利于航行

D. 海图水深偏小，不利于航行

8. 某张英版海图标题栏有如下内容："depth are reduced to chart datum, which is approximately the level of lowest astronomical tide"，表明该海图________。

A. 深度基准面与潮高基准面相同　　B. 水深随天文潮汐减小

C. 水深随天文潮变化　　D. 深度基准面为天文最低潮面

9. 英版海图通常采用________作为高程基准面。

A. 平均大潮高潮面　　B. 平均高高潮面

C. 当地平均海面　　D. 以上都可能

10. 海图基准面包括________。

A. 潮高基准面　　B. 高程基准面

C. 平均海面　　D. 平均高高潮面

11. 某张英版海图标题栏有如下内容："all heights are above mean height water spring"，表明该海图________。

A. 深度基准面与潮高基准面相同　　B. 海图标注的高程在平均大潮高潮面以上

C. 水深随天文潮变化　　D. 深度基准面为天文最低潮面

12. 在能见度良好的白天，某轮在海上航行，根据海图资料计算的地理能见距离为 12 海里，该轮驾驶员用肉眼发现某岛时距该岛 14 海里，则下列说法正确的是________。

A. 当时的海面低于高程基准面　　B. 当时的海面高于高程基准面

C. 当时的海面高于水深基准面　　D. 当时的海面低于水深基准面

13. 等高线中心的圆点表示什么？

A. 山高高程点　　B. 山体中心

C. 高程未知　　D. 海图作业点

14. 中版海图上的山头、岛屿及明礁的高程大于 10 m，高程注记精确到________。

A. 0.5 m
B. 整米
C. 0.05 m
D. 0.1 m

15. 英版海图中,明礁的起算面可能是________。

Ⅰ. 平均大潮高潮面;Ⅱ. 平均高高潮面;Ⅲ. 平均海面

A. Ⅰ
B. Ⅱ
C. Ⅲ
D. Ⅰ,Ⅱ,Ⅲ

16. 海图标题栏通常包括下列哪些内容?

Ⅰ. 图名;Ⅱ. 图号;Ⅲ. 图幅;Ⅳ. 比例尺;Ⅴ. 计量单位;Ⅵ. 出版和发行情况

A. Ⅰ,Ⅱ,Ⅲ,Ⅳ
B. Ⅰ,Ⅱ,Ⅲ,Ⅳ,Ⅴ
C. Ⅰ,Ⅳ,Ⅴ
D. Ⅱ,Ⅲ,Ⅵ

17. 海图标题栏通常包括下列哪些内容?

Ⅰ. 图名;Ⅱ. 图号;Ⅲ. 图幅;Ⅳ. 比例尺;Ⅴ. 计量单位;Ⅵ. 主要注意和警告;Ⅶ. 投影原理

A. 除Ⅱ外
B. 除Ⅵ外
C. 除Ⅵ,Ⅶ外
D. 除Ⅱ,Ⅲ外

18. 海图图幅是指________。

A. 海图图纸的尺寸
B. 海图内廓界限尺寸
C. 海图外廓界限尺寸
D. 印刷海图的图版尺寸

19. 海图图廓注记通常包括下列哪些内容?

Ⅰ. 图名;Ⅱ. 图号;Ⅲ. 图幅;Ⅳ. 小改正;Ⅴ. 出版和发行情况;Ⅵ. 重要注意和警告;Ⅶ. 坐标系说明

A. Ⅰ,Ⅱ,Ⅲ,Ⅳ
B. Ⅱ,Ⅲ,Ⅳ,Ⅴ
C. Ⅲ,Ⅳ,Ⅴ,Ⅵ
D. Ⅳ,Ⅵ,Ⅶ

20. 在中版海图上,海图的图号在________。

A. 左下角
B. 四个角都有
C. 右下角
D. 左上角、右下角

21. 在英版海图上,海图的图号在________。

A. 左下角
B. 四个角都有
C. 右下角
D. 左上角和右下角

22. 海图右下角(980 mm×480 mm)表示的是________。

A. 图号
B. 图幅
C. 小改正
D. 比例尺

23. 要查阅某张海图的新版发行情况应查阅该图的________。

A. 海图标题栏
B. 海图右下角
C. 海图左下角
D. 图廓外下边中间偏右侧位置

24. 某张海图的深度和高程基准面可在下列哪种资料中查取?

A.《航海图书总目录》
B. 海图图廓注记中
C. 海图标题栏内
D.《航路指南》中

25. 下列哪项不是海图标题栏的主要内容？

A. 图名　　B. 图幅位置

C. 比例尺与基准纬度　　D. 本图的改版日期

26. 关于海图标题栏中用红色印刷的部分,说法正确的是________。

A. 为了将不同的内容分开,方便阅读　　B. 与航行安全有关,应重点关注

C. 是制图美观的需要　　D. 是海图出版后的补充小改正

27. 当制作海图所用的测地系统和 GPS 的测地系统不同时,GPS 的经纬度读数要经过修正后才能在海图上定出 GPS 船位,此修正值可在________查得。

A. GPS 接收机的使用说明书　　B. GPS 接收机的操作面板上

C. 海图标题栏附近　　D. 海图图框外的右下角

28. 卫星定位仪采用的坐标系与海图不一致,从________查取。

A. 卫星定位仪说明书　　B. 海图标题栏

C. 无线电信号表　　D. 航路指南

29. GPS 说明书中的坐标系与海图坐标系不一致,在 ________查取修正值。

A. 海图标题栏　　B. 海图图廓

C. 无线电信号表第二卷　　D. 总目录

30. 有关卫星船位经纬度的修正资料,通常刊印在海图何处？

A. 图名上方　　B. 图廓外上方

C. 图廓外下方　　D. 海图标题栏的"注意(Note)"栏中

31. 下列哪种海图不属于新图？

A. 新米制海图　　B. 代替同图号的新图

C. 新版图　　D. 英国复制的澳大利亚和新西兰的海图

32. 某船 2006 年 7 月在大洋中航行,在远洋航行图上查得的磁差资料为 3° W(5′ E) ,数据的测量年份为 1996 年,则该船当时的 Var. 应为________。

A. 2°10′E　　B. 3°50′W

C. 2°10′W　　D. 3°50′E

33. 某船 2006 年 7 月在大洋中航行,船舶航行在两曲线之间,与曲线 1 的距离是曲线 2 的两倍,曲线 1 的数据为 0° (3′ W) ,曲线 2 的数据为 1° E(3′ W) ,查得这些数据的测量年份为 1996 年,则按正确的算法,该船当时的 Var. 应为________。

A. 0°30′W　　B. 0°30′E

C. 0°10′E　　D. 0°10′W

34. 在大洋航行,使用了具有 3° W(5′ E) 资料的海图,试问,从何处可找得这些数据的测量年份？

A. 海图图框外右下角　　B. 曲线附近

C. 海图标题栏　　D. 资料长年使用,不标注测量年份

35. 灯高的起算面通常是________。

A. 平均高高潮面　　B. 平均大潮高潮面

C. 海图深度基准面　　D. A 或 B

36. 海图上何种等高线为草绘等高线(山形线),表示地貌测绘或编绘的精度不符合规范要求?

A. 用虚线描绘的等高线　　B. 用实线描绘的等高线

C. 无高程的等高线　　D. A + C

37. 海图上所标比高是指________。

A. 海底至物标顶端的高度　　B. 高程基准面至物标顶端的高度

C. 高程基准面至物标基部地面的高度　　D. 物标基部地面至其顶端的高度

38. 海图上所标干出高度是指________。

A. 物标高出海底的高度　　B. 海图深度基准面以上的高度

C. 平均海面以上的高度　　D. 平均大潮高潮面以上的高度

39. 建筑物(如塔形建筑物)符号旁所标带括号的数字,通常是指建筑物的________,即自高程基准面至建筑物________的高度。

A. 地面高程;基部地面　　B. 顶高;顶端

C. 顶高;基部地面　　D. 比高;顶端

40. 建筑物(如塔形建筑物)符号旁所注高程,通常是指建筑物的________,即自高程基准面至建筑物________的高度。

A. 地面高程;基部地面　　B. 顶高;顶端

C. 顶高;基部地面　　D. 比高;顶端

41. 通常情况下,实际灯高与图注灯高之差________。

A. 大于 0　　B. 小于 0

C. 等于 0　　D. 无法确定

42. 下列哪种礁石以高程基准面作为起算面?

A. 干出礁　　B. 暗礁

C. 明礁　　D. 适淹礁

43. 下列哪种高度以深度基准面作为起算面?

A. 山高　　B. 灯高

C. 桥高　　D. 干出礁高

44. 通常情况下,物标的实际高度比英版海图所标注的高程________。

A. 大　　B. 小

C. 不一定　　D. 无法确定

45. 通常情况下,物标是实际高度比中版海图所标注的高程________。

A. 大　　B. 小

C. 不一定　　D. 无法确定

46. 中版海图所标架空管道、电线等的高度是自________到管线下垂最低点的垂直距离。

A. 平均大潮高潮面　　B. 江河高水位

C. 设计最高通航水位　　D. 以上都可能

47. 中版海图所标净空高度是指从________至桥下净空宽度中下梁________的垂直距离。

A. 平均大潮高潮面或江河高水位;最高点

B. 平均高高潮面或当地平均海面;最高点

C. 平均高高潮面或当地平均海面;最低点

D. 平均大潮高潮面或江河高水位;最低点

48. 图式“♁(20)”中,数字 20 是指该塔形物标的________,即自________至________的高度。

A. 地面高程;高程基准面;基部地面　　B. 顶高;高程基准面;物标顶端

C. 顶高;高程基准面;基部地面　　D. 比高;基部地面;物标顶端

49. 同一物标在中版海图上标注的高程比在英版海图上标注的高程________。

A. 大　　B. 小

C. 一样大　　D. 无法确定

50. 在米制海图上,下列高程标注正确的是________。

A. 11(m)　　B. 10(km)

C. 7.18(m)　　D. 11.5(m)

51. 通常情况下,实际水深与图注水深之差________。

A. 大于 0　　B. 小于 0

C. 等于 0　　D. 无法确定

52. 海图水面处带下划线的数字表示________。

A. 干出高度

B. 深度不准或采自旧水深资料或小比例尺图的水深

C. 测到一定深度尚未着底的深度

D. 实测水深或小比例尺海图上所标水深

53. 海图水面处所标水深注记“$\overset{\bullet}{\overline{198}}$”表示________。

A. 干出高度

B. 深度不准或采自旧水深资料或小比例尺图的水深

C. 测到所标深度尚未着底的深度

D. 实测水深或小比例尺海图上所标水深

54. 海图水面处斜体数字注记的水深数字表示________。

A. 干出高度

B. 深度不准或采自旧水深资料或小比例尺图的水深

C. 测到一定深度尚未着底的深度

D. 实测水深或小比例尺海图上所标水深

55. 海图水面处直体数字注记的水深数字表示________。

A. 干出高度

B. 深度不准或采自旧水深资料或小比例尺图的水深

C. 测到一定深度尚未着底的深度

D. 实测水深或小比例尺海图上所标水深

56. 海图水面空白区域,表示该区________。

A. 不存在航海危险,没有必要测量
B. 经过测量,其内水深足够,无须标注
C. 未经详细测量,应视为不可靠区域
D. 航海危险区

57. 中版海图水深大于31 m的,水上注记注至________。
A. 0.1 m　B. 0.5 m
C. 整米　D. 1 cm

58. 中版海图水深浅于21 m的,水上注记注至________。
A. 0.1 m　B. 0.5 m
C. 整米　D. 1 cm

59. 中版海图水深在21~31 m的,水上注记注至________。
A. 0.1 m　B. 0.5 m
C. 整米　D. 1 cm

60. 海图上 15_4表示________。
A. 未测到底的水深　B. 水深精度高
C. 未精测或资料来自小比例尺海图　D. 新测水深

61. 中版海图水深的取值原则________。
A. 四舍五入　B. 舍深取浅
C. 取整米　D. 保留两位小数

62. 海图图式"S"表示该区地质为________。
A. 沙　B. 泥
C. 淤泥　D. 岩石

63. 海图图式"M"表示该区地质为________。
A. 沙　B. 泥
C. 淤泥　D. 岩石

64. 海图图式"Si"表示该区地质为________。
A. 沙　B. 泥
C. 淤泥　D. 岩石

65. 海图图式"R"表示该区地质为________。
A. 沙　B. 泥
C. 淤泥　D. 岩石

66. 海图图式"SoM"表示该区地质为________。
A. 软泥　B. 粗沙
C. 淤泥　D. 岩石

67. 海图图式"CS"表示该区地质为________。
A. 软泥　B. 粗沙
C. 淤泥　D. 岩石

68. 中版海图底质注记中，缩写“泥沙”表示________。
A. 沙泥混合底质，其主要成分为泥多沙少
B. 沙泥混合底质，其主要成分为沙多泥少
C. 沙泥混合底质，其上层为泥下层为沙
D. 沙泥混合底质，其上层为沙下层为泥
69. 中版海图底质注记中，缩写“泥·沙·贝”表示________。
A. 泥、沙、贝的混合底质，其中主要成分为泥
B. 泥、沙、贝的混合底质，最上层为泥
C. 泥、沙、贝的混合底质，其中主要成分为贝
D. 泥、沙、贝的混合底质，最上层为贝
70. 中版海图底质注记中，缩写“软泥(15)沙(15)”表示________。
A. 底质在 15 m 时是沙，以下是软泥
B. 底质在 15 m 时是软泥，以下是沙
C. 底质软泥厚 15 m，沙厚 15 m
D. 沙泥混合底质，厚 15 m
71. 在中版海图中底质的注记方法是________。
A. 在图中海底性质的下面标注着水深
B. 海底的性质通常在海图中的“海图标题栏”中予以说明
C. 在图上水深数字下面，注明海底的性质
D. 在图中海底性质通常以不同图式予以说明
72. 下面哪一关于在中版海图中底质的注记顺序的描述是错误的？
A. 先形容词后底质种类
B. 混合底质，则应先写成分多的，后写成分少的
C. 上为海底的性质，下为海水深度
D. 不同深层底质，先上层及其深度，再下层
73. 哪一关于在中版海图中标注底质的目的的描述是错误的？
A. 为测深　　B. 为避搁浅
C. 为辨位　　D. 为选择锚地
74. 凡危险物外加点线圈者，表示________。
A. 对水面航行有碍的危险物　　B. 位置未经精确测量的危险物
C. 危险物的位置有疑位　　D. 危险物的存在有疑位
75. 英版海图通常采用________为海图水深的单位。
A. 米制海图用 m，拓制海图用 ft　　B. 米制海图用 m，拓制海图用 fm
C. 米制海图用 fm，拓制海图用 fm 和 ft　　D. 米制海图用 m，拓制海图用 fm 和 ft
76. 英版海图图式中，缩写“SD”是指________。
A. 礁石、浅滩等的存在有疑问　　B. 深度可能小于已注明的水深注记
C. 对危险物的位置有怀疑　　D. 危险物的位置未经精确测量

77. 海图底质注记中,缩写“M / S”表示________。

A. 分层底质,上层为沙,下层为泥
B. 分层底质,上层为泥,下层为沙
C. 沙的成分多于泥的成分的混合底质
D. 泥的成分多于沙的成分的混合底质

78. 海图底质注记中,缩写“M. S.”表示________。

A. 分层底质,上层为沙,下层为泥
B. 分层底质,上层为泥,下层为沙
C. 沙的成分多于泥的成分的混合底质
D. 泥的成分多于沙的成分的混合底质

79. 下列关于底质的标注原则,正确的是________。

A. 先注明颜色,再形容词,然后是底质的种类
B. 先注明底质的种类,后写形容词
C. 两种混合底质先写成分少的后写多的
D. 分层的底质先写下层后写上层

80. 下列底质的注记中,哪个是正确的?

A. 沙黄
B. 粗黄沙
C. 黄粗沙
D. 沙粗黄

81. 下列底质的注记中,哪个是正确的?

A. 泥黑
B. 软黑泥
C. 黑软泥
D. 软黑泥

82. 英版海图图式“Co”表示________。

A. 贝壳
B. 黏土
C. 珊瑚
D. 泥

83. 英版海图图式“Cy”表示________。

A. 贝壳
B. 黏土
C. 珊瑚
D. 泥

84. 英版海图图式“Sh”表示________。

A. 贝壳
B. 黏土
C. 珊瑚
D. 泥

85. 暗礁是指________。

A. 平均大潮高潮时露出的孤立岩石
B. 平均大潮高潮面下,深度基准面以上的孤立岩石
C. 深度基准面适淹的礁石
D. 深度基准面以下的孤立岩石

86. 干出礁是指________。

A. 平均大潮高潮时露出的孤立岩石
B. 平均大潮高潮面下,深度基准面以上的孤立岩石
C. 深度基准面适淹的礁石
D. 深度基准面以下的孤立岩石

87. 明礁是指________。

A. 平均大潮高潮时露出的孤立岩石
B. 平均大潮高潮面下,深度基准面以上的孤立岩石

C. 深度基准面适淹的礁石

D. 深度基准面以下的孤立岩石

88. 适淹礁是指________。

A. 平均大潮高潮时露出的孤立岩石

B. 平均大潮高潮面下，深度基准面以上的孤立岩石

C. 深度基准面适淹的礁石

D. 深度基准面以下的孤立岩石

89. 中版海图图式“桅”表示________。

A. 仅桅杆露出深度基准面的沉船　　B. 已知最浅深度的沉船

C. 经扫海（或潜水探测）的最浅深度沉船　　D. 未经精确测量，最浅水深不明的沉船

90. 中版海图图式“”表示________。

A. 危险沉船，水深≤20 m　　B. 危险沉船，水深≤28 m

C. 非危险沉船，水深＞20 m　　D. 非危险沉船，水深＞28 m

91. 中版海图图式“27 船”表示________。

A. 仅桅杆露出深度基准面的沉船　　B. 已知最浅深度的沉船

C. 经扫海（或潜水探测）的最浅深度沉船　　D. 未经精确测量，最浅水深不明的沉船

92. 中版海图图式“27 船”表示________。

A. 仅桅杆露出深度基准面的沉船

B. 已知最浅深度的沉船

C. 经扫海（或潜水探测）测量的最浅深度沉船

D. 未经精确测量，最浅水深不明的沉船

93. 中版海图图式“”表示________。

A. 危险沉船，水深≤20 m　　B. 危险沉船，水深≤28 m

C. 非危险沉船，水深＞20 m　　D. 非危险沉船，水深＞28 m

94. 中版海图图式“27 船”表示________。

A. 仅桅杆露出深度基准面的沉船　　B. 已知最浅深度的沉船

C. 经扫海（或潜水探测）的最浅深度沉船　　D. 未经精确测量，最浅水深不明的沉船

95. 中版海图图式“23 岩”表示________。

A. 适淹礁　　B. 深度不明危险暗礁

C. 已知深度危险暗礁　　D. 非危险暗礁

96. 中版海图图式“* (1₂)”或“(*) (1₂)”表示________。

A. 干出礁　　B. 适淹礁

C. 危险暗礁　　D. 非危险暗礁

97. 中版海图图式“*”或“(*)”表示________。

A. 干出礁　　B. 适淹礁

C. 危险暗礁　　D. 非危险暗礁

98. 中版海图图式“+”或“(+)”表示________。

A. 适淹礁
B. 深度不明危险暗礁
C. 已知深度危险暗礁
D. 非危险暗礁

99. 中版海图图式“+ (4,)”或“⁺ (4)”表示________。
A. 适淹礁
B. 深度不明危险暗礁
C. 已知深度危险暗礁
D. 非危险暗礁

100. 中版海图图式中,缩写“疑位”是指________。
A. 礁石、浅滩等的存在有疑问
B. 深度可能小于已注明的水深注记
C. 对危险物的位置有怀疑
D. 危险物的位置未经精确测量

101. 英版海图图式“ Masts”表示________。
A. 仅桅杆露出深度基准面的沉船
B. 已知最浅深度的沉船
C. 经扫海(或潜水探测)的最浅深度沉船
D. 未经精确测量,最浅水深不明的沉船

102. 英版海图图式“25 Wk”表示________。
A. 仅桅杆露出深度基准面的沉船
B. 已知最浅深度的沉船
C. 经扫海(或潜水探测)的最浅深度沉船
D. 未经精确测量,最浅水深不明的沉船

103. 英版海图图式“”表示________。
A. 危险沉船,水深≤20 m
B. 危险沉船,水深≤28 m
C. 非危险沉船,水深>20 m
D. 非危险沉船,水深>28 m

104. 英版海图图式“25 Wk”表示________。
A. 仅桅杆露出深度基准面的沉船
B. 已知最浅深度的沉船
C. 经扫海(或潜水探测)的最浅深度沉船
D. 未经精确测量,最浅水深不明的沉船

105. 英版海图图式“20 Wk”表示________。
A. 仅桅杆露出深度基准面的沉船
B. 已知最浅深度的沉船
C. 经扫海(或潜水探测)的最浅深度沉船
D. 未经精确测量,最浅水深不明的沉船

106. 英版海图图式“”表示________。
A. 危险沉船,水深≤20 m
B. 危险沉船,水深≤28 m
C. 非危险沉船,水深>20 m
D. 非危险沉船,水深>28 m

107. 英版海图图式“ (1₆)”或“ Dr 1.6m”表示________。
A. 干出礁
B. 适淹礁
C. 危险暗礁
D. 非危险暗礁

108. 英版海图图式“ ”或“”表示________。
A. 干出礁
B. 适淹礁
C. 危险暗礁
D. 非危险暗礁

109. 英版海图图式“+”或“⁺”表示________。
A. 适淹礁
B. 深度不明危险暗礁
C. 已知深度危险暗礁
D. 非危险暗礁

110. 英版海图图式“+ (4,)”或“⁺ (4)”表示________。
A. 适淹礁
B. 深度不明危险暗礁

C. 已知深度危险暗礁　　D. 非危险暗礁

111. 英版海图图式中，缩写“WK”代表________。

A. 沉船　　B. 灯塔

C. 大型助航浮标　　D. 深吃水航路

112. 英版海图图式中，缩写“ED”是指________。

A. 礁石、浅滩等的存在有疑问　　B. 深度可能小于已注明的水深注记

C. 对危险物的位置有怀疑　　D. 危险物的位置未经精确测量

113. 英版海图图式中，缩写“PA”是指________。

A. 礁石、浅滩等的存在有疑问　　B. 深度可能小于已注明的水深注记

C. 对危险物的位置有怀疑　　D. 危险物的位置未经精确测量

114. 英版海图图式中，缩写“PD”是指________。

A. 礁石、浅滩等的存在有疑问　　B. 深度可能小于已注明的水深注记

C. 对危险物的位置有怀疑　　D. 危险物的位置未经精确测量

115. 中版海图图式中，缩写“概位”是指________。

A. 礁石、浅滩等的存在有疑问　　B. 深度可能小于已注明的水深注记

C. 对危险物的位置有怀疑　　D. 危险物的位置未经精确测量

116. 中版海图图式中，缩写“疑存”是指________。

A. 礁石、浅滩等的存在有疑问　　B. 深度可能小于已注明的水深注记

C. 对危险物的位置有怀疑　　D. 危险物的位置未经精确测量

117. 中版海图图式“ 碍锚地 ”表示________。

A. 沉船残骸及其他有碍抛锚和拖网的地区　　B. 深度不明的障碍物

C. 渔栅　　D. 贝类养殖场

118. 中版海图图式“ 碍 ”表示________。

A. 沉船残骸及其他有碍抛锚和拖网的地区　　B. 深度不明的障碍物

C. 渔栅　　D. 贝类养殖场

119. 中版海图图式“  ”表示________。

A. 沉船残骸及其他有碍抛锚和拖网的地区　　B. 深度不明的障碍物

C. 渔栅　　D. 贝类养殖场

120. 中版海图图式“ 贝 ”表示________。

A. 沉船残骸及其他有碍抛锚和拖网的地区　　B. 深度不明的障碍物

C. 渔栅　　D. 贝类养殖场

121. 中版海图图式“ 深水26 m ”表示________。

A. 深吃水航路　　B. 深水锚地

C. 深水码头　　D. 禁航区

122. 中版海图图式“  ”表示________。

A. 灯塔
B. 灯桩
C. 立标
D. 灯浮

123. 中版海图图式“  ”表示________。

A. 灯塔
B. 灯桩
C. 立标
D. 灯浮

124. 中版海图图式“  塔形 ”表示________。

A. 灯塔
B. 塔形灯桩
C. 立标
D. 灯浮

125. 中版海图图式“  ”表示________。

A. 灯塔
B. 有人看守的灯船
C. 无人看守的灯船
D. 大型助航浮标

126. 中版海图图式“  ”表示________。

A. 灯塔
B. 有人看守的灯船
C. 无人看守的灯船
D. 大型助航浮标

127. 中版海图图式“ 270° ”表示________。

A. 定光灯
B. 导灯
C. 光弧灯
D. 闪光灯

128. 英版海图图式“  Foul ”表示________。

A. 沉船残骸及其他有碍抛锚和拖网的地区
B. 深度不明的障碍物
C. 渔栅
D. 贝类养殖场

129. 英版海图图式“  Obstn ”表示________。

A. 沉船残骸及其他有碍抛锚和拖网的地区
B. 深度不明的障碍物
C. 渔栅
D. 贝类养殖场

130. 英版海图图式“ 4_5 R ”表示________。

A. 适淹礁
B. 深度不明的危险暗礁
C. 已知深度的危险暗礁
D. 非危险暗礁

131. 英版海图图式“  ”表示________。

A. 沉船残骸及其他有碍抛锚和拖网的地区
B. 深度不明的障碍物
C. 渔栅
D. 贝类养殖场

132. 英版海图图式“Shellfish Beds”表示________。
A. 沉船残骸及其他有碍抛锚和拖网的地区
B. 深度不明的障碍物
C. 渔栅
D. 贝类养殖场

133. 持续时间不少于2秒的闪光为________。
A. 明暗光　　B. 联闪光
C. 混合联闪光　　D. 长闪光

134. 每分钟闪光160次以上的灯质为________。
A. 闪光　　B. 快闪光
C. 甚快闪　　D. 超快闪

135. 每分钟闪光50~80次(我国:60次)的灯质为________。
A. 闪光　　B. 快闪光
C. 甚快闪　　D. 超快闪

136. 每分钟闪光80~160次(我国:120次)的灯质为________。
A. 闪光　　B. 快闪光
C. 甚快闪　　D. 超快闪

137. 颜色不变,明暗交替且时间相等的灯质为________。
A. 明暗光　　B. 等明暗光
C. 联明暗光　　D. 互光

138. 颜色不变,在一个周期内明的时间长于暗的时间的灯光灯质为________。
A. 明暗光　　B. 联闪光
C. 混合联闪光　　D. 长闪光

139. 有节奏地交替显示不同颜色的灯光,其灯质为________。
A. 明暗光　　B. 等明暗光
C. 联明暗光　　D. 互光

140. 在一个周期内连续熄灭两次或两次以上,明长于暗的灯质为________。
A. 明暗光　　B. 等明暗光
C. 联明暗光　　D. 互光

141. 在一个周期内相继出现几个不同闪光次数的联闪光为________。
A. 明暗光　　B. 联闪光
C. 混合联闪光　　D. 长闪光

142. 在一个周期内以两次或两次以上的闪光组成一个组的灯光灯质为________。

A. 明暗光　　B. 联闪光
C. 混合联闪光　　D. 长闪光

143. 如图所示,该海图图式表示________。

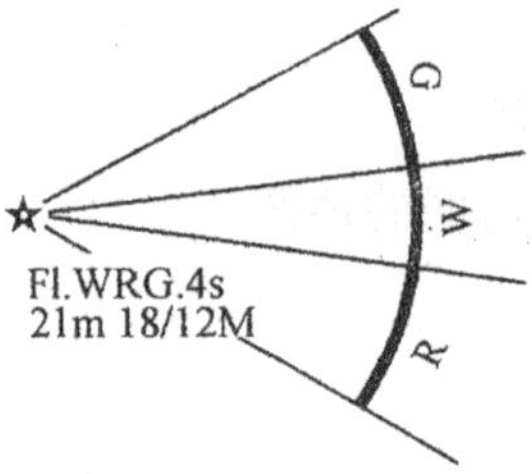

Fl.WRG.4s
21m 18/12M
G
W
R

A. 光弧灯　　B. 导灯
C. 灯船　　D. 大型助航浮标

144. 中版海图图式“  雷达 ”表示________。

A. 海岸雷达站　　B. 雷达指向标
C. 雷达应答标　　D. 雷达反射器

145. 英版海图图式“ ”表示________。

A. 灯塔　　B. 灯桩
C. 立标　　D. 灯浮

146. 英版海图图式“  ”表示________。

A. 灯塔　　B. 灯桩
C. 立标　　D. 灯浮

147. 英版海图图式“  BnTr ”表示________。

A. 灯塔　　B. 塔形灯桩
C. 立标　　D. 灯浮

148. 英版海图图式“  Bn Tower ”表示________。

A. 灯塔　　B. 塔形灯桩
C. 立标　　D. 灯浮

149. 英版海图图式“  Bn Tr ”表示________。

A. 灯塔　　B. 塔形灯桩
C. 立标　　D. 灯浮

150. 英版海图图式“  ”表示________。

A. 灯塔　　B. 有人看守的灯船
C. 无人看守的灯船　　D. 大型助航浮标

151. 英版海图图式“ ”表示________。

A. 灯塔　　B. 有人看守的灯船
C. 无人看守的灯船　　D. 大型助航浮标

152. 英版海图图式“Oc.4s12M　Oc.R.4s10M　Oc&Oc.R≠269·3°”表示________。

A. 定光灯　　B. 导灯
C. 光弧灯　　D. 闪光灯

153. 中版海图图式“ 雷信”表示________。

A. 海岸雷达站　　B. 雷达指向标
C. 雷达应答标　　D. 雷达反射器

154. 中版海图图式“ 雷康(K)”表示________。

A. 海岸雷达站　　B. 雷达指向标
C. 雷达应答标　　D. 雷达反射器

155. 中版海图图式“ 雷康(Z) (3 cm)”中，“3 cm”表示________。

A. 该海图图式的尺寸　　B. 该雷康在雷达上显示的长度
C. 该雷康应答的时间　　D. 该雷康应答的频带在 3 cm

156. 中版海图图式“ 雷康(Z) (10 cm)”中，“10 cm”表示________。

A. 该海图图式的尺寸　　B. 该雷康在雷达上显示的长度
C. 该雷康应答的时间　　D. 该雷康应答的频带在 10 cm

157. 中版海图图式“ 雷康(K)”可以表明该雷康在何种频带内应答________。

A. 3 cm　　B. 10 cm
C. 3 cm 和 10 cm　　D. 任何频带

158. 中版海图图式“ 空指向”表示________。

A. 定向无线电信标　　B. 全向无线电信标
C. 无线电测向台　　D. 航空用的无线电信标

159. 中版海图图式“ 答询”表示________。

A. 定向无线电信标　　B. 全向无线电信标

C. 无线电答询指向台　　D. 航空用的无线电信标

160. 中版海图图式"(⊙)测向"表示________。

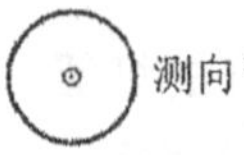

A. 定向无线电信标　　B. 全向无线电信标

C. 无线台测向台　　D. 航空用的无线电信标

161. 中版海图图式"(⊙)旋向"表示________。

A. 定向无线电信标　　B. 旋转辐射无线电信标

C. 无线台测向台　　D. 航空用的无线电信标

162. 中版海图图式"(⊙)环向"表示________。

A. 定向无线电信标　　B. 旋转辐射无线电信标

C. 无线台测向台　　D. 全向无线电信标

163. 中版海图图式"(⊙)- - - - - - - -定向269.5°"表示________。

A. 定向无线电信标　　B. 旋转辐射无线电信标

C. 无线台测向台　　D. 全向无线电信标

164. 英版海图和灯标表中,灯质旁括注"by day"的是指________。

A. 仅在白天显示的灯质　　B. 仅在雾天显示的灯质

C. 临时灯灯质　　D. 航空灯标

165. 英版海图和灯标表中,灯质旁括注"extingd."的是指________。

A. 仅在白天显示的灯质　　B. 仅在雾天显示的灯质

C. 临时灯灯质　　D. 灯光已熄灭的灯质

166. 英版海图和灯标表中,灯质旁括注"in fog"的是指________。

A. 仅在白天显示的灯质　　B. 仅在雾天显示的灯质

C. 临时灯灯质　　D. 航空灯标

167. 英版海图上某灯标标注的灯质为"F&Fl",表示________。

A. 同一位置上两个分开的灯标,灯质分别为定光与闪光

B. 定闪光,颜色不变,每隔一定时间加发一次更亮闪光的定光灯

C. 单个灯标,在一定时间内先定光,后闪光

D. 单个灯标,一段时间显示定光,另一段时间显示闪光

168. 英版海图上某灯标标注的灯质为"FFl",表示________。

A. 同一位置上两个分开的灯标,灯质分别为定光与闪光

B. 定闪光,颜色不变,每隔一定时间加发一次更亮闪光的定光灯

C. 单个灯标,在一定时间内先定光,后闪光

D. 单个灯标,一段时间显示定光,另一段时间显示闪光

169. 英版海图图式“  Ra ”表示________。

A. 海岸雷达站　　B. 雷达指向标
C. 雷达应答标　　D. 雷达反射器

170. 英版海图图式“  Ramark ”表示________。

A. 海岸雷达站　　B. 雷达指向标
C. 雷达应答标　　D. 雷达反射器

171. 英版海图图式“ 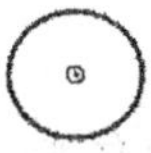 Racon(Z) (3cm) ”中，“3 cm”表示________。

A. 该海图图式的尺寸　　B. 该雷康在雷达上显示的长度
C. 该雷康应答的时间　　D. 该雷康应答的频带在 3 cm

172. 英版海图图式“ 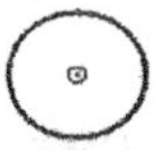 Racon(Z) (10cm) ”中，“10 cm”表示________。

A. 该海图图式的尺寸　　B. 该雷康在雷达上显示的长度
C. 该雷康应答的时间　　D. 该雷康应答的频带在 10 cm

173. 英版海图图式“  Racon (K) ”表示________。

A. 海岸雷达站　　B. 雷达指向标
C. 雷达应答标　　D. 雷达反射器

174. 英版海图图式“  Racon (K) ”可以表明，该雷康的应答频带为________。

A. 3 cm　　B. 10 cm
C. 3 cm 和 10 cm　　D. 任何频带

175. 英版海图图式“ ”表示________。

A. 海岸雷达站　　B. 雷达指向标
C. 雷达应答标　　D. 雷达反射器

176. 英版海图图式“ Ra conspic”表示________。

A. 海岸雷达站　　B. 雷达指向标
C. 雷达显著物标　　D. 雷达反射器

177. 英版海图图式“ Ra.Refl.”表示________。

A. 海岸雷达站　　B. 雷达指向标
C. 雷达显著物标　　D. 雷达反射器

178. 英版海图图式“  RD RD 269·5° ”表示________。

A. 定向无线电信标　　B. 全向无线电信标
C. 旋转无线电信标　　D. 无线电答询台

179. 英版海图图式“ 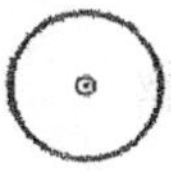 RW ”表示________。

A. 定向无线电信标　　B. 全向无线电信标
C. 旋转无线电信标　　D. 无线电答询台

180. 英版海图图式"◎ RG"表示________。

A. 定向无线电信标　　B. 全向无线电信标
C. 无线电测向台　　D. 无线电答询台

181. 英版海图图式"◎ R"表示________。

A. 定向无线电信标　　B. 全向无线电信标
C. 无线电测向台　　D. 无线电答询台

182. 英版海图图式"◎ Ro.D.F"表示________。

A. 定向无线电信标　　B. 全向无线电信标
C. 无线电测向台　　D. 无线电答询台

183. 英版海图图式"◎ Aero RC"表示________。

A. 定向无线电信标　　B. 全向无线电信标
C. 无线电测向台　　D. 航空用的无线电信标

184. 英版海图图式中,灯质缩写"Fl(3)"表示________。
A. 明暗光　　B. 等明暗光
C. 联闪光　　D. 混合联闪光

185. 英版海图图式中,灯质缩写"Fl(3+1)"表示________。
A. 明暗光　　B. 等明暗光
C. 联闪光　　D. 混合联闪光

186. 英版海图图式中,灯质缩写"Iso"表示________。
A. 明暗光　　B. 等明暗光
C. 联闪光　　D. 混合联闪光

187. 英版海图图式中,灯质缩写"Oc"表示________。
A. 明暗光　　B. 等明暗光
C. 联闪光　　D. 混合联闪光

188. 英版海图图式中,缩写"IUQ"表示________。
A. 连续快闪光　　B. 连续甚快闪光
C. 连续超快闪光　　D. 间断超快闪光

189. 英版海图图式中,缩写"Lt Ho"代表________。
A. 沉船　　B. 灯塔
C. 大型助航浮标　　D. 深吃水航路

190. 英版海图图式中,缩写"Q"表示________。

A. 连续快闪光　　B. 连续甚快闪光
C. 连续超快闪光　　D. 间断超快闪光

191. 英版海图图式中，缩写“UQ”表示________。
A. 连续快闪光　　B. 连续甚快闪光
C. 连续超快闪光　　D. 间断超快闪光

192. 英版海图图式中，缩写“VQ”表示________。
A. 连续快闪光　　B. 连续甚快闪光
C. 连续超快闪光　　D. 间断超快闪光

193. 灯质“Al Fl RW”表示________。
A. 互光灯，一个周期内红、白交替发光，常明不灭
B. 闪光灯有红光弧和白光弧
C. 一个周期内交替闪一次红光和一次白光
D. 闪白光和闪红光

194. 灯质“Al RW”表示________。
A. 互光灯，一个周期内红、白交替发光，常明不灭
B. 闪光灯有红光弧和白光弧
C. 一个周期内交替闪一次红光和一次白光
D. 闪白光和闪红光

195. 灯质“Fl RW”表示________。
A. 互光灯，一个周期内红、白交替发光，常明不灭
B. 闪光灯有红光弧和白光弧
C. 一个周期内交替闪一次红光和一次白光
D. 闪白光和闪红光

196. 英版灯标表中某一灯标的灯质为“Al WR”，在备注栏中标有“040°~275°（235°）”，说明在该灯的________。
A. 正南方可看到红、白交替的灯光　　B. 正北方可看到红、白交替的灯光
C. 正南方看到白光、北方看到红光　　D. 正南方看到红光、北方看到白光

197. 英版灯标表中某一灯标资料的备注栏中标有“W040°~175°（135°），R175°~220°（45°）”，说明该灯是________。
A. 互光灯，在不同的区域看到不同颜色的灯光
B. 互光灯，在所标的区域内可看到红、白交替的灯光
C. 光弧灯，在不同的区域看到不同颜色的灯光
D. 光弧灯，在所标的区域内可看到红、白交替的灯光

198. 英版海图上有图式“★Fl(3) 10s 25m 16M”，夜间航经该处的船舶可以________。
A. 每隔 10 秒看到 3 次闪光，相邻闪光间隔约为 3.3 秒
B. 每隔 10 秒看到 3 次闪光，相邻闪光间隔约为 1 秒
C. 每隔 30 秒看到 3 次闪光，相邻闪光间隔约为 10 秒

D. 每隔 30 秒看到 3 次闪光,相邻闪光间隔约为 3 秒

199. 英版海图上有图式“★Fl(2) 5s 10m 11M”,表明该灯________。

A. 每隔 5 秒闪光 2 次,射程为 10 海里
B. 每隔 5 秒闪光 1 次,2 次 10 秒
C. 灯高 11 米,射程为 10 海里
D. 灯高 10 米,射程为 11 海里

200. 英版海图上有图式“★LFl 10s 10m 11M”,表明该灯________。

A. 闪光,周期 10 s,眼高 10 m,射程为 11 n mile
B. 闪光,周期 10 s,灯高 11 m,射程为 10 n mile
C. 长闪光,周期 10 s,灯高 10 m,射程为 11 n mile
D. 长闪光,周期 10 s,灯高 11 m,射程为 10 n mile

201. 海图图式“------< 6.5m >------”表示________。

A. 已知最大吃水深度的航道
B. 已知最大吃水深度的推荐航道
C. 已知最大水深的航道
D. 已知最大水深的推荐航道

202. 海图图式“ ”表示________。

A. 引航站
B. 限制区界限
C. 无线电报告点
D. 生产平台、井架

203. 海图图式“ ”表示________。

A. 引航巡逻或引航船会船(登船)位置
B. 限制区界限
C. 无线电报告点
D. 生产平台、井架

204. 海图图式“------< 6.5m >------”表示________。

A. 已知最大吃水深度的航道
B. 已知最大吃水深度的推荐航道
C. 已知最大水深的航道
D. 已知最大水深的推荐航道

205. 海图图式“ DW26m ”表示________。

A. 深吃水航路
B. 深水锚地
C. 深水码头
D. 禁航区

206. 海图图式“ 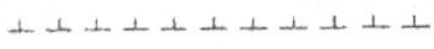 ”表示________。

A. 引航站
B. 限制区界限
C. 无线电报告点
D. 生产平台、井架

207. 海图图式“  ”表示________。

A. 引航站
B. 限制区界限
C. 无线电报告点
D. 生产平台、井架

208. 无线电报告点 ③ 中数字 3 意思是________。

A. VHF 频道
B. 编号
C. 沿箭头方向报告,逆向不报告
D. 报告次数

209. 中版图示 ③ 表示无线电报告点,以下说法正确的是________。

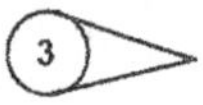

Ⅰ. 其中数字是指报告时可用的 VHF 频道;Ⅱ. 其中数字是指报告点的编号;Ⅲ. 船舶顺箭头

方向航行时需要报告，船舶逆箭头方向航行时不需要报告

A. Ⅰ，Ⅱ，Ⅲ　　B. Ⅱ，Ⅲ

C. Ⅰ，Ⅲ　　D. Ⅰ，Ⅱ

210. 海图图式“Z-44”表示________。

A. 引航站　　B. 限制区界限

C. 无线电报告点　　D. 生产平台、井架

211. 英版海图图式“Pipeline Area”的含义是________。

A. 禁航区　　B. 检疫锚地

C. 水上飞机降落区　　D. 管道区

212. 英版海图图式中，缩写“DW”代表________。

A. 沉船　　B. 灯塔

C. 大型助航浮标　　D. 深吃水航路

213. 英版海图图式中，缩写“LANBY”代表________。

A. 沉船　　B. 灯塔

C. 大型助航浮标　　D. 深吃水航路

214. 英版海图上入海口附近，往往可以看到紫红色图式◇D，表明________。

A. 该处是引航锚地　　B. 该处是船位报告点

C. 该处有回转流　　D. 有危险区域

215. 船上海图一旦受潮，应________。

A. 尽量平放阴干　　B. 尽快烘烤干

C. 尽可能晒干　　D. 立即晒干或烤干

216. 海图按作用可分为________。

A. 航用海图、参考用图　　B. 航用海图、参考用图、专用图

C. 参考用图、专用图　　D. 参考用图、专用图、位置线图

217. 海图改正时，对临时性通告和预告性通告应________。

A. 用红墨水笔改正，并在小改正处做好登记

B. 用铅笔改正，并在小改正处做好登记

C. 用红墨水笔改正，并在小改正处另起一行登记

D. 用铅笔改正，并在小改正处另起一行登记

218. 拟订航线时，应尽可能选择________的航用海图。

A. 新版大比例尺　　B. 新版小比例尺

C. 现行版大比例尺　　D. 现行版小比例尺

219. 使用海图时，应尽可能选择________。

A. 已改正至最新的新图　　B. 已改正至最新的新购置海图

C. 已改正至最新的新版图　　D. 已改正至最新的现行版海图

220. 使用资料陈旧、水深点稀少的海图，且航行在船舶活动较少的海区时，应________。

A. 尽可能将航线设计在水面空白处　　B. 尽可能将航线设计在水深点上

C. 尽可能将航线设计在水深点稀少处　　D. 尽可能使航线与等深线垂直

221. 英版海图、图书代销店负责其所销售________。

A. 海图的永久性通告的改正　　B. 海图的所有通告的改正

C. 所有图书资料的改正　　D. 海图和灯标表的改正

222. 英版海图图号是按________编排的。

A. 地区顺序,先本国、后国外　　B. 地区顺序,先国外、后本国

C. 出版的先后顺序　　D. 改版的先后顺序

223. 中版海图图号是按________顺序编排的。

A. 地区　　B. 新版日期

C. 出版日期　　D. 改版日期

224. 下列哪种海图不属于航海图?

A. 总图　　B. 航行图

C. 参考图　　D. 港湾图

225. 使用海图时,下列哪项能判断图上水深资料的详尽程度?

A. 图上测深线的间距和水深点的密集程度　　B. 图上等深线的虚实和排列情况

C. 图上水面部分是否有空白　　D. 以上都是

226. 下列有关海图可靠性方面的说法中,何者正确?

A. 新版海图一定是可靠的　　B. 新图一定是可靠的

C. 新购置的海图一定是可靠的　　D. 以上都错

227. 要了解某张海图的现行版日期时可查阅________。

A. 现行版航海图书总目录　　B. 月末版航海通告

C. 季末版航海通告　　D. A + C

228. 要了解某张海图的现行版日期时可查阅________。

A. 英版航海通告累积表　　B. 英版航海通告年度摘要

C. 季末版航海通告　　D. 以上都是

229. 要了解某张海图的现行版日期时可查阅________。

Ⅰ. 航海图书总目录; Ⅱ. 英版航海通告累积表; Ⅲ. 英版航海通告年度摘要; Ⅳ. 季末版航海通告

A. Ⅰ, Ⅱ　　B. Ⅱ, Ⅲ

C. Ⅲ, Ⅳ　　D. Ⅰ, Ⅱ, Ⅲ, Ⅳ

230. 海图的现行版日期可通过________判定。

Ⅰ. 航海通告; Ⅱ. 航路指南; Ⅲ. 航海通告累积表; Ⅳ. 海员手册; Ⅴ. 英版目录

A. Ⅰ, Ⅱ　　B. Ⅰ, Ⅱ, Ⅲ

C. Ⅰ, Ⅲ, Ⅳ　　D. Ⅰ, Ⅲ, Ⅴ

231. 一张图上资料的可信赖程度较高的海图应具有下列哪些特性?

Ⅰ. 新图或新版图; Ⅱ. 新购置图; Ⅲ. 现行版图; Ⅳ. 比例尺尽可能大; Ⅴ. 及时进行各项改正

A. Ⅰ, Ⅱ, Ⅲ, Ⅳ, Ⅴ　　B. Ⅱ, Ⅳ

C. Ⅲ,Ⅳ
D. Ⅲ,Ⅳ,Ⅴ

232. 下列哪些内容应成为航海员判定海图资料是否可信的依据?

Ⅰ. 测量时间;Ⅱ. 海图比例尺;Ⅲ. 新购置图;Ⅳ. 航标位置;Ⅴ. 地貌精度

A. Ⅰ,Ⅱ,Ⅲ,Ⅳ,Ⅴ
B. Ⅰ,Ⅱ,Ⅳ,Ⅴ
C. Ⅱ,Ⅲ,Ⅳ
D. Ⅲ,Ⅳ,Ⅴ

233. 下列哪些内容应成为航海员判定海图资料是否可信的依据?

Ⅰ. 测深精度;Ⅱ. 海图比例尺;Ⅲ. 出版日期;Ⅳ. 航标位置;Ⅴ. 资料来源

A. Ⅰ,Ⅱ,Ⅲ,Ⅳ,Ⅴ
B. Ⅰ,Ⅱ,Ⅳ,Ⅴ
C. Ⅱ,Ⅲ,Ⅳ
D. Ⅲ,Ⅳ,Ⅴ

234. 下列哪些内容应成为航海员判定海图资料是否可信的依据?

Ⅰ. 新版或改版日期;Ⅱ. 测量时间;Ⅲ. 水深点的密集程度;Ⅳ. 航标位置;Ⅴ. 出版国家

A. Ⅰ,Ⅱ,Ⅲ,Ⅳ,Ⅴ
B. Ⅰ,Ⅱ,Ⅳ,Ⅴ
C. Ⅱ,Ⅲ,Ⅳ
D. Ⅰ,Ⅱ,Ⅲ,Ⅳ

235. 下列哪些内容应成为航海员判定海图资料是否可信的依据?

Ⅰ. 测深线的间距;Ⅱ. 测量时间;Ⅲ. 岸形的描绘;Ⅳ. 小改正;Ⅴ. 出版国家

A. Ⅰ,Ⅱ,Ⅲ,Ⅳ,Ⅴ
B. Ⅰ,Ⅱ,Ⅳ,Ⅴ
C. Ⅱ,Ⅲ,Ⅳ
D. Ⅰ,Ⅱ,Ⅲ,Ⅳ

236. 下列哪些内容是航海员使用海图时应注意的问题?

Ⅰ. 首先改正大比例尺海图;Ⅱ. 航线避开海图空白处;Ⅲ. 及时改正航行警告;Ⅳ. 新购置的海图资料不一定最新;Ⅴ. 出版国家

A. Ⅰ,Ⅱ,Ⅲ,Ⅳ,Ⅴ
B. Ⅰ,Ⅱ,Ⅲ,Ⅳ
C. Ⅱ,Ⅲ,Ⅳ
D. Ⅰ,Ⅱ,Ⅳ

237. 下列哪种通告海图代销店负责改正?

A. 永久性通告
B. 临时性通告
C. 预告
D. 航行警告

238. 要了解某张海图是否改正到最新时可查阅________。

A. 英版航海通告累积表
B. 英版航海通告年度摘要
C. 季末版航海通告
D. 以上都是

239. 英版海图上,如果发现狭水道的岸边有带括号的数字"(147)",则该数字表示________。

A. 该狭水道的最小宽度
B. 该狭水道的最浅水深
C. 过该狭水道船舶的最大吃水
D. 过该狭水道船舶的最小吃水

240. 英版海图上,某水深旁边标注 Rep(1973),其中 1973 表示________。

A. 据报的年份
B. 观测的年份
C. 该水深引用的海图号
D. 据报的水深

241. 海图水面处所标水深注记"⑰"表示________。

A. 暗礁,最浅水深 17 米
B. 干出礁
C. 特殊水深
D. 扫海测量水深

242. 若在英版海图的海面上发现海图图式“－ － － 20 － － － －”，则该图式表示________。

A. 精确测量的等深线
B. 未精测的等深线
C. 精确测量的等高线
D. 未精测的等高线

243. 英版海图图式“$\underline{9_6}$”表示________。

A. 未精确测量
B. 未测到底
C. 特殊水深
D. 扫海水深

244. 在拓制海图上，水深“8_4”，表示水深为________。

A. 8.4 米
B. 8.4 拓
C. 8.4 英尺
D. 8 拓 4 英尺

245. 在拓制海图上，水深“8_4”，表示水深为________。

A. 8.4 米
B. 15.8 米
C. 8.4 拓
D. 8.4 英尺

246. 英版海图水深点图式“8_4”，该测深点的位置在________。

A. “8”的中心
B. “4”的中心
C. “8_4”的中心
D. “8_4”的旁边

247. 在拓制海图上，水深“20”，表示水深为________。

A. 20 米
B. 20 拓
C. 20 英尺
D. 0.2 米

248. 在拓制海图上，水深“20”，表示水深为________。

A. 20 米
B. 36.6 米
C. 20 英尺
D. 0.2 米

249. 英版海图底质注记中，缩写“S”表示________。

A. 石
B. 沙
C. 泥
D. 砾

250. 英版海图底质注记中，缩写“M”表示________。

A. 泥
B. 沙
C. 石
D. 岩

251. 英版海图底质注记中，缩写“Si”表示________。

A. 硅
B. 沙
C. 淤泥
D. 石

252. 英版海图底质注记中，缩写“G”表示________。

A. 黏土
B. 淤泥
C. 砾
D. 贝壳

253. 英版海图底质注记中，缩写“St”表示________。

A. 黏土
B. 贝
C. 淤泥
D. 石

254. 英版海图底质注记中，缩写“fS”表示________。

A. 细沙　　B. 粗沙
C. 软泥　　D. 贝

255. 英版海图底质注记中,缩写“Wd”表示________。
A. 珊瑚　　B. 贝
C. 海草　　D. 黏土

256. 英版海图底质注记中,缩写“fS. M. Sh”表示________。
A. 细沙、泥、贝的混合底质,其中主要成分为细沙
B. 细沙、泥、贝的混合底质,最上层为细沙
C. 细沙、泥、贝的混合底质,其中主要成分为贝
D. 细沙、泥、贝的混合底质,最上层为贝

257. 英版海图底质注记中,缩写“Cb”表示________。
A. 珊瑚　　B. 卵石
C. 砾　　D. 黏土

258. 明礁上所标的数字表示________。
A. 明礁的高程　　B. 干出高度
C. 水深　　D. 平均海面以上的高度

259. 英版海图图式“(4.8)”表示何种礁石?
A. 暗礁　　B. 干出礁
C. 适淹礁　　D. 明礁

260. 暗礁旁边所标的数字表示________。
A. 干出高度　　B. 高程
C. 平均海面下的水深　　D. 深度基准面以下的水深

261. 中版海图沉船图式“船”表示________。
A. 深度不明的水下沉船　　B. 干出沉船
C. 船体露出平均大潮高潮面以上的沉船　　D. 部分船体露出深度基准面的沉船

262. 中版海图沉船图式“船”表示________。
A. 深度不明的水下沉船　　B. 干出沉船
C. 船体露出平均大潮高潮面以上的沉船　　D. 部分船体露出深度基准面的沉船

263. 中版海图图式“  ”表示________。
A. 防波堤　　B. 桥
C. 大浪区　　D. 多礁石地区

264. 中版海图图式“(5₁)浪花”表示________。
A. 明礁　　B. 干出礁
C. 暗礁　　D. 多礁石地区

265. 中版海图图式“(+ + 珊 +)”表示________。

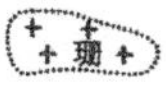

A. 珊瑚礁
B. 明礁
C. 干出礁
D. 暗礁

266. 中版海图图式“船”表示________。

A. 深度不明的水下沉船
B. 干出沉船
C. 船体露出平均大潮高潮面以上的沉船
D. 部分船体露出深度基准面的沉船

267. 中版海图图式“船”表示________。

A. 已知深度的水下沉船
B. 干出沉船,数字为干出高度
C. 船体露出平均大潮高潮面以上的沉船,数字为高程
D. 部分船体露出深度基准面的沉船,数字为深度基准面以上的高度

268. 英版海图上,明礁上所标的数字是由哪一海平面起算的?

A. 平均海面
B. 理论最低潮面
C. 天文最低潮面
D. 平均大潮高潮面或平均高高潮或当地平均海面

269. 英版海图图式“”表示________。

A. 防波堤
B. 桥
C. 多礁石地区
D. 大浪区

270. 英版海图图式“(5s) Br”表示________。

A. 防波堤
B. 桥
C. 多礁石地区
D. 大浪区

271. 英版海图图式“Wk”表示________。

A. 深度不明的水下沉船
B. 干出沉船
C. 船体露出平均大潮高潮面以上的沉船
D. 部分船体露出深度基准面的沉船

272. 英版海图图式“Wk”表示________。

A. 深度不明的水下沉船
B. 干出沉船
C. 船体露出平均大潮高潮面以上的沉船
D. 部分船体露出深度基准面的沉船

273. 英版海图图式“Wk”表示________。

A. 深度不明的水下沉船
B. 干出沉船
C. 船体露出平均大潮高潮面以上的沉船
D. 部分船体露出深度基准面的沉船

274. 英版海图图式“Co”表示________。

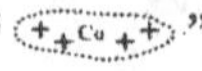

A. 珊瑚礁
B. 明礁
C. 干出礁
D. 暗礁

275. 英版海图图式“Wk”表示________。

A. 已知深度的水下沉船

B. 干出沉船,数字为干出高度
C. 船体露出平均大潮高潮面以上的沉船,数字为高程
D. 部分船体露出深度基准面的沉船,数字为深度基准面以上的高度

276. 干出高度的起算面为________。
A. 高程基准面　　B. 深度基准面
C. 平均海面　　D. 平均大潮高潮面

277. 中版海图图式“#”表示________。
A. 深度不明的井　　B. 锚地
C. 碍锚地　　D. 渔栅

278. 中版海图图式“ ”表示________。
A. 禁止捕鱼　　B. 渔网
C. 渔礁　　D. 渔栅

279. 中版海图图式“ 2_7 ”表示________。
A. 已知最浅深度渔礁　　B. 已知高度的渔礁
C. 带有编号的渔礁　　D. 已知深度的渔网

280. 中版海图图式“ 2_7 ”表示________。
A. 已知最浅深度渔礁　　B. 已知高度的渔礁
C. 带有编号的渔礁　　D. 已知深度的渔网

281. 中版海图图式“ (2_7) ”表示________。
A. 已知最浅深度渔礁　　B. 已知高度的渔礁
C. 带有编号的渔礁　　D. 已知深度的渔网

282. 中版海图图式“ ”或“ ”表示________。
A. 灯桩　　B. 性质不明的障碍物
C. 水下桩、柱　　D. 烟囱

283. 中版海图图式“ 变色”表示________。
A. 变色的海水　　B. 变色的障碍物
C. 暗礁　　D. 干出礁

284. 中版海图图式“碍 (1.5) ”表示________。
A. 已知最浅深度的障碍物　　B. 已知高度的障碍物
C. 高出平均大潮高潮面的障碍物　　D. 经扫海或潜水员探测的障碍物

285. 中版海图图式“碍⑤”表示________。
A. 已知最浅深度的障碍物　　B. 已知高度的障碍物
C. 高出平均大潮高潮面的障碍物　　D. 经扫海或潜水员探测的障碍物

286. 中版海图图式“⑤碍”表示________。
A. 已知最浅深度的障碍物　　B. 已知高度的障碍物
C. 高出平均大潮高潮面的障碍物　　D. 经扫海或潜水员探测的障碍物

287. 英版海图图式“#”表示________。

A. 深度不明的井

B. 锚地

C. 碍锚地

D. 渔栅

288. 英版海图图式“ ”表示________。

A. 禁止捕鱼

B. 渔网

C. 渔礁

D. 渔栅

289. 英版海图图式“Obstn”表示________。

A. 沉船残骸及其他有碍抛锚和拖网的地区

B. 深度不明的障碍物

C. 渔栅

D. 贝类养殖场

290. 英版海图图式“10 Obstn”表示________。

A. 已知最浅深度的障碍物

B. 已知高度的障碍物

C. 高出平均大潮高潮面的障碍物

D. 经扫海或潜水员探测的障碍物

291. 英版海图图式“10 Obstn”表示________。

A. 已知最浅深度的障碍物

B. 已知高度的障碍物

C. 高出平均大潮高潮面的障碍物

D. 经扫海或潜水员探测的障碍物

292. 英版海图图式“ ”表示________。

A. 渔栅

B. 渔网

C. 渔礁

D. 贝类养殖场

293. 英版海图图式“Foul”表示________。

A. 深度不明的障碍物

B. 锚地

C. 碍锚地

D. 贝类养殖场

294. 英版海图图式“ ”表示________。

A. 灯桩

B. 性质不明的障碍物

C. 水下桩、柱

D. 烟囱

295. 英版海图图式“ 2_7 ”表示________。

A. 已知最浅深度渔礁

B. 已知高度的渔礁

C. 带有编号的渔礁

D. 已知深度的渔网

296. 英版海图图式“ ”表示________。

A. 禁止捕鱼

B. 渔网

C. 渔礁

D. 海洋农场

297. 海图图式“禁 区”表示________。

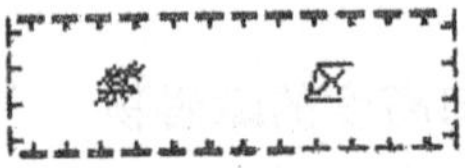

A. 禁止船舶通航区域

B. 禁止抛锚的区域

C. 禁止捕捞的区域　　　　D. 禁止抛锚及捕捞的区域

298. 海图图式“　”表示________。

A. 有人看守等船　　　　B. 无人看守等船

C. 灯塔　　　　D. 蓝比

299. 海图图式“Entry Prohibited”表示________。

A. 禁止船舶通航区域　　　　B. 禁止抛锚的区域

C. 禁止捕捞的区域　　　　D. 禁止抛锚及捕捞的区域

300. 英版海图图式“2.5 -3.5kn (6 - 3)”表示________。

A. 潮流　　　　B. 洋流

C. 回转流　　　　D. 往复流

301. 图式“(20)”中,数字 20 是指该塔形物标的________,即自________至________的高度。

A. 地面高程;高程基准面;基部地面　　　　B. 顶高;高程基准面;物标顶端

C. 顶高;高程基准面;基部地面　　　　D. 比高;基部地面;物标顶端

302. 英版灯标表中某一灯标的灯质为“Al WR”,在备注栏中标有“040° ~ 125° (85°), 165° ~ 215° (50°)”,说明在该灯的________。

A. 正西方可看到红、白交替的灯光

B. 正北方可看到红、白交替的灯光

C. 正东方和正南方均可看到红、白交替的灯光

D. A、B 均准确

303. 海图上某灯塔标注的灯质“闪(3) WR12s”,查资料核对该灯塔的光弧为“白 030° - 160° (130°),红 160° - 210°(50°)”,若以灯塔为参考中心,如图所示,则理解正确的是________。

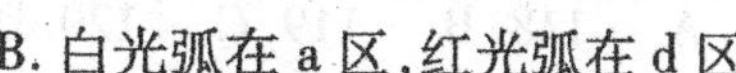

A. 白光弧在 b 区,红光弧在 c 区

B. 白光弧在 a 区,红光弧在 d 区

C. 白光弧在 d 区,红光弧在 a 区

C. 白光弧在 b 区,红光弧在 d 区

二、简答题

1. 什么是高程基准面?在中版海图和英版海图上有何不同?
2. 试说明在观察海图水深时,不同标注有什么含义。
3. 试说明海图底质注记方法。
4. 解释明礁、干出礁、适淹礁、暗礁、危险沉船、非危险沉船并画出其海图图式。
5. 解释缩写 PA、PD、ED、Rep、SD。
6. 英版海图图式中,下列缩写表示什么意思?

   Wk　Lt Ho　LANDBY　DW　Pipeline Area
7. 英版海图图式中,下列缩写表示什么意思?

   F&Fl　FFl　Al RW　Fl RW　Al Fl RW

   Oc　Iso　Fl(3)　UQ　Fl(2+1)
8. 什么是危险沉船和非危险沉船?中版资料和英版资料有何不同?
9. 试述海图标题栏和图廓外注记的主要内容。
10. 试述如何检验一张海图的可靠程度。

参考答案

1. D	2. D	3. A	4. D	5. B	6. B	7. A	8. D	9. D	10. B
11. B	12. A	13. A	14. B	15. D	16. C	17. D	18. B	19. B	20. B
21. D	22. B	23. D	24. C	25. D	26. B	27. C	28. B	29. A	30. D
31. C	32. C	33. C	34. C	35. B	36. D	37. D	38. B	39. B	40. A
41. A	42. C	43. D	44. A	45. C	46. D	47. D	48. D	49. A	50. A
51. A	52. A	53. C	54. D	55. B	56. C	57. C	58. A	59. B	60. C
61. B	62. A	63. B	64. C	65. D	66. A	67. B	68. A	69. A	70. B
71. C	72. C	73. B	74. A	75. D	76. B	77. B	78. D	79. A	80. C
81. C	82. C	83. B	84. A	85. D	86. B	87. A	88. C	89. A	90. A
91. B	92. C	93. C	94. D	95. D	96. A	97. B	98. B	99. C	100. C
101. A	102. B	103. B	104. C	105. D	106. D	107. A	108. B	109. B	110. C
111. A	112. A	113. D	114. C	115. D	116. A	117. A	118. B	119. C	120. D
121. A	122. A	123. B	124. B	125. B	126. C	127. B	128. A	129. B	130. C
131. C	132. D	133. D	134. D	135. B	136. C	137. B	138. A	139. D	140. C
141. C	142. B	143. A	144. A	145. A	146. B	147. B	148. B	149. B	150. B
151. C	152. B	153. B	154. C	155. D	156. D	157. A	158. D	159. C	160. C
161. B	162. D	163. A	164. A	165. D	166. B	167. A	168. B	169. A	170. B
171. D	172. D	173. C	174. A	175. D	176. C	177. C	178. A	179. C	180. C

181. D	182. C	183. D	184. C	185. D	186. B	187. A	188. D	189. B	190. A
191. C	192. B	193. C	194. A	195. B	196. B	197. C	198. B	199. D	200. C
201. A	202. A	203. A	204. B	205. A	206. B	207. C	208. B	209. B	210. D
211. D	212. D	213. C	214. C	215. A	216. A	217. D	218. C	219. D	220. B
221. A	222. C	223. A	224. C	225. D	226. D	227. A	228. A	229. A	230. D
231. D	232. B	233. A	234. D	235. D	236. B	237. A	238. A	239. B	240. A
241. C	242. B	243. D	244. D	245. B	246. A	247. B	248. B	249. B	250. A
251. C	252. C	253. D	254. A	255. C	256. A	257. B	258. A	259. D	260. D
261. C	262. A	263. D	264. D	265. A	266. B	267. A	268. D	269. C	270. C
271. C	272. A	273. B	274. A	275. A	276. B	277. C	278. C	279. A	280. A
281. B	282. C	283. A	284. B	285. A	286. D	287. C	288. C	289. B	290. A
291. D	292. B	293. C	294. C	295. A	296. D	297. A	298. D	299. A	300. B
301. D	302. D	303. C							

部分答案解析

6. *CD* 的大小是由平均海面向下量到深度基准面，其值越大，表示深度基准面越低。我国 *CD* 采用理论最低潮面，由于通常的水位都能高于理论最低潮面，所以通常的实际水深都能大于海图上由 *CD* 面起算的水深，从而保证航行安全。若 *CD* 过高（即其值过小），则实际水深可能会小于海图上的水深。

7. 英版的深度基准面为天文最低潮面，其高度低于平均海面，若采用平均海面，海图上所标示的水深会变大，有可能会比实际水深大，会误导航海人员。

32. （33 题参见此解析）航行年份磁差 = 测量年份磁差 +（航行年份 - 测量年份）× 年差。计算时 E 为正、W 为负。33 题，航行在两条磁差曲线之间时，先求出航向年份各自的磁差，再按距离进行比例内插。

196. （197、302 题参见此解析）光弧灯上所标数据为从船上看灯标的真方位，所以观测者应位于真方位的反方向上括弧里的数表示光弧灯的灯光照射范围为 235°，由 040°方位线到 275°方位线顺时针度量，可以画图帮助解题。Al WR 表示红白互光灯，红白光交替显示。如图所示，正北方可见。

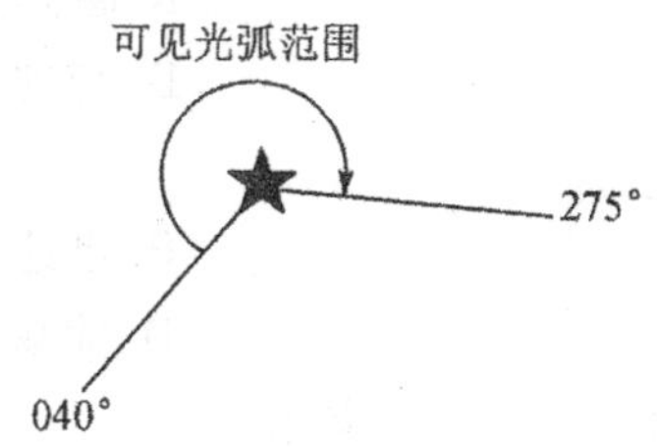

第三章 航海仪器

第一节 磁罗经

一、选择题

1. 磁铁的磁矩是________间距离之乘积。
   A. 同名磁量与两端
   B. 同名磁量与两磁极
   C. 磁场强度与两端
   D. 磁场强度与两磁极
2. 硬铁磁化较软铁磁化来得________,且剩磁________。
   A. 容易;大
   B. 容量;小
   C. 不易;大
   D. 不易;小
3. 地磁南极具有________磁量;地磁北极具有________磁量。
   A. 负;正
   B. 正;负
   C. 负;负
   D. 正;正
4. 围绕地球空间的地磁磁力线是从________。
   A. 北半球走向南半球的
   B. 南半球走向北半球的
   C. 两地磁极走向磁赤道的
   D. 磁赤道走向两地磁极的
5. 磁赤道是指________的位置。
   A. 磁差为零
   B. 磁倾角为零
   C. 地磁水平分力为零
   D. 与地理赤道相重合
6. 地磁南北极的位置每年均________。
   A. 缓慢地变化
   B. 迅速地变化
   C. 固定不动
   D. 无规律地波动
7. 磁倾角是指地磁磁力线与当地的________的夹角。
   A. 罗经子午线
   B. 地理子午线
   C. 水平面
   D. 垂直面
8. 当磁罗经位于________时,其指北力最大。

A. 北半球
B. 南半球
C. 磁赤道附近
D. 两磁极附近

9. 磁罗经在磁极附近不能指北，是因为此时________。
A. 垂直分力较强
B. 垂直分力等于零
C. 水平分力较强
D. 水平分力约为零

10. 地磁力的水平分力在________为零，垂直分力在________为零。
A. 地磁极；地磁极
B. 磁赤道；磁赤道
C. 地磁极；磁赤道
D. 磁赤道；地磁极

11. 磁罗经中罗盘的作用是________。
A. 贮存液体
B. 存放校正器
C. 指示方向
D. 测方位

12. 磁罗经能够指示方向的部件是________。
A. 罗经柜
B. 罗盘
C. 罗盆
D. 浮室

13. 磁罗经罗盘条型磁针的排列应与罗盘刻度 NS 轴________。
A. 平行
B. 垂直
C. 对称平行
D. 对称垂直

14. 对磁罗经罗盘磁针系统的要求是________。
A. 磁针中心在 NS 轴的垂直面上，磁针应与 NS 轴对称排列
B. 各磁针的磁极均位于一个圆周上，整个罗盘对 NS 轴和 EW 轴的转动惯量相等
C. 罗盘须具有一定的磁矩
D. A + B + C

15. 罗盘浮子的作用主要是________。
A. 增大罗盘的磁性
B. 增大罗盘转动惯量
C. 增大罗盘的浮力
D. 减少罗盘转动惯量

16. 磁罗经罗盆中的液体在罗经中起________作用。
Ⅰ. 可减少罗盘轴帽与轴针间的摩擦力；Ⅱ. 因阻尼作用使罗盘指向稳定性好；Ⅲ. 减振
A. Ⅱ，Ⅲ
B. Ⅰ，Ⅱ
C. Ⅰ，Ⅲ
D. Ⅰ，Ⅱ，Ⅲ

17. 罗盆液体为蒸馏水和酒精混合液的磁罗经，其支承液体成分是________。
A. 45% 蒸馏水、55% 酒精
B. 55% 蒸馏水、45% 酒精
C. 65% 蒸馏水、35% 酒精
D. 35% 酒精、65% 蒸馏水

18. 磁罗经罗盆内混合液体中放入酒精的作用是________。
A. 稀释
B. 降低比重
C. 降低结冰点
D. 消毒

19. 磁罗经的罗经首尾基线应与船的首尾面相________，否则罗经剩余自差增大。
A. 平行
B. 重合

C. 交叉　　D. 垂直

20. 磁罗经的罗经柜是由________材料制成的。

A. 铁和铜　　B. 铜或铝

C. 钢和铁　　D. 铁镍合金

21. 磁罗经柜不能用________材料制成。

A. 铜　　B. 铝

C. 铁　　D. 木

22. 在磁罗经罗经柜内左右两边水平纵向放置的磁棒为________校正器,用于校正罗经的________。

A. 硬铁;半圆自差力　　B. 硬铁;象限自差力

C. 软铁;半圆自差力　　D. 软铁;象限自差力

23. 在磁罗经罗经柜内水平横向放置的磁棒为________校正器,用于校正________。

A. 硬铁;纵向硬铁船磁力　　B. 硬铁;横向硬铁船磁力

C. 软铁;纵向硬铁船磁力　　D. 软铁;横向硬铁船磁力

24. 放在罗经柜两侧支架上的自差校正器是________,用来校正________。

A. 软铁球;象限自差　　B. 佛氏铁;半圆自差

C. 垂直磁棒;倾斜自差　　D. 横磁棒;半圆自差

25. 在磁罗经罗盆中心正下方的垂直铜管内放置的垂直校正器为________校正器,用于校正船铁的________自差。

A. 硬铁;半圆　　B. 硬铁;倾斜

C. 软铁;倾斜　　D. 软铁;象限

26. 磁罗经罗经柜的正前方有一竖直圆筒或一竖直的长方盒,内放________。

A. 垂直校正磁棒和佛氏铁块　　B. 垂直校正磁棒和软铁条

C. 佛氏铁块或软铁条　　D. 垂直磁棒,佛氏铁或软铁条

27. 救生艇上的小型液体罗经,须有完整的架子及油灯,灯油储量应能使用________小时。

A. 2　　B. 4

C. 6　　D. 10

28. 标准罗经应安装在________。

A. 任意位置　　B. 船的首尾面上

C. 平行于船的首尾面上　　D. 驾驶台内

29. 检查磁罗经的灵敏度是否符合要求,主要是检查________。

A. 罗盘轴帽和轴针间摩擦力的大小　　B. 罗盘磁性的大小

C. 罗盘转动惯量的大小　　D. 罗盘浮力的大小

30. “用小磁铁将罗盘分别向左(或右)引偏2°~3°,看其是否回到原始位置”的方法检查罗盘灵敏度应在________情况下进行。

Ⅰ. 船固定于码头;Ⅱ. 船、岸机械不工作;Ⅲ. 罗经自差不大

A. Ⅱ,Ⅲ　　B. Ⅰ,Ⅱ

C. Ⅰ,Ⅲ　　D. Ⅰ,Ⅱ,Ⅲ

31. 磁罗经灵敏度的检查是在________时,用________将罗盘向左(或右)侧引 2°~3°,然后查看罗盘是否恢复原航向。

A. 航行中;铁或小磁铁　　B. 锚泊中;铁或铁器

C. 码头上;铁和小磁铁　　D. 以上均可

32. 用小铁磁体引偏罗盘检查磁罗经的灵敏度是否符合要求时,要求新航向和引偏前的航向误差小________。

A. ±1°　　B. ±0.5°

C. ±0.2°　　D. ±2°

33. 磁罗经磁矩减小将引起________。

A. 停滞角加大,摆动周期减小　　B. 停滞角减小,摆动周期增大

C. 停滞角加大,摆动周期增大　　D. 停滞角减小,摆动周期减小

34. 检查磁罗经罗盘的摆动半周期是否符合要求,主要是检查________。

A. 罗盘轴帽和轴针间摩擦力的大小　　B. 罗盘磁性的大小

C. 罗盘转动惯量的大小　　D. 罗盘浮力的大小

35. 检查罗盘摆动半周期,若半周期比规定的半周期大,表示________。

A. 罗盘磁针的磁性太强　　B. 罗盘磁针的磁性变弱

C. 罗盘磁针灵敏度太高　　D. 罗经液体变质

36. 在测定罗盘磁力时,若测得的罗盘摆动半周期比规定值大许多,则说明________。

A. 罗盘磁力太强　　B. 罗盘磁力减弱

C. 罗盆内有气泡　　D. 罗盘的磁针磨损严重

37. 通常用测定磁罗经自由摆动半周期的方法来检查________是否符合要求。

A. 罗盘磁针的磁矩　　B. 罗盘的灵敏度

C. 罗盆的水平度　　D. A+B

38. 船上保存备用的磁铁棒时应以________存放。

A. 同名极相靠　　B. 异名极相靠

C. 同名异名随意　　D. 单个磁棒

39. 检查罗经柜上的软铁球是否含有永久磁性,船首应固定在________。

A. N 航向　　B. S 航向

C. E 或 W 航向　　D. 隅点航向

40. 你船正在校正磁罗经自差,此时应挂________旗。

A. H　　B. B

C. OQ　　D. TE

41. 一般新出厂的磁罗经消除自差的顺序为________。

A. 半圆自差、倾斜自差、象限自差

B. 倾斜自差、半圆自差、象限自差

C. 倾斜自差、近似消除象限自差、半圆自差、象限自差

D. 近似消除象限自差及次半圆自差、倾斜自差、半圆自差、象限自差

42. 校正磁罗经自差的原则:以大小________,方向________,性质________的自差校正磁力去抵消相应的船磁力。

A. 相等;相反;相同　　B. 相等;相反;相反

C. 相反;相反;相同　　D. 相等;相同;相同

43. 船舶在风浪中航行而左右摇摆,磁罗经罗盘也随之左右摆动,这是由于没有准确消除________引起的。

A. 硬铁半圆自差　　B. 象限自差

C. 倾斜自差　　D. 软铁半圆自差

44. 钢铁船舶上的磁罗经,其罗盘刻度"0°"的指向为________。

A. 船首　　B. 真北

C. 磁北　　D. 罗北

45. 磁罗经在下列哪种情况下不存在自差?

A. 船在船坞里　　B. 在木船上

C. 在新出厂的船上　　D. 锚泊船上

46. 安装在钢铁船舶上的磁罗经受到软铁磁力和硬铁磁力的作用而产生________。

A. 磁差　　B. 罗经差

C. 自差　　D. 误差

47. 船舶硬铁船磁力在罗经三个坐标轴上的投影力分别为________。

A. P、Q、R　　B. P、fz、R

C. z、Q、R　　D. P、Q、k

48. 磁罗经产生自差的主要原因是________。

Ⅰ. 感应船磁;Ⅱ. 地磁;Ⅲ. 永久船磁

A. Ⅱ,Ⅲ　　B. Ⅰ,Ⅱ

C. Ⅰ,Ⅲ　　D. Ⅰ,Ⅱ,Ⅲ

49. 磁罗经自差随航向变化的原因是________。

A. 观测不准确

B. 磁罗经结构有缺陷

C. 船所在地区有磁场异常现象

D. 各种自差力与罗经航向有不同的函数关系

50. 磁罗经自差发生变化的原因是________。

A. 船磁场发生变化和地磁场变化　　B. 罗经方位圈有固定误差

C. 使用了备用罗经　　D. 罗盆内液体减少或有气泡

51. 安装在钢铁船舶上的磁罗经的自差与________有关。

A. 船舶所处的地理位置和船舶航向　　B. 船舶所处的地理位置和磁差

C. 船舶的大小,船舶航向和航速　　D. 船舶航向和航速

52. 在不计恒定(固定)自差外,一般标准罗经自差大于________,操舵罗经自差大于________,

需要进行自差校正。

A. ±1°; ±3°
B. ±3°; ±5°
C. ±5°; ±3°
D. ±5°; ±1°

53. 通常在下列何种情况下,船上磁罗经需要校正自差?

Ⅰ. 经过修船,船舶上层建筑有较大的改变; Ⅱ. 船舶遭遇了剧烈的碰撞; Ⅲ. 罗盆内有气泡; Ⅳ. 修船时,磁罗经位置向后移动了1米; Ⅴ. 装载了磁性货物后或由电磁吊装卸货物后; Ⅵ. 使用了备用的罗盆

A. Ⅰ,Ⅱ,Ⅳ,Ⅴ
B. Ⅰ,Ⅱ,Ⅲ,Ⅳ,Ⅴ
B. Ⅰ,Ⅱ,Ⅳ,Ⅴ,Ⅵ
C. Ⅲ,Ⅳ,Ⅴ,Ⅵ

54. 国家海事局规定,磁罗经自差每________年需校正一次。

A. 一
B. 二
C. 三
D. 四

55. 测定磁罗经自差的方法有________。

Ⅰ. 利用比对电、磁罗经航向测定自差; Ⅱ. 利用叠标测定自差; Ⅲ. 利用天体(太阳)测定自差

A. Ⅱ,Ⅲ
B. Ⅰ,Ⅱ
C. Ⅰ,Ⅲ
D. Ⅰ,Ⅱ,Ⅲ

56. 已知标准罗经航向100°,自差 -1°,此时操舵罗经航向105°,通过与标准罗经航向比对,得操舵罗经自差为________。

A. +4°
B. +5°
C. +6°
D. -6°

57. 已知过叠标时用磁罗经测得该叠标的罗方位为287°,从海图上量得该叠标的真方位为293°, $Var = -1°$,则该罗经的自差为________。

A. +5°
B. +6°
C. -6°
D. +7°

58. 已知标准罗经航向094°,标准罗经自差 -1°,此时,操舵罗经航向为100°,则操舵罗经自差为________。

A. +5°
B. -5°
C. +6°
D. -7°

59. 已知某灯塔的真方位等于100°,当地磁差等于7°E,用磁罗经测得该灯塔的罗方位等于95°,该航向自差等于________。

A. 12°E
B. 12°W
C. 2°E
D. 2°W

60. 在利用太阳方位测定罗经自差时,若太阳高度较高,由于________的影响易使测得的罗经自差含有误差。

Ⅰ. 太阳方位变化较快; Ⅱ. 罗盆不水平; Ⅲ. 基线误差没有校正好

A. Ⅱ,Ⅲ
B. Ⅰ,Ⅱ
C. Ⅰ,Ⅲ
D. Ⅰ,Ⅱ,Ⅲ

61. 利用观测太阳方位求磁罗经自差时,太阳的高度最好低于________。

A. 30°　　B. 45°

C. 60°　　D. 90°

62. 利用叠标方位测定罗经自差时,为提高观测方位的准确性,一般船与近标的距离控制在前后标________的距离范围内。

A. 3 ~5 倍　　B. 1 ~2 倍

C. 10 ~15 倍　　D. 10 倍以上

63. 校正完磁罗经自差后,为制作罗经自差表,需要观测________航向上的剩余自差。

A. 四个基点　　B. 四个隅点

C. 四个基点和四个隅点　　D. 每隔 15°

64. 自差表中计算的自差与八个航向上观测的剩余自差相比对时,若相差大于________时,就说明观测或计算中有较大的误差。

A. ±0.5°　　B. ±1.0°

C. ±1.5°　　D. ±2.0°

65. 校正完磁罗经自差后,要绘制自差曲线,要求自差数值较小且曲线________,否则自差的校正或计算有误差。

A. 光滑且无角点　　B. 为一条直线

C. 为一正弦曲线　　D. 为一条折线

66. 如下图所示,①②③④分别表示船舶磁罗经中四种不同的自差校正器,其中校正器①用于校正磁罗经的________自差。

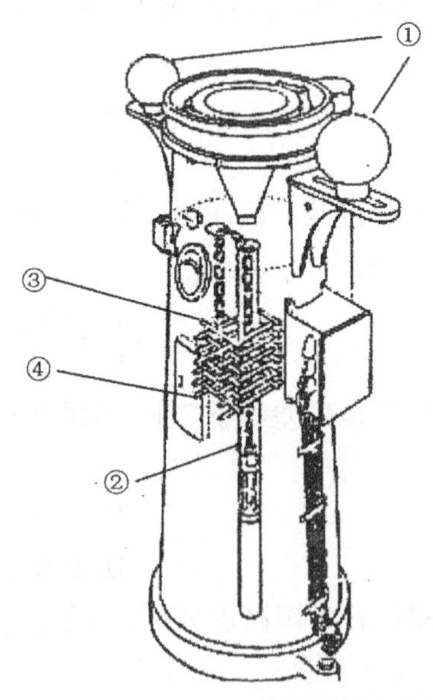

A. 半圆自差　　B. 倾斜自差

C. 象限自差　　D. 次半圆自差

67. 如上图所示,①②③④分别表示船舶磁罗经中四种不同的自差校正器,其中校正器②用于校正磁罗经的________自差。

A. 半圆自差　　B. 倾斜自差
C. 象限自差　　D. 次半圆自差

68. 如上图所示，①②③④分别表示船舶磁罗经中四种不同的自差校正器，其中校正器③用于校正磁罗经的________自差。

A. 半圆自差，即 Q 力产生的自差　　B. 半圆自差，即 P 力产生的自差
C. 象限自差　　D. 次半圆自差

69. 如上图所示，①②③④分别表示船舶磁罗经中四种不同的自差校正器，其中校正器④用于校正磁罗经的________自差。

A. 半圆自差，即 Q 力产生的自差　　B. 半圆自差，即 P 力产生的自差
C. 象限自差　　D. 次半圆自差

二、简答题

1. 试绘制磁滞回线来说明软铁和硬铁的性质有何区别。
2. 什么是地磁三要素？
3. 试述地磁极、地磁磁力线、磁差、磁倾角、地磁总力以及地磁水平分力和垂直分力的概念和性质。
4. 简述磁罗经的种类、结构和各部分的作用。
5. 磁罗经的安装原则是什么？
6. 如何保存备用的磁罗经自差校正器？永久磁铁校正器可以使用的条件是什么？
7. 磁罗经自差产生的原因是什么？在什么情况下需要校正自差？
8. 船上磁罗经自差分为哪几类？分别用何种校正器校正？
9. 简述自差曲线的绘制和应用。
10. 试述新出厂的磁罗经消除自差的顺序。
11. 简述校正半圆自差的原理及其步骤。
12. 简述消除家限自差的原理及其步骤。
13. 消除罗经自差的实际步骤是什么？
14. 试述检查磁罗经的灵敏度的条件、方法及处置方案。
15. 试述检查磁罗经的半周期的条件、方法及处置方案。
16. 磁罗经罗盆内产生气泡的原因是什么？如何消除罗盆内的气泡？
17. 测定自差有几种方法？求自差的公式是什么？

参考答案

1. B	2. C	3. B	4. B	5. B	6. A	7. C	8. C	9. D	10. C
11. C	12. B	13. C	14. D	15. C	16. D	17. B	18. C	19. B	20. B

21. C　22. A　23. B　24. A　25. B　26. C　27. D　28. B　29. A　30. D
31. C　32. C　33. C　34. B　35. B　36. B　37. A　38. B　39. D　40. C
41. D　42. A　43. C　44. D　45. B　46. C　47. A　48. C　49. D　50. A
51. A　52. B　53. A　54. A　55. D　56. D　57. D　58. D　59. D　60. D
61. A　62. A　63. C　64. A　65. A　66. C　67. B　68. A　69. B

部分答案解析

1. 磁铁的磁矩 M(magnetic moment)是磁极的磁量与两磁极之间距离的乘积。

2. 根据铁磁性物质的磁化特性不同,将铁磁性物质分为硬铁和软铁。硬铁比较难磁化,但一旦被磁化就具有了很大的剩磁,而要想去掉磁性就必须有很强的反向磁场,即硬铁具有剩磁大、矫顽大的磁化特性。软铁比较容易被磁化,但磁化后剩磁较小,而要想去掉磁性不需要很强的反向磁场,即软铁具有剩磁小、矫顽力小的磁化特性。

6. 地磁极的位置不是固定不变的,而是随时间变化,北、南地磁极各自绕地理北极、南极以椭圆形轨迹约650年旋转一周。

8. (9、10 题参见本题解析)磁罗经的指北力为地磁力的水平分力 $H = T\cos\theta$,其中 θ 为磁倾角,在磁极 θ 为 90°,在磁赤道 θ 为 0°。

29. (30、31、32 题参见本题解析)检查磁罗经的灵敏度(inert property)时,船应靠在码头上,船上、岸上的大型机械不工作,标准磁罗经的自差应小于 ±3°。

检测方法:记下磁罗经航向,用小铁磁体将罗盘向左(或向右)引偏 2° ~3°,然后使小铁磁体远离罗经(至少 1 m 以上),使罗盘自由恢复航向。以同样的方法再向右(或向左)引偏罗盘,然后使小铁磁体远离罗经,使罗盘自由恢复航向。若罗盘能够恢复到引偏前的航向,则说明罗经的灵敏度良好。若罗盘不能恢复到引偏前的航向,但新航向与引偏前的航向误差小于 ± 0°.2,则罗经的灵敏度符合要求。若航向误差大于 ±0°.2,则罗经的灵敏度不符合要求。

检查磁罗经的灵敏度是检查轴针与轴帽之间的摩擦力是否正常,若轴帽完好,此摩擦力大小主要取决于轴针是否尖锐。若灵敏度不符合要求,应将轴针送厂检修或更换新轴针。

34. (35、36、37 题参见本题解析)检查磁罗经半周期(semiperiod)的条件与检查灵敏度的条件相同。检测方法:记下磁罗经航向,用磁铁将罗盘向左(或向右)引偏 40°以上,使磁铁远离罗经(至少 3 m 以上),使罗盘自由恢复航向。当引偏前的航向刻度第一次过船首基线时,启动秒表。当罗盘回转,引偏前的航向刻度第二次过基线时,停止秒表,秒表读数应为 12 ±0.5 s (190 罗经和 165 罗经在纬度 40°以下地区时)。再以同样的方法向右(或向左)引偏一次,所测半周期也应与以上所测相等,说明磁罗经半周期正常;若所测磁罗经的半周期超出正常值 12 ±0.5 s 较大,则不符合要求。

检查磁罗经的半周期是检查磁罗经罗盘磁针的磁性是否正常。若半周期太大,说明罗盘磁针磁性减弱;当罗盘偏离正常指向后,恢复到正常指向将需要较长时间,此时将产生较大的指向误差甚至不能正常指向;当检查磁罗经的半周期不符合要求时,应将罗盘送厂修理或更换新罗盘。

56. $CC + Dev + Var = TC$；$100 + Var - 1 = 105 + Var + Dev$。

57. (58、59 题参见本题解析) $CC + Var + Dev = TC$；$287 - 1 + Dev = 293$。

第二节　陀螺罗经工作原理

一、选择题

1. 何谓自由陀螺仪？

Ⅰ. 重心与其中心相重合的三自由度陀螺仪；Ⅱ. 主轴可指向空间任意方向的陀螺仪；Ⅲ. 不受任何外力矩作用的平衡陀螺仪

A. Ⅱ，Ⅲ　　B. Ⅰ，Ⅱ

C. Ⅰ，Ⅲ　　D. Ⅰ，Ⅱ，Ⅲ

2. 从工程技术角度，陀螺仪的定义为________。

A. 高速旋转的对称转子及保证转子主轴指向空间任意方向的悬挂装置

B. 转子及其悬挂装置的总称

C. 具有三自由度的转子

D. 高速旋转的对称刚体

3. 高速旋转的三自由度陀螺仪的进动性是如何描述的？

A. 在外力的作用下，陀螺仪主轴的动量矩矢端将以捷径趋向外力方向

B. 在外力矩的作用下，陀螺仪主轴的动量矩矢端力图保持其初始方位不变

C. 在外力矩的作用下，陀螺仪主轴的动量矩矢端将以捷径趋向外力矩

D. 在外力矩的作用下，陀螺仪主轴即能自动找北指北

4. 何谓陀螺仪的定轴性？

A. 其主轴指向地球上某一点的初始方向不变　　B. 其主轴动量矩矢端趋向外力矩矢端

C. 其主轴指向空间的初始方向不变　　D. 相对于陀螺仪基座主轴指向不变

5. 三自由度陀螺仪的转子高速旋转时，其主轴将指向________，若在垂直主轴方向上加外力矩，主轴将________。

A. 空间某一方向；产生进动　　B. 真北；指向真北

C. 空间某一方向；保持指向不变　　D. 罗北；保持指向不变

6. 满足下列哪些条件时，陀螺仪才具有定轴性？

Ⅰ. 陀螺转子高速旋转；Ⅱ. 陀螺仪中心与其重心重合；Ⅲ. 不受任何外力矩

A. Ⅱ，Ⅲ　　B. Ⅰ，Ⅱ

C. Ⅰ，Ⅲ　　D. Ⅰ，Ⅱ，Ⅲ

7. 在垂直于陀螺仪主轴方向上加外力矩，陀螺仪主轴将产生进动，其进动角速度与________。

A. 外力矩成正比,动量矩成正比
B. 外力矩成反比,动量矩成反比
C. 外力矩成正比,动量矩成反比
D. 外力矩成反比,动量矩成正比

8. 自由陀螺仪的主轴动量矩指北,若加一外力矩,其方向水平向西,则主轴指北端________进动。
A. 水平向东
B. 水平向西
C. 垂直向上
D. 垂直向下

9. 在北纬自由陀螺仪主轴相对子午面向东做视运动,这是由于________的作用。
A. 地球自转角速度
B. 地球自转角速度的水平分量
C. 地球自转角速度的垂直分量
D. 主轴高速旋转的角速度

10. 当自由陀螺仪相对于水平面做视运动时,其进动角速度与________有关。
Ⅰ. 地理纬度;Ⅱ. 方位角;Ⅲ. 高度角
A. Ⅱ,Ⅲ
B. Ⅰ,Ⅱ
C. Ⅰ,Ⅲ
D. Ⅰ,Ⅱ,Ⅲ

11. 若在北纬,陀螺仪主轴做视运动,则________。
A. 主轴视运动的角速度等于地球自转角速度
B. 主轴指北端向东偏离子午面后又相对水平面上升
C. 主轴指北端向西偏离子午面后又相对水平面下降
D. 主轴指北端每 24 小时水平旋转一周

12. 若在南纬,陀螺仪主轴做视运动,则________。
A. 主轴视运动的角速度等于地球自转角速度
B. 主轴指北端向东偏离子午面后又相对水平面上升
C. 主轴指北端向西偏离子午面后又相对水平面下降
D. 主轴指北端每 24 小时水平旋转一周

13. 地球上自由陀螺仪"东升西降"的视运动规律的含义是________。
A. 陀螺仪主轴的东端上升,西端下降
B. 陀螺仪主轴的东半平面上升,西半平面下降
C. 陀螺仪主轴指北端在东经上升,西经下降
D. 陀螺仪主轴指北端在子午面东侧上升,在西侧下降

14. 若在赤道上,陀螺仪主轴位于子午面内,随地球自转罗经主轴指北端将________。
A. 向东偏
B. 向西偏
C. 保持在子午面内
D. 保持一定的高度角

15. 影响自由陀螺仪主轴不能稳定指北的最主要因素是________。
A. 地球自转角速度的垂直分量
B. 地球自转角速度的水平分量
C. 陀螺仪本身的特性
D. 在陀螺仪主轴上外加力矩

16. 满足下列哪些条件时,陀螺仪主轴在地球上保持稳定不动?
A. 主轴相对方位运动角速度为零
B. 主轴相对垂直运动角速度为零
C. 主轴相对方位和垂直方向的运动角速度均为零

D. 主轴空间绝对运动角速度为零

17. 一个自由陀螺仪要成为实用的陀螺罗经,必须对其施加________。

A. 进动力矩和稳定力矩 B. 控制力矩和稳定力矩

C. 进动力矩和阻尼力矩 D. 控制力矩和阻尼力矩

18. 要完成指向功能,陀螺罗经的灵敏部分通常由________部分组成。

Ⅰ. 陀螺仪;Ⅱ. 陀螺仪的控制设备;Ⅲ. 陀螺仪的阻尼设备

A. Ⅱ,Ⅲ B. Ⅰ,Ⅱ

C. Ⅰ,Ⅲ D. Ⅰ,Ⅱ,Ⅲ

19. 陀螺罗经必须具有控制力矩,其作用是________。

A. 克服陀螺仪主轴在高度上的视运动 B. 消除纬度误差

C. 克服陀螺仪主轴在方位上的视运动 D. 消除速度误差

20. 陀螺仪施加了控制力矩后,可使主轴具有________的性能。

A. 相对于宇宙稳定不动 B. 具有寻找真北

C. 具有稳定指北 D. A 和 B

21. 引起陀螺罗经控制力矩变化的因素为________。

A. 纬度 B. 方位角

C. 高度角 D. 主轴动量矩

22. 因采用控制力矩的方式不同,安许茨型罗经动量矩指向________,而液体连通器式罗经动量矩指向________。

A. 北;北 B. 南;南

C. 北;南 D. 南;北

23. 在北纬,船用陀螺罗经在稳定位置时,其主轴要在水平面之上有一高度角,主要用于产生________。

A. 控制力矩 B. 阻尼力矩

C. 动量矩 D. 以上均错

24. 受地球自转的影响并在控制力矩的作用下,陀螺仪主轴将做________的摆动。

A. 等幅椭圆 B. 等幅圆形

C. 等幅双曲线 D. 等幅螺旋线

25. 机械摆式罗经等幅摆动的轨迹为一椭圆,若罗经结构参数不变,船位不变时________。

A. 椭圆扁率不变 B. 椭圆扁率随机变化

C. 长半轴增大,短半轴相应地减小 D. 长半轴减小,短半轴相应地增大

26. 当陀螺罗经结构参数一定时,罗经等幅摆动的周期为 84.4 分钟所对应的纬度被称为________。

A. 标准纬度 B. 设计纬度

C. 20° D. 固定纬度

27. 舒拉条件是指当陀螺罗经的等幅摆动周期为________时,陀螺罗经不存在第一类冲击误差。

A. 6 小时 B. 90 分钟

C. 84.4 分钟　　D. 60 分钟

28. 下列罗经中,________罗经采用长轴阻尼法,________罗经采用短轴阻尼法。

A. 阿玛-勃朗系列;安许茨系列

B. 斯伯利系列;阿玛-勃朗系列

C. 阿玛-勃朗系列;斯伯利系列

D. 安许茨系列;斯伯利系列和阿玛-勃朗系列

29. 安许茨 4 型陀螺罗经阻尼力矩的大小与________成正比。

A. 纬度　　B. 主轴高度角

C. 陀螺仪动量矩　　D. 多余液体角

30. 下重式陀螺罗经在起动过程中,当主轴指北端向子午面靠拢时,阻尼力矩起到________的作用。

A. 增进其靠拢　　B. 阻止其靠拢

C. 不起作用　　D. 以上都不对

31. 下重式陀螺罗经在起动过程中,当主轴指北端向子午面远离时,阻尼力矩起到________的作用。

A. 增进其远离　　B. 阻止其远离

C. 不起作用　　D. 以上都不对

32. 液体连通器式陀螺罗经在起动过程中,当主轴指北端向水平面靠拢时,阻尼力矩起到________的作用。

A. 增进其靠拢　　B. 阻止其靠拢

C. 不起作用　　D. 以上都不对

33. 液体连通器式陀螺罗经在起动过程中,当主轴指北端向水平面远离时,阻尼力矩起到________的作用。

A. 增进其远离　　B. 阻止其远离

C. 不起作用　　D. 以上都不对

34. 起动船用陀螺罗经时,其主轴指北端的摆动轨迹为________。

A. 收敛螺旋线　　B. 指数衰减曲线

C. 椭圆曲线　　D. 以上均错

35. 在北纬静止基座上,下重式罗经主轴指北端的稳定位置是________。

A. 子午面之内,水平面之上　　B. 子午面之内,水平面之下

C. 子午面之东,水平面之上　　D. 子午面之西,水平面之下

36. 在南纬静止基座上,下重式罗经主轴指北端的稳定位置是________。

A. 子午面之内,水平面之上　　B. 子午面内,水平面之下

C. 子午面之东,水平面之上　　D. 子午面之西,水平面之下

37. 位于北纬某处静止基座上的斯伯利 37 型罗经,其主轴的稳定位置为________。

A. 子午面之东,水平面之上　　B. 子午面之东,水平面之下

C. 子午面之西,水平面之上　　D. 子午面之西,水平面之下

38. 位于南纬某处静止基座上的斯伯利 37 型罗经,其主轴的稳定位置为________。

A. 子午面之东,水平面之上　　B. 子午面之东,水平面之下

C. 子午面之西，水平面之上　　D. 子午面之西，水平面之下

39. 陀螺罗经的阻尼因数或称衰减因数是表示主轴在________减幅摆动过程的快慢程度。

A. 方位角上　　B. 高度角上

C. 多余液体角　　D. 以上均错

40. 陀螺罗经的阻尼因数表示主轴减幅摆动过程快慢程度，其大小在________范围。

A. 1 ~ 2　　B. 2.5 ~ 4

C. 5 ~ 10　　D. 6 ~ 8

41. 绘制罗经的阻尼曲线一般应借助于________。

A. 主罗经航向刻度盘　　B. 分罗经方位圈

C. 分罗经接线箱　　D. 航向记录器

42. 船舶停靠在码头上，从开始启动安许茨 4 型罗经到其稳定后，航向记录器所记录的一条曲线可以称为________。

A. 等幅椭圆线　　B. 收敛螺旋线

C. 阻尼摆动曲线　　D. 正弦曲线

43. 根据《海船航行设备规范》的要求，一般要在开航前 4 ~ 6 小时起动陀螺罗经，这是因为________。

A. 罗经约经 3 个周期的阻尼摆动才能达到其正常工作温度

B. 罗经约经 3 个周期的阻尼摆动才能达到其正常工作电流

C. 罗经约经 3 个周期的阻尼摆动才能达到稳定指北

D. 罗经约经 3 个周期的阻尼摆动才能转速稳定、误差消除

44. 根据《海船航行设备规范》的要求，陀螺罗经自起动至稳定指北的时间不应大于________小时。

A. 3　　B. 6

C. 1.5　　D. 8

45. 安许茨 4 型罗经，在纬度 20°处起动时达稳定指北需 3 小时，若起动状态一样，则在纬度 40°处达稳定指北的时间________。

A. 为 2 小时　　B. 大于 3 小时

C. 小于 3 小时　　D. 为 3 小时

46. 陀螺罗经的纬度误差是采用________阻尼法造成的，且随纬度的增大而________。

A. 垂直轴、增大　　B. 水平轴、增大

C. 垂直轴、减小　　D. 水平轴、减小

47. 因安许茨系列罗经采用了________，则罗经不产生纬度误差。

A. 陀螺球重心下移　　B. 双转子结构

C. 液浮支承　　D. 水平轴阻尼法

48. 因斯伯利系列罗经采用了________，则罗经产生纬度误差。

A. 水平轴阻尼法　　B. 水平轴控制力矩

C. 垂直轴阻尼法　　D. 垂直轴控制力矩

49. 陀螺罗经的纬度误差采用内补偿方法后，陀螺罗经的指北端________。

A. 回到地理子午面内
B. 回到磁子午面内
C. 仍偏离子午面
D. AB 均可

50. 陀螺罗经的纬度误差采用外补偿方法后,陀螺罗经的指北端________。

A. 回到地理子午面内
B. 回到磁子午面内
C. 仍偏离子午面
D. AB 均可

51. 关于罗经纬度误差,下列哪种说法是错误的?

A. 纬度误差随纬度的增大而增大
B. 纬度误差是垂直轴阻尼法造成的
C. 纬度误差的符号与纬度有关
D. 纬度误差的大小与船速有关

52. 船舶恒向恒速运动时,陀螺罗经将产生________。

A. 速度误差
B. 摇摆误差
C. 冲击误差
D. 纬度误差

53. 下列哪些因素会影响陀螺罗经的速度误差?

Ⅰ. 航向、船速;Ⅱ. 地球半径、纬度;Ⅲ. 地球自转角速度

A. Ⅱ,Ⅲ
B. Ⅰ,Ⅱ
C. Ⅰ,Ⅲ
D. Ⅰ,Ⅱ,Ⅲ

54. 引起陀螺罗经速度误差变化的主要因素包括________。

Ⅰ. 航向;Ⅱ. 航速;Ⅲ. 船舶所在地纬度

A. Ⅰ,Ⅲ
B. Ⅱ,Ⅲ
C. Ⅰ,Ⅱ
D. Ⅰ,Ⅱ,Ⅲ

55. 陀螺罗经的速度误差随船舶航向变化,在________航向上速度误差最大。

A. 045°和 225°
B. 090°和 270°
C. 000°和 180°
D. 135°和 315°

56. 陀螺罗经的速度误差随船舶航向变化,在________航向上速度误差为零。

A. 045°和 225°
B. 090°和 270°
C. 000°和 180°
D. 135°和 315°

57. 下列哪些因素与陀螺罗经的速度误差无关?

A. 航速
B. 航向
C. 船舶所在纬度
D. 罗经结构参数

58. 下列哪种因素不会影响陀螺罗经的速度误差的大小?

A. 航向船速
B. 地球半径纬度
C. 地球自转角速度
D. 罗经的阻尼因数

59. 已知某船罗经指示航向为 145°,查表知陀螺罗经的速度误差值为 1.5°,不考虑其他误差,则该船的真航向为________。

A. 143.5°
B. 146.5°
C. 142.5°
D. 147.5°

60. 某船正北航行,该船上的陀螺罗经速度误差为________误差,且误差值________。

A. 偏东;最大
B. 偏东;最小

C. 偏西;最大　　D. 偏西;最小

61. 陀螺罗经速度误差的大小与罗经结构参数________,其符号与纬度的南纬或北纬________。

A. 有关;有关　　B. 有关;无关

C. 无关;无关　　D. 无关;有关

62. 关于陀螺罗经速度误差的特性,下列哪种说法是错误的?

A. 速度越大,误差越大　　B. 纬度越大,误差越大

C. 航向越大,误差越大　　D. 速度误差与罗经的结构参数无关

63. 陀螺罗经速度误差的大小与纬度________,而与纬度的符号________。

A. 有关;有关　　B. 有关;无关

C. 无关;无关　　D. 无关;有关

64. 斯伯利37型罗经的速、纬误差经内补偿后,罗经主轴在方位上将________。

A. 位于子午面内　　B. 位于水平面内

C. 仍然偏离子午面　　D. 以上均错

65. 阿玛-勃朗10型罗经的速、纬误差经内补偿后,罗经主轴在方位上将________。

A. 位于子午面内　　B. 位于水平面内

C. 仍然偏离子午面　　D. 以上均错

66. 安许茨4型罗经消除速度误差的原理属于________。

A. 外补偿法　　B. 力矩补偿法

C. 内补偿法　　D. 校正器补偿法

67. 安许茨20型罗经消除速度误差的原理属于________。

A. 外补偿法　　B. 力矩补偿法

C. 内补偿法　　D. 校正器补偿法

68. 将斯伯利37型罗经速、纬校正器上的"纬度旋钮"指示船位纬度、"速度旋钮"指示船舶航速的作用是________消除纬度误差和速度误差。

A. 外补偿方法　　B. 内补偿方法

C. 人工方法　　D. 自动方法

69. 将阿玛-勃朗10型主罗经面板上的"纬度旋钮"指示船位纬度、"速度旋钮"指示船舶航速的作用是________消除纬度误差和速度误差。

A. 外补偿方法　　B. 内补偿方法

C. 人工方法　　D. 自动方法

70. 若陀螺罗经不产生冲击误差,船舶应处在________运动状态。

A. 变速变向　　B. 恒速变向

C. 变速恒向　　D. 恒速恒向

71. 船舶在海上转向时,船上陀螺罗经会产生________误差。

A. 纬度和冲击　　B. 速度和纬度

C. 冲击和摇摆　　D. 速度和冲击

72. 当船舶变速变向航行时,陀螺罗经受到惯性力矩的作用,使主轴偏离________,形成的误差叫

________。

A. 真北;速度误差　B. 真北;摇摆误差
C. 稳定位置;冲击误差　D. 稳定位置;纬度误差

73. 陀螺罗经第一类冲击误差是指________而产生的误差。
A. 惯性力矩作用在罗经重力控制设备上　B. 惯性力矩作用在罗经阻尼设备上
C. 惯性力矩作用在罗经几何中心上　D. 罗经在船舶摇摆时

74. 当船舶机动航行的纬度为________时,陀螺罗经不产生第一类冲击误差。
A. 高于设计纬度　B. 低于设计纬度
C. 设计纬度　D. 赤道附近

75. 当船舶航行纬度不在设计纬度上时,陀螺罗经的冲击误差将________。
A. 增大　B. 变小
C. 不变　D. 大小根据罗经结构而定

76. 陀螺罗经的第二类冲击误差是由于________而产生的。
A. 惯性力矩作用在罗经重力控制设备上　B. 惯性力矩作用在罗经阻尼设备上
C. 惯性力矩作用在罗经几何中心上　D. 罗经在船舶摇摆时

77. 船舶机动航行时陀螺罗经受惯性力矩的影响,大约在船机动以后________小时左右消失。
A. 0.5　B. 1.0
C. 2.0　D. 3.0

78. 下列有关陀螺罗经误差的说法中,错误的是________。
A. 采用垂直轴阻尼法的陀螺罗经产生纬度误差
B. 速度误差与船舶所在地的纬度无关
C. 采用外补偿法消除速度误差时,陀螺罗经主轴的原稳定位置不变
D. 第一类冲击误差在船舶机动终了后约 1 小时即可消失

79. 陀螺罗经的基线误差是指罗经基线与船首尾线________,而由此产生________的误差。
A. 平行;偏离真北　B. 不平行;偏离真北
C. 平行;指向　D. 不平行;指向

80. 陀螺罗经的基线误差是指罗经________。
A. 航向读数误差　B. 偏离真北的误差
C. 偏离罗北的误差　D. 偏离水平面的误差

81. 如下图所示,某船舶正平地靠在码头上,若此时在相应海图上量得码头岸线方向为 045°,而船上正常运行的安许茨 22 型陀螺罗经显示的船首向为 046°,则该陀螺罗经存在________。

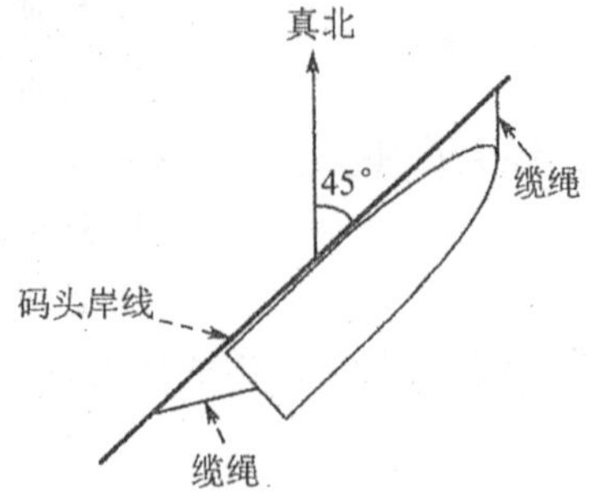

A. 纬度误差　　B. 速度误差
C. 冲击误差　　D. 基线误差

82. 如上图所示，某船舶正平地靠在码头上，若此时在相应海图上量得码头岸线方向为045°，而船上正常运行的 TG－8000 型陀螺罗经显示的船首向为 046°，则该陀螺罗经可能存在________。
①度误差；②速度误差；③冲击误差；④基线误差
A. ①②　　B. ①③④
C. ①④　　D. ①②④

83. 在地球北纬某处将自由陀螺仪的主轴初始指北，一段时间后，它将偏离子午面，这是由于________。
A. 陀螺仪的主轴可指向任意方向　　B. 陀螺仪主轴相对宇宙空间运动
C. 陀螺仪主轴相对地球出现运动　　D. 以上都不对

84. 下列有关陀螺罗经误差的说法中，错误的是________。
A. 速度误差与船舶所在地的纬度无关
B. 第一类冲击误差在船舶机动终了后约 1 小时即可消失
C. 采用垂直轴阻尼法的陀螺罗经产生纬度误差
D. 采用外补偿消除速度误差时，陀螺罗经主轴的原稳定位置不变

85. 陀螺仪主轴指北端在子午面东侧做上升运动，这是由于________的作用。
A. 地球的自东向西旋转　　B. 地球自转角速度的水平分量
C. 地球自转角速度的垂直分量　　D. 陀螺仪的进动性

86. 假设某摆式罗经阻尼因数 $f=3$，阻尼周期 = 90 min，起始时主轴方位角为 180°，则经过________个阻尼周期，可认为罗经达到航海要求的稳定。
A. 2.5　　B. 3
C. 3.5　　D. 4

87. 某船安许茨型陀螺罗经的基线偏左舷 1°，下列叙述中，不正确的是________。
A. 该误差是个固定误差　　B. 该误差表现为读数误差
C. 应逆时针调整基线 1°校正该误差　　D. 可以调整金属托架来校正该误差

88. 下列哪种(些)原因会导致安许茨罗经陀螺球高度偏高？
A. 陀螺球渗漏　　B. 支承液体甘油成分偏少
C. 电磁上托线圈故障　　D. 支承液体温度偏低

89. 关于视运动的概念，下列叙述不正确的是________。
A. 视运动是一种相对运动的概念
B. 人看到太阳和恒星的运动现象也是视运动
C. 人看到的陀螺仪主轴的运动和人看到的恒星的运动具有相似性
D. 视运动是相对于惯性空间而言的

90. 关于陀螺仪的定轴性，下列叙述正确的是________。
A. 陀螺仪的定轴性是相对于惯性空间而言的

B. 陀螺仪的定轴性是指陀螺仪不受任何外力时的运动特征
C. 若初始让自由陀螺仪的主轴指北,它将保持指向不变
D. 陀螺仪的定轴性是指主轴相对于陀螺仪基座保持指向不变

91. 陀螺罗经阻尼力矩的作用是________。
A. 使罗经自动指北
B. 使罗经稳定指北
C. 使罗经减小指向误差
D. 使罗经指向不变

92. 从航海的角度上讲,罗经的稳定时间是指罗经自启动到主轴偏离子午面________以内所需要的时间。
A. ±1°
B. ±2°
C. ±0.5°
D. ±0.1°

93. 某三自由度陀螺仪主轴动量矩指北,其主轴指北端初始水平指北,若在 oy 轴负向施加外力矩,则主轴指北端将________。
A. 向上运动
B. 向下运动
C. 向东运动
D. 向西运动

94. 其他条件相同,阻尼因数越大,则罗经的稳定时间将________。
A. 不变
B. 变长
C. 变短
D. 不能确定

95. 当某船大幅度转向之后,最好不要马上使用方位分罗经观测物标方位,这是考虑________。
A. 分罗经难以跟踪上主罗经航向
B. 主罗经航向变化太快
C. 冲击误差对罗经指示有影响
D. 分罗经航向变化太快

96. 关于陀螺罗经的第一类冲击误差和第二类冲击误差,下列叙述中不正确的是________。
A. 第一类冲击误差是惯性力矩作用于罗经的控制设备上产生的
B. 第二类冲击误差是惯性力矩作用于罗经的阻尼设备上产生的
C. 船机动航行时,两类误差总是同时存在
D. 两类冲击误差总是相互抵消

二、简答题

1. 什么是自由陀螺仪?它有什么特性?
2. 试述自由陀螺仪主轴不能稳定指北的原因是什么?
3. 什么是陀螺罗经的控制力矩?产生控制力矩的方式有哪些?控制力矩的大小与哪一因素有关?
4. 什么是陀螺罗经的阻尼力矩?产生阻尼力矩的方式有哪些?阻尼力矩的大小与哪一因素有关?
5. 变自由陀螺仪为摆式罗经的两种方法是什么?
6. 何谓水平轴阻尼法?它有何特点?
7. 何谓垂直轴阻尼法?它有何特点?

8. 试述双转子摆式罗经的指北原理。

9. 何谓阻尼因数和阻尼周期？它的大小与什么因素有关？

10. 何谓罗经启动时间？它与哪些因素有关？

11. 陀螺罗经有哪些误差？

12. 何谓纬度误差？其大小与哪些因素有关？符号是如何确定的？消除该误差的方法有哪些？

13. 何谓速度误差？其大小与哪些因素有关？符号是如何确定的？消除该误差的方法有哪些？

14. 何谓冲击误差？产生的原因是什么？有什么特点？

15. 何谓摇摆误差？对于不同系列的罗经消减摇摆误差的措施有哪些？

16. 何谓基线误差？在什么情况下应当消除？

参考答案

1. D	2. A	3. C	4. C	5. A	6. D	7. C	8. B	9. C	10. B
11. B	12. C	13. D	14. C	15. A	16. C	17. D	18. D	19. C	20. B
21. C	22. C	23. A	24. A	25. A	26. B	27. C	28. D	29. D	30. A
31. B	32. A	33. B	34. A	35. A	36. B	37. A	38. D	39. A	40. B
41. D	42. C	43. C	44. B	45. B	46. A	47. D	48. C	49. A	50. C
51. D	52. A	53. D	54. D	55. C	56. B	57. D	58. D	59. B	60. C
61. C	62. C	63. B	64. A	65. A	66. A	67. A	68. B	69. B	70. D
71. D	72. C	73. A	74. C	75. A	76. B	77. B	78. B	79. D	80. A
81. D	82. C	83. C	84. A	85. B	86. A	87. C	88. D	89. D	90. A
91. B	92. A	93. C	94. C	95. C	96. D				

部分答案解析

7. 自由陀螺仪进动的角速度 ω 与动量矩 H 和外力矩 M 的关系：$\omega = \dfrac{M}{H}$。

8. 进动性：高速旋转的自由陀螺仪，当受外力矩（moment）（用 M 表示）作用时，其主轴的动量矩（momentum moment）（用 H 表示）矢端将以捷径趋向外力矩 M 矢端做进动运动。

9. （10、11、12、14、15、16、83、85 题参见本题解析）使自由陀螺仪产生视运动的原因是地球自转。地球自转的角速度用 ω_e 表示，它可以分解为沿水平方向的分量 ω_1 和沿垂直方向的分量 ω_2，ω_1、ω_2 分别为：

$$\omega_1 = \omega_e \cdot \cos\varphi;\ \omega_2 = \omega_e \cdot \sin\varphi$$

ω_2 为垂直分量，使自由陀螺仪主轴产生相对子午面的运动，$v_2 = H \cdot \omega_e \sin\varphi$，即产生“北纬东偏，南纬西偏”的视运动现象（自由陀螺仪在北纬，主轴指北端将相对于子午面向东偏转；在南纬，主轴指北端将相对于子午面向西偏转）；赤道将不产生视运动。

ω_1 为水平分量，使自由陀螺仪主轴产生相对水平面的运动，$v_1 = H \cdot \alpha \cdot \omega_e \cos\varphi$，即产生“东升

西降,全球一样”的视运动现象(自由陀螺仪主轴偏在子午面以东时,主轴指北端将相对于水平面上升;自由陀螺仪主轴偏在子午面以西时,主轴指北端将相对于水平面下降)。

17.(19、21、23、24 题参见本题解析)自由陀螺仪主轴不能稳定指北的主要原因是地球自转的垂直分量 ω_2,要变自由陀螺仪为陀螺罗经必须施加控制力矩来克服的 ω_2 影响,这样自由陀螺仪的主轴将会自动找北,并以稳定位置为中心做等幅摆动。为了让它最终稳定还需要施加阻尼力矩来变等幅摆动为减幅摆动,从而最终稳定指北。控制力矩只能加在水平轴,其大小为 $M_y = M \cdot \theta$。

25. 等幅摆动椭圆的扁率 $e = \sqrt{\dfrac{H\omega_e\cos\varphi}{M}}$,只与结构参数有关。

29. 安许茨 4 型陀螺罗经阻尼力矩的大小为 $M_{yD} = C \cdot \chi$,式中 C 为最大阻尼力矩,由罗经结构参数决定,χ 为多余液体角。

52.(53、54、55、56、57、63 题参见本题解析)船舶恒向恒速运动时,将产生速度误差,陀螺罗经速度误差的大小为 $\alpha_{rv} = \dfrac{v\cos C}{R_e\omega_e\cos\varphi}$。

86.(92、94 题参见本题解析)陀螺罗经主轴作阻尼运动时,主轴偏离子午面以东(或以西)的方位角 α 最大值与相继偏离子午面以西(或以东)的方位角最大值之比,称为陀螺罗经的阻尼因数(damping factor),即

$$f = \frac{\alpha_1}{\alpha_2} = \frac{\alpha_2}{\alpha_3} = \cdots\cdots = \frac{\alpha_n}{\alpha_{n+1}}$$

陀螺罗经阻尼因数 f 的大小由罗经结构参数决定,当罗经的结构参数一定时,其阻尼因数为定值。各种陀螺罗经的阻尼因数 f 可能不同,一般为 2.5 ~4。罗经的阻尼因数 f 可以在罗经技术说明书中查到,阻尼因数 f 也是决定陀螺罗经启动时间的因素之一。航海上主轴方位角小于 1°时,可认为稳定指北。

$\alpha_1 = \dfrac{\alpha_0}{f} = \dfrac{180°}{3} = 60°$;$\alpha_2 = \dfrac{\alpha_1}{f} = \dfrac{60°}{3} = 20°$;$\alpha_3 = \dfrac{\alpha_2}{f} = \dfrac{20°}{3} \approx 6°.8$;$\alpha_4 = \dfrac{\alpha_3}{f} = \dfrac{6°.8}{3} \approx 2°.4$;$\alpha_5 = \dfrac{\alpha_4}{f} = \dfrac{2°.4}{3} \approx 0°.8$。

罗经主轴的方位角由 180°减小到 0°.8 一共用了两个半阻尼周期($2.5T_d$)。

第三节　陀螺罗经

一、选择题

1. 安许茨4型罗经的组成设备主要有________。
   Ⅰ. 主罗经和分罗经；Ⅱ. 电源设备；Ⅲ. 航向记录器和报警设备
   A. Ⅱ，Ⅲ　　B. Ⅰ，Ⅲ
   C. Ⅰ，Ⅱ　　D. Ⅰ，Ⅱ，Ⅲ
2. 关于安许茨罗经分罗经的作用，叙述不正确的是________。
   A. 可以用来操舵　　B. 可以用来测天体方位
   C. 可以用来测物标方位　　D. 可以用来校准主罗经航向
3. 以安许茨罗经为例，三相交流电电流小，可能的原因是什么？
   A. 支承液体的导电率太小
   B. 支承液体、陀螺球及随动球等的导电部位太脏
   C. 变流机输出的三相电压小于110伏
   D. A、B、C均可
4. 灵敏部分为双转子陀螺球的陀螺罗经是________。
   A. 阿玛-勃朗10型　　B. 斯伯利37型
   C. 斯伯利37型、阿玛-勃朗10型　　D. 安许茨4型
5. 安许茨4型陀螺罗经在结构上有下列哪些特点？
   Ⅰ. 双转子陀螺球；Ⅱ. 随动球；Ⅲ. 液体支承
   A. Ⅰ，Ⅲ　　B. Ⅰ，Ⅱ
   C. Ⅱ，Ⅲ　　D. Ⅰ，Ⅱ，Ⅲ
6. 安许茨系列罗经的陀螺球采用双转子结构的作用是消除________。
   A. 纬度误差　　B. 第一类冲击误差
   C. 摇摆误差　　D. 速度误差
7. 采用重力控制力矩的罗经是________。
   A. 斯伯利37型、安许茨4型　　B. 斯伯利37型
   C. 斯伯利37型、阿玛-勃朗10型　　D. 安许茨4型
8. 属于机械摆式的罗经是________。
   A. 斯伯利37型、安许茨4型　　B. 斯伯利37型
   C. 斯伯利37型、阿玛-勃朗10型　　D. 安许茨4型
9. 采用水平轴阻尼方式的罗经是________。

A. 斯伯利 37 型、安许茨 4 型
B. 斯伯利 37 型
C. 斯伯利 37 型、阿玛-勃朗 10 型
D. 安许茨 4 型

10. 不存在纬度误差的罗经是________。
A. 斯伯利 37 型、安许茨 4 型
B. 斯伯利 37 型
C. 斯伯利 37 型、阿玛-勃朗 10 型
D. 安许茨 4 型

11. 不能进行快速启动的罗经是________。
A. 斯伯利 37 型、安许茨 4 型
B. 斯伯利 37 型
C. 斯伯利 37 型、阿玛-勃朗 10 型
D. 安许茨 4 型

12. 支承液体有导电功能的罗经是________。
A. 斯伯利 37 型、安许茨 4 型
B. 斯伯利 37 型
C. 斯伯利 37 型、阿玛-勃朗 10 型
D. 安许茨 4 型

13. 安许茨 4 型陀螺罗经支承陀螺球是采用________方式。
A. 液浮
B. 液浮和导向轴承
C. 液浮和电磁上托线圈
D. 液浮和扭丝支承

14. 陀螺球采用液浮和电磁上托线圈限位支承方式的罗经是________。
A. 阿玛-勃朗 10 型
B. 斯伯利 37 型
C. 斯伯利 37 型、阿玛-勃朗 10 型
D. 安许茨 4 型

15. 斯伯利 37 型罗经主要由________组成。
Ⅰ. 主罗经和分罗经；Ⅱ. 电子控制器；Ⅲ. 速纬误差补偿器和航向发送器
A. Ⅰ，Ⅱ
B. Ⅱ，Ⅲ
C. Ⅰ，Ⅲ
D. Ⅰ，Ⅱ，Ⅲ

16. 灵敏部分为单转子陀螺球的陀螺罗经是________。
A. 阿玛-勃朗 10 型
B. 斯伯利 37 型
C. 斯伯利 37 型、阿玛-勃朗 10 型
D. 安许茨 4 型

17. 采用垂直轴阻尼方式的罗经是________。
A. 斯伯利 37 型、安许茨 4 型
B. 斯伯利 37 型
C. 斯伯斯 37 型、阿玛-勃朗 10 型
D. 安许茨 4 型

18. 存在纬度和速度误差的罗经是________。
A. 斯伯斯 37 型、安许茨 4 型
B. 斯伯利 37 型
C. 斯伯斯 37 型、阿玛-勃朗 10 型
D. 安许茨 4 型

19. 能够进行快速启动的罗经是________。
A. 斯伯利 37 型、安许茨 4 型
B. 斯伯利 37 型
C. 斯伯利 37 型、阿玛-勃朗 10 型
D. 安许茨 4 型

20. 支承液体不具有导电功能的罗经是________。
A. 斯伯利 37 型、安许茨 4 型
B. 斯伯利 37 型
C. 斯伯利 37 型、阿玛-勃朗 10 型
D. 安许茨 4 型

21. 斯伯利 37 型罗经支承灵敏部分的方式是采用________。

A. 吊钢丝和水平轴承支承
B. 氟油与扭丝支承
C. 蒸馏水、甘油与安息香酸混合液体支承
D. 液浮与轴承支承

22. 陀螺球采用氟油与扭丝支承方式的罗经是________。
A. 阿玛-勃朗 10 型
B. 斯伯利 37 型
C. 斯伯利 37 型、阿玛-勃朗 10 型
D. 安许茨 4 型

23. 斯伯利 37 型罗经液体连通器内充高黏度的硅油是为了消减________。
A. 纬度误差
B. 第一类冲击误差
C. 摇摆误差
D. 第二类冲击误差

24. 阿玛-勃朗 10 型罗经支承灵敏部分的方式是采用________。
A. 液浮
B. 液浮和导向轴承
C. 液浮和电磁上托线圈
D. 液浮和扭丝支承

25. 陀螺球采用扭丝加液浮支承方式的罗经是________。
A. 阿玛-勃朗 10 型
B. 斯伯利 37 型
C. 斯伯利 37 型，阿玛-勃朗 10 型
D. 安许茨 4 型

26. 采用电磁控制力矩的罗经是________。
A. 斯伯利 37 型、安许茨 4 型
B. 斯伯利 37 型
C. 斯伯利 37 型、阿玛-勃朗 10 型
D. 阿玛-勃朗 10 型

27. 阿玛-勃朗 10 型罗经的电磁摆内充满高黏度的硅油是为了消减________。
A. 纬度误差
B. 第一类冲击误差
C. 摇摆误差
D. 第二类冲击误差

28. 安许茨系列罗经获得控制力矩的方法是________。
A. 使陀螺球重心沿垂直轴从中心下移
B. 在平衡陀螺仪南北方向上挂上盛有液体的容器
C. 由电磁摆所控制的力矩器产生
D. 使陀螺球重心沿垂直轴从中心上移

29. 采用陀螺球中心下移来产生控制力矩的陀螺罗经是________。
A. 安许茨 4 型
B. 斯伯利 37 型
C. 阿玛-勃朗 10 型
D. 斯伯利 37 型和阿玛-勃朗 10 型

30. 斯伯利 37 型罗经获得控制力矩的方法是________。
A. 使陀螺球重心沿垂直轴从中心下移
B. 在平衡陀螺仪南北方向上挂上盛有液体的容器
C. 由电磁摆所控制的水平力矩器产生
D. 使陀螺球重心沿垂直轴从中心上移

31. 采用在主轴两端安装液体连通器来产生控制力矩的陀螺罗经是________。
A. 安许茨 4 型
B. 斯伯利 37 型
C. 阿玛-勃朗 10 型
D. 斯伯利 37 型和阿玛-勃朗 10 型

32. 阿玛-勃朗 10 型罗经获得控制力矩的方法是________。

A. 使陀螺球重心沿垂直轴从中心下移

B. 在平衡陀螺仪南北方向上挂上盛有液体的容器

C. 由电磁摆所控制的水平力矩器产生

D. 使陀螺球重心沿垂直轴从中心上移

33. 阿玛-朗 10 型罗经采取________方法获得控制力矩。

A. 重心下移　　B. 安装水银器

C. 加电磁力矩　　D. 偏西加重物

34. 采用电磁摆和水平力矩器来产生控制力矩的陀螺罗经是________。

A. 安许茨 4 型　　B. 斯伯利 37 型

C. 阿玛-勃朗 10 型　　D. 斯伯利 37 型和阿玛-勃朗 10 型

35. 安许茨 4 型罗经采用________阻尼设备。

A. 电磁摆与力矩器　　B. 液体阻尼连通器

C. 水银器偏心联结　　D. 偏西加阻尼配重

36. 采用在主轴两端安装液体阻尼连通器来产生阻尼力矩的陀螺罗经是________。

A. 安许茨 4 型　　B. 斯伯利 37 型

C. 阿玛-勃朗 10 型　　D. 斯伯利 37 型和阿玛-勃朗 10 型

37. 下列哪种陀螺罗经采用在陀螺球西侧加重物的垂直轴阻尼法?

A. 安许茨 4 型罗经　　B. 斯伯利 37 型罗经

C. 航海 1 型罗经　　D. 阿玛-勃朗 10 型罗经

38. 若使斯伯利 37 型罗经主轴经过减幅阻尼摆动后趋于稳定位置,其阻尼重物必须加在________。

A. 随动部分西侧　　B. 灵敏部分西侧

C. 随动部分东侧　　D. 灵敏部分东侧

39. 阿玛-勃朗 10 型罗经采取________方法获得阻尼力矩。

A. 重心下移　　B. 安装水银器

C. 加电磁力矩　　D. 偏西加重物

40. 采用电磁摆和垂直力矩器来产生阻尼力矩的陀螺罗经是________。

A. 安许茨 4 型　　B. 斯伯利 37 型

C. 阿玛-勃朗 10 型　　D. 斯伯利 37 型和阿玛-勃朗 10 型

41. 安许茨 4 型陀螺罗经的随动信号是由________提供的。

A. “8”字形线圈　　B. E 形变压器

C. 电磁摆　　D. 信号电桥

42. 随动传感器采用信号电桥的陀螺罗经是________。

A. 安许茨 4 型　　B. 斯伯利 37 型

C. 阿玛-勃朗 10 型　　D. 斯伯利 37 型和阿玛-勃朗 10 型

43. 斯伯利 37 型罗经随动信号检测元件是________。

A. E 形变压器　　B. 液体电阻信号电桥

C. 电磁铁与敏感线圈 D. 同步接收机

44. 斯伯利 37 型罗经用以产生和传递随动信号的元件是________。

A. 信号电桥 B. “8”字形线圈和电磁铁

C. E 形变压器和衔铁 D. 电磁摆

45. 随动传感器是由 E 形变压器和衔铁组成的陀螺罗经是________。

A. 安许茨 4 型 B. 斯伯利 37 型

C. 阿玛-勃朗 10 型 D. 斯伯利 37 型和阿玛-勃朗 10 型

46. 阿玛-勃朗 10 型罗经检测随动信号的元件是________。

A. 信号电桥 B. 随动变压器

C. 磁铁和“8”字形线圈 D. 电磁摆

47. 随动传感器由磁铁和“8”字形线圈组成的陀螺罗经是________。

A. 安许茨 4 型 B. 斯伯利 37 型

C. 阿玛-勃朗 10 型 D. 斯伯利 37 型和阿玛-勃朗 10 型

48. 阿玛-勃朗罗经两套独立的随动系统是用来检测________。

A. 贮液缸相对于地理位置的偏角 B. 贮液缸相对于陀螺球的偏角

C. 陀螺球相对于地理位置的偏角 D. 陀螺球相对于宇宙空间的偏角

49. 安许茨 4 型陀螺罗经的传向系统是基于自整角机工作原理,属于________。

A. 交流步进式 B. 直流步进式

C. 交流同步式 D. 直流自整角机式

50. 下列陀螺罗经中传向系统采用交流同步式的是________。

A. 安许茨 4 型和阿玛-勃朗 10 型 B. 斯伯利 37 型罗经

C. 斯伯利 37 型和阿玛-勃朗 10 型 D. 安许茨 4 型

51. 安许茨 20 型罗经采用________传递陀螺球航向。

A. 数字信号 B. 单相交流自整角机

C. 光电步进 D. 随动变压器

52. 安许茨 4 型陀螺罗经的传向系统为交流同步式,其传送航向的精度为________度。

A. 0.3 B. 0.5

C. 0.1 D. 1.5

53. 安许茨 4 型陀螺罗经已稳定工作后,要求其随动系统灵敏度为________。

A. 0.1° B. 0.5°

C. 1.0° D. 1.5°

54. 斯伯利 37 型罗经的传向系统是________。

A. 交流同步传向系统 B. 直流步进传向系统

C. 接触式步进传向系统 D. 以上均是

55. 下列陀螺罗经中传向系统采用直流步进式的是________。

A. 安许茨 4 型和阿玛-勃朗 10 型 B. 斯伯利 37 型罗经

C. 斯伯利 37 型和阿玛-勃朗 10 型 D. 安许茨 4 型

56. 斯伯利37型罗经的传向系统为直流步进式,其传送航向的精度为________度。

A. $\frac{1}{6}$　　B. $\frac{5}{6}$

C. 1.0　　D. 1.5

57. 安许茨4型罗经进行启动前检查时,贮液缸内支承液液面到注液孔上沿的距离不应大于________。

A. 1~2 mm　　B. 2~3 cm

C. 7~8 mm　　D. 4~5 cm

58. 启动安许茨4型罗经时,先合上电源开关,后接通随动开关,为使陀螺球达到额定转速,两者的时间间隔至少应该有________。

A. 90分钟　　B. 60分钟

C. 40分钟　　D. 20分钟

59. 启动安许茨4型罗经,应在接通电源开关后至少20分钟才打开随动开关,其目的是________。

A. 等待陀螺球预热　　B. 等待陀螺马达加速

C. 等待支承液体温度上升　　D. 等待罗经指北

60. 若启动安许茨4型陀螺罗经,仅接通电源箱上的电源开关,则陀螺马达________,随动系统________。

A. 转动;工作　　B. 不转动;不工作

C. 转动;不工作　　D. 不转动;工作

61. 安许茨4型罗经的支承液体正常的工作温度是________。

A. 39 ℃ ±2 ℃　　B. 49 ℃ ±3 ℃

C. 52 ℃ ±1 ℃　　D. 57 ℃ ±3 ℃

62. 安许茨4型陀螺罗经正常工作时,陀螺球的三相电流值应在________范围内。

A. 0.6~1.1 A　　B. 0.9~1.6 A

C. 1.6~2.5 A　　D. 2.0~3.0 A

63. 安许茨4型陀螺罗经的陀螺马达电源为3相________。

A. 115 V,400 Hz　　B. 115 V,333 Hz

C. 26 V,400 Hz　　D. 110 V,333 Hz

64. 检查安许茨4型罗经陀螺球高度时,应该保证________。

Ⅰ. 罗经稳定;Ⅱ. 支承液温度正常;Ⅲ. 罗经桌水平

A. Ⅱ,Ⅲ　　B. Ⅰ,Ⅱ

C. Ⅰ,Ⅲ　　D. Ⅰ,Ⅱ,Ⅲ

65. 安许茨4型罗经陀螺球高度正常时,陀螺球上赤道线应高出随动球有机玻璃上水平线________。

A. 1~3 mm　　B. 1~3 cm

C. 8~10 mm　　D. 4~6 mm

66. 安许茨4型罗经陀螺球高度正常时,陀螺球上赤道线应高出随动球有机玻璃上水平线

________。

A. (2±1) mm　　B. 1~3 cm

C. 8~10 mm　　D. (5±1) mm

67. 一般应在开航前3~4小时启动罗经,这是因为________。

A. 罗经需要预热　　B. 陀螺马达加速需要时间

C. 罗经随动系统跟踪需要时间　　D. 罗经稳定指北需要时间

68. 安许茨4型罗经的支承液体由蒸馏水________、甘油________、安息香酸________组成。

A. 10升;1升;10克　　B. 5升;0.5升;5克

C. 10升;5升;1克　　D. 20升;5升;20克

69. 检查双转子陀螺罗经的陀螺球时,发现陀螺球高度偏低,则应________。

A. 加适量蒸馏水,调整支承液体的比重

B. 加适量甘油,调整支承液体的比重

C. 加适量安息酸或硼砂,增加支承液体的导电性能

D. 用比重计证实支承液体比重不对,加甘油调整比重

70. 若从安许茨4型罗经贮液缸抽出支承液体,再加入同量的蒸馏水,则支承液体的________。

A. 浮力增加　　B. 浮力减小

C. 电导率增加　　D. 电导率减小

71. 若从安许茨4型罗经贮液缸抽出支承液体,再加入同量的甘油,则支承液体的________。

A. 电导率增加　　B. 浮力减小

C. 浮力增加　　D. 电导率减小

72. 安许茨4型陀螺罗经的冷却方式是采用________。

A. 自然冷却　　B. 循环水冷却

C. 电风扇冷却　　D. 强制通风冷却

73. 当安许茨4型陀螺罗经和支承液温度升高到________时罗经会发出报警。

A. 49 ℃　　B. 52 ℃

C. 57 ℃　　D. 60 ℃

74. 当安许茨4型陀螺罗经和支承液升温度高到________时应关闭罗经。

A. 49 ℃　　B. 52 ℃

C. 57 ℃　　D. 60 ℃

75. 安许茨4型陀螺罗经通常每________年需更换一次支承液体。

A. 1　　B. 2

C. 3　　D. 4

76. 在拆装安许茨型主罗经时,取出陀螺球应________放在专用座垫上。

A. 倒置　　B. 倾斜

C. 随便　　D. 正

77. 安许茨罗经的陀螺球坏了的现象可能是________。

Ⅰ. 陀螺球沉底或球内杂音大;Ⅱ. 出现45度固定误差;Ⅲ. 陀螺球略倾斜并往复摆动

A. Ⅱ,Ⅲ　B. Ⅰ,Ⅱ

C. Ⅰ,Ⅲ　D. Ⅰ,Ⅱ,Ⅲ

78. 启动安许茨 20 型罗经后,主罗经显示窗口显示"h38.8"是表示________。

A. 支承液体温度　B. 陀螺球航向

C. 陀螺球高度　D. 支承液体液面高度

79. 启动安许茨 20 型罗经后,当支承液被加热到________时,随动系统被自动接通。

A. 45 ℃　B. 50 ℃

C. 65 ℃　D. 77 ℃

80. 启动安许茨 20 型罗经一段时间后,主罗经显示窗口显示"130.5."(数字 5 后面的亮点不停闪烁)是表示________。

A. 随动系统未接通,航向 130.5,尚未稳定

B. 随动系统已经接通,航向 130.5,尚未稳定

C. 随动系统已经接通,航向 130.5,已经基本稳定

D. 支承液体液面高度

81. 启动安许茨 20 型罗经一段时间后,主罗经显示窗口显示"130.5"是表示________。

A. 随动系统未接通,航向 130.5,尚未稳定

B. 随动系统已经接通,航向 130.5,尚未稳定

C. 随动系统已经接通,航向 130.5,已经基本稳定

D. 支承液体液面高度

82. 安许茨 20 型罗经的支承液体正常的工作温度是________。

A. 45 ℃ ±1 ℃　B. 50 ℃ ±1 ℃

C. 65 ℃ ±1 ℃　D. 77 ℃ ±1 ℃

83. 安许茨 20 型陀螺罗经通常每________年需更换一次支承液体。

A. 1　B. 2

C. 3　D. 4

84. 安许茨 20 型操舵分罗经指示灯(LED)闪亮红色,表示________。

A. 随动系统未工作,罗经不能正常工作

B. 罗经正处于稳定阶段,随动系统已启动,但航向没稳定

C. 罗经正常工作

D. 罗经故障

85. 安许茨 20 型操舵分罗经指示灯(LED)闪亮黄色,表示________。

A. 随动系统未工作,罗经不能正常工作

B. 罗经正处于稳定阶段,随动系统已启动,但航向没稳定

C. 罗经正常工作

D. 罗经故障

86. 安许茨 20 型操舵分罗经指示灯(LED)闪亮绿色,表示________。

A. 随动系统未工作,罗经不能正常工作

B. 罗经正处于稳定阶段,随动系统已启动,但航向没稳定

C. 罗经正常工作

D. 罗经故障

87. 安许茨22型陀螺罗经的支承液体按规定每________更换一次。

A. 1年　　B. 1.5年

C. 2年　　D. 3年

88. 启动安许茨22型罗经一段时间后,主罗经显示窗口显示"100.5."(数字5后面的亮点不停闪烁)是表示________。

A. 随动系统未接通,航向100.5,尚未稳定

B. 随动系统已经接通,航向100.5,尚未稳定

C. 随动系统已经接通,航向100.5,已经基本稳定

D. 支承液体液面高度

89. 启动安许茨20型罗经一段时间后,主罗经显示窗口显示"100.5"是表示________。

A. 随动系统未接通,航向100.5,尚未稳定

B. 随动系统已经接通,航向100.5,尚未稳定

C. 随动系统已经接通,航向100.5,已经基本稳定

D. 支承液体液面高度

90. 安许茨22型标准陀螺罗经的支承液体正常的工作温度是________。

A. 45 ℃ ±1 ℃　　B. 50 ℃ ±1 ℃

C. 65 ℃ ±1 ℃　　D. 77 ℃ ±1 ℃

91. 斯伯利37型陀螺罗经的正常启动步骤:接通电源开关后,将"转换"开关按序置于________、________、________和________位置。

A. 旋转;启动;校平;运转　　B. 启动;旋转;校平;运转

C. 旋转;启动;运转;校平　　D. 启动;校平;旋转;运转

92. 斯伯利37型罗经启动时,将转换开关放在"旋转"挡,并用"旋转开关"控制刻度盘的旋转,其目的是在陀螺马达还没有运转的情况下________。

Ⅰ. 使船首基线指向真航向;Ⅱ. 校正罗经基线误差;Ⅲ. 使船首基线指向真北;Ⅳ. 使罗经主轴回到子午面内

A. Ⅰ,Ⅳ　　B. Ⅱ,Ⅲ

C. Ⅰ,Ⅱ,Ⅲ　　D. Ⅱ,Ⅲ,Ⅳ

93. 斯伯利37型罗经启动时,应将转换开关放在"启动"挡等待约________。

A. 60分钟　　B. 30分钟

C. 10分钟　　D. 10秒钟

94. 斯伯利37型罗经启动时,将转换开关放在"启动"挡等待10分钟作用是________。

A. 使陀螺马达达到额定转速　　B. 使主罗经刻度盘水平

C. 使贮液缸水平　　D. 使陀螺球主轴水平

95. 斯伯利37型罗经启动时,应将转换开关放在"自动校平"挡等待约________。

A. 10 分钟　　B. 10 秒钟

C. 60 分钟　　D. 30 分钟

96. 阿玛-勃朗 10 型罗经打开电源 10 分钟后，随动系统________投入工作。

A. 自动　　B. 经人工设置后

C. 开启随动开关后　　D. 关闭随动开关后

97. 阿玛-勃朗 10 型罗经打开电源________后，随动系统自动投入工作。

A. 10 秒钟　　B. 10 分钟

C. 30 分钟　　D. 60 分钟

98. 启动阿玛-勃朗 10 型罗经时，操作"方位"、"倾斜"和"旋转速率"控钮的作用是________。

A. 消除速度、纬度误差　　B. 消除摇摆误差

C. 使罗经工作在方位陀螺仪状态　　D. 缩短陀螺罗经的启动时间

99. 在船舶纬度和速度变化时，有关重新调整陀螺罗经的纬度误差和速度误差旋钮的说法正确的是________。

A. 根据船舶的瞬时纬度和航速进行调整

B. 每当纬度变化 1 度，航速变化 1 节调整一次

C. 每当纬度至多变化 5 度，航速至多变化 5 节调整一次

D. 对纬度和航速的变化无具体要求

100. 某船安许茨 4 型罗经配备了四台分罗经，装于船舶不同的位置，在打开分罗经前发现所有的分罗经和主罗经均相差相同的角度，此时最好应________。

A. 不用作任何调整，分罗经会自动跟踪主罗经航向

B. 逐个调整分罗经的航向与主罗经匹配

C. 不开随动开关，调整主罗经航向与分罗经匹配

D. 以上说法均不正确

101. 关于斯伯利 37 型罗经的陀螺球，下列叙述不正确的是________。

A. 陀螺球内仅装有一个陀螺马达

B. 陀螺球偏西装有阻尼重物

C. 陀螺球重心下移，以产生控制力矩

D. 船舶的航向变化信号可以被随动变压器测得

102. 阿玛-勃朗 MK10 型罗经采用水平轴的纬度误差校正力矩，该校正信号应输至________放大器放大后，控制________钮丝受扭，产生校正力矩。

A. 倾斜；水平　　B. 方位；水平

C. 倾斜；垂直　　D. 方位；垂直

103. 某船穿过赤道北向航行，该船斯伯利 37 型罗经在用补偿器消除纬度误差时，尤其应注意________。

A. 在纬度每变化 10 度时重新调整纬度旋钮　　B. 将纬度开关改正过来

C. 航向变化的快慢　　D. 船速的快慢

104. 安许茨 4 型罗经主罗经配备乙醚管的作用是________。

A. 敏感支承液体的温度变化
B. 对支承液体消毒
C. 顶起罗经桌
D. 增加支承液体导电性能

105. 下列现象不能肯定是安许茨陀螺球出现故障的是________。
A. 陀螺球沉底或球内杂音大
B. 出现 45 度固定误差
C. 球略倾斜并往复摆动
D. 陀螺球位置较高

106. 斯伯利 37 型罗经的传向系统的功能是________。
A. 同步连续跟踪主罗经航向
B. 传送并记录历史航向
C. 反映主罗经航向变化的快慢
D. 步进式跟踪主罗经航向

107. 阿玛-勃朗 10 型罗经的控制力矩由________钮丝受扭产生，阻尼力矩由________钮丝受扭产生。
A. 垂直；水平
B. 水平；垂直
C. 倾斜；方位
D. 方位；倾斜

108. 若根据绘制好的罗经阻尼曲线计算出的阻尼周期远大于罗经说明书上的数据，说明________。
A. 罗经性能不符合设计要求
B. 罗经性能优于设计要求
C. 罗经工作正常
D. 罗经稳定时间比设计的要短

109. 安许茨 4 型罗经采用了温控系统，其作用是________。
A. 使液温正常，减小支承液体对陀螺球运动的摩擦阻力
B. 使陀螺球高低位置正常
C. 保证陀螺马达转动自如
D. 使支承液体导电性能良好

110. 启动安许茨 4 型罗经，未打开随动开关，则________。
A. 刻度盘不旋转
B. 分罗经不工作
C. 陀螺球无法找北指北
D. A 和 B 均对

111. 斯伯利 37 型罗经采用________方法消除纬度误差。
A. 查表法
B. 刻度盘读数补偿法
C. 计算法
D. 补偿器自动补偿

112. 在启动斯伯利 37 型罗经时，主罗经顶部的锁紧杠杆应在________时解锁。
A. 启动陀螺马达前
B. 启动陀螺马达后马上
C. 启动陀螺马达后约 10 分钟
D. A、B、C 均可

113. 斯伯利 37 型罗经启动时，将转换开关放在“旋转”挡，并用“旋转开关”控制刻度盘的旋转，其目的是在陀螺马达还没有运转的情况下________。
Ⅰ. 使船首基线指向真航向；Ⅱ. 校正罗经基线误差；Ⅲ. 使船首基线指向真北；Ⅳ. 使罗经主轴回到子午面内
A. Ⅰ，Ⅱ，Ⅲ
B. Ⅱ，Ⅲ，Ⅳ
C. Ⅱ，Ⅲ
D. Ⅰ，Ⅳ

114. 关于安许茨 4 型罗经的随动球，叙述不正确的是________。

A. 随动球上有随动电极
B. 随动球是密封球体
C. 随动球有顶、底和赤道电极
D. 随动球表面也有绝缘硬橡胶

115. 下列哪项不属于安许茨 4 型罗经的随动系统?
A. 信号电桥
B. 方位电机
C. 传动齿轮
D. 贮液缸

116. 下列哪项设备不在安许茨 4 型罗经的罗经桌上?
A. 温度计
B. 方位电机
C. 微动开关
D. 乙醚管

117. 下列哪种情况可以判断陀螺球已经损坏?
A. 启动罗经 6 个小时才能稳定指北
B. 陀螺球高度偏低
C. 三相电流有一相指示接近于零
D. 罗经出现 45°的固定误差

118. 下列哪种原因不会导致安许茨 4 型罗经陀螺球位置过低?
A. 陀螺球渗漏
B. 支承液体中安息香酸过多
C. 电源电压太低
D. 电磁上托线圈电源线焊头脱落

119. 检查安许茨 4 型罗经的随动速度,是测量随动部分以最大速度使航向转过 90 度所需的时间,应不超过________。
A. 1 分钟
B. 30 秒
C. 20 秒
D. 50 秒

120. 下列哪项操作是为了实现斯伯利 37 型罗经的快速启动?
A. 将锁紧手柄解锁
B. 将方式转换开关置于“SLEW”,并进行旋转操作
C. 将方式转换开关置于“START”,并等待 10 分钟
D. 将补偿器的速度和纬度旋钮设置好

121. 启动带有锁紧手柄的斯伯利 37 型罗经时,将方式转换开关打至“START”挡,此时________。
A. 陀螺马达开始加速
B. 陀螺球开始找北
C. 刻度盘开始跟踪陀螺球航向
D. A、B 和 C 均正确

122. 阿玛-勃朗 MK10 型罗经有________套随动系统。
A. 一
B. 二
C. 三
D. 四

123. 在启动阿玛-勃朗 10 型罗经时,按下“方位”或“倾斜”按钮调整陀螺球的方位和高度,调整完毕后在放松方位或倾斜按钮前,务必先将旋转速率旋钮置于________,以免储液缸发生倾倒。
A. 垂直向上位置
B. 水平位置
C. 垂直向下位置
D. 任意位置

124. 在启动阿玛-勃朗 10 型罗经时,按下“方位”或“倾斜”按钮调整陀螺球的方位和高度,其目的是________。
A. 快速启动
B. 使罗经指向准确
C. 使陀螺马达迅速达到额定转速
D. 使罗经主轴倾斜

二、简答题

1. 试述安许茨 4 型陀螺罗经的整机组成及其各部分的作用。
2. 简述安许茨 4 型陀螺罗经的主要特点。
3. 试述安许茨 4 型陀螺罗经主罗经的主要组成部件及其作用。
4. 安许茨 4 型陀螺罗经的陀螺球其外表有哪几种电极？各种电极的作用如何？
5. 安许茨 4 型陀螺罗经的支承液体是由哪几种成分配制的？各起何作用？
6. 安许茨 4 型罗经的主要的电路系统有哪些？各有什么作用？
7. 试述安许茨 4 型陀螺罗经温控报警系统的工作原理。
8. 试述安许茨 4 型陀螺罗经开机前的主要检查项目以及启动和关闭罗经的步骤。
9. 检查安许茨 4 型陀螺罗经的陀螺球高度的条件是什么？何谓陀螺球高度不正常？如何调整？
10. 试述安许茨 4 型陀螺罗经在使用期间应注意的事项。
11. 简述安许茨 20 型陀螺罗经的主要特点。
12. 试述安许茨 20 型陀螺罗经的使用注意事项。
13. 试述斯伯利 37 型陀螺罗经的整机组成及其各部分的作用。
14. 简述斯伯利 37 型陀螺罗经的主要特点。
15. 试述斯伯利 37 型陀螺罗经主罗经的主要组成部件及其作用。
16. 斯伯利 37 型陀螺罗经的电子控制器面板上的方式转换开关有哪几挡？各自作用是什么？
17. 试述斯伯利 37 型陀螺罗经开机前的主要检查项目以及启动和关闭罗经的步骤。
18. 斯伯利 37 型陀螺罗经在使用期间应注意哪些事项？
19. 试述阿玛-勃朗 10 型的整机组成及其各部分的作用。
20. 简述阿玛-勃朗 10 型陀螺罗经的主要特点。
21. 试述阿玛-勃朗 10 型陀螺罗经主罗经的主要组成部件及其作用。
22. 简述阿玛-勃朗 10 型陀螺罗经的陀螺球结构及其支承方式。
23. 阿玛-勃朗 10 型陀螺罗经的水平金属扭丝和垂直金属扭丝各起哪些作用？
24. 阿玛-勃朗 10 型陀螺罗经为何要设置两套彼此独立的随动系统，即倾斜随动系统和方位随动系统？
25. 试述阿玛-勃朗 10 型陀螺罗经开机前的主要检查项目以及启动和关闭罗经的步骤。
26. 阿玛-勃朗 10 型陀螺罗经在使用期间应注意哪些事项？

参考答案

1. D	2. D	3. D	4. D	5. D	6. C	7. A	8. A	9. D	10. D
11. D	12. D	13. C	14. D	15. D	16. C	17. C	18. C	19. C	20. C
21. D	22. A	23. C	24. D	25. A	26. D	27. C	28. A	29. A	30. B
31. B	32. C	33. C	34. C	35. B	36. A	37. B	38. B	39. C	40. C
41. D	42. A	43. A	44. C	45. B	46. C	47. C	48. B	49. C	50. D

51. A 52. C 53. A 54. B 55. C 56. A 57. D 58. D 59. B 60. C
61. C 62. A 63. D 64. D 65. A 66. A 67. D 68. A 69. D 70. B
71. C 72. C 73. C 74. D 75. A 76. D 77. D 78. A 79. A 80. B
81. C 82. B 83. C 84. A 85. B 86. C 87. B 88. B 89. C 90. B
91. A 92. A 93. C 94. A 95. B 96. A 97. B 98. D 99. C 100. B
101. C 102. A 103. B 104. A 105. D 106. D 107. B 108. A 109. B 110. D
111. D 112. C 113. D 114. B 115. D 116. D 117. D 118. B 119. C 120. B
121. A 122. B 123. A 124. A

部分答案解析

1. (3~14 题参见本题解析)安许茨 4 型陀螺罗经由主罗经、变流机、变压器箱、分罗经接线箱、分罗经、航向记录器组成;安许茨 4 型陀螺罗经的灵敏部分为双转子陀螺球(双转子为了消除摇摆误差),动量矩指北;陀螺球由支承液体支承(支承液体同时具有导电功能),电磁上托线圈定位;陀螺球重心下移产生重力控制力矩(属于机械摆式罗经);液体阻尼器在陀螺球水平轴产生阻尼力矩,属于水平轴阻尼方式,不产生纬度误差;由信号电桥产生随动信号,经放大后控制随动系统工作;采用交流同步传向系统将主罗经航向传到各分罗经,传向精度为0.1°;主要误差为速度误差,采用查表计算法消除;支承液体为蒸馏水、甘油、安息香酸的混合液体,起支承灵敏部分和导电的作用,由温度控制系统自动保持恒温(52 ℃ ±1 ℃);不能进行快速启动,启动时,稳定指北的时间约为 4 h。

15. (16~21 题,23 题参见本题解析)斯伯利 37 型陀螺罗经由主罗经、电子控制器箱、航向发送器箱、速、纬误差校正器箱和分罗经组成;斯伯利 37 型陀螺罗经的灵敏部分主要器件是单转子陀螺球,其动量矩指南;灵敏部分由液体支承(高黏度硅油,消除摇摆误差),轴承限定陀螺球位置;控制设备为液体连通器(属机械摆式罗经),内充高黏度的硅油,产生重力控制力矩;采用重物阻尼器(30 g),在陀螺球垂直轴产生重力阻尼力矩(属垂直轴阻尼);存在纬度误差,随动变压器产生随动信号,采用直流步进传向,光电发送器发送航向信号,传向精度$\frac{1^\circ}{6}$;主要误差为纬度误差和速度误差,采用内补偿法消除;采用静止逆变器产生罗经三相交流电源;可以快速启动罗经,约 1.5 h 稳定指北;罗经工作时支承液体不需保持恒温,只起支承作用而不起导电作用。

22. (24~27 题参见本题解析)阿玛-勃朗 10 型陀螺罗经由主罗经、变流机、开关接线箱、分配箱、分罗经和警报器组成;阿玛-勃朗 10 型陀螺罗经的灵敏部分主要部件为单转子陀螺球,动量矩指北;灵敏部分由液体(氟油)支承(高黏度液体为消除摇摆误差),扭丝确保陀螺球在贮液缸的正常工作位置(液浮和扭丝支承);电磁摆和水平力矩器产生电磁控制力矩(属电磁式罗经),电磁摆和垂直力矩器在陀螺球垂直轴产生电磁阻尼力矩(属垂直轴阻尼);存在纬度误差;电磁铁和陀螺球位置敏感线圈产生随动信号(又称"8"字形位置敏感线圈),随动系统包括方位随动系统和倾斜随动系统,采用直流步进传向,传向精度为$\frac{1^\circ}{6}$;主要存在纬度误差和速度误差,均采用内补偿法消除;随动球与贮液缸合二为一,一般称为贮液缸;快速启动时,一般 40 min 可稳定指北。

第四节　回声测深仪

一、选择题

1. 船用回声测深仪在设计制造时，以________米/秒作为标准声速，对水中声速影响最大的是________。

A. 330；温度　　B. 1500；含盐量

C. 330；含盐量　　D. 1500；温度

2. 因声速与________，所以声波在水中的传播速度主要取决于海水表层水温及含盐量。

A. 水温，水压力和含盐量成正比

B. 水温，水压力和含盐量成反比

C. 水温，水压力成正比，与含盐量成反比

D. 水温成正比，与水压力和含盐量成反比

3. 下列哪些因素与声波在海水中的传播速度无关？

A. 声源的振动频率　　B. 海水的温度

C. 海水含盐量　　D. 海水静压力

4. 通常随海水深度的增加将引起海水压力的增加和温度的降低，二者引起声速的变化________。

A. 使声速增大　　B. 使声速减少

C. 几乎相互抵消　　D. 以上均不对

5. 回声测深仪发射的是________。

A. 音频声波脉冲　　B. 音频声波连续波

C. 连续超声波　　D. 超声波脉冲

6. 船用回声测深仪采用超声波进行测深，其主要优点是________。

A. 传播速度高　　B. 能量损耗小

C. 抗可闻声干扰性好　　D. 绕射性强

7. 下列哪种海底底质对超声波反射能力最差？

A. 淤泥　　B. 岩石

C. 碎石　　D. 沙

8. 下列哪种海底底质对超声波反射能力最好？

A. 淤泥　　B. 岩石

C. 碎石　　D. 沙

9. 回声测深仪实际上是测定超声波往返海底的________。

A. 速度　　B. 深度

C. 时间　　D. 距离

10. 回声测深仪所测得的水深是自________至海底的水深。

A. 测深仪推动器　　B. 换能器发射面

C. 船舶吃水线　　D. 海面

11. IMO 规定,回声测深仪的显示装置必须具有________。

A. 记录式　　B. 数字式

C. 闪光式　　D. 指针式

12. 在船用回声测深仪的几种显示方式中,较精确的显示方式是________。

A. 记录式　　B. 数字式

C. 闪光式　　D. 指针式

13. 在回声测深仪中,向海底发射超声波脉冲的设备是________。

A. 发射振荡器　　B. 脉冲宽度发生器

C. 发射换能器　　D. 显示器

14. 回声测深仪深度刻度盘上"0"点闪光的时刻,表示________。

A. 超声波开始发射　　B. 超声波开始接收

C. 超声波传到海底　　D. 超声波返回海面

15. 回声测深仪的测量深度与下列哪些因素无关?

A. 发射触发重复周期　　B. 触发脉冲宽度

C. 发射功率　　D. 发射触发方式

16. 回声测深仪测量的最大深度所对应的超声波往返时间 t 与发射脉冲重复周期 T 有下面的哪种关系时,才能正确显示深度?

A. $t<T$　　B. $t\geqslant T$

C. $t>2T$　　D. $t=4T$

17. 回声测深仪的最大测量深度值与下列哪些因素有关?

Ⅰ. 发射功率;Ⅱ. 脉冲重复频率;Ⅲ. 脉冲宽度

A. Ⅱ,Ⅲ　　B. Ⅰ,Ⅲ

C. Ⅰ,Ⅱ　　D. Ⅰ,Ⅱ,Ⅲ

18. 船用回声测深仪的最大测量深度,取决于________。

A. 发射脉冲重复周期　　B. 发射脉冲宽度

C. 换能器安装位置　　D. 发射触发方式

19. 回声测深仪的最小测量深度取决于________。

A. 脉冲周期　　B. 发射频率

C. 声波传播速度　　D. 发射脉冲宽度

20. 在回声测深仪操作使用说明书中,标明该仪器的发射超声波脉冲的宽度为 0.4 毫秒,则表明其________,只能测________的水深。

A. 最小测量深度;大于 0.3 米　　B. 最大测量深度;小于 3000 米

C. 最小测量深度;等于 0.3 米　　D. 最大测量深度;等于 3000 米

21. 回声测深仪的工作频率是指________。

A. 脉冲重复频率
B. 发射脉冲的间隔时间
C. 每秒钟发射脉冲次数
D. 发射超声波的频率

22. 根据 IMO 的规定,远洋船舶回声测深仪的最大测量深度至少要达到________。

A. 100 米
B. 200 米
C. 300 米
D. 1000 米

23. 回声测深仪换能器的安装位置,一般应选择在________。

A. 靠近机舱处
B. 船中向后($\frac{1}{3}$ ~ $\frac{1}{2}$)船长处
C. 距船首($\frac{1}{3}$ ~ $\frac{1}{2}$)船长处
D. 靠近船首处

24. 回声测深仪换能器的工作面不能涂油漆,是因为油漆________,会影响测深仪正常工作。

A. 腐蚀换能器的测深工作面
B. 对换能器工作面起隔离作用
C. 使换能器工作面及其周围形成气泡
D. 对声能的吸收很大

25. 在船舶倒车时,不宜使用回声测深仪的原因是________。

A. 船舶摇摆角太大
B. 换能器表面附有杂物
C. 海底反射变弱
D. 水中产生气泡影响

26. 下列哪种情况不宜使用回声测深仪测深?

A. 船舶进车时
B. 船舶倒车时
C. 船舶锚泊中
D. 船舶停车淌航

27. 利用回声测深仪测量水深时,若超声波实际传播的速度大于设计声速,则测深仪显示的水深与实际水深相比________。

A. 变小
B. 变大
C. 相等
D. 无影响

28. 对发射与接收换能器相分离的回声测深仪,当在浅水区进行测深时,应修正________误差。

A. 零点
B. 基线
C. 声速
D. 海底斜面

29. 在水深大于________米时,回声测深仪的基线误差可忽略不计。

A. 5
B. 10
C. 8
D. 15

30. 回声测深仪的时间电机转速大于额定转速,则________。

A. 无深度显示
B. 显示深度大于实际深度
C. 显示深度小于实际深度
D. 显示深度等于实际深度

31. 回声测深仪的时间电机转速小于额定转速,则________。

A. 无深度显示
B. 显示深度大于实际深度
C. 显示深度小于实际深度
D. 显示深度等于实际深度

32. 回声测深仪在________情况下测深时要抑制零点信号。

A. 浅水
B. 中等水深

C. 深水　　D. 任何量程

33. 有关回声测深仪的说法,下列错误的是________。

A. 回声测深仪的设计声速是取标准声速 1500 m/s

B. 回声测深仪的声速误差是可以避免的

C. 实际声速随着海水温度、含盐量和静压力的变化而变化

D. 船舶从海洋驶入内河航行时,因含盐量变化引起实际声速小于标准声速而导致显示水深大于实际水深

34. 船舶由海洋驶入内河航行时,下列关于测深仪误差的说法正确的是________。

A. 由于淡水中实际声速小于海水中的标准声速,导致测深仪显示的水深小于实际水深

B. 由于淡水中实际声速小于海水中的标准声速,导致测深仪显示的水深大于实际水深

C. 由于淡水中实际声速大于海水中的标准声速,导致测深仪显示的水深小于实际水深

D. 由于淡水中实际声速大于海水中的标准声速,导致测深仪显示的水深大于实际水深

35. 一台记录式回声测深仪,当显示的水深标志不清晰时,应________。

A. 转换量程　　B. 调亮照明

C. 调大衰减　　D. 调大增益

36. 在航道水深不明时使用回声测深仪,正确选择量程的方法是________,直至合适。

A. 先选最大量程,再逐渐变小　　B. 先选最小量程,再逐渐变大

C. 先选中挡量程,再远近交替　　D. 中挡以下量程任选

37. 使用回声测深仪,正确选择量程的方法是________。

A. 先选最大量程,再逐渐变小

B. 先选最小量程,再逐渐变大

C. 先选中挡量程,再远近交替

D. 根据海图水深和船舶吃水选择合适的量程

38. 船舶进出港或在狭水道航行时,应接通测深仪的危险深度报警开关,报警深度的设定应根据________。

A. 船舶吃水　　B. 航道底质

C. 所需富余水深　　D. 船舶吃水、航道底质和所需富余水深

39. 下述有关回声测深仪的说法中,不正确的是________。

A. 测深仪的最小测量深度取决于发射脉冲宽度

B. 风浪大,船舶摇摆剧烈时将无法进行测深

C. 浅水测深时,应以回波信号带的后沿读出水深

D. 船舶长期停泊时,应每隔半个月对测深仪通电一次

40. 回声测深仪的磁致伸缩换能器,在初次使用前或较长时间没有使用,必须对其进行________,否则,测深仪不能正常工作。

A. 滞化　　B. 磁化

C. 极化　　D. 激化

41. 船用回声测深仪在富余水深不大的情况下,测得的水深往往是________到船底的深度。

A. 海底淤泥层　　B. 海底混响层
C. 海底硬土层　　D. 海底深处岩石层

42. 根据国际公约的值班要求，近岸航行时，应切记________是一种很有价值的助航仪器。
A. 计程仪　　B. 回声测深仪
C. GPS 接收机　　D. 罗兰 C

43. 回声测深仪记录纸上出现的各种标志如下图所示，图中的“1”表示________。

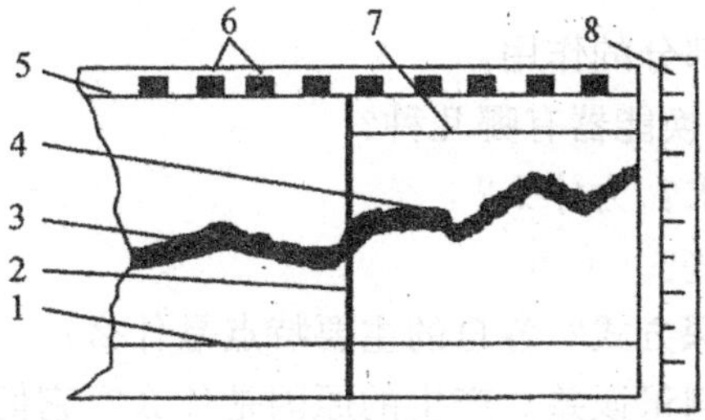

A. 固定深度标志线
B. 固定标志线
C. 水深标志线
D. 发射零点标志线

44. 回声测深仪记录纸上出现的各种标志如上图所示，图中的“2”表示________。
A. 固定深度标志线　　B. 固定标志线
C. 水深标志线　　D. 发射零点标志线

45. 回声测深仪记录纸上出现的各种标志如上图所示，图中的“3”表示________。
A. 固定深度标志线　　B. 固定标志线
C. 水深标志线　　D. 发射零点标志线

46. 回声测深仪记录纸上出现的各种标志如上图所示，图中的“4”表示________。
A. 固定深度标志线　　B. 固定标志线
C. 水深标志线　　D. 发射零点标志线

47. 回声测深仪记录纸上出现的各种标志如上图所示，图中的“5”表示________。
A. 发射零点标志线　　B. 时间间隔标志
C. 发射零点标志线调整到船舶吃水深度　　D. 刻度比例尺

48. 回声测深仪记录纸上出现的各种标志如上图所示，图中的“6”表示________。
A. 发射零点标志线　　B. 时间间隔标志
C. 发射零点标志线调整到船舶吃水深度　　D. 刻度比例尺

49. 回声测深仪记录纸上出现的各种标志如上图所示，图中的“7”表示________。
A. 发射零点标志线　　B. 时间间隔标志
C. 发射零点标志线调整到船舶吃水深度　　D. 刻度比例尺

50. 回声测深仪记录纸上出现的各种标志如上图所示，图中的“8”表示________。
A. 发射零点标志线　　B. 时间间隔标志
C. 发射零点标志线调整到船舶吃水深度　　D. 刻度比例尺

二、简答题

1. 回声测深仪使用哪种声波?其频率范围如何?
2. 声波在海水中传播有哪些损耗?
3. 简述回声测深仪的测深原理。
4. 试述回声测深仪的组成及各部分的作用。
5. 何谓换能器?按其作用分类,换能器有哪几种?
6. 安装换能器时有哪些基本要求?为什么?
7. 影响测深仪测深的因素有哪些?
8. 回声测深仪有哪几种显示水深方式?各自的主要特点是什么?
9. 试述回声测深仪存在的几种测量误差。产生的原因是什么?它们有哪些特点?
10. 使用回声测深仪时应注意哪些事项?

参考答案

1. D	2. A	3. A	4. C	5. D	6. C	7. A	8. B	9. C	10. B
11. A	12. B	13. C	14. A	15. D	16. A	17. C	18. A	19. D	20. A
21. D	22. B	23. C	24. D	25. D	26. B	27. A	28. B	29. A	30. B
31. C	32. A	33. B	34. B	35. D	36. A	37. D	38. D	39. C	40. B
41. C	42. B	43. A	44. B	45. C	46. D	47. A	48. B	49. C	50. D

部分答案解析

1. (2、3、4题参见本题解析)在回声测深仪测深原理中,将超声波在水中的传播速度作为常数,取值为1500 m/s。超声波在水中的传播速度与水的温度t有关,温度越高传播速度越快,水温每增加1 ℃,声速约增加3.3 m/s;超声波在水中的传播速度C与水的含盐度σ有关,含盐度越高声速越快,含盐度每增加1‰,声速约增加1.2 m/s;声波在水中的传播速度还与水的静压力有关,而水的静压力是随着水的深度变化的,水的深度越深,静压力越大,声速越快,水深每增加100 m,由于静压力增加,声速约增加3.3 m/s。但是,水深增加将使温度下降,所以,由于水深的变化引起的静压力和温度的变化,所造成的声速变化值几乎相互抵消。在影响超声波在水中传播速度的三个因素中,水温的变化对声速的影响最大。

16. 测深仪接收机每个脉冲重复周期的开始都重新计时,若超声波往返时间大于脉冲重复周期,其显示的水深将减少一个脉冲重复周期代表的水深,即减少750 T。

20. 发射脉冲宽度是决定最小测量深度的主要因素,$h_{\min}=\dfrac{C\tau}{2}=750\tau=750\times0.4\times10^{-3}=0.3$ m。

27. 超声波实际传播的速度大于设计声速,则计算实际水深时应按实际声速计算,而测深仪仍按设计声速计算，会使结果不准确。根据公式 $h = 1/2 \times C \times t$，设计声速偏小，所测的水深也偏小。

34. 船舶由海洋驶入内河航行时，由于含盐量减少，声速将下降，根据公式 $h = 1/2 \times C \times t$，测深仪所采用的声速大于实际声速，会导致水深比实际值大。

第五节　计程仪

一、选择题

1. 相对计程仪测定的航速和航程是船舶相对于________。
   A. 风和流的速度和航程　　B. 水的运动速度和航程
   C. 水的运动速度相对地航程　　D. 对地的运动速度和航程
2. 绝对计程仪与相对计程仪的主要区别是________。
   A. 适用航速大　　B. 可测对地速度
   C. 可以测深　　D. 可测横向速度
3. 绝对计程仪所测定的航速是________。
   Ⅰ. 船舶相对于水的速度；Ⅱ. 船舶相对于地的速度；Ⅲ. 船舶相对于流的速度
   A. Ⅰ，Ⅱ　　B. Ⅰ，Ⅲ
   C. Ⅱ，Ⅲ　　D. Ⅰ，Ⅱ，Ⅲ
4. 你船静水航速 10 节，现顶风、顶流各 2 节，则相对计程仪显示的航速为________，实际航速为________。
   A. 10 节;10 节　　B. 6 节;6 节
   C. 6 节;8 节　　D. 8 节;6 节
5. 电磁计程仪用于测速的器件是________。
   A. 换能器　　B. 电磁传感器
   C. 皮托管　　D. 光电传感器
6. 电磁式计程仪的传感器把船舶相对于水的速度转变成电信号，它的原理是________。
   A. 利用水流切割磁力线产生电动势，作为船速信号
   B. 利用传感器发射超声波的多普勒频移，作为船速信号
   C. 利用传感器发射电磁波的多普勒频移，作为船速信号
   D. 利用换能器检测船速信号的延时
7. 电磁计程仪传感器的作用是检测船相对水流速度，并输出________。
   A. 一个与速度成正比关系的电信号　　B. 一个与速度成反比关系的电信号
   C. 一个与速度成正比或反比的电信号　　D. 一个与速度成正弦关系的电信号

8. 电磁计程仪的传感器所输出的电信号与船舶相对于水的速度成________。

A. 指数关系
B. 对数关系
C. 正比关系
D. 反比关系

9. 电磁计程仪所测定的航速和航程是船舶相对于________的速度和航速。

A. 风和流
B. 水
C. 海底
D. 以上均错

10. 电磁计程仪的传感器目前常用的主要有________。

A. 管道式,电磁式
B. 动压式,静压式
C. 平面式,测杆式
D. 磁致式,电致式

11. 电磁计程仪的平面式传感器不能安装在测深仪换能器的________。

A. 前方
B. 后方
C. 左侧
D. 右侧

12. 某型号电磁计程仪显示的船速为"-1.0",说明船舶正在________。

A. 前进
B. 后退
C. 向左横移
D. 锚泊

13. 你船无风无流时船速为10节,现顺风顺流各2节,则电磁计程仪显示的航速应为________,多普勒计程仪显示的对地航速应为________。

A. 10节;12节
B. 12节;14节
C. 14节;12节
D. 10节;14节

14. 多普勒计程仪是应用多普勒效应进行测速和累计航程的,当超声波声源与接收者相互靠近时,接收者接收到的声波频率与声源频率相比________。

A. 变大
B. 变小
C. 相等
D. 无影响

15. 多普勒计程仪是应用多普勒效应进行测速和累计航程的,当超声波声源与接收者相互远离时,接收者接收到的声波频率与声源频率相比________。

A. 变大
B. 变小
C. 相等
D. 无影响

16. 根据多普勒计程仪的测速原理公式,船速是下列哪些参数的函数?

Ⅰ. 发射频率;Ⅱ. 脉冲重复频率;Ⅲ. 脉冲宽度;Ⅳ. 多普勒频移;Ⅴ. 声波传播速度

A. Ⅰ,Ⅱ,Ⅲ
B. Ⅰ,Ⅱ,Ⅳ
C. Ⅰ,Ⅳ,Ⅴ
D. Ⅲ,Ⅳ,Ⅴ

17. 在多普勒计程仪中,不使超声波发射方向与航速方向相垂直(即发射波束俯角$\neq 90°$)的原因是________。

A. 减少纵向摇摆误差
B. 减少上下颠簸误差
C. 便于接收反射回波
D. 垂直时不产生多普勒效应

18. 多普勒计程仪发射波束俯角大多取________。

A. 30°
B. 60°

C. 90°　　D. 180°

19. 多普勒计程仪在船底安装有________。

A. 电磁传感器　　B. 声电换能器

C. 电磁波辐射器　　D. 水压管

20. 多普勒计程仪换能器的作用是________。

A. 实现电能与电磁波能量的相互转换　　B. 实现电能与声能的相互转换

C. 实现声波的收发转换　　D. 实现电能与化学能量的相互转换

21. 目前多普勒计程仪采用双波束系统的目的是为了________的影响。

A. 消除海底的性质不同给反射带来

B. 抑制海洋噪声

C. 克服声能被吸收的现象

D. 消除风浪所引起的船舶垂直运动和船舶摇摆

22. 多普勒计程仪采用双波束是为了________。

A. 能够测定船舶前进和后退速度

B. 消除由于声速变化所引起的测速误差

C. 消除船舶摇摆或颠簸而引起的测速误差

D. 克服声能被吸收的现象

23. 超大型船舶的多普勒计程仪采用六波束,它可提供速度指示项目是________。

A. 船首横移、船尾横移,前进后退　　B. 船首向左、船尾向左,前进后退

C. 船尾向左、船尾向右,前进后退　　D. 船首向前、船尾向后,船舶纵向

24. 根据计程仪显示器的局部图,可知此计程仪为________。

A. 一元多普勒计程仪　　B. 二元多普勒计程仪

C. 三元多普勒计程仪　　D. 四元多普勒计程仪

25. 根据计程仪显示器的局部图,可知此计程仪为________。

A. 一元多普勒计程仪　　B. 二元多普勒计程仪

C. 三元多普勒计程仪　　D. 四元多普勒计程仪

26. 根据计程仪显示器的局部图,可知此计程仪为________。

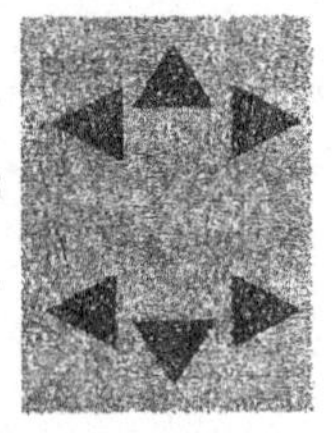

A. 一元多普勒计程仪　　B. 二元多普勒计程仪

C. 三元多普勒计程仪　　D. 四元多普勒计程仪

27. 多普勒计程仪测速精度为________。

A. ±0.01 节　　B. ±0.05 节

C. ±1 节　　D. ±2 节

28. 目前多普勒计程仪和声相关计程仪,均可工作在________两种状态。

A. 航速跟踪,测深跟踪　　B. 记录显示,闪光显示

C. 机械方式,电气方式　　D. 水层跟踪,海底跟踪

29. 对于目前船用的多普勒计程仪,下列说法中最恰当的是________。

A. 测量船舶对地速度

B. 测量船舶对水速度

C. 浅水测量船对地速度,深水可测量船对水速度

D. 深水测量船对地速度,浅水测量船对水速度

30. 当水深超过多普勒计程仪或声相关计程仪的跟踪深度后,由于________导致不能测量对地速度。

A. 声波损耗太大,没有足够的回波信号返回　　B. 超声波不具有反射性

C. 发射角度太大　　D. 发射角度太小

31. 多普勒计程仪的设计跟踪深度为 200 米,若航行区域的水深大于 200 米,则该计程仪所测得的速度为________。

A. 绝对速度　　B. 相对速度

C. 相对速度或绝对速度　　D. 零

32. 多普勒计程仪的设计跟踪深度为 200 米,若航行区域的水深 50 米,则该计程仪所测得的速度为________。

A. 绝对速度　　B. 相对速度

C. 相对速度或绝对速度　　D. 零

33. 如图所示,某计程仪显示器的局部图,则此计程仪可以测量船舶的________。

A. 前进速度　　B. 前进、后退速度

C. 前进、后退、横移速度　　D. 前进、后退、首横移、尾横移速度

34. 应用下列哪个测量原理的计程仪叫声相关计程仪？
A. 感应电动势　　B. 水压力
C. 多普勒频移　　D. 相关延时

35. 声相关计程仪是应用相关技术处理________来测量船舶航速和航程的仪器。
A. 回波相位差　　B. 水声信息
C. 多普勒频移　　D. 电磁波信号

36. 声相关计程仪的“相关”是指下列哪些因素？
A. 发射换能器经过时间间隔 τ 先后发射的超声波信号
B. 前向和后向接收换能器经过时间间隔 τ 先后收到的回波信号
C. 前向接收换能器先后两次收到的回波信号
D. 后向接收换能器先后两次接收到的回波信号

37. 声相关计程仪发射超声波的传播方向是________。
A. 水平向前和向后　　B. 向前下方和后下方
C. 垂直向下　　D. 水平向左和向右

38. 声相关计程仪的测量精度主要取决于相关延时 τ，而与________无关。
A. 水流速度　　B. 船速
C. 声速　　D. 两接收换能器间距

39. 声相关计程仪测得的船速 v 与前后两换能器间距离 s 及信号延时 τ 的关系是________。
A. v 分别与 s 和 τ 成正比　　B. v 分别与 s 和 τ 成反比
C. v 与 s 成正比，与 τ 成反比　　D. v 与 τ 成正比，与 s 成反比

40. 声相关计程仪不仅用于计程，而且可用来________。
A. 测量水深　　B. 探测海底性质
C. 测量鱼群　　D. 测危险物方位

41. 声相关计程仪的特点是测量精度不受________的影响。
A. 海洋噪声　　B. 海底性质
C. 声能吸收　　D. 水温和盐度

42. 对于目前船用的声相关计程仪，下列说法中最恰当的是________。
A. 测量船舶对地速度
B. 测量船舶对水速度
C. 浅水测量船对地速度，深水可测量船对水速度
D. 深水测量船对地速度，浅水测量船对水速度

43. 声相关计程仪的设计跟踪深度为 200 米，若航行区域的水深大于 200 米，则该计程仪所测得的速度为________。
A. 绝对速度　　B. 相对速度
C. 相对速度或绝对速度　　D. 零

44. 声相关计程仪的设计跟踪深度为 200 米，若航行区域的水深 50 米，则该计程仪所测得的速度

为________。

A. 绝对速度
B. 相对速度
C. 相对速度或绝对速度
D. 零

45. 多普勒计程仪与电磁计程仪相比具有下列哪些优点?

Ⅰ. 测速精度高,其测量误差约小于0.5%;Ⅱ. 可以测量船舶左右横向速度;Ⅲ. 在跟踪深度范围时,提供船对地的绝对速度

A. Ⅱ,Ⅲ
B. Ⅰ,Ⅱ
C. Ⅰ,Ⅲ
D. Ⅰ,Ⅱ,Ⅲ

46. 下列关于计程仪的说法,不妥的是________。

A. 声相关计程仪是绝对计程仪
B. 绝对计程仪可测对地速度
C. 多普勒计程仪可测对地速度
D. 船上电磁计程仪可以测量船舶的纵向速度和横向速度

47. 只能反映出风对船舶速度的影响而无法反映水流对船速的影响的计程仪为________。

A. 电磁计程仪
B. 绝对计程仪
C. 声相关计程仪
D. 多普勒计程仪

48. 多普勒计程仪与声相关计程仪均可工作在水层跟踪或海底跟踪,这是因为它们使用了________测量有关数据。

A. 超声波
B. 水流切割磁力线
C. 无线电波
D. 多普勒效应

49. 水深较浅时,关于多普勒计程仪或声相关计程仪________。

A. 测量对水速度
B. 测量对地速度
C. 既能测量对地速度,也能测量对水速度
D. 既不能测量对地速度,也不能测量对水速度

50. 水深很深时,关于多普勒计程仪或声相关计程仪________。

A. 测量对水速度
B. 测量对地速度
C. 既能测量对地速度,也能测量对水速度
D. 既不能测量对地速度,也不能测量对水速度

51. 下列哪种计程仪可测船舶左右移动速度?

Ⅰ. 电磁计程仪;Ⅱ. 多普勒计程仪;Ⅲ. 声相关计程仪

A. Ⅱ,Ⅲ
B. Ⅰ,Ⅱ
C. Ⅰ,Ⅲ
D. Ⅰ,Ⅱ,Ⅲ

52. 测量船舶相对于水的速度的计程仪是________计程仪。

A. 绝对
B. 相对
C. 多普勒
D. 声相关

53. 能够测定船舶前进,后退速度又能测定船舶横移速度的计程仪是________。

A. 声相关计程仪　　B. 电磁计程仪

C. 多普勒计程仪　　D. 多普勒计程仪和声相关计程仪

54. 能够测量并显示航速、航程和水深的计程仪是________。

A. 电磁计程仪　　B. 多普勒计程仪

C. 水压计程仪　　D. 声相关计程仪

55. 在测速场测量计程仪改正量时,船速应为________。

Ⅰ. 全速;Ⅱ. 半速;Ⅲ. 低速

A. Ⅱ,Ⅲ　　B. Ⅰ,Ⅱ

C. Ⅰ,Ⅲ　　D. Ⅰ,Ⅱ,Ⅲ

56. DS-50 型多普勒计程仪,其水层跟踪深度为龙骨下________。

A. 1~50 米　　B. 1~25 米

C. 2~50 米　　D. 2~25 米

57. DS-50 型多普勒计程仪,其海底跟踪的深度范围为龙骨下________。

A. 1~200 米　　B. 1~25 米

C. 2~50 米　　D. 2~25 米

58. 计程仪输出至其他导航仪器的航速信息,规定为________。

A. 100 P/n mile　　B. 200 P/n mile

C. 300 P/n mile　　D. 400 P/n mile

59. 使用 ARPA 进行避让操纵时,多普勒计程仪最好选择在________跟踪方式。

A. 水层　　B. 自动

C. 对地　　D. 深层

60. 在计程仪的跟踪方式指示中,“A”表示________。

A. 对水跟踪　　B. 对地跟踪

C. 自动跟踪　　D. 深层

61. 在计程仪的跟踪方式指示中,“G”表示________。

A. 对水跟踪　　B. 对地跟踪

C. 自动跟踪　　D. 深层

62. 在计程仪的跟踪方式指示中,“G”表示________。

A. 对水跟踪　　B. 对地跟踪

C. 自动跟踪　　D. 深层

二、简答题

1. 何谓相对计程仪和绝对计程仪?它们各自有什么特点?
2. 船用计程仪中哪些属于相对计程仪?哪些属于绝对计程仪?
3. 简述电磁计程仪测速原理。

4. 叙述电磁计程仪的启动与关闭步骤以及使用的注意事项。
5. 何谓多普勒效应与多普勒频移?
6. 试述多普勒计程仪测速及计程原理。
7. 说明多普勒计程仪启动与关闭步骤以及使用注意事项。
8. 多普勒计程仪与电磁计程仪相比较,其主要优点有哪些?
9. 叙述声相关计程仪的测速和计程原理。
10. 试述声相关计程仪的优点。
11. 多普勒计程仪和声相关计程仪均为绝对计程仪的这种说法是否完全正确?为什么?

参考答案

1. B	2. B	3. A	4. D	5. B	6. A	7. A	8. C	9. B	10. C
11. A	12. B	13. B	14. A	15. B	16. C	17. D	18. B	19. B	20. B
21. D	22. C	23. A	24. A	25. B	26. C	27. A	28. D	29. C	30. A
31. B	32. A	33. D	34. D	35. B	36. B	37. C	38. C	39. C	40. A
41. D	42. C	43. B	44. A	45. D	46. D	47. A	48. A	49. C	50. A
51. A	52. B	53. D	54. D	55. D	56. D	57. A	58. B	59. A	60. C
61. B	62. A								

部分答案解析

6. (7、8、9题参见本题解析)当船舶以速度 v 前进或后退时,若把船看作静止不动,则船底的水层以与船舶相同的速度 v 反向流过船底传感器下面,水层切割传感器磁场的磁力线,两个电极有感应电势产生,感应电势 E_g 的大小为 $E_g = B_M L v$。

16. 多普勒计程仪为绝对计程仪,其测速原理为 $v = \frac{C}{2f_T\cos\theta} \times \Delta f$。

39. 声相关计程仪为绝对计程仪,其测速原理为 $v = \frac{1}{2} \times \frac{s}{\tau}$。

第四章　航迹推算

第一节　航迹绘算

一、选择题

1. 根据我国海图作业规则的要求，________船位差，必须进行过分析，作出记录。

A. 开航后的第一个　　B. 每天中午的

C. 接近沿岸的第一个　　D. 每天0800的

2. 海图作业标注时，计划航线上都应标注下列哪些内容？

Ⅰ. 计划航迹向；Ⅱ. 真航向；Ⅲ. 罗航向；Ⅳ. 罗经差

A. Ⅰ，Ⅱ，Ⅲ，Ⅳ　　B. Ⅰ，Ⅲ，Ⅳ

C. Ⅰ，Ⅱ，Ⅳ　　D. Ⅱ，Ⅲ，Ⅳ

3. 海图作业过程中，下列哪些内容应记入航海日志？

Ⅰ. 重要船位的观测数据；Ⅱ. 船位差的方向和距离；Ⅲ. 所采用的风和流的资料应记入航海日志

A. Ⅰ，Ⅱ　　B. Ⅰ，Ⅲ

C. Ⅱ，Ⅲ　　D. Ⅰ，Ⅱ，Ⅲ

4. 观测船位记入航海日志时，应记入________。

Ⅰ. 时间；Ⅱ. 物标名称；Ⅲ. 有关读数（观测原始数据）及改正量

A. Ⅰ，Ⅱ　　B. Ⅰ，Ⅲ

C. Ⅱ，Ⅲ　　D. Ⅰ，Ⅱ，Ⅲ

5. 海图作业过程中，________应记入航海日志。

A. 避让船舶的过程　　B. 交接班时间

C. 船长上驾驶台的时间　　D. 重要船位的原始观测数据

6. 海图作业规则规定，可中止航迹推算的水域和情况是________。

Ⅰ. 狭窄水道；Ⅱ. 频繁使用车、舵时；Ⅲ. 来往船舶较多时；Ⅳ. 大洋航行时

A. Ⅰ，Ⅱ　　B. Ⅱ，Ⅲ

C. Ⅲ,Ⅳ
D. Ⅰ,Ⅱ,Ⅲ,Ⅳ

7. 海图作业规则规定,某航次的海图作业必须保留到________方可擦去。

A. 船舶抵达目的港时
B. 本航次结束时
C. 海事调查和处理结束时
D. B 或 C

8. 海图作业规则要求,船舶航行中决定风流压差值的采用或改变的是________。

A. 值班驾驶员
B. 大副
C. 船长
D. 二副

9. 驾驶员应认真进行海图作业,发现问题,及时向________报告,并积极提供意见。

A. 三副
B. 大副
C. 船长
D. 二副

10. ________应对海图作业全面负责。

A. 值班驾驶员
B. 大副
C. 船长
D. 二副

11. 海图作业试行规则规定,航行中驾驶员应对所采用的风流压差值不断进行测校,发现变化较大时,应及时________。

A. 进行修正并报告船长
B. 进行修正并转告下一值班驾驶员
C. 查明原因并报告船长
D. 报告船长

12. 航迹绘算法与航迹计算法比较________。

A. 航迹绘算法简单直观,是航迹推算的主要方法
B. 航迹绘算法求得的船位精度比航迹计算法高
C. 航迹绘算法可在任何情况下使用
D. A、B、C 都对

13. 航迹推算一般应在________立即开始。

A. 船舶驶离码头后
B. 从锚地起锚航行时
C. 在驶离港口定速航行时
D. 出引航水域定速并测得船位后

14. 航迹推算在________情况下可以暂时中止。

A. 航经危险物附近
B. 航经狭水道和渔区
C. 遭遇大风浪
D. 航经雾区

15. 航迹推算中,在推算船位附近应标注下列哪些内容?

Ⅰ. 航迹向;Ⅱ. 计程仪读数;Ⅲ. 推算船位;Ⅳ. 时间

A. Ⅰ,Ⅳ
B. Ⅰ,Ⅲ
C. Ⅱ,Ⅳ
D. Ⅱ,Ⅲ

16. 推算船位的起始点________。

A. 通常采用标准船位
B. 可根据当时定位条件确定
C. 必须是准确的船位
D. 以上都对

17. 根据我国海图作业规则规定,海图作业时,应在计划航线(推算航线)上标注下列哪些内容?

Ⅰ. 计划(推算)航迹向;Ⅱ. 罗航向;Ⅲ. 罗经差;Ⅳ. 风流压差;Ⅴ. 船位差;Ⅵ. 风流资料

A. Ⅰ,Ⅱ,Ⅲ
B. Ⅰ,Ⅱ,Ⅲ,Ⅳ
C. Ⅰ,Ⅱ,Ⅲ,Ⅳ,Ⅴ
D. Ⅰ,Ⅱ,Ⅲ,Ⅳ,Ⅴ,Ⅵ

18. 在海图作业中,应以分数形式标出观测或推算船位的________。
A. 时间和计程仪读数
B. 经度和纬度
C. 观测人姓名和位置
D. 航向和航程

19. 在海图作业中,*CA* 表示________。
A. 计划航向
B. 推算航迹向
C. 风中航迹向
D. 真航向

20. 在海图作业中,*CG* 表示________。
A. 真航向
B. 罗航向
C. 计划航向
D. 推算航迹向

21. 在海图作业中,*ΔC* 表示________。
A. 真航向
B. 罗航向
C. 罗经差
D. 陀罗差

22. 在海图作业中,*ΔG* 表示________。
A. 真航向
B. 罗航向
C. 罗经差
D. 陀罗差

23. 实际情况下________。
A. 在 GPS 定位条件好的海域可以不进行航迹推算
B. 在 GPS 定位条件差的海域进行航迹推算
C. 在整个航行过程中,航迹推算应连续不断,不得无故中断
D. A 和 B 都对

24. 定位后应在航海日志上填写________。
A. 观测船位的经、纬度
B. 观测的原始数据及有关改正量
C. 改正误差后的观测数据
D. 位移差或船位差

25. 海图作业规则规定,船舶远离海岸航行,正常情况下每昼夜至少应有________个天测船位。
A. 1
B. 2
C. 3
D. 4

26. 海图作业规则规定,船舶在沿岸开阔水域航行,一般情况下应________绘算一次推算船位。
A. 15 分钟
B. 半小时
C. 1 小时
D. 2 ~4 小时

27. 海图作业规则规定,船舶在沿岸水流影响显著的海区航行,应每隔________绘算一次推算船位。
A. 15 分钟
B. 半小时
C. 1 小时
D. 2 ~4 小时

28. 海图作业规则规定,船速 15 节以下的船舶沿岸航行,至少应每隔________观测一次船位。
A. 15 分钟
B. 半小时

C. 1 小时　　D. 2 ~4 小时

29. 海图作业规则规定,重要的观测船位记入航海日志时,应记录________。
Ⅰ. 时间;Ⅱ. 物标名称;Ⅲ. 有关读数和改正量;Ⅳ. 船位差;Ⅴ. 计程仪读数
A. Ⅰ,Ⅱ,Ⅲ,Ⅳ,Ⅴ　　B. Ⅰ,Ⅱ,Ⅲ
C. Ⅰ,Ⅱ,Ⅲ,Ⅳ,Ⅴ,Ⅳ　　D. Ⅰ,Ⅱ,Ⅲ,Ⅴ

30. 依海图作业试行规则的要求,一般情况下推算船位________。
A. 在沿岸水流显著地区航行,每二小时推算一次
B. 在远离海岸地区航行,每二或四小时推算一次
C. 在能测得无线电船位时,可不推算
D. 在狭水道航行时,每 30 分钟推算一次

31. 计划航线或推算航迹________。
A. 可以认为是位置线的一种　　B. 可以认为是船位线的一种
C. 是位置线也是船位线　　D. 不是船位线也不是位置线

32. 船舶在风中航行,受风影响向下风漂移的速度________,方向________。
A. 小于风速;一定与风向平行　　B. 等于风速;不一定与风向平行
C. 小于风速;不一定与风向平行　　D. 等于风速;一定与风向平行

33. 船舶在航行中测到的风是________,它的方向是指它的________。
A. 真风;来向　　B. 视风;来向
C. 真风;去向　　D. 视风;去向

34. 下列关于船风 v_E、视风 v_A 和真风 v_T 三者的矢量关系哪个正确?
A. $v_E + v_A + v_T = 0$　　B. $v_E + v_A = v_T$
C. $v_E + v_T = v_A$　　D. $v_A + v_T = v_E$

35. 从已知船位,根据计程仪航程在计划航线上截取的船位称为________。
A. 积算船位　　B. 概算船位
C. 估算船位　　D. 参考船位

36. 从已知船位,然后根据航向、航程(计算风压差后)绘算所得的船位是________。
A. 积算船位　　B. 推算船位
C. 估测船位　　D. 实测船位

37. 当风压差小于 10°~15°时,风压差与风舷角 Q_W ________。
A. 成正比　　B. 成反比
C. 的正弦成正比　　D. 的余弦成反比

38. 风压差的大小________。
A. 与风速有关,但与风向无关　　B. 与风舷角有关,风舷角 90°时最大
C. 与船舶吃水差有关,但与船舶吃水无关　　D. 与船速有关,但与船舶干舷无关

39. 下列哪些因素能影响风压差的大小?
Ⅰ. 船型;Ⅱ. 风速;Ⅲ. 风舷角;Ⅳ. 吃水;Ⅴ. 海流
A. Ⅰ,Ⅱ,Ⅲ,Ⅳ　　B. Ⅰ,Ⅱ,Ⅲ

C. Ⅱ,Ⅲ,Ⅳ　　D. Ⅰ,Ⅱ,Ⅲ,Ⅴ

40. 下列哪些因素能影响风压差的大小?

Ⅰ. 潮流;Ⅱ. 航速;Ⅲ. 受风面积;Ⅳ. 干舷高度;Ⅴ. 吃水

A. Ⅱ,Ⅲ,Ⅳ,Ⅴ　　B. Ⅰ,Ⅱ,Ⅲ

C. Ⅱ,Ⅲ,Ⅳ　　D. Ⅰ,Ⅱ,Ⅲ,Ⅴ

41. 风压差的大小与船速和风速有关,下列说法正确的是________。

A. 风压差与航速成正比,与风速成反比

B. 风压差与风速成正比,与航速成反比

C. 风压差与航速的平方成正比,与风速的平方成反比

D. 风压差与航速的平方成反比,与风速的平方成正比

42. 风压差系数 k 值应由________。

A. 船长确定

B. 经验估计

C. 查表得出

D. 测定风压差 20 ~ 30 次后,根据风压差公式反推出其平均值

43. 风压差小于 10° ~ 15°时与船速 v_L ________。

A. 成正比　　B. 成反比

C. 平方成正比　　D. 平方成反比

44. 风压差小于 10° ~ 15°时与风速 v_W ________。

A. 成正比　　B. 成反比

C. 平方成正比　　D. 平方成反比

45. 风中航迹推算中,所考虑的风指的是________。

A. 海陆风　　B. 真风

C. 船风　　D. 视风

46. 关于水流,以下正确的是________。

A. 流向是指流的来向　　B. 流向是指流的去向

C. 流向等于受流影响的船舶漂移的方向　　D. B、C 都对

47. 航迹绘算法是根据什么资料在海图上作图画出推算航迹和定位的?

A. 方位、航程和气象资料　　B. 航向、方位、距离和风流资料

C. 航向、航程和气象资料　　D. 航向、航程和风流资料

48. 计算风压差的公式 $\alpha = k(\frac{v_W}{v_L})^2 \sin Q_W$ 适用于________。

A. α 等于 20°时　　B. α 大于 15°时

C. $15° < \alpha < 20°$时　　D. $\alpha < 10° \sim 15°$时

49. 计算风压差公式 $\alpha° = k°(\frac{v_W}{v_L})^{1.4}(\sin Q_W + 0.15\sin 2Q_W)$ 适用于________。

A. $\alpha \leqslant 10°$时　　B. $10° < \alpha < 15°$时

C. $\alpha \geqslant 15°$时　　D. 以上都对

50. 某船真航向 090°,海区内 N 风转 NW 风,风力不变,则船舶风压差________。

A. 变小　B. 变大

C. 先变小再变大　D. 先变大再变小

51. 某船真航向 225°,当时海区有西风,则风舷角为________。

A. 45°右　B. 45°左

C. 90°西　D. 315°

52. 偏荡可能使风压差________。

A. 增大　B. 减小

C. 有时增大有时减小　D. 既不增大也不减小

53. 确定风压差正负的方法是________。

A. 东风为正，西风为负　B. 东风为负，西风为正

C. 左舷受风为正，右舷受风为负　D. 左舷受风为负，右舷受风为正

54. 尾迹流法测定的是________。

A. 风压差　B. 流压差

C. 风流合压差　D. 偏航角

55. 下列哪种方法可测定风压差?

A. 尾迹流法　B. 连续实测船位法

C. 雷达观测法　D. 以上都对

56. 下列哪种流的流向和流速最难以掌握?

A. 风生流　B. 海流

C. 洋流　D. 潮流

57. 影响风压差角大小的因素，除船体形状外，还取决于________。

A. 风向、风速　B. 风速、风舷角

C. 风力、风速和航向　D. 风速、风舷角和航速

58. 风压差可________。

A. 根据风向风速作图求得　B. 实测求得

C. 从风压差表求得　D. B、C 都对

59. 在航迹推算中，风流压差小于多少时可不予考虑?

A. 2°.5　B. 1°

C. 1°.5　D. 2°

60. 有流无风情况下的航迹绘算,水流三角形由以下矢量线组成________。

Ⅰ. 计划航线或推算航迹线;Ⅱ. 真航向线;Ⅲ. 水流矢量;Ⅳ. 流压差

A. Ⅰ,Ⅱ,Ⅲ,Ⅳ　B. Ⅰ,Ⅲ,Ⅳ

C. Ⅰ,Ⅱ,Ⅲ　D. Ⅱ,Ⅲ,Ⅳ

61. 有风无流情况下的航迹推算,一般做法是________。

A. 电磁计程仪航程在风中航迹线上截取　B. 水压计程仪航程在风中航迹线上截取

C. 多普勒计程仪航程在风中航迹线上截取　D. 以上都对

62. 风流合压差符号的确定原则是________。

A. 左舷受风，右舷受流时为正

B. 左舷受流，右舷受风时为正

C. 船偏在航向线的右面为(+)

D. 右舷受风,流时为正

63. 风流中航行，求推算船位(EP)，一般计程仪航程(s_L)应在________量取。

A. 航向线上

B. 风中航迹线上

C. 实际航迹线上

D. 上述任何一条航迹线上

64. 船舶在有流无风情况下航行,下列哪种说法正确?

A. 船舶顺水漂移,方向等于流向,速度远大于流速。

B. 船舶顺水漂移,方向等于流向,速度等于流速。

C. 船舶顺水漂移,方向不一定等于流向,速度等于流速。

D. 船舶顺水漂移,方向不一定等于流向,速度远大于流速

65. 关于有流无风情况下的航迹推算,下列正确的是________。

A. 通过实测流压差的方法绘算

B. 左舷受流流压差为负值

C. 通过作水流三角形绘算

D. 具体情况具体对待,有时作水流三角形,有时利用实测流压差的方法

66. 有风流影响下,船舶的实际航迹向 CG 与真航向 TC 之差,就是当时的________。

A. 风压差

B. 流压差

C. 风流压差

D. 船位差

67. 有风无流影响下,船舶的实际航迹向 CG 与真航向 TC 之差,就是当时的________。

A. 风压差

B. 流压差

C. 风流压差

D. 船位差

68. 有流无风影响下,船舶的实际航迹向 CG 与真航向 TC 之差,就是当时的________。

A. 风压差

B. 流压差

C. 风流压差

D. 船位差

69. 航向正东,受北风、南流影响,则风压差 α 和流压差 β 为________。

A. $\alpha>0,\beta>0$

B. $\alpha<0,\beta<0$

C. $\alpha>0,\beta<0$

D. $\alpha<0,\beta>0$

70. 绝对计程仪航程应在________上截取。

A. 真航向线

B. 实际航迹线

C. 风中航迹线

D. 计划航线或推算航迹线

71. 某船计程仪航速 10 节，推算航程 100 海里，若有风有流情况下航行，其推算船位的精度为________。

A. 4′~7′

B. 5′~8′

C. 3′~4′

D. 2′~4′

72. 评定推算船位精度的最佳图形是________。

A. 船位误差四边形

B. 船位误差圆

C. 船位误差椭圆　　D. 船位误差带

73. 确定风流正负的方法是________。

A. 风中航迹线偏在航向线的右面为负　　B. 风中航迹线偏在航向线的左面为正

C. 按风压差与流压差的代数和决定　　D. A、B、C 都不对

74. 什么情况下最好采用绘画概率航迹区的海图作业方法?

A. 接近海岸、海峡、航海危险物和禁区时　　B. 能见度不良,船舶航行在危险物附近时

C. 船舶在海峡内航行时　　D. A + B

75. 为提高推算船位的精度应________。

A. 正确预配风流压差　　B. 提高操舵技术

C. 尽量缩短推算时间　　D. A + B + C

76. 无风流情况下推算船位误差圆的半径一般为推算航程的________。

A. 2%　　B. 1%

C. 5%　　D. 10%

77. 研究推算船位误差的目的是________。

A. 寻求提高推算船位精度的措施

B. 确定推算船位误差范围，做到航行时胸中有数和保证航行安全

C. 提高估计风流压差的精度

D. A 和 B 都对

78. 一般认为推算航程 100 海里，在无风流中航行推算船位误差为 2 海里，如果推算航程为1000 海里时，则推算船位均方误差应为________。

A. 20 海里　　B. 大于 20 海里

C. 小于 20 海里　　D. 不能确定

79. 以下说法正确的是________。

A. 无风流时,相对计程仪航程应在计划航线上截取

B. 无风流时,绝对计程仪航程应在计划航线上截取

C. 无风流时,相对计程仪航程应在真航向线上截取

D. 以上都对

80. 因推算航向误差引起的船位误差，在无风流情况下约为推算航程的________。

A. 3.7%　　B. 1.7%

C. 2.7%　　D. 0.7%

81. 有风有流航行时，流压差角是________。

A. 航向线与风中航迹向的夹角　　B. 风中航迹线与推算航迹线的夹角

C. 航向线与推算航迹线的夹角　　D. A 或 B

82. 有流无风中航行，求取推算船位时，相对计程仪航程应在________截取。

A. 航向线上　　B. 流中航迹线上

C. 计划航迹线上　　D. A 和 B 均可

83. 在多航向航迹推算中,最终的推算船位误差圆半径 M 与各单航向推算船位误差圆半径 M_1、

M_2、M_3……的关系为________。

A. $M = M_1 + M_2 + M_3 + \cdots\cdots$　　B. $M = M_1^2 + M^2 + M_2^3 + \cdots\cdots$

C. $M = (M_1^2 + M^2 + M_3^2 + \cdots\cdots)^{1/2}$　　D. $M = M_1^2 + 2M_2^2 + 3M_3^2 + \cdots\cdots$

84. 在航迹绘算中，已知计划航向、船速和风流资料，求真航向时应该采用________的作图方式。

A. 先风后流　　B. 先流后风

C. 先求出风流压差　　D. 不必考虑先后

85. 在航迹推算中，已知真航向、船速和风流资料求计划航迹向时，应该采用________的作图方式。

A. 先风后流　　B. 先流后风

C. 先求出风流合压差　　D. 不需考虑风流的先后

86. 已知计划航向求取船舶应驶的真航向的航迹推算中，要求已知________。

Ⅰ. 推算船位；Ⅱ. 计程仪航速；Ⅲ. 计划航向；Ⅳ. 风流要素

A. Ⅰ，Ⅱ，Ⅲ，Ⅳ　　B. Ⅰ，Ⅲ，Ⅳ

C. Ⅰ，Ⅱ，Ⅳ　　D. Ⅱ，Ⅲ，Ⅳ

87. 已知真航向求取推算航迹向的航迹推算中，要求已知________。

Ⅰ. 真航向，Ⅱ. 计程仪航程，Ⅲ. 推算船位，Ⅳ. 风流要素

A. Ⅰ，Ⅱ，Ⅲ，Ⅳ　　B. Ⅰ，Ⅲ，Ⅳ

C. Ⅰ，Ⅱ，Ⅳ　　D. Ⅱ，Ⅲ，Ⅳ

88. 在无风流情况下船位在或然航迹区的概率为________。

A. 63.2%　　B. 46.5%

C. 68.3%　　D. 63.2% ~68.3%

89. 在无风无流情况下，关于推算航程以下正确的是________。

A. 推算航程 s_G = 计程仪航程 s_L　　B. $s_L = (L_2 - L_1) \times (1 - \Delta L)$

C. $s_G = s_L \times (1 - \Delta L)$　　D. $s_L = s_G \times (1 - \Delta L)$

90. 在有风无流下推算，如风压差是由实测求得的，则可以认为船位均方误差约是推算航程的________。

A. ±1%　　B. ±2%

C. ±3%　　D. ±4%

91. 某轮计划航线 102°，南流流压差 2°，北风风压差 3°，在左前方有一小岛，则该岛的正横方位为________。

A. 017°　　B. 007°

C. 013°　　D. 011°

92. 某船船速 16 节，计划航线 005°，当时受 NE 风影响，α 取 20′，问如果 $\Delta C = +20'$，则应采用什么罗航向才能使船舶航行在计划航线上？

A. 006°　　B. 009°

C. 005°　　D. 001°

93. 某船计程仪航速 10 节，推算航程 100 海里，在有流无风的情况下航行，其推算船位的精度

为________。

A. 4°.5 ~7°.3　　B. 5°.2 ~7°.7

C. 3°.7 ~4°.7　　D. 2°.8 ~4°.0

94. 某船真航向 080°，实测风流压差 +10°，船舶航行到离左舷物标最近时的物标舷角为________。

A. 90°左　　B. 90°右

C. 080°　　D. 280°

95. 某船真航向 125°，海区内 SW 风 7 级，风压差取 3°，则船舶航行在________线上。

A. 125°　　B. 122°

C. 128°　　D. 118°

96. 某轮 0600 L_1 =0′.0，船速 10 节，计程仪改正率为零，TC =090°，东风 3 级，东流 2 节，1000 L_2 =39′.0，则该轮推算航程为________。

A. 48 海里　　B. 47 海里

C. 40 海里　　D. 39 海里

97. 某轮计划航迹向 092°，航区内 N 流，流压差 3°，N 风 5 级，取风压差 2°，在船的左前方有一小岛，则到该岛的正横方位是________。

A. 183°　　B. 181°

C. 003°　　D. 001°

98. 某轮计划航迹向 100°，预取风流压差 -10°，则该轮右正横的真方位为________。

A. 190°　　B. 200°

C. 020°　　D. 180°

99. 某轮计划航向 005°，当地磁差 13°E，自差 4°W，NE 风 7 级，风压差取 5°，则应驶罗航向________。

A. 351°　　B. 001°

C. 009°　　D. 019°

100. 某轮计划航向 215°，海区内 S 风 5 级，风压差取 5°，该轮陀螺罗经差 1°W，某左舷物标正横时的陀螺罗经方位是________。

A. 119°　　B. 121°

C. 129°　　D. 131°

101. 若航向误差为 1°，当航行 50 海里后船位偏移量为________。

A. 0.87 海里　　B. 1.7 海里

C. 7/2 海里　　D. 3/4 海里

102. 无风流影响时，推算航行 100 海里，则推算航程误差为________。

A. 2 海里　　B. 1.7 海里

C. 1 海里　　D. 3.2 海里

103. 利用单物标三方位测定风流合压差时，通过作图可求得________。

A. 航迹线　　B. 计划航线平行线

C. 航迹线平行线　　D. 航向线平行线

104. 利用单物标三方位求风流压差时，________。

A. 必须知道物标的位置才能求风流压差

B. 即使物标的位置不知道也能求风流压差

C. 物标位置的正确度直接影响风流压差的正确度

D. A、C 都对

105. 下列能测出风压差而不能用于测定风流合压差的方法为________。

A. 连续定位法　　B. 单物标三方位法

C. 雷达观测法　　D. 尾迹流法

106. 在有风流情况下，物标最小距离方位与物标正横方位之差值，恰好是________。

A. 风压差　　B. 流压差

C. 风流合压差　　D. 以上三者都不是

107. 某轮 TC 275°，测得右舷某一小岛的最小距离 GB 006°，$\Delta G=1°\mathrm{E}$，则风流合压差 γ 为________。

A. +2°　　B. −2°

C. +1°　　D. −1°

108. 把一定时间内测得的几个观测船位，用平差的方法以直线“连接”，该直线的方向与真航向之差即为风流压差，这种测定风流压差的方法为________。

A. 连续定位法　　B. 叠标导航法

C. 雷达观测法　　D. 物标最小距离方位与正横方位法

109. 采用连续观测定位法测定风流压差时，测得的几个观测船位应该大致在________。

A. 一条直线上　　B. 同一圆弧上

C. 同一双曲线上　　D. 同一抛物线上

110. 采用连续观测定位法测定风流压差时，最好采用雷达________定位方法。

A. 三方位　　B. 两方位

C. 两距离　　D. 三距离

111. 采用连续观测定位法测定风流压差时，应测得________个观测船位。

A. 10 ~ 15　　B. 1 ~ 2

C. 25 ~ 30　　D. 3 ~ 5

112. 采用连续观测定位法测定风流压差时，用平差方法（各船位到该直线的距离平方和为最小）以直线“连接”各观测船位，该直线就是________。

A. 计划航线　　B. 实际航迹线

C. 真航向线　　D. 风中航迹向

113. 采用连续观测定位法，可以测定________。

Ⅰ. 风压差；Ⅱ. 流压差；Ⅲ. 风流压差

A. Ⅰ，Ⅱ　　B. Ⅰ，Ⅲ

C. Ⅱ，Ⅲ　　D. Ⅰ，Ⅱ，Ⅲ

114. 连续实测船位法,利用________方法连接各点。

A. 平均数法　　B. 平差法

C. 光滑曲线　　D. 逐个连接

115. 采用连续观测定位法确定风流压差时,要以直线"连接"各观测船位,下列说法正确的是________。

A. 各船位均位于该直线上

B. 船位可以不在该直线上,但在直线左侧和右侧的船位个数要相同

C. 各船位到该线的距离和最小

D. 各船位到该线的距离的平方和最小

116. 采用叠标导航法,可以测定________。

Ⅰ. 风压差;Ⅱ. 流压差;Ⅲ. 风流压差

A. Ⅰ,Ⅱ　　B. Ⅰ,Ⅲ

C. Ⅱ,Ⅲ　　D. Ⅰ,Ⅱ,Ⅲ

117. 某轮计划航向045°,驶真航向045°,连续定位法实测航迹向050°,则该轮实测风流压差和修正风流压差后应驶的真航向分别为________。

A. +5°,040°　　B. +5°,050°

C. −5°,040°　　D. −5°,050°

118. 用叠标导航法测定风流合压差时,应操纵船舶沿着叠标线航行,此时叠标线的方向就是________。

A. 真航向　　B. 实测航迹向

C. 船首向　　D. 罗航向

119. 叠标导航法测定风流压差时,操纵船舶沿着该叠标线航行时,叠标位于船首偏右,此时风流压差________。

A. 为"−"　　B. 为"+"

C. 无法确定符号　　D. 为"0"

120. 叠标导航法测定风流压差时,船距叠标前标的距离一般为前后标之间距离的________。

A. 3~5倍　　B. 1~3倍

C. 5~10倍　　D. 10~15倍

121. 叠标导航法测定风流压差时,操纵船舶沿着该叠标线航行,此时叠标线的方向就是________。

A. 真船向　　B. 实际航迹向

C. 计划航向　　D. 风中航迹向

122. 叠标导航法测定风流压差时,操纵船舶沿着该叠标线航行时,叠标位于船首偏右,此时风流压差符号为________。

A. +　　B. −

C. 0　　D. 无法确定

123. 叠标导航法测定风流压差时,操纵船舶沿着该叠标线航行时,叠标位于船首偏左,此时风流

压差符号为________。

A. +　　B. −

C. 0　　D. 无法确定

124. 叠标导航法测定风流压差时,操纵船舶沿着该叠标线航行时,叠标位于正船首方向,此时风流压差符号为________。

A. +　　B. −

C. 0　　D. 无法确定

125. 叠标导航法测定风流压差时,操纵船舶沿着该叠标线航行时,船首偏在叠标的左面,此时风流压差符号为________。

A. +　　B. −

C. 0　　D. 无法确定

126. 叠标导航法测定风流压差时,操纵船舶沿着该叠标线航行时,船首偏在叠标的右面,此时风流压差符号为________。

A. +　　B. −

C. 0　　D. 无法确定

127. 叠标导航法测定风流压差,叠标方位 126°,操纵船舶沿着该叠标线航行时,罗航向 120°,罗经差 2°E,自差 1°W,磁差 3°E,则风流压差为________。

A. +4°　　B. −4°

C. +6°　　D. −6°

128. 叠标导航法测定风流压差,叠标方位 126°,操纵船舶沿着该叠标线航行时,真航向 130°,罗经差 2°E,自差 1°W,磁差 3°E,则风流压差为________。

A. +4°　　B. −4°

C. +6°　　D. −6°

129. 某轮沿某叠标线航行,图示叠标方位为 358°,罗航向 003°,罗经差 −2°,则风流压差为________。

A. −3°　　B. +3°

C. −7°　　D. +7°

130. 用雷达观测法测定风流合压差时,风流压差为________和________的夹角。

A. 船首线;物标方位线　　B. 物标方位线;电子方位线

C. 船首线;电子方位线　　D. 电子方位线;方位标尺

131. 雷达观测法求风流压时,如雷达机械方位线与物标 A 的连续轨迹平行,与船首的夹角为自船首向左 4°,罗经差为 2°E,则风流合压差为________。

A. +2°　　B. +4°

C. +6°　　D. −4°

132. 某船用雷达导航,采用首向上显示方式,航行过程中用电子方位线测定左前方一固定物标的尾迹,其方向数值比船首向大 2°,则风流合压差为________。

A. −2°　　B. +2°

C. −1°　　D. +1°

133. 某轮计划航向 045°，修正风流压差 −5°，航行接近某小岛开启雷达连续观测该岛的陀罗方位和距离，从中找出离该岛最近时的陀罗方位 323°（陀罗差为 2°E），则实际的风流压差为________。

A. +5°　　B. −5°

C. +15°　　D. −15°

134. 用雷达观测法实测风流压差，调整电子方位线与固定孤立物标相对运动轨迹平行，如电子方位线偏在航向线右面 5°，罗经差 2°E，则实测风流压差为________。

A. +5°　　B. −5°

C. +3°　　D. −3°

135. 某轮真航向 030°，航行中用雷达测得物标距离最近时的陀罗方位为 307°，陀罗差 2°W，则实测风流压差为________。

A. +3°　　B. −3°

C. +5°　　D. −5°

136. 某轮陀罗航向 030°，航行中用雷达测得物标距离最近时的陀罗方位为 117°，陀罗差 2°W，则实测风流压差为________。

A. +3°　　B. −3°

C. +5°　　D. −5°

137. 我国海图作业规则规定，海图作业时，应在计划航线（推算航线）上标注下列哪些内容？

Ⅰ. 计划（推算）航迹向；Ⅱ. 罗航向；Ⅲ. 罗经差；Ⅳ. 风流压差；Ⅴ. 船位差；Ⅵ. 风流资料

A. Ⅰ，Ⅱ，Ⅲ　　B. Ⅰ，Ⅱ，Ⅲ，Ⅳ

C. Ⅰ，Ⅱ，Ⅲ，Ⅳ，Ⅴ　　D. Ⅰ，Ⅱ，Ⅲ，Ⅳ，Ⅴ，Ⅵ

138. 我国海图作业规则规定，航行中风流压差的采用和改变应由________决定。

A. 船长　　B. 驾驶员

C. 值班驾驶员　　D. 大副

139. 风压差系数 K 是如何求得的？

A. 理论推导得出　　B. 多次测定风压差后反推而得

C. 根据船舶受风面积计算而得　　D. 根据经验估计

140. 航向正东，受南风、北流影响，则风压差 α 和流压差 β 为________。

A. $\alpha>0,\beta>0$　　B. $\alpha<0,\beta<0$

C. $\alpha>0,\beta<0$　　D. $\alpha<0,\beta>0$

141. 航向正东，受南风、南流影响，则风压差 α 和流压差 β 为________。

A. $\alpha>0,\beta>0$　　B. $\alpha<0,\beta<0$

C. $\alpha>0,\beta<0$　　D. $\alpha<0,\beta>0$

142. 船舶真航向 030°，航行中受 SE 风和 SE 流的影响，则风流压差为________。

A. 零　　B. 正值

C. 负值　　D. A、B、C 都有可能

143. 某船真航向 125°,海区内北风 7 级,风压差取 3°,则船舶航行在________线上。

A. 125°　　B. 122°

C. 128°　　D. 132°

144. 某轮计划航向 215°,海区内 W 风 5 级,风压差取 5°,该轮陀螺罗经差 1°W,某右舷物标正横时的陀螺罗经方位是________。

A. 301°　　B. 299°

C. 311°　　D. 309°

145. 某轮罗航向 045°,罗经差 2°E, 南风 7 级,风压差取 7°, 则某左舷物标最近时的罗方位是________。

A. 310°　　B. 308°

C. 322°　　D. 324°

146. 某轮罗航向 045°,罗经差 2°E,南风 7 级,风压差取 7°, 则某右舷物标最近时的真方位是________。

A. 142°　　B. 144°

C. 128°　　D. 130°

147. 某轮满载, 船速 14 kn, 计划航向 002°, 当时 NE 风 6 级, α 取 2°, 则采取什么罗航向才能使船舶航行在计划航线上(罗经差为 -1°)?

A. 359°　　B. 001°

C. 003°　　D. 005°

148. 某轮真航向 178°, 东风, 风压差 3°, 东流, 流压差 5°, 则该轮的航迹向为________。

A. 176°　　B. 170°

C. 180°　　D. 186°

149. 某轮罗航向 005°, 航行中测得某物标最小距离时的罗方位为 280°, 则风流合压差等于________。

A. +10°　　B. -10°

C. -5°　　D. +5°

150. 某轮计划航向 135°,驶真航向 135°,连续定位法实测航迹向 140°,则该轮实测风流压差和修正风流压差后应驶的真航向分别为________。

A. +5°,140°　　B. +5°,130°

C. -5°,140°　　D. -5°,130°

151. 某轮计划航向 315°,驶真航向 315°,连续定位法实测航迹向 320°,则该轮实测风流压差和修正风流压差后应驶的真航向分别为________。

A. +5°,320°　　B. +5°,310°

C. -5°,320°　　D. -5°,310°

152. 某轮沿某叠标线航行, 图示叠标方位为 268°, 陀螺罗经航向 269°, 陀螺罗经差 -2°, 则风流压差为________。

A. -2°　　B. +2°

C. -1°　　D. +1°

153. 某轮沿某叠标航行，图示叠标方位为180°，陀螺罗经航向005°，陀螺罗经差 -2°，则风流压差为________。

A. -2°　　B. +2°

C. -3°　　D. +3°

154. 某轮沿某叠标航行，图示叠标方位为030°，罗经航向030°，磁差2°E，自差5°W，则实测风流压差为________。

A. -3°　　B. +3°

C. 0°　　D. 无法确定

155. 某船用雷达导航，采用首向上显示方式，航行过程中用电子方位线测定左前方一固定物标的尾迹，其方向数值比船首向小2°，则风流合压差为________。

A. -2°　　B. +2°

C. -1°　　D. +1°

156. 某轮罗航向286°，用雷达测右舷物标最小距离罗方位为026°，罗经差为 -1°，则航迹向为________。

A. 295°　　B. +10°

C. -10°　　D. 275°

157. 用雷达观测法实测风流压差，调整电子方位线与固定孤立物标相对运动轨迹平行，如电子方位线偏在航向线左面3°，罗经差2°W，则实测风流压差为________。

A. +5°　　B. -5°

C. +3°　　D. -3°

158. 某轮真航向030°，航行中用雷达测得物标距离最近时的陀罗方位为293°，陀罗差2°E，则实测风流压差为________。

A. +3°　　B. -3°

C. +5°　　D. -5°

159. 某轮陀罗航向030°，航行中用雷达测得物标距离最近时的陀罗方位为123°，陀罗差2°E，则实测风流压差为________。

A. +3°　　B. -3°

C. +5°　　D. -5°

二、简答题

1. 什么是航迹推算？它在航海上有什么意义？
2. 航迹推算何时开始，何时可终止？在什么情况可以中断航迹推算？
3. 什么是计划航向和实际航向？什么是积算船位和推算船位？
4. 什么是风压差？它的正负号是如何确定的？它与哪些因素有关？
5. 测定风压差的方法有哪些？

6. 写出风压差经验公式并说明其适用条件。
7. 某轮计划航向 5°,当地磁差 13°E,自差 4°W,NE 风 7 级,风压差取 5°,无流,则它应驶罗航向是多少?
8. 某轮罗航向 045°,罗经差 2°E,南风 7 级,风压差取 7°,无流,则某右舷物标最近时的真方位是多少?
9. 什么是流压差?它的正负号是如何确定的?
10. 某轮计划航向 090°,船速 10 节,流向正北,流速 4 节,海面无风,则该轮应驶的真航向为多少度?
11. 什么是风流合压差?它的正负号是如何确定的?
12. 测定风流合压差的方法有哪几种?
13. 简述单物标三方位求风流压差的方法。
14. 某轮计划航向 045°,修正风流合压差 -5°,航行接近某小岛开启雷达连续观测该岛的陀罗方位和距离,从中找出离该岛最近时的陀罗方位 323°(陀罗差 2°E),则实际的风流合压差为多少度?
15. 说明在各种情况下的航迹绘算中,如何截取相对计程仪航程。
16. 简述在有风有流的情况下,若已知真航向、航速及风流要素,如何求取船舶推算航迹向和推算船位?若已知计划航向及风流要素时,如何求取船舶的真航向?
17. 某船船速 10 节,真航向 030°,在流向 NE,流速 2 节的海区航行,当时受 SW 风 5 级(α 取 3°)的影响,进行航迹绘算确定其航迹向、推算航速。
18. 某轮计划航向 120°,船速 15 节,流向 060°,流速 3 节,北风 5 级(风压差取 3°),求该轮应驶的真航向。
19. 简述提高航迹绘算精度的措施。
20. 在航迹绘算时,在航线上应标注哪些内容?
21. 某轮测得 A 灯塔的 *TB* 060°,距离 20 海里,海区内有 S 流 3 节,欲 1 小时后左正横 A 灯塔 10 海里处通过,作图求应驶的真航向、航速、航迹向和流压差。

参考答案

1. C	2. B	3. D	4. D	5. D	6. A	7. D	8. C	9. C	10. C
11. D	12. A	13. D	14. B	15. C	16. C	17. B	18. A	19. A	20. D
21. C	22. D	23. C	24. B	25. C	26. D	27. C	28. B	29. A	30. B
31. D	32. C	33. B	34. C	35. A	36. B	37. C	38. B	39. A	40. A
41. D	42. D	43. D	44. C	45. D	46. D	47. D	48. D	49. D	50. A
51. A	52. C	53. C	54. A	55. D	56. A	57. D	58. D	59. B	60. C
61. D	62. C	63. B	64. B	65. C	66. C	67. A	68. A	69. A	70. D
71. B	72. C	73. C	74. D	75. D	76. A	77. D	78. C	79. D	80. B
81. B	82. A	83. C	84. B	85. A	86. D	87. C	88. D	89. A	90. C

91. B	92. C	93. A	94. D	95. B	96. B	97. C	98. B	99. B	100. B
101. A	102. C	103. C	104. B	105. D	106. C	107. A	108. A	109. A	110. D
111. D	112. B	113. D	114. B	115. D	116. D	117. A	118. B	119. B	120. A
121. B	122. A	123. B	124. C	125. A	126. B	127. A	128. B	129. A	130. C
131. D	132. B	133. A	134. A	135. C	136. B	137. B	138. A	139. B	140. B
141. D	142. D	143. C	144. C	145. B	146. D	147. D	148. A	149. D	150. B
151. B	152. D	153. C	154. B	155. A	156. A	157. D	158. D	159. A	

部分答案解析

6. (14 题参见本题析)海图作业规则规定,船舶驶经狭水道或渔区,可暂时中止航迹推算。

11. 风流压差的采用或改变由船长决定或由驾驶员根据船长的指示进行。

12. 海图比例尺小时,航迹计算法求得的船位精度比航迹绘算法高;当起航点与到达点不在同一张海图上时,无法直接利用航迹绘算。

31. 位置线与船位线必须满足时间性与必然性,即船位必然在船位线上,不同时间船位线或位置不同。计划航线为事先在海图上拟订的、船舶将要航行的计划航迹,推算航迹为通过航迹推算所确定的航迹,都不具这两个特性,两者既不是船位线,也不是位置线。

32. 因船舶在水中运动受到的水阻力很大,船舶受风影响向下风漂移的速度远远小于风速,漂移的方向为风力与水阻力合力的方向,也不一定与风向平行。

33. 船舶航行时测得的风是视风,为真风与船风的矢量和,风的方向是指它的来向。

37. (41、43、44、47、48、49 题参见本题解析)当风压差小于 10°~15°时,风压差的经验公式为:

$$\alpha = k(\frac{v_W}{v_L})^2 \sin Q_W$$

任何情况下通用的风压差公式为:

$$\alpha^\circ = k^\circ(\frac{v_W}{v_L})^{1.4}(\sin Q_W + 0.15\sin 2Q_W)$$

38. (39 题参见本题解析)风压差的大小与风速、船速、风舷角有关,且与吃水和水下船型以及船船受风面积有关。

50. 根据风压差的经验公式 $\alpha = k(\frac{v_W}{v_L})^2 \sin Q_W$,风舷角等于 90°时风压差最大。

51. 风舷角为风向与船首线的交角。

52. 偏荡是由船受强风、流水等外力作用,船舶不断地围绕某个中心点左右运动的现象,一般是由船舶首摇、纵荡和横荡三种运动形成的复合周期性运动。偏荡时船首向不断变化。风舷角随之不断变化。

56. 风生流与风速、所在纬度、地形、海底地貌等有关,比较复杂,难以掌握。

63. 计程仪测算的航程已包含风的影响。

69. 风压差和流压差均按照“左正右负”来判定,即左舷受风,风压差为正,右舷受风,风压差为负；即左舷受流，流压差为正，右舷受流，流压差为负。

70. 绝对计程仪航程已包含风和流的影响。

71. 有风流情况下推船船位误差圆的半径为推算航程的5% ~8%。

73. 确定风流压差正负的方法是根据风流合作用下的航迹线偏在航向线的左侧还是右侧，或按风压差与流压差的代数和决定。

78. 长航程航行中，因为误差的方向不定，所以会出现抵消的情况，所以总的误差并非各小部分误差绝对值的和，而是小得多。

79. 无风流情况下，计划航向 CA、推算航迹向 CG 和真航向一般认为是一致的。

80. 在无风流情况下，因推算航向误差引起的船位误差约为推算航程的1.7%，推算航程的标准差一般认为1%，综合考虑得到推算船位误差圆半径为推算航程的2%。

84. （85 ~87 题参见本题解析）在航迹绘算中，已知计划航向、船速和风流资料，求真航向时应该采用先流后风的作图方式；已知真航向、船速和风流资料，求风流合作用下的航迹向时应采用先风后流的作图方式。

91. 首先求取船舶航行于计划航线上应采取的真航向 $TC = CA - \gamma = CA - (\alpha + \beta) = 102 - (2° + 3°) = 97°$，所以该船左正横的方位 $TB = TC - 90° = 007°$。风压差和流压差的正负根据风向和流向与船舶航向的关系，按照左正右负来确定。

92. $CC = TC - \Delta C = CA - \alpha - \Delta C = 005° - (-2°) - 2° = 005°$。注意此处给出的风压差仅为大小，正负符号需根据航向与风向的关系，按照左正右负的原则来判定。

94. 离左舷物标最近时该物标的真方位 $TB_{min} = CG - 90° = TC + \gamma - 90° = 000°$，所以此时物标的舷角 $Q = TB - TC = 000° - 080° = 80°$左 $= 280°$。

95. $CG = TC + \alpha = 125° - 3° = 122°$，$\alpha$ 的符号根据左正右负来判断。

96. 该船顺流，推算航程为计程仪航程与流程之和。

97. $TB_{\perp} = TC + Q = CA - (\alpha + \beta) + Q = 092° - (-3° + 2°) - 90° = 003°$。

98. $TB_{\perp} = TC + Q = CA - \gamma + Q = 100° - (-10°) + 90° = 200°$。

99. $CC = TC - \Delta C = CA - \alpha - Var - Dev = 005° - (-5°) - 13° - (-4°) = 001°$。

101. 无风流影响时，则推算向误差引起的偏移量（推算船位误差）为 $1.745\% s_L$。

102. 无风流影响时，则推算航程误差为1%。

107. $\gamma = TB_{min} - TB_{\perp} = GB + \Delta G - (TC + Q) = 006° + 1° - (275° + 90°) = 2°$。

131. 连续轨迹为航迹，机械方位线的方向为航迹向，其与船首向的夹角为风流合压差，航迹偏在航向线的右侧为正，航迹偏在航向线的左侧为负。

132. 电子方位线的方向为航迹向，其数值比船首向大时风流合压差为正，比船首向小时为负。

143. $CG + TC + \alpha = 125° + 3° = 128°$，$\alpha$ 的符号根据左正右负来判断。

144. $GB = GC + Q = TC - \Delta G + Q = CG - \alpha - \Delta G + Q = 215° - 5° - (-1°) + 90° = 301°$，$\alpha$ 的符号根据风向与船舶航向的关系，根据左正右负的原则判定。

145. $CB_{min} = TB_{min} - \Delta C = CG_{min} + Q - \Delta C = TC + \alpha + Q - \Delta C = CC + \alpha + Q = 045° - 7° + 270° = 308°$。

146. $TB_{min} = CG_{min} + Q = TC + \alpha + Q = CC + \Delta C + \alpha + Q = 045° + 2° - 7° + 90° = 130°$。

147. $CC = TC - \Delta C = CA - \alpha - \Delta C = 002° - (-2°) - (-1°) = 005°$。

148. $CG = TC + \alpha + \beta = 178° + 3° - 5° = 176°$。

149. $\gamma = TB_{min} - TB_{\perp} = CB_{min} - CB_{\perp} = 280° - (005° - 90°) = 5°$,物标为左正横。

152. $\gamma = CG - TC = CG - (GC + \Delta G) = 268° - (269° - 2°) = 1°$。

153. $\gamma = CG - TC = CG - (CC + \Delta C) = (180° + 180°) - (005° - 2°) = -3°$,本题中船舶为背离叠标航行。

154. $\gamma = CG - TC = CG - (CC + \alpha + \beta) = 030° - (030° + 2° - 5°) = 3°$。

156. $CG = TC + \gamma = (GC + \Delta G) + (GB_{min} - GB_{\perp}) = (286° - 1°) + [026° - (286° + 90°)] = 295°$。

第二节　航迹计算

一、选择题

1. 航迹计算法主要适用于________。
   A. 海区海图比例尺小,为了提高推算精度　　B. 渔区航行需频繁转向的场合
   C. 现代化导航仪中的航行计算　　D. 以上都对

2. 航迹计算法主要指________。
   A. 恒向线航行计算　　B. 大圆航行计算
   C. 两点将最近距离航行计算　　D. 跨赤道航行计算

3. 航迹计算法是________。
   A. 恒向线航法
   B. 在已知航迹推算起始点(φ_1, λ_1)和航向 C 航程 s,利用数学计算求的推算船位(φ_2, λ_2)的方法
   C. A、B 都对
   D. A、B 都错

4. 多航向航迹计算方法适用于________。
   A. 船舶受风流的航迹计算　　B. 船舶在狭水道航行中的快速航迹计算
   C. 船舶长距离大洋航行的计算　　D. 以上都对

5. 二副设计计划航线时,如果相邻两个相距较远的转向点不在同一张海图上,并且这两张海图的比例尺也不相同,为了获取该两点间的航向和航程,可以采用________。
   A. 航迹计算　　B. 叠放海图用直尺量取
   C. 用两点间平均纬度处的纬度图尺分段量取　　D. 把两转向点画在总图上量取

6. 将地球作为圆球体时,中分纬度改正量________。

A. 等于0　　B. 大于0
C. 小于0　　D. 以上均可能

7. 除赤道外，两点间的东西距绝对值比两点经差绝对值________。
A. 相等　　B. 小
C. 大　　D. 视北纬、南纬而定

8. 东西距是________。
A. 恒向线航程的南北分量　　B. 恒向线航程的东西分量
C. 航程中向东向西部分　　D. 经差在东西方向的距离

9. 关于低纬海区的航迹计算，以下哪种说法正确？
A. 墨卡托航法不适用
B. 利用平均纬度求经差的算法精度高于利用中分纬度求经差的算法的精度
C. 利用中分纬度求经差的算法精度高于利用平均纬度求经差的算法的精度
D. A、B 都对

10. 关于航迹计算中求取纬差的算法，以下说法正确的是________。
A. 无论哪种算法，纬差的精度相同
B. 纬差求取公式是基于地球椭圆体得出，精度较高
C. 墨卡托航法中的纬差公式精度最高
D. A、B 都对

11. 航迹计算的几种方法中，________的求取公式相同。
A. 东西距　　B. 纬差
C. 经差　　D. 航向

12. 墨卡托航法最可能出现较大误差是在________。
A. 低纬度海区　　B. 中纬度海区
C. 高纬度海区　　D. 与纬度无关

13. 某轮跨越赤道航行，在航迹计算时求经差应采用________。
A. 查纬差与东西距表　　B. 中分纬度法
C. 墨卡托航法　　D. B + C

14. 某轮沿 30°N 纬线向东航行，此时不能使用哪种航迹计算方法进行计算？
A. 中分纬度算法　　B. 平均纬度算法
C. 墨卡托航法　　D. 以上均不适用

15. 中分纬度法适用于________。
Ⅰ. 航程较长时；Ⅱ. 高纬海区；Ⅲ. 赤道一侧；Ⅳ. 航程较短时
A. Ⅰ，Ⅲ　　B. Ⅱ，Ⅲ
C. Ⅲ，Ⅳ，Ⅴ　　D. Ⅰ，Ⅳ

16. 某纬度圈上有两点，用该纬度上经度 1′长度为单位量取其长度，所得数值为该两点间的________，用该纬度处纬度 1′长度为单位量取其距离，所得数值为该两点________。
A. 经差；东西距　　B. 东西距；经差

C. 经差;纬差 D. 东西距;实际距离

17. 同一纬度上两点间的东西距是两点间的________。

A. 经差 B. 最短距离

C. 纬度圈弧长 D. 大圆弧长

18. 一般情况下,航迹计算的几种方法中哪种方法精度最高?

A. 利用平均纬度的算法

B. 利用中分纬度的算法

C. 墨卡托航法

D. 以上几种方法适用的场合不同,精度没有可比性

19. 在地球圆球体上,同一半球不同纬度的两点间的中分纬度长度________。

A. 略大于两点的平均纬度 B. 略小于两点的平均纬度

C. 等于两点的平均纬度 D. 等于两点平均纬度的一半

20. 在用计算法求取航向时,其方向的判断是________。

A. 起航点的纬度和经度

B. 到达点的纬度和经度

C. 两点间的纬差和经差,经差在前纬差在后

D. 两点间的纬差和经差,纬差在前经差在后

21. 中分纬度是________。

A. 平均纬度

B. 东西距与经差的比值

C. 起航点与到达点子午线之间等纬圈等于东西距的纬度

D. 起航点与到达点的平均纬度

22. 关于中分纬度算法的适用范围,下列哪个说法是错误的?

A. 中分纬度算法适用于船舶在赤道一侧的航行

B. 中分纬度算法适用于船舶在中低纬度海区航行

C. 中分纬度算法适用于船舶航程不太长时

D. 中分纬度算法适用于船舶跨赤道航行

23. 关于墨卡托算法的适用范围,下列哪个说法是错误的?

A. 墨卡托算法适用于船舶在任何海区航行

B. 墨卡托算法不适用于船舶在南北方向航行

C. 墨卡托算法不适用于船舶在东西方向航行

D. 墨卡托算法适用于船舶跨赤道航行

24. 船舶根据墨卡托和平均纬度两种算法求出的经差与纬差,下列哪个说法是正确的?

A. 根据墨卡托算法求出的纬差精度高 B. 根据墨卡托算法求出的经差精度高

C. 根据平均纬度算法求出的纬差精度高 D. 根据平均纬度算法求出的经差精度高

25. 关于东西距,下列哪种说法是错误的?

A. 东西距是恒向线航程的东西分量

B. 东西距的单位是海里

C. 在赤道上两点间的东西距其数值与经差相等

D. 在任意纬度圈上,两点间的东西距在数值上大于经差

26. A 轮位于 60°S, 140°W, B 轮位于 60°S, 160°W, 两船同时以 15 节的航速向真北航行,10 天后两船相距________。

A. 1200 海里　　B. 1500 海里

C. 300 海里　　D. 600 海里

27. A 轮与 B 轮同在一条经线上, A 轮在赤道, B 轮在 60°S, 同时向西航行 300 海里后, 则 A 轮与 B 轮的经差 $D\lambda_{AB}$是________。

A. 5°W　　B. 5°E

C. 10°W　　D. 10°E

28. A 轮与 B 轮同在一条经线上, A 轮在 30°S, B 轮在 60°N, 同时向西航行 300 海里后, 则 A 轮与 B 轮的经差 $D\lambda_{AB}$是________。

A. 5°W　　B. 5°E

C. 4°.2W　　D. 4°.2E

29. 某船拟由(42°N,140°E)驶往(40°N,120°E),则恒向线航向为________。

A. 82°.5　　B. 97°.5

C. 262°.5　　D. 277°.5

30. 两船同在 23°N 相距 420 海里, 如它们以同速向北航行 1927 海里后, 两船相距________。

A. 261 海里　　B. 250.5 海里

C. 312 海里　　D. 201 海里

31. 两船同在赤道上相距 300 海里,如它们以同速向南航行 1800 海里后,两船相距________。

A. 265 海里　　B. 270 海里

C. 255 海里　　D. 260 海里

32. 某船航速 12 节, 航向 060°, 航行 10 小时后, 其纬度变化为________。

A. 1°43′.9　　B. 1°.0

C. 2°.0　　D. 1°15′.0

33. 某船拟由(42°N,140°E)驶往(40°N,120°)E,则恒向线航程为________。

A. 910.5 n mile　　B. 915.3 n mile

C. 917.9 n mile　　D. 913.6 n mile

34. 某船位于纬度 38°N, 该船向西航行 328 海里后与出发点的经差应为________。

A. 6°56′.2W　　B. 5°28′.2E

C. 6°56′.2E　　D. 4°18′.5W

35. 某船真航向 230°, 航程 270 海里, 则纬差和东西距为________。

A. 173′.55N, 206′.83E　　B. 173′.55S, 206′.83W

C. 206′.83S, 173′.55W　　D. 206′.83N, 173′.55E

36. 某船位于(05°N,140°E),真航向 180°, 航程 400 海里, 则到达点的纬度和东西距分别为

________。

A. 6°.7S, 400′E
B. 1°.7N, 400′E
C. 1°.7N, 0°
D. 1°.7S, 0°

37. 某轮1200位于(47°45′N,178°48′W),航向210°,航速15节,则航行24小时后到达点的船位为________。

A. 40°30′.2N,176°56′.8E
B. 45°46′.5N,174°32′.8W
C. 47°09′.3N,174°32′.8W
D. 42°33′.2N,176°56′.8E

38. 某轮从(10°30′N,115°30′E)航行到(20°30′N,130°30′E),则应驶的航程为________。

A. 1068.8 n mile
B. 1063.2 n mile
C. 1058.7 n mile
D. 1054.6 n mile

39. 某轮从(40°S,140°W)航行到(42°S,160°W),则应驶的恒向线航向为________。

A. 082°.5
B. 097°.5
C. 262°.5
D. 277°.5

40. 某轮起航点(30°S,140°W),先向东航行300 n mile,后向北航行300 n mile,又向西航行300 n mile,再向南航行300 n mile,则该轮最后到达点________。

A. 回到起航点
B. 在起航点之东
C. 在起航点之西
D. 在起航点之北

41. 某轮位于30°S的*A*点,向北航行100海里到达*B*点,再向西航行100海里到达*C*点,再向南航行100海里到达*D*点,则*AD*与*BC*的东西距相比,________。

A. $Dep_{AD} > Dep_{BC}$
B. $Dep_{AD} < Dep_{BC}$
C. $Dep_{AD} = Dep_{BC}$
D. $Dep_{AD} \leqslant Dep_{BC}$

42. 某轮沿赤道向正东航行,航速15 kn,航行两天后的实际船位位于同一时刻推算船位的(无其他误差)________。

A. 正东约3.5海里
B. 正西约3.5海里
C. 正东约2海里
D. 同一位置

43. 某轮由(20°S,100°E)出发,分别按航向北、东、南、西各航行600 n mile,将到达原出发点的________。

A. 同一位置
B. 东面
C. 西面
D. 南面或北面

44. 某轮由(50°S,179°W)起航,先向正北、后向正西各航行300 n mile后,到达点经度应为________。

A. 186°04′W
B. 006°04′W
C. 173°56′E
D. 176°E

45. 某船真航向283°,航速17.8节,1158时观测到某灯塔的真方位309°.5,在1228时又观测该灯塔的真方位为328°,试问,该灯塔何时正好在该船正横?

A. 1228
B. 1258
C. 1243
D. 1246

46. 若已知两船 M、N 同位于北半球，且 N 船是在 M 船正西 400 海里处，而已知两船的经差为 14°W，则两船所在纬度是________。

A. 同在 61°33′.8N 的纬线上
B. 同在 60°33′.8N 的纬线上
C. 同在 61°N 的纬线上
D. 不在同一纬线上

47. 航迹计算法主要适用于________。

A. 船上配备有计算机，用计算法代替海图作业
B. 沿岸航行时
C. 大洋航行时
D. 当起止点不在同一张海图上时，可用航迹计算法来帮助海图作业

48. 多航向航迹计算求纬差________。

A. 起止点之间的直线航程与各航向的平均值的余弦的乘积
B. 分别求出各航向上的纬差并求和
C. 各点之间的航程和与各航向的平均值的余弦的乘积
D. 不能通过计算法求取

49. 多航向航迹计算求经差________。

A. $D\lambda = Dep \times sec$ 起止点的平均纬度
B. $D\lambda = Dep \times sec$ 到达点纬度
C. $D\lambda = Dep \times sec$ 起止点的平均经度
D. $D\lambda = Dep \times sec$ 起始点纬度

50. 航迹计算误差产生的主要原因是________。

A. 地球扁率引起的误差
B. 平均纬度代替中分纬度引起的误差
C. 纬度渐长率的误差
D. 没有正确考虑风流的影响

51. 航迹计算法求取航向时，方向的判断________。

A. 若为正值直接命名，若为负值，取绝对值后再命名
B. 若为正值直接命名，若为负值，则加上 180°后再命名
C. 若为正值直接命名，若为负值，则加上 360°后再命名
D. 无需命名

52. 关于中分纬度算法正确的是________。

A. 可以直接用于跨赤道计算
B. 跨赤道时绝对不能使用中分纬度法
C. 可将航线分成南北半球各一段，然后分段计算
D. 可直接用于跨赤道计算，但还需要进行修正

53. 关于中分纬度算法正确的是________。

A. 在地球圆球体的基础上建立起来的
B. 在地球椭圆体的基础上建立起来的
C. 在地球椭球体的基础上建立起来的
D. 在大地球体的基础上建立起来的

54. 关于墨卡托算法正确的是________。

A. 在地球圆球体的基础上建立起来的
B. 在地球椭圆体的基础上建立起来的
C. 在地球椭球体的基础上建立起来的
D. 在大地球体的基础上建立起来的

55. 墨卡托算法中的纬度渐长率差 *DMP* 可在哪种表册中查取？

A. 航海天文历
B. 航海表
C. 天体高度方位表
D. 航空测天表

56. 墨卡托算法不适用于高纬度地区的主要原因是________。
A. 地球扁率的影响
B. 无法查取高纬度地区的 *DMP*
C. 高纬度地区航行条件复杂,无法进行航迹计算
D. 高纬度地区纬度间 *DMP* 的变化剧烈,容易出现较大误差

57. A 轮与 B 轮同在一条经线上,A 轮在赤道,B 轮在 60°N,同时向西航行 300 海里后,则 B 轮与 A 轮的经差 $D\lambda_{BA}$是________。
A. 5°W
B. 5°E
C. 10°W
D. 10°E

58. A 轮与 B 轮同在一条经线上,A 轮在赤道,速度 15 节,B 轮在 30°N,速度 20 节,同时向东航行一天后,则 B 轮与 A 轮的经差 $D\lambda_{BA}$是________。
A. 3.2°W
B. 3.2°E
C. 4.2°W
D. 4.2°E

59. 两船同在 50°S 相距 100 海里,如它们以同速向北航行 2100 海里后,两船相距________。
A. 155.5 海里
B. 150.3 海里
C. 145.5 海里
D. 160.5 海里

60. 某船真航向 000°,航程 255 海里,则纬差和东西距分别为________。
A. 4°.25S, 155′W
B. 5°.5S, 155′E
C. 4°.25N, 0
D. 5°.5N, 0

61. 某船位于(30°N,140°E),真航向 180°,航行到(10°N,140°E),则航程和东西距分别为________。
A. 1200′, 0
B. 1200′, 1200′E
C. 600′, 0
D. 600′, 600′E

62. 某船位于(30°N,001°W),真航向 090°,航行到(30°N,10°E),则船舶航程和东西距分别为________。
A. 571.6′,571.6′E
B. 571.6′,381′E
C. 381′,571.6′W
D. 381′,381′W

63. 某轮从(10°30′N,115°30′W)航行到(20°30′N,130°30′W),则应驶的恒向线航向为________。
A. 124°.7
B. 235°.3
C. 304°.7
D. 055°.3

64. 某轮从(30°N,120°E)驶往(20°N,158°E),则恒向线航向为________。
A. 73°.8
B. 106°.2
C. 163°.8
D. 253°.8

65. 某轮从(40°S,140°W)航行到(42°S,160°W),则应驶的恒向线航向为________。
A. 082°.5
B. 097°.5

C. 262°.5　　D. 277°.5

66. 某轮沿60°北向正西航行，航速15节，航行48小时后的实际船位位于同一时刻推算船位的（无其他误差）________。

A. 正东约3海里　　B. 正西约3海里

C. 正东约2海里　　D. 同一位置

67. 某轮由A点(55°N, 120°E)航行到B点(65°N, 130°E)，则AB间的东西距为________。

A. 600海里　　B. 253.6海里

C. 344.1海里　　D. 300海里

68. 若已知两船M、N同位于南半球，且N船是在M船正东300海里处，而已知两船的经差为10°E，则两船所在纬度是________。

A. 同在60°S的纬线上　　B. 同在30°S的纬线上

C. 同在15°S的纬线上　　D. 不在同一纬线上

二、简答题

1. 什么是航迹计算？它在航海上有什么作用？
2. 写出航迹计算的主要公式并分别说明平均纬度算法、墨卡托算法和中分纬度法的适用时机。
3. 某轮从 φ_1 12°10′.0N, λ_1 051°00′.0E 航行到 φ_2 08°06°.0N, λ_2 073°00′.0E 分别采用中分纬度法和墨卡托航法求计划航向和航程。两种计算方法的结果说明什么问题？
4. 某轮从 φ_1 10°30′.0N, λ_1 115°30′.0E 航行到 φ_2 20°30′.0N, λ_2 130°30′.0E, 求应驶的航向和航程。

参考答案

1. D	2. A	3. C	4. A	5. A	6. B	7. B	8. B	9. C	10. A
11. B	12. C	13. C	14. C	15. C	16. A	17. C	18. C	19. A	20. D
21. C	22. D	23. B	24. B	25. D	26. A	27. B	28. D	29. C	30. A
31. D	32. B	33. D	34. A	35. B	36. D	37. D	38. D	39. C	40. B
41. B	42. A	43. C	44. C	45. B	46. A	47. D	48. B	49. A	50. D
51. A	52. C	53. A	54. B	55. B	56. D	57. A	58. B	59. B	60. C
61. A	62. A	63. C	64. B	65. C	66. C	67. D	68. A		

部分答案解析

5. 本题D选项也可以，但是相对于A选项而言，由于总图比例尺小，试题结果不如航迹计算准确。

10. 关于航迹计算中求取纬差的算法中，求取纬度的方法相同。均为 $D\varphi = s \times \cos C$。

17. 同一纬度上两点间的东西距除了在赤道为大圆弧外都是小圆弧。

26. 10 天的航程共 3600 海里,相当于 60°纬度,所以两船均达到赤道,又两船经差 20°,同时向北航行经差不变,在赤道经差 20°为 1200 海里。或者根据经差与东西距的关系为 $Dep = D\lambda \times \cos\varphi = 20° \times 60' \times \cos(60° - 60°) = 1200'$。

27. 首先将两船航行的东西距转化为经差:

$$D\lambda_A = Dep_A \times \sec\varphi_A = 300' \times \sec 0° = 5°W$$

$$D\lambda_B = Dep_B \times \sec\varphi_B = 300' \times \sec 60° = 10°W$$

然后:

$D\lambda_{AB} = \lambda_A - \lambda_B = (\lambda + D\lambda_A) - (\lambda + D\lambda_B) = D\lambda_A - D\lambda_B = 5°E$ (λ 为两船原来所在经线)

29. $C = \arctan\frac{Dep}{D\varphi} = \arctan\frac{D\lambda \times \cos\varphi_m}{D\varphi} = \frac{20°W \times \cos 41°}{2°S} = 82°.5SW = 262°.5$ 。

30. $Dep = D\lambda \times \cos\varphi = 420' \times \sec 23° \times \cos(23° + 1927') = 261'$ 。

32. $D\varphi = s \times \cos C = 12 \times 10 \times \cos 60° = 60' = 1°$

33. $s = \sqrt{D\varphi^2 + Dep^2} = = \sqrt{(2 \times 60')^2 + (20 \times 60' \times \cos\frac{40° + 42°}{2})^2} = 913'.6$ 。

34. $D\lambda = Dep \times \sec\varphi = 328' \times \sec 38° = 6°56'.2W$ 。

35. $Dep = S \times \sin C = 270' \times \sin 230° = -206'.83 = 206'.83W$, $D\varphi = s \times \cos C = 270' \times \cos 230° = -173'.55 = 173'.55S$ 。

36. $Dep = s \times \sin C = 0$, $D\varphi = s \times \cos C = -400/60 = -6°.7 = 6°.7S$,所以到达点纬度为 1°.7S。

37. $D\varphi = s \times \cos C = 15' \times 24 \times \cos 210° = -311'.8 = 5°11'.8S$,得到到达点的纬度 42°33'.2 N,

$D\lambda = Dep \times \sec\varphi_m = (15 \times 24) \times \sin 210° \times \sec(\frac{42°33'.2 + 47°45'}{2}) = -255'.2 = 4°15'.2W$,

得到到达点经度 176°56'.8E。

40. 方法一:可画球形图进行近似判断;方法二:因为向东航行所在的纬度高于向西航行所在的纬度,根据 $D\lambda = Dep \times \sec\varphi$ 可知,向东航行的经差大于向西航行的经差,所以到达点位于起航点东侧。

41. $Dep = D\lambda \times \cos\varphi$,且 BC 所在的纬度小于 AD 所在的纬度,所以 $\cos\varphi_{AD} > \cos\varphi_{BC}$, $Dep_{AD} > Dep_{BC}$ 。

66. 60°N 纬线上 1 n mile 的长度为 $1852.25 - 9.31\cos(2 \times 60°) = 1856.91$ m,计程仪显示的 1 n mile为 1852 m,所以 60°N 实际船位落后于推算船位,航行 $48 \times 15 = 720$ n mile 后超前 $720 \times (1856.91 - 1852) = 2'$ 。

68. 由 $Dep = D\lambda \times \cos\varphi$,得 $\varphi = \arccos\frac{Dep}{D\lambda} = 60°$ 。

第五章　陆标定位

第一节　航海上常用的位置线

一、选择题

1. 观测方位时的视线是一条________。

A. 恒向线　　B. 恒位线

C. 小圆弧　　D. 大圆弧

2. 在中低纬海区，当测者与物标的距离小于________时，可用直线(恒向线)代替恒位线画在海图上进行方位定位。

A. 30 n mile　　B. 50 n mile

C. 80 n mile　　D. 100 n mile

二、问答器

1. 什么是位置线、船位线？它们有什么特性？
2. 何谓位置线的梯度？它的方向是如何确定的？请写出航海上常用位置线的梯度的表达式。
3. 位置线梯度在航海上有哪些用途？

参考答案

1. D　　2. A

第二节 方位定位

一、选择题

1. 在观测方位误差一定的前提下,为提高方位船位线的精度应________。

A. 观测近物标　　B. 观测远物标

C. 对物标的远近无要求　　D. 以上均错

2. 为提高两条方位船位线定位精度应考虑________。

Ⅰ. 两船位线交角趋近90°;Ⅱ. 先测正横附近的物标;Ⅲ. 观测海图上有准确位置的近物标;Ⅳ. 尽量缩短两次观测的时间间隔;Ⅴ. 尽量减小观测误差

A. Ⅰ,Ⅱ,Ⅲ,Ⅳ,Ⅴ　　B. Ⅰ,Ⅲ,Ⅳ,Ⅴ

C. Ⅰ,Ⅱ,Ⅲ,Ⅳ　　D. Ⅱ,Ⅲ,Ⅳ,Ⅴ

3. 两条方位船位线定位,两船位线交角取值范围为________。

A. 60°~120°　　B. 30°~60°

C. 30°~150°　　D. 60°~90°

4. 利用船位识别物标的方法还可以________。

A. 将海图上没有标绘但有导航价值的物标注在海图上

B. 将正在航行的他船的位置标注在海图上

C. 将正在锚泊的他船的位置标注在海图上

D. A+C

5. 下列哪些是航海上常用的陆标识别的方法?

Ⅰ. 利用对景图;Ⅱ. 利用等高线;Ⅲ. 船位;Ⅳ. 利用已知物标

A. Ⅰ,Ⅲ,Ⅳ　　B. Ⅰ,Ⅱ,Ⅲ

C. Ⅱ,Ⅲ,Ⅳ　　D. Ⅰ,Ⅱ,Ⅲ,Ⅳ

6. 利用船位识别物标的关键是________。

A. 船舶的航行不受风流影响　　B. 所用初始船位应正确无误

C. 船舶应航行在沿岸　　D. 船舶应朝向物标航行

7. 利用等高线识别物标时,草绘间断线________。

A. 既不能说明高程也不反映山形,无参考价值　　B. 既说明高程也反映山形,应加以利用

C. 不说明高程但反映山形,应加以利用　　D. 视当时航行情况决定是否利用

8. 利用对景图识别物标的对景图可在________获得。

A. 航用海图　　B. 航路指南

C. 航路设计图　　D. A+B

9. 识别物标所用的对景图________。

A. 具有方向性　　B. 有些是实物照片

C. 有些是绘图　　D. 以上都对

10. 下列何项足以证明两标距离定位中物标的识别错误?

A. 连续观测船位点沿直线分布　　B. 位置线不相交

C. 所测物标的距离通过或然船位区　　D. A + B + C

11. 在大比例海图上山形等高线________。

A. 愈密表示山形愈平坦　　B. 愈疏表示山形愈陡峭

C. 疏密与山形的陡峭平坦无关系　　D. 愈密表示山形愈陡峭

12. 在两物标距离定位中,如果物标识别错误,则会出现________。

A. 船位沿曲线分布　　B. 船位分布和观测时间间隔不成比例

C. 位置线不相交　　D. A、B、C 都对

13. 利用对景图辨认山形时________。

A. 从所标的方位和距离上看去,实际山形与对景图很相似

B. 从不同距离上看去,实际山形与对景图基本不变,但山的大小有变化

C. 从不同方位上看去,实际山形与对景图可能变化很大

D. 以上都对

14. 在海图对景图下标有"方位 180°,14 n mile",表明对景图上的山形是________。

A. 从该物标的南方 14 海里所看到的形状　　B. 从该物标的北方 14 海里所看到的形状

C. 从本船向南 14 海里所看到的形状　　D. 从本船向北 14 海里所看到的形状

15. 航海上常用下列哪种方法测定物标的方位?

A. 利用罗经测定方位　　B. 利用雷达测定方位

C. 利用六分仪测定方位　　D. A + B

16. 利用磁罗经进行方位测量时,罗经读数要经过下列哪项修正之后才能在海图上绘画定位?

A. 罗经差　　B. 舷角

C. 自差　　D. 磁差

17. 陆标定位时,有远近不等的数个物标分布在船周围,我们在选取时________。

A. 应远近搭配选用

B. 应选用离船远些的物标

C. 应选用离船近些的物标,且夹角适当

D. 应考虑夹角适当,不必考虑物标的远近

18. 陆标定位中,以下物标应首先选用的是________。

A. 灯塔　　B. 灯浮

C. 岬角　　D. 山峰

19. 陆标定位中,以下物标应首先选用的是________。

A. 孤立小岛　　B. 灯浮

C. 平坦小岛　　D. 山峰

20. 陆标定位中,以下物标应首先选用的是________。

A. 树木茂盛的大岛　　B. 显著岬角

C. 平坦小岛　　D. 灯浮

21. 某船以恒定的航向和航速航行,利用两相同的物标连续进行定位,如果其中一个物标识别错误,则________。

A. 观测船位沿直线分布　　B. 观测船位沿曲线分布

C. 船位间距离与观测时间间隔不成正比　　D. B、C 都对

22. 方位定位时,应先测________。

A. 接近首尾线的物标　　B. 正横附近的物标

C. 孤立、平坦的物标　　D. 远处、显著的物标

23. 关于二方位定位,以下说法正确的是________。

A. 定位简单、直观,且易判定船位的正确性

B. 定位复杂、烦琐,但易判定船位的正确性

C. 定位简单、直观,但不易判定船位的正确性

D. 定位复杂、烦琐,且不易判定船位的正确性

24. 航行中两方位定位时,从船位均方误差公式中知道________。

A. 位置线交角愈大愈好　　B. 船离物标距离愈近愈好

C. 先测船首尾方向物标　　D. A、B、C 都对

25. 两方位定位时,仅考虑偶然误差的影响,位置线交角 θ 最佳值为________。

A. 任意角度　　B. 90°

C. $30° < \theta < 150°$　　D. $\theta > 30°$或 $\theta > 150°$

26. 两陆标方位定位时,应先测方位变化慢的物标,后测方位变化快的物标,它是建立在________的基础上的。

A. 观测的难、易程度　　B. 定位时间是以第一次观测时刻为准

C. 定位时间是以第二次观测时刻为准　　D. 与观测方位时刻无关

27. 某船夜间航行,航向 002°,海图上在航线左正横附近及左前方有标注灯塔的两个小岛,查灯标表得左正横 A 岛的灯塔为 Fl(2) 6s10M,备注栏 W060° ~ 150°(090°);左前方 B 灯塔为 Fl(2) 5s13M,则该船驾驶员用罗经________。

A. 可先测 B 后测 A 灯塔定位　　B. 可测 B 灯塔,无法测 A 灯塔

C. 可测 A 灯塔,无法测 B 灯塔　　D. 可按任意顺序观测 A、B 灯塔定位

28. 某船夜间航行,航向 002°,海图上在航线右正横附近距本船约 7′.0 处有一灯塔标注,查灯标表得该灯塔的备注栏 W220° ~ 320°(100°),该船驾驶员欲用右舷罗经观测该灯塔却未能找到该灯塔,是因为________。

A. 灯塔已不发光　　B. 灯塔距船太远

C. 灯塔是弱光灯　　D. 本船不在该灯塔的光弧范围内

29. 陆标定位中,观测简单迅速,海图作业容易的方法是________。

A. 距离定位　　B. 水平角定位

C. 雷达定位　　D. 方位定位

30. 陆标方位定位时，有远近不等的数个物标分布在船的周围，在选取物标时应尽量选取________才能提高定位精度。

A. 离船近些的物标　　B. 离船远些的物标

C. 离船既不近也不远的物标　　D. 任何物标均可

31. 某船在沿岸航行中，只有一舷有物标可供定位，这种情况下利用三方位定位，应选择物标的夹角________最好。

A. 30°　　B. 60°

C. 90°　　D. 120°

32. 三方位定位时，位置线交角最佳值为________。

A. 30°　　B. 60°

C. 90°　　D. 120°

33. 抛锚时用两标方位定位，为提高锚位精度，应在锚落地时________。

A. 先测船首尾方向附近的物标　　B. 先测船正横方向附近的物标

C. 先测任意物标均可　　D. 先测方位变化慢的物标

34. 两方位定位时，为了提高定位精度，应缩短两次观测的时间间隔，两物标的观测顺序应为________。

A. 先测方位变化快的物标，后测方位变化慢的物标

B. 先测方位变化慢的物标，后测方位变化快的物标

C. 先测离船近的物标，后测离船远的物标

D. 先测离船远的物标，后测离船近的物标

35. 方位定位时，下列哪项不是物标选择时应考虑的因素？

A. 物标离船的远近　　B. 物标是否孤立、显著

C. 物标的位置是否准确　　D. 物标附近有无危险物

36. 陆标定位时，在有多个物标可供选择的情况下，应尽量避免选择下列何种位置的物标进行定位？

A. 正横前　　B. 正横后

C. 左正横　　D. 右正横

37. 两方位定位时，关于物标的观测顺序，下列哪个说法不正确？

A. 先测首尾方向的物标，后测正横方向的物标

B. 先测周期长的灯光，后测周期短的灯光

C. 先测弱光强光灯，后测强光灯

D. 先测定光灯，后测闪光灯

38. 利用雷达进行方位定位时，若采用首向上显示方式，则用机械方位线量取得物标方位是________。

A. 真方位　　B. 相对方位

C. 罗方位　　D. 点罗经方位

39. 利用雷达进行方位定位时,若采用首向上显示方式,则物标方位等于________。

A. 观测数值与航向之和

B. 观测数值与舷角之和

C. 观测数值与罗经差之和

D. 观测数值与方位之和

40. 两方位定位时,需要将罗方位换算成真方位之后才能在海图上进行定位,关于方位线的绘画下列说法正确的是________。

A. 以船位为基准,按 *TB* ±180°的方向画出

B. 以船位为基准,按 *TB* 的方向画出

C. 以物标为基准,按 *TB* ±180°的方向画出

D. 以物标为基准,按 *TB* 的方向画出

41. 三方位定位时,为便于船位的确定,一般要求三物标分布范围大于180°,下列哪种情况满足此要求?

A. 三物标位于正横前两舷

B. 三物标位于正横后

C. 三物标位于正横一舷

D. 三物标既位于正横前后又位于两舷

42. 利用罗经进行两方位定位后,应在航海日志中记录哪些内容?

A. 观测时间、船位经、纬度

B. 观测时间、两物标的真方位

C. 观测时间、两物标的罗方位、罗经差

D. 观测时间、两物标的名称、罗方位、罗经差

43. 在大比例尺航用海图上所得的船位误差三角形每边都不超过________时,可以认为存在合理的随机误差。

A. 2 mm

B. 3 mm

C. 5 mm

D. 10 mm

44. 同一时刻的推算船位和观测船位之间的差异称为船位差,其________。

A. 无方向性

B. 有方向,是两船位连线的垂直方向

C. 有方向,是同一时刻的观测船位到推算船位的方向

D. 有方向,是同一时刻的推算船位到观测船位的方向

45. 船位差是________。

A. 观测船位误差

B. 推算船位误差

C. A、B 都对

D. A、B 都不对

46. 船位差是________。

A. 推算船位到观测船位的方向和距离

B. 观测船位到推算船位的方向和距离

C. 推算船位到观测船位的方向和时间

D. 观测船位到推算船位的时间和方向

47. 当发现船位差较大时,应该________。

A. 认为航迹推算中存在较大误差

B. 认为观测定位中有粗差

C. 认为观测与推算都有较大误差

D. 报告船长查明原因

48. 当发现船位差较大时,以下哪种做法正确?

A. 将继续推算的起始点转移至观测船位

B. 分析查明原因后,按原推算船位继续进行推算

C. 报经船长同意后,将继续推算的起始点转移至观测船位

D. 以上做法均对,怎样做视航区而定

49. 某船航行中发现观测船位与推算船位相差甚大,在海图上的船位转移如图所示,则应将下列哪种符号和数据记入航海日志?

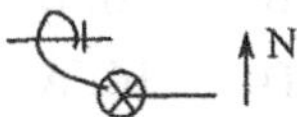

A. △P:135° - 10′　　B. △P:315° - 10′

C. △B:135° - 10′　　D. △B:315° - 10′

50. 在两方位定位中,若其他条件都一样,仅两物标的距离大一倍,则船位的均方误差将________。

A. 大一倍　　B. 小一半

C. 一样大小　　D. 大 0.7 倍

51. 在陆标定位时,下列识别陆标的方法正确的是________。

A. 根据未知物标和已知物标间的相对位置关系识别

B. 根据准确船位和未知物标间的相对位置关系识别

C. A、B 都对

D. A、B 都错

52. 左岸仅有两个物标且方位角较小,在航道中用________定位。

A. 两物标方位　　B. 两物标距离

C. 水平角　　D. 两物标方位距离、距离精度相等

53. 若船位到物标的距离为 15 海里,有 ±1°的观测方位标准差,则方位船位线的标准差为________。

A. ±1 海里　　B. ±0.5 海里

C. ±0.26 海里　　D. 1.5 海里

54. 在两方位定位中,仅考虑偶然误差的影响,若其他条件都一样,则位置线交角为 30°的船位误差是交角为 90°的船位误差的________。

A. 2 倍　　B. 4 倍

C. 1/2　　D. 1 倍

二、简答题

1. 航海上识别物标的方法有哪些?

2. 请简要说明方位定位时,在物标选择和观测顺序上的注意事项。

3. 如何提高三方位定位的精度?

4. 什么是船位差? 如果船位差较大应如何处理?

参考答案

1. A	2. B	3. C	4. D	5. D	6. B	7. C	8. D	9. D	10. B
11. D	12. D	13. D	14. B	15. D	16. A	17. C	18. A	19. A	20. B
21. D	22. A	23. C	24. B	25. B	26. C	27. B	28. D	29. D	30. A
31. B	32. D	33. B	34. B	35. D	36. B	37. D	38. B	39. A	40. C
41. D	42. D	43. C	44. D	45. D	46. A	47. D	48. C	49. A	50. A
51. C	52. B	53. C	54. A						

部分答案解析

10. (12 题见本题解析)如果两距离定位出现船位沿曲线分布,且各船位之间的距离与相应的航程或观测时间不成比例,或者出现两圆弧位置线无法相交的情况,都表明物标识别有错误。

14. 对景图上所标的物标方位为海上观测该物标的真方位。

18. (19 题见本题解析)灯塔、灯桩等航标以及孤立小岛、显著山峰和岬角等陆标可以直接根据它们的形状颜色、相对位置关系和顶标、灯质等特点加以识别,所以这些物标是陆标定位中的首选。

22. 方位定位时,应先测方位变化慢(接近首尾线)的物标,后测方位变化快(正横附近)的物标。

23. 两方位定位方法简单直观,但由于两条位置线只相交于一点,不能向三方位定位等方法交一个三角形来判断船位的准确性。

27. W060° ~ 150°(090°)为海上观测灯标的方位。

45. 船位差是同一时刻推算船位与观测船位之间的位置差,并非船位误差。

46. 船位差时同一时刻推算船位到观测船位的方位和距离。

50. 根据公式 $M = \frac{\sigma_B}{57°.3\sin\theta}\sqrt{D_1^2 + D_2^2}$,在两方位定位中,若其他条件都一样,仅两物标的距离大1 倍,则船位的均方误差将大 1 倍。

54. $M = \frac{\sigma_B}{57°.3\sin\theta}\sqrt{D_1^2 + D_2^2}$。

第三节　距离定位

一、选择题

1. 在观测距离误差一定的前提下，为提高距离船位线的精度应________。
   A. 观测近物标　　B. 观测远物标
   C. 对物标的远近无要求　　D. 以上均错
2. 为提高两条距离船位线定位精度应考虑________。
   Ⅰ. 两船位线交角趋近90°；Ⅱ. 先测首尾附近的物标；Ⅲ. 观测海图上有准确位置的近物标；Ⅳ. 尽量缩短两次观测的时间间隔；Ⅴ. 尽量减小观测误差
   A. Ⅰ，Ⅱ，Ⅲ，Ⅳ，Ⅴ　　B. Ⅰ，Ⅲ，Ⅳ，Ⅴ
   C. Ⅰ，Ⅱ，Ⅲ，Ⅳ　　D. Ⅱ，Ⅲ，Ⅳ，Ⅴ
3. 当用六分仪测定某物标的垂直角求距离时，采用中版海图高程资料所求得的物标距离与采用英版海图的高程资料所求得的距离（不考虑潮汐）相比________。
   A. 一样　　B. 前者大
   C. 前者小　　D. 大小视海区而定，但都存在误差
4. 当用物标垂直角求距离时，使用的航海仪器是________。
   A. 分罗经　　B. 雷达
   C. 六分仪　　D. 方位仪
5. 观测物标垂直角求距离的误差欲小于3倍眼高，则应选择________。
   Ⅰ. 距船近的物标；Ⅱ. 船到物标距离大大超过物标高度；Ⅲ. 比较高比较陡的物标；Ⅳ. 物标高度与眼高接近
   A. Ⅰ，Ⅲ，Ⅳ　　B. Ⅱ，Ⅲ
   C. Ⅱ，Ⅲ，Ⅳ　　D. Ⅰ，Ⅳ
6. 使用六分仪测定已知高度H(m)的物标的垂直角$\alpha(')$，求距离D(n mile)的公式是________。
   A. $D = H \times \tan\alpha/1852$　　B. $D = H/(1852 \times \tan\alpha)$
   C. $D = H \times \sin\alpha/1852$　　D. $D = H \times \cos\alpha/1852$
7. 为提高利用垂直角求物标距离的精度，观测时应选择________。
   Ⅰ. 在视界范围内的物标；Ⅱ. 垂直角较大的物标；Ⅲ. 岸距小的物标
   A. Ⅰ，Ⅱ　　B. Ⅰ，Ⅲ
   C. Ⅰ，Ⅱ，Ⅲ　　D. Ⅱ，Ⅲ
8. 用测定物标垂直角求水平距离时，应选择何种物标才能提高精度？
   A. 高度较高而孤立、平坦的物标　　B. 高度较高且孤立、陡峭的物标

C. 高度较低且平坦的物标　　D. 以上三者均可

9. 用六分仪观测已知高度 H(m)的物标垂直角 α(′)，求船与物标的水平距离 D (n mile)的公式为________。

A. $D = H \times \tan\alpha$　　B. $D = H \times \cot\alpha$

C. $D = 1.856H/\alpha$　　D. $D = 1.865\alpha/H$

10. 在英版海图上，用六分仪观测物标的垂直角求距离时，计算所用物标高度应是________。

A. 海图上标注的物标高程　　B. 海图高程经潮高改正后的高度

C. 海图高程加上一个固定的数值　　D. 海图高程减去测者眼高

11. 在用六分仪测物标垂直角求距离时，如果物标的高度(H)、测者距物标的距离(D)、测者眼高(e)和物标垂足到岸水线的距离(d)满足：$D \gg H > e$ 和 $H > d$，则测距误差________。

A. $<3e$　　B. $<e$

C. $<2e$　　D. $>3e$

12. 在用六分仪测物标垂直角求距离时，如果要得出较准确距离，物标高度应为英版海图上给出的物标高程加上________。

A. 平均大潮高潮高 + 当时潮高　　B. 平均大潮高潮高 − 当时潮高

C. 平均海面高度 − 当时潮高　　D. 平均海面高度 + 当时潮高

13. 在用六分仪测物标垂直角求距离时，如果要得出较准确距离，物标高度应为中版海图上给出的物标高程加上________。

A. 0　　B. 当时潮高 − 平均海面高度

C. 平均海面高度 − 当时潮高　　D. 平均海面高度 + 当时潮高

14. 在用六分仪测物标垂直角求距离时，要求物标的高度(H)、测者距物标的距离(D)和测者眼高(e)应满足________。

A. $D \gg H > e$　　B. $D < H > e$

C. $H \gg D > e$　　D. $D \approx H > e$

15. 某船在航行中用六分仪观测已知高度 150 m 的物标垂直角 $\alpha = 30°$，则船与物标的水平距离 D 为________。

A. 9325 m　　B. 932.5 m

C. 5 n mile　　D. 9.3 n mile

16. 某船在的物标垂直角 $\alpha = 1°.5$，用雷达测得船与物标的水平距离是 10 海里，则未知物标的高度应为多少？

A. 485 m　　B. 501 m

C. 295 m　　D. 300 m

17. 观测二物标进行距离定位，二物标的方位夹角应________。

A. $<30°$　　B. $>30°$

C. $<150°$　　D. B + C

18. 距离定位时，应先测________。

A. 正横附近的物标　　B. 接近首尾的物标

C. 较远的物标　　D. 任意一个物标

19. 两物标距离定位时，应避免________。

A. 两物标的方位交角很小　　B. 在左、右正横附近各有一个物标

C. 在首、尾方向上各有一个物标　　D. A、B、C 都是

20. 两物标距离定位时，两圆弧位置线交于两点，其中________是观测船位。

A. 离物标较近的一点　　B. 离物标较近的一点

C. 靠近推算船位的一点　　D. 离危险物较近的一点

21. 两物标距离定位时，观测顺序与两方位定位时相反，先测正横附近的物标，后测首尾方向的物标，是因为________。

A. 正横附近方位变化快　　B. 正横附近方位变化慢

C. 正横附近距离变化快　　D. 正横附近距离变化慢

22. 两物标距离定位时，在其他条件相同的情况下，两圆弧位置线的夹角为________时，定位精度最高。

A. 30°　　B. 60°

C. 90°　　D. 120°

23. 在下列定位方法中，一般最准确的方法是________。

A. 两物标方位定位　　B. 单物标方位距离定位

C. 三物标方位定位　　D. 两物标距离定位

24. 两距离定位时，两圆弧位置线通常交于两点，其中只有一个是正确的观测船位，下列哪种判定观测船位的方法是错误的？

A. 靠近推算船位的一个交点是正确的观测船位

B. 根据所测物标与船位间的相对位置关系来确定哪个是观测船位

C. 连续多次定位，根据船舶的航迹分布情况来确定观测船位

D. 根据船舶的航向来确定观测船位

25. 用雷达进行三距离定位时，在雷达屏幕上如何选取三个物标能确保船位在船位误差三角形之内？

A. 三物标位于正横之前　　B. 三物标位于正横之后

C. 本船回波在三物标构成的三角形之内　　D. 本船回波在三物标构成的三角形之外

26. 在陆标定位中，为了减少“异时”观测所造成的船位误差，无论是方位定位还是距离定位，在观测顺序上都应遵循________的原则。

A. 先快后慢　　B. 先慢后快

C. 先远后近　　D. 先近后远

27. 某轮通过某水道时，利用左岸仅有的两个方位夹角较小的物标，以两标距离定位，而不用两标方位定位，这是因为________。

A. 测距离比方位快

B. 船位均方误差椭圆的短轴分布在水道轴线的垂直方向上

C. 船位均方误差椭圆的长轴分布在水道轴线的垂直方向上

D. 两船位线夹角较小,均方误差圆也较小

28. 用两距离定位时,为提高距离定位的精度,应使位置线交角 θ 接近 90°,实际工作中判断 θ 角的大小是用(如图)________。

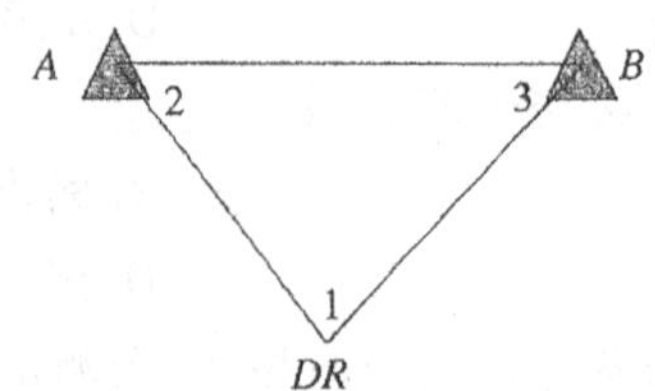

A. ∠1　　B. ∠2 + ∠3

C. ∠1 + ∠2　　D. ∠1 + ∠3

29. 在下列定位方法中,一般最准确的方法是________。

A. 两物标方位定位　　B. 两对物标串视定位

C. 三物标方位定位　　D. 两物标距离定位

30. 单物标方位距离定位,为了提高定位精度,在物标选取上应注意________。

A. 选取正横附近物标进行观测　　B. 选取首尾线附近物标进行观测

C. 选取较近物标进行观测　　D. 选取孤立物标进行观测

31. 利用物标的初显距离和方位定位,观测船位精度差的主要原因是________。

A. 初显距离测定困难造成方位测定出现异时观测误差加大

B. 初显距离测定困难,同时误差大

C. 初显方位观测误差大

D. 位置线夹角不好

32. 以下定位精度最差的是________。

A. 三方位定位　　B. 距离定位

C. 雷达距离方位定位　　D. 初隐(显)方位距离定位

33. 用灯塔灯光初显或初隐定位属于________。

A. 方位定位　　B. 方位距离定位

C. 距离定位　　D. 移线定位

34. 若使用公式 $D = 1.856H/\alpha$ 求物标距离,则垂直角 α 必须满足什么条件?

A. 大于 2°　　B. 小于 2°

C. 大于 5°　　D. 小于 5°

35. 六分仪测物标垂直角求距离,什么原因使得物标的高度(H)、测者距物标的距离(D)、测者眼高(e)间必须满足 $D \gg H > e$ 的条件?

A. 实际测得的物标垂直角 β 代替公式中的垂直角 α

B. 六分仪本身精度的要求

C. 克服蒙气差的影响

D. 克服视差的影响

36. 实际测得的物标垂直角 β 与公式中的垂直角 α 不等的主要原因是________。

A. 六分仪的观测误差　　B. 测者具有一定的眼高

C. 船舶摇摆的影响　　D. 吃水的影响

37. 用六分仪测量物标的垂直角后，必须进行________修正才能代入公式 $D=1.856H/\alpha$ 求距离。

A. $i+s$　　B. 眼高差

C. 蒙气差　　D. 视差

38. 用六分仪观测已知宽度 d(米)的物标水平角 α(°)，求船与物标的水平距离 D(海里)的公式为________。

A. $D=d\times\tan\alpha/1852$　　B. $D=d\times\cot\alpha/1852$

C. $D=1.856d/\alpha$　　D. $D=1.865d/\alpha$

39. 用六分仪测量物标的水平角后，必须进行________修正才能代入公式 $D=1.856d/\alpha$ 求距离。

A. i + s　　B. 眼高差

C. 蒙气差　　D. 视差

40. 测量物标小水平角求距离，船与物标两端之间的距离 D_A 与 D_B 应满足的条件为________。

A. 没有特殊要求　　B. 大致相等

C. $D_A-D_B=d$　　D. $D_B-D_A=d$

41. 两距离定位中，如何判断相交的两点哪一个是观测船位？

①靠近推算船位的点；②根据物标的大致方位判断；③根据物标的距离判断；④根据之前连续观测的船位的连线

A. ①②③④　　B. ①②③

C. ①③④　　D. ①②④

42. 在两距离定位中，仅考虑偶然误差的影响，若其他条件都一样，则位置线交角为30°的船位误差是交角为90°的船位误差的________。

A. 1/2　　B. 2 倍

C. 大小一样　　D. 4 倍

43. 在两距离定位中，仅考虑偶然误差的影响，若其他条件都一样，则位置线交角为45°的船位误差是交角为90°的船位误差的________。

A. $\sqrt{2}$倍　　B. $\sqrt{2}/2$

C. 大小一样　　D. 2 倍

44. 在两距离定位中，若其他条件都一样，两物标的距离大一倍，则船位的均方误差也将________。

A. 不变　　B. 大一倍

C. 大$\sqrt{2}$倍　　D. 小一半

45. 三物标距离定位中，最好选择各相邻物标方位差角为120°的物标是由于________。

A. 无论按系统误差还是随机误差处理，观测船位均在误差三角形的中心

B. 去除粗差

C. 消除系统误差

D. 减小随机误差

46. 单物标方位距离定位，若测者到物标的距离不变，观测方位和距离的系统误差各增大一倍，则

船位系统误差将________。

A. 增大$\sqrt{2}$倍　　B. 减小$\frac{\sqrt{2}}{2}$

C. 增大一倍　　D. 减小一半

47. 单物标方位距离定位,若测者到物标的距离不变,观测方位和距离的随机误差各增大一倍,则船位随机误差将________。

A. 增大$\sqrt{2}$倍　　B. 减小$\frac{\sqrt{2}}{2}$

C. 增大一倍　　D. 减小一半

二、简答题

1. 写出用六分仪测垂直角求距离的公式,并说明物标的高度(H)、测者距物标的距离(D)和测者眼高(e)应满足什么条件?
2. 观测两物标距离定位时的注意事项有哪些?
3. 如何提高三距离定位的精度?

参考答案

1. A	2. B	3. B	4. C	5. B	6. B	7. C	8. B	9. C	10. B
11. A	12. B	13. C	14. A	15. D	16. A	17. D	18. A	19. D	20. C
21. D	22. C	23. D	24. D	25. C	26. B	27. B	28. A	29. B	30. C
31. B	32. D	33. B	34. D	35. A	36. B	37. A	38. C	39. A	40. B
41. D	42. B	43. A	44. B	45. A	46. C	47. C			

答案解析

3. 英版海图资料的高程基准面一般为平均大潮高潮面。中版高程基准面一般采用1985国家高程基准面或当地平均海面。
5. 要使观测物标垂直角求距离的误差欲小于3倍眼高,则要求船到物标距离大大超过物标高度,物标高度大于测者眼高,且物标高度要大于物标顶点垂足到岸水线点的岸距。
15. $D = 1.856H/\alpha = 9.3$ n mile。
21. 同样遵循"先慢后快"的原则,但方位定位指的是方位变化的快慢,距离定位指的是距离变化的快慢。
22. 位置线夹角90°时可使系统误差和随机误差最小。
25. 即物标分布大于180°范围。
46. 单物标方位距离定位的系统误差$\delta = D\sqrt{(\frac{\varepsilon_B}{57°.3})^2}$,若$D$不变,$\delta_B$、$\delta_D$各增加一倍,则$\delta$增加

一倍。

47. 单物标方位距离定位的随机误差 $M = D\sqrt{(\frac{m_B}{57°.3})^2 + m_D^2}$，若 D 不变，m_B、m_D 各增加一倍，则 M 增加一倍。

第四节　方位距离定位

一、选择题

1. 单物标方位距离定位的优点是________。
   A. 两条位置线的交角为 90°　　B. 作图简单
   C. 只需一个物标　　D. A + B + C
2. 单一物标方位距离定位中，精度最高的方法是________。
   A. 利用雷达测定距离和方位定位
   B. 利用初显距离和罗经方位定位
   C. 利用六分仪测距和罗经方位定位
   D. 利用测深确定距物标距离和罗经方位定位
3. 在单物标方位距离定位中，如果观测偶然误差不变，物标距离增加一倍，船位偶然误差将________。
   A. 增加一倍　　B. 减少一半
   C. 增加 0.5 倍　　D. 不变
4. 在单物标方位距离定位中，如果观测系统误差不变，物标距离增加一倍，船位系统误差将________。
   A. 增加一倍　　B. 减少一半
   C. 增加 0.5 倍　　D. 不变
5. 可以用来进行单物标方位距离定位的物标有________。
   ①太阳；②灯塔；③浮标；④岸线；⑤孤立的小岛
   A. ①②　　B. ④⑤
   C. ②⑤　　D. ②③
6. 船舶右正横附近有一陆标，利用该标方位、距离定位，关于观测顺序说法正确的是________。
   A. 先测方位，后测距离　　B. 先测距离，后侧方位
   C. 由测者的习惯决定先后顺序　　D. 观测顺序不影响定位精度
7. 船首附近有一陆标，利用该标方位、距离定位，关于观测顺序说法正确的是________。
   A. 先测方位，后测距离　　B. 先测距离，后侧方位

C. 由测者的习惯决定先后顺序　　D. 观测顺序不影响定位精度

8. 单物标方位距离定位,为了提高定位精度,在物标的选取上应尽量________。

A. 选取正横附近的物标进行观测　　B. 选取首尾附近的物标进行观测

C. 选取较近物标进行观测　　D. 选取孤立物标进行观测

9. 当航行海区只有一个可用于定位的陆标,为了测定船位,最好采用________。

A. 单陆标两方位移线定位　　B. 单陆标方位、距离定位

C. 两方位定位　　D. 一个陆标一个天体定位

10. 观测船位记入航海日志,应记录________。

A. 观测船位的经纬度　　B. 观测者的姓名

C. 修正误差后是数据　　D. 观测原始数据

参考答案

1. D　2. C　3. A　4. A　5. C　6. B　7. A　8. C　9. B　10. D

部分答案解析

3. 单物标方位距离定位的随机误差 $M = D\sqrt{(\frac{m_B}{57°.3})^2 + m_D^2}$,若 m_B、m_D 不变,D 增加一倍,则 M 增加一倍。

4. 单物标方位距离定位的系统误差 $\delta = D\sqrt{(\frac{\varepsilon_B}{57°.3})^2 + {\varepsilon_D}^2}$,若 δ_B、δ_D 不变,D 增加一倍,则 δ 增加一倍。

6. 陆标定位中观测船位对应的时间通常是第二次观测物标的时间,据此观测方位或者距离时都应遵循先慢后快、先难后易的原则。

第六章　天文定位

第一节　天球坐标

一、选择题

1. 下列行星中,离地球最远且可供航海定位的是________。

A. 金星　　B. 土星

C. 火星　　D. 木星

2. 总在太阳附近的航用行星是________。

A. 金星　　B. 土星

C. 火星　　D. 木星

3. 离地球最远的航用行星是________。

A. 金星　　B. 土星

C. 火星　　D. 木星

4. 地球赤道面无限向四外扩展与天球截得的大圆称为________。

A. 真地平圈　　B. 天赤道

C. 测者子午圈　　D. 天体垂直圈

5. 天球上的天赤道与地球上的________对应。

A. 经线　　B. 赤道

C. 纬线　　D. 东西距

6. 过两天极且通过天体位置的半个大圆称为________。

A. 天体时圈　　B. 天体垂直圈

C. 天体赤纬圈　　D. 测者子午圈

7. 以两极为起止点,过天体的半个大圆称为________。

A. 测者午圈　　B. 天体垂直圈

C. 天体赤纬圈　　D. 天体时圈

8. 以两天极为起止点且通过天体的半个大圆称为________。

A. 东西圈
B. 天体垂直圈
C. 天体时圈
D. 测者子午圈

9. 过天体且平行于天赤道的小圆称为________。

A. 天体垂直圈
B. 天体时圈
C. 周日平行圈
D. 高度平行圈

10. 平行于________的小圆称为天体周日平行圈。

A. 真地平圈
B. 天赤道
C. 高度圈
D. 黄道

11. 过两天极且通过________的半个大圆称为测者午圈。

A. 天体
B. 测者地理位置
C. 天底
D. 天顶

12. 以两天极为起止点且通过测者天顶的半个大圆称为________。

A. 测者子圈
B. 测者午圈
C. 测者子午圈
D. 东西圈

13. 以两天极为起止点且通过测者天底的半个大圆称为________。

A. 测者子圈
B. 测者午圈
C. 测者子午圈
D. 东西圈

14. 过测者天底和两天极的半个大圆称为________。

A. 测者真地平圈
B. 天体时圈
C. 测者子圈
D. 测者午圈

15. ________将测者子午圈分成测者午圈和测者子圈。

A. 天顶和天底
B. E 点和 W 点
C. N 点和 S 点
D. 天极

16. 测者子午圈将天球分为________。

A. 上天半球和下天半球
B. 南天半球和北天半球
C. 东天半球和西天半球
D. 左天半球和右天半球

17. 以两天极为起止点且通过格林天顶的半个大圆称为________。

A. 测者子圈
B. 格林午圈
C. 测者午圈
D. 格林子圈

18. 以两天极为起止点且通过格林天底的半个大圆称为________。

A. 测者子圈
B. 测者午圈
C. 格林子圈
D. 格林午圈

19. 通过地心且垂直于测者铅垂线的平面与天球截得的大圆称为________。

A. 测者子午圈
B. 天赤道
C. 东西圈
D. 测者真地平圈

20. 垂直于________的连线且通过地心平面与天球相交的大圆称为测者真地平圈。

A. 天顶和天底
B. 天北极和天南极

C. 天赤道

D. 格林子午圈

21. 测者在海上看到的天空是________。

A. 上天半球

B. 北天半球

C. 南天半球

D. 视测者位置而定

22. 天球上的四个方位基点(E、S、W、N)是________。

A. 测者子午圈分别与天赤道和真地平圈的交点

B. 测者子午圈分别与天体垂直圈和真地平圈的交点

C. 真地平圈分别与测者子午圈和天赤道的交点

D. 天赤道分别与真地平圈和测者子午圈的交点

23. 天球上的南点或北点是________的交点。

A. 测者子午圈和天赤道

B. 天赤道和测者真地平圈

C. 测者子午圈和测者真地平圈

D. 天体周日平行圈和测者真地平圈

24. 天球上,________与真地平圈相交的两点称为 N、S 点。

A. 天赤道

B. 测者子午圈

C. 格林子午圈

D. 测者真地平圈

25. 测者真地平圈与测者子午圈的两交点分别称为________。

A. E 点和 W 点

B. S 点和 N 点

C. E 点和 S 点

D. N 点和 W 点

26. 测者真地平圈与天赤道的两交点分别称为________。

A. E 点和 W 点

B. S 点和 N 点

C. E 点和 S 点

D. N 点和 W 点

27. 天球上的 E 点和 W 点是________。

A. 真地平圈与天赤道的两交点

B. 真地平圈与测者子午圈的两交点

C. 天赤道与天体垂直圈的两交点

D. 真地平圈与天体垂直圈的两交点

28. 天球上的仰极是________。

A. 天北极

B. 与测者纬度同名的天极

C. 天南极

D. 与测者纬度异名的天极

29. 球上的俯极是________。

A. 天南极

B. 与测者纬度同名的天极

C. 天北极

D. 与测者纬度异名的天极

30. 与测者纬度同名的天极称为________。

A. 天北极

B. 仰极

C. 天南极

D. 俯极

31. 与测者纬度异名的天极称为________。

A. 天北极

B. 仰极

C. 天南极

D. 俯极

32. 在真地平以上的天极称为________。

A. 天北极
B. 天南极
C. 俯极
D. 仰极

33. 以天顶、天底为起止点且通过天体的半个大圆是________。
A. 测者午圈
B. 天体垂直圈
C. 天体时圈
D. 天体赤纬圈

34. 以天顶、天底为起止点且通过天体的半个大圆称为________。
A. 天体垂直圈
B. 天体时圈
C. 东西圈
D. 测者子午圈

35. 以天顶、天底为起止点且通过天体的半个大圆是________。
A. 测者午圈
B. 天体方位圈
C. 天体时圈
D. 天体赤纬圈

36. 通过________的半个大圆称为天体垂直圈。
A. 天顶、天体和天底
B. 天北极、天体和天南极
C. 天顶、测者地理位置和天底
D. 仰极、天体和俯极

37. 天体垂直圈是指通过________和任一天体的半个大圆。
A. 两天极
B. 测者地理位置
C. 天顶、天底
D. 东点、西点

38. 过天顶、天底和东、西两点的大圆称为________。
A. 天体时圈
B. 天体垂直圈
C. 东西圈
D. 测者子午圈

39. 以天顶、天底为起止点且通过东点的半个大圆称为________。
A. 天体时圈
B. 天体垂直圈
C. 东圈
D. 西圈

40. 以天顶、天底为起止点且通过西点的半个大圆称为________。
A. 天体时圈
B. 天体垂直圈
C. 东圈
D. 西圈

41. ________将东西圈分成东圈和西圈。
A. 天极
B. 天顶和天底
C. N 点和 S 点
D. E 点和 W 点

42. ________将卯酉圈分成卯圈和酉圈。
A. 格林午圈
B. 测者午圈
C. 测者铅垂线
D. 天轴

43. 通过天体,并且平行于________的小圆,称为高度平行圈。
A. 天赤道
B. 测者真地平圈
C. 格林子午圈
D. 测者子午圈

44. 过天体且平行于真地平圈的小圆称为________。
A. 天体垂直圈
B. 天体时圈

C. 周日平行圈　　D. 高度平行圈

45. 当测者移动时，天球上的________也随测者移动。

A. 天体时圈　　B. 天体垂直圈

C. 春分点时圈　　D. 天体赤纬圈

46. 当测者移动时，天球上________不随测者移动。

A. 天体垂直圈　　B. 天体时圈

C. 测者子圈　　D. 测者午圈

47. 黄道是指________。

A. 地球绕太阳公转的轨道与天球相交的大圆

B. 太阳绕地球公转的轨道与天球相交的大圆

C. 地球绕月亮公转的轨道与天球相交的大圆

D. 月亮绕地球公转的轨道与天球相交的大圆

48. 第一赤道坐标系的原点是________的交点。

A. 测者（格林）午圈与天赤道　　B. 天赤道与真地平圈

C. 天体垂直圈与真地平圈　　D. 测者午圈与真地平

49. 第一赤道坐标系的基准圈是________。

A. 测者子午圈、测者真地平圈和天赤道　　B. 测者子午圈和天体时圈

C. 测者子午圈和春分点时圈　　D. 测者（格林）午圈和天赤道

50. ________是第一赤道坐标系的辅助圈。

A. 测者午圈　　B. 天体垂直圈

C. 天体时圈　　D. 春分点时圈

51. ________是第一赤道坐标系的辅助圈。

A. 测者午圈　　B. 天体垂直圈

C. 天体赤纬圈　　D. 春分点时圈

52. 在天球上，天赤道和天体在天体时圈上所夹的弧距称为________。

A. 天体高度　　B. 天体极距

C. 天体赤纬　　D. 天体顶距

53. 从天赤道起，沿天体时圈量至天体中心的弧距称为________。

A. 天体高度　　B. 天体方位

C. 天体赤纬　　D. 天体时角

54. 天体赤纬的另一种表示方法称为________。

A. 天体顶距　　B. 天体极距

C. 天体高度　　D. 天体方位

55. 天体中心与仰极在天体时圈上所夹的一段弧距称为________。

A. 天体高度　　B. 天体方位

C. 天体时角　　D. 天体极距

56. 天体的极距是________。

A. 天极与天体中心在天体时圈上所夹的一段弧距
B. 仰极与天体中心在天体时圈上所夹的一段弧距
C. 俯极与天体中心在天体时圈上所夹的一段弧距
D. 天顶与天体中心在天体时圈上所夹的一段弧距

57. 天体的极距是________。
A. 仰极与天体中心在天体时圈上所夹的一段弧距,0°~180°计算
B. 仰极与天体中心在天体时圈上所夹的一段弧距,0°~90°计算
C. 俯极与天体中心在天体时圈上所夹的一段弧距,0°~180°计算
D. 天顶与天体中心在天体时圈上所夹的一段弧距,0°~90°计算

58. 极距是从________起沿天体时圈量至天体中心。
A. 天北极　　B. 天南极
C. 仰极　　D. 俯极

59. 天体极距是指________与天体之间在________上的一段弧距。
A. 天顶;天体时圈　　B. 仰极;天体时圈
C. 天顶;天体垂直圈　　D. 仰极;天体垂直圈

60. 天体中心到仰极的最短球面距离称为________。
A. 极距　　B. 顶距
C. 余纬　　D. 高度

61. 天体中心与仰极在天体时圈上所夹的一段弧距称为________。
A. 极距　　B. 顶距
C. 余纬　　D. 高度

62. 当某颗恒星恰在测者头顶上时,其极距等于________。
① 90° - 测者纬度;② 90° - 天体赤纬;③ 90° - 天体高度
A. ②③　　B. ①②
C. ①③　　D. ①②③

63. 天体地方时角是由________起算的。
A. 测者子圈　　B. 格林午圈
C. 格林子圈　　D. 测者午圈

64. 由测者午圈起,沿天赤道向西度量到天体时圈,从0°~360°计算称为________。
A. 天体半圆方位角　　B. 天体圆周地方时角
C. 天体半圆地方时角　　D. 天体圆周方位角

65. 由测者午圈起,沿天赤道向东或向西度量到天体时圈,从0°~180°计算称为________。
A. 天体半圆方位角　　B. 天体圆周地方时角
C. 天体半圆地方时角　　D. 天体圆周方位角

66. 测者午圈与天体时圈在仰极处所夹的小于180°的球面角称为________。
A. 半圆方位角　　B. 圆周方位角
C. 半圆地方时角　　D. 圆周地方时角

67. 天体时圈和测者午圈在仰极处所交成的小于180°的球面角称为________。

A. 格林时角

B. 半圆地方时角

C. 方位角

D. 位置角

68. 测者午圈与天体时圈在天赤道上所夹的小于180°的弧距称为________。

A. 半圆方位角

B. 圆周方位角

C. 半圆地方时角

D. 圆周地方时角

69. 以测者午圈为起点,沿天赤道向东量到天体时圈为止的量法称为________。

A. 天体方位的圆周法

B. 天体方位的半圆周法

C. 天体地方时角的圆周法

D. 天体地方时角的半圆周法

70. 当天体地方时角 $LHA = 0°$ 时,天体时圈与________相重合。

A. 测者子圈

B. 测者午圈

C. 格林午圈

D. 东西圈

71. 当天体时圈与测者午圈重合时,天体地方时角为________。

A. 0°

B. 90°

C. 180°

D. 270°

72. 由测者午圈起,________度量到________的弧距,称为天体圆周地方时角。

A. 沿真地平圈向西;天体垂直圈

B. 沿天赤道向西;天体时圈

C. 沿天赤道向东;天体时圈

D. 沿真地平圈向东;天体垂直圈

73. 由格林午圈起,________度量到________的弧距,称为天体格林时角。

A. 沿真地平圈向西;天体垂直圈

B. 沿天赤道向东;天体时圈

C. 沿真地平圈向东;天体垂直圈

D. 沿天赤道向西;天体时圈

74. 某测者经度为100°E,晚上恰有一颗星体在其头顶上方,此时该星的格林时角约为________。

A. 260°

B. 100°

C. 000°

D. 060°

75. 已知地方时角 $LHA = 120°E$ 说明该时角是________。

A. 半圆西时角

B. 圆周时角

C. 半圆东时角

D. 圆周东时角

76. 已知地方时角 $LHA = GHA \pm \lambda$,用该式求得的地方时角是________。

A. 天体半圆时角

B. 天体圆周时角

C. 天体象限时角

D. 以上均错

77. 已知测者经度 $\lambda = 160°W$,天体地方时角 $LHA = 200°$,天体格林时角 $GHA =$ ________。

A. 160°

B. 0°

C. 60°

D. 200°

78. 已知测者经度 $\lambda = 100°E$,天体格林时角 $GHA = 260°$,天体地方时角 $LHA =$ ________。

A. 0°

B. 100°

C. 60°

D. 260°

79. 已知天体格林时角 $GHA = 320°$,测者经度 $\lambda = 100°E$,则天体的半圆地方时角 $LHA =$

________。

A. 120°　　B. 120° E

C. 60°　　D. 60° E

80. 已知天体格林时角 $GHA = 40°$,测者经度 $\lambda = 120°W$,则天体的半圆地方时角 $LHA =$ ________。

A. 100°W　　B. 100°E

C. 80°W　　D. 80°E

81. 某测者经度为120°E,晚上恰有一颗星体在头顶上方,此时该星的格林时角等于________。

A. 260°　　B. 120°

C. 100°　　D. 240°

82. 测者纬度等于40°N,晚上恰有一颗星体在头顶上方,此时该星的极距等于________。

A. 35°　　B. 125°

C. 0°　　D. 50°

83. 已知测者经度等于100°E,某星的格林时角等于200°,则该星的半圆地方时角为________。

A. 60°E　　B. 060°W

C. 300°E　　D. 300°W

84. 第二赤道坐标系的原点是________的交点。

A. 测者午圈与天赤道　　B. 测者子圈与天赤道

C. 春分点　　D. 秋分点

85. 第二赤道坐标系的基准圈是________。

A. 测者午圈和天赤道　　B. 测者子圈和天赤道

C. 春分点时圈和天赤道　　D. 测者子午圈和测者真地平圈

86. 第二赤道坐标系的辅助圈是________。

A. 天体高度圈和方位圈　　B. 天体时圈和天体赤纬圈

C. 天体赤经圈和赤纬圈　　D. 测者子午圈和卯酉圈

87. 天体时圈和天体赤纬圈是________。

A. 黄道坐标系的辅助圈　　B. 第二赤道坐标系的辅助圈

C. 地平坐标系的辅助圈　　D. 地平坐标系的基准大圆

88. 天体的赤经和赤纬是________中表示天体位置的两个坐标值。

A. 地平坐标系　　B. 黄道坐标系

C. 第一赤道坐标系　　D. 第二赤道坐标系

89. 以春分点为起点,沿天赤道度量的坐标为________。

A. 天体共轭赤经和赤纬　　B. 天体地方时角和天体赤经

C. 天体赤经和赤纬　　D. 天体赤经和共轭赤经

90. 由________起,沿________度量到________的弧距,称为天体赤经。

A. 测者午圈;天赤道向东;春分点时圈　　B. 春分点;天赤道向东;春分点时圈

C. 春分点;天赤道向东;天体时圈　　D. 测者午圈;天赤道向西;天体时圈

91. 由________起,沿________度量到________的弧距,称为天体共轭赤经。

A. 测者午圈;天赤道向东;春分点时圈
B. 测者午圈;天赤道向西;春分点时圈
C. 春分点;天赤道向西;天体时圈
D. 春分点;天赤道向东;天体时圈

92. 天体赤经是指从春分点起,沿天赤道________的一段弧距。
A. 向东量到天体时圈
B. 向西量到天体时圈
C. 向东量到测者午圈
D. 向西量到测者午圈

93. 天体共轭赤经是指从春分点起,沿天赤道________的一段弧距。
A. 向东量到天体时圈
B. 向西量到天体时圈
C. 向东量到测者午圈
D. 向西量到测者午圈

94. 天体赤经 RA 与其共轭赤经 SHA 之间的关系为________。
A. $RA + SHA = 360°$
B. $RA + SHA = 180°$
C. $RA + SHA = 90°$
D. $RA - SHA = 180°$

95. 已知春分点格林时角等于 315°,某星的格林时角等于 150°,则该星的共轭赤经为________。
A. 195°
B. 165°
C. 115°
D. 45°

96. 已知春分点格林时角为 30°,天体赤经为 30°,测者经度为 30°E 时,天体地方时角为________。
A. 30°E
B. 30°W
C. 90°E
D. 90°W

97. 已知春分点格林时角等于 40°,天狼星赤经等于 40°,测者经度等于 40°W,则天狼星的半圆地方时角为________。
A. 40°E
B. 40°W
C. 320°E
D. 320°

98. 已知测者经度 $\lambda = 30°W$,春分点格林时角 $GHA_{\gamma} = 30°$,天体赤经 $RA = 30°$,天体地方时角 $LHA =$ ________。
①30°E;②330°;③90°E
A. ②③
B. ①②
C. ①③
D. ①②③

99. 同一天体的共轭赤经 SHA 与其赤经 RA 的关系为 $SHA =$ ________。
A. $360° - RA$
B. $360° + RA$
C. $180° + RA$
D. $180° - RA$

100. 已知测者经度 $\lambda = 60°W$,春分点格林时角 $GHA_{\gamma} = 40°$,天体赤经 $RA = 300°$,天体半圆地方时角 $LHA =$ ________。
A. 40°E
B. 40°W
C. 60°E
D. 60°W

101. 某恒星通过测者午圈时,春分点地方时角等于________。
A. 该恒星的赤经
B. 该恒星的共轭赤经
C. 该恒星的地方时角
D. 以上均不对

102. 地平坐标系的原点是________的交点。

A. 东点和西点　　B. 南点和北点

C. 春分点　　D. 秋分点

103. 天球地平坐标系的原点是________。

A. 格林午圈和天赤道的交点　　B. 天体垂直圈和天赤道的交点

C. 测者子午圈和测者真地平圈的交点　　D. 黄道和天赤道的交点

104. 地平坐标系的基准圈是________。

A. 测者午圈和天赤道　　B. 测者子圈和天赤道

C. 春分点时圈和天赤道　　D. 测者子午圈和测者真地平

105. 以测者真地平圈为基准圈、北点或南点为原点的天球坐标系称为________。

A. 第一赤道坐标系　　B. 第二赤道坐标系

C. 地平坐标系　　D. 黄道坐标系

106. 天球地平坐标系是以测者真地平圈为基准圈、________为原点的天球坐标系。

A. 天顶或天底　　B. 天北极或天南极

C. 东点或西点　　D. 北点或南点

107. 天体高度和天体方位是________的坐标值。

A. 第一赤道坐标系　　B. 第二赤道坐标系

C. 地平坐标系　　D. 黄道坐标系

108. 地平坐标系的坐标值有:天体高度、________和天体方位。

A. 天体时角　　B. 天体极距

C. 天体赤纬　　D. 天体顶距

109. 天体高度是________在天体垂直圈所夹的一段弧长。

A. 测者真地平圈和春分点　　B. 格林午圈和天体中心

C. 测者真地平圈和测者天顶　　D. 测者真地平圈和天体中心

110. ________与天体中心在________上所夹的一段弧距称为天体高度。

A. 天赤道;天体时圈　　B. 真地平圈;天体时圈

C. 真地平圈;天体垂直圈　　D. 天赤道;天体垂直圈

111. 测者真地平圈与天体在该天体垂直圈上所夹的弧距称为________。

A. 天体方位　　B. 天体高度

C. 天体时圈　　D. 天体赤纬圈

112. 天体高度的另一种表示方法称为________。

A. 天体顶距　　B. 天体极距

C. 天体赤纬　　D. 天体方位

113. 天顶到天体中心的最短球面距离称为________。

A. 极距　　B. 顶距

C. 余纬　　D. 赤纬

114. 天顶与天体中心在天体垂直圈上所夹的一段弧距称为________。

A. 极距　　B. 高度
C. 余纬　　D. 顶距

115. 测者子午圈与天体垂直圈在________上所夹的一段弧距称为天体方位。
A. 天赤道　　B. 天体时圈
C. 黄道　　D. 真地平圈

116. 天体圆周方位是________。
A. 从北点起沿真地平圈顺时针度量到天体垂直圈
B. 从北点起沿真地平圈向西度量到天体垂直圈
C. 从南点起沿真地平圈向东度量到天体垂直圈
D. 从南点起沿真地平圈向西度量到天体垂直圈

117. 天体半圆方位是从________起算。
①北点；②南点；③东点
A. ②③　　B. ①②
C. ①③　　D. ①②③

118. 测者纬度 $\varphi\neq0°$，天体半圆方位从________的方向点起算。
A. 与测者纬度同名　　B. 与天体赤纬同名
C. 天体　　D. 正北

119. 测者纬度 $\varphi=0°$，天体半圆方位从________的方向点起算。
A. 天体　　B. 与测者纬度同名
C. 与天体赤纬同名　　D. 正北

120. 天体圆周方位等于300°，测者纬度等于10°N，化为半圆方位应为________。
A. 60°NE　　B. 120°SW
C. 60°NW　　D. 120°SE

121. 天体圆周方位等于300°，测者纬度等于20°S，化为半圆方位应为________。
A. 120°SW　　B. 140°SW
C. 60°NW　　D. 80°NW

122. 天体方位等于90°NW，换算成圆周方位等于________。
A. 090°　　B. 050°
C. 100°　　D. 270°

123. 如果南纬测者测得某天体的半圆方位角是50°SE，则其圆周方位角为________。
A. 130°　　B. 230°
C. 050°　　D. 310°

124. 测者纬度等于10°30′S，测得某天体方位等于225°，其半圆方位为________。
A. 135°NW　　B. 45°NW
C. 135°SE　　D. 45°SW

125. 天体圆周方位等于132°，测者纬度等于10°S，化为半圆方位应为________。
A. 132°NE　　B. 48°SE

C. 48°SW　　D. 18°SE

126. 测者纬度等于30°N,天体圆周方位等于312°,化为半圆方位应为________。

A. 48°NE　　B. 132°SW

C. 48°NW　　D. 132°SE

127. 测者纬度为30°S,测得某天体的半圆方位等于050°SE,则其圆周方位等于________。

A. 130°　　B. 230°

C. 050°　　D. 310°

128. 如果南纬某测者测得天体的圆周方位角为060°,则用半圆周法表示时应为________。

A. 120°NE　　B. 060°NW

C. 120°SE　　D. 60°SW

129. 南纬测者上午观测太阳,则太阳半圆方位命名为________。

A. NE　　B. NW

C. SE　　D. SW

130. 5月10日某船位于赤道上,上午观测太阳,太阳的半圆方位的名称为________。

A. NW　　B. NE

C. SW　　D. SE

131. 10月20日位于赤道的测者下午观测太阳,则太阳半圆方位命名为________。

A. NE　　B. NW

C. SE　　D. SW

132. 在北半球航行,昏影时在西方测得某星体,求得其半圆方位为95°,则圆周方位等于________。

A. 095°　　B. 075°

C. 185°　　D. 265°

133. 由________起,沿________度量到________的弧距,称为春分点格林时角。

A. 格林午圈;天赤道向西;春分点时圈　　B. 格林午圈;天赤道向东;春分点时圈

C. 测者午圈;天赤道向东;春分点时圈　　D. 测者午圈;天赤道向西;春分点时圈

134. 已知某轮推算船位 $\varphi_c 20°30'.0$N, $\lambda_c 122°20'.0$E,测得某一天体的格林时角 GHA 205°40′.0,天体半圆地方时角为________。

A. 32°E　　B. 32°W

C. 328°W　　D. 30°E

135. 在下述三种天球图形中,能直观反映天体高度的是________。

Ⅰ. 天赤道面平面图;Ⅱ. 测者子午面天球图;Ⅲ. 测者真地平平面图

A. Ⅰ,Ⅱ　　B. Ⅰ,Ⅲ

C. Ⅱ,Ⅲ　　D. Ⅰ,Ⅱ,Ⅲ

136. 仰极的高度等于________。

A. 天体高度　　B. 天体赤纬

C. 测者纬度　　D. 天体顶距

137. 仰极的高度 h_p 与测者纬度 φ 的关系是________。

A. $h_p = 90° - \varphi$　　B. $h_p = \varphi$

C. $h_p < 90° - \varphi$　　D. $h_p < \varphi$

138. 天文定位所需用的天体高度应是________。

A. 天体视方向与视地平之间的垂直夹角

B. 天体真方向与视地平之间的垂直夹角

C. 天体中心与测者地心真地平之间在天体垂直圈上所夹的弧距

D. 天体上、下边沿与测者地面真地平之间在天体垂直圈上所夹的弧距

139. 不受地球自转影响的天球坐标是________。

A. 高度和方位　　B. 时角和赤纬

C. 赤经和赤纬　　D. 时角和方位

140. 与地球自转有关的天球坐标系是________。

①第一赤道坐标系；②第二赤道坐标系；③地平坐标系

A. ②③　　B. ①②

C. ①③　　D. ①②③

141. 下列天体坐标受地球自转影响的是________。

A. 赤经　　B. 赤纬

C. 共轭赤经　　D. 时角

142. 天文三角形的六要素（三边、三角）均应________。

①大于0°；②小于180°；③小于360°

A. ②③　　B. ①②

C. ①③　　D. ①②③

143. 天文三角形的三个顶点分别是________。

A. 天体、仰极和天顶　　B. 天极、东点和天体

C. 天体、天极和天顶　　D. 天体、俯极和天体

144. 天文三角形的三边分别是________。

A. 高度、赤纬和时角　　B. 极距、顶距和余纬

C. 高度、方位和位置角　　D. 天赤道、垂直圈和时圈

145. 天文三角形的三条边是由________。

A. 天体时圈，天体垂直圈和测者午圈组成

B. 天体时圈、天体赤纬圈和测者子午圈组成

C. 天体垂直圈，天体高度平行圈，测者子午圈组成

D. 天体赤纬圈，天体高度圈和天体时圈组成

146. 天文三角形的三个角是________。

A. 天体方位角、天体时角和天体赤纬

B. 天体顶距、天体时角和天体方位角

C. 天体时角、天体方位角和天体极距

D. 天体半圆时角、天体半圆方位角和天体位置角

147. 天文三角形的三个角分别是________。

A. 时角、方位角和位置角
B. 半圆时角、半圆方位角和位置角
C. 经差、纬差和视差角
D. 高度、方位和时角

148. 天文三角形中的极距等于________。

A. 90° - 纬度
B. 90° - 赤纬
C. 90° - 高度
D. 90° - 方位

149. 在天文三角形 P_NZB 中,P_N 为仰极,Z 为天顶,B 为天体,则该三角形的 ZB 弧称为________。

A. 极距
B. 余纬
C. 顶距
D. 天体高度

150. 在天文三角形 P_NZB 中,P_N 为仰极,Z 为天顶,B 为天体,则该三角形的 BP_NZ 角称为________。

A. 天体地方时角
B. 天体方位角
C. 天体位置角
D. 距角

151. 在天文三角形 P_NZB 中 P_N 为仰极,Z 为天顶,B 为天体,则该三角形的 P_NB 弧称为________。

A. 极距
B. 余纬
C. 顶距
D. 天体高度

152. 在航海实际应用当中,天体的高度和方位一般由________。

A. 太阳方位表查得
B. 观测和计算求得
C. 航海天文历查得
D. 作图求得

153. 已知测者纬度 30°15′.0N,天体赤纬 8°15′.0S,天体地方时角 22°10′.5,天体的计算高度等于________,圆周计算方位等于________。

A. 59°45′.8;132°.1
B. 59°45′.8;227°.9
C. 46°00′.2;147°.5
D. 46°00′.2;212°.5

154. 利用________说明时间比较直观。

A. 赤道面平面图
B. 子午面投影图
C. 子午面天球图
D. 真地平平面图

155. 在航海天文中为说明时间通常采用________。

A. 测者真地平平面图
B. 测者子午面天球图
C. 测者东西面天球图
D. 赤道面平面图

156. 度量方位较准确的天球图为________。

A. 子午面天球图
B. 真地平平面图
C. 东西面平面图
D. 天赤道面平面图

157. 利用________说明方位比较直观。

A. 测者子午面天球图
B. 测者子午面投影图
C. 天赤道面平面图
D. 测者真地平平面图

158. 利用________标绘方位的精度较高。

A. 测者真地平平面图　　B. 测者子午面天球图
C. 测者东西面天球图　　D. 赤道面平面图

159. 利用________说明高度比较直观。

A. 测者子午面天球图　　B. 天赤道面平面图
C. 测者真地平平面图　　D. A 和 C

二、简答题

1. 什么是测者午圈、天体时圈、天体赤纬圈、天体方位圈、天体高度圈?
2. 天球上四个方位基点是如何确定的?
3. 航海上常用的天球坐标有哪三种? 它们的基准大圆和辅助大圆分别是什么?
4. 天文三角形由哪三条大圆弧围成? 它的六要素分别是什么?
5. 试述利用公式计算天体高度和方位的注意事项。

参考答案

1. B	2. A	3. B	4. B	5. B	6. A	7. D	8. C	9. C	10. B
11. D	12. B	13. A	14. C	15. D	16. C	17. B	18. C	19. D	20. A
21. A	22. C	23. C	24. B	25. B	26. A	27. A	28. B	29. D	30. B
31. D	32. D	33. B	34. A	35. B	36. A	37. C	38. C	39. C	40. D
41. B	42. C	43. B	44. D	45. B	46. B	47. A	48. A	49. D	50. C
51. C	52. C	53. C	54. B	55. D	56. B	57. A	58. C	59. B	60. A
61. A	62. B	63. D	64. B	65. C	66. C	67. B	68. C	69. D	70. B
71. A	72. B	73. D	74. A	75. C	76. B	77. B	78. A	79. C	80. D
81. D	82. D	83. A	84. C	85. C	86. B	87. B	88. D	89. D	90. C
91. C	92. A	93. B	94. A	95. A	96. B	97. A	98. B	99. A	100. B
101. A	102. B	103. C	104. D	105. C	106. D	107. C	108. D	109. D	110. C
111. B	112. A	113. B	114. D	115. D	116. A	117. B	118. A	119. C	120. C
121. A	122. D	123. A	124. D	125. B	126. C	127. A	128. C	129. C	130. B
131. D	132. D	133. A	134. A	135. C	136. C	137. B	138. C	139. C	140. C
141. D	142. B	143. A	144. B	145. A	146. D	147. B	148. B	149. C	150. A
151. A	152. B	153. D	154. A	155. D	156. B	157. D	158. A	159. D	

部分答案解析

1. (2、3 题参见本题解析)四大航用行星分别为金、火、木、土,它们距地球和距太阳距离,由近到远均为:金、火、木、土。

22.(23～27 题参见本题解析)如图所示,测者真地平圈与测者子午圈有两个交点 N 和 S,其中,靠近北天极的一点为 N,靠近南天极的一点为 S;测者真地平圈与天赤道有两个交点 E 和 W,测者面朝 N,左边一点是 W,右边一点是 E。

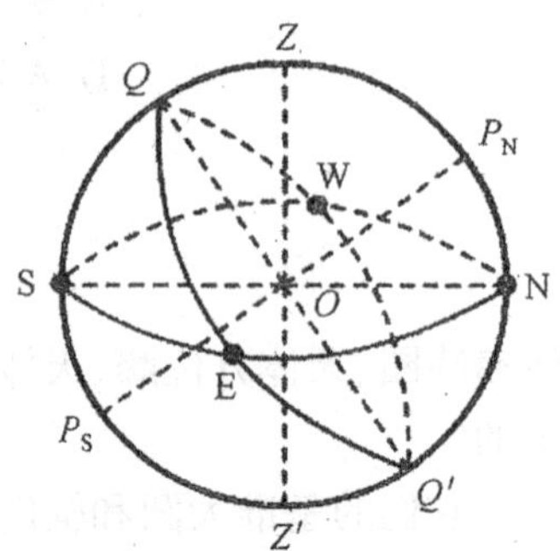

45.(46 题参见本题解析)如图所示,当测者移动时,在天球上测者天顶 Z 发生变化,则经过测者天顶的大圆或小圆都会发生变化,不经过测者天顶的大圆或小圆都不会发生变化。图中,$P_N♈P_S$ 为春分点时圈,P_NBP_S 为天体时圈,ABA' 为天体赤纬圈,$B'BB''$ 为天体高度圈,ZBZ' 为天体垂直圈或天体方位圈,P_NZP_S 为测者午圈,$P_NZ'P_S$ 为测者子圈。

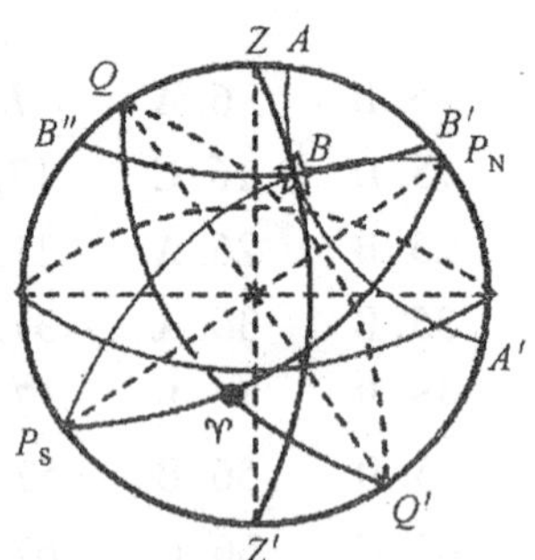

71.(70 题参见本题解析)如图所示,当天体时圈与测者午圈重合时,天体在测者午圈,测者午圈是天体地方时角起算的大圆,故地方时角为 0。

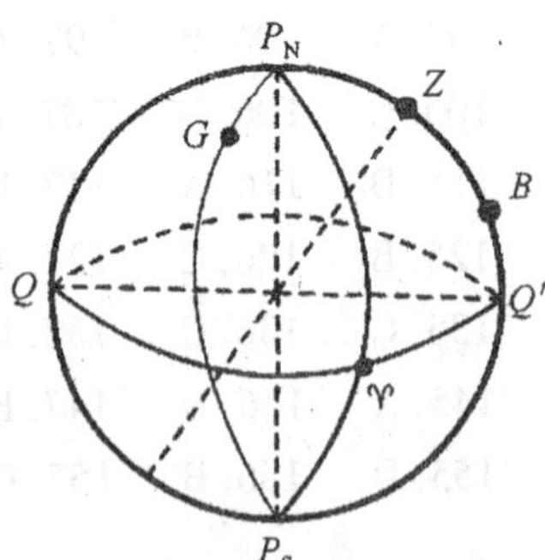

74.(81 题参见本题解析)如 71 题解析图所示,当天体在其头顶上方,说明天体在测者天顶 Z,即天体在测者午圈,其圆周地方时角为 0,根据公式 $GHA = LHA \pm \lambda_E^W$,$LHA = 0$,测者经度为 100° E,代入公式可得 $GHA = 100°$。

77.（78～80题、83题参见本题解析）根据公式 $GHA = LHA \pm \lambda_E^W$ 计算。

82. 如71题解析图所示，当天体在其头顶上方，说明天体在测者天顶 Z，则极距 $P_NZ = 90° - Q'Z = 50°$。

95. 利用公式 $GHA = GHA_{\gamma} = SHA$

96.（97、98、100题参见本题解析）利用公式 $LHA = GHA \pm \lambda_W^E = GHA_{\gamma} + SHA \pm \lambda_W^E$ 或 $LHA = GHA \pm \lambda_W^E = GHA_{\gamma} - RA \pm \lambda_W^E$ 求 LHA，注意所求得的为圆周时角（若为负值则 +360 °），即方向为西向，需要转化为半圆地方时角。

101. 如71题解析图所示，图中♈为春分点，根据时角定义，当恒星通过测者午圈（天体 B），春分点地方时角等于 Q'♈，根据赤经定义，天体 B 的赤经为♈Q'，二者大小相等。

120.（121～128题参见本题解析）圆周方位转化为半圆方位应注意，半圆方位小于180°，其第一名称同测者纬度，第二名称为度量方向。

半圆方位转化为圆周方位，当半圆方位为 NE 时，圆周方位 = 半圆方位；当半圆方位为 SE 时，圆周方位 = 180° - 半圆方位；当半圆方位为 SW 时，圆周方位 = 180° + 半圆方位；当半圆方位为 NW 时，圆周方位 = 360° - 半圆方位。

132. 天体半圆方位第一名称同测者纬度，第二名称为度量方向。天体在测者西方，向西度量，所以本题半圆方位95° NW，转化为圆周方位为265°。

136. 如22题解析图所示，图中仰极高度为 NP_N 弧，测者纬度为 QZ 弧，NP_N 弧 + ZP_N 弧 = 90° = QZ 弧 + ZP_N 弧，所以 NP_N 弧 = QZ 弧，即仰极高度 = 测者纬度。

139.（140、141题参见本题解析）在地球自转过程中，我们可以直观感受到天体高度和方位的变化（如太阳每天东升西降），所以天体高度和方位是变化的；地球绕地轴自转过程中，带动测者一同移动，测者天顶的位置发生变化，所以测者午圈（P_NZP_S）是变化的，而天体在天球上的位置是固定的（即天体时圈固定），所以测者午圈和天体时圈夹角（时角）是变化的。第二赤道坐标系的基准点（坐标原点）是春分点，它在天球上的位置是固定不动的，其他星体也在天球上也是固定不动的，所以它们之间的相互位置关系是固定不变的，即第二赤道坐标系的坐标（赤纬和极距，赤经和共轭赤经）是不变的。

153. 在利用公式 $\sin h = \sin\varphi \sin Dec + \cos\varphi \cos Dec \cos LHA$ 求天体计算高度和公式 $\cot A = \tan Dec \cos\varphi \csc LHA - \sin\varphi \cot LHA$ 求天体计算方位时，应注意：

①测者纬度 φ 无论南北纬一律取“+”；

②天体赤纬 Dec 与纬度同名时取“+”，异名时取“-”；

③天体半圆地方时角 LHA（若为圆周法要转化为半圆法），无论 EW 一律取“+”；

④当为 $\sin h$ 正值时，天体高度为小于90°正高度，当 $\sin h$ 为负值时，天体高度为小于90°的负高度；

⑤天体方位 A 为半圆法，第一名称同测者纬度，当测者纬度为0°时同赤纬，第二名称同天体半圆地方时角；当 A 为负时，在结果上 +180°，命名保持不变。

注意有些题目要求转化为半圆法。

第二节　时间与天体视位置

一、选择题

1. 天体周日视运动的原因是________。

A. 地球自转　　B. 地球公转

C. 天体自行　　D. 太阳自行

2. 天体周日视运动的原因是________。

A. 地球自转而产生的天体相对运动的现象　　B. 天体绕太阳公转的结果

C. 地球绕太阳公转的结果　　D. 天体绕地球运动的结果

3. 天体周日视运动是由于地球每日________自转一周,而引起天球带着所有天体________的现象。

A. 自西向东;自西向东相对运动　　B. 自东向西;自西向东相对运动

C. 自西向东;自西向东真运动　　D. 自西向东;自东向西相对运动

4. 天体周日视运动方向是________。

A. 自西向东　　B. 自东向西

C. 自南向北　　D. 自北向南

5. 天体周日视运动中,不同赤纬的天体其周日视运动的周期________。

A. 相同　　B. 赤纬低的天体周期短

C. 赤纬高的天体周期短　　D. 不同

6. 在天体周日视运动中,天体赤纬大时与赤纬小时运动周期________。

A. 相同　　B. 赤纬高时周期短

C. 赤纬低时周期短　　D. 北赤纬的周期长

7. 恒星周日视运动的轨迹是________。

A. 高度平行圈　　B. 赤纬圈

C. 天体时圈　　D. 连续的球面螺旋线

8. 在周日视运动中,恒星在天球上周日视运动的轨迹是________。

A. 各自的赤纬圈　　B. 各自的等高度圈

C. 各自的方位圈　　D. 各自的时圈

9. 日、月和行星的周日视运动的轨迹严格地讲应是________。

A. 周日平行圈　　B. 赤纬圈

C. 连续的球面螺旋线　　D. 高度平行圈

10. 在周日视运动中,下列哪些天体赤纬不变?

A. 太阳　　B. 月亮

C. 恒星　　D. 行星

11. 有出没的天体其赤纬 Dec 应满足________。

A. $Dec > 90° - \varphi$　　B. $Dec < 90° - \varphi$

C. $Dec = 90° - \varphi$　　D. $Dec \geqslant 90° - \varphi$

12. 不没的天体其赤纬 Dec 应满足________。

A. $Dec > 90° - \varphi$ 且异名　　B. $Dec = 90° - \varphi$ 且异名

C. $Dec < 90° - \varphi$ 且同名　　D. $Dec \geqslant 90° - \varphi$ 且同名

13. 不出的天体其赤纬 Dec 应满足________。

A. $Dec > 90° - \varphi$ 且同名　　B. $Dec < 90° - \varphi$ 且异名

C. $Dec \geqslant 90° - \varphi$ 且异名　　D. $Dec < 90° - \varphi$ 且同名

14. 天体在周日视运动中，永不升出的条件是（Dec 为天体赤纬，φ 为测者纬度）________。

A. $Dec < 90° - \varphi$，且 Dec 与 φ 同名　　B. $Dec \geqslant 90° - \varphi$，且 Dec 与 φ 同名

C. $Dec < 90° - \varphi$，且 Dec 与 φ 异名　　D. $Dec \geqslant 90° - \varphi$，且 Dec 与 φ 异名

15. 在周日视运动中，当天体赤纬 $Dec > 90° - \varphi$，且 Dec 与 φ 异名，则该天体________。

A. 永不升出　　B. 永不降没

C. 升出时间大于降没时间　　D. 降没时间大于升出时间

16. 在周日视运动中，当天体的赤纬 $Dec \geqslant 90° - \varphi$，且 Dec 与 φ 同名，则天体________。

A. 永不升出　　B. 永不降没

C. 升出时间大于降没时间　　D. 降没时间大于升出时间

17. 已知测者纬度等于 60°N，天体赤纬等于 45°N，该天体在周日视运动中________。

A. 永不升出　　B. 永不降没

C. 升出时间大于降没时间　　D. 降没时间大于升出时间

18. 已知测者纬度等于 60°N，天体赤纬等于 40°N，该天体在周日视运动中________。

A. 在地平上的时间大于在地平下的时间　　B. 有出没

C. 永不升出　　D. 永不降没

19. 已知天体赤纬等于 40°N，测者纬度等于 60°N，该天体在周日视运动中________。

A. 永不升出　　B. 永不降没

C. 升出时间大于降没时间　　D. 有出没

20. 测者纬度为 30°N，3 月 21 日，太阳真出时的位置角为________。

A. 30°　　B. 45°

C. 60°　　D. 90°

21. 6 月 22 日测者位于________的地区可见极昼现象。

A. 南纬 66°33′以上　　B. 南纬 23°27′以上

C. 北纬 66°33′以上　　D. 北纬 66°33′以下

22. 12 月 22 日测者位于________的地区可见极昼现象。

A. 南纬 66°33′以上　　B. 南纬 66°33′以下

C. 北纬66°33′以上
D. 北纬23°27′以上

23. 12月22日,测者在下列何处可见极昼现象?
A. 65°S;130°W
B. 24°S;066°W
C. 67°S;015°W
D. 56°S;033°W

24. 天体通过________的瞬间称为上中天。
A. 测者午圈
B. 测者子圈
C. 西圈
D. 东圈

25. 天体通过________的瞬间称为格林上中天。
A. 测者午圈
B. 测者子圈
C. 格林午圈
D. 格林子圈

26. 天体通过________的瞬间称为格林下中天。
A. 测者午圈
B. 测者子圈
C. 格林午圈
D. 格林子圈

27. 天体上中天时,天体地方时角等于________。
A. 180°
B. 0°
C. 90°
D. 270°

28. 天体下中天时,天体地方时角等于________。
A. 180°
B. 0°
C. 90°
D. 270°

29. 测者纬度一定,当天体中天时,其赤纬越________,高度越________,方位变化越快。
A. 接近测者纬度;高
B. 大;高
C. 小;低
D. 大;低

30. 测者纬度 $\varphi = 30°N$,天体中天时下列哪种天体的方位变化最快?
A. $Dec = 20°S$
B. $Dec = 10°S$
C. $Dec = 0°$
D. $Dec = 10°N$

31. 当天体方位变化率等于零时,此天体的________。
A. 方位角等于90°
B. 地方时角等于90°
C. 位置角等于90°
D. 地方时角等于0°或180°

32. 天体中天高度________,其方位变化________。
A. 越低;越快
B. 越高;越慢
C. 越高;基本不变
D. 越高;越快

33. 当天体的方位为正北或正南时,________。
A. 天体过东西圈
B. 天体距角
C. 天体中天
D. 天体真出没

34. 测者纬度 $\varphi = 10°N$,6月22日太阳上中天时,其方位应为________。
A. 正北
B. 正南
C. 正东
D. 正西

35. 当某天体地方时角等于0°时，该天体位于________。

A. 真出　　B. 真没

C. 上中天　　D. 下中天

36. 已知测者纬度等于20°N，天体赤纬等于25°S，该天体上中天的方位为________。

A. 000°　　B. 090°

C. 180°　　D. 270°

37. 当测者纬度一定时($\varphi \neq 0°$)，太阳位于________其中天高度相等。

A. 春分点和夏至点　　B. 春分点和秋分点

C. 秋分点和冬至点　　D. 冬至点和春分点

38. 当两个天体同时上中天时，它们什么坐标相同？

A. 赤纬相同　　B. 赤经相同

C. 高度相同　　D. 方位相同

39. 测者纬度 $\varphi = 0°$，天体赤纬 $Dec = 30°$N，向________，观测该天体的中天高度为________。

A. N;30°　　B. S;90°

C. N;60°　　D. S;30°

40. 已知测者纬度等于30°N，天体赤纬等于25°N，该天体在周日视运动中________。

A. 永不升出　　B. 永不降没

C. 在地平上的时间大于地平下的时间　　D. 在地平下的时间大于地平上的时间

41. 测者纬度一定，对有出没的天体来讲，________。

A. 均出NE象限，没于NW象限

B. 均出SE象限，没于SW象限

C. 出没象限的第一名称与天体赤纬同名，第二名称出为E、没为W

D. 出没象限的第一名称与测者纬度同名，第二名称与赤纬同名

42. 在上天半球，天体在周日视运动中经过与测者纬度同名的两个象限的条件是________。

A. 天体赤纬小于测者纬度且同名　　B. 天体赤纬大于测者纬度且同名

C. 天体赤纬小于测者纬度且异名　　D. 天体赤纬大于测者纬度且异名

43. 已知测者纬度30°S，天体赤纬10°N，则该天体降没于________。

A. NW象限　　B. 正西

C. SW象限　　D. 降没象限不能确定

44. 测者纬度等于20°N，在一年中发生太阳过天顶的情况是________。

A. 不会发生过天顶　　B. 有一次过天顶

C. 有两次过天顶　　D. 有四次过天顶

45. 当天体的位置角等于90°时________。

A. 天体过天顶　　B. 天体中天

C. 天体距角　　D. 天体过东西圈

46. 下列说法哪项正确？

A. 天体过东西圈必有距角　　B. 天体有距角必过东西圈

C. 天体有距角不一定过东西圈
D. 天体过东西圈必无距角,反之亦然

47. 在周日视运动中,当天体赤纬等于0°时,天体将出于________,没于________。
A. 正东;正西
B. 东南;西南
C. 东北;西北
D. 正南;正北

48. 已知测者纬度等于35°N,天体赤纬等于20°S,该天体在周日视运动中________。
A. 永不升出
B. 永不降没
C. 在地平上的时间大于地平下的时间
D. 在地平下的时间大于地平上的时间

49. 已知测者纬度等于60°N,天体赤纬等于25°S,该天体在周日视运动中________。
A. 永不升出
B. 降没时间大于升出时间
C. 升出时间大于降没时间
D. 永不降没

50. 已知测者纬度等于30°S,天体赤纬等于5°N,则该天体降没于________。
A. NW 象限
B. 正西
C. SW 象限
D. 降没象限不能确定

51. 天赤道平面与真地平平面之间的夹角________,可供观测的天体就________。
A. 越小;越多
B. 越小;越少
C. 越大;越少
D. 为零;最多

52. 测者纬度 $\varphi=0°$,天体赤纬 $Dec=30°S$,该天体真出时的圆周方位等于________,半圆方位等于________。
A. 120°;60°SE
B. 210°;30°SW
C. 240°;120°NW
D. 240°;60°SW

53. 测者纬度 $\varphi=0°$,天体赤纬 $Dec=30°S$,该天体真没时的圆周方位等于________,半圆方位等于________。
A. 120°;60°SE
B. 210°;30°SW
C. 240°;120°NW
D. 240°;60°SW

54. 测者纬度 $\varphi=0°$,天体赤纬 $Dec=10°S$,该天体真出时的圆周方位等于________,真没时的圆周方位等于________。
A. 10°;10°
B. 80°;280°
C. 100°;260°
D. 100°;100°

55. 4 月 3 日,位于赤道上的测者上午观测太阳,则太阳的半圆方位命名为________。
A. SE
B. SW
C. NE
D. NW

56. 11 月 10 日,位于赤道上的测者下午观测太阳,则太阳的半圆方位命名为________。
A. SE
B. SW
C. NE
D. NW

57. 位于赤道上的测者观测赤纬等于0°的天体,上午观测该天体的方位等于________。
A. 0°
B. 90°
C. 180°
D. 270°

58. 位于赤道上的测者观测赤纬等于0°的天体，下午观测该天体的方位等于________。

A. 0°　　B. 90°

C. 180°　　D. 270°

59. 当测者位于两极时，________。

A. 所有的天体都不落　　B. 天体高度的增量等于赤纬的增量

C. 天体方位必须用公式计算才能得到　　D. 天体高度随周日视运动不断变化

60. 当测者位于两极，下列叙述哪个正确？

A. 时角变化与赤纬变化相等　　B. 方位变化与高度变化相等

C. 赤纬变化与高度变化相等　　D. 时角变化与高度变化相等

61. 位于两极的测者所见赤纬一定的天体________。

A. 均有出没　　B. 均出于东点没于西点

C. 其方位均在四个象限变化　　D. 均无出没

62. 随着测者纬度的增加，能见天体的数量________。

A. 减小　　B. 增多

C. 不变　　D. 以上均不对

63. 要了解某港口所采用的标准时可由________查得。

A. 中版《航海天文历》　　B. 天体高度方位表

C. 英版《无线电信号表》第二卷　　D. 航海表

64. 船舶航行在世界水域，船钟是指示该地区的区时还是该国的标准时，由________决定。

A. 船长　　B. 该国政府

C. 船公司　　D. 大副

65. 某地经度为123°E，区时 $ZT = 1200$ 时太阳上中天，则时差为________。

A. 0^m　　B. 8^m

C. -8^m　　D. -12^m

66. 某地经度为123°E，时差为 -8^m，则当区时 $ZT = 1200$ 时太阳________。

A. 已中天　　B. 未中天

C. 正好中天　　D. 无法判断

67. 某船在11月3日（时差 $+16^m24^s$）推算太阳中天时船位的经度 $Long = 122°20'.0E$，太阳中天区时 $ZT =$ ________。

A. 1209　　B. 1205

C. 1151　　D. 1135

68. 某船在2月11日（时差 -14^m16^s）日推算太阳中天时船位的经度 $Long = 122°20'.0E$，太阳中天区时 $ZT =$ ________。

A. 1209　　B. 1205

C. 1151　　D. 1135

69. 某船在9月1日（时差为零）推算太阳中天时船位的经度 $Long = 122°20'.0E$，太阳中天区时 $ZT =$ ________。

A. 1209　　B. 1205

C. 1151　　D. 1135

70. 某船在6月13日(时差为零)推算太阳中天的船位的经度 $Long = 122°20'.0E$,太阳中天区时 $ZT=$________。

A. 1209　　B. 1205

C. 1151　　D. 1135

71. 每日的时差值可以在________查得。

A. B105表　　B. 航海天文历

C. 航海表　　D. 航空测天表

72. 每日的时差值可以________为引数在《航海天文历》中查得。

A. 世界时　　B. 经度

C. 纬度　　D. 日期

73. 船舶航行过时区时,驾驶员应________。

A. 立即拨钟　　B. 拨钟后通知船长

C. 根据船长的命令拨钟　　D. 与驾驶员协商拨钟

74. 目前世界各授时台播发的无线电信号可分为________。

①UT_0;②UT_1;③UT_2;④$UTC + DUT_1$

A. ①②　　B. ②④

C. ②③④　　D. ①③④

75. 目前世界各授时台播发的无线电对时时号的基本样式有________。

①平时式;②科学式;③国际式;④新国际式

A. ①②④　　B. ①②③④

C. ②③④　　D. ①②③

76. 目前世界各授时台播发无线电对时时号,它们的详细资料可从下面哪些表册中查取?

①英版《航路指南》;②英版《无线电信号表》第Ⅱ卷;③我国《航海天文历》附表;④航海表

A. ①②③　　B. ②③④

C. ②③　　D. ①②

77. 下列哪项不是天文钟日差的作用?

A. 提高求取的测天世界时的准确性　　B. 判断天文钟的质量

C. 可以不每日对钟　　D. 推算测天时的钟差

78. 测者纬度等于30°N,中天时下列哪种天体的方位变化最快?

A. 赤纬等于20°S　　B. 赤纬等于10°S

C. 赤纬等于0°　　D. 赤纬等于10°N

79. 在周日视运动中,天体有出没,且通过四个象限,天体方位变化最慢的时候是________。

A. 出没时　　B. 过东西圈时

C. 上中天时　　D. 介于出没与东西圈之间时

80. 天体坐标值不受周日视运动影响的是________。

A. 时角和赤纬　　B. 赤经和赤纬

C. 方位和高度　　D. 极距和顶距

81. 太阳视运动是________。

A. 太阳周日视运动和周年视运动的合运动　　B. 太阳周日视运动

C. 太阳周年视运动　　D. 太阳真运动

82. 太阳周年视运动的方向________，太阳周日视运动的方向________。

A. 自西向东；自西向东　　B. 自东向西；自东向西

C. 自东向西；自西向东　　D. 自西向东；自东向西

83. 太阳周年视运动的方向是________。

A. 自东向西　　B. 自西向东

C. 自北向南　　D. 自南向北

84. 太阳周年视运动是由________引起的。

A. 太阳绕地球公转　　B. 地球绕太阳公转

C. 地球自转　　D. 月球绕地球旋转

85. 太阳周年视运动的轨迹是________。

A. 天赤道　　B. 赤纬平行圈

C. 白道　　D. 黄道

86. 黄道是________与天球截得的大圆。

A. 月球绕地球运转的轨道平面　　B. 地球公转轨道平面

C. 太阳绕地球运转的轨道平面　　D. 地球赤道平面

87. 地球自转轴与黄道平面的交角为________。

A. 66°33′　　B. 66°33′+5°08′

C. 23°27′　　D. 66°33′-5°08′

88. 黄赤交角等于________。

A. 27°23′　　B. 23°27′

C. 66°33′　　D. 62°27′

89. 黄道平面与天赤道平面的夹角约为________。

A. 23°.5　　B. 66°.5

C. 90°.0　　D. 45°.5

90. 地球自转轴与其公转轨道平面的夹角约为________。

A. 23°.5　　B. 66°.5

C. 90°.0　　D. 45°.5

91. 地球自转轴始终与黄道平面成约________的夹角。

A. 23°.5　　B. 66°.5

C. 90°.0　　D. 45°.5

92. 春分点和秋分点是________。

A. 天赤道与真地平圈的两交点　　B. 天赤道与测者子午圈的两交点

C. 黄道与白道的两交点　　D. 黄道与天赤道的两交点

93. 黄道与天赤道的两交点是________。

A. 春分点和秋分点　　B. 夏至点和冬至点

C. 南点和北点　　D. 东点和西点

94. 太阳由天赤道北运动到天赤道南所经过的黄道与天赤道的交点称为________。

A. 春分点　　B. 冬至点

C. 秋分点　　D. 夏至点

95. 太阳由天赤道南运动到天赤道北所经过的黄道与天赤道的交点称为________。

A. 春分点　　B. 冬至点

C. 秋分点　　D. 夏至点

96. 太阳在周年视运动中,当其赤经等于000°时,在黄道上的一点为________。

A. 春分点　　B. 秋分点

C. 夏至点　　D. 冬至点

97. 太阳在周年视运动中,当其赤经等于90°时,在黄道上的一点为________。

A. 春分点　　B. 秋分点

C. 夏至点　　D. 冬至点

98. 太阳在周年视运动中,当其赤经等于180°时,在黄道上的一点为________。

A. 春分点　　B. 夏至点

C. 秋分点　　D. 冬至点

99. 太阳在周年视运动中,当其赤经等于270°时,在黄道上的一点为________。

A. 春分点　　B. 秋分点

C. 夏至点　　D. 冬至点

100. 当太阳位于春分点时,________。

A. 赤纬与赤经均等于0°　　B. 赤纬等于23°.5N,赤经等于90°

C. 赤纬等于23°.5S,赤经等于270°　　D. 赤纬等于0°N,赤经等于180°

101. 当太阳位于夏至点时,________。

A. 赤纬与赤经均等于0°　　B. 赤纬等于23°.5N,赤经等于90°

C. 赤纬等于23°.5S,赤经等于270°　　D. 赤纬等于0°N,赤经等于180°

102. 当太阳位于秋分点时,________。

A. 赤经与赤纬均等于0°　　B. 赤经等于90°,赤纬等于23°.5N

C. 赤经等于180°,赤纬等于0°　　D. 赤经等于270°,赤纬等于23°.5S

103. 当太阳位于冬至点时,________。

A. 赤经与赤纬均等于0°　　B. 赤经等于90°,赤纬等于23°.5N

C. 赤经等于180°,赤纬等于0°　　D. 赤经等于270°,赤纬等于23°.5S

104. 已知测者纬度 $\varphi=23°.5N$,太阳过天顶的日期约为________。

A. 3月21日　　B. 6月22日

C. 9月23日　　D. 12月22日

105. 已知测者纬度 $\varphi = 23°.5S$,太阳过天顶的日期约为________。
A. 3 月 21 日　B. 6 月 22 日
C. 9 月 23 日　D. 12 月 22 日

106. 每年 9 月 23 日太阳赤纬约为________,赤经约为________。
A. 0°; 0°　B. 23°.5N;90°
C. 0°; 180°　D. 23°.5S;270°

107. 每年 3 月 21 日太阳赤纬约为________,赤经约为________。
A. 0°; 0°　B. 23°.5N;90°
C. 0°; 180°　D. 23°.5S;270°

108. 每年 6 月 22 日太阳赤纬约为________,赤经约为________。
A. 0°; 0°　B. 23°.5N;90°
C. 0°; 180°　D. 23°.5S;270°

109. 每年 12 月 22 日太阳赤纬约为________,赤经约为________。
A. 0°; 0°　B. 23°.5N;90°
C. 0°; 180°　D. 23°.5S;270°

110. 在太阳周年视运动中,太阳由春分点运行到秋分点的时间和太阳从秋分点运行到春分点的时间相比,两者________。
A. 相等　B. 相差 7 天
C. 相差 5 天　D. 相差 10 天

111. 3 月 21 日到 6 月 22 日,太阳赤纬为________,并且逐渐________。
A. 南;增大　B. 北;增大
C. 北;减少　D. 南;减小

112. 6 月 22 日到 9 月 23 日,太阳赤纬为________,并且逐渐________。
A. 南;增大　B. 北;增大
C. 北;减少　D. 南;减小

113. 9 月 23 日到 12 月 22 日,太阳赤纬为________,并且逐渐________。
A. 南;增大　B. 北;增大
C. 北;减少　D. 南;减小

114. 12 月 22 日到 3 月 21 日,太阳赤纬为________,并且逐渐________。
A. 南;增大　B. 北;增大
C. 北;减少　D. 南;减小

115. 每年 4 月 1 日前后,太阳赤纬变化的特点是________。
A. 南赤纬逐渐减小　B. 南赤纬逐渐增大
C. 北赤纬逐渐减小　D. 北赤纬逐渐增大

116. 地球一年四季周期性的变化是由________引起的。
A. 地球的自转　B. 日地间距离的变化
C. 太阳赤纬的周期性变化　D. 太阳赤经的周期性变化

117.6 月 22 日,测者纬度等于 20°N,向________测得太阳中天高度等于________。

A. 南;86°.5　　B. 北;86°.5

C. 北;46°.5　　D. 南;46°.5

118.12 月 22 日,测者纬度等于 20°S,向________测得太阳中天高度等于________。

A. 南;86°.5　　B. 北;86°.5

C. 北;46°.5　　D. 南;46°.5

119.3 月 21 日,测者纬度 $\varphi=30°N$,太阳的中天高度等于________。

A. 30°　　B. 60°

C. 83°27′　　D. 36°33′

120.6 月 22 日,测者纬度 $\varphi=30°N$,太阳的中天高度等于________。

A. 30°　　B. 60°

C. 83°27′　　D. 36°33′

121.9 月 23 日,测者纬度 $\varphi=30°N$,太阳的中天高度等于________。

A. 30°　　B. 60°

C. 83°27′　　D. 36°33′

122.12 月 22 日,测者纬度 $\varphi=30°N$,太阳的中天高度等于________。

A. 30°　　B. 60°

C. 83°27′　　D. 36°33′

123. 当太阳的中天高度 $H=90°-\varphi+23°27'$时,太阳可能位于________。

A. 春分点　　B. 夏至点

C. 冬至点　　D. B 或 C

124. 一年中太阳赤经在________时变化大,________时变化小。

A. 分点;至点　　B. 至点;分点

C. 分点;分点　　D. 至点;至点

125. 在太阳周年视运动中,其赤经变化最慢时是在________。

A. 近日点　　B. 远日点

C. 春分点　　D. 秋分点

126. 一年中________太阳赤经变化最快。

A. 3 月 21 日　　B. 6 月 22 日

C. 9 月 23 日　　D. 12 月 22 日

127. 在周年视运动中,太阳在秋分点前后,每日赤经变化量 ΔRA 等于________。

A. 66′.6　　B. 59′.2

C. 53′.8　　D. 54′.3

128. 一年中太阳赤经日变化量最大约为________。

A. 54′.3　　B. 53′.8

C. 62′.3　　D. 66′.6

129. 世界各国以法律形式所确定的具体执行的时间,称为________。

A. 区时　　B. 夏令时
C. 标准时　　D. 法定时

130. 根据目的港地理位置的经度,是否可以判断该地所采用的标准时?
A. 可以　　B. 不可以
C. 以上均对　　D. 以上均错

131. 世界各国标准时可由________查得。
A. 中版《航海天文历》　　B. 天体高度方位表
C. 英版《无线电信号表》第二卷法定时部分　　D. 航海表

132. 测者纬度等于 21°N,在夏至这一天,太阳上中天高度大约是________。
A. 87°.5N　　B. 23°.5S
C. 87°.5S　　D. 69°S

133. 测者纬度 $\varphi=40°N$,夏至时太阳中天高度为________,中天方位为________。
A. 50°;0°　　B. 73°.5;0°
C. 50°;180°　　D. 73°.5;180°

134. 已知太阳中天高度 $H=65°38'S$,太阳赤纬 $Dec=10°23'N$,则测者纬度应为________。
A. 13°59′N　　B. 34°45′S
C. 13°59′S　　D. 34°45′N

135. 船舶由东向西过日界线,船钟应________。
A. 不拨　　B. 拨快 1 小时
C. 拨慢 1 小时　　D. 拨至和世界时一致

136. 船舶向东航行穿过日界线船钟应________,日期应________。
A. 拨快 1 小时;减少 1 天　　B. 拨慢 1 小时;增加 1 天
C. 不拨;增加 1 天　　D. 不拨;减少 1 天

137. 船舶向西航行穿过日界线船钟应________,日期应________。
A. 拨快 1 小时;减少 1 天　　B. 拨慢 1 小时;增加 1 天
C. 不拨;增加 1 天　　D. 不拨;减少 1 天

138. 一船东行过日界线,同时另一船西行过日界线,过日界线后则两船________。
A. 时间相同,日期相同　　B. 时间不相同,日期相同
C. 时间相同,日期相差一天　　D. 时间不相同,日期相差两天

139. 世界各国在决定标准时,________。
①一般选用其领土所横跨的某一时区的区时;②所选用区时的时区有可能不在其领土范围内;③不使用区时作为标准时
A. ①②　　B. ②③
C. ①③　　D. ①②③

140. 世界各国在决定标准时,________。
A. 所选用区时的时区必在其领土横跨的最中间
B. 所选用区时的时区必在其领土横跨范围内

C. 有些国家规定本国的标准时在夏季提前1小时或30分钟

D. 以上均不对

141. 夏至时,北纬测者的纬度越________,日照时间越________。

A. 高;短　　B. 高;长

C. 低;长　　D. 低;不定

142. 冬至时,北纬测者的纬度越________,日照时间越________。

A. 高;短　　B. 高;长

C. 低;短　　D. 低;不定

143. 测者纬度 $\varphi=0°$,所见天体赤纬一定,该天体在地平上和地平下的时间________。

A. 不等　　B. 相等

C. 不一定　　D. 以上均错

144. 测者纬度 $\varphi\neq0°$,天体赤纬 $Dec=0°$,则该天体在上天半球________。

A. 过天顶　　B. 过东西点

C. 过东西圈　　D. 以上均不对

145. 夏至时,至少应在纬度________可见极昼现象。

A. 23°.5N　　B. 23°.5S

C. 66°.5N　　D. 66°.5S

146. 冬至时,至少应在纬度________可见极昼现象。

A. 23°.5N　　B. 23°.5S

C. 66°.5N　　D. 66°.5S

147. 6月22日在地球上能见到太阳不落的最低纬度为________。

A. 23°.5N　　B. 80°.S

C. 66°.5N　　D. 66°.5S

148. 每年3月21日~9月23日,对北纬测者来说,太阳将出于________象限,没于________象限。

A. 东南;西南　　B. 东南;西北

C. 东北;西南　　D. 东北;西北

149. 每年9月23日~3月21日,对北纬测者来说,太阳将出于________象限,没于________象限。

A. 东南;西南　　B. 东南;西北

C. 东北;西南　　D. 东北;西北

150. 太阳中天前后,其高度越________,赤纬越________,方位变化越快。

A. 大;接近测者纬度　　B. 大;大

C. 小;小　　D. 小;大

151. 当太阳的周日平行圈与测者真地平圈重合时,测者位于________,并且是在________。

A. 赤道上;春分日或秋分日　　B. 两极;夏至日或冬至日

C. 赤道上;夏至日或冬至日　　D. 两极;春分日或秋分日

152. 在周日视运动中，春分点连续两次经过某地________所经历的时间间隔称为 1 恒星日。

A. 子圈　　B. 午圈

C. 子午圈　　D. 东西圈

153. 在周日视运动中，春分点连续两次在某地________所经历的时间间隔称为 1 恒星日。

A. 上中天　　B. 下中天

C. 视出　　D. 视没

154. 在周日视运动中，________连续两次经过某地午圈所经历的时间间隔称为 1 恒星日。

A. 春分点　　B. 秋分点

C. 夏至点　　D. 冬至点

155. 一个恒星日等于天球旋转________所经历的时间间隔。

A. $360°$　　B. $360° + 53'.8$

C. $360° + 66'.6$　　D. $360° + 59'.14$

156. 在日常生活中不使用恒星时的主要原因是________。

A. 春分点周日视运动不均匀　　B. 时间的起算点不同

C. 春分点在天球上的位置不固定　　D. 恒星日开始的时间与昼夜不固定

157. 日常生活和工作不用恒星时作为时间的计量单位的原因是________。

A. 恒星时与地球的自转无关　　B. 恒星时的周期不固定

C. 恒星时与地球的公转有关　　D. 恒星时与昼夜的关系不固定

158. 下列何种计时与昼夜关系不固定？

A. 恒星时　　B. 视时

C. 平太阳时　　D. 区时

159. 在周日视运动中，太阳连续两次经过某地________所经历的时间间隔称为 1 太阳日。

A. 子圈　　B. 午圈

C. 子午圈　　D. 东西圈

160. 在周日视运动中，太阳连续两次经过某地________所经历的时间间隔称为 1 太阳日。

A. 午圈　　B. 天顶

C. 子圈　　D. 天底

161. 在周日视运动中，太阳连续两次在某地________所经历的时间间隔称为 1 太阳日。

A. 上中天　　B. 下中天

C. 视出　　D. 视没

162. 一个视太阳日等于天球旋转________所经历的时间间隔。

A. $360°$　　B. $360° + 53'.8$

C. $360° + 66'.6$　　D. 介于 B 和 C 之间

163. 恒星每日升出时间与太阳相比要________。

A. 提早约 4 min　　B. 提早约 8 min

C. 晚约 4 min　　D. 晚约 8 min

164. 每天春分点中天的时间比太阳中天的时间________。

A. 推迟约4分钟　　B. 推迟约4秒钟
C. 提前约4分钟　　D. 提前约4秒钟

165. 恒星每天降没的时间比前一日要________。
A. 晚4分钟　　B. 晚8分钟
C. 提早4分钟　　D. 提早8分钟

166. 太阳日逐日长短不等的原因是________。
A. 地球自转速度不均匀　　B. 太阳周年视运动速度不均匀
C. 太阳高度变化不均匀　　D. 太阳方位变化不均匀

167. 一年中视太阳日的长短逐日不一致的主要原因是________。
A. 地球自转　　B. 地球自转的速度不均匀
C. 地球公转　　D. 地球公转的速度不均匀

168. 一个恒星日与一个太阳日的长短不一致的主要原因是________。
A. 地球自转　　B. 地球自转的速度不均匀
C. 地球公转　　D. 地球公转的速度不均匀

169. 一个恒星日与一个平太阳日的长短不一致的主要原因是________。
A. 地球自转　　B. 地球自转的速度不均匀
C. 地球公转　　D. 地球公转的速度不均匀

170. 一年中最长的太阳日与最短的太阳日相差约________。
A. 4分钟　　B. 4秒钟
C. 13分钟　　D. 51秒钟

171. 一个恒星日与一个太阳日最大相差约________。
A. 53′.8　　B. 66′.6
C. 59′.14　　D. 0′.0

172. 在周日视运动中,太阳由测者________起,向________所经历的时间间隔称为视时。
A. 子圈;西　　B. 午圈;西
C. 子圈;东　　D. 午圈;东

173. 视时与太阳的圆周地方时角在数值上相差________。
A. 6小时　　B. 12小时
C. 18小时　　D. 24小时

174. 已知太阳圆周地方时角等于120°,此时视时等于________。
A. 8^h　　B. 10^h
C. 20^h　　D. 00^h

175. 平太阳是一个假想的太阳,它在________作周年视运动。
A. 天赤道上向西　　B. 天赤道上向东
C. 黄道上向西　　D. 黄道上向东

176. 平太阳是一个假想的天体,它在________上________地作周年视运动。
A. 黄道;自西向东　　B. 黄道;自东向西

C. 天赤道;自西向东 D. 天赤道;自东向西

177. 太阳赤经变化比平太阳赤经变化________。

A. 快 B. 慢

C. 有时快,有时慢 D. 相同

178. 平太阳的赤经日变化量约为________。

A. 66′.6 B. 53′.2

C. 62′.3 D. 59′.14

179. 在周日视运动中,平太阳连续两次经过某地________所经历的时间间隔称为1平太阳日。

A. 子圈 B. 午圈

C. 子午圈 D. 东西圈

180. 在周日视运动中,平太阳连续两次在某地________所经历的时间间隔称为1平太阳日。

A. 上中天 B. 下中天

C. 视出 D. 视没

181. 在周日视运动中,________连续两次经过某地子圈所经历的时间间隔称为1平太阳日。

A. 春分点 B. 平太阳

C. 太阳 D. 秋分点

182. 在周日视运动中,平太阳通过________时平太阳日开始计量。

A. 测者午圈 B. 测者真地平圈

C. 东西圈 D. 测者子圈

183. 一个平太阳日等于天球旋转________所经历的时间间隔。

A. 360° B. 360° +53′.8

C. 360° +66′.6 D. 360° +59′.14

184. 一个平太阳日比一个恒星日________。

A. 短 B. 相等

C. 长 D. 长短不确定

185. 一个平太阳日与一个恒星日之间的关系为________。

A. 两者相等

B. 一个平太阳日比一个恒星日长 $3^m56^s.56$

C. 两者无关

D. 一个平太阳日比一个恒星日短 $3^m56^s.56$

186. 从测者子圈起算的时间是________。

A. 地方平时 B. 恒星时

C. 世界时 D. 区时

187. 同一时刻,不同经度上的地方平时相差________。

A. 两地经差 B. 时差

C. 两地纬差 D. 视差

188. 时差是________。

A. 同一时刻,不同测者的平时之差
B. 同一时刻,不同测者的平时与视时之差
C. 同一时刻,同一测者的视时与平时之差
D. 同一时刻,同一测者的视时与世界时之差

189. 时差 = ________。
A. 视太阳时角 - 平太阳时角　　B. 视时 - 平时
C. 平太阳赤经 - 视太阳赤经　　D. 以上均对

190. 一年中时差最大不超过________。
A. 4^m　　B. 8^m
C. 14^m　　D. 17^m

191. 一年中,相邻两天太阳上中天的平时之差最大约为________。
A. 1.5 分钟　　B. 0.5 分钟
C. 2 分钟　　D. 1 分钟

192. 太阳上中天时,平太阳________。
A. 已过中天　　B. 正好中天
C. 还未中天　　D. B 和 C 都有可能

193. 时差为"+",太阳上中天时,平太阳________。
A. 已过中天　　B. 正好中天
C. 还未中天　　D. 是否中天不确定

194. 时差为"-",太阳上中天时,平太阳________。
A. 已过中天　　B. 正好中天
C. 还未中天　　D. 是否中天不确定

195. 时差为"-",地方平时等于 1200 时,________。
A. 太阳中天　　B. 太阳已过中天
C. 太阳还未中天　　D. 太阳和平太阳同时中天

196. 时差为"+",地方平时等于 1200 时,________。
A. 太阳上中天　　B. 太阳已过中天
C. 太阳还未中天　　D. 太阳和平太阳同时上中天

197. 时差为"0",太阳上中天时,平太阳________。
A. 已过中天　　B. 正好中天
C. 还未中天　　D. 是否中天不确定

198. 时差等于 -6^m,太阳上中天时,视时等于________,平时等于________。
A. 1206;1154　　B. 1200;1200
C. 1200;1154　　D. 1200;1206

199. 时差等于 -6^m,平太阳上中天时,视时等于________,平时等于________。
A. 1206;1200　　B. 1154;1200
C. 1200;1154　　D. 1200;1206

200. 视时等于 $09^h30^m30^s$，时差等于 $+4^m30^s$，则平时为________。

A. $09^h30^m30^s$　　B. $09^h35^m00^s$

C. $09^h34^m30^s$　　D. $09^h26^m00^s$

201. 平时等于 $11^h58^m15^s$，视时等于 $11^h57^m15^s$，则时差为________。

A. $+1^m00^s$　　B. -1^m15^s

C. -1^m00^s　　D. $+1^m15^s$

202. 已知太阳在某地上中天的时差等于 -2^m15^s，则该天太阳上中天的地方平时为________。

A. $12^h02^m15^s$　　B. $11^h58^m45^s$

C. $11^h57^m45^s$　　D. $11^h02^m45^s$

203. 测者经度等于150°E，地方平时等于1200，则经度等于60°E的地方平时为________。

A. 1200　　B. 1000

C. 0600　　D. 0800

204. 测者1（经度 $\lambda_1 = 110°W$）的地方平时 $LMT_1 = 08^h(15/9)$，此刻测者2（经度 $\lambda_2 = 125°W$）的地方平时 $LMT_2 =$ ________。

A. $09^h(15/9)$　　B. $07^h(15/9)$

C. $08^h(14/9)$　　D. $09^h(14/9)$

205. 测者1（经度 $\lambda_1 = 120°E$）的地方平时 $LMT_1 = 08^h(15/9)$，此刻测者2（经度 $\lambda_2 = 120°W$）的地方平时 $LMT_2 =$ ________。

A. $00^h(16/9)$　　B. $16^h(15/9)$

C. $08^h(14/9)$　　D. $16^h(14/9)$

206. 已知测者1（经度 $Long_1 = 110°24°.0E$）的地方平时 $LMT_1 = 03^h30^m18^s$，则测者2（经度 $Long_2 = 108°19°.0E$）的地方平时 $LMT_2 =$ ________。

A. $03^h21^m58^s$　　B. $03^h32^m23^s$

C. $03^h38^m38^s$　　D. $03^h30^m18^s$

207. 已知测者1（经度 $Long_1 = 123°30°.0E$）的地方平时 $LMT_1 = 08^h00^m30^s$，则测者2（经度 $Long_2 = 120°00°.0E$）的地方平时 $LMT_2 =$ ________。

A. $07^h46^m30^s$　　B. $08^h14^m30^s$

C. $08^h00^m30^s$　　D. $07^h57^m30^s$

208. 已知测者1（经度 $Long_1 = 110°30°.0E$）的地方平时 $LMT_1 = 10^h42^m00^s(3/12)$，则测者2（经度 $Long_2 = 110°00°.0W$）的地方平时 $LMT_2 =$ ________。

A. $20^h00^m00^s(2/12)$　　B. $09^h20^m00^s(3/12)$

C. $08^h00^m00^s(2/12)$　　D. $21^h20^m00^s(3/12)$

209. 太阳上中天的地方平时通常不等于1200点，其原因是________。

A. 测者经度与时区中线经度存在经差　　B. 测者经度与时区中线经度存在时差

C. 地方平时与地方视时之间存在时差　　D. 协调时与平时之间存在时角差

210. 一个平太阳日与一个视太阳日的长短不一致的主要原因是________。

A. 地球自转　　B. 地球自转的速度不均匀

C. 地球公转　　D. 地球公转的速度不均匀

211. 产生时差的原因是________。

A. 地球自转　　B. 太阳周日视运动

C. 地球自转的速度不均匀　　D. 地球公转的速度不均匀

212. 世界时是建立在________基础上的时间系统。

A. 原子能级跃迁频率　　B. 地球公转运动

C. 太阳周年视运动　　D. 地球自转运动

213. 原子时系统是建立在________基础上的时间系统。

A. 地球公转　　B. 地球自转

C. 原子能级跃迁频率　　D. 以上均错

214. 以春分点的周日视运动的周期作为时间的计量单位得到________。

A. 恒星时　　B. 视时

C. 平时　　D. 协调世界时

215. 以太阳的周日视运动的周期作为时间的计量单位得到________。

A. 恒星时　　B. 视时

C. 平时　　D. 协调世界时

216. 以平太阳的周日视运动的周期作为时间的计量单位得到________。

A. 恒星时　　B. 视时

C. 平时　　D. 协调世界时

217. 将世界时时刻分成 UT_0、UT_1 和 UT_2 是考虑了________的因素。

A. 地球自转　　B. 地球自转的速度不均匀

C. 地球公转　　D. 地球公转的速度不均匀

218. 天文航海中所用的时间计量单位是________。

A. 原子时　　B. 协调世界时

C. 世界时　　D. 恒星时

219. 天文航海上所采用的对时信号是________。

A. UT_0　　B. UT_1

C. UT_2　　D. UTC

220. 校对天文钟所采用的对时信号是________。

A. UT_0　　B. UT_1

C. UT_2　　D. UTC

221.《航海天文历》中给出的世界时是________的时刻。

A. UT_0　　B. UT_1

C. UT_2　　D. UTC

222. 从格林子圈起算的时间是________。

A. 地方平时　　B. 恒星时

C. 世界时　　D. 区时

223. 时差 = $+4^m$，世界时 $GMT=00^h00^m00^s$，平太阳和视太阳的格林时角 GHA 分别为________。

A. 179°、180° B. 181°、180°

C. 180°、181° D. 180°、179°

224. 协调世界时是受________制约的原子时系统。

A. UT_0 B. UT_1

C. UT_2 D. 恒星时

225. UTC 与 UT_1 应保持在________。

A. $\pm 0^s.5$ B. $\pm 0^s.9$

C. $\pm 0^m.5$ D. $\pm 0^m.9$

226. 与地球自转无关的时间是________。

A. 世界时 B. 协调世界时

C. 原子时 D. 区时

227. ________作为该时区的区时。

A. 时区边界的地方平时 B. 世界时

C. 平时 D. 时区中线的地方平时

228. 东时区的区号为________，西时区的区号为________。

A. + ; - B. - ; +

C. - ; - D. + ; +

229. 不同测者的区时相差________。

A. 区号之差 B. 纬差

C. 经差 D. 时差

230. 经度 $\lambda=112°E$ 的地方平时 $LMT=11^h28^m$，此刻该时区的区时 $ZT=$________。

A. 11^h B. 11^h28^m

C. 11^h56^m D. 12^h

231. 经度 $\lambda=112°W$ 的地方平时 $LMT=11^h28^m$，此刻该时区的区时 $ZT=$________。

A. 11^h B. 11^h28^m

C. 11^h56^m D. 12^h

232. 已知测者经度 $Long=30°42'.0W$，所在时区的区时 $ZT=22^h50^m48^s$（2 月 11 日），则该地的地方平时 $LMT=$________。

A. $22^h48^m00^s$（11/2） B. $22^h50^m48^s$（11/2）

C. $22^h51^m00^s$（12/2） D. $23^h50^m48^s$（11/2）

233. 某地经度 $Long=122°23'E$，地方平时 $LMT=21^h04^m36^s$（3 月 5 日），该地的区时为________。

A. $20^h55^m04^s$（3 月 5 日） B. $21^h55^m04^s$（3 月 5 日）

C. $21^h04^m36^s$（3 月 5 日） D. $20^h50^m00^s$（3 月 5 日）

234. 已知某地经度 $Long=117°E$，此时时差等于 $+8^m$，太阳在该地上中天的区时为________。

A. 1208 B. 1152

C. 1148 D. 1204

235. 同一时刻不同时区的区时相差________。

A. 两地的纬差　　B. 两地的经差

C. 两时区中线经度之差　　D. 测者的经度

236. 5 月 12 日,区时 2010,船舶位于经度 *Long* = 68°20°.0W 处,此时世界时 *GMT* 为________。

A. 2010(12/5)　　B. 1510(12/5)

C. 0110(12/5)　　D. 0110(13/5)

237. 8 月 8 日,区时 *ZT* = 0800(−8),此刻世界时 *GMT* = ________。

A. 00^h(7/8)　　B. 00^h(8/8)

C. 08^h(7/8)　　D. 12^h(8/8)

238. 8 月 8 日,区时 *ZT* = 1600(+8),此刻世界时 *GMT* = ________。

A. 00^h(9/8)　　B. 00^h(8/8)

C. 08^h(7/8)　　D. 12^h(8/8)

239. 我国某轮航行在西七区,应在船时________发传真才能使国内总公司在 5 月 12 日早 0800 收到该传真。

A. 0800(12/5)　　B. 0900(11/5)

C. 2300(12/5)　　D. 1700(11/5)

240. 我国某轮航行在西七区,在船时 5 月 11 日 1700 发传真,国内总公司在________收到该传真。

A. 0800(12/5)　　B. 0800(11/5)

C. 2300(12/5)　　D. 2300(11/5)

241. 船舶向东航行进入相邻时区,船钟应________。

A. 拨慢 20 分钟　　B. 拨快 20 分钟

C. 拨快 1 小时　　D. 拨慢 1 小时

242. 船舶向东航行进入相邻时区,船钟一般应________。

A. 拨快 1 小时　　B. 拨慢 1 小时

C. 不拨　　D. 指示世界时

243. 船舶向西航行进入相邻时区,船钟一般应________。

A. 拨快 1 小时　　B. 拨慢 1 小时

C. 不拨　　D. 指示世界时

244. 船舶由东十二时区进入西十二时区船钟应________。

A. 拨快 1 小时　　B. 拨慢 1 小时

C. 不拨　　D. 指示世界时

245. 船舶由西十二时区进入东十二时区船钟应________。

A. 拨快 1 小时　　B. 拨慢 1 小时

C. 不拨　　D. 指示世界时

246. 日界线原则上是________,考虑到行政区域有若干曲折。

A. 0°经线　　B. 时区边界线

C. 180°经线　　D. 时区中线

247. 船舶由西向东过日界线,船钟应________。

A. 不拨　　B. 拨快 1 小时

C. 拨慢 1 小时　　D. 拨至和世界时一致

248. 已知测者纬度为 23°.5N,太阳过天顶的日期为________。

A. 12 月 22 日　　B. 3 月 21 日

C. 6 月 22 日　　D. 9 月 23 日

249. 船舶东行过东 11 区,0950(10 月 2 日),10 分钟后过时区,则过后的时间为________。

A. 0900(10 月 2 日)　　B. 1100(10 月 2 日)

C. 1000(10 月 3 日)　　D. 1100(10 月 3 日)

250. 船舶东行过西 11 区,0950(10 月 2 日),10 分钟后过时区,则过后的时间为________。

A. 0900(10 月 2 日)　　B. 1100(10 月 2 日)

C. 1000(10 月 3 日)　　D. 1100(10 月 3 日)

251. 船舶西行过东 11 区,0950(10 月 2 日),10 分钟后过时区,则过后的时间为________。

A. 0900(10 月 2 日)　　B. 1100(10 月 2 日)

C. 1000(10 月 3 日)　　D. 1100(10 月 3 日)

252. 船舶西行过西 11 区,0950(10 月 2 日),10 分钟后过时区,则过后的时间为________。

A. 0900(10 月 2 日)　　B. 1100(10 月 2 日)

C. 1000(10 月 3 日)　　D. 1100(10 月 3 日)

253. 三副晚上 10 点拨钟(东行过 1 个时区)一次拨 1 小时,每个驾驶员少值 20 分钟,则三副与二副交接班的时间为________。

A. 1140　　B. 1120

C. 0020　　D. 0040

254. 三副晚上 10 点拨钟(西行过 1 个时区)一次拨 1 小时,每个驾驶员多值 20 分钟,则三副与二副交接班的时间为________。

A. 1140　　B. 1120

C. 0020　　D. 0040

255. 关于国际日期变更线说法错误的是________。

A. 东十二区和西十二区的时区中线称为国际日期变更线

B. 国际日期变更线是指 180°经线,简称日界线

C. 日界线是一条以 180°经线为主线的折线

D. 180°经线的西侧为西十二区,东侧为东十二区

256. 下列关于标准时和法定时说法错误的是________。

A. 标准时是在考虑一国实际情况的基础上,以法律规定作为本国的统一时间

B. 根据目的港地理位置的经度,就可以判断该地使用的标准时

C. 关于各国的具体时间制度的规定,可查阅英版《无线电信号表》第二卷

D. 关于各国的具体时间制度的规定,可查阅英版《航海天文历》所附的标准时一览表

257. 新加坡港的纬度01°16′N，经度103°50′E，根据其经度求得新加坡港位于东七时区，关于新加坡的标准时间，以下说法错误的是________。

A. 新加坡的标准时间是东七时区的区时

B. 新加坡的标准时间不一定是东七时区的区时

C. 新加坡的标准时间可以查阅英版《无线电信号表》第二卷中的法定时部分求得

D. 新加坡的标准时间可以查阅英版《航海天文历》附表的"标准时一览表"求得

258. 关于当地标准时的使用规定，二副查阅《无线电信号表》第二卷，资料如图所示，则下列说法正确的是________。

LEGAL TIME

Territory	Standard Time	Daylight Saving Time		
			Begins	Ends
Chatham Is.	-12¾	-13¾	First Sun in Oct	Sat before thrid Sun in March
Chile	+0.4	03	Sat before second Sun in Oct	Sat before second Sun in March
Chins	-0.8	·		

A. Chile 的当地标准时采用西四区的区时，法定时采用西三区的区时

B. Chile 的当地标准时采用东四区的区时，法定时采用东三区的区时

C. Chile 的当地法定标准时采用西四区的区时，夏令时采用西三区的区时

D. Chile 的当地法定标准时采用东四区的区时，夏令时采用东三区的区时

259. 某天体赤纬 $Dec=35°S$，$GHA=220°$，则该天体地理位置为________。

A. $\varphi35°N,\lambda220°W$　　B. $\varphi35°S,\lambda140°W$

C. $\varphi35°S,\lambda140°E$　　D. $\varphi35°N,\lambda140°E$

260. 已知天体格林时角 $GHA=200°$，天体赤纬 $Dec=20°N$，则天体地理位置为________。

A. 20°N,160°W　　B. 20°N,160°E

C. 20°N,10°W　　D. 20°N,200°W

261. 天体赤纬 $Dec=10°N$，春分点格林时角 $GHA_{\gamma}=50°$，天体赤经 $RA=310°$，则天体地理位置为________。

A. 10°N,100°W　　B. 50°S,100°E

C. 10°N,100°E　　D. 50°S,100°W

262. 当天体格林时角 $GHA>180°$时，$360°-GHA=$________。

A. 天体地理位置的东经　　B. 天体地理位置的南纬

C. 天体地理位置的西经　　D. 天体地理位置的北纬

263. 当天体格林时角 $GHA>180°$时，其地理位置的经度等于________。

A. GHA(W)　　B. $360°+GHA$(W)

C. $360°-GHA$(E)　　D. GHA(E)

264. 天体赤纬等于其地理位置的________。

A. 纬度　　B. 经度
C. 方位　　D. 纬差

265. 天文船位圆的圆心和半径分别是________。
A. 测者地理位置、天体真顶距　　B. 测者地理位置、天体高度
C. 天体地理位置、高度差　　D. 天体地理位置、天体真顶距

二、简答题

1. 世界时系统根据参考点的不同可分为哪几类？它们分别以什么作为参考点？
2. 天体在周日视运动中，有出没、不出、不没，应分别满足什么条件？请作图说明。
3. 简述天体在周日视运动中高度和方位随时间变化的特点。
4. 时区是如何划分的？如何求时区号。

参考答案

1. A	2. A	3. D	4. B	5. A	6. A	7. B	8. A	9. C	10. C
11. B	12. D	13. C	14. D	15. A	16. B	17. B	18. D	19. B	20. C
21. C	22. A	23. C	24. A	25. C	26. D	27. B	28. A	29. A	30. D
31. C	32. D	33. C	34. A	35. C	36. C	37. B	38. B	39. C	40. C
41. C	42. B	43. A	44. C	45. C	46. D	47. A	48. D	49. B	50. A
51. B	52. A	53. D	54. C	55. C	56. B	57. B	58. D	59. B	60. C
61. D	62. A	63. C	64. A	65. D	66. A	67. D	68. B	69. C	70. C
71. B	72. D	73. C	74. B	75. A	76. C	77. C	78. D	79. D	80. B
81. A	82. D	83. B	84. B	85. D	86. B	87. A	88. B	89. A	90. B
91. B	92. D	93. A	94. C	95. A	96. A	97. C	98. C	99. D	100. A
101. B	102. C	103. D	104. B	105. D	106. C	107. A	108. B	109. D	110. B
111. B	112. C	113. A	114. D	115. D	116. C	117. B	118. A	119. B	120. C
121. B	122. D	123. D	124. B	125. D	126. D	127. C	128. D	129. D	130. B
131. C	132. A	133. D	134. D	135. A	136. D	137. C	138. C	139. D	140. C
141. B	142. A	143. B	144. B	145. C	146. D	147. C	148. D	149. A	150. A
151. D	152. B	153. A	154. A	155. A	156. D	157. D	158. A	159. A	160. C
161. B	162. D	163. A	164. C	165. C	166. B	167. D	168. C	169. C	170. D
171. B	172. A	173. B	174. C	175. B	176. C	177. C	178. D	179. A	180. B
181. B	182. D	183. D	184. C	185. B	186. A	187. A	188. C	189. D	190. D
191. B	192. D	193. C	194. A	195. C	196. B	197. B	198. D	199. B	200. D
201. C	202. A	203. C	204. B	205. D	206. A	207. A	208. A	209. C	210. D
211. D	212. D	213. C	214. A	215. B	216. C	217. B	218. C	219. B	220. B

221. B　222. C　223. C　224. B　225. B　226. C　227. D　228. B　229. A　230. A
231. C　232. A　233. A　234. D　235. C　236. D　237. B　238. A　239. D　240. A
241. C　242. A　243. B　244. C　245. C　246. C　247. A　248. C　249. B　250. B
251. A　252. A　253. D　254. B　255. D　256. B　257. A　258. C　259. C　260. B
261. A　262. A　263. C　264. A　265. D

部分答案解析

5. (6 题参见本题解析)天体周日视运动是由地球自转引起的天体的向相反方向旋转的运动,其周期都是地球自转一周的时间即一天。

7. (8 ~ 10 题参见本题解析)恒星在周日视运动中,赤纬变化很小可以忽略,所以其运动轨迹是绕天轴运动形成的圆,即赤纬圈;而太阳、月亮、行星在一天中,赤纬变化较大,所以它们的运动情况是一边绕天轴旋转,一边产生赤纬变化(在球面是逐渐靠近或远离天极),运动轨迹是一条连续的球面螺旋线。

11. (12 ~ 19 题参见本题解析)天体有出没的条件是 $Dec < 90° - \varphi$(Dec 与 φ 同名异名都可),所以没有出没的天体 $Dec \geqslant 90° - \varphi$,且当 Dec 与 φ 同名时不降没,异名时不升出。

20. 位置角是在天文三角形中天体高度圈和天体时圈在球面上所夹的球面角。3 月 21 日太阳的赤纬为零,太阳真出位置刚好在真地平上的东点,此时天体高度圈和天体时圈的弧长刚好为 90°,距球面三角形的特性,此时的球面角与球面角所夹的弧长(余纬)相等,所以位置角是 60°。

21. (22 题参见本题解析)极昼即太阳不降没,同上题,不降没的条件为 $Dec \geqslant 90° - \varphi$,且 Dec 与 φ 同名,6 月 22 日太阳赤纬 23°27′N,故天体赤纬应不小于 66°33′N。

28. 天体上中天(天体在测者午圈)的方位如图所示,天体 B 上中天的方位为 $\angle BZP_N = 180°$,而天体 C 上中天方位为 $\angle CZP_N = 0°$,天体上中天方位的规律为 $Dec > \varphi$ 且同名,半圆方位为 0°(或方位与纬度名称相同),如天体 C;$Dec < \varphi$ 且同名或者当 Dec 与 φ 异名,天体半圆方位为 180°(或方位与测者纬度相反),如天体 B、D。

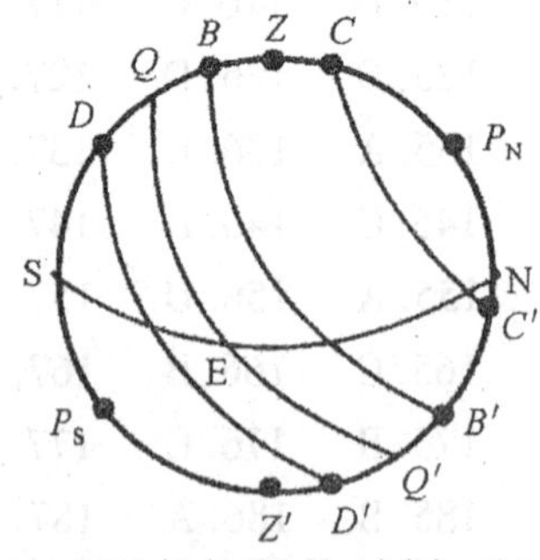

36. 天体上中天即天体周日视运动时过测者午圈的时刻,此时的方位为正南或正北,若天体赤纬等于测者纬度时中天天体刚好在正头顶,此时没有方位;此题测者在北纬,天体是南赤纬,所以中天方位当然是正南。

37. 高度的公式为 $H = 90° - |\varphi - Dec|$，$Dec$ 与纬度 φ 同名时取正值，异名时取负值。在春分点和秋分点 $Dec = 0°$，所以 $H = 90° - |\varphi|$，两者高度相等。

38. 两天体同时上中天，说明它们位于同一时圈（测者午圈），根据赤经的定义：由春分点起沿天赤道向东度量到天体时圈，两天体赤经的起算点到结束点都相等，可知赤经相等。

39. 天体上中天高度的公式为 $H = 90° - |\varphi - Dec|$，测者在赤道，该天体在北天半球，应向北测。

40. （47 题参见本题解析）根据天体有出没的条件：$Dec < 90° - \varphi$（Dec 与 φ 同名异名都可），可判断该天体有出没。天体在地平上（下）时间长短规律：Dec 与 φ 同名，地平上的时间大于地平下的时间；Dec 与 φ 异名，地平上的时间小于地平下的时间。

41. （46、49 题参见本题解析）关于天体出没象限，出没象限的第一名称与天体赤纬同名，第二名称出为 E、没为 W 是个规律。当天体赤纬为 0 时，则天体升出于正东，降没于正西。另外判断出没象限之前，应先确定天体是否有出没。

42. 天体在周日视运动中经过几个象限：当 $Dec > \varphi$ 且同名时，经过两个象限；当 $Dec < \varphi$ 且同名时或 Dec 与 φ 异名时，经过四个象限。

44. 当 $Dec = \varphi$ 且同名时过天顶，当 $Dec = \varphi$ 且异名时过天底，太阳在一年中有两次 $Dec = 20°N$。

51. 如图所示，测者可观测到的天体为上天半球的天体，其范围为图中阴影部分，其赤纬范围：$90°(\angle P_NOQ) + \angle SOQ$，随着天赤道平面与真地平平面之间的夹角变小，$\angle SOQ$ 变小，即可供观测天体赤纬范围变小，所以可供观测天体就越少

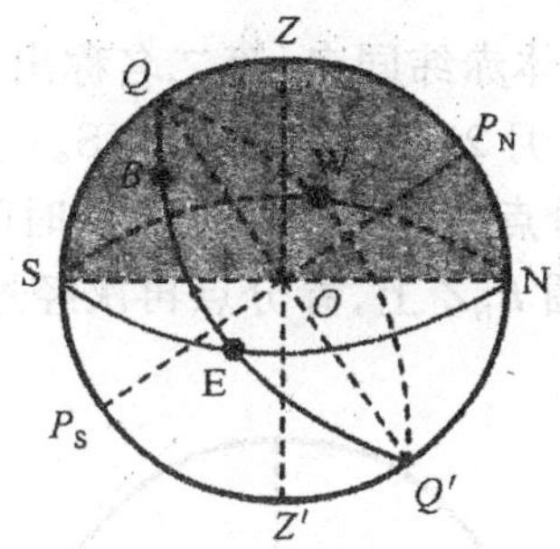

52. 天体真出没的方位可用公式 $\cos A = \frac{\sin\delta}{\cos\varphi}$ 计算，其中 φ 取正值；δ 与 φ 同名为正，异名为负，当 φ 为 0 时 δ 为正；方位 A 为半圆方位，第一名称同 φ，第二名称真出为 E，真没为 W。

55. 太阳半圆方位命名：第一名称同 φ，当 φ 为 0 时同 δ，第二名称上午为 E，下午为 W。

57. （58 题参见本题解析）如图所示，测者纬度及天体赤纬均为 0（图中天体 B），上午位于东圈，方位为 E(90°)，下午位于西圈，方位为 W(270°)。

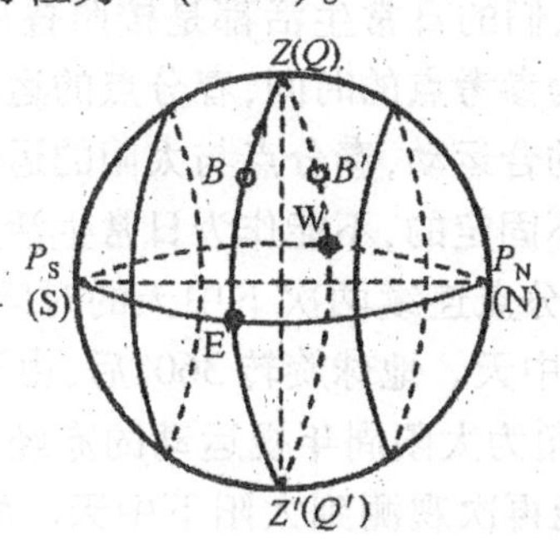

59.(60 题参见本题解析)当测者位于两极,上天半球天体不没,下天半球天体不出,天体赤纬圈与天体高度圈重合,天赤道与测者真地平重合,所以天体高度的变化和赤纬的变化相等。

62.如 51 题解析图所示,测者可观测到的天体为上天半球的天体,其范围为图中阴影部分,其赤纬范围:90°($\angle P_NOQ$) + $\angle SOQ$,随着测者纬度$\angle ZOQ$增加,$\angle SOQ$(= 90°—$\angle ZOQ$)将减少,即可观测天体赤纬范围 90°(即$\angle P_NOQ$) + $\angle SOQ$减少,可见天体范围减少。

65.太阳上中天说明视时为 1200,根据 $LMT = ZT \pm D\lambda$,可求平时为 1212,所以时差为 -12^m。

66.根据 $LMT = ZT \pm D\lambda$,可求平时为 1212,根据时差可求视时为 1204,而太阳上中天的时间为视时 1200,说明太阳已过中天。

67.时差每年有 4 次为 0:4 月 15 日、6 月 13 日、9 月 1、12 月 25 日;两个正的峰值:5 月 14 日为 $+3^m44^s$,11 月 3 日为 $+16^m24^s$;两个负的峰值:2 月 11 日为 -14^m16^s,7 月 26 日为 -6^m28^s。根据 $LMT = ZT \pm D\lambda$,可求平时。根据上面的时差值和平时可求视时,若视时小于 1200,则太阳还未中天;大于 1200,则太阳已过中天;若视时为 1200,则太阳正好中天。

117.(118 ~ 122 题参见本题解析)根据天体上中天高度的计算公式 $H = 90° - |\varphi - Dec|$,可求天体上中天高度大小,观测方向或者中天高度的方向规律:$Dec > \varphi$ 且同名,方向或高度名称与纬度名称相同;$Dec < \varphi$ 且同名或者 Dec 与 φ 异名,方向或者高度名称与测者纬度相反。

142.参见 57 题解析图。

143.参见 51 题解析图,天体 B。

148.天体出没象限的第一名称与天体赤纬同名,第二名称出为 E、没为 W。3 月 21 日—9 月 23 日太阳赤纬为 N,9 月 23 日—3 月 21 日太阳赤纬为 S。

154.如图所示,一个恒星日等于春分点连续两次上中天的时间间隔。此图为从北极看的天球俯视图,此时春分点位于测者午圈 P_NZ 上,春分点再次经过该位置,需要地球旋转 360°,相当于地球不动,天球旋转 360°。

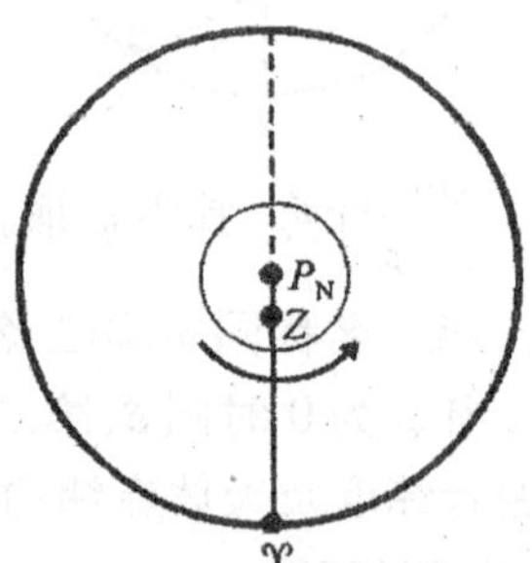

155.(156、157 题参见本题解析)人们的日常生活都是按照昼夜来安排的,即根据太阳的运动情况安排。恒星时是以春分点为参考点的时间,春分点的运动只有周日视运动,而太阳的运动是周日视运动和周年视运动的合运动,春分点与太阳的运动情况不一样,所以以春分点为参考点的恒星时与昼夜关系是不固定的,不能作为日常生活用时。

162.如图所示,一个太阳日等于春分点连续两次下中天的时间间隔。此图为从北极看的天球俯视图,太阳在位置 1 时正好下中天。地球旋转 360°后,由于太阳有周年视运动,太阳运动到位置 2,位置 1 和位置 2 的夹角为太阳周年视运动的赤经日变量(53′.8 ~ 66′.6),地球还需要再旋转(53′.8 ~ 66′.6)才能再次观测到太阳下中天。所以,太阳连续两次下中天的时间间隔为地球旋转 360° +（53′.8 ~ 66′.6），相当于地球不动，天球旋转了 360° +（53′.8 ~ 66′.6）。

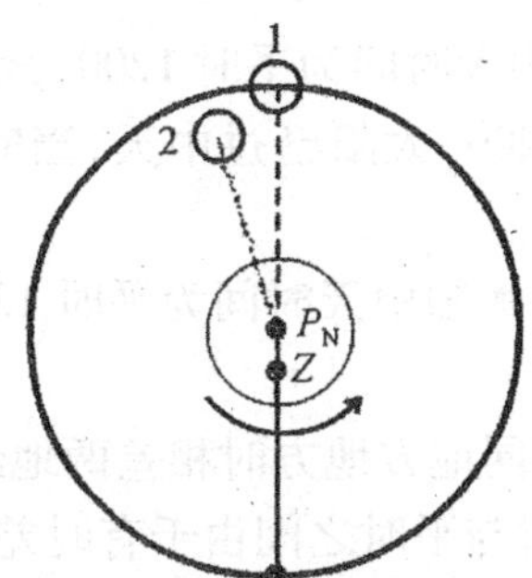

163.（164 题参见本题解析）恒星和春分点一样，连续两次经过同一位置的时间间隔为地球旋转 360°的时间，而太阳连续两次经过同一位置的时间间隔为地球旋转 360°的时间 +（53′.8 ~ 66′.6），每天较恒星多 53′.8 ~ 66′.6（约 4^m），所以恒星和春分点每日升出、降没、中天时间都要比太阳提前约 4^m。

166.（167 参见本题解析）一个太阳日为地球旋转 360° +（53′.8 ~ 66′.6）不等，原因是太阳周年视运动赤经日变化不相等（赤经日变化 53′.8 ~ 66′.6），即太阳周年视运动不均匀，也即地球公转不均匀。

168.（169 题参见本题解析）一个恒星日等于地球旋转 360°，一个太阳日为地球旋转 360° +（53′.8 ~ 66′.6），两者不相等是由于太阳有周年视运动，而春分点没有。太阳周年视运动是地球转引起。

170. 最短太阳日为 53′.8，最长太阳日为 360° +66′.6，两者相差 66′.6 − 53′.8 = 12′.8≈51 秒。

171. 最长太阳日为 360 +66′.6，一个恒星日为 360°，两者相差 66′.6。

173.（174 题参见本题解析）视时由测者子圈起向西到太阳的时圈；太阳的圆周地方时角由测者午圈起向西到太阳的时圈，两者起算点相 180°，也即 12 小时。所以有 $T^{\odot} = LHA^{\odot} \pm 180°$ (12^h)。

177.（178 题参见本题解析）太阳赤经日变量为 53′.8 ~ 66′.6 不等，而平太阳赤经日变量均匀，为 59°.14。

184. 一个平太阳日和一个视太阳日都同样比恒星日长一个赤经日变量，平太阳赤经日变量均匀，为 59′.14，所以一个平太阳日为 360° +59′.14，比一个恒星日长 $3^m56^s.56$。

188.（189 题参见本题解析）时差是同一时刻，同一测者的视时与平时之差，即 $T^{\odot} - T = t^{\odot} \pm 180° - (t^{\oplus} \pm 180°) = t^{\odot} - t^{\oplus} = LHA_{\gamma} - RA^{\odot} - (LHA_{\gamma} - RA^{\oplus}) = RA^{\oplus} - RA^{\odot}$。

191. 太阳赤经日变量与平太阳赤经变量相差最大时为 66′.6 − 59′.14，因此一年中，相邻两天太阳上中天的平时之差最大约为 66′.6 − 59′.14 = 7′.46≈30^s。

192. 太阳赤经变化比平太阳赤经变化，有时快，有时慢，所以在周日视运动中，太阳运动速度比平太阳也是有时快，有时慢，所以太阳上中天时，平太阳可能已中天，也可能未中天，也可能正好中天。

193.（194、197 题参见本题解析）时差为 +，说明视时比平时大，即太阳超前于平太阳，当太阳中天时，平太阳还未中天；时差为 −，说明视时比平时小，即太阳落后于平太阳，当太阳中天时，平太阳已过中天;时差为0,说明视时等于平时,太阳与平太阳处于同一位置,两者同时中天。

195. (196题参见本题解析)平太阳中天时间为平时1200,太阳中天时间为视时1200。当时差为+,平时为1200时,视时大于1200,太阳已过中天;当时差为-,平时为1200时,视时小于1200,太阳还未中天。

198. (199~202题参见本题解析)平太阳中天时间为平时1200,太阳中天时间为视时1200,然后根据时差=视时-平时计算。

203. (204~208题参见本题解析)不同地方地方时相差两地经度之差,且时间东大西小。

209. 太阳中天时间为视时1200,视时与平时之间由于有时差存在,平时并不是1200。

210. 平太阳是假想天体,做等速周年视运动,每日赤经变化量固定为59′.14;而由于地球公转不均匀使太阳的周年视运动不均匀,太阳赤经日变量为53′.8~66′.6不等,导致一个视太阳日与一个平太阳日不相等。

211. 太阳赤经变化比平太阳赤经变化,有时快,有时慢,所以在周日视运动中,太阳运动速度比平太阳也是有时快,有时慢,有时超前于平太阳,有时落后于平太阳,导致同一时刻平时与视时不相等,即产生时差。

223. 时差=视时-平时,*GMT* 0时即平太阳格林时角为180°,此时视时为1204,所以视太阳格林时角为181°。

230. (230~232题参见本题解析)地方时与区时的关系:$LMT = ZT \pm D\lambda$($D\lambda$ 为测者经度-时区中线经度,且 $D\lambda$ 为E,前面的符号取+;$D\lambda$ 为W,前面的符号取-)。

234. 太阳上中天,说明此时视时为1200,根据时差可求平时为1152,然后根据 $LMT = ZT \pm D\lambda$ 求区时。

236. (236、237题参见本题解析)区时与世界时的关系:$GMT = ZT + ZD$。求取区号 ZD 的方法:把当地经度除以15°,若余数小于7°.5则商为区号,若余数大于7°.5,则商+1为区号,最后在区号前冠以正负号,东时区为-,西时区为+。

239. (240题参见本题解析)不同时区区时相差时区号之差,我国为东八区,区时比西七区大15小时,5月12日早0800减15小时为5月11日1700。(船时即近似的区时。)

259. 天体地理位置的地理纬度=天体赤纬,且符号一致;
当天体格林时角小于180°时,天体地理位置的地理经度=天体格林时角,且符号为W;
当天体格林时角大于180°时,天体地理位置的地理经度=360°-天体格林时角,且符号为E。

262. 春分点格林时角 GHA_{γ} - 天体赤经 RA = 天体格林时角 GHA,其他参见第259题解析。

第七章　测定罗经差

第一节　利用陆标测定罗经差

一、选择题

1. 海图上两叠标线上标注的方位为168°，当船舶发现两叠标前后重合时，用陀螺罗经观测前标的方位是167°，那么陀罗差为________。

A. +1°　　B. −1°
C. +2°　　D. −2°

2. 海图上两叠标线上标注的方位为168°，当船舶发现两叠标前后重合时，用陀螺罗经观测前标的方位是169°，那么陀罗差为________。

A. +1°　　B. −1°
C. +2°　　D. −21°

3. 海图上两叠标线上标注的方位为168°，当船舶发现两叠标前后重合时，用标准罗经观测前标的方位是170°，那么罗经差为________。

A. +1°　　B. −1°
C. +2°　　D. −2°

4. 海图上两叠标线上标注的方位为168°，当船舶发现两叠标前后重合时，用标准罗经观测前标的方位是166°，那么罗经差为________。

A. +1°　　B. −1°
C. +2°　　D. −2°

5. 观测叠标罗方位求罗经差时，如何求取叠标的真方位？

A. 利用公式计算　　B. 在海图上量取
C. 直接观测得到　　D. 参照以前的观测记录

二、简答题

1. 简述观测叠标方位求罗经差的方法和步骤。

2. 简述观测叠标方位求罗经差的优缺点。

参考答案

1. A　2. B　3. D　4. C　5. B

部分答案解析

1. 标注方位为 TB,观测方位为 GB,$\Delta G = TB - GB$。
3. 标注方位为 TB,观测方位为 CB,$\Delta C = TB - CB$。

第二节　利用陀螺罗经与磁罗经比对求罗经差

一、选择题

1. 某船陀罗航向 GC 207°,陀罗差 ΔG 1°.5E,标准罗经航向 CC 202°,则磁罗经差 ΔC 为________。
   A. 3°.5E　　B. 3°.5W
   C. 6°.5E　　D. 6°.5W
2. 某船标准罗经航向 CC 212°,罗经差 ΔC 5°.5W,陀罗航向 GC 207°,则陀罗差 ΔG 为________。
   A. 0°.5E　　B. 0°.5W
   C. 10°.5E　　D. 10°.5W
3. 陀罗航向与罗航向比对求罗经差时,要求________。
   A. 先读或后读罗航向均可　　B. 先读陀罗航向,后读罗航向
   C. 先读罗航向,后读陀罗航向　　D. 同时读取罗航向和陀罗航向

参考答案

1. C　2. B　3. D

部分答案解析

1. 根据 $TC = GC + \Delta G$,$\Delta C = TC - CC$ 计算。
2. 根据 $TC = CC + \Delta C$,$\Delta G = TC - GC$ 计算。

第三节　利用天体测罗经差

一、选择题

1. 当天体的赤纬趋近________、天体方位趋近________时，由推算船位的误差而引起的天体方位误差将趋于零。
   A. 0°;0°　　B. 90°;0°
   C. 0°;90°　　D. 180°;0°
2. 罗经面相对于真地平面的倾斜角 θ 对观测天体罗方位的误差的影响是________。
   A. θ 越大，误差越大　　B. θ 越小，误差越大
   C. 无影响　　D. 影响不大
3. 在天测罗经差中，当罗经面的倾斜角一定时，所测天体的高度越________，观测天体罗方位的误差越________。
   A. 高;小　　B. 低;大
   C. 低;小　　D. 以上均错
4. 在天测罗经差中，当被测天体的高度一定时，罗经面的倾斜角越________，观测天体罗方位的误差越________。
   A. 大;小　　B. 小;大
   C. 小;小　　D. 以上均错
5. 天体高度为 30°，罗经面倾斜________可引起观测方位最大产生 0°.6 的误差。
   A. 1°　　B. 2°
   C. 3°　　D. 4°
6. 天体高度为 30°，罗经面倾斜 1°可引起观测方位最大产生________的误差。
   A. 0°.3　　B. 0°.6
   C. 1°.2　　D. 2°.4
7. 天体高度为________，罗经面倾斜 1°可引起观测方位最大产生 0°.6 的误差。
   A. 10°　　B. 20°
   C. 30°　　D. 60°
8. 天体高度为 30°，罗经面倾斜________可引起观测方位最大产生 1°.2 的误差。
   A. 1°　　B. 2°
   C. 3°　　D. 4°
9. 天体高度为 30°，罗经面倾斜 2°可引起观测方位最大产生________的误差。
   A. 0°.3　　B. 0°.6

C. 1°.2 D. 2°.4

10. 天体高度为________,罗经面倾斜2°可引起观测方位最大产生1°.2的误差。

A. 10° B. 20°

C. 30° D. 60°

11. 连续观测三次天体的罗方位取平均值后再求罗经差的目的是________。

Ⅰ. 减小随机误差的影响;Ⅱ. 抵消系统误差;Ⅲ. 避免粗差

A. Ⅰ,Ⅱ B. Ⅱ,Ⅲ

C. Ⅰ,Ⅱ,Ⅲ D. Ⅰ,Ⅲ

12. 观测________方位求罗经差的计算方法最简单。

A. 太阳低高度 B. 太阳视出没

C. 恒星低高度 D. 太阳真出没

13. 天测罗经差应该选用________。

A. 一等星 B. 正东方的天体

C. 低高度的航用天体 D. 高高度的航用天体

14. 在天测罗经差中,应尽量观测________的罗方位。

A. 较亮天体 B. 低高度天体

C. 东西向天体 D. 南北向天体

15. ________是北纬低纬海区夜间测定罗经差的良好物标。

A. 月亮 B. 金星

C. 一等星 D. 北极星

16. 观测北极星罗方位求罗经差,一般情况下要求北极星的高度不大于________。

A. 15° B. 35°

C. 55° D. 75°

17. 观测北极星方位求罗经差,一般情况下要求北极星高度不大于多少度?

A .75° B. 55°

C. 35° D. 15°

18. 在观测低高度太阳方位求罗经差中,求太阳计算方位的方法有________。

Ⅰ.《太阳方位表》;Ⅱ.《天体高度方位表》和《航海天文历》;Ⅲ. 航海表;Ⅳ. 计算器和《航海天文历》

A. Ⅰ,Ⅱ,Ⅲ B. Ⅰ,Ⅱ,Ⅳ

C. Ⅱ,Ⅲ,Ⅳ D. Ⅰ,Ⅲ,Ⅳ

19. 与其他的表册相比,利用《太阳方位表》求罗经差的优点是________。

A. 不必内插 B. 计算简便

C. 不用配备《航海天文历》 D. 精度高

20. 观测低高度太阳方位求罗经差,《太阳方位表》的查表引数是________。

A. 纬度、赤纬、视时 B. 纬度、赤纬、世界时

C. 纬度、赤纬、平时 D. 纬度、半圆地方时角、赤纬

21. 利用《太阳方位表》求罗经差,如果北纬测者下午进行观测,从表中查得的太阳方位命名是________。

A. NE
B. NW
C. SE
D. SW

22. 利用《太阳方位表》求罗经差,当________测者________进行观测时,从表中查得的太阳方位命名是 NW。

A. 北纬;上午
B. 北纬;下午
C. 南纬;上午
D. 南纬;下午

23. 船舶在中国沿海航行,上午利用《太阳方位表》求得的半圆方位的名称是________。

A. NE
B. NW
C. SE
D. SW

24. 船舶在中国沿海航行,下午利用《太阳方位表》求得的半圆方位的名称是________。

A. NE
B. NW
C. SE
D. SW

25. 船舶在中国沿海航行,傍晚测得东天一星体罗方位,求得其半圆方位的名称是________。

A. NE
B. NW
C. SE
D. SW

26. 船舶在中国沿海航行,傍晚测得西天一星体罗方位,求得其半圆方位的名称是________。

A. NE
B. NW
C. SE
D. SW

27. 观测低高度太阳方位求罗经差的原因是________。

Ⅰ. 减小由于罗经面的倾斜而产生的观测太阳罗方位的误差;Ⅱ. 减小由于推算船位的误差而产生的太阳真方位的误差;Ⅲ. 此时太阳方位变化较慢,则观测误差较小

A. Ⅰ,Ⅲ
B. Ⅱ,Ⅲ
C. Ⅰ,Ⅱ
D. Ⅰ,Ⅱ,Ⅲ

28. 观测低高度太阳方位求罗经差时,应先把查表求得的太阳方位由半圆周法换算为________。

A. 圆周法
B. 倍角
C. 象限法
D. 以上均错

29. 太阳视出没是指太阳________的瞬间。

A. 中心通过水天线
B. 上边沿与水天线相切
C. 下边沿与水天线相切
D. 中心通过测者地心真地平

30. 天体真出没是指________的瞬间。

A. 天体中心通过水天线
B. 天体中心通过测者地心真地平
C. 天体中心通过测者地面真地平
D. 天体中心通过测者视地平

31. 太阳真出没是指________。

A. 太阳上边沿与水天线相切时
B. 太阳上边沿与测者地心真地平相切时

C. 太阳中心恰好通过测者地心真地平时

D. 太阳下边沿恰好与测者地心真地平相切时

32. 观测太阳真出没方位在________上要受到限制。

A. 观测仪器　　B. 观测距离

C. 观测时间　　D. 观测方法

33. 观测太阳真出没方位求罗经差时,太阳真出没的时刻是指当太阳下边沿视高度约为________。

A. 2/3 太阳直径　　B. 1/3 太阳直径

C. 3/2 太阳直径　　D. 1/2 太阳直径

34. 观测太阳真出没方位求罗经差时,太阳真出没的时刻是指当太阳下边沿视高度约为________。

A. 2/3 太阳半径　　B. 4/3 太阳半径

C. 3/2 太阳半径　　D. 1/2 太阳半径

35. 太阳真出没时,太阳真高度为________,此时太阳下边沿视高度约为________太阳视直径。

A. 0°;1/3　　B. −55′;2/3

C. 10°;3/5　　D. 0°;2/3

36. 太阳真出比太阳视出要________,太阳真没比太阳视没要________。

A. 晚;晚　　B. 晚;早

C. 早;早　　D. 早;晚

37. 测者纬度 φ = 30°N,3 月 21 日,太阳真出时的半圆方位等于________。

A. 30°NE　　B. 60°NE

C. 90°NE　　D. 90°SE

38. 测者纬度 φ = 30°N,9 月 23 日,太阳真出时的半圆方位等于________。

A. 30°NE　　B. 60°NE

C. 90°NE　　D. 60°SE

39. 测者纬度 φ = 30°N,3 月 21 日,太阳真没时的半圆方位等于________。

A. 30°NW　　B. 60°NW

C. 90°NW　　D. 90°SE

40. 测者纬度 φ = 30°N,9 月 23 日,太阳真没时的半圆方位等于________。

A. 30°NW　　B. 60°NW

C. 90°NW　　D. 90°SE

41. 测者纬度 φ = 0°,6 月 22 日,太阳真出时的半圆方位等于________。

A. 23°27°NE　　B. 66°33′NE

C. 90°NE　　D. 90°SE

42. 测者纬度 φ = 0°,6 月 22 日,太阳真没时的半圆方位等于________。

A. 23°27°NW　　B. 66°33′NW

C. 90°NW　　D. 90°SE

43. 测者纬度 φ = 0°,12 月 23 日,太阳真出时的半圆方位等于________。

A. 23°27°SE　　B. 66°33′SE

C. 90°SE　　D. 23°27′SE

44. 测者纬度 $\varphi=0°$,12 月 23 日,太阳真没时的半圆方位等于________。

A. 23°27°SW　　B. 66°33′SW

C. 90°SW　　D. 23°27′NW

45. 已知测者纬度等于 30°N,3 月 21 日测得太阳真没方位等于 92°NW,则罗经差为________。

A. +2°　　B. −2°

C. +1°　　D. −1°

46. 已知测者纬度等于 30°N,3 月 21 日测得太阳真出方位等于 92°NE,则罗经差为________。

A. +2°　　B. −2°

C. +1°　　D. −1°

47. 已知测者纬度等于 30°N,9 月 23 日测得太阳真没方位等于 92°NW,则罗经差为________。

A. +2°　　B. −2°

C. +1°　　D. −1°

48. 已知测者纬度等于 30°N,9 月 23 日测得太阳真出方位等于 92°NE,则罗经差为________。

A. +2°　　B. −2°

C. +1°　　D. −1°

49. 已知测者纬度等于 0°,6 月 22 日测得太阳真出方位等于 68°.5NE,则罗经差为________。

A. +2°　　B. −2°

C. +1°　　D. −1°

50. 已知测者纬度等于 0°,6 月 22 日测得太阳真没方位等于 68°.5NW,则罗经差为________。

A. +2°　　B. −2°

C. +1°　　D. −1°

51. 已知测者纬度等于 0°,12 月 23 日测得太阳真出方位等于 68°.5SE,则罗经差为________。

A. +2°　　B. −2°

C. +1°　　D. −1°

52. 已知测者纬度等于 0°,12 月 23 日测得太阳真没方位等于 68°.5SW,则罗经差为________。

A. +2°　　B. −2°

C. +1°　　D. −1°

53. 利用《太阳方位表》可以查算出太阳的________出没方位,查表引数为________。

A. 视;纬度和赤纬　　B. 真;纬度和赤纬

C. 真;地方平时　　D. 真;区时

54. 利用《太阳方位表》求太阳真出没方位的查表引数是________。

A. 纬度、赤纬和时角　　B. 纬度和视时

C. 纬度、视时和赤纬　　D. 纬度和赤纬

55. 天测罗经差时必须可见水天线的方法是________。

A. 观测低高度太阳方位求罗经差　　B. 观测北极星方位求罗经差

C. 观测真出没太阳方位求罗经差　　D. 观测低高度恒星方位求罗经差

56. 天测罗经差时不必记录观测时间的方法是________。

A. 观测低高度太阳方位求罗经差　　B. 观测北极星方位求罗经差

C. 观测太阳真出没方位求罗经差　　D. 观测低高度恒星方位求罗经差

57. 观测低高度北极星罗方位求罗经差________。

Ⅰ. 可以使由推算船位求得的计算方位代替天体的真方位所产生的方位误差趋于零；Ⅱ. 减小由于罗经面的倾斜而引起的观测天体罗方位的误差；Ⅲ. 计算相对简便

A. Ⅰ,Ⅱ　　B. Ⅱ,Ⅲ

C. Ⅰ,Ⅲ　　D. Ⅰ. Ⅱ,Ⅲ

58. 观测北极星罗方位求罗经差时，查取北极星真方位的表册是________。

A.《天体方位表》　　B.《航海天文历》

C.《太阳方位表》　　D.《天体高度方位表》

59. 观测北极星罗方位求罗经差时，查取北极星真方位时的查表引数为________。

A. 测者纬度，北极星赤纬和春分点格林时角

B. 测者纬度，北极星赤纬和春分点地方时角

C. 测者纬度和北极星赤经

D. 测者纬度和春分点地方时角

60. 观测低高度时的太阳方位求罗经差方法中，太阳的高度应低于________。

A. 10°　　B. 15°

C. 20°　　D. 30°

二、简答题

1. 试述天测罗经差的注意事项。
2. 航海上为什么要选择低高度的天体测定罗经差?
3. 观测北极星低高度求罗经差有什么优点?

参考答案

1. B	2. A	3. C	4. C	5. A	6. B	7. C	8. B	9. C	10. C
11. D	12. D	13. C	14. B	15. D	16. B	17. C	18. B	19. C	20. A
21. B	22. B	23. A	24. B	25. A	26. B	27. D	28. A	29. B	30. B
31. C	32. C	33. A	34. B	35. D	36. B	37. C	38. C	39. C	40. C
41. B	42. B	43. B	44. B	45. A	46. B	47. A	48. B	49. B	50. A
51. A	52. B	53. B	54. D	55. C	56. C	57. D	58. B	59. D	60. D

部分答案解析

1. 方位误差与被测天体的方位和赤纬有关，被测天体的方位趋近0°，赤纬趋近90°时，引起的方位误差趋近零。
2. (3、4题参见本题解析)当倾斜角一定时，被测天体的高度越低，倾斜误差越小；当被测天体的高度一定时，倾斜角越小，倾斜误差越小。
5. (6～10题参见本题解析)天体方位误差公式为$\Delta A = \theta \tanh$，θ倾斜角，h天体高度。
11. (17题参见本题解析)为避免粗差和减小随机误差的影响，一般应连续观测三次，取平均值作为对应于平均时间的罗方位。罗经读数读至0°.5，观测时间准确到1^{m}。
12. 太阳真出没时，真高度为零，可以简化计算公式。
13. (14、60题参见本题解析)根据方位误差公式，天体高度越低，引起的误差越小，因此实际观测中要尽量选择低高度的航用天体，其高度应低于30°，最好低于15°。
15. (16、57题参见本题解析)北极星位于北天极附近，赤纬接近90°，方位趋近0°，是北纬35°以下海区在夜间测定罗经差的良好物标。其高度近似等于测者纬度。
18. (19题参见本题解析)常用的求太阳计算方位的方法有：查《太阳方位表》法；用函数计算器计算和查《航海天文历》法；查《天体高度方位表》和《航海天文历》法。
20. 《太阳方位表》的查表引数为纬度、赤纬和视时。
21. (22～24题、28题参见本题解析)从《太阳方位表》中查得的太阳方位为半圆方位，第一名称与测者纬度同名，第二名称上午观测时为"东(E)"，下午观测时为"西(W)"。进行罗经差换算时，应将半圆方位换算成圆周方位。
25. (26题参见本题解析)星体的半圆方位，第一名称与测者纬度同名，第二名称星体在东半天时为"东(E)"，星体在西半天时为"西(W)"。进行罗经差换算时，应将半圆方位换算成圆周方位。
29. (30～31题参见本题解析)当太阳的上边缘与水天线相切时，称太阳视出或视没。太阳中心通过测者真地平的瞬间叫太阳的真出或真没。
32. (33～36题、55题参见本题解析)当太阳下边缘高度为2/3太阳视直径时，观测到的就是太阳真出没的方位，此时太阳真高度为零。显然这个时刻是瞬间的，在观测时间上受到限制。
37. (38～44题参见本题解析)太阳的半圆方位是从北点N(北半球测者)或从南点S(南半球测者)开始，沿真地平圈分别向东或向西量到天体垂直圈，范围在0°～180°之间。半圆方位命名：第一名称与测者纬度同名，测者在赤道时与太阳赤纬同名；第二名称上午观测为"东(E)"，下午观测为"西(W)"。春分、秋分太阳直射赤道，方位90°，冬至、夏至太阳直射南北回归线，方位66°33′。
45. (46～52题参见本题解析)春分、秋分太阳直射赤道，太阳的计算方位A_C数值为90°，冬至、夏至太阳直射南北回归线，方位A_C数值为66°33′。观测方位为CB，则$\Delta C = A_C - CB$。
53. (54、56题参见本题解析)以推算纬度和太阳赤纬为引数，可以在《太阳方位表》中查取太阳每天真出没的时间和真方位。
58. (59题参见本题解析)在《航海天文历》中编制了"北极星方位角表"，测者可利用春分点地方时角和推算纬度，直接从表中查得北极星的半圆计算方位。

第八章 电子定位

第一节 雷达定位

一、选择题

1. 船用导航雷达发射的电磁波属于哪个波段?

A. 长波　　B. 中波
C. 短波　　D. 微波

2. 船用导航雷达的显示器属于哪种显示器?

A. 平面位置　　B. 距离高度
C. 方位高度　　D. 方位仰角

3. 船用导航雷达可以测量船舶周围水面物标的________。

A. 方位、距离　　B. 距离、高度
C. 距离、深度　　D. 高度、深度

4. 在雷达荧光屏上可以看到________。

A. 物标的实际形状　　B. 物标的实际水平投影形状
C. 物标的垂直投影形状　　D. 物标迎向面的垂直投影

5. 船舶航行时,雷达选择对水真运动显示方式,荧光屏上显示的回波位置静止不动的物标是________。

A. 同向同速船　　B. 小岛等静止的物标
C. 水上漂浮物　　D. 同向船

6. 船舶航行时,雷达选择相对运动显示方式,物标在荧光屏上显示的位置静止不动,该物标是________。

A. 同向同速船　　B. 小岛等静止物标
C. 水上漂浮物　　D. 同向船

7. 有关雷达观测瞭望,下述正确的是________。

A. 对动目标应进行连续标绘,判断动向,求出必要的数据

B. 应定时观察荧光屏，了解物标动向

C. 因为雷达性能很好，很少漏掉目标，故不必经常进行目视瞭望

D. 只应注意船首方向和右舷的物标状况，因为它们是最危险的

8. 在雷达荧光屏上显示的回波________。

A. 都是实际物标的回波　　B. 有真回波，也有假回波和干扰杂波

C. 都是假回波　　D. 都是干扰回波

9. 本船周围的物标，在雷达显示器荧光屏上________。

A. 都能稳定显示出来　　B. 只有满足一定条件时才能显示出来

C. 只要高出海面一定高度就能显示出来　　D. 只要在一定距离内就能显示出来

10. 下述说法中，正确的是________。

A. 只要物标确实在海面上存在，它的回波就能在雷达荧光屏上稳定显示

B. 只要雷达功率足够大，不管物标多远，都能探测到

C. 只要天线与物标间无阻挡，不管多远的物标都能探测到

D. 雷达只能探测一定距离范围内且具有一定条件的物标

11. 在船舶满载或空载航行的不同状况下，雷达的________会受到影响。

A. 测距精度　　B. 距离分辨率

C. 测方位精度　　D. 盲区大小

12. 本船天线海面以上高为 16 米，小岛海面以上高为 25 米，在理论上该岛在距本船多远的距离内才能探测得到________。

A. 20 米　　B. 20 千米

C. 20 海里　　D. 25 海里

13. 本船天线海面以上高为 16 米，小岛海面以上高为 36 米，在理论上该岛在距本船多远的距离内才能探测得到________。

A. 20.9 海里　　B. 22.3 海里

C. 22.3 千米　　D. 20.9 千米

14. 本船雷达天线海面以上高度为 16 米，前方有半径为 4 海里的圆形小岛，四周平坦，中间为山峰，海面以上高度为 25 米。当本船驶向小岛时，雷达荧光屏上首先出现的回波是小岛哪个部分的回波？

A. 离船最近处的岸线　　B. 离船最远处的岸线

C. 山峰　　D. 山峰与岸线间的某处

15. 本船雷达天线海面以上高度为 16 米，前方有半径为 14 海里的圆形岛屿，四周平坦，中间为山峰，海面以上高度为 25 米。当本船驶向小岛时，雷达荧光屏上首先出现的回波是小岛哪个部分的回波？

A. 离船最近处的岸线　　B. 离船最远处的岸线

C. 山峰　　D. 山峰与岸线间的某处

16. 本船雷达天线海面以上高度 16 米，前方有半径为 2 海里的圆形小岛，四周低，中间为山峰，海面以上高度为 49 米。当本船离小岛 4 海里时，雷达荧光屏上该岛回波的内缘（离船最近处）

对应于小岛的________。

A. 山峰　　B. 离船最近的岸线

C. 山峰与岸线间的某处　　D. 离船最远处的岸线

17. 本船雷达天线海面以上高度 16 米,前方有半径为 2 海里的圆形小岛,四周低,中间为山峰,海面以上高度为 49 米。当本船离小岛 14 海里时,雷达荧光屏上该岛回波的内缘(离船最近处)对应于小岛的________。

A. 山峰　　B. 离船最近的岸线

C. 山峰与岸线间的某处　　D. 离船最远处的岸线

18. 远处小岛上有两个横向分布的陡峰,间距为 1 海里,海面以上高度均为 36 米,本船雷达天线海面以上高度为 16 米,本船离岛至少________海里外时,小岛回波将分离成两个回波。

A. 6　　B. 9

C. 16　　D. 20

19. 远处小岛上有两个横向分布的陡峰,间距为 1 海里,海面以上高度均为 36 米,本船雷达天线海面以上高度为 16 米,本船驶近该岛________海里内时,小岛回波将成为一个回波。

A. 6　　B. 8

C. 16　　D. 20

20. 一个点物标在雷达荧光屏上的图像________。

Ⅰ. 仍是一个点;Ⅱ. 被展宽成水平波束宽度;Ⅲ. 被拉长了 $c\tau/2$

A. Ⅱ,Ⅲ　　B. Ⅰ,Ⅱ

C. Ⅰ,Ⅲ　　D. Ⅰ,Ⅱ,Ⅲ

21. 对于一个点目标,造成其雷达回波横向扩展的因素是________。

Ⅰ. 目标闪烁;Ⅱ. 水平波束宽度;Ⅲ. CRT 光点直径

A. Ⅰ,Ⅱ　　B. Ⅱ,Ⅲ

C. Ⅰ,Ⅲ　　D. Ⅰ,Ⅱ,Ⅲ

22. 造成雷达荧光屏边缘附近雷达回波方位扩展的主要因素是________。

A. 水平波束宽度　　B. 垂直波束宽度

C. 脉冲宽度　　D. CRT 光点直径

23. 造成雷达荧光屏中心附近雷达回波方位扩展的主要因素是________。

A. 水平波束宽度　　B. 垂直波束宽度

C. 脉冲宽度　　D. CRT 光点直径

24. 减小雷达物标回波方位扩展影响的方法是________。

Ⅰ. 适当减小增益;Ⅱ. 采用小量程;Ⅲ. 采用 X 波段雷达

A. Ⅱ,Ⅲ　　B. Ⅰ,Ⅱ

C. Ⅰ,Ⅲ　　D. Ⅰ,Ⅱ,Ⅲ

25. 哪种操作可减小雷达物标回波方位扩展的影响?

Ⅰ. 适当增大扫描亮度;Ⅱ. 适当减小扫描亮度;Ⅲ. 适当减小增益

A. Ⅰ,Ⅱ　　B. Ⅰ,Ⅱ,Ⅲ

C. Ⅰ,Ⅲ　　D. Ⅱ,Ⅲ

26. 用雷达观测两个等距离上相邻方位的物标时,为在雷达荧光屏上分离它们的回波,应________。

A. 使用短脉冲工作　　B. 使用长脉冲

C. 使用 FTC 电路　　D. 尽可能用小量程

27. 本船前方河道入口处两侧有陡山,河口宽度为 300 米,雷达天线水平波束宽度为 1°,本船离河口________海里以外时,雷达荧光屏上河口将被两侧陡山回波堵满。

A. 7.5　　B. 9.3

C. 10.4　　D. 6

28. 造成雷达物标回波径向扩展的因素是________。

Ⅰ. 脉冲宽度;Ⅱ. CRT 光点直径;Ⅲ. 目标闪烁

A. Ⅱ,Ⅲ　　B. Ⅰ,Ⅱ

C. Ⅰ,Ⅲ　　D. Ⅰ,Ⅱ,Ⅲ

29. 造成雷达物标回波径向扩展的主要因素是________。

A. 脉冲宽度　　B. CRT 光点直径

C. 目标闪烁　　D. 水平波束宽度

30. 本船前方同一方位上有两艘小船,相距 150 米,若要在雷达荧光屏上使这两艘小船回波分开显示,则脉冲宽度应为________。

A. 0.8 微秒　　B. 1.2 微秒

C. 1.5 微秒　　D. 2 微秒

31. 本船前方同一方位有两艘小船,本船雷达脉冲宽度为 0.8 微秒,要在雷达荧光屏上分开显示这两个目标,不考虑光点直径的影响,这两艘船至少相距________。

A. 240 米　　B. 24 海里

C. 120 米　　D. 1.2 海里

32. 本船前方同一方位上有两艘小船,相距 120 米,若要在雷达荧光屏上分开显示它们的回波,下述哪个操作是正确的?

A. 选用具有 0.8 微秒以下脉冲宽度的量程

B. 选用具有 1.2 微秒以上脉冲宽度的量程

C. 选用具有 1°水平波束宽度的 X 波段雷达

D. 选用具有 2°水平波束宽度的 S 波段雷达

33. 下列哪项不是产生雷达回波径向缩小的因素________。

A. 脉冲宽度　　B. 物标遮挡

C. 物标边缘反射雷达波的能力较差　　D. 雷达性能差、控制旋钮调节不当

34. 回波产生径向扩展主要指的是雷达回波向________扩展。

A. 内　　B. 外

C. 左　　D. 右

35. 雷达径向扩展的因素________。

A. 水平波束宽度
B. 脉冲宽度
C. 雷达天线宽度
D. 通频带宽度

36. 雷达波水平波束 θ_H 的影响,导致雷达回波向左、向右各产生________的方位扩展。

A. $2\theta_H$
B. θ_H
C. $\frac{1}{2}\theta_H$
D. $\frac{1}{4}\theta_H$

37. 雷达波水平波束 θ_H 的影响导致雷达波方位扩展的说法中,正确的是________。

A. 荧光屏越大,方位扩展就越小
B. 荧光屏越大,方位扩展就越大
C. 近处与远处回波扩展的实际距离是相同的
D. 远处回波扩展的实际距离大

38. 产生雷达回波失真的原因,不包括________。

A. 雷达安装位置
B. 雷达本身性能
C. 雷达工作方式
D. 雷达工作环境

39. 产生雷达回波大小失真的原因,不包括________。

A. 水平波束宽度
B. 垂直波束宽度
C. 脉冲宽度
D. 荧光屏光点直径

40. 物体的遮挡导致雷达回波的失真,主要是由于________。

A. 雷达水平波束宽度太窄
B. 雷达垂直波束宽度太窄
C. 雷达波波长太短,绕射物标的能力太差
D. 雷达波沿直线传播

41. 船用雷达大多存在阴影扇形,主要原因是________。

A. 雷达设备上的缺陷
B. 雷达工作原理上的缺陷
C. 远处物标被船舶附近的高大物标所遮挡
D. 雷达波被天线附近的金属物所遮挡

42. 在雷达荧光屏边缘附近,方位扩展导致回波失真,是由于________。

A. 雷达水平波束宽度较宽
B. 雷达垂直波束宽度较宽
C. 雷达波几乎沿直线传播
D. 雷达荧光屏光点直径太大

43. 同一方位距离较近的两个物标,它们的雷达回波发生部分重叠或粘连,导致回波失真,是由于________。

A. 雷达水平波束宽度较宽
B. 脉冲宽度
C. 雷达波几乎沿直线传播
D. 雷达荧光屏光点直径太大

44. 地球曲率导致的雷达回波失真,是由于________。

A. 雷达水平波束宽度较宽
B. 雷达垂直波束宽度较宽
C. 雷达波几乎沿直线传播
D. 雷达荧光屏光点直径太大

45. 在雷达荧光屏中心附近,方位扩展导致的回波失真,是由于________。

A. 雷达水平波束宽度较宽
B. 雷达垂直波束宽度较宽
C. 雷达波几乎沿直线传播
D. 雷达荧光屏光点直径太大

46. 雷达波水平波束宽度导致的回波变形是指________。

A. 雷达扫描中心到回波的张角大于实际船位到物标的张角
B. 雷达扫描中心到回波的张角小于实际船位到物标的张角
C. 回波的方位大于物标实际的方位

D. 回波的方位小于物标实际的方位

47. 荧光屏光点直径导致的回波变形在________最大。

A. 荧光屏边缘附近　　B. 荧光屏中心附近

C. 距荧光屏中心$\frac{1}{2}$处　　D. 距荧光屏中心$\frac{2}{3}$处

48. 造成雷达图像与物标形状不符的原因是________。

Ⅰ. 被高大物标遮挡；Ⅱ. 雷达分辨力差；Ⅲ. 聚焦不佳

A. Ⅱ，Ⅲ　　B. Ⅰ，Ⅲ

C. Ⅰ，Ⅱ　　D. Ⅰ，Ⅱ，Ⅲ

49. 造成雷达图像与物标实际形状不符的原因是________。

Ⅰ. CRT 光点直径；Ⅱ. 天线水平波束宽度；Ⅲ. 发射脉冲宽度

A. Ⅱ，Ⅲ　　B. Ⅰ，Ⅲ

C. Ⅰ，Ⅱ　　D. Ⅰ，Ⅱ，Ⅲ

50. 海图上是连续的岸线，而在雷达荧光屏上变成断续的回波，其原因可能是________。

Ⅰ. 被中间的较高的物标所遮挡；Ⅱ. 由于部分岸线地势较低；Ⅲ. 可能有部分岸线处在阴影扇形内

A. Ⅰ，Ⅱ　　B. Ⅰ，Ⅲ

C. Ⅱ，Ⅲ　　D. Ⅰ，Ⅱ，Ⅲ

51. 为减小雷达测距误差，应选合适量程，使被测回波处于________。

A. 荧光屏中心附近　　B. 荧光屏边缘附近

C. 荧光屏离中心$\frac{2}{3}$半径附近　　D. 荧光屏离中心$\frac{1}{4}$半径附近

52. 在雷达近量程挡观测，发现两侧笔直岸线在荧光屏上呈向扫描中心凸出的曲线，说明________。

A. 是岸线的二次扫描假回波　　B. 雷达测距误差为“+”

C. 雷达测距误差为“-”　　D. 是多次反射回波

53. 在雷达近量程挡观测，发现两侧笔直岸线在屏上呈中间向外弯曲的曲线，说明________。

A. 是岸线的二次扫描假回波　　B. 雷达测距误差为“+”

C. 雷达测距误差为“-”　　D. 是多次反射回波

54. 为减小雷达测距误差，在测量物标岸线回波时，应该________。

A. 用 VRM 内缘与回波内缘相切　　B. 用 VRM 外缘与回波外缘相切

C. 用 VRM 内缘与回波外缘相切　　D. 用 VRM 外缘与回波内缘相切

55. 为减小雷达测距船位误差，在测量远处山峰回波时，应该________。

A. 用 VRM 内缘与回波内缘相切　　B. 用 VRM 外缘与回波外缘相切

C. 用 VRM 内缘与回波外缘相切　　D. 用 VRM 外缘与回波内缘相切

56. 本船雷达天线海面以上高度为 16 米，前方小岛岸线离处在小岛中央的山峰的水平距离为 4 海里，当本船离小岛岸线的距离为 12 海里时，欲用小岛距离定位，应用 VRM 测量该岛回波________部位。

A. 内缘(最近处)　　B. 外缘(最远处)
C. 回波中央　　D. 以上均可

57. 本船雷达天线海面以上高度为 16 米,前方小岛岸线离处在小岛中央的山峰的水平距离为 4 海里,当本船离小岛岸线的距离为 4 海里时,欲用小岛距离定位,应用 VRM 测量该岛回波________部位。
A. 内缘(最近处)　　B. 外缘(最远处)
C. 回波中央　　D. 以上均可

58. 为减小雷达测距误差,下述说法错误的是________。
A. 适当调节各控钮,使回波清晰、饱满
B. 应经常检查距标的精度,掌握其误差
C. 应将 VRM 的中心与回波的中心精确重合
D. 应选择陡峭、回波清晰稳定的物标

59. 某船雷达收发机转移地方,波导长度改变较大时,应注意测定、校正________数据。
A. 方位误差　　B. 距离误差
C. A + B　　D. 均不需要

60. 为减小雷达测距船位误差,对首尾向和正横方向物标的测量顺序应该是(在不能同时观测的情况下)________。
A. 先首尾方向、后正横方向　　B. 先正横方向、后首尾方向
C. 与先后次序无关　　D. 以上都不对

61. 当本船对准远处小物标航行,而在雷达荧光屏上该物标回波不落在船首线上说明________。
A. 船首线未对准固定方位 0°　　B. 雷达有方位误差
C. 雷达有测距误差　　D. 雷达有故障

62. 在检查雷达有无方位误差时,测量物标的雷达舷角时,该舷角的基准是________。
A. 固定方位盘的 0°　　B. 船首线
C. 任意选定的基准线　　D. A 或 B

63. 当雷达显示器荧光屏上的扫描中心与屏中心不重合时,若用机械方位标尺测方位,下述说法错误的是________。
A. 扫描中心离屏中心越近,误差越小
B. 物标回波离扫描中心越远,误差越小
C. 物标回波方位线与扫描中心偏离屏中心的方向间的夹角越接近 0°或 180°,误差越小
D. 选用量程越大,误差越小

64. 影响雷达测方位误差的设备因素中,下述说法正确的是________。
A. 天线水平波束宽度越窄,方位误差越小
B. 脉冲宽度越窄,方位误差越小
C. CRT 直径越大,光点直径越小,方位误差越大
D. 隙缝波导天线主波束轴向偏移角是稳定的,不影响方位误差

65. 有关雷达荧光屏上船首线位置影响测方位误差大小的下述说法中错误的是________。

A. 船首线出现的时间应该是天线主波束转过船首的时间
B. 船首线宽度应不大于 0.5°
C. 在船首向上显示方式中，扫描中心在屏中心时，船首线应对准固定方位盘 0°
D. 在真北向上显示方式中，不管扫描中心在屏上哪个位置，船首线均应指向固定方位盘上的航向值

66. 为减小船舶摇摆时雷达测方位误差，下列说法中错误的是________。
A. 应尽可能选择船舶正平时测量方位
B. 应尽可能选择 45°、135°、225°及 315°方位上的物标定位
C. 横摇大时，尽可能选择测正横方向的物标
D. 纵摇大时，尽可能选择测首尾方向的物标

67. 为减小雷达方位定位误差，下列措施中哪项是不对的？
A. 应正确调节各控钮，使回波图像清晰稳定
B. 应尽量选用调节各控钮，使回波处于 2/3 半径附近
C. 应尽量选用真北向上显示方式和用 EBL 测量
D. 应尽量选用船首向上显示方式和用机械方位标尺测量

68. 雷达测量点状物标方位时，应该将方位标尺线压住回波________位置。
A. 左边沿　　B. 右边沿
C. 中心　　D. 内侧边

69. 雷达测量横向的岬角、突堤方位时，应该将方位标尺线压住________。
Ⅰ. 回波边缘，读数减去角向肥大值；Ⅱ. 中心；Ⅲ. 回波边缘，读数加上角向肥大值
A. Ⅰ，Ⅱ　　B. Ⅰ，Ⅱ，Ⅲ
C. Ⅱ，Ⅲ　　D. Ⅰ，Ⅲ

70. 雷达测量大目标方位时，为消除 CRT 光点直径对回波的扩大效应，应该________。
A. 用 EBL 与回波进行同侧外缘重合　　B. 用 EBL 与回波进行异侧外缘重合
C. 用 EBL 与回波进行同侧内缘重合　　D. 用 EBL 与回波进行异侧内缘重合

71. 雷达更换磁控管或调制管后，应注意重新测定________数据。
A. 距离误差　　B. 方位误差
C. A + B　　D. 均不需要

72. IMO MSC. 192(79)船舶导航雷达性能标准规定，高性能的现代导航雷达测距精度应不低于________和所用量程的________中较大者。
A. 50 m;1%　　B. 30 m;1%
C. 20 m;1.5%　　D. 40 m;1.5%

73. 按照最新雷达性能标准要求，在 1.5 n mile 的量程，雷达的测距误差大约为________。
A. 10 m　　B. 30 m
C. 40 m　　D. 70 m

74. 如果防波堤端头雷达回波外缘真方位为 100°，考虑雷达本身的可能误差，不考虑人为误差，你认为你船船位应在防波堤的________。

A. 100° ±1°之内　　B. 100° ±1°之外

C. 100° ±2°之内　　D. 100° ±2°之外

75. 下列关于雷达船首标志线的说法正确的是________。

A. 其最大误差不大于 ±1°　　B. 其宽度不大于 ±1°

C. 其最大误差不大于 ±2°　　C. 其宽度不大于 ±2°

76. 下列关于雷达船首标志线的说法正确的是________。

A. 其最大误差不大于 ±0.5°　　B. 其宽度不大于 ±0.5°

C. 其最大误差不大于 ±2°　　D. 其宽度不大于 ±1°

77. 下述说法中，正确的是________。

A. 雷达的方位误差经过校正后，不会再改变

B. 雷达的距离误差，经过仔细校正后，不会再改变

C. 应经常注意检查雷达的方位、距离误差

D. 雷达的方位、误差随时随刻都会变，每次使用时，必须先校正

78. 活动距标的误差一般为所用量程的________。

A. 2.5% ~3%　　B. 0.5% ~1.0%

C. 1.5% ~2%　　D. 2% ~5%

79. 雷达活动距标圈与固定距标圈不准时以________为准，调整________。

A. 最大量程；固定距标圈　　B. 最小量程；固定距标

C. 固定距标；活动距标　　D. 活动距标；固定距标

80. 雷达触发脉冲延时线的作用是________。

A. 保护阴极管　　B. 保护磁控管

C. 消除固定测距误差　　D. 保护阳极管

81. 雷达中心与屏幕中心不一致时，机械方位线与电子方位线测物标方位时________。

A. 电子方位观测准　　B. 机械方位线观测准

C. 两个都准　　D. 两个都不准

82. 使用现代雷达进行船舶导航时，为准确无误地识别雷达图像，首要的工作是________。

A. 改变量程　　B. 将自动功能改为手动

C. 掌握相应海区物标的特征和性质　　D. 设置识别符号

83. 雷达正常开机调整之后，荧光屏上所显示的物标回波亮度的强弱将取决于________。

Ⅰ. 物标的反射性能；Ⅱ. 物标的大小；Ⅲ. 物标的远近

A. Ⅰ，Ⅱ　　B. Ⅰ，Ⅱ，Ⅲ

C. Ⅱ，Ⅲ　　D. Ⅰ，Ⅲ

84. 下列哪些物标不容易被雷达发现？

Ⅰ. 大型拖轮；Ⅱ. 木质渔船；Ⅲ. 玻璃钢游艇

A. Ⅰ，Ⅱ　　B. Ⅰ，Ⅲ

C. Ⅰ，Ⅱ，Ⅲ　　D. Ⅱ，Ⅲ

85. 下列形状对雷达波反射性能最强的是________。

A. 平板状物体　　B. 角反射器
C. 球状物体　　D. 圆柱状物体

86. 下列形状对雷达波反射性能最强的是________。
A. 锥体　　B. 角反射器
C. 球状物体　　D. 圆柱状物体

87. 下列方法中哪些可减小雷达物标回波的失真?
A. 调好聚焦　　B. 将“聚焦”钮顺时针稍稍调偏一些
C. 将“聚焦”钮逆时针调偏一些　　D. 以上均错

88. 船用导航雷达显示的物标回波的大小与物标的________有关。
A. 总面积　　B. 总体积
C. 迎向面垂直投影　　D. 背面水平伸展的面积

89. 雷达荧光屏上所显示的物标回波的大小与________有关。
Ⅰ. 量程大小的选择;Ⅱ. 物标水面上的体积;Ⅲ. 迎向有效反射面积
A. Ⅱ,Ⅲ　　B. Ⅰ,Ⅱ,Ⅲ
C. Ⅰ,Ⅱ　　D. Ⅰ,Ⅲ

90. 过江电缆的雷达回波常常是什么样的?
A. 一个点状回波　　B. 一条直线回波
C. 一条虚线状回波　　D. 一条曲线回波

91. 造成过江电缆的雷达回波是一个亮点的原因是________。
A. 距离太远　　B. 电缆太细
C. 电缆表面很光滑　　D. 电缆表面太粗糙

92. 快速物标(如飞机等)的雷达回波常常是________。
A. 连续的一条亮线　　B. 跳跃式的回波
C. 与通常速度的船舶一样　　D. 与小岛等回波一样

93. 物标反射雷达电磁波的能力与________有关。
Ⅰ. 雷达波的入射角;Ⅱ. 物标的深度;Ⅲ. 物标的大小;Ⅳ. 物标的形状;Ⅴ. 物标的表面结构;Ⅵ. 物标的材料
A. Ⅰ,Ⅱ,Ⅲ,Ⅳ,Ⅴ,Ⅵ　　B. Ⅱ,Ⅳ,Ⅴ,Ⅵ
C. Ⅰ,Ⅲ,Ⅳ,Ⅴ,Ⅵ　　D. Ⅲ,Ⅳ,Ⅴ

94. 关于物标尺寸对反射性能的影响,下列说法错误的是________。
A. 一般情况下,物标的尺寸越大,被雷达波束照射到的面积越大,则回波越强
B. 一般物标高度与回波强度成正比
C. 若物标宽度比雷达水平波束窄,则回波强度与其宽度成正比
D. 一般情况下,物标宽度越宽,则回波越强

95. 下列形状的物体反射雷达波的能力较强的是________。
A. 三个相互垂直的平面构成的“角反射器”　　B. 锥形物体
C. 圆柱形物体　　D. 球形物体

96. 下列形状的物体反射雷达波的能力最差的是________。
A. 三个相互垂直的平面构成的"角反射器"　　B. 锥形物体
C. 圆柱形物体　　D. 球形物体

97. 下列不同材料的物体,反射雷达波能力最强的是________。
A. 海水　　B. 石头
C. 金属　　D. 木质

98. 下列不同材料的物体,反射雷达波能力最差的是________。
A. 海水　　B. 石头
C. 金属　　D. 木质

99. 对雷达波反射性能较好的物标形状为________。
A. 平板组成的角反射体　　B. 圆柱形物体
C. 球形物体　　D. 锥形物体

100. 对雷达波反射性能较强的物质是________。
A. 海水　　B. 冰块
C. 岩石　　D. 金属板

101. 对雷达波反射性能最差的物标是________。
A. 岛屿　　B. 漂浮的货船
C. 葫芦形冰山　　D. 岬角

102. 对雷达波反射能力最好的是________。
A. 球形　　B. 锥形
C. 杆形　　D. 柱形

103. 下列哪种材质反射雷达波的性能最好?
A. 海水　　B. 木头
C. 冰　　D. 玻璃纤维

104. 雷达出现间接反射回波的必要条件是________。
A. 附近存在强反射体　　B. 天线有足够大的增益
C. 发射功率要足够大　　D. 天线旁瓣要大

105. 在雷达荧光屏上的阴影扇形内出现的回波有可能是________。
A. 雨雪干扰　　B. 多次反射回波
C. 间接反射回波　　D. 二次扫描回波

106. 雷达荧光屏上的间接反射回波通常出现在________。
A. 阴影扇形内　　B. 船首标志线上
C. 船尾线方向上　　D. 盲区内

107. 雷达荧光屏上间接反射回波的距离等于________。
Ⅰ. 物标的实际距离;Ⅱ. 物标到间接反射体的距离;Ⅲ. 间接反射体到天线的距离
A. Ⅰ,Ⅱ,Ⅲ　　B. Ⅰ,Ⅲ
C. Ⅰ,Ⅱ　　D. Ⅱ,Ⅲ

108. 在雷达阴影扇形内出现回波时,应采用哪种方法判断其真假?

A. 暂时改变航向　　B. 利用 STC 钮

C. 减小增益　　D. 改变量程

109. 船首向上相对运动显示方式时,本船转向时,间接回波在雷达荧光屏上的位置________。

A. 固定不动　　B. 以与船首转动方向相同的方向移动

C. 以与船首转动方向相反的方向移动　　D. 固定不动或回波消失

110. 真北向上相对运动显示方式时,本船转向时,间接回波在雷达荧光屏上的位置________。

A. 固定不动

B. 以与船首转动方向相同的方向移动或消失

C. 以与船首转动方向相反的方向移动或消失

D. 固定不动或回波消失

111. 雷达荧光屏上可能出现多次反射回波的条件是________。

Ⅰ. 物标距离较近;Ⅱ. 物标反射强度较强;Ⅲ. 不需要特殊要求

A. Ⅱ,Ⅲ　　B. Ⅰ,Ⅲ

C. Ⅰ,Ⅱ,Ⅲ　　D. Ⅰ,Ⅱ

112. 船舶在狭水道航行时,在雷达荧光屏上常常能观测到的假回波是________。

Ⅰ. 多次反射回波;Ⅱ. 间接反射回波;Ⅲ. 二次扫描回波

A. Ⅱ,Ⅲ　　B. Ⅰ,Ⅲ

C. Ⅰ,Ⅱ,Ⅲ　　D. Ⅰ,Ⅱ

113. 雷达荧光屏上多次反射回波的特点是________。

Ⅰ. 在同一方向上;Ⅱ. 距离间隔均等于真回波距离;Ⅲ. 越往外面,回波越弱

A. Ⅱ,Ⅲ　　B. Ⅰ,Ⅲ

C. Ⅰ,Ⅱ　　D. Ⅰ,Ⅱ,Ⅲ

114. 雷达抑制多次反射回波的方法是________。

Ⅰ. 使用 STC 钮;Ⅱ. 适当减小增益;Ⅲ. 使用 FTC 钮

A. Ⅰ,Ⅱ　　B. Ⅰ,Ⅱ,Ⅲ

C. Ⅰ,Ⅲ　　D. Ⅱ,Ⅲ

115. 雷达荧光屏上可能出现旁瓣回波的条件是________。

A. 近距离　　B. 中距离

C. 远距离　　D. 三者都可能

116. 雷达荧光屏上旁瓣回波的特点是________。

Ⅰ. 距离等于真回波距离;Ⅱ. 对称分布于真回波两侧;Ⅲ. 越向两侧强度越弱

A. Ⅰ,Ⅱ　　B. Ⅰ,Ⅲ

C. Ⅱ,Ⅲ　　D. Ⅰ,Ⅱ,Ⅲ

117. 雷达消除旁瓣回波可以采用________。

A. 增加增益　　B. 增加高度

C. FTC　　D. AFC

118. 在雷达荧光屏上,在一个强回波两侧等距圆弧上对称分布的若干回波点,它们是________。
A. 二次扫描回波
B. 多次反射回波
C. 间接反射回波
D. 旁瓣回波

119. 雷达抑制旁瓣回波的方法是________。
Ⅰ. 适当使用 STC;Ⅱ. 适当减小增益;Ⅲ. 适当使用 FTC
A. Ⅰ,Ⅱ
B. Ⅰ,Ⅲ
C. Ⅱ,Ⅲ
D. Ⅰ,Ⅱ,Ⅲ

120. 船舶在锚泊或靠泊操纵时,雷达荧光屏上常常能观测到的假回波是________。
Ⅰ. 多次反射回波;Ⅱ. 旁瓣回波;Ⅲ. 二次扫描回波
A. Ⅱ,Ⅲ
B. Ⅰ,Ⅱ,Ⅲ
C. Ⅰ,Ⅲ
D. Ⅰ,Ⅱ

121. 雷达荧光屏上可能出现二次扫描假回波的大气传播条件是________。
A. 欠折射
B. 超折射
C. 气压较低的天气
D. 存在较低的雨层云

122. 远处直岸线在雷达荧光屏上变成向扫描中心凸出的回波,它是________。
A. 二次扫描假回波
B. 雷达存在测距误差
C. 雷达存在方位误差
D. B + C

123. 雷达荧光屏上二次扫描回波的特点是________。
Ⅰ. 方位是物标的实际方位;Ⅱ. 距离等于实际距离减去 $cT/2$(注:T 为脉冲重复周期);Ⅲ. 回波形状严重失真
A. Ⅰ,Ⅱ
B. Ⅱ,Ⅲ
C. Ⅰ,Ⅲ
D. Ⅰ,Ⅱ,Ⅲ

124. 在雷达荧光屏上判断是否是二次扫描回波的方法是________。
A. 改变航向
B. 改变量程
C. 进一步调谐
D. 适当改变增益

125. 改变量程段时,雷达荧光屏上二次扫描回波将________。
A. 方位改变
B. 距离改变
C. 改变在屏上的位置,但测得的距离不变
D. A + B

126. 改变量程段时,雷达荧光屏上二次扫描回波将________。
Ⅰ. 方位不变;Ⅱ. 距离改变;Ⅲ. 回波消失
A. Ⅰ,Ⅱ,Ⅲ
B. Ⅰ,Ⅲ
C. Ⅰ,Ⅱ
D. Ⅱ,Ⅲ

127. 雷达产生旁瓣回波的原因是________。
A. 在近距离内存在强反射体
B. 超折射现象非常强烈
C. 天线附近存在强反射体
D. 船舶正横附近存在反射雷达波能力强的物体

128. 消除雷达旁瓣回波的方法中,不妥的是________。

A. 调节增益旋钮　　B. 调节亮度旋钮

C. 使用 STC(海浪干扰抑制)　　D. 减小接收机的放大倍数

129. 雷达上的旁瓣回波位于真回波的________。

A. 内侧　　B. 外侧

C. 左右两侧的圆弧上　　D. 反方向

130. 关于雷达上旁瓣回波的说法中正确的是________。

A. 无法判定旁瓣回波与真回波的距离远近　　B. 旁瓣回波的距离小于真回波的距离

C. 旁瓣回波的距离大于真回波的距离　　D. 旁瓣回波与真回波的距离相同

131. 下列关于雷达二次扫描回波的说法中错误的是________。

A. 在荧光屏上真回波的移动是正常的,二次扫描回波的移动不正常

B. 产生二次扫描回波时,雷达波传播的距离异常远

C. 产生二次扫描回波时,雷达波往返的时间大于雷达的脉冲重复周期

D. 产生二次扫描回波时,远处的直线陡岸在屏上显示成 V 形图像

132. 雷达产生二次扫描回波的原因是________。

A. 雷达波存在较强的旁瓣

B. 超折射现象非常强烈

C. 天线附近存在强反射体

D. 船舶正横附近存在反射雷达波能力强的物体

133. 在雷达上,二次扫描回波的方位与物标的真实方位________。

A. 相差 90°　　B. 相差 270°

C. 相同　　D. 相反

134. 在雷达上,二次扫描回波的距离比物标的实际距离________。(c 为雷达波传播的速度;T 为雷达的脉冲重复周期。)

A. 远 $c \cdot T$　　B. 近 $c \cdot T$

C. 远 $c \cdot T/2$　　D. 近 $c \cdot T/2$

135. 改变雷达量程时,二次扫描回波不变的是________。

A. 方位　　B. 距离

C. 大小　　D. 形状

136. 在雷达上,二次扫描回波的形状与实际物体的形状________。

A. 相同　　B. 不同

C. 相似　　D. 没固定关系

137. 雷达产生间接反射回波的原因是________。

A. 雷达波存在较强的旁瓣

B. 超折射现象非常强烈

C. 天线附近存在强反射体

D. 船舶正横附近存在反射雷达波能力强的物体

138. 关于雷达荧光屏上间接回波的说法中,错误的是________。
A. 间接回波的距离与真回波不同
B. 间接回波的方位与真回波不同
C. 间接回波的亮度与真回波不同
D. 间接回波形状与真回波相同

139. 与真回波在雷达荧光屏上的移动向比较,当物标的方位、距离改变时,间接假回波________。
A. 方位不变,距离改变
B. 方位改变,距离不变
C. 方位、距离都不改变
D. 方位、距离都改变

140. 由本船大桅(或烟囱)造成的雷达间接回波常常出现在________。
A. 明暗扇形区
B. 扇形阴影区
C. 船舶正横方向
D. 雷达盲区

141. 当雷达采用首向上相对运动显示方式,本船改向时________。
A. 真回波、间接回波的方位均变化
B. 真回波、间接回波的方位均不变化
C. 真回波的方位发生变化,间接回波方位不变或消失
D. 真回波的方位发生不变化,间接回波方位改变或消失

142. 雷达产生多次反射回波的原因是________。
A. 雷达波存在较强的旁瓣
B. 超折射现象非常强烈
C. 天线附近存在强反射体
D. 船舶正横附近存在反射雷达波能力强的物体

143. 关于雷达上多次反射回波的说法中,错误的是________。
A. 真回波位于假回波的外侧
B. 真回波与假回波方位一致
C. 相邻的真回波与假回波之间的距离间隔近似相等
D. 真回波与假回波的强度不同

144. 消除雷达多次反射回波的方法中,不妥的是________。
A. 降低增益
B. 使用 STC(海浪干扰抑制)
C. 使用 FTC(雨雪干扰抑制)
D. 减小接收机的放大倍数

145. 雷达荧光屏上的多次反射回波常常出现在________。
A. 明暗扇形区
B. 扇形阴影区
C. 船舶正横方向
D. 盲区

146. 当雷达采用北向上相对运动显示方式,本船改向时________。
A. 真回波、间接回波的方位均变化
B. 真回波、间接回波的方位均不变化
C. 真回波的方位发生变化,间接回波方位不变或消失
D. 真回波的方位不发生变化,间接回波方位改变或消失

147. 使用雷达后,下述说法错误的是________。
A. 可较放心地进行海图改正等作业,但应定时进行雷达观测

B. 应经常细致观测,发现目标应及时进行标绘

C. 不能只利用雷达进行观测,还要利用其他方法进行瞭望

D. 应根据当时具体情况,随时调节雷达控钮,使回波最好

148. 下述说法中,正确的是________。

A. 雷达荧光屏上只能显示物标当前的位置,不能显示物标动态

B. 雷达荧光屏上能显示物标当前位置,也能显示物标动态

C. 雷达荧光屏上不能显示物标当前位置,只能显示过去位置

D. 雷达荧光屏上可直接显示预测的物标动向

149. 下述说法中,正确的是________。

A. 从雷达荧光屏图像可直接看出物标船的动向

B. 从雷达荧光屏上可直接看到避让物标船所需的航向和速度

C. 必须经过雷达标绘,才能求出对物标船的避让航向和速度

D. 从雷达荧光屏上可直接看出物标的航迹变化

150. 雷达观测时,若荧光屏上出现多个目标船回波集聚成片的现象,可采取________的方法继续观测。

A. 增大量程　　B. 减少量程

C. 增大增益　　D. 减少增益

151. 在狭水道航行时,雷达上容易出现假回波,应注意识别,它们是________。

Ⅰ. 多次反射回波;Ⅱ. 间接回波;Ⅲ. 旁瓣回波

A. Ⅱ,Ⅲ　　B. Ⅰ,Ⅱ

C. Ⅰ,Ⅲ　　D. Ⅰ,Ⅱ,Ⅲ

152. 下面哪项是在狭水道航行时,容易在雷达上出现的假回波?

A. 二次扫描回波　　B. 三次扫描回波

C. 多次反射回波　　D. A + B + C

153. 在雷达荧光屏中心附近出现的鱼鳞状亮斑回波,是________。

A. 海浪干扰　　B. 雨雪干扰

C. 某种假回波　　D. 以上均可能

154. 在雷达荧光屏中心附近出现的圆盘状亮斑回波,越往外越弱,它是________。

A. 强海浪干扰　　B. 雨雪干扰

C. 某种假回波　　D. 以上都可能

155. 雷达的海浪干扰的强度与距离的关系是________。

A. 距离增加时,强度急剧减弱　　B. 距离增加时,强度急剧增加

C. 距离增加时,强度缓慢减弱　　D. 距离增加时,强度缓慢增加

156. 雷达荧光屏上的海浪干扰显示的范围,一般风浪时为________海里,大风浪时可达________海里。

A. 6 ~ 8;10　　B. 10 ~ 12;16

C. 1 ~ 2;5　　D. 0.5 ~ 1;3

157. 雷达荧光屏上海浪干扰强弱与风向的关系为________。

A. 上风舷弱　　B. 上风舷强

C. 下风舷强　　D. 与风向无关

158. 本船航向正北,东风八级,雷达荧光屏上海浪干扰最强,伸展得较远的位置在________。

A. 船首方向　　B. 右舷

C. 左舷　　D. 船尾

159. 从雷达荧光屏上出现的海浪干扰回波中识别物标回波的主要方法是________。

A. 海浪回波强,物标回波弱　　B. 海浪回波弱,物标回波弱

C. 海浪回波小,物标回波大　　D. 物标回波稳定,少变化

160. 海浪干扰强弱与雷达工作波长的关系为________。

A. 波长越长,强度越弱　　B. 波长越短,强度越弱

C. 强弱与波长无关　　D. 波长越长,强度越强

161. 下述有关影响雷达海浪干扰强弱的说法中,不正确的是________。

A. 垂直波束越大,干扰越强　　B. 天线高度越高,干扰越强

C. 天线转速越慢,干扰越强　　D. 脉冲宽度越窄,干扰越强

162. 船用导航雷达发射的电磁波遇到物标后,可以________。

A. 穿过去　　B. 较好地反射回来

C. 全部绕射过去　　D. 以上均对

163. 大型船舶上通常安装有X波段和S波段两个雷达,在晴好天气时,二者对近距离小目标的探测能力________。

A. S波段强　　B. X波段强

C. S波段和X波段一样强　　D. 二者没有比较依据

164. 抑制雷达海浪干扰的方法是________。

Ⅰ. 适当使用STC钮;Ⅱ. 使用对数放大器;Ⅲ. 使用S波段雷达

A. Ⅱ,Ⅲ　　B. Ⅰ,Ⅲ

C. Ⅰ,Ⅱ　　D. Ⅰ,Ⅱ,Ⅲ

165. 雷达中抑制海浪干扰的方法是________。

Ⅰ. 采用10厘米雷达;Ⅱ. 采用高转速天线;Ⅲ. 采用CFAR处理电路

A. Ⅱ,Ⅲ　　B. Ⅰ,Ⅲ

C. Ⅰ,Ⅱ　　D. Ⅰ,Ⅱ,Ⅲ

166. 在雷达荧光屏上发现,5海里内较暗,除固定距标、船首线、EBL外,其他信号(如噪声和回波信号)均很弱,而在5海里外,噪声、回波等均很正常,此时,应调整________控钮。

A. 扫描亮度　　B. 调谐

C. STC　　D. 增益

167. 雷达抗干扰开关的控钮中,通常________为常开。

A. 雨雪干扰　　B. 海浪干扰

C. 收发开关　　D. 监视器开关

168. 当船舶航行于大风浪水域时，进行雷达观测，应引起特别警觉的情况是________，未调好________。

A. 近距离目标；长、短脉冲　　B. 近距离目标；海浪抑制

C. 远距离目标；调谐　　D. 远距离目标；海浪抑制

169. 在雷达荧光屏局部区域上出现的一片疏松的棉絮状的干扰波是________。

A. 雨雪干扰　　B. 噪声干扰

C. 海浪干扰　　D. 同频干扰

170. 雷达荧光屏上的雨雪干扰图像特征是________。

A. 辐射状点线　　B. 满屏幕的散乱光点

C. 密集点状回波群，如棉絮团一样　　D. 屏中心附近的辉亮圆盘

171. 雷达荧光屏上的雨雪干扰的强弱决定于________。

A. 雨雪区的分布面积　　B. 雨雪区的体积

C. 雨雪区迎向面面积　　D. 以上都不是

172. 在雷达荧光屏上能形成类似小岛回波一样强度的雨雪干扰的雨量是________。

A. 小雨　　B. 中雨

C. 大雨　　D. 热带大暴雨

173. 当船舶航行于低纬度地区时，进行雷达观测，应引起特别警觉的情况是________，未调好________。

A. 近距离目标；长、短脉冲　　B. 远距离目标；增益

C. 一片积雨云下的目标；雨雪干扰抑制　　D. 远距离目标；调谐

174. 抑制雷达的雨雪干扰的方法是________。

Ⅰ. 使用 FTC 电路；Ⅱ. 使用圆极化天线；Ⅲ. 使用 S 波段雷达

A. Ⅱ，Ⅲ　　B. Ⅰ，Ⅲ

C. Ⅰ，Ⅱ　　D. Ⅰ，Ⅱ，Ⅲ

175. 抑制雷达的雨雪干扰的方法是________。

Ⅰ. 适当减小增益；Ⅱ. 使用 10 厘米雷达；Ⅲ. 选用窄脉冲

A. Ⅱ，Ⅲ　　B. Ⅰ，Ⅱ

C. Ⅰ，Ⅲ　　D. Ⅰ，Ⅱ，Ⅲ

176. 雷达使用圆极化天线后，可以________。

Ⅰ. 抑制雨雪干扰；Ⅱ. 可能丢失对称体物标回波；Ⅲ. 探测能力下降约 50%

A. Ⅱ，Ⅲ　　B. Ⅰ，Ⅱ

C. Ⅰ，Ⅲ　　D. Ⅰ，Ⅱ，Ⅲ

177. 用雷达探测雨雪区中的物标，应________。

Ⅰ. 选用 10 厘米雷达；Ⅱ. 选用圆极化天线；Ⅲ. 适当使用 FTC

A. Ⅰ，Ⅲ　　B. Ⅰ，Ⅱ

C. Ⅱ，Ⅲ　　D. Ⅰ，Ⅱ，Ⅲ

178. 用雷达探测雨雪区域中的物标，FTC 及增益钮的正确用法是________。

A. 使用 FTC,适当减小增益　　B. 使用 FTC,适当增大增益
C. 关掉 FTC,适当减小增益　　D. 关掉 FTC,适当增大增益

179. 用雷达探测雨雪区域后的物标,FTC 及增益钮的正确用法是________。
A. 使用 FTC,适当减小增益　　B. 使用 FTC,适当增大增益
C. 关掉 FTC,适当减小增益　　D. 关掉 FTC,适当增大增益

180. 产生雷达同频干扰的条件是________。
Ⅰ. 两部雷达均属同一频段;Ⅱ. 两部雷达相距较近;Ⅲ. 两部雷达同时工作
A. Ⅰ,Ⅱ　　B. Ⅰ,Ⅲ
C. Ⅱ,Ⅲ　　D. Ⅰ,Ⅱ,Ⅲ

181. 两部雷达重复频率相同时,干扰图像是________。
A. 散乱光点　　B. 螺旋线状光点
C. 辐射状光点　　D. 以上均不对

182. 两部雷达重复频率相差不大时,干扰图像是________。
A. 散乱光点　　B. 螺旋线状光点
C. 辐射状光点　　D. 以上均不对

183. 两部雷达重复频率相差很大时,干扰图像是________。
A. 散乱光点　　B. 螺旋线状光点
C. 辐射状光点　　D. 以上均不对

184. 抑制或削弱雷达同频干扰的方法是________。
Ⅰ. 使用同频干扰抑制器;Ⅱ. 改用较小量程;Ⅲ. 改用另一频段的雷达
A. Ⅰ,Ⅱ　　B. Ⅰ,Ⅲ
C. Ⅱ,Ⅲ　　D. Ⅰ,Ⅱ,Ⅲ

185. 当雷达荧光屏上出现严重电火花干扰时,你应该________。
A. 减小扫描亮度,继续使用　　B. 减小增益,继续使用
C. 关掉雷达,修复后再用　　D. 将雷达报废

186. 当雷达荧光屏上出现明暗扇形干扰时,你应该________。
A. 关掉雷达,修复后再用　　B. 关掉 AFC,改用手动调谐继续使用
C. 立即调节显示器面板上的调谐钮即可　　D. B 或 C 均可

187. 雷达固定方位电火花干扰可采用________。
A. 降低近程抑制　　B. 降低亮度
C. 小改向　　D. 改变量程

188. 雷达应答器应如何工作?
A. 脉冲触发后立即发射　　B. 脉冲触发前发射
C. 脉冲触发前 0.5 微秒发射　　D. 脉冲触发后延迟 0.5 微秒后发射

189. 雷达应答器是一种________的雷达航标。
A. 有源主动　　B. 有源被动
C. 无源　　D. 以上均不对

190. 有关雷达应答器,下列说法正确的是________。

A. 按应答器自己的规律定时发射脉冲信号　　B. 在雷达脉冲激发后再发射

C. 至少有两部雷达同时激发后才发射　　D. 由雷达应答器控制人员操纵工作

191. 雷达应答器发射的无线电波的极化方式是________。

A. 水平极化　　B. 垂直极化

C. 圆极化　　D. 以上均可

192. 雷达应答器的工作波段大多数是________。

A. S 波段　　B. X 波段

C. C 波段　　D. 上述各波段一样多

193. 雷达应答器发射________编码脉冲。

A. ASCⅡ码　　B. 格雷码

C. 莫尔斯码　　D. 以上都有

194. 有关雷达应答器的信息可以查阅________。

A.《无线电信号表》第一卷　　B.《无线电信号表》第二卷

C.《无线电信号表》第五卷　　D.《无线电信号表》第六卷

195. 在英版无线电信号表中查得某雷达航标的资料为:

Souter Lt Racon　　54°58′.23N　　1°21′.80W　　5135

(3 &10 cm)　　135° - 350°　　10 n miles　　T

说明该标是________。

A. 适用于 3 cm 和 10 cm 雷达的雷达信标(指向标)

B. 仅适用于 10 cm 雷达的雷达信标

C. 既适用于 3 cm 雷达,也适用于 10 cm 雷达的雷达应答标

D. 仅适用于 3 cm 雷达的雷达应答标

196. 在英版无线电信号表中查得某雷达应答标的资料为:

Souter Lt Racon　　54°58′.23N　　1°21′.80W　　5135

135° - 350°　　10 n miles　　T

说明该标是________。

A. 仅适用于 3 cm 雷达　　B. 仅适用于 10 cm 雷达

C. 既适用于 3 cm 雷达,也适用于 10 cm 雷达　　D. 仅适用于 10 cm 雷达的雷达信标

197. 在英版无线电信号表中查得某雷达航标的资料为:

Souter Lt Racon　　54°58′.23N　　1°21′.80W　　5135

135° - 350°　　10 n miles　　T

说明该标是________。

A. 仅适用于 3 cm 雷达的雷达信标(指向标)

B. 仅适用于 10 cm 雷达的雷达信标

C. 既适用于 3 cm 雷达,也适用于 10 cm 雷达的雷达应答标

D. 仅适用于 3 cm 雷达的雷达应答标

198. 雷达应答器的回波图像是________。
A. 在应答器所在方位上呈 1°~3°的扇形点线
B. 在应答器方位上的一条虚线
C. 在应答器台架回波后的编码回波
D. 在应答器台架回波后的扇形弧线

199. 在雷达荧光屏上雷达应答器的图像显示特点是________。
A. 只要雷达工作,每次天线扫描均可见到它
B. 随天线的旋转连续显示几次后会消失几次
C. 一旦显示后,不会再消失,除非关掉雷达后
D. 显不显示,可以按需要选择

200. 雷达应答器一般安装在________。
A. 海上重要的孤立物标上(如浮标、小岛、平台等)
B. 装在陆地上特殊的物标上(如烟囱、山峰等)
C. 装在港口重要的建筑物上
D. 以上都有

201. 搜救雷达应答器满足哪些条件时能响应雷达脉冲信号?
Ⅰ. 应答器内有足够的电源;Ⅱ. 由人工启动或自动启动后;Ⅲ. 雷达天线与应答器天线之间无阻挡,且在有效距离内
A. Ⅰ,Ⅱ
B. Ⅰ,Ⅲ
C. Ⅱ,Ⅲ
D. Ⅰ,Ⅱ,Ⅲ

202. 搜救雷达应答器在下列哪些条件下发射信号?
Ⅰ. 由人工或自动启动后;Ⅱ. 抛入水中后;Ⅲ. 收到雷达脉冲激发后
A. Ⅰ,Ⅱ,Ⅲ
B. Ⅱ,Ⅲ
C. Ⅰ,Ⅱ
D. Ⅰ,Ⅲ

203. ________的雷达可以激发和接收搜救雷达应答器的信号。
A. S 波段
B. X 波段
C. C 波段
D. 以上都可以

204. ________方式的雷达可以激发和接收搜救雷达应答器的信号。
A. 水平极化
B. 垂直极化
C. 圆极化
D. 以上均可

205. 搜救雷达应答器的信号在雷达荧光屏上是________。
A. 在应答器位置后一串(至少 12 个)等间隔短划信号,总长度约 8 海里
B. 在应答器位置后一串(6 个)等间隔短划信号,总长度 6 千米
C. 在应答器位置后一串编码脉冲信号
D. 在应答器方向上呈一串等间隔短划信号,布满整个扫描线

206. 为尽早发现遇难者清晰显示搜救雷达应答器的信号,下述操作哪个是正确的?
A. 仔细调谐,使各种回波均清晰,饱满
B. 有意暂时调偏调谐,使海浪、物标等回波均减弱或消失
C. 尽量减小增益

D. 使用各种有利于消除杂波干扰的装置，再加上 A 和 C

207. 要在雷达荧光屏上显示全搜救雷达应答器的 12 个脉冲信号，量程至少应为________。

A. 6 海里　　B. 12 海里

C. 3 海里　　D. 24 海里

208. 搜救雷达应答器是装在________。

A. 航行在国际航线上的船舶上

B. 重要的导航标志上

C. 重要的小岛、岬角上

D. 专门用于搜救遇难船舶人员的救援船和飞机上

209. 某轮在接近进口水道前一直轮换使用着两台雷达，当用其中的一台测定前方约 8′处的雷达应答标时却无该标的回波。最可能的原因是________。

A. 雷达出现了故障　　B. 雷达应答标出现了故障

C. 船舶不在该标的作用距离之内　　D. 雷达应答标的波长不适用于该雷达

210. 某轮在接近进口水道前一直轮换使用着两台雷达，当用其中的一台测定前方约 8′处的雷达应答标时却无该标的回波。最好的解决办法可能是________。

A. 检修雷达　　B. 等雷达应答标发射信号后再测

C. 待接近该标时再测　　D. 换一台雷达再测

211. 在英版无线电信号表中查得某雷达航标的资料为：

Jizo Saki Lt Ramark　　360° 15 n miles　　35°33′.85N　　133°19′.68E 8491

说明该标________。

A. 适用于 3 cm 和 10 cm 雷达的雷达信标（指向标）

B. 仅适用于 3 cm 雷达的雷达信标

C. 既适用于 3 cm 也适用于 10 cm 雷达的雷达应答标

D. 仅适用于 3 cm 雷达的雷达应答标

212. 对雷达定位使用效果最好的是________。

A. 雷达角反射器　　B. Ramark

C. Racon　　D. 回波增幅器

213. 采用单物标雷达方位距离定位时，选用物标的最重要的一条是________。

A. 小而孤立　　B. 位置准确，可靠

C. 尽量近的距离　　D. 要有一定的高度

214. 下列物标中，哪个物标用作雷达定位较好？

A. 离岸线较远的高山　　B. 突堤端头的灯塔

C. 风暴过后的近处浮标　　D. 以上都不对

215. 远洋航行初近陆地时，利用陆地上的高山雷达定位，对所得船位的正确态度是________。

A. 很可靠，放心使用　　B. 不一定准，仅供参考

C. 没有参考价值，不应定位　　D. 以上说法均不对

216. 下列物标中，用作雷达定位较好的物标的是________。

A. 浮标　　B. 建筑群中的较高的灯塔

C. 陡峭岸角　　D. 沙滩岸线

217. 下列物标中,不适合用作雷达定位的物标是________。

A. 小岛　　B. 雷达应答标

C. 平缓的沙滩岸线　　D. 岬角

218. 采用雷达单目标方位距离定位时,最重要的是________。

A. 测量距离要准　　B. 测量方位要准

C. 测量速度要快　　D. 要选位置准确可靠的物标

219. 雷达定位选择物标时,下述说法不准确的是________。

A. 应选择回波稳定,亮而清晰的物标

B. 应尽量选择近而可靠的物标

C. 应尽量选择交角好的两三个物标

D. 应尽量选择有醒目颜色标记的港区背后高大的烟囱

220. 在大洋中,用远距离较高小岛雷达距离定位时,应该用________。

A. 小岛的岸线　　B. 小岛的山峰

C. 小岛半山腰的某处　　D. 以上均可

221. 选用三物标雷达定位时,物标交角最好的是________。

A. 30°　　B. 60°

C. 90°　　D. 120°

222. 选用两物标雷达定位时,物标交角最好的是________。

A. 30°　　B. 60°

C. 90°　　D. 120°

223. 在对船位精度要求较高的情况下,应选用的雷达定位方法是________。

A. 距离　　B. 方位

C. 距离、方位混合　　D. 以上各方法均可

224. 一万吨级货船,使用雷达瞭望时,关于量程的使用,下列哪个是准确的?

A. 据航区情况选用后不该改变

B. 应固定用大量程,可看得远些

C. 一般用 12 海里,但应以 5 ~10 分钟的间隔换用较大的和较小量程搜索海面

D. 应固定用小量程,可看得清楚些

225. 利用雷达进行导航的基本方法是________。

Ⅰ. 利用连续的短时间间隔定位;Ⅱ. 利用距离避险线;Ⅲ. 利用方位避险线

A. Ⅰ,Ⅱ　　B. Ⅱ,Ⅲ

C. Ⅰ,Ⅲ　　D. Ⅰ,Ⅱ,Ⅲ

226. 采用雷达距离避险线的基本条件是________。

A. 有合适的雷达参考物标　　B. 当时的风流要小

C. 航道要宽阔　　D. 天气要好

227. 采用雷达距离避险线避险时，参考物标应该选择________。

Ⅰ. 特点明显不易搞错；Ⅱ. 回波亮而清晰；Ⅲ. 测距误差小

A. Ⅰ，Ⅱ　　B. Ⅰ，Ⅲ

C. Ⅱ，Ⅲ　　D. Ⅰ，Ⅱ，Ⅲ

228. 可作为雷达距离避险线的参考物标是________。

A. 陡的岸角　　B. 沙滩岸线

C. 港口建筑中的高塔　　D. 附近海上的工程作业船

229. 当雷达的避险参考物标和危险物的连线与航线平行时，用________避险法较好。

A. 距离避险线　　B. 方位避险线

C. 连续定位法　　D. 以上各法均好

230. 当雷达的避险参考物标和危险物的连线与航线垂直时，用________避险法较好。

A. 距离避险线　　B. 方位避险线

C. 连续定位法　　D. 以上各法均好

231. 当航线与岸线基本平行时，而航线与岸线间有暗礁等碍航物时，宜采用雷达的________方法导航。

A. 方位避险线　　B. 距离避险线

C. 连续测定船位　　D. 以上方法都行

232. 当航线与岸线基本平行时，而航线位于岸线和暗礁等碍航物之间时，宜采用雷达的________方法导航。

A. 平行方位避险线　　B. 距离避险线

C. 连续测定船位　　D. 以上方法都行

233. 在使用雷达距离避险线航行时，应随时操纵船舶使参考物标始终处于________。

A. 距离避险线外侧　　B. 距离避险线内侧

C. 靠近扫描中心　　D. 靠近屏边缘

234. 利用雷达方位避险线导航时，将标尺线放于避险方位上，下列哪些情况是安全的？

A. 当参考物标回波在避险标尺线与船首线之间时

B. 当参考物标回波在避险标尺线的外侧时

C. 参考物标在荧光屏上看不见时

D. 参考物标靠近荧光屏中心时

235. 利用雷达观测陆标定位时，用________显示方式较好。

A. 北向上　　B. 航向向上

C. 首向上　　D. 以上都可以

236. 利用雷达导航时，用________显示方式较好。

A. 船首向上相对运动　　B. 北向上相对运动

C. 对地真运动　　D. 对水真运动

237. 在用雷达导航时，若用真运动显示方式，则速度的输入是________。

Ⅰ. 相对于水的速度；Ⅱ. 相对于地的速度；Ⅲ. 对水计程仪输入后进行风流校正的速度

A. Ⅰ,Ⅲ　　B. Ⅰ,Ⅱ,Ⅲ

C. Ⅰ,Ⅱ　　D. Ⅱ,Ⅲ

238. 利用方位避险线导航时,将电子方位线放在避险方位上,此时雷达的显示方式应是________。

A. 船首向上相对运动　　B. 真北向上相对运动

C. 对水真北向上真运动　　D. 对地真北向上真运动

239. 狭水道航行,航道较窄,为确保航行安全,在用雷达核实船位时,宜用________。

A. 船首方向远距物标方位核实　　B. 船首方向远距物标距离核实

C. 正横方向近距物标距离核实　　D. 正横方向远距物标方位核实

240. 在用雷达进行狭水道导航时,量程应该________。

A. 不宜改变

B. 尽量用小量程

C. 尽量用大量程

D. 据航道、航速、船舶密度、视距等适当选用

241. 用雷达进行狭水道导航时,以下不正确的是________。

A. 准备好雷达

B. 准备好航线的有关资料

C. 通知机舱备好主机

D. 驾驶员只应全力进行在雷达荧光屏上的观测

242. 使用 ARPA 进行避让时,多普勒计程仪最好采用________跟踪。

A. 对地　　B. 对水

C. 自动　　D. 对流

243. 现代雷达回波处理技术中的回波扩展技术的应用目的是________。

A. 提高屏幕对小目标的显示识别能力

B. 减小回波变形,提高屏幕分辨率

C. 有效地抑制杂波和噪声

D. 获得自动抑制海浪或自动抑制雨雪的效果

244. 雷达发射脉冲宽度与最小作用距离的关系为________。

A. 发射脉冲宽度越小,最小作用距离越大

B. 发射脉冲宽度越小,最小作用距离越小

C. 最小作用距离与发射脉冲宽度无关

D. 发射脉冲宽度和水平波束宽度共同决定了雷达的最小作用距离

245. 雷达跟踪目标的历史航迹一般是用来________。

A. 判断目标是否有碰撞危险　　B. 复核避让目标是否让清

C. 判断跟踪目标是否有过机动　　D. 核查本船采取的避让措施是否有效

246. 在雷达显示器上,AIS 报告目标可显示 CPA 和 TCPA 信息的是________。

A. 休眠目标　　B. 激活目标

C. 被选目标　　D. 危险目标

247. 在雷达稳定跟踪目标的过程中，驾驶员改变了雷达杂波抑制状态，被跟踪目标________。

A. 可能发生目标交换　　B. 可能发生目标丢失

C. 发生"角向肥大"现象　　D. 出现假回波

248. 按照 SOLAS 公约要求，所有 300 总吨上船舶，都必须安装________船舶导航雷达。

A. S 波段　　B. X 波段或 S 波段

C. X 波段　　D. X 波段和 S 波段

249. 由于光点的影响，会产生测方位误差，该误差的大小与回波的距离________。

A. 回波离屏幕中心越近误差越小　　B. 回波离屏幕中心越远误差越小

C. 与回波离屏幕中心的距离没有关系　　D. 与回波离屏幕中心的距离成正比

250. 雷达采用 RM/RV 显示模式，发现仅某一目标的历史航迹与矢量线的方向不一致，说明________。

A. 本船转向或变速了　　B. 目标船转向或变速了

C. 目标船和本船都转向了　　D. 海域有风流影响

251. 雷达稳定跟踪目标时，一旦目标机动，________。

A. 雷达能够准确跟踪并显示出目标机动过程的动态数据

B. 雷达通常在目标机动完成 3 分钟后，才能再被稳定跟踪

C. 雷达能够继续稳定跟踪该目标

D. 对于不同型号的雷达，情况不一样，无法判断

252. 雷达中心与屏幕中心不一致时，机械方位线与电子方位线测物标方位时________。

A. 电子方位观测准　　B. 机械方位线观测准

C. 两个都准　　D. 两个都不准

253. 雷达应答器的工作是________再发射。

A. 按应答器储存器里的程序自动发射脉冲信号

B. 在雷达脉冲激发后

C. 在雷达脉冲激发后再延迟 1 微秒再发射

D. 由专门的雷达应答器控制人员操作

254. SART(搜救雷达应答器)频率________。

A. 9400 MHz ± 100 MHz　　B. 400 ~ 2000 Hz

C. 3000 MHz ± 100 MHz　　D. 9200 ~ 9500 MHz

255. 能在雷达荧光屏上显示出编码脉冲的是________。

A. 雷达　　B. 雷达指向标

C. 角反射器　　D. 雷达应答器

256. 产生雷达回波大小失真的原因不包括________。

A. 脉冲宽度　　B. 荧光屏光点直径

C. 水平波束宽度　　D. 垂直波束宽度

257. 就高度而言，一般物标回波强度________，但还与物标表面特征有关。

A. 与其高度成正比　　B. 与其高度成反比
C. 与其高度的平方成反比　　D. 与其高度的平方成正比

258. 雷达回波边缘丢失的原因不包括________。
A. 控制旋钮调节不当　　B. 目标闪烁
C. 物标边缘反射雷达波的能力较差　　D. 雷达性能差

259. 不属于雷达航标的是________。
A. 角反射器　　B. 雷达应答器
C. 搜救雷达应答器　　D. 雷达指向标

260. 某船雷达的扫描中心(起始点,无误差)与荧光屏的几何中心不一致。用该雷达测物标方位,说法正确的是?
A. 用机械方位标尺读取观测值产生误差,用电子方位线读取则不产生误差
B. 用机械方位标尺和电子方位线读取观测值均不产生误差
C. 用机械方位标尺读取观测值产生误差,用电子方位线读取数字显示值则不产生误差
D. 用机械方位标尺和电子方位线读取观测值均产生误差

261. 由于地球曲率的影响,使物标位于雷达电磁波传播平面以下的部分不能反射回波,从而造成________。
A. 物标回波距离失真　　B. 雷达影像的丢失
C. 物标回波形状失真　　D. 物标回波大小失真

262. 对于在固定方位位置上出现的电火花干扰,如一时尚无法排除故障,可使用________的方法避开该干扰。
A. 降低屏幕亮度　　B. 暂时小改向
C. 降低近程增益　　D. 改变量程

263. 造成雷达物标回波径向扩展的因素是________。
A. 物标宽度　　B. 垂直波束宽度
C. 水平波束宽度　　D. 通频带宽度

264. 为了提高雷达测距精度,选择量程应使回波显示在________。
A. 大约 1/3 扫描线长度以内　　B. 靠近扫描中心
C. 1/3 ~ 2/3 扫描线长度区域　　D. 靠近荧光屏边缘

265. 下列哪种反射性能最好 ________。
A. 海水　　B. 木头
C. 冰　　D. 玻璃纤维

266. 造成 TV 扫描雷达图像失真的原因是________。
A. 方位、距离单元值太大　　B. 回波视频分层数太少
C. 视频处理中门限电平太高　　D. A + B + C

267. 抑制雷达的雨雪干扰的方法是________。
A. 快转速天线雷达　　B. 对数中放
C. CFAR 处理电路　　D. 以上均对

268. 用雷达探测雨雪区域中的物标，在使用 FTC 后，还应________。

A. 适当加大增益　　B. 适当减小增益

C. 使用 STC　　D. B + C

269. 雷达采用 CFAR 处理电路抑制海浪干扰后，应注意________。

A. 可能丢失远处弱回波　　B. 可能丢失强杂波边缘小目标

C. A + B　　D. 不用担心上述问题

270. 船舶在宽阔的海面上追越或相遇他船时，在雷达荧光屏上常常能观测到的假回波是________。

A. 间接反射回波　　B. 多次反射回波

C. 二次扫描回波　　D. A + B

271. 为减小雷达测方位定位误差，船舶摇摆时，下述说法错误的是________。

A. 应尽可能选择船舶正平时测量方位

B. 船首线宽度不大于 0.5 度

C. 横摇大时，尽可能选择测正横方向的物标

D. 纵摇大时，尽可能选择测首尾方向的物标

272. 雷达测量物标方位定位时，为消除天线水平波速宽度 θ_H 的影响，应________。

A. 在所测方位上加上 $\theta_H/2$

B. 在所测方位上减去 $\theta_H/2$

C. 在回波图像的扫描线进入端所测方位上加 $\theta_H/2$，在扫描线离开端所测方位上减 $\theta_H/2$

D. A 和 B 均可

273. 如果远处一小岛，左边是平缓的沙滩岸线，右边是陡岸，在雷达定位时，应选用________。

A. 左边岸线　　B. 右边岸线

C. A 或 B 均可　　D. 以上均不对

274. 下述说法中________是对的。

A. 雷达误差在安装时已经校准，测量数据可直接使用

B. 虽然在安装时已校过误差，但还会存在有图像扩展等因素引起的误差，也应修正

C. 雷达用的是超高频脉冲波，所以测量精度很高，不会有误差

D. 以上说法都不对

275. 以下关于雷达测量目标所获得方位的说法中不准确的是________。

A. 根据设置，所测目标方位是天线辐射窗至目标测量点的方位

B. 根据设置，所测目标方位是 CCRP 至目标测量点的方位

C. 所测目标方位为在天线辐射窗至目标测量点方位的基础上，经换算得到的目标观测方位

D. 驾驶员观测位置到目标测量点的方位

276. 船舶导航雷达可以获得目标的________。

A. 高度、深度　　B. 距离、高度

C. 方位、距离　　D. 高度、厚度

277. 雷达目标回波后沿的位置远于实际目标后沿的位置，________是导致“拖尾”现象的原因。

A. 目标较近　　B. 脉冲宽度

C. 窄同频带　　D. 目标较远

278. 雷达必备传感器之一的罗经故障时,雷达________。

A. 无法工作

B. 显示方式只能采用 RM H – UP

C. 可以通过手动输入航向,继续工作

D. 可以借助 GPS 导航仪提供的航向继续工作

279. 雷达 RM C – UP 显示方式中的"航向"是指________。

A. 罗经指示航向

B. 航向向上及新航向向上显示方式启动时刻的本船船首向

C. GPS 指示的航向

D. 本船的航迹向

280. 雷达 RM H – UP 显示方式,当本船向右转向时________。

A. 船首线向右转动,目标不转动　　B. 船首线向左转动,目标不转动

C. 船首线不动,目标向右转动　　D. 船首线不动,目标向左转动

281. 雷达 RM C – UP 显示方式________。

A. 要输入本船速度　　B. 要输入本船罗经航向

C. 要输入目标船速度　　D. 要输入目标船航向

282. 雷达扫描起始点会随着本船罗经航向和计程仪速度的变化而移动,雷达图像反映了目标真实运动情况,这种雷达显示方式称为________。

A. 对地真运动显示方式　　B. 对水真运动显示方式

C. 航向向上相对运动显示方式　　D. 船首向上相对运动显示方式

283. 对地真运动显示方式,________回波在雷达屏幕上固定不动。

A. 同向同速船　　B. 小岛

C. 随水漂流船　　D. 二次扫描假回波

284. 雷达本身无方位误差,罗经有 –3°误差,则在真方位显示方式时测量的目标真方位________。

A. 有 +3°误差　　B. 有 –3°误差

C. 有 –6°误差　　D. 无误差

285. 真运动显示方式中,雷达 SDME 传感器有误差时,扫描起始点在显示器上的移动速________。

A. 有与 SDME 传感器同样的误差

B. 有与 SDME 传感器符号相反的误差

C. 不会有误差

D. 有与 SDME 传感器符号和数值都相反的误差

286. 雷达本身无方位误差,罗经有 +3°误差,则 N – UP 真运动显示方式中,目标回波的相对方位(舷角)________。

A. 有 +3°误差　　　　B. 有 -3°误差

C. 无误差　　　　D. 有 -6°误差

287. 海区有流无风，真运动输入本船对水速度，小岛回波的移动轨迹是________。

A. 固定不动　　　　B. 按流向、流速移动

C. 按流的相反方向、相同速度移动　　　　D. 按流的相反方向减速移动

288. 选择宽的雷达发射脉冲宽度，则________。

A. 雷达最小作用距离更小　　　　B. 可提高距离分辨力

C. 可提高探测远距目标能力　　　　D. 可提高测方位精度

289. 雷达收发转换时间会对雷达的________性能有影响。

A. 最小作用距离　　　　B. 最大作用距离

C. 距离分辨力　　　　D. 测方位精度

290. 在标准大气传播条件下，雷达探测地平为 10 n mile。在此次航行中，发现雷达在距离一个高耸孤立的小岛 14 n mile 时，就能够观测到小岛回波。产生这种现象的原因是________。

A. 观测到的小岛回波是假回波

B. 雷达探测地平有 4 n mile 的误差

C. 雷达探测可能发生了超折射现象

D. 目标的雷达探测地平是雷达能够发现它的最远距离

291. 发生超折射时，雷达探测地平将会增大，能够探测比以往探测距离更远的目标，对于超折射，以下说法中较为合理的是________。

A. 在能见度恶劣的航行环境，超折射可能引起假回波

B. 超折射对雷达观测是有利的

C. 超折射对雷达正常观测没有影响

D. 超折射容易造成雷达超负荷发射

292. 在标准大气传播条件下，以下能影响雷达探测目标极限距离的是________。

A. 雷达发射功率　　　　B. 通频带

C. 距离分辨力　　　　D. 雷达天线高度和目标高度

293. 当雷达工作在近量程时，________性能指标是驾驶员更关心的。

A. 雷达的目标分辨能力　　　　B. 雷达的平均发射功率

C. 雷达的峰值发射功率　　　　D. 雷达的发射脉冲宽度

294. 在雷达上观测两个同方位相邻的目标时，为了在显示器上使它们分离地显示，可以进行什么操作？

A. 使用短脉冲工作　　　　B. 使用长脉冲工作

C. 调整增益和屏幕亮度　　　　D. 改变显示方式，让两回波分离

295. 区分同一方位上相邻两目标的能力称为雷达的________。

A. 抗杂波能力　　　　B. 方位分辨力

C. 测方位精度　　　　D. 距离分辨力

296. 由以下________引起的误差属于雷达测距系统误差。

A. 雷达图像调整不佳
B. 雷达软件系统不稳定
C. CCRP
D. 船舶摇摆

297. 要提高雷达的测量精度,可以________。
A. 降低 GAIN
B. 增加 GAIN
C. 使用 STC
D. 使用宽脉冲

298. ________是导致雷达目标回波方位扩展的主要原因。
A. 垂直波束宽度
B. 水平波束宽度
C. 脉冲宽度
D. 接收机灵敏度

299. 关于雷达捕获目标的含义,以下说法中________更准确。
A. 捕获对目标连续自动跟踪
B. 捕获是不停记录目标的地理位置
C. 捕获后可快速进入稳定跟踪状态
D. 捕获记录目标初始位置并开始跟踪

300. 利用雷达捕获目标功能时,驾驶员应注意________。
A. 自动捕获方便快速,因此任何情况都首先选用自动捕获
B. 手动捕获可按需进行,应尽量选用手动捕获
C. 自动捕获目的性差,因此一般不宜采用
D. 应根据航行环境态势,酌情选用捕获模式

301. 选择雷达手动捕获目标时,捕获顺序应首先考虑捕获本船前方的目标,主要是指________的范围。
A. 本船正横之前
B. 本船船首方向
C. 本船 247.5°~112.5°
D. 本船 315°~090°

302. 雷达人工捕获目标的捕获顺序原则通常是________。
A. 优先捕获回波强的目标
B. 优先捕获回波闪烁的目标
C. 优先捕获船首、右舷、近距离的目标
D. 优先捕获回波弱的目标

303. 以下不属于手动捕获特点的是________。
A. 捕获速度快,可应付多目标快速逼近复杂会遇局面中及时捕获目标的需要
B. 可按航行态势和航行需要逐个捕获目标
C. 可避免捕获杂波、假回波和不需要捕获的目标
D. 如驾驶员疏忽视觉及雷达瞭望,可能会遗漏相关目标

304. 以下关于雷达自动捕获目标的说法中不正确的是________。
A. 按照 MSC. 192(79)决议,所有的雷达都应具备自动、手动捕获功能
B. 按照 MSC. 192(79)决议,只有安装在 10000 总吨以上船舶的雷达才具备自动捕获功能
C. 自动捕获功能应与手动捕获功能配合使用
D. 自动捕获区应配合抑制区使用

305. 雷达自动捕获功能中设定限制区是为了________。
A. 有目的性地捕获目标
B. 提高自动捕获的速度
C. 防止恶劣天气对捕获的影响
D. 最大限度地扩大目标捕获容量

306. 雷达自动捕获目标功能中“限制区”是指________。

A. 快速捕获区　　B. 拒绝捕获区

C. 在此区域中的所有目标可自动捕获　　D. 人工捕获区

307. 为提高雷达自动捕获的目的性，可采取的操作是________。

A. 可设置限制区（线）或警戒区（范围）　　B. 可设置安全门限

C. 可设置导航线　　D. 可使用雷达和 AIS 目标关联

308. 按照雷达性能标准，以下关于雷达稳定跟踪的说法中不准确的是________。

A. 目标捕获后，系统应在 1 min 内显示目标运动趋势

B. 目标机动后至少跟踪 3 min

C. 目标捕获后，系统应在 3 min 内显示目标预测运动

D. 被跟踪目标的数据精度要达到一定的要求

309. 本船沿略有弯曲的航道正常航行，顺势转向时，则雷达显示跟踪的目标数据________。

A. 精度肯定降低，不能信赖　　B. 精度没有变化，能够信赖

C. 会受海况、天气影响，不能信赖　　D. 精度可能降低，仍可以信赖

310. 捕获目标后，被雷达跟踪约________，雷达可显示其可靠的数据。

A. 40 s　　B. 1 min

C. 3 min　　D. 10 min

311. 降低雷达增益后，被跟踪目标________。

A. 可能发生目标丢失　　B. 可能发生目标交换

C. 容易出现旁瓣假回波　　D. 容易出现多次反射回波

312. 在雷达稳定跟踪目标的过程中，若使用 STC 或 FTC，被跟踪目标________。

A. 可能发生目标交换　　B. 可能发生目标丢失

C. 不受影响　　D. 容易出现假回波

313. 雷达跟踪目标若发生目标交换，则以下说法正确的是________。

A. 雷达发出声音报警

B. 雷达根据驾驶员的设置发出报警或不发出报警

C. 雷达不发出报警

D. 雷达只发出视觉报警

314. 以下航行环境中最可能发生雷达跟踪目标交换的是________。

A. 宽阔水域　　B. 狭水道

C. 沿岸航行　　D. 任何航行环境都会发生

315. 若发生雷达跟踪目标交换现象，则________。

A. 雷达发出声音报警，不发出视觉报警

B. 雷达发出视觉报警，不发出声音报警

C. 交换目标处于稳态跟踪，雷达显示目标的预测运动

D. 交换目标处于非稳态跟踪，雷达显示目标的运动趋势

316. 当两个雷达跟踪目标进入同一个跟踪窗口内时，常会引起跟踪错误，这种现象称为________。

A. 目标丢失
B. 漏跟踪
C. 目标交换
D. 跟踪窗错误

317. 雷达跟踪器处于________时,可能发生目标交换。
A. 两个目标回波强度一个很强,一个很弱
B. 两个目标同向同速行驶
C. 两个目标为固定、强度相似目标
D. 两个目标同时处在一个跟踪窗内

318. 若雷达跟踪的目标船发生机动,则________。
A. 雷达显示该目标的预测运动,显示其他目标的运动趋势
B. 雷达显示该目标的运动趋势,显示其他目标的预测运动
C. 雷达不显示所有目标的预测运动
D. 雷达不显示所有目标的运动趋势

319. 想了解目标船在过去一段时间内的机动情况,我们可以观察目标的________。
A. 试操船情况
B. 相对矢量
C. PAD
D. 过去位置

320. 以下关于本船机动对雷达目标跟踪影响的说法中正确的是________。
A. 本船大幅度机动对跟踪目标数据有影响
B. 本船大幅度机动对跟踪目标数据无影响
C. 只有本船航向机动才对跟踪目标数据精度有影响
D. 只有本船航向和航速同时机动才对跟踪目标数据精度有影响

321. 本船和目标船在沿岸机动频繁,则________。
A. 雷达目标跟踪功能完全不可用
B. 雷达能够准确得到本船和目标船的机动数据
C. 目标跟踪数据精度降低
D. 目标跟踪功能不受影响

322. MSC. 192(79)雷达性能标准指出,雷达对目标的跟踪距离应不少于________。
A. 12 n mile
B. 13 n mile
C. 15 n mile
D. 20 n mile

323. 在雷达显示器上,如打开 AIS 目标信息时,AIS 信息更新间隔为________。
A. 5 秒钟
B. 6 秒钟
C. 10 秒钟
D. 取决于目标船航速和航向的变化

324. 在雷达显示器上,一下能够发出报警的 AIS 目标是________。
A. 闪烁目标和丢失目标
B. 危险目标和丢失目标
C. 危险目标和激活目标
D. 激活目标和休眠目标

325. 根据 MSC. 192(79)雷达性能标准,雷达应处理________个 AIS 目标。
A. 100
B. 200
C. 250
D. 1000

326. 雷达显示器上, AIS 目标的显示速度信息是________。
A. 仅 SOG
B. 仅 STW

C. SOG 和 STW D. SOG 和 STW 交替显示

327. 在雷达信息显示窗口,若 AIS 报告目标显示“missing”,表示________。

A. AIS 目标丢失 B. AIS 目标数据不完整

C. AIS 未连接 D. 雷达跟踪目标丢失

328. 若已关联的 AIS 和雷达目标数据信息发生了大的偏差,则________。

A. 以 AIS 目标为准,发出雷达跟踪目标报警

B. 显示为一个 AIS 激活目标和一个雷达跟踪目标,不发出报警

C. 雷达目标和 AIS 目标均丢失,发出报警

D. 以雷达目标为准,发出 AIS 目标报警

329. ________不是造成雷达目标跟踪精度低的主要因素。

A. 海图测绘误差大 B. 跟踪误差大和操作不良

C. 传感器误差大 D. 雷达目标跟踪设备误差大

330. 以下参数不影响雷达跟踪目标精度的是________。

A. 目标方位 B. 目标距离

C. 目标 CPA/TCPA D. 本船排水量

331. 以下说法不正确的是________。

A. 雨雪干扰可能会中断雷达对目标的跟踪

B. 目标大幅度机动可能会中断雷达对此目标的跟踪

C. 信噪比下降可能会中断雷达对目标的跟踪

D. 目标闪烁可能会中断雷达对此目标的跟踪

332. 以下可能造成雷达目标跟踪虚警的情况是________。

A. 存在孤立的强干扰杂波 B. 设置的 CPA LIM 和 TCPA LIM 过大

C. 两目标进入同一个跟踪窗 D. 目标丢失

333. 雷达本身的误差不会影响跟踪器的________。

A. 目标的方位、距离精度 B. 目标相对矢量的精度

C. CPA 和 TCPA 的精度 D. 处理延时

334. 数据误差对雷达跟踪目标真矢量的精度无影响的传感器是________。

A. 雷达 B. 计程仪

C. 陀螺罗经 D. AIS

335. 从雷达捕获目标的时刻开始直至捕获后 3 min,随着时间的变化________。

A. 本船与目标的避碰危险越来越大 B. 雷达目标交换的可能性越来越小

C. 雷达输出的跟踪目标数据精度越来越高 D. 雷达丢失目标的可能性越来越小

336. 下列关于雷达目标跟踪的说法中________明显是错误的。

A. 雷达目标跟踪误差与所接传感器误差有关

B. 雷达目标跟踪功能可以用于船舶自动避碰

C. 人工雷达标绘所获得的目标数据精度低于雷达目标跟踪数据精度

D. 雷达目标跟踪功能是有局限性的

337. PAD 的意义是两船可能发生碰撞的区域,PAD 产生的条件是________。

A. 目标船和本船保向保速　　B. 目标船保向保速,本船保速

C. 本船保向保速,目标船保速　　D. 目标船保向保速,本船保向

338. 在雷达屏幕上有两个目标船的 PAD 重叠,则表示________。

A. 这两条目标船之间有碰撞危险

B. 这两条目标船和本船分别存在碰撞危险

C. 这两条目标船同向同速

D. 当本船船首线穿越两个 PAD 重叠区域时,本船与两目标船都有碰撞可能

339. 若海区有风流,输入的船速为对水速度,则目标真矢量长度为________,方向为________。

A. 对水真速度;船首向　　B. 对地真速度;航迹向

C. 对水真速度;航迹向　　D. 对地真速度;船首向

340. ________应打开雷达真矢量显示方式。

A. 需要驾驶员迅速做出正确的避让决策时

B. 需要快速判断本船与目标船有否碰撞危险时

C. 需要估算目标的 CPA、TCPA 时

D. 需要判断目标过去一段时间的运行轨迹

341. 采用真运动/真矢量显示方式,当本船改向了,则显示屏幕上________。

A. 所有真矢量均改变

B. 所有真矢量均不变

C. 目标船矢量不变,本船矢量方向改到改向后的航向

D. 仅目标船矢量长度改变

342. 根据 MSC. 192(79)雷达性能标准规定,________不是船舶导航雷达的标配传感器。

A. AIS　　B. VDR

C. THD　　D. GPS

343. ________可向雷达提供本船对地速度。

A. GPS、VDR、AIS　　B. GPS、LRIT、ECDIS

C. 计程仪、ECDIS　　D. GPS、雷达、计程仪

344. 在雷达屏幕上测量 Racon 编码信号起始位置到扫描起始点间的距离________。

A. 没有实际意义,该距离并不是目标距离测量数据

B. 是 Racon 回波编码信号的测量的距离

C. 是 Racon 回波编码信号的测量的距离的两倍

D. 没有实际意义,Racon 仅指示目标的方位数据

345. MSC. 192(79)决议要求,系统应连续跟踪在相继 10 次天线扫描中至少有________次在显示器上清楚分辨的雷达目标。

A. 4　　B. 5

C. 8　　D. 9

346. 有关雷达荧光屏上船首线位置影响测方位误差大小的下述说法中错误的是________。

A. 船首线出现的时间应该是天线主波速转到船首的时间

B. 在船首线电子方式示数精度高于0°.1

C. 在船首向上显示方式中,扫描中心在屏中心时,船首线应对准固定方位盘0位置

D. 真北向上显示方式中,不管扫描中心在屏上哪个位置,船首线均应指向固定方位盘上的航向值

347. 如果防波堤端头雷达回波刚好在4 n mile距标圈上,雷达所用量程为6 n mile,那么,考虑到雷达本身的可能误差,你认为你船离防波堤的实际距离应该在________范围内。

A. $(4 \pm 0.01 \times 6)$ n mile　　B. $(4 \pm 0.15 \times 6)$ n mile

C. $(4 \pm 0.01 \times 4)$ n mile　　D. $(4 \pm 0.15 \times 4)$ n mile

348. 如果防波堤端头雷达回波刚好在1 n mile距标圈上,雷达所用量程为1.5 n mile,那么,考虑到雷达本身的可能误差,你认为你船距离防波堤的实际距离应该在________范围内。

A. $(1 \pm 1.5 \times 0.01)$ n mile　　B. $(1 \pm 1 \times 0.01)$ n mile

C. 1 n mile ±30 m　　D. 1 n mile ±70 m

349. ________需要使用雷达过去位置的功能。

A. 查验目标过去是否有过机动航行　　B. 判断本船和目标是否有碰撞危险

C. 识别假回波　　D. 提高跟踪精度

350. 若连接本船的陀螺罗经发生故障时,则雷达跟踪器________。

A. 继续工作,但是计算目标速度、航向发生误差

B. 继续工作,但是目标所有数据不可信

C. 目标跟踪功能失效

D. 人工输入本船航向后,雷达跟踪器才能继续工作

351. 若我船因为安全原因临时关闭AIS,在其他船舶的雷达上可能引起________。

A. 雷达跟踪目标丢失　　B. AIS报告目标丢失

C. 雷达跟踪目标交换　　D. AIS报告目标显示混乱

352. 打开雷达的过去位置显示功能一般是用来________。

A. 判定本船和目标是否有避碰危险

B. 根据目标的过去位置来预测目标未来的运动趋势

C. 判断被跟踪目标是否有过机动

D. 检查本船采取的避让措施是否有效

353. 以下不属于自动捕获的特点的是________。

A. 捕获速度快,可应付多目标快速逼近复杂会遇局面中及时捕获目标的需要

B. 能根据驾驶员自动捕获区和排除区的设置,按照优先方案捕获目标

C. 可避免捕获杂波、假回波和不需要捕获的目标

D. 可能因捕获区设置不合理,无法捕获相关目标

354. 雷达人工捕获目标时,驾驶员应首先捕获________的目标。

A. 右舷近距离　　B. 回波不稳定

C. 船首近距离　　D. 速度快

355. MSC.192(79)议案建议今后安装的雷康,其工作波段应为________。

A. 仅X波段　　B. S波段和X波段

C. S波段或X波段　　D. 仅S波段

356. 当本船的船首线与某个目标PAD相交时,表示________。

A. 本船将从目标船前方穿越,无碰撞危险

B. 本船已从目标船前方穿越,无碰撞危险

C. 本船与目标船的CPA小于设定的CPA安全门限

D. 本船保速保向,肯定会与目标碰撞

357. 对雷达探测近距某目标能力有影响的因素包括________。

①脉冲宽度;②天线垂直波束宽度;③天线高度;④目标高度

A. ①②　　B. ①②③

C. ①③　　D. ①②③④

二、简答题

1. 简述雷达的测向、测距原理。
2. 雷达的最大、最小作用距离主要与哪些因素有关?有什么关系?
3. 雷达回波有哪些失真?产生的原因是什么?
4. 简述雷达雨雪干扰的图像特征、影响强度的因素、消除方法。
5. 简述雷达海浪干扰的图像特征、影响强度的因素、消除方法。
6. 简述雷达同频干扰的图像特征、影响强度的因素、消除方法。
7. 简述雷达产生间接反射假回波的原因、显示特点、识别方法。
8. 简述雷达产生旁瓣假回波的原因、显示特点、识别方法。
9. 简述雷达产生多次反射假回波的原因、显示特点、识别方法。
10. 简述雷达产生二次扫描假回波的原因、显示特点、识别方法。
11. 简述雷达搜救应答标的工作原理、图像特征和作用。
12. 简述雷达方位避险、距离避险的使用。
13. 简述雷达定位物标的选择与主要的定位方法。

参考答案

1. D	2. A	3. A	4. D	5. C	6. A	7. A	8. B	9. B	10. D
11. D	12. C	13. B	14. C	15. A	16. B	17. C	18. B	19. B	20. A
21. D	22. A	23. D	24. D	25. D	26. D	27. B	28. D	29. A	30. A
31. C	32. A	33. A	34. B	35. D	36. C	37. D	38. A	39. B	40. C
41. D	42. A	43. B	44. C	45. D	46. A	47. B	48. D	49. D	50. D
51. C	52. B	53. C	54. A	55. B	56. B	57. A	58. C	59. B	60. B

61.B　62.B　63.D　64.A　65.D　66.B　67.D　68.C　69.D　70.A
71.B　72.B　73.B　74.A　75.A　76.B　77.C　78.B　79.C　80.C
81.A　82.C　83.D　84.D　85.B　86.B　87.A　88.C　89.D　90.A
91.C　92.B　93.C　94.D　95.A　96.B　97.C　98.D　99.A　100.D
101.C　102.D　103.A　104.A　105.C　106.A　107.D　108.A　109.D　110.B
111.D　112.D　113.D　114.D　115.A　116.D　117.C　118.D　119.D　120.D
121.B　122.A　123.D　124.B　125.B　126.A　127.A　128.B　129.C　130.D
131.A　132.B　133.C　134.D　135.A　136.B　137.C　138.D　139.A　140.B
141.C　142.D　143.A　144.B　145.C　146.D　147.A　148.A　149.C　150.B
151.D　152.C　153.A　154.A　155.A　156.A　157.B　158.B　159.D　160.A
161.D　162.B　163.B　164.D　165.D　166.C　167.B　168.B　169.A　170.C
171.C　172.D　173.C　174.D　175.D　176.D　177.D　178.A　179.D　180.D
181.C　182.B　183.A　184.D　185.C　186.B　187.C　188.D　189.B　190.B
191.A　192.B　193.C　194.B　195.C　196.A　197.D　198.C　199.B　200.A
201.D　202.D　203.B　204.A　205.A　206.B　207.B　208.A　209.D　210.D
211.B　212.C　213.B　214.B　215.B　216.C　217.C　218.D　219.D　220.B
221.D　222.C　223.A　224.C　225.D　226.A　227.D　228.A　229.B　230.A
231.B　232.A　233.A　234.B　235.A　236.C　237.D　238.D　239.C　240.D
241.D　242.B　243.A　244.B　245.C　246.C　247.B　248.C　249.B　250.B
251.B　252.A　253.B　254.D　255.D　256.D　257.A　258.B　259.C　260.C
261.C　262.B　263.D　264.C　265.A　266.D　267.C　268.B　269.C　270.B
271.B　272.B　273.B　274.B　275.D　276.C　277.B　278.B　279.B　280.D
281.B　282.B　283.B　284.B　285.A　286.C　287.C　288.C　289.A　290.C
291.A　292.A　293.A　294.A　295.D　296.C　297.A　298.B　299.D　300.D
301.C　302.C　303.A　304.A　305.A　306.B　307.A　308.B　309.D　310.C
311.A　312.B　313.C　314.B　315.D　316.C　317.D　318.B　319.D　320.A
321.C　322.A　323.D　324.B　325.A　326.C　327.B　328.B　329.C　330.D
331.D　332.A　333.D　334.D　335.C　336.B　337.B　338.D　339.A　340.A
341.C　342.B　343.D　344.B　345.B　346.D　347.A　348.C　349.A　350.C
351.B　352.C　353.C　354.C　355.A　356.C　357.D

部分答案解析

1. S 波段雷达：发射电磁波的波长约 10 cm、频率范围 2.9 ~3.1 GHz(属微波 S 波段)；X 波段雷达：发射电磁波的波长约 3 cm、频率范围 9.3 ~9.5 GHz(属于微波 X 波段)。
2. 雷达只能探测水平面上的物标，也就只能显示物标的平面位置(方位、距离)。
4. 雷达发射的电磁波波长很短，几乎不能绕射物标；同时，雷达只能探测物标的水平位置。

5. 输入雷达的是对水速度,且使用真运动显示方式,称为对水真运动,此时扫描中心在荧光屏上按照对水速度移动,荧光屏上静止不动的物标是对水不动的物标,所以选水上漂浮物。
6. 相对运动显示方式中,荧光屏上本船(扫描中心)不动,相对扫描中心不动的物标就是相对本船不动的物标,也就是同向同速船。
7. B 错在不应定时观察,应连续观察,具体间隔时间,按实际需要或情况而定;C 错在由于雷达的局限性,其并不能将所有物标显示出来,况且在任何情况下都不能忽视目视瞭望;D 错在没有全面观察。
9. 在雷达显示器上能显示出来的物标,必须位于雷达的最小作用距离与最大作业距离之间,且能将雷达发射的电磁波沿原路反射回来。
11. 雷达盲区是由于雷达天线有一定的高度,雷达在垂直方向上发射电磁波的范围只有 15°~30°,如下图所示,在雷达零发射线下方的物标就不能被雷达探测到,探测不到的最远距离称为盲区半径 r_{min2}。其大小与雷达天线高度和垂直波束宽度有关。空载时雷达天线的高度通常高于满载时。

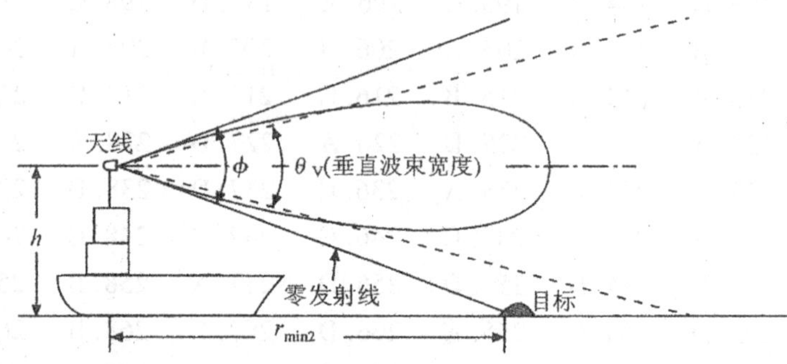

12. 雷达能探测到最大距离与天线高度和物标高度有关。

最大作用距离 $D=2.23(\sqrt{h}+\sqrt{H})$,式中:$h$——雷达天线距海平面高度(m);$H$——物标高度(m)。$D$ 的单位为海里。

14. 雷达发现岸线的最大距离为:$D_{岸线}=2.23\times\sqrt{16}=8.92$ n mile。(认为岸线的高度为 0。)

雷达发现山峰的最大距离为:$D_{山峰}=2.23(\sqrt{25}+\sqrt{16})=20.07$ n mile。

当雷达距山峰 20.07 n mile 就就能看到山峰的回波,但此时船距岸线 16.07 n mile(20.07 - 4),大于岸线的最大作用距离(8.92),所以先看到山峰,后看到岸线。

15. 此题与 14 题类似,当船舶能看到岸线时,船距岸线 8.92 n mile,此时船距山峰 22.92 n mile (8.92 + 14),大于山峰的最大作用距离(20.07),所以先看到岸线,后看到山峰。
16. 17. 参考 14、15 题的解析。
18. 19. 由于没有给山峰在岛上的具体位置,只能假定山峰就在岸线上。当雷达与岛的距离在雷达能见地平距离($D=2.23\times\sqrt{16}=8.92$ n mile)。以内时,山峰和岛本身都有回波,显示器上就只有一个大回波;当雷达与岛的距离大于雷达能见地平距离(8.92 n mile)时,岛没有回波,由于山峰高度高,而有回波;两个山峰相距较远,所以在显示器上显示 2 个回波。
20. 21. 22. 23. 由于水平波束宽度的影响,一个点物标被向左、向右各拉宽了 1/2 水平波束宽度;

由于脉冲宽度的原因，一个点物标被向屏幕边缘扩展了 $c\tau/2$，c 为电磁波传播的速度，τ 为脉冲宽度；由于 CRT 光点直径的原因，点物标的回波将向四周扩展了半个光点直径；由于目标闪烁，导致回波将向四周扩展。

24. 适当减小增益，相当于减小了放大倍数，物标回波会变小，以此减小方位扩展；采用小量程，物标回波会更靠近屏幕边缘，由光点直径导致的方位扩展会有所减小；X 波段雷达的灵敏度要高于 S 波段雷达，其方位分辨能力也好一些。

26. 要分开等距离的相邻物标，应提高雷达的方位分辨力。

27. 河口之所以被两侧陡山回波堵满，是因为两侧陡山各向左、向右展宽了 1/2 水平波束宽度（θ_H），当陡山回波扩展的宽度刚好等于河口宽度的一半时，刚好将河口堵满。

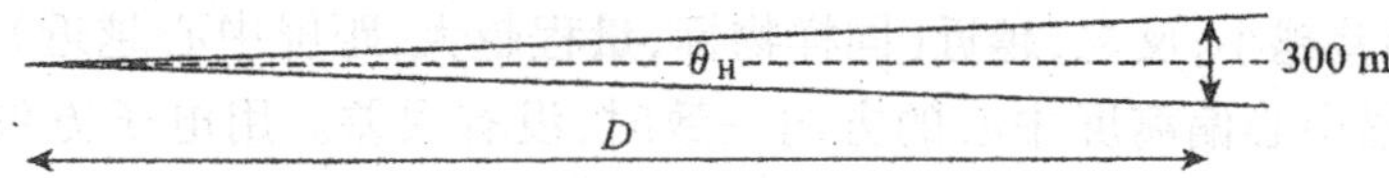

如图所示，$D = 150/\tan\theta_H = 150/\tan0.5 \approx 17188(m) \approx 9.28$ n mile。

29. 在引起回波径向扩展的因素中，脉冲宽度是主要因素。

30. 31. 32. 由于脉冲宽度导致物标向外延伸 $c\tau/2$，所以要分开同一方向上的两个物标，这两个物标的距离必须大于 $c\tau/2$，即 $150 > c\tau/2$，$\tau < 150 \times 2/c = 1.0$（微秒）。

33. 径向缩小是指物标在雷达上的回波小于实际物标的大小。脉冲宽度是导致回波径向扩展的原因。

38. 雷达回波产生失真是指物标回波与真实物标大小不一致、形状不一致等现象。其产生原因有：脉冲宽度（雷达本身性能）、水平波束宽度、光点直径、回波闪烁、物标遮挡、地球曲率、雷达安装位置、雷达工作环境、雷达波长太短绕射物标的能力太差等原因。

41. 阴影扇形是由于雷达波被天线附近的金属物所遮挡，导致雷达电磁波无法照射到被遮挡的扇形区域内的物标上，这些物标也将无法显示在雷达屏幕上。

42. 由于在荧光屏边缘水平波束的宽度大于光点直径的大小，方位失真的主要原因是水平波束宽度；而在荧光屏中心附近水平波束的宽度小于光点直径的大小，所以方位失真的主要原因是光点直径。

46. 由于水平波束的宽度导致物标向左右扩展，雷达扫描中心到回波的张角大于实际船位到物标的张角。当测量回波左侧时，回波的方位将小于物标实际方位；当测量回波右侧时，回波的方位将大于物标实际方位。

47. 为减小测量物标方位、距离的误差，应将回波置于 1/2 ~ 2/3 量程处，也即包含物标的最小量程；适当调节各控钮，使回波清晰、饱满；应经常检查距标的精度，掌握其误差；应选择陡峭、回波清晰稳定的物标。

52. 53. 在使用近距离挡时，一般不会产生二次反射假回波。当直岸呈向扫描中心凸出的曲线时，凸出部分距离将小于实际距离，故雷达测距误差（改正量）为"＋"；向外凸出，误差为"－"。

54. 55. 56. 57. 当物标与雷达的距离小于雷达的能见地平距离时，距扫描中心最近的回波对应于距船舶最近的物标岸线，此时应测量最近的回波距离，为克服光点直径对测量精度的影响，应用VRM内缘与回波内缘相切。而当物标与雷达的距离大于雷达的能见地平距离时,物标岸线在雷达的能见地平距离意外,导致没有回波,而距扫描中心最近的回波是海岸与物标最高点之间的某点,但很难在海图上测量点,故此时可测量回波外缘,即物标最高处的回波,此时的测量点就是海图上物标的最高点,测量用VRM外缘与回波外缘相切。

59. 波导长度变化较大时,导致脉冲由磁控管到天线口的延时发生变化,影响雷达的测距误差,需要重新调整雷达触发脉冲延时线。

60. 距离定位时,先测距离变化慢的正横附近物标,后测首尾附近物标。

61. 当北向上,航向不为000时,船首线一般不对准固定方位0°。

63. 机械方位标尺测量方位的起点是屏中心,读取的方位是固定刻度盘上的方位。物标回波离扫描中心越远,误差越小;反之,越近(同样物标,量程越大,距屏中心越近),误差越大。物标回波方位线与扫描中心偏离屏中心的方向一致时,没有误差。用电子方位线可以克服这种误差。

64. 隙缝波导天线主波束轴向偏移角与磁控管的频率有关,通常更换磁控管后应重新校正方位误差。

66. 船舶摇摆时,船体不水平可能导致垂直波束不与水平面垂直,相当于水平波束变宽,增加了方位误差。横摇大,雷达探测正横方向的物标时,仍基本能保证垂直波束与水平面垂直,误差较小。

68. 测点物标方位时,为克服回波的左右扩展,测中心是比较恰当的,此时对应的测量点就是物标中心。但测距离时,不能测中心。

69. 测量横向的岬角、突堤的左侧方位时,回波边缘读数加上角向肥大值;测右侧方位时,回波边缘读数减去角向肥大值。不能测中心。

70. 同侧外缘相切,也即用EBL(电子方位线)的左侧与回波左侧相切;右侧与回波右侧相切。

72. 73. 雷达新性能标准中规定:活动距标圈的精度小于30 m或量程的1%取大者;雷达原性能标准中规定:活动距标圈的精度小于70 m或量程的1.5%取大者。

78. 应该讲的是活动距标圈的测量误差与量程之间的关系。

94. C是正确说法。"物标宽度越宽,则回波越强"是有限制条件的,"物标宽度比雷达水平波束窄"。

104. 105. 106. 107. 108. 109. 110. 间接反射回波是由于本船天线附近存在强反射体(这是必要条件,当然发射功率和天线增益都要正常,但是单单依靠"天线有足够大的增益"、"发射功率要足够大"是不足以产生间接反射假回波的),当天线朝向该反射体发射电磁波时,有一部分电磁波被反射到其他方向,在该方向上的物标将电磁波沿原路反射回来,经反射体反射后,被雷达天线所接收,此时雷达就在反射体的方向上显示一回波,此回波的方位与真实物标的方位不一致,为假回波。电磁波传播路径发生了曲折,所以假回波的距离是物标到反射体的距离与反射体到天线的距离之和,这个距离要大于真实物标(回波)的距离。反射体的阻挡,雷达电磁波不能照射到反射体方向上的物标,因而形成阴影扇形。识别间接反射假回波的方法是临时转向:当真北向上显示时,假回波会跟随船舶转向而改变方位,真回波的方位不变;当船首向上显示时,假回波会固定不动,仍然位于阴影扇形区内,而真回波会向船舶转向的反方向转动。当然如果转向角度过大,可能会导致反射路径或角度遭到破坏而使假回波消失。

111. 多次反射假回波是由于在船舶正横附近存在强反射体,当雷达向强反射体发射电磁波被反射回来时,有一部分被天线接收,更多的部分被本船船体接收,在左右舷方向上,本船也是很强的反射体,本船将接收到的电磁波又反射给强反射体,反射体再将电磁波反射回来,如此反复,雷达发射一个电磁波脉冲,该脉冲在本船和反射体之间多次往返,每次返回都有部分被天线所接收,从而在雷达显示器上出现同一方位上,等间隔的多个回波,距离越远,回波强度越弱,其中靠近扫描中心的是真回波,其他的为假回波。可以采用适当降低增益、使用 FTC 等措施将假回波的强度减弱,但不能使用 STC,因为 STC 抑制近距离的回波,留下远距离的回波,其作用效果与我们的要求相反。

115. 旁瓣回波是因为雷达电磁波的旁瓣照射到近距离的物标(远距离的物标反射信号太弱,而显示不出来回波)上,而在主瓣方向(雷达天线的朝向)上产生的回波,回波与真实物标的方向不同,故是假回波。假回波与对应的真实物标回波距离相等。通常雷达电磁波主瓣两侧的旁瓣功率是越往两侧强度越弱,所以对应的假回波的强度也是越向两侧强度越弱。消除或减弱的方法:适当降低增益,使用 STC 或 FTC。

117. AFC 是自动频率控制,用于自动调谐。

120. 二次扫描回波是由于雷达波传播出现异常,其传播的距离远大于正常天气(称为超折射),以至于发射本次脉冲之后,上次的发射的脉冲才返回到雷大天线(脉冲往返的实际时间大于脉冲重复周期),这样雷达计时就少了一个脉冲重复周期(T),回波的距离也就比真实物标的距离近了 $cT/2$,但回波的方位与真实物标的方位相一致。由此会导致物标的回波形状与真实物标不一致,典型的是远处的直岸,显示为凸向扫描中心的 V 形;船舶航行时,回波的移动发生异常。改变量程时,往往会改变脉冲重复周期,进而引起假回波的距离发生变化,这是识别二次扫描回波的一种方法。应该注意的是,在雷达显示屏上,没有真实物标的回波,因为真实物标的距离大于量程。

139. 此题的“间接假回波”,应该指的是“间接反射假回波”。

148. 从工作原理上讲,雷达只能显示当前物标的位置,借助于 ARPA 功能,可以显示经标绘、计算后的物标移动方向和航速,可以记录回波的航迹等功能。

150. 荧光屏上出现多个目标船回波集聚成片的现象时,应减小量程,提高雷达的分辨力,以期望回波能够分开。

153. 在雷达“中心”附近出现鱼鳞状或圆盘状(强度更大)亮斑回波,是海浪干扰回波。距离增加时,强度急剧减弱。

159. 海浪回波具有一定的随机性,而物标回波相对比较稳定。

160. 雷达工作波长越短、垂直波束越大、天线高度越高、天线转速越慢、水平波束宽度越宽、脉冲宽度越宽海浪干扰强度就越大。

162. 船用雷达发射的超高频电磁波具有直线传播与障碍物后能够反射的特点。

163. 通常船舶都应配备 S 波段和 X 波段的雷达,这两种不同波段雷达的特点有所不同,X 波段雷达在测方位测距离的精度方面要优于 S 波段的雷达,但是 S 波段雷达的远距离目标的探测能力要强,且在海况恶劣的情况下S波段雷达的抗干扰能力也比X波段好,所以一般好天气用X波段雷达,坏天气用S波段雷达。

164.165.抑制海浪干扰的方法:适当使用STC钮;使用对数放大器;使用S波段雷达(10厘米雷达);采用高转速天线;采用CFAR处理电路等。

166.5海里以外一切正常,说明扫描亮度、增益、调谐都应该没问题。只有5海里以内回波较弱,这可能是STC抑制的过于严重而导致的。

168.大风浪航行,通常需要对海浪干扰进行抑制,但如果抑制过大的话,可能会将近距离的、与海浪回波强度相接近的回波抑制掉,造成回波丢失。

171.雷达只能探测物标的迎向面,当雨雪区迎向面面积大时,其反射雷达波的范围或强度也越大,会导致干扰越严重。

172.降雨量、降雪量越大,雨雪干扰就越严重。

174.抑制雨雪干扰的方法:使用FTC电路;使用圆极化天线;使用S波段雷达(10厘米雷达);适当减小增益;选用窄脉冲等。

179.为了探测雨雪区后的物标,应关掉FTC,以提高雷达的灵敏度,同时要适当增大增益。

184.改用较小量程后,脉冲的重复频率可能会发生变化,以至于和对方雷达的脉冲重复频率拉大差距,以此减小同频干扰的强度。改用另一频段雷达后,由于电磁波频率都不一样,所以就不会产生同频干扰。

186.雷达荧光屏上出现明暗扇形干扰,是由于雷达使用AFC(自动频率控制)时,AFC出现故障,不能保证固定的本级振荡频率,而导致出现的干扰图像。只能使用手动调节,雷达可继续使用。

187.固定方位电火花可能会影响到该方位上的回波观测,此时通过小改向,使电火花的图像与被观测回波相分开,以便于观测。

188.雷达应答器需要在船舶雷达波的激发后,延迟0.5微秒后自动发射。

195.196.197.在雷达航标资料中,指明“(3 cm &10 cm)”,说明适用于雷达为3 cm和10 cm雷达;未指明波长的,通常仅适用于3 cm雷达。如果指明“120 s”意思是雷达应答器发射的电磁波频率在120 s的时间内扫过本波段的所有船用雷达频率。

199.雷达应答器是工作几分钟,再休息几分钟,在“休息”期间雷达应答器不发射。

206.搜救雷达应答器发射的电磁波频率在整个X波段雷达所使用的频率范围内变化,当暂时有意调偏本船雷达的调谐时,将不能很好地接收雷达回波信号,这样海浪干扰等信号也减弱了,但由于搜救雷达应答器的频率是变化的,总有一段时间其发射的频率与我船雷达所要接收的频率相一致,此时就能很清晰的显示搜救雷达应答器的信号。

207.搜救雷达应答器的12个脉冲信号,在雷达屏幕上的总长为8海里。

209.210.雷达应答标只适用于其指定的频段雷达。目前,大多雷达应达标工作在X波段。

212.Racon不但增强了回波强度,且有编码识别,便于辨认物标,有利于定位。

214.测量离岸线较远的高山时,不易确定测量点,定位误差大;风暴后的浮标位置可靠程度较低。

216.建筑群中的灯塔回波往往与周围回波混杂在一起,难以辨认灯塔回波的位置;由于浮标位置不固定,通常不用浮标定位;由于潮涨、潮落,很难确定沙滩岸线在海图上的对应位置。

223. 在同通常情况下，雷达测距定位的精度，要高于测方位定位的精度。
233. 距离避险线适用于避险物标和危险物位于航线的同一侧，此时要求船舶距避险物标不宜太近，所以，应随时操纵船舶使参考物标始终处于距离避险线外侧。
234. 方位避险将标尺线放于避险方位上，“当参考物标回波在避险标尺线的外侧”时，是安全的。其含义是用右侧物标导航，则物标回波应位于避险标尺线的右侧；用左侧物标导航，则物标回波应位于避险标尺线的左侧。
239. 狭水道航行，用近距离物标导航可提高精度，用正横方向距离导航可控制船舶在航道中的位置，避免偏航。
242. 通常认为避碰时用相对运动、导航时用真运动较好。
279. RM C－UP 是航向向上相对运动显示模式，航向即航向向上或新航向向上模式启动时刻的本船船首向。
280. RM H－UP 是船首向上相对运动显示模式，该显示模式下船首线始终指向屏幕的正上方。
281. RM C－UP 是航向向上相对运动显示模式，取船舶某时刻的航向要指向屏幕的正上方，需要向雷达提供船舶的航向。
288. 雷达的脉冲宽度会使回波出现拖尾现象，进而降低的雷达的距离分辨能力，当然快脉冲会提高雷达探测远距离目标的能力。
289. 雷达收发开关的作用是控制接通天线与接收机或者接通天线与发射机的电路。收发开关的恢复时间会影响到雷达的最小作用距离。
337. 338. PAD 预测危险区是指在目标保向保速、本船保速的条件下，本船与目标可能发生碰撞的区域。当本船船首线与目标 PAD 相交时，两船有碰撞危险。预测危险区不是性能标准要求雷达必备的功能。
347. 348. 经修订的雷达设备性能标准中对雷达测距误差的规定是最大系统误差为所用量程的 1% 或 30 m 中的最大者。

第二节　电子海图显示与信息系统

一、选择题

1. 关于 ECS 和 ECDIS 的相关表述，不正确的是________。
   A. ECS 是用于官方或非官方矢量电子海图或光栅电子海图数据库
   B. ECS 和 ECDIS 之间并没有明显的界限，就显示界面而言，一个性能完善的 ECS 和 ECDIS 无本质区别
   C. 中国海事局制定的《国内航行船舶载电子海图系统和自动识别系统设备管理规定》中要求安装的电子海图应用系统即为 ECDIS

D. ECS 系统可以不满足 IMO 关于 ECDIS 的标准和要求,包括电子海图的来源、系统功能、系统技术指标等

2. ECDIS 连接的定位设备源有主/辅之分,二者给出的位置偏差明显超过正常情况,此时表明 ECDIS 可能存在________。

A. 主定位源位置错误

B. 辅定位源位置错误

C. 主/辅定位源都正常,正常位置定位波动

D. 主/辅定位源有一个出现错误或二者都出现位置错误

3. ECDIS 必须每分钟记录的信息有________。

A. 船位　　B. ENC 数据源

C. 有效航向　　D. 以上都是

4. ECDIS 记录的更新信息不包括________。

A. 接受/拒收日期和时间　　B. 更新的执行人员

C. 更新过程中遇到的任何异常现象　　D. 更新类型

5. ECDIS 中,安全信息一般用________色表示。

A. 红　　B. 黄

C. 白　　D. 绿

6. 当船舶将要穿越下列哪类区域时,ECDIS 应给出报警或提示?

A. 领海　　B. 冰区

C. 锚地　　D. 载重线区域

7. ECDIS 新增加了什么海图符号________。

A. 计划航线　　B. 灯浮

C. 冰区　　D. 沉船

8. 有关 ECDIS 航线检测内容不包括________。

A. 航线是否穿越了非官方海图　　B. 航线是否穿越浅水等深线

C. 航线是否穿越禁航区　　D. 航线是否临近危险区

9. 有关 ECDIS 航线检测内容不包括________。

A. 航线是否穿越了官方海图　　B. 航线是否穿越安全等深线

C. 航线是否穿越禁航区　　D. 航线是否临近危险区

10. ECDIS 信息显示中,本船符号总是显示为一个大小固定的符号并有航速矢量线,这种说法正确吗?

A. 正确,本船符号为黑色双圆圈,易于区别和辨认

B. 不正确,本船符号在海图比例尺改变时会放大或缩小符号的尺寸

C. 正确,ECDIS 所有物标都为固定符号及矢量线显示

D. 不正确,ECDIS 规定,驾驶员可以选择始终显示固定符号或在比例尺达到一定值时将本船显示为比例船型

11. 以下哪些参数可以有利于船舶保持在计划航线上?

A. 转向点到达报警　　B. 偏航报警距离
C. 旋回半径　　D. 安全等深线

12. 部分非官方数据添加到官方数据中混合显示以增加海图信息,那么 ECDIS ________。
A. 仅需提示即可
B. 仅需在海图显示区标明非官方数据即可
C. 特别显示非官方海图
D. 提示和标明非官方数据范围界限,两种方式可以同时采用

13. ECDIS 的主要作用是________。
A. 替代纸海图的使用　　B. 减少船上配员
C. 确保航行安全　　D. 使船舶导航自动化

14. ECDIS 的主要优势是________。
A. 简单可靠的 ENC 数据更新　　B. 减少船舶工作量
C. 提供恰当的报警或提示　　D. 以上都是

15. 必须与 ECDIS 相连接的外部设备是________。
A. 雷达/ARPA　　B. 船舶定位系统(如 GPS)
C. 航迹控制系统(自动舵)　　D. AIS

16. ECDIS 显示除了基础显示和标准显示外，由________来决定其他信息显示中的有关信息的显示。
A. 发布 ENC 数据的水道测量部门　　B. ECDIS 生产商
C. 船舶驾驶员　　D. 以上都是

17. 等效更新的纸海图的是________。
A. ENC　　B. SENC
C. ECDIS 的显示　　D. 数字格式的官方更新信息

18. 下列不是 IMO/IHO 所规定的 ECDIS 至少必须显示的信息的是________。
A. 水道测量数据　　B. 助航物标
C. 洋流　　D. 规定的边界

19. ECDIS 中应显示的数字海图数据格式包括________。
A. CMAP 矢量海图　　B. 只有光栅海图
C. 官方矢量和光栅海图均可　　D. 其他类型的海图

20. ECDIS 能显示的信息包括________。
A. ECDIS 警报信息　　B. 官方水道部门数据
C. 航海通告信息　　D. 以上都是

21. 由 ENC 通过 ECDIS 转换得到的数据、ENC 的更新数据和操作人员增加的额外数据等组成的信息称为________。
A. 基础显示信息　　B. 标准显示信息
C. SENC　　D. 海图显示信息

22. ECDIS 显示中不能被移除的信息为________。

A. 基础显示信息
B. 标准显示信息
C. SENC
D. 海图显示信息

23. 下列哪种情况 ECDIS 必须提供报警?
A. 船舶偏离计划航线超过预定值
B. 船舶在操作人员规定的时间内将穿越安全等深线
C. 船舶在操作人员规定的时间内将穿越禁航区边界
D. 以上都是

24. 下列哪种情况 ECDIS 必须提供报警?
A. 船舶将到达计划航线上的关键点
B. 危险物标的速度超过预设值
C. 船舶 ETA 的变化超出了预设值
D. 以上都是

25. ECDIS 中使用的海图数据必须是官方点道测量部门发布的最新版本信息,并且要符合________规范要求。
A. IMO
B. IHO
C. NASA
D. USCG

26. 下列关于 ECDIS 航程监控功能描述错误的是________。
A. 船位、首向、航速或 AIS 数据的输入丢失时,应报警
B. 到达规定的时间或距离时,应报警
C. 定位系统和 SENC 的大地测量基准不一致,应报警
D. 应能通过单次操作立即恢复到覆盖本船位置的航线监控显示

27. ECDIS 必须有记录________小时历史航程的功能。
A. 4
B. 6
C. 12
D. 24

28. 以下信息中 ECDIS 必须显示的是________。
A. 水温
B. 气候信息
C. 船舶前进速度
D. 等深线

29. ECDIS 必须每分钟记录的信息有________。
A. 有效航向
B. ETA
C. 对水速度
D. 主机 RPM

30. 下列 ECDIS 不能执行的功能是________。
A. 确定两个物标之间的方位和距离
B. 确定磁罗经自差
C. 把当地坐标系统转换成 WGS84 坐标系统
D. 把地理坐标转换成显示器坐标

31. 以下关于 SENC 信息显示描述正确的是________。
A. 基础显示中显示的信息可以被移除
B. 即使不显示水深信息,所设定的安全水深也能显示
C. 所设定的安全等深线相对于其他等深线,应突出显示
D. 当一电子海图首次显示时,将显示最小比例尺的标准显示

32. ECDIS 必须具备的方向和显示模式是 ________。

A. 加上富余水深的船舶吃水
B. 真北向上和真运动模式
C. 每 24 小时覆盖历史航迹数据
D. 真运动或相对运行模式均可

33. 以下对 ECDIS 手动改正描述正确的是________。
A. 手动改正会建立航海人员增加的用户信息层,且无自动记录功能
B. 手动改正包括了船舶利用 CD 进行定期的改正
C. 当电子版的航海通告(.PDF 或.JPG)从网上下载,将会自动安装至 ECDIS 数据库中
D. 以上都是

34. 若 ECDIS 中海图数据不准确,将会出现________。
A. 船舶地理位置将与显示位置不匹配
B. 尽管 ECDIS 上显示本船航行于安全水域,但实际可能不是
C. 雷达图像和海图叠加显示不匹配
D. 以上都是

35. 若已知某一助航设施(浮标)位置已经漂移,如何利用 ECDIS 解释这种情况?
A. ECDIS 海图上浮标的位置信息总是比本船 GPS 位置信息更可靠
B. ECDIS 总是显示浮标的实际位置
C. 与 ECDIS 中其他类型信息一样,实际浮标的位置可能与海图上显示的位置不一致
D. ENC 更新信息中不会包含浮标位置变化的信息

36. 若 ECDIS 显示器的分辨率较差或没有设置好,则会对 ECDIS 产生的影响是________。
A. 海图比例尺将可能不能正确显示
B. 海图属性将可能不能按要求的颜色显示
C. 细节的信息将可能丢失
D. 以上均是

37. 当雷达图像叠加显示在 ECDIS 上时,造成固定物标的雷达回波与海图上显示物标的位置不能匹配的原因是________。
A. 船舶定位设备(GPS)的输入不正确
B. 雷达天线、综合显示单元或船舶尺度的设置不正确
C. 海图是基础显示或者是海图显示比例尺太小以至于信息丢失
D. 以上均是

38. ECDIS 航程监控功能中船舶航迹的时间标记应是介于________之间的间隔。
A. 1 ~60 min
B. 0.5 ~60 min
C. 1 ~120 min
D. 0.5 ~120 min

39. ECDIS 在下列哪种情形下给出转向点提醒?
A. 达到转向点时
B. 距转向点一定距离(航海人员预先设定)时
C. 距转向点一定距离(系统自动设定)时
D. 距转向点一定时间(航海人员预先设定)时

40. ECDIS 中,整个航次的轨迹记录的时间间隔不超过________。

A. 4 h　　B. 12 h

C. 24 h　　D. 3 个月

41. 电子海图的手动更新,表述正确的是?

①即使自动更新的信息与手动更新的信息存在重复的部分,手动更新的信息只能手动方式进行删除;②只有当安装新版 ENC 数据时,与旧版 ENC 相关的所有手动更新的信息才被自动删除;③手动更新的信息一经删除就会永久删除

A. ①③　　B. ②③

C. ①②　　D. ①②③

42. 在 ECDIS 可以对航线进行________操作。

①添加、删除、改变转向点的位置或次序;②可以事先根据船舶吃水设定安全等深线;③可以事先设定禁航区界线或存在特殊条件的地理区域(如通航分道、警戒区等)界线;④可以设定航线偏离值;⑤但不能报告转向点资料,如转向点经纬度、到下一转向点的方位距离和整个航线的资料等

A. ①②③④　　B. ①③④⑤

C. ②③④⑤　　D. ①②④⑤

43. 下列有关海图数据的可靠性,哪项是错误的?

A. 应使用本地政府发行的 ENC 海图数据

B. 如果使用了其他数据,要甄别其来源是否可靠和坐标系是否统一

C. 在购买数字产品时,注意检查发行机构是否为官方或由官方授权

D. 官方 ENC 需要定期更新

44. 关于 ECDIS 取代纸质海图的必备条件,下列说法错误的是________。

A. 符合 IEC61174 标准,并通过有关机构的类型认可

B. 须使用改正至最新的官方 ENC

C. 包含纸质海图的信息,可以实现在纸质海图的相关功能操作

D. 配备适当的备用装置

45. 航线显示的说法正确的是________。

A. 同时只能显示一条航线

B. 可以同时显示一条监控航线和一条编辑航线

C. 可以同时显示两条监控航线

D. 可以同时显示两条编辑航线

46. 使用标准的 ECDIS,下面不符合规定的是________。

A. 导入新的 ENC 海图数据　　B. 添加 CMAP 公司的 CM93 海图数据

C. 对 ENC 海图进行自动更新　　D. 使用系统进行避碰辅助操作

47. 对 IMO 关于 ECDIS 的性能标准的理解不正确的是________。

A. ECDIS 可以作为 SOLAS 公约所要求的纸质海图的等价物,必须具有完全备份能力

B. 同 ECDIS 一样,船舶若使用 ECS,可以不必配备同等的纸质海图一起使用

C. ECDIS 显示也可用于雷达、雷达跟踪目标信息、AIS 和其他相应数据层的显示以帮助航线

监控

D. ECDIS 所使用的海图信息应为政府或者政府授权的航道测量机构或其他相关政府机构发布的经官方更新而更正的最新版本,并符合 IHO 标准

48. 关于电子海图(矢量)的原始比例尺和显示比例尺的说法正确的是________。

A. 原始比例尺是可变的　　B. 显示比例尺是可变的

C. 两者都是可变的　　D. 两者都是固定的

49. ECDIS 实际使用中,备份配置的关键作用是________,保障航行安全。

A. 保障设备运行安全　　B. 能够减轻驾驶员维修工作量

C. 在主设备出现故障时可以接替其继续工作　　D. 取代纸海图

50. 电子海图的数据误差包括________。

①海图误差;②方位误差;③坐标系误差;④传感器设别本身固有误差

A. ①②③　　B. ①②④

C. ①③④　　D. ①②③④

51. 电子海图的数据误差包括________。

①海图误差;②方位误差;③坐标系误差;④目标船位误差

A. ①②③　　B. ①②④

C. ①③④　　D. ①②③④

52. 使用光栅和矢量电子海图时,二者在信息处理方面都能实现的性能是________。

A. 对信息进行选择显示　　B. 与设备数据进行数值比较

C. 显示与纸海图相同的信息　　D. 进行相关数据操作

53. 属于数据误差的是________。

A. 坐标系误差　　B. 连接故障

C. 性能下降　　D. 海图显示不当

54. 本船航行接近目的港,ECDIS 当前显示的海图显示为通常在大洋航行时选择的基础显示,则________。

A. 港区航行应将海图显示调整到标准显示

B. 港区航行应更重视瞭望,不要随意改变海图的显示

C. 港区航行主要依靠经验,无须其他设备辅助

D. 港区航行应更重视 ECDIS 的作用,应调整海图分层到需要的显示内容

55. 航行过程中,ECDIS 可以根据本船船位与目标的位置关系,针对预先设置的________进行防碰撞报警。

A. 偏航报警距离值　　B. 报警方位值

C. 速度限制值　　D. CPA 和 TCPA 限度值

56. 关于光栅电子海图的说法正确的是________。

A. 光栅电子海图可以有选择性地显示某些物标信息

B. 光栅电子海图是以像素点的排列反映海图的物标信息

C. 光栅电子海图可以有选择性地查询物标信息

D. 能够检测危险区、警戒区等,并给出报警或指

57. 下列哪项操作不能有效地改变显示效果?

A. 改变显示背景
B. 调整显示器亮度和对比度
C. 增设滤光器或遮光板
D. 改变显示器角度

58. 在 ECDIS 中,关于定位设备的连接说法正确的是________。

A. 只能与一套定位设备连接,同时只能显示一个船位
B. 可以与两套定位设备连接,但同时只能显示一个船位
C. 可与多套定位设备连接,但同时只能显示一个船位
D. 可与多套定位设备连接,同时可显示两个船位

59. ECDIS 的安全与报警参数的设置非常关键,它决定了 ECDIS 是否能够恰当或安全地使用,以下非关键性的设置是________。

A. 是否显示警戒矢量
B. 进入限制区的时间限度值
C. 穿越安全等深线的时间提前量值
D. 偏航报警距离值

60. 关于 ECDIS 显示模式的表述,正确的是________。

Ⅰ. ECDIS 应一直能以"北向上"方式显示 SENC 信息,也允许其他方向显示; Ⅱ. ECDIS 应提供真运动模式,也允许其他模式; Ⅲ. ECDIS 不提供真运动等其他显示模式; Ⅳ. ECDIS 应能手动改变海图显示区域和本船相对于显示边缘的位置

A. Ⅰ,Ⅱ,Ⅲ
B. Ⅰ,Ⅱ,Ⅲ,Ⅳ
C. Ⅰ,Ⅲ,Ⅳ
D. Ⅰ,Ⅱ,Ⅳ

61. 电子海图系统不能满足________,是其不能取代纸海图的关键条件。

A. 硬件符合性能标准要求
B. 海图数据是官方 ENC
C. 提供的功能符合 IMO 的性能标准要求
D. 具有备份配置

62. IHO 发布的 S-52 是关于 ECDIS 的________。

A. 性能标准
B. 显示控制标准
C. 海图数据内容、显示颜色与符号等标准
D. 海图改正标准

63. ECDIS 可以检验航线________。

A. 是否充分考虑气象条件
B. 采用最新版海图
C. 是否穿越安全等深线
D. 是否是最佳航线

64. 下列哪项可以作为 ECDIS 的备用装置?

Ⅰ. 另外一套独立的 ECDIS; Ⅱ. 符合海安会 MSC. 192(79)决议,能够显示 ENC 海图信息的雷达; Ⅲ. 满足整个航次所需的改正到最新的最新版纸质海图; Ⅳ. 我国海事局规定的 A 类 ECS

A. Ⅰ
B. Ⅰ,Ⅱ
C. Ⅰ,Ⅱ,Ⅲ
D. Ⅰ,Ⅱ,Ⅲ,Ⅳ

65. 关于 ECDIS 数据种类和结构的说法正确的是________。

Ⅰ. 从本质上讲,ECDIS 数据来自于 ECS 数据; Ⅱ. ECDIS 是将 ENC 数据首先转换成 SENC 数据格式,同时通过适当方法改正 ENC; Ⅲ. SENC 供 ECDIS 显示存取以及完成其他航海功

能；Ⅳ. ECDIS 直接读取和显示的数据库是 SENC

A. Ⅰ,Ⅱ,Ⅲ,Ⅳ　　B. Ⅰ,Ⅱ,Ⅲ

C. Ⅱ,Ⅲ,Ⅳ　　D. Ⅰ,Ⅲ,Ⅳ

66. ECDIS 使用人员必须能够正确理解 ECDIS 显示的信息,例如,除________外的其他使用情况都可能导致使用风险。

A. 忽视海图显示的图比例较大　　B. 忽视海图显示背景的不适当

C. 不分析地接受船位,忽视了船舶位置误差　　D. 真北与罗经北的误差

67. ECDIS 不能根据下列哪项参数判断船舶是否有碰撞危险性的可能？

A. 设定的时间　　B. 本船航向

C. 设定的距离　　D. 本船航速

68. 在 ECDIS 中本船符号采用基本符号或比例船型,下列就本船符号的说法正确的是________。

A. 本船符号的类型是由海图显示比例尺决定的

B. 本船符号的类型是由使用人员设定的

C. 本船符号的类型是由海图显示比例尺和使用人员设定共同决定的

D. 本船符号的类型与海图显示比例尺和使用人员设定均无关

69. 为保证船舶航行安全,ECDIS 备份配置应该在开航前________。

A. 进行自检

B. 与主设备的本航次监控配置进行同步,如计划航线、报警设置等

C. 将上一航次的航行记录传递到主设备中

D. 开启,准备接替主设备

70. ECDIS 通常都与 RADAR 等设备连接使用,因而使海图外的其他信息得以使用。下列关于信息叠加的说法正确的是________。

A. 雷达信息可以叠加后显示在 ECDIS 上,但气象信息就不能实现叠加后显示

B. 可选择性地实时接收雷达等信息,使其与海图信息叠加后显示在 ECDIS 上

C. 信息叠加后显示在 ECDIS 上后不可复原显示,因此要谨慎操作

D. 所有信息均可以实时叠加到 ECDIS 上,与 ECDIS 软件功能开发无关

71. ECDIS 中的海图数据必须满足________坐标系。

A. BJ54　　B. WGS84

C. Pulkovo1942　　D. Krassovsky

72. 下列哪项属于对 ECDIS 系统操作所致的误差？

A. 坐标系误差　　B. 连接故障

C. 海图误差　　D. 海图显示不当

73. 在 ECDIS 中,本船的航向矢量线可能是以________为基准的。

Ⅰ. 真北；Ⅱ. 陀罗北；Ⅲ. 磁北；Ⅳ. 罗经北

A. Ⅰ　　B. Ⅰ,Ⅱ

C. Ⅰ,Ⅱ,Ⅲ　　D. Ⅰ,Ⅱ,Ⅲ,Ⅳ

74. ECDIS 应能记录并重现过去________的航行历史状态。

A. 4 h　　B. 12 h
C. 24 h　　D. 3 个月

75. IHO S－63 是________。
A. 电子海图的内容和 ECDIS 显示的性能标准　　B. 数字化水道测量数据的传输标准
C. ECDIS 的性能标准　　D. 数据保护方案

76. 采用双色水深区显示时，其临界水深采用________。
A. 安全水深　　B. 浅水等深线
C. 安全等深线　　D. 深水等深线

77. ECS 之所以不能取代纸海图，是因为________。
A. 它的硬件设备级别不高
B. 它的软件开发商不是知名企业
C. 它提供的功能未完全包含 IMO 的性能标准要求
D. 它没有连接测深仪的功能

78. 矢量电子海图的主要特点不包括________。
A. 数据可查询性　　B. 物标的可分显示
C. 能够进行航行安全计算　　D. 显示样式和纸质海图完全相同

79. 因为 ECDIS 连接了________，所以能够显示本船船位。
A. GPS　　B. RADAR
C. 测深仪　　D. 计程仪

80. 航线监控报警参数不包括________。
A. 最大吃水　　B. 偏航报警距离
C. 偏向角度　　D. 旋回半径

81. 航线监视过程中，ECDIS 给出某设备故障报警时，最不可能的情况是________。
A. 该设备的连接缆线断开　　B. 该设备的配置参数或者端口被错误修改
C. 该设备出现突发故障　　D. 该设备没有通电

82. 关于 ECDIS 显示航线监控功能，不正确的是________。
A. 只要显示覆盖所在区域，ECDIS 就应显示所选航线和本船位置
B. 在进行航线监控时，应能显示无船舶显示的海区
C. 自动航线监控功能(如更新船舶位置、提供报警和指示)应是非连续的
D. 应能通过操作员单次操作立即恢复到覆盖本船位置的航线监控显示

83. ECDIS 对于电子海图数据及其更新，应满足的基本要求是________。
①所使用的数据必须是经政府或政府授权的主管机关发行的符合 IHO 最新版本标准的数据；②ENC 数据的内容必须无法被更改；③ENC 数据不必与其更新数据分别存储；④ECDIS 应该自动保存 ENC 更新的记录，包括自动更新 SENC 数据的时间
A. ①②③　　B. ①②④
C. ①②③④　　D. ②③④

84. 如果海图显示区内所有数据均为非官方来源，则 ECDIS 将________。

A. 仅需做出提示即可

B. 仅需在海图显示区标明非官方数据的范围界线即可

C. 提示和标明非官方数据的范围界限,采用一种方式即可

D. 提示和标明非官方数据的范围界限,两种方式需同时采用

85. 下列哪项信息属于所有其他信息?

A. 群岛海上航路　　B. 航道、海峡等的边界

C. 显示模式　　D. 经纬线图网

86. 传感器数据误差是________使得 ECDIS 上显示本船的船位有误。

①GPS、雷达等外部设备输入的信息不准确;②GPS 与 ECDIS 采用不同的坐标系统或参考物标;③陀螺罗经差的存在;④比例尺显示过大而忽略了 GPS 定位概率(95%)

A. ①②③　　B. ②③④

C. ①②③④　　D. ①③④

87. 下面的描述除________外都是 ECDIS 数据更新的正确方法。

A. 通过光盘等介质读取更新数据

B. 通过网络自动获取更新数据

C. 通过手工输入改正信息更新

D. 通过手工修改或替换海图数据文件进行更新

88. 在航线设计中,下列哪项参数是系统自动计算的?

A. 偏航报警距离　　B. 每段航线的最大航速

C. 每段航线的航向　　D. 航线属性(大圆航线或恒向线)

89. 关于 ENC 应具有的属性,表述错误的是________。

A. 内容基于主管水道测量局的原始数据或官方海图

B. 根据国际标准进行编码和编制

C. 基于 WGS84 坐标系

D. 由专业的 ECDIS 制造商发行

90. 船舶航行过程中,ECDIS 依据本船当前保持的航向航速状态,能够针对预先设置的________进行防搁浅报警。

A. 偏航报警距离值　　B. 穿越安全等深线的时间提前量值

C. 距离下一转向点时间间隔　　D. 预计抵达时间

91. ENC 数据的风险(误差)主要是________。

①原始数据测量、处理和制图时的精度不高,甚至出现错误;②海域环境的变化等因素,使得 ECDIS 屏幕上显示的海图信息有误;③GPS、雷达等外部设备输入的信息不准确

A. ①②③　　B. ①②

C. ②③　　D. ①③

92. 采用四色水深区显示时,其临界水深不包括________。

A. 安全水深　　B. 浅水等深线

C. 安全等深线　　D. 深水等深线

93. ECDIS 的硬件故障主要指其本身和其连接的外部传感器设备所发生的运行故障,并不包括________。

A. 连接故障　　B. 性能降低

C. 读数不清晰　　D. 网络阻塞

94. 关于 IMO 性能标准规定的 ECDIS 提供的海图显示,________是不恰当的。

A. 能够一直以北向上显示,并允许其他方向,但一定要有指北箭头

B. 当海图随船舶航行移动时,能够自动进行临近海图填充拼接显示

C. 只能以真运动方式显示本船与目标

D. 允许驾驶员自行选择合适的比例尺显示

95. 不符合 SENC 要求的是________。

A. 应不可能改变 ENC 的内容或从 ENC 转换的 SENC 信息

B. 各次更新应与 ENC 分开储存

C. ECDIS 应能接受根据 IHO 标准提供的 ENC 数据的官方更新

D. 官方 ENC 更新不能应用于 SENC

96. 光栅导航海图 RNC 不符合要求的项目是________。

A. 官方纸质海图的复制品　　B. 根据国际标准 S－63

C. 发行的水道测量机构对内容负责　　D. 定期由官方数字更新信息进行更新

97. 关于电子海图种类划分的说法,不正确的是________。

A 按照电子海图标准化程度分,电子海图可分为光栅海图和矢量海图

B 按照标准化程度的不同,矢量海图分为非标准电子海图和标准电子海图

C 按照电子海图数据属性类型分,电子海图可以分为光栅海图和矢量海图

D 根据 S－51 第四版的定义规定,电子海图分为光栅式和矢量式两类

98. IHO S－57 被批准为 IMO 有关 ECDIS 的国际通用性能标准,对该标准作用的正确理解是________。

A. S－57 主要是关于 ENC(SENC)的内容和机构、更新、信息显示等的规定

B. S－57 标准主要用作 ECDIS、ECS 的数据源,并且在交换过程中,数据的含义不能有任何的改变

C. S－57 主要是关于 ENC 数据库的性能标准以及 ENC 的更新规范,旨在统一和便于各国水道部门之间用于数字化水道测量数据交换与传输

D. S－57 主要是关于 ECDIS 硬件设备的检验和测试标注

99. 关于 ECDIS 实现了本船自动航迹功能的作用表述正确的是________。

A. 即使 GPS 与 ECDIS 不连接,ECDIS 也具有航迹自动显示功能

B. 自动航迹显示很难让驾驶员直接看到船位偏离计划航线的具体情况

C. 偏航后通过自动航迹显示,可以让驾驶员直接看到操船恢复到计划航线的效果

D. 在船舶操纵性能测试时,如旋回圈、冲程,在测试完成后不能利用 ECDIS 航迹回放功能精确快速地求得船舶操纵性能数据

100. IHO S－52 被批准为 IMO 有关 ECDIS 的国际通用性能标准,对该标准作用正确的理解是

________。

A. 主要是关于 ECDIS 的海图内容、图标、颜色和显示规范等的规定

B. 用作 ECDIS 的数据源,并且在交换传递过程中,数据的含义不能有任何的改变

C. 关于 ENC 数据库的性能标准以及 ENC 的更新概要,旨在统一和便于各国水道部门之间用于数字化水道数据交换与传输

D. 对 ECDIS 硬件设备的检验和测试标准

101. ECDIS 能够实现除________外的功能。

A. 航线设计　　B. 控制船舶航速

C. 雷达、AIS 信息叠加显示　　D. 航行跟踪报警

102. 在 ECDIS 的信息显示中叠加了雷达图像和雷达目标,而在本船正横处有一艘船但没有出现在系统的显示器上,此情形告诫我们________。

A. 需要选择显示分层　　B. 需要注意雷达存在盲区,应勤于瞭望

C. 需要仔细观察海图界面　　D. 需要调节显示背景

103. 关于电子海图应用系统,下列说法正确的是________。

A. RCDS 模式下的 RNC 类似于纸海图,是有边界的,不像 ECDIS 的 ENC 没有边界

B. RCDS 模式下 RNC 类似于纸海图,不像 ECDIS 的 ENC 有边界

C. RCDS 模式下 ENC 类似于纸海图,是有边界的,不像 ECDIS 的 RNC 没有边界

D. ECDIS 模式下的 RNC 类似于纸海图,是有边界的,不像 RCDS 的 ENC 没有边界

104. 关于 ECDIS 对航行信息记录功能正确的说法是________。

①可以存储并再现至少 12 小时的航行要素;②能每隔 2 分钟记录本船的航迹(时间、位置、航向、航速)、所使用的官方数据;③可按一定的时间间隔记录整个航行中的航迹和时间标注;④记录的航行信息不可修改

A. ②③④　　B. ①②③

C. ①③④　　D. ①②③④

105. 关于对 ECDIS 数据可信程度和更新的表述正确的是________。

①ECDIS 应提供方法确保 ENC 及其所有更新正确地载入 SENC;②ENC 及其所有更新应予以显示,但信息内容不能降级;③ENC 及所有更新应予以显示,但信息内容可能降级;④ENC 数据及其更新应与显示的其他信息有明显区别

A. ①②③　　B. ①②③④

C. ①②④　　D. ①③④

106. 关于电子海图显示与信息系统中的"航行记录"功能,下列表述错误的是________。

A. ECDIS 能够自动记录前 24 小时内所使用过的 ENC 单元及其来源、版本、日期和改正历史,以及每隔一分钟的船位、航速、航向等

B. 一旦船舶发生事故,"航行记录"的这些信息足以再现当时的航行情况

C. 航行记录的信息不允许被操纵和改变

D. ECDIS 应具备类似"黑匣子"的功能

107. 关于向 ECDIS 提供和更新海图信息的表述,正确的是________。

①政府或政府授权的航道测量机构发布并经官方更新而更正的最新版本,并符合 IHO 标准;②无论以什么方式得到更新,执行程序不得干扰正在使用的显示内容;③应能接受手动输入的 ENC 数据的更新,并在最终接收数据前用简单的方式加以验证

A. ①②③ B. ①②

C. ①③ D. ②③

108. 根据 ECDIS 最新性能标准,关于对 ECDIS 数据显示层次表述正确的是________。

A. 信息显示可以分为基本显示和根据需要显示两个层次

B. 信息显示可以分为基本显示、标准显示和根据需要显示共三个层次

C. 信息显示可以分为标准显示和根据需要显示两个层次

D. 信息显示可以分为基本显示、标准显示、固定显示和根据需要显示共四个层次

109. 关于电子海图应用系统,下列说法正确的是________。

A. RCDS 只能显示光栅航海图(RNC),而 ECS 和 ECDIS 主要用来显示矢量海图

B. RCDS 既可以显示光栅航海图(RNC),也可以显示矢量海图

C. 一个性能完善的 ECS 与 ECDIS,在显示界面上存在本质区别

D. ECS 和 ECDIS 都可以使用非官方、非 S-57 格式的海图数据库

110. 非标准的电子海图相对标准电子海图(ENC)存在着明显的缺陷,主要有________。

①不是官方水道测量局机构制作的,不能保证数据的权威性;②不直接从事水道测量,数据的实时更新得不到保证;③按 IHO 统一分配的机构代码制作发布,但通用性较差

A. ①②③ B. ②③

C. ①③ D. ①②

111. ECDIS 中显示的本船和目标(船)位置存在偏差一定不是由________引起的。

A. 本船定位设备 B. 本船雷达设备

C. 本船 AIS 设备 D. 目标船定位设备

112. 从 ECDIS 的可靠性而言,航行值班不能只依靠单一的 ECDIS,应采取________等手段保障航行的安全性。

①保持正规的瞭望;②随时比对 ECDIS 与雷达的信息;③每隔一段时间采用其他手段核对船位;④随时确认所有信息采用共同的坐标系统;⑤选择合适的比例尺

A. ②③④⑤ B. ②③④

C. ①②③④ D. ①②③④⑤

113. ECDIS 主要用来显示矢量海图,若要代替纸质海图,它必须使用________。

A. TX97 数据 B. RNC

C. ENC 数据 D. CM93 数据

114. ECDIS 应能显示所有 SENC 信息,下列关于信息显示表述不正确的是________。

A. ECDIS 在关闭或断电后打开时,不能恢复至最近手动选择的显示设置

B. 在任何时候,ECDIS 应经操作员的单次操作提供标准显示

C. 应易于增加或消除 ECDIS 显示的信息,应不能消除基本显示中的信息

D. 对操作员确定的任何地理位置(例如通过光标选择),ECDIS 应在要求时显示与该位置相

关的海图目标的信息

115. ________是符合 IHO 相关标准《数字化水道测量数据传输标准》(S－57)的标准电子海图数据。

A. C－Map 公司的 CM93 数据

B. Transas 公司 TX97 数据

C. 各国官方水道测量机构制作并发行的 ENC 数据

D. 光栅航海图 RNC

116. 下列关于光栅海图和矢量海图的说法正确的是________。

A. 光栅海图不是数字海图,因其是基于纸质海图的"扫描海图",不可能具有纸海图的同等精度

B. 光栅海图可以通过与定位传感器(如 GPS)等接口来加以改正,使用者可以对光栅海图作询问式操作

C. 矢量海图所用的海图矢量数据不可能通过纸海图或其他纸质航海出版物获得,只能直接从官方水道测量部门的电子海图数据库(ECDB)中获得

D. 矢量海图因为图标数据的各种信息分层次存放,这意味着航海者可以手动查询不同图标的性质,也可指令系统自动完成这种查询

117. 光栅海图与矢量海图相比,下列说法正确的是________。

A. 对于相同水域范围而言光栅海图数据占有储存量小,矢量海图数据占有储存量大

B. 光栅海图可以作询问式操作,矢量海图不可以作询问式操作

C. 光栅海图既不能作询问式操作,也不能任意缩放其比例尺

D. 光栅海图和矢量海图因存在图形变换后的失真,所以均不能任意缩放其比例尺

118. 关于电子海图应用系统,下列说法不正确的是________。

A. 电子海图应用系统是指接收并显示电子海图数据,同时提供一定航海功能的软件或设备(包括软件和硬件)

B. ENC 不是唯一可以合法地用于 ECDIS 上的电子海图数据库

C. 目前 IMO 允许 ECDIS 设备工作于两种模式:一为 ECDIS 模式,使用 ENC;另一是当没有 ENC 数据时,工作于光栅海图显示系统(RCDS)模式

D. 电子海图应用系统的种类繁多,主要有电子海图显示及信息系统(ECDIS)和电子海图系统(ECS)

119. 关于电子海图应用系统,下列说法正确的是________。

A. ECS 是用来显示官方矢量电子海图或光栅电子海图数据库的海图显示系统

B. 就显示界面而言,一个性能完善的 ECS 与 ECDIS 之间并没有本质区别,但 ECS 可以使用非官方、非 S－57 格式的海图数据库,而 ECDIS 必须使用 ENC

C. RCDS 是能显示光栅/矢量电子海图数据库的海图显示系统

D. RCDS 模式下的 RNC 类似于纸海图,也能像 ECDIS 的 ENC 没有边界

120. 关于国际水道测量组织(IHO)对电子海图制订的规范标准理解不正确的是________。

A. S－57 主要是关于 ENC 数据库的性能标准以及 ENC 的更新规范

B. S－52 主要是关于 ECDIS 的海图内容、图标、颜色和显示规范等的规定

C. S－61 即《光栅海图产品规范》,是 RNC 制作的主要标准

D. S－61 即《IHO 数据保护方案》,是 ENC 数据保护标准

121. ECDIS 的系统组成包括系统硬件和软件。关于系统组成部分作用的表述不正确的是________。

A. 主控制器即主计算机用以完成数据采集、计算、逻辑推理及计算机图形处理等

B. 海图数据库包含海图及其他航海出版物的基础数据 ENC 及其更新数据,它们在系统内形成 SENC 供航海者使用

C. 传感器/接口单元将计算机与导航传感器(如 GPS、AIS 等)相连,使 ECDIS 显示人机对话的内容、操作使用 ECDIS 的热键和菜单等

D. 显示设备包括显示器、打印机及 VDR 等,它记录、显示或输出海图各项航行要素的数据、人机对话的内容、告警信息、操作使用 ECDIS 的热键和菜单等

122. 对 ECDIS 硬件设备的检验和测试标准是________。

A. IHO S－52　　　　B. IHO S－57

C. IMO MSC. 232(82)　　　　D. IEC 61174

123. 关于 ECDIS 的主要系统功能表述不正确的是________。

A. ECDIS 应使航海人员能用简便和及时的方式进行所有目前在纸质海图上做的航线监控和定位工作

B. 在信息显示或设备故障方面应有适当的报警或指示。

C. ECDIS 显示也可用于雷达跟踪目标信息、AIS 和其他相应数据层的显示以帮助航线监控

D. 应能连续标绘船舶位置,通过操作员二次操作立即恢复到覆盖本船所在位置的航线监控显示

124. ECDIS 应能贮存并再生重构航行所需的某些最小要素,并验证过去 12 小时所使用的正式的数据库。下列数据中________应以 1 分钟间隔时间加以记录。

①时间、船位;②首向和航速;③确保记录使用过的正式数据:ENC 信息源、版本、日期、单元和更新史

A. ①②③　　　　B. ①③

C. ①②　　　　D. ②③

125. ECDIS 可以作为 1974 SOLAS 公约所要求的纸海图的等价物,关于替换条件的说法正确的是________。

①ECDIS 备份布置中明确规定必须具有完全备份能力;②符合 IMO 性能标准和 ECDIS 备份协议;③符合 IEC 测试标准的 ECDIS(配以 ENC);④符合 IEC 测试标准的 ECS

A. ①②③④　　　　B. ①②④

C. ①②③　　　　D. ①③④

126. 根据 ECDIS 最新性能标准,对 ECDIS 数据显示层次表述不正确的是________。

A. 永久保留在 ECDIS 显示器上的显示是基本显示,如海岸线(高水位)、本船的安全轮廓线

B. 根据需要显示是指所有其他信息可单独显示,包括任意测深、水下电缆和管道

C. 标准显示包括基本显示、航道、海峡等边界等

D. ENC 版本日期属基本显示而不属于标准显示

127. 关于向 ECDIS 提供和更新海图信息的表述，正确的是________。

①政府或政府授权的航道测量机构发布并经官方更新而更正的最新版本，并符合 IHO 标准；②无论以什么方式得到更新，执行程序不得干扰正在使用的显示内容；③应能接受手动输入的 ENC 数据的更新，并在最终接收数据前用简单的方式加以验证；④不应能接受非加密 ENC 和按 IHO 数据保护计划

A. ①②③　　B. ①②③④

C. ①③④　　D. ①②④

128. ENC 数据与其更新数据应________。

A. 分别存储　　B. 混合存储

C. 由主管机关决定存储方式　　D. ECDIS 生产商决定存储方式

129. 关于电子海图自动更新方法的表述正确的是________。

①自动更新包括了半自动更新和全自动更新；②半自动更新是指 ECDIS 通过读取存储在软盘、光盘等存储介质内的更新信息，对 SENC 进行自动更新的方法；③全自动更新是指 ECDIS 通过无线电通信方式，实时接收更新信息并更新 SENC 数据的方法，最大的优点就是实时性好；④半自动更新和全自动更新都不存在非实时性的问题

A. ①②③④　　B. ②③④

C. ①②③　　D. ①③④

130. ECDIS 通常都与 GPS 设备连接使用，因而使航行自动化的水平得到提高。下列关于自动航迹绘算的说法正确的是________。

①当 GPS 被连接后，采用航迹自动显示功能，GPS 船位可自动显示在电子海图上；②当 GPS 被连接后，它是通过每隔一定时间（如 2 min），或每隔一定航行距离（如 1 n mile），自动在电子海图上标注一个船位点形成船舶航迹；③自动航迹标绘可以直接在电子海图上看到船舶偏离计划航线的情况

A. ①②　　B. ①

C. ②③　　D. ①②③

131. 航海人员可以根据安全需要在 ECDIS 上设定一些导航和监控参数，并选择某种提示方式如报警。一般可以实现的设定有________。

①根据本船吃水设置前方扇形安全等深线区用于避险；②设定偏航值用于控制船位；③到达转向点提前通知设定用于转向操作；④计划航线与禁航区或有特殊条件的地理区域边界的最小安全距离设定用于避险

A. ①②　　B. ①②③

C. ②③④　　D. ①②③④

132. 关于 ECDIS 中 SENC 信息显示，哪项为错？

A. 在计划航线和监控航线时，SENC 信息分为：基本显示、标准显示和所有显示 3 类

B. ECDIS 在关闭或断电后再打开，应恢复到最近手动选择的显示设置

C. 应易于增加或消除 ECDIS 显示的信息,应不能消除基本显示的信息

D. 在任何时候 ECDIS 应经操作人员的单次操作提供基本显示

133. IMO 性能规范规定,从一电源转换为另一电源或不超过________的断电不需要手动重新启动设备。

A. 15 s　　B. 30 s

C. 45 s　　D. 1 min

134. 在性能标准中,对显示模式和邻近区域生成的描述错误的是________。

A. 应一直能以“北向上”方向显示 SENC 信息,也允许其他方向

B. ECDIS 应提供真运动模式,也允许其他模式

C. 应能手动改变海图显示区域和本船相对于显示边缘的位置

D. 在使用相对运动模式时,邻近区域的海图显示应根据航海人员确定的本船与显示边缘的距离自动调整和生成

135. MSC. 232(82)经修订的 ECDIS 性能标准适用于________。

A. ECDIS 操作模式　　B. 所规定的 RCDS 操作模式的 ECDIS

C. 所规定的 ECDIS 后备布置　　D. 以上全是

136. 在 SENC 信息中属于标准显示的是________。

①航道、海峡的边界;②禁航区和限航区;③注意事项的显示;④海岸线

A. ①②③④　　B. ①②③

C. ①②④　　D. ①③④

137. 按照国际规定,下列选项中不符合要求的 ECDIS 系统为________。

A. 一套获得认证的 ECDIS + 改正到最新的纸质海图

B. 一套获得认证的 ECDIS + 一套获得认证的 RCDS

C. 两套获得认证的 ECDIS

D. 一套获得认证的 ECDIS + 一套获得认证的 ECS + 改正到最新的纸质海图

138. 在 SENC 信息中属于基本显示的是________。

①海岸线;②深度和高度单位;③航道、海峡的边界;④显示模式

A. ①②③④　　B. ①②③

C. ①②④　　D. ①③④

139. 在 ECDIS 性能标准中对其他显示信息中,表达错误的是________。

A. 应能通过操作员单次操作消除雷达信息、AIS 信息和其他航行信息

B. ECDIS 和增加的航行信息应合用一个参考系统。如果不是这样,应提供指示

C. 其他航行信息可增加到 ECDIS 显示中去,但不应使显示的 SENC 信息降级,无须与 SENC 信息有明显的区别

D. 如将雷达图像增加到 ECDIS 显示中,海图和雷达图像的比例,投影和方向应匹配

140. 以下关于 ECDIS 海图更新的说法中哪个是错误的?

A. 海图订购和更新可以不通过网络进行

B. 使用任意厂商生产的 S-57 格式海图进行

C. 不可以使用航警进行更新

D. 海图更新要考虑许可证的有效期

141. 以下哪个关于后备布置的说法是错误的?

A. ECDIS 后备布置显示的信息应在整个航程中与主系统一致而不必是最新的

B. 应不可能改变电子海图信息的内容

C. 后备布置中所使用的海图信息应为政府或政府授权的航道测量机构或其他相关政府机构发布并且符合 IHO 标准

D. 应指出海图或海图数据的版本和发布日期

142. 下列哪种情形将激发 CPA 报警?

A. 仅 CPA 小于设定值　　B. 仅 TCPA 小于设定值

C. CPA 与 TCPA 中一项小于设定值即可　　D. CPA 与 TCPA 均小于设定值

143. 船舶航行过程中,ECDIS 可以监视船舶按照计划航线航行的状况进行必要的报警,但________不是该功能的预置参数。

A. CPA 与 TCPA 值　　B. 偏离计划航线距离值

C. 距离下一转向点时间间隔　　D. 航线关键点

144. 下列哪项属于硬件故障?

A. 坐标系误差　　B. 连接故障

C. 海图误差　　D. 海图显示不当

145. ECDIS 对于数据的更新除应该保持自动保存更新记录,显示更新信息以供检查外,对人工输入的更新信息________。

A. 使用自定义符号显示

B. 采用红色 ENC 海图符号显示

C. 采用橙色 ENC 海图符号并叠加特定符号以表示不同的更新

D. 使用特殊时间标记以示区别

146. 海图改正是电子海图的实操作业中的一项重要内容,下列说法错误的是________。

A. 能够接受由官方 ENC 制作部门提供的正式改正数据

B. 能够接受航海人员从纸质航海通告中提取改正数据

C. 能够接受航海人员从无线电警告中提取改正数据

D. 能够接受实现对 ENC 海图的自动和人工改正

147. 电子海图数据是指描写海图地理信息和航海信息的数字化产品,是数字海图的一种。从电子海图数据属性而言,下列说法正确的是________。

A. 光栅海图是以空间数据和属性数据所组成的矢量数据描述海图及相关信息,光栅海图不可以被改正

B. 矢量海图以空间数据和属性数据所组成的矢量数据描述海图及相关信息,矢量数据可有多种文件格式按一定的方式保存信息

C. 光栅海图是指以栅格形式(图像方式如 TIF、JPG)表示的数字海图,属非标准电子海图

D. 矢量海图是指以栅格形式(图像方式如 TIF、JPG)表示的数字海图,属标准电子海图

148. ECDIS 是________。

A. 导航系统　　B. 定位系统

C. 电子海图显示与信息系统　　D. 综合系统

149. ECDIS 应对全航程有完整的航迹记录,并有________的记录。

①不超过 4 小时间隔的时间标记;②不超过 2 小时间隔的时间标记;③应不可能篡改或改变已记录的信息;④应有能力保存前 12 小时的记录以及航程轨迹的记录

A. ①②③　　B. ①②③④

C. ①③④　　D. ②③④

150. 从 ECDIS 的可靠性而言,航行值班不能只依靠单一的 ECDIS,应采取________等手段保障航行的安全性。

①保持正规的瞭望;②随时比对 ECDIS 与雷达的信息;③每隔一段时间更换、升级 ECDIS 软件;④随时确认所有信息采用共同的坐标系统;⑤确认其他传感器是否正常工作

A. ①②③④⑤　　B. ②③④⑤

C. ①②④⑤　　D. ②④⑤

151. ECDIS 可以叠加显示雷达图像,下列说法正确的是________。

A. 优先显示雷达图像

B. 优先显示海图内容

C. 按照信息的优先级显示

D. 优先显示雷达图像,但应具有一定的透明度以保证海图内容的读取

152. 下面的描述中,________不符合 ECDIS 航行记录功能要求。

A. 应能够至少保存一个航次的航迹信息并进行船位标绘(时间标签)

B. 航迹信息的保存时间间隔可以设置

C. 驾驶员可以修改记录内容

D. 航行记录信息能够再现 12 小时前的航行过程

153. ECDIS 在船舶航行监视过程中,能够根据________的设置在海图上显示本船航迹。

A. 穿越安全等深线的时间提前量值

B. 进入特定区域的时间提前量值

C. 航次航迹保存间隔

D. 航迹显示间隔和打开本船航迹显示设置

154. 下列有关 SENC 与 ENC 的说法正确的是________。

A. 两者数据组织格式相同

B. 两者均符合相关国际标准,如 IHO S-57

C. 两者数据内容完全相同

D. 两者均属于 ECDIS 使用的数据

155. 下列关于光栅扫描海图的说法正确的是________。

A. 使用时可以任意放大或缩小　　B. 受显示器性能影响,无法任意缩放

C. 受原图比例尺所限,不能任意放大　　D. 受原图图幅所限,不能任意放大

156. 对于点状物标而言，电子海图可以采用何种类型符号显示？

A. 简单边界　　B. 简单符号

C. 符号化边界　　D. 几何符号

157. 对于区域性物标而言，电子海图可以采用何种符号显示？

A. 传统符号　　B. 简单符号

C. 简单边界　　D. 几何符号

158. 设定安全水深后，ECDIS 将________。

A. 强调显示小于安全水深值的水深　　B. 强调显示等于安全水深值的水深

B. 强调显示大于安全水深值的水深　　D. 强调显示不大于安全水深值的水深

159. 关于安全等深线的设定，说法错误的是________。

A. 默认为 30 米

B. 设定的安全等深线不在显示的 SENC 中，ECDIS 则自动将其转换成下一个较深的等深线

C. 如果用户设定的安全等深线不在显示的 SENC 中，则需要重新设定以保证航行安全

D. 如果源数据改变而导致设定的安全等深线无法使用，ECDIS 则自动将其转换为下一个较深的等深线

160. ECDIS 在下列哪种情况下给出船位丢失的报警？

A. 没有与定位设备连接

B. 在规定的时间没有收到定位设备的信号

C. 本船不在显示器屏幕内

D. 本船船位存在较大误差

161. ECDIS 与 ECS 都是电子海图系统，但 ECDIS 必须满足除________外的条件。

A. 符合 IMO 的有关国际标准

B. 在硬件和软件方面可根据用户的需要灵活设计

C. 符合 IEC 的有关国际标准

D. 符合 IHO 的有关国际标准

162. 下面说法不正确的是________。

A. RCDS 模式下的 RNC 类似于纸海图

B. RCDS 也能够使用矢量海图

C. 不同 RNCS 间的海图坐标系或海图投影可能存在差异

D. RCDS 只能显示光栅航海图(RNC)

163. 下列选项中，________是 IMO/IHO 所规定的 ECDIS 必须显示的信息。

A. 水道测量数据　　B. 渡轮航线

C. 规定的边界　　D. 以上都是

164. ECDIS 取代纸海图的基本条件是________。

A. 船舶配备了 ECDIS

B. 电子海图普及

C. 使用改正至最新的官方标准海图

D. 官方类型认可、使用官方且最新海图、具有备用配置

165. 电子海图系统的功能满足 IMO 性能标准要求,并有备用配置,但被判为不能取代纸海图,是因为________。

A. 硬件性能不是最先进的
B. 海图中含有非官方海图数据
C. 备用配置没有启动
D. 备用配置的功能比主设备低

166. 本船 ECDIS 在经常航行的某目的港处没有大比例尺 ENC 海图,但携带了 CMAP 公司的 CM93 矢量海图(该公司的海图数据精度非常高),船长在航行前决定不配备该港纸海图,________。

A. 该决定应该受到认可
B. 由于配备了精度非常高的矢量海图,可以不配备纸海图,所以该决定正确
C. 根据相关标准的规定,只有配置了完整的官方 ENC 海图才有可能取代纸海图,因此,该决定不正确,应该按规定配备该港大比例尺纸海图
D. 由于本船只缺少大比例尺海图,加之本船对该港情况非常熟悉,可以利用小比例尺 ENC 海图航行,因此,该决定不会带来航行危险

167. ECDIS 不能显示的信息有________。

A. ECDIS 警报信息
B. 官方水道部门数据
C. 船舶水动力信息
D. 航海通告信息

168. IHO 发布的 S-57 是关于水道________的标准。

A. 测量数据(物标分类、编码)
B. 测量数据传输(物标分类、编码、数据封装)
C. 测量数据传输与显示
D. 测量数据维护

169. IHO 发布的 S-52 是关于 ECDIS 的________。

A. 性能标准
B. 显示控制标准
C. 海图数据内容、显示颜色与符号标准
D. 海图改正标准

170. 以下不属于 IHO 关于电子海图标准的是________。

A. S-63《IHO 数据保护方案》
B. S-58《ENC 有效性检验推荐标准》
C. S-57《数字水道测量数据传输标准》
D. S-23《海洋界限》

171. ECDIS 首次运行必须显示的信息为________。

A. 基础显示信息
B. 标准显示信息
C. SENC
D. 海图显示信息

172. ECDIS 在下面________情况下,不需要给出报警或警示。

A. 当驾驶员设计的计划航线穿过本船的安全等深线时
B. 当驾驶员设计的计划航线的最后端点没有到达航次目的港附近时
C. 当船位、航向或航速等的传感器输入无效时
D. 当本船以当前航向和航速航行,与危险物(例如障碍物、残骸、岩石)的距离有可能在预计的时间内达到比用户规定的距离近,而该危险物的深度又浅于预设的安全等深线时

173. ECDIS 应能够________。

A. 把地理坐标转换成显示器坐标

B. 把当地坐标系统转换成 WGS84 坐标系统

C. 计算两个物标之间的方位和距离

D. 以上均是

174. 用于 ECDIS 中的海图数据模型在 S-57 中采用了________。

A. 空间对象和特征对象描述真实世界物体的方法

B. 坐标位置描述真实世界物体的方法

C. 数学公式描述真实世界物体的方法

D. 计算机语言描述真实世界物体的方法

175. 以下哪项描述说明 ECDIS 只是对航海人员提供执行航行任务的支持?

A. 没有预定航程的官方更新的 ENC 数据,ECDIS 不能替代纸海图

B. ARPA 物标不应显示在 ECDIS 上,除非需要时

C. ECDIS 不能替代正规瞭望

D. 以上都是

176. 以下哪种参考系统会影响 ECDIS 显示的信息?

A. 把船舶的吃水值输入与 ECDIS 相连接的测深仪

B. 与 ECDIS 连接的 ARPA 的天线的实际位置

C. 制作海图数据时所使用的坐标系

D. 以上均是

177. 以下海图数据内容中,________不是 ENC 具有的属性。

A. 内容基于主管水道测量局的原始数据或官方海图

B. 根据国际标准进行编码和编制

C. 基于 WGS84 坐标系

D. 航标数据由 ECDIS 设备生产商数字化得到

178. ECDIS 的海图显示可以进行有选择显示,描述不正确的是________。

A. 基础显示是 ECDIS 开机时的显示状态

B. 基础显示是一直都要显示的内容

C. 基础显示是永久都要保留在显示器上的显示内容

D. 基础显示主要包括海岸线、本船的安全等深线、安全等深线构成水域里的孤立危险物、比例尺棒、指北符号等

179. 电子航海图版本、所有水深点、水下电缆、地名等信息的显示可以由驾驶员控制显示或不显示,在 ECDIS 中称之为________信息层。

A. 标准显示　　B. 基础显示

C. 全部显示　　D. 其他显示或按需要显示

180. 若某航行于国际航线的万吨海轮配有两台独立的电子海图系统(ECS),且这两台 ECS 只装有英国皇家水道机构(UKHO)出版的光栅海图数据,则该轮________。

A. 还必须配备一套纸海图,因为该轮没有配有 ECDIS

B. 可以不配备纸海图,因为该轮装有两台独立的 ECS

C. 可以不配备纸海图,若光栅海图数据都更新至最新

D. 可以不配备纸海图,若两台独立的 ECS 都具有海图改正和航线设计功能

181. 当处于自动航迹跟踪模式显示状态下,本船是否偏离了计划航线是无法根据 ECDIS 的显示界面分辨的,这是因为________。

A. 自动航迹跟踪模式是一种始终将本船显示到计划航线上的显示方式,但本船实际位置可能不在航线上

B. 自动航迹跟踪模式能够自动将本船船位调整到计划航线上,本船实际船位也被控制到在航线上航行

C. 自动航迹跟踪模式就像自动舵一样能够控制船舶航迹

D. 自动航迹跟踪模式的实现保证了船舶始终沿计划航线航行,确保航行安全

182. 根据航海习惯和 ECDIS 的功能特点,可以把 ECDIS 的报警分为________三大类。

A. 航线报警、传感器报警和海图数据与使用报警

B. 航线报警、传感器报警和系统报警

C. 航行报警、系统报警和海图数据与使用报警

D. 航行报警、碰撞报警和海图数据与使用报警

183. 以下哪一项不属于 ECDIS 产生的海图显示警示?

A. 海图显示背景未设置正确,当前光线条件下看不清楚

B. 当前位置处还有大比例尺海图可以使用

C. 显示的比例尺比当前图的原始比例尺超大或超小

D. 该位置处无海图数据或非官方海图

184. 根据《SOLAS 公约》的要求,2013 年 7 月 1 日之前建造的超过 10000 总吨但小于 20000 总吨的货船,最迟不得晚于船舶的第一检验或________安装 ECDIS。

A. 2012 年 7 月 1 日　　B. 2014 年 7 月 1 日

C. 2015 年 7 月 1 日　　D. 2018 年 7 月 1 日

185. ECDIS 进行自动更新时,若缺少其中的任一更新文件,则 ECDIS 会________。

A. 可以继续更新后续更高更新号码的更新文件,但事先有确认信息

B. 拒绝更新后续更高更新号码的更新文件

C. 由生产商决定是否继续更新后续更高更新号码的更新文件

D. 无须显示任何信息,可以继续更新后续更高更新号码的更新文件

186. 某 ENC 数据文件名为 DE440000.003 ,则表示________。

A. 该文件为基础数据文件

B. 该文件为海图编号为 440000 的第三个更新文件

C. 该文件的基础数据为德国某水域的进港图

D. 该文件为 ENC 数据文件 DE440000 的第三版

187. ECDIS 中所拥有的 SENC 数据必须是________。

A. 全球水域范围的且是最新的

B. 根据船舶的航区配备即可，但必须是最新的

C. 对于船舶的预期航程而言应是充分的而且是最新的

D. 由船旗国主管机关决定内容 ECDIS

188. 以下哪种情况下，ECDIS 不会给出航行报警提示？

A. 当本船船位偏离计划航线的距离超过了预先设定的限度值时

B. 当本船能够在设定的时间间隔内抵达相应的转向点时

C. 当本船与其他移动目标的 CPA/TCPA 小于预先设定的限度值时

D. 当本船在设定的时间间隔内将要穿越禁航区边界时

189. 关机后再开机的 SENC 显示方式是________。

A. 基础显示　　B. 标准显示

C. 全部信息显示　　D. 保持关机前的显示

190. 下列不是 ECDIS 标准显示的信息是________。

A. 海岸线　　B. 水深点

C. 禁航区和限航区　　D. 本船的安全等深线

191. ECDIS 的警示与报警能以声（语音、鸣笛）、光（闪烁）、图形、文字等形式进行，比如，定位信息丢失时会闪烁本船当前符号并伴随语音“请注意，定位设备有故障”，还可能表现为________。

A. 监视航线闪烁

B. 本船符号隐藏（不显示）

C. 出现“无法收到本船定位设备信号”的文字提示

D. 本船符号变为比例船型

192. ECDIS 提供的航线设计功能中，最基本的操作是________。

A. 修改航线参数　　B. 添加、移动、删除转向点

C. 添加新航线　　D. 保存航线

193. ECDIS 在航线设计中，能够针对设计的航线根据海图数据和设置的报警参数进行安全检查，下面能够产生报警的是________。

A. 计划航线航程太长

B. 计划航线穿越了危险或特殊条件的区域

C. 计划航线的转向点离岸边太远

D. 计划航线的航段设计成了大圆航线属性

194. 航行监视过程中，已发现本船偏离了计划航线，但是值班驾驶员没有得到 ECDIS 的报警警示，原因可能是________。

A. 设置的偏航距离限度值太大

B. 该航段是大圆航线

C. 当前使用的海图是 RNC

D. ECDIS 设备的声响系统出现故障

195. SENC 中默认的安全等深线是________。

A. 15 m　　B. 20 m

C. 25 m　　D. 30 m

196. 若驾驶员指定的安全等深线不存在于 SENC 中,则 ECDIS 会________。

A. 显示默认的安全等深线

B. 显示 30 m 安全等深线

C. 显示比指定的安全等深线深的上一等深线

D. 显示比指定的安全等深线浅的下一等深线

197. 若 SENC 源数据改变而使在用的安全等深线无法使用,则 ECDIS 会________。

A. 显示默认的安全等深线

B. 显示 30 m 安全等深线

C. 显示比指定的安全等深线深的上一等深线

D. 显示比指定的安全等深线浅的下一等深线

198. 以下哪种情况下,ECDIS 不会给出航行报警提示?

A. 如果本船按当前航向和航速驶向危险物(例如障碍物、残骸、岩石,其深度值小于本船的安全等深线),当距离小于预先设定的距离限度值时

B. 如果本船按当前航向和航速将在预先设定的时间内抵达目的港时

C. 如果本船按当前航向和航速将在预先设定的时间内将抵达下一个转向点时

D. 如果本船按当前航向和航速将在预先设定的时间内穿越安全等深线时

199. 下列关于 ECDIS 航线设计功能描述错误的是________。

A. ECDIS 能设计直线和曲线的航线

B. ECDIS 能用字母、数字和图形调整计划的航线

C. ECDIS 能增加、删除、改变转向点的位置

D. ECDIS 一次只能允许显示一条设计航线

200. ECDIS 中设计反向航线的正确操作流程是,选择一条已有的航线,________。

A. 利用反向功能或颠倒转向点顺序功能,保存

B. 利用反向功能或颠倒转向点顺序功能,保存成反向航线

C. 利用反向功能或颠倒转向点顺序功能,完成必要的修改,保存

D. 利用反向功能或颠倒转向点顺序功能,完成必要的修改,保存成反向航线

201. 下列关于 ECDIS 航线设计功能对转向点编辑的描述错误的是________。

A. ECDIS 应能增加转向点的位置

B. ECDIS 应能删除转向点的位置

C. ECDIS 应能改变转向点的位置

D. ECDIS 应能反向转向点在航线中的次序

202. ECDIS 提供的航线设计手段有两种,一是通过鼠标在海图界面上点取转向点构成航线,另一方法是利用航线表格输入转向点数据,由此可知,ECDIS 设计航线时,除________外其他参数都必须通过航线表格进行编辑。

A. 转向点　　B. 偏航报警限度值

C. 航段的恒向线或大圆属性　　D. 转向点上的转舵半径

203. ECDIS 的航线监视功能中，可以提供偏航报警、转向点提醒等报警或警示，还能进行________以外的报警或辅助计算。

A. 超速报警　　B. 转向点 ETA 及 STG 的预测查询

C. 油耗计算　　D. 无海图数据警示

204. 自动删除 ECDIS 中 ENC 手动更新信息的方法是________。

A. 自动接收与手动更新信息相同的更新文件

B. 利用含有与手动更新信息相同的更新文件的存储介质

C. 无法自动删除，只能通过手动方式

D. 安装新版 ENC 数据

205. 描述电子导航图(ENC)内容和显示、数据结构、改正方法和信息传输途径，以及屏幕上电子海图的颜色和符号使用规则等的国际规范是________。

A. IHO S－57　　B. IHO S－52

C. IHO S－63　　D. IMO A. 817(19)

206. 下列对光栅海图的描述不正确的是________。

A. 光栅海图以空间数据和属性数据所组成的矢量数据模型来表达海图上的信息

B. 光栅海图与纸海图完全保持一致，具有一样的精度和可靠性

C. 光栅海图像素之间没有任何关系

D. 光栅海图缺乏灵活性且存储容量大

207. 航行监视过程中，ECDIS 能够提供适当的显示符号以图形化方式表明本船航行危险程度，下列的________不属于这种符号。

A. 本船航迹

B. 根据穿越安全等深线提前报警时间标绘的警戒矢量

C. 根据偏航限度值标绘的偏航带

D. 浅水区域强调显示

208. ECDIS 中本船的位置是以船舶对称中点为基准显示标绘，影响本船显示位置准确性的因素不包括________。

A. 定位设备天线相对于船首的位置　　B. 船舶的定位设备天线位置

C. 定位设备天线相对于左舷的位置　　D. ECDIS 设备的摆放位置

209. 如下的哪种方法，不能用于在 ECDIS 中检验本船船位的准确性________。

A. 在 ECDIS 显示器上对比主辅定位设备之间的差异

B. 经常采用第二种独立的定位系统或技术核对船位

C. 随时确认所有传感器信息采用与 ECDIS 共同的坐标系统

D. 随时比对 ECDIS 与雷达的位置信息

210. 船舶航行过程中，ECDIS 依据本船当前保持的航向航速状态，能够针对预先设置的参数进行报警或提示，下列内容________可视为不属于航行危险报警参数。

A. 距离下一转向点时间间隔　　B. CPA 和 TCPA 限度值

C. 穿越安全等深线的时间提前量值　　D. 进入特定区域的时间提前量值

211. ECDIS 航行监视实践中,值班人员尽管认真观察显示器上显示的海图内容,且本船前方没有危险物符号,但本船却发生了碰撞危险物的事故,除值班人员未能及时瞭望或关闭了某些报警外,最可能原因是________。

A. 海图数据存在误差或海图显示分层选择不当

B. 安全水深值设置不当

C. 安全等深线值设置不当

D. 安全距离值设置不当

212. 关于 ECDIS 信息显示,以下说法正确的是________。

A. 本船符号显示为椭圆形

B. APRA 目标显示为菱形

C. 本船符号是双色黑圆圈或比例船形、AIS 目标为绿色小三角

D. 航标显示为红色

213. ECDIS 提供的航线设计,可以极为方便地进行航次计划参数的设置,快速地进行航线各航段的航次参数计算,通常,ECDIS 的航次人工输入参数内容不包括________。

A. 航段航速　　B. 转向点停留时间

C. 转向点 ETA　　D. 预计离港时间

214. 为保证 ECDIS 数据的完整、精确和一致性,IMO 性能标准要求,ENC 数据一定不能________,否则将会导致海图数据的误差。

A. 使用 S-57 标准进行编码和传输

B. 使用 WGS84 坐标系进行航海通告的手工更新

C. 使用 BJ54 坐标系进行航海通告的手工更新

D. 使用权威机构发行的 ENC 海图数据并及时进行数据的更新

215. 航行监视过程中,由于某种原因,发现了定位设备有偏差,此时,应避免采取________使 ECDIS 显示的本船船位能够处于海图上的正确位置。

A. 通过某特定海图物标的雷达回波在海图上的位置调整船位

B. 通过输入偏移量的方法调整船位

C. 通过鼠标直接将本船移动到正确位置

D. 通过改变海图的坐标系使本船位置移动到正确位置

216. 下列数据类型不属于矢量海图的是________。

A. UKHO ARCS　　B. JEPPESEN CM93

C. Transas TX-97　　D. NGA DNC

217. 某 ENC 数据文件名为 CN520000.000,则下列说法不正确的是________。

A. 该 ENC 为基础数据文件

B. 该 ENC 为中国水域的数据

C. 该 ENC 为港口图

D. 该 ENC 覆盖的水域范围与英版海图编号为 20000 的纸海图一致

218. 下列关于 ENC 的说法错误的是________。

A. ENC 是指在内容、结构和格式均已标准化，由经政府授权的水道测量机构发布

B. ENC 是专为 ECDIS 使用的电子海图数据库

C. ENC 必须包含有安全航行需要的全部海图信息

D. ENC 必须包含纸海图上没有但对航行安全认为是需要的补充信息（如《航路指南》）

219. ECDIS 航程记录功能中应有能验证过去________小时所使用的正式的数据库。

A. 1　　B. 6

C. 12　　D. 24

220. ECDIS 航程记录功能中应能以________分钟时间间隔记录本船航迹的时间、船位、首向和航速。

A. 1　　B. 5

C. 10　　D. 20

221. 下列关于 ECDIS 航程记录功能描述错误的是________。

A. ECDIS 应能对全航程有完整的航迹记录

B. ECDIS 应不可能篡改或改变已记录的信息

C. ECDIS 航程记录功能中应能以 1 分钟时间间隔记录本船航迹的时间、船位、首向、航速和舵角

D. ECDIS 航程记录功能中应能以 1 分钟时间间隔记录使用过的 ENC 信息源、版本、日期、单元和更新史

222. ECDIS 应能够自动接收符合 IHO 标准的官方 ENC 数据的更新信息，这些更新信息应________。

A. 能够通过手动方式对 SENC 数据进行更新

B. 能够自动对 SENC 数据进行更新

C. 只能对 ENC 进行更新，不能对 SENC 进行更新

D. 也可以对 SENC 数据进行更新，但必须通过 ECDIS 中相应程序的转换

223. ECDIS 中海图显示以下紫色的符号表示________。

A. 钻井平台　　B. 引航员登轮点

C. 灯塔　　D. 孤立危险物通用标志

224. ECDIS 中海图显示以下符号表示________。

3_2

A. 干出水深　　B. 安全水深点

C. 高精度的水深　　D. 低精度的水深

225. ECDIS 中海图显示以下符号表示________。

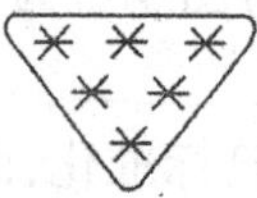

A. 此处海域数据未经测量,是来自估算的　　B. 此处海域数据的测量精度非常低
C. 此处海域数据的测量精度比较高　　D. 此处海域数据的测量精度非常高

226. ECDIS 中海图显示以下红色的符号表示________。

A. 孤立危险物　　B. 安全水域标志
C. 侧面标志　　D. 专用标志

227. 本船吃水 5 米,在 ECDIS 中显示什么安全参数最为恰当?
A. safety depth = 7 m and safety contour = 7 m
B. safety depth = 7 m and safety contour = 20 m
C. safety depth = 7 m and safety contour = 10 m
D. safety depth = 5 m and safety contour = 10 m

228. 下列关于 ECDIS 数据更新功能的描述错误的是________。
A. ECDIS 能够自动接收符合 IHO 标准的官方 ENC 数据的更新信息
B. ECDIS 能够接收人工输入的 ENC 更新信息,并在接收该信息之前,应具有简单的确认方式
C. ECDIS 进行数据更新时,其他功能应不能被使用以防止干扰正在进行的数据更新
D. 在 ECDIS 屏幕上,人工输入的 ENC 更新信息应该与 ENC 数据及其官方更新数据明显区别,并不能影响屏幕的可读性

229. 下列关于 ECDIS 数据更新功能的描述错误的是________。
A. ECDIS 能够自动保存 ENC 更新的记录,包括自动更新 SENC 数据的时间
B. 能够显示海图更新信息,以便检查其内容并确定该更新信息是否已应用于 SENC 中
C. 更新信息必须由制作和发布 ENC 数据的政府或政府授权的主管机关完成
D. 使用人员可以查阅和更改更新记录

230. ECDIS 中更新信息取代原有的 SENC 数据的更新方法称为________。
A. 综合更新　　B. 非综合更新
C. 序列更新　　D. 累积更新

231. ECDIS 中并未改变 SENC 中官方发布的 ENC 内容的更新,只是将更新信息临时增加到 SENC 中,并未真正改变 SENC 的内容的更新方法称为________。
A. 综合更新　　B. 非综合更新
C. 序列更新　　D. 累积更新

232. 下列关于 ECDIS 非综合更新方法的描述错误的是________。
A. 一般在不能及时实现自动更新的情况下使用,如无线电航行警告,临时、预告性航海通告
B. 是 ECDIS 一种最低要求的更新功能
C. 可以通过 ECDIS 软件完成,其方式与从 ENC 中提取数据相同

D. 可适用于任何类型物标的的更新

233. 下列关于 ECDIS 手动更新的描述错误的是________。

A. 通常是未经格式化的,不能由机器加以辨识的临时性或预告性的信息

B. 存在非实时性的问题

C. ECDIS 可以恢复被删除的手动更新的信息

D. 数据格式至少应与有关的 ECDIS 标准相符

234. 下列关于 ECDIS 与其他设备连接的描述错误的是________。

A. 不应由于连接选用设备而使 ECDIS 的性能标准降低

B. 应不降低任何传感输入设备的性能

C. 应不能向外部设备提供 SENC 信息

D. 应连至船舶定位系统、陀螺罗经及航速和距离测量装置

235. 为确保 ECDIS 功能的正常运行,使用人员必须经常或按规定进行维护检测工作,以下哪个项目相对而言是最不经常的工作?

A. 外部设备检测:应定期对外部设备进行性能检测,及时掌握设备的运行情况以及可能存在的误差,保证传递的数据达到要求

B. ECDIS 供电检查:查看为 ECDIS 供电的线路是否正常

C. ECDIS 自检:要定期利用 ECDIS 提供的自检功能进行功能测试,保证 ECDIS 海图显示、数据接收等功能正常运行

D. 备用设备检测:定期检查备用设备的切换或接替是否正常

236. ECDIS 从一电源改换成另一电源时,需要________。

A. 关机 B. 不需要关机,会自动完成

C. 手动重启 D. 自动重启

237. 下列不属于 ECDIS ENC 数据风险的是________。

A. 原始数据测量、处理和制图时的精度不高,甚至出现错误

B. 比例尺显示过大

C. 海域环境的变化等因素

D. 显示的海图信息有误

238. 下列不属于 ECDIS 传感器数据风险的是________。

A. 陀螺罗经差的存在

B. 显示本船的船位有误

C. 输入的信息与 ECDIS 采用不同的坐标系统或参考物标

D. 显示的海图信息有误

239. ECDIS 连接的定位设备由于使用时间过长、部件老化引起了设备性能下降,使定位精度由使用初期的 10 米以内降低到 20 米以内,此时,如果没有采用自动跟踪模式,不会发生________的情况。

A. 本船船位显示误差 B. 本船船位误差比以往更大

C. 本船始终沿计划航线航行 D. 本船偏离计划航线航行

240. 在没有任何操作的前提下,下列哪一项不属于 ECDIS 硬件故障,________。
A. ECDIS 给出“船位丢失”报警　B. ECDIS 给出“接收船位信号失败”报警
C. ECDIS 给出“船位无效”报警　D. 设备突发故障

241. 下列不属于减少 ECDIS 使用风险措施的是________。
A. 选择合适的显示比例尺
B. 要充分掌握其性能并充分、适当地利用其功能
C. 确认其他传感器是否正常工作
D. 航行值班只依靠单一的 ECDIS 和雷达

242. ECDIS 中必须显示的信息是________。
A. 雷达物标　B. ARPA 矢量
C. 水道测量数据　D. AIS 物标

243. 下列设备中,必须与 ECDIS 相连接的是________。
A. 雷达/ARPA　B. 陀螺罗经
C. 自动舵　D. AIS

244. ECDIS 的数据多为时变数据,这些数据的使用与各设备的信号读取周期有关,使得显示在 ECDIS 界面上时,并不是其真实的“当时”位置。根据各种设备的性能,________造成的这种信息同步差异最小。
A. GPS 信号　B. AIS 目标
C. ECDIS 显示计算　D. 雷达图像和目标

245. 海图作业是电子海图的实操作业中的一项重要内容,下列说法错误的是________。
A. 在电子海图上可以进行航线设计,可以进行大圆航线计算
B. 可以计算任意两点间的距离和方位
C. 可以进行船舶航迹颜色及其对应时间间隔设置
D. 还不能进行标绘船位,只能在雷达上进行

246. 由官方授权的水道测量部门制作和发布的纸海图的复制品是________。
A. ENC　B. SENC
C. RNC　D. SRNC

247. 符合《SOLAS 公约》要求,可以等效纸海图的是________。
A. ENC　B. ECS
C. ECDIS　D. RCDS

248. ECDIS 中,超比例尺(overscale)显示是指________的显示。
A. 显示比例尺大于编辑比例尺　B. 显示比例尺小于编辑比例尺
C. 显示比例尺大于 ENC 的 SCAMIN　D. 显示比例尺小于 ENC 的 SCAMIN

249. ECDIS 中,过小比例尺(underscale)显示是指________的显示。
A. 显示比例尺大于编辑比例尺　B. 显示比例尺小于编辑比例尺
C. 编辑比例尺大于 ENC 的 SCAMIN　D. 编辑比例尺小于 ENC 的 SCAMIN

250. 船舶必须配备的 ECDIS 的备份系统是________。

A. 一套最新的纸海图　　B. 另一台完全一样的 ECDIS
C. 一台 RCDS　　D. 由船旗国主管机关决定

251. 以下关于 SENC 信息显示的描述错误的是________。
A. 基础显示中显示的信息不可以被移除
B. 不显示水深信息,所设定的安全水深也不能显示
C. 所设定的安全等深线相对于其他等深线,应突出显示
D. 当一海图首次显示时,将显示全部信息

252. 已知本船罗经存在 1°误差,在雷达量程和 ECDIS 显示范围内,某 AIS 航标的雷达回波在 ECDIS 显示器上的位置一定________。
A. 与海图上的 AIS 航标符号有 1.0 度偏差　　B. 与海图上的航标符号有 1.0 度偏差
C. 与海图上的 AIS 航标符号重合　　D. 与海图上的航标符号重合

253. 若 ECDIS 中海图数据不准确,将不会出现________。
A. 船舶地理位置将与显示位置不匹配
B. 尽管 ECDIS 上显示本船航行于安全水域,但实际可能不是
C. 矢量海图以空间数据和属性数据所组成的矢量数据模型来表达海图上的信息
D. 矢量海图与纸海图完全保持一样的精度和可靠性

254. 下列关于 ECS 的说法不正确的是________。
A. 不能替代纸海图的使用　　B. 不符合标准的 ECDIS 配置
C. 一种辅助导航系统　　D. 不具有航线设计等导航功能

255. 非强制与 ECDIS 相连接的外部设备是________。
A. 雷达/ARPA　　B. 船舶定位系统(如 GPS)
C. 航向系统(如陀螺罗经)　　D. 航速和航程系统(如计程仪)

256. ECDIS 显示除了基础显示和标准显示外,还至少必须有________。
A. 所有信息显示　　B. RNC 显示
C. 雷达/ARPA 显示　　D. AIS 显示

257. ECDIS 虽然功能很强,但其只是一种航行仪器,其系统本身的局限性、显示误差和故障、使用者对系统设置和使用中的不适当或错误、传感器的误差、备用布置使用上的及时和有效等都要求使用者对其决不能过分依赖。因此,除________外,使用者必须充分理解和正确运用,以保证航行安全。
A. 根据驾驶台光线调整显示背景和显示模式(如航向向上)
B. 根据本船航次计划,进行合理的安全和报警参数设置,并在航行中充分利用适当的瞭望
C. 要经常利用独立于 ECDIS 的手段和方法检验其有效性和是否有误差
D. 数据是否完整以及是否更新、显示分层是否符合监视需要

258. 下列是 IMO/IHO 所规定的 ECDIS 必须显示的信息的是________。
A. 水底地形　　B. 助航物标
C. 潮流　　D. 大洋季风

259. ECDIS 在 DAYBRIGHT 显示模式,用来表示深水区的颜色是________。

A. 白色　　B. 黑色
C. 蓝色　　D. 浅绿色

260. ECDIS 用来表示海上危险区域的颜色是________。
A. 红色　　B. 黑色
C. 蓝色　　D. 黄色

261. ECDIS 应显示比例尺棒及距离指示器,当显示比例尺大于 1:80000 时,应画________海里比例尺棒符号。
A. 1　　B. 2
C. 5　　D. 10

262. ECDIS 应显示比例尺棒及距离指示器,当显示比例尺小于等于 1:80000 时,应画________海里比例尺棒符号。
A. 1　　B. 2
C. 5　　D. 10

263. ECDIS 显示中不能被移除的信息为________。
A. 基础显示信息　　B. 标准显示信息
C. SENC　　D. 海图显示信息

264. 出现下列哪种情况时,ECDIS 不需要提供报警?
A. 船舶偏离计划航线超过预定值
B. 船舶在操作人员规定的时间内将穿越安全等深线
C. 船舶在操作人员规定的时间内将穿越禁航区边界
D. AIS 目标丢失

265. ECDIS 必须至少有________个内容显示等级。
A. 1　　B. 2
C. 3　　D. 4

266. ECDIS 除了能设计直线航段外还必须具有设计________。
A. 曲线航段　　B. 转向点
C. WOP　　D. 安全速度

267. 定时存储是 ECDIS 规定的存储方式,即每________分钟保存 1 个新记录。
A. 60　　B. 30
C. 15　　D. 1

268. ECDIS 本船轨迹的最小保存容量是________。
A. 1 个月　　B. 3 个月
C. 6 小月　　D. 1 年

269. ECDIS 航行日志自动保存的时间间隔是________。
A. 1 分钟　　B. 5 分钟
C. 10 分钟　　D. 可设置

270. ENC 由________出版发行。

A. IMO　　B. C－MAP

C. 各国水道测量部门　　D. IEC

271. ECDIS 显示中通过________区分手工改正。

A. 物标颜色　　B. 显示的符号形状

C. 带有橙色的斜杠或竖杠　　D. 文字标记

272. 以下________不是取代纸海图的条件。

A. 满足 S－52 显示标准　　B. 经过类型认证的 ECDIS

C. 使用最新官方 ENC　　D. 有适当备用配置

273. 当雷达显示与电子海图显示船首不一致时，应采用________。

A. 雷达方向　　B. 电子海图

C. 不理睬　　D. 真北向上

274. 如果备用装置为电子设备，下列哪项性能可以低于 ECDIS 的要求？

A. 电源供应　　B. 显示模式

C. 海图显示的有效尺寸　　D. 颜色和符号

275. 关于电子海图显示与信息的主要功能下列说法不正确的是________。

A. ECDIS 具备类似“黑匣子”的功能

B. ECDIS 可在电子海图上进行航线设计

C. ECDIS 能够记录每隔 0.5 海里的船位、航速

D. ECDIS 可获得整个航线上的航行条件信息

276. EDCIS 是一种助航设备，有本身的局限性，能够全面系统地概括使用 ECDIS 存在的主要风险来源的是________。

A. 来自显示误差和故障两方面

B. 来自使用者对系统设置和使用中的不适当或错误两方面

C. 来自传感器的误差和不同生产商两方面

D. 来自 ENC 数据的风险和传感器数据的风险两方面

277. ECDIS 通常都与定位设备连接使用，因而使航行自动化的水平得到提高，海图作业被大大简化。海图作业主要是绘制计划航线和自动航迹绘算，关于航线绘制的说法正确的是________。

A. 在电子海图上只需将计划航线上的所有航路转向点（waypoint）依次输入，即可自动生成计划航线

B. 航线是恒向线，而非大圆航线

C. 转向点输入只能是经纬度，不可以是某物标的方位距离

D. 不可以事先设定禁航区界限或存在特殊条件的地理区域（如通航分道、警戒区）界线

278. ECDIS 的海图显示可以根据本船设置的________参数进行强调显示。

A. 安全水深和浅水等深线　　B. 安全水深和安全等深线

C. 船舶净高　　D. 船舶吃水

279. 在 ECDIS 中，关于显示方向，下列说法正确的是________。

A. 采用北向上时,指北符号的方向保持不变

B. 采用航向向上时,指北符号的方向保持不变

C. 采用船首向上时,指北符号的方向保持不变

D. 采用航线向上时,指北符号的方向保持不变

280. 在显示方面,关于 ENC 的更新信息说法正确的是________。

A. 自动更新信息与原始数据不必区别显示

B. 手工更新信息与原始数据不必区别显示

C. 所有更新信息均应与原始数据区别显示

D. 所有更新信息均不必与原始数据区别显示

281. 关于电子航海图(ENC)的说法错误的是________。

A. 由官方纸质海图复制而成

B. 内容的保证由发行数据的水道测量局负责

C. 根据数字化分发的官方改正数据进行定期改正

D. 必须基于 WGS84 坐标系

282. 下列哪项参数设置有利于保证船舶沿计划航线航行?

①转向点到达报警;②旋回半径;③偏航报警距离;④安全等深线

A. ①③　　B. ①②

C. ①②③　　D. ①②③④

283. 下列哪些因素可能影响本船船位的准确性?

①坐标系误差;②定位设备传感器本身固有的误差;③定位设备传感器的数据延时;④海图显示不当

A. ①④　　B. ①②④

C. ①②③　　D. ①②③④

284. 目前标准的电子海图数据可分为 ENC 数据和更新数据,其应用是________。

A. 由 ECDIS 分别保存并直接使用

B. 由 ECDIS 导入 ENC 并将更新数据综合到 SENC

C. 由官方部门直接转为 SENC

D. 由 ECDIS 设备制造商直接制作并使用

285. ECDIS 被认为是续雷达后又一次航海技术革命是因为________。

A. 它使用了电子海图

B. 它能够快速显示海图

C. 它能够连接 GPS 等导航设备,在电子海图上综合处理并显示本船航行未来环境状态

D. 它使驾驶员随时能够选择性地看清楚海图内容

286. 若同一水域既有官方数据又有非官方数据,而用户可能选择了显示非官方数据,那么 ECDIS ________。

A. 仅需提示即可

B. 需在海图显示区标明非官方数据的范围

C. 特别显示非官方海图

D. 提示和标明非官方数据范围界限，两种方式可以同时采用

287. ECDIS 采用双色水深显示时，其临界水深采用________。

A. 安全水深　　B. 浅水等深线

C. 安全等深线　　D. 深水等深线

288. 与电子海图密切相关的国际组织有多个，下列说法错误的是________。

A. 国际海事组织(IMO)　　B. 国际海道测量组织(IHO)

C. 国际电工委员会(IEC)　　D. 地区性 ENC 协调中心(RENC)

289. ECDIS 海图的警示不包括________。

A. 海图不清晰　　B. 比例尺超大或超小

C. 当前位置还有更大比例尺海图　　D. 非官方海图

290. 海图数据出现误差的严重后果可能是________，进而造成航行风险。

A. ECDIS 无法正常运行　　B. ECDIS 不能正确判断航行真实态势

C. ECDIS 不能对航线进行监视　　D. ECDIS 不能将本船显示到实际位置上

291. ECDIS 航行监视过程中，当主设备发生故障时，正确的操作是________。

A. 立即切换(连接)到备用设备上，并启动运行

B. 查看故障维修手册进行检修

C. 报告船长请求操作指令

D. 关闭主设备电源

292. ECDIS 的分层显示含义是________。

A. 基础显示最少量的物标

B. 标准显示和其他显示可以对两个分类中的内容由船员决定显示或不显示

C. 基础显示最基本的不可屏蔽的物标、标准显示和其他显示可以对两个分类中的内容船员决定显示或不显示

D. 基础显示状态下，可以保证航行安全

293. ECDIS 中海图显示与光栅海图显示的特殊区别是________。

A. 显示样式、显示符号能够根据本船安全参数变换

B. 能够根据船舶驾驶台光线自动调节亮度

C. 能够放大和缩小

D. 能够对某些物标进行显示或不显示控制，显示样式、显示符号能够根据本船安全参数变换

294. 下面哪一项不属于 ECDIS 性能标准目前要求能够实现的功能?

A. 自动存储航行记录　　B. 自动计算偏航距离

C. 自动航迹计算和船位标绘　　D. 自动向 AIS 设备发送本船位置数据

295. ECDIS 航次计划能够自动计算的前提是设置了________。

A. 每段速度　　B. 离港时间、每段速度、转向停留时间

C. 转向点停留时间　　D. 抵达时间

296. 本船轨迹、水深点、水下电缆、地名等信息可以由船员控制显示或不显示,在 ECDIS 中称为________信息层。

A. 标准显示　　B. 全部显示
C. 基础显示　　D. 其他显示或按需要显示

297. 电子海图的种类可分为________类型。

A. 扫描和印刷　　B. 数字与打印
C. 光栅与矢量　　D. 电子与纸张

298. 符合国际标准的电子海图系统的正确称谓是________。

A. ECS—电子海图系统　　B. EC—电子海图
C. ECDS—电子海图显示系统　　D. ECDIS—电子海图显示系统与信息系统

299. ECDIS 是________。

A. 导航控制系统　　B. 航行信息系统
C. 船舶导航系统　　D. 综合驾驶台系统

300. IMO A.817(19)/MSC.232 号决议批准的是关于 ECDIS 的________。

A. 功能标准　　B. 性能标准
C. 显示标准　　D. 操作标准

301. IHO 发布的 S-52 是关于 ECDIS 的________规范。

A. 显示符号标准　　B. 操作性能标准
C. 颜色与符号标准(性能标准)　　D. 显示控制标准

302. ECDIS 中的系统电子航海图缩写和定义是________。

A. EC,标准航海图　　B. ENC,电子航海图
C. RCS,光栅扫描图　　D. SENC,设备开发商格式电子海图

303. ECDIS 的显示背景主要有________。

A. 上午、下午　　B. 白天、下午
C. 白天、夜晚　　D. 白天、黄昏、夜晚

304. 电子海图系统的功能满足 IMO 性能标准要求,并有备份配置,但被判为不能取代纸海图,是因为________。

A. 硬件不是最先进的　　B. 备份配置没有启动
C. 备份配置的功能比主设备低　　D. 使用了非官方海图

305. ECDIS 的报警主要分为________。

A. 航行报警、碰撞报警和海图报警　　B. 航线报警、传感器报警和海图报警
C. 航行报警、传感器报警和海图报警　　D. 航行报警、传感器报警和系统报警

306. ECDIS 的海图显示可以根据本船________进行 2 或 4 阴影显示水深区域。

A. 安全水深　　B. 安全等深线
C. 安全水深和安全等深线　　D. 安全等深线、深水等深线和浅水等深线

307. ECDIS 的主要功能不包括________。

A. 海图显示与改正　　B. 海图打印

C. 航线设计与航行监视　　D. 海图作业与航行记录

308. 标准电子航海图(ENC)必须满足________。

①符合 S-57 标准;②电子可读;③官方水道测量部门发行、改正;④WGS84 坐标系

A. ①②③④　　B. ①②④

C. ②③④　　D. ①③④

309. ECDIS 中航线设计优越于手工航线设计是因为________。

A. 绘画美观　　B. 安全自动检测

C. 参数自动计算、重复使用、安全自动检测　　D. 用鼠标完成,设计简单

310. 当本船将要穿越安全等深线时,ECDIS 应能(预先)提供报警,________可由值班人员设定。

A. 报警延续时间　　B. 报警符号颜色

C. 报警时间的提前量　　D. 报警时间间隔

311. 如何找到已知位置的海图进行显示________。

A. 海图列表　　B. 鼠标漫游

C. 快速坐标定位、鼠标漫游　　D. 放大海图

312. ECDIS 中本船的安全参数主要包括________。

A. 航向　　B. 水深

C. 警戒矢量　　D. 危险距离、安全水深和安全等深线

313. ECDIS 使用中若安全水深或安全等深线________,将自动给出报警提示。

A. 设置的量值小于实际值　　B. 设置的量值远大于实际值

C. 使用了缺省值 30 m　　D. 两值不相等

314. 使用 ECDIS 确保航行安全应该做到的是开航前________。

A. 开启备用设备　　B. 向备用设备同步航次计划数据

C. 及时备份航行数据　　D. 使用标准显示

315. 标准 ECDIS 的电子海图数据按其使用方式可分为________。

A. 矢量数据　　B. 导航数据

C. ENC 数据和 SENC 数据　　D. 光栅数据

316. ECDIS 已经成为 IBS 的组成部分,由于其________的原因,它被视为船舶综合导航系统的信息基础。

A. 使用了现代计算机　　B. 航行监视报警的强大功能

C. 配置了可靠精准的 ENC 数据　　D. 方便快捷的航行预测功能

317. 利用 ECDIS 时,需要对港口和潮汐等信息进行查询,ECDIS 性能标准规定,在显示潮汐信息时不应该________。

A. 使用潮高表显示潮汐情况　　B. 在海图水深点上叠加潮高显示

C. 利用曲线表示潮汐状态　　D. 根据港口名称进行潮汐查询

318. 在使用外部传感器的数据时,需要特别注意________。

A. 是否使用了同类电源

B. 是否准备了备用缆线

C. 是否对外部传感器进行了自检

D. 是否以 ECDIS 为基础进行了坐标系的调整

319. ECDIS 的海图数据误差一定不会存在于________。

A. 非官方海图
B. 数据传递过程
C. 数据测量与制作
D. 坐标基准不同

320. ECDIS 的系统组成包括系统硬件和软件,其中硬件设备包括________。

①主控制器即主计算机;②传感器或接口单元;③显示设备;④海图数据库

A. ①②③④
B. ②③④
C. ①②③
D. ①③④

321. 下列哪项可能影响本船船位的准确性?

①定位设备连接故障;②海图显示背景;③定位设备的传感器的数据延迟;④本船定位设备位置误差

A. ②③
B. ①③④
C. ①②④
D. ①②③④

322. 本船航行接近目的港,ECDIS 当前的海图显示为通常在大洋航行时选择的基础显示,则________。

A. 港区航行应该将海图显示调整到标准显示

B. 港区航行应更重视瞭望,不要随意改变海图显示

C. 港区航行主要依靠经验,无须其他设备辅助

D. 港区航行应更重视 ECDIS 的作用,应调整海图分层到需要的显示内容

323. 下图中,安全等深线为________米。

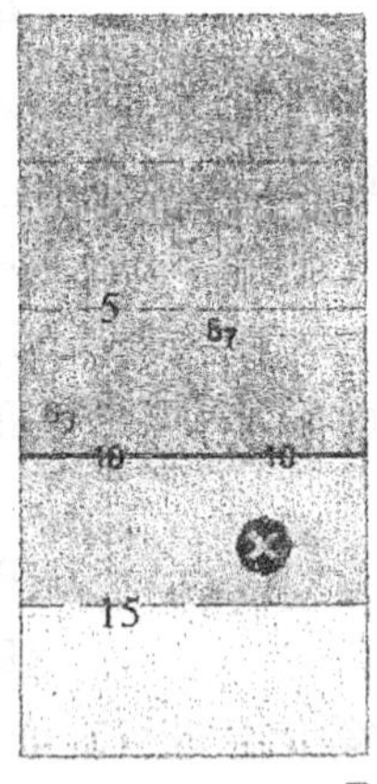

A. 5
B. 10
C. 15
D. 6.7

324. 航行计划的监控就是确保船舶沿着计划航线行驶,也是值班驾驶员的主要职责。监控方法包括________。

①定位;②横向偏航误差;③瞭望;④观测

A. ①②③④
B. ①②④

C. ①②③　　D. ①②

325. 雷达图像叠加显示在 ECDIS 上时，造成固定物标的雷达回波与海图上显示物标的位置不能匹配的原因是________。

A. 船舶定位设备 GPS 的输入不正确

B. 雷达天线、综合显示单元或船舶尺度的设置不正确

C. 海图是基础显示或者显示比例尺太小以至于信息丢失

D. 以上都是

326. 对矢量海图描述不正确的是________。

A. 矢量海图以空间数据和属性数据所组成的矢量数据模型来表达海图上的信息

B. 矢量海图与纸海图完全保持一样的精度和可靠性

C. 矢量海图中的线由点组成，面由线组成

D. 矢量海图在不同的比例尺下，同一个地理实体可能会有不同的表现形式

327. 下列有关电子海图的专业简称解释错误的是________。

A. SENC—电子导航航海图　　B. ECDB—电子海图数据库

C. RENC—地区性 ENC 协调中心　　D. WEND—世界电子航海图数据库

328. 与纸海图更新等效的是________。

A. ENC 数据　　B. SENC 数据

C. RNC 数据　　D. 数字格式的官方更新信息

329. ECDIS 分层显示不包括________。

A. 基础显示　　B. 标准显示

C. 选择性显示　　D. 所有其他信息

330. 关于 ECDIS 数据的描述不正确的是________。

A. ENC 数据的内容必须无法被更改

B. ENC 数据必须与其更新数据分别存储

C. ECDIS 所使用的数据必须是经政府或者政府授权的主管机关发行的符合 IHO 最新版本标准的数据

D. ECDIS 不允许人工输入系统数据更新信息

331. ECDIS 的海图显示模式与雷达图像显示模式类似，仅________不同。

A. 北向上　　B. 任意方向向上

C. 船首向上　　D. 航向向上

332. ECDIS 的海图显示可以根据本船________进行强调（加粗或高亮）显示。

A. 吃水和长度　　B. 安全水深

C. 安全水深和安全等深线　　D. 安全水深和浅水等深线

333. 关于 ECDIS 在异常情况下的标示和报警功能表述正确的是________。

①ECDIS 可以以语言、图形、文字等形式报警或标示；②当定位系统与信息系统选用了不同的大地坐标系等情况时有报警功能；③超过偏航设定值有报警功能；④定位信息丢失有报警功能

A. ①②③　　B. ①③④

C. ①②④　　D. ①②③④

334. ECDIS 的报警项目不包括________。

A. CPA/TCPA、偏航、限制区、碰撞、穿越安全等深线

B. 转向点提醒、航次按时、海图有效性

C. 海图显示背景、显示比例尺

D. 设备故障、搁浅

335. 下列关于电子海图的专业简称解释错误的是________。

A. ECDIS ——电子海图显示与信息系统

B. S-57——IHO 水道测量数据交换标准

C. IEC61174——ECDIS 硬件检测标准

D. S-52——IHO 水道测量数据的传输标准

336. AIS 设备为 ECDIS 提供________信息。

A. 本船船位　　B. 本船航向

C. 其他安装了 AIS 设备船舶的航行状态　　D. 其他安装了 AIS 设备船舶的报警

337. 下列关于本船符号的说法正确的是________。

A. 任何情形下,都应使用比例船形

B. 任何情形下,都应使用基本符号

C. 在近岸、狭水道或者靠泊航行时,选用比例船形更合适

D. 在近岸、狭水道或者靠泊航行时,选用基本符号更合适

338. 关于 ECDIS 的目标船信息显示表述不正确的是________。

A. 在目标船的避碰参数的显示上,ECDIS 比雷达更合理,ECDIS 能非常直观地显示出两船最近时的相对位置

B. 凡配有 AIS 的船舶都可以接收目标船的动态信息,但不可以在 ECDIS 上显示出来

C. 叠加了 AIS 信息的 ECDIS,能适时提供海上海运目标的动态信息(目标的航向、航速、方位、距离、CPA、TCPA 等)

D. 凡配有 AIS 的船舶都可以接收 AIS 开启的目标船的静态信息,并可以在 ECDIS 上显示出来

339. 关于海图数据的可靠性,说法错误的是________。

A. 使用权威机构发行的 ENC 海图数据

B. 如果使用了其他数据,要甄别其来源是否可靠和坐标系是否统一

C. 在购买数字产品时,注意检查发行机构是否为官方或官方授权

D. 官方 ENC 不需要定期更新

340. 与船舶其他具有主、辅设备的情形一样,ECDIS 的备份配置可以保证船舶始终处于 ECDIS 的辅助航行环境中,下列描述正确的是,在 ECDIS 出现故障时,________。

A. ECDIS 备份配置能够自动启动

B. ECDIS 备份配置能够防止 ECDIS 故障继续发展

C. ECDIS 备份配置能够以辅助手段完成航次剩余部分的安全航行

D. ECDIS 备份配置能够安全接替航行监控任务

341. 下列说法正确的是________。

A. 定位设备与 SENC 所采用的坐标系必须一致

B. 如果定位设备与 SENC 所采用的坐标系不一致,应将定位设备调整至与 SENC 的坐标一致

C. 如果定位设备与 SENC 所采用的坐标系不一致,应将 SENC 的坐标系调整至与定位设备的坐标系一致

D. 如果定位设备与 SENC 所采用的坐标系不一致,ECDIS 应给出报警

342. 关于 ECDIS 主要系统功能表述不正确的是________。

A. 当船在计划航线的临界点之前到达航海人员规定的时间或距离时,ECDIS 应报警

B. 定位系统与 SENC 应采用相同的大地测量基准。如不是这样,ECDIS 可不报警

C. ECDIS 应能显示除航线外的替代航线,所选航线与其他航线应该有明显区分

D. 根据需要手动显示或者按规定的 1 min 与 120 min 之间的间隔时间自动显示船舶航迹的时间标记

343. 下面哪一项不属于 ECDIS 性能标准目前要求能够实现的功能,自动________。

A. 存储航行记录　　B. 计算偏航距离

C. 航迹计算和船位标绘　　D. 向 AIS 设备发送本船位置数据

344. 为什么不能过分依赖 ECDIS ________。

A. 有时会停电

B. 参数设置太麻烦

C. 只是一种助航仪器,系统本身存在局限性、显示误差和故障

D. 使用者对系统设置和使用中的不适当或错误、传感器的误差、备用布置使用上的及时和有效等可能造成风险

345. 以下关于 SENC 信息显示的描述正确的是________。

A. 基础显示中显示的信息可以被移除

B. 即使不显示水深信息,所设定的安全水深也能显示

C. 所设定的安全等深线较其他等深线应突出显示

D. 当一电子海图首次显示时,将显示小比例尺海图的标准显示

346. 若 SENC 源数据改变而使在用的安全等深线无法使用,则 ECDIS 会________。

A. 显示默认的安全等深线

B. 显示 30 m 安全等深线

C. 显示比指定的安全等深线深的上一等深线

D. 显示比指定的安全等深线浅的下一等深线

347. ECDIS 进行自动更新时,若缺少其中的任一更新文件,则 ECDIS 会________。

A. 可以继续更新后续更高更新号码的更新文件,但事先有确认信息

B. 拒绝更新后续更高更新号码的更新文件

C. 由生产商决定是否更新后续更高更新号码的更新文件
D. 无须显示任何信息,可以继续更新后续更高更新号码的更新文件

348. ECDIS 中海图显示与纸海图的图片样式显示的特殊区别不包括________。
A. 显示样式、符号能根据本船安全参数更换
B. 能够根据驾驶台光线调节屏幕亮度
C. 能够根据安全水深设置强调显示水深值
D. 能够对物标进行显示与不显示

349. 关于电子海图显示与信息系统的主要功能,下列说法不正确的是________。
A. ECDIS 具备类似"黑匣子"的功能
B. ECDIS 可在电子海图上进行航线设计
C. ECDIS 能够记录每隔 2 min 的船位、航速、航向
D. ECDIS 可获得整个航线上的航行条件信息

350. 将雷达图像叠加显示到 ECDIS 上,如果 ECDIS 与雷达图像的显示方向不一致,则________。
A. 以雷达图像的显示方向为准调整 ECDIS 显示方向
B. 以 ECDIS 显示方向为准调整雷达图像的显示方向
C. 不做调整,均以各自原先的显示方向显示
D. 均调整为北向上显示方向

351. 在电子海图信息显示生成的过程图中,空格中应填写________。

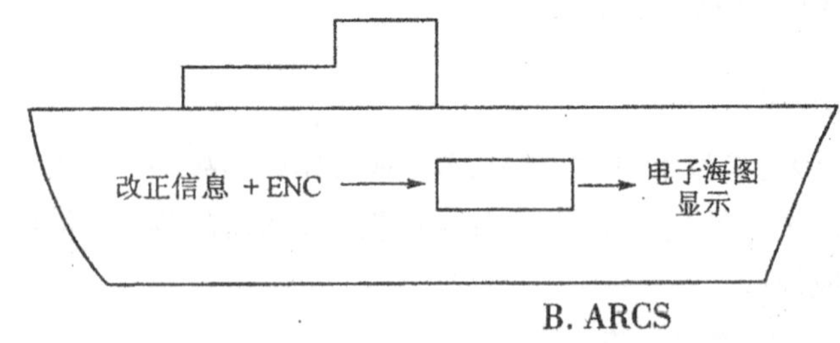

A. ENC 数据　　B. ARCS
C. SENC　　D. ECDB

352. 驾驶员通过瞭望发现 ECDIS 显示的 AIS 给出的某目标船的位置明显错误,而没有出现任何报警信息,其原因可能是________。
A. 本船 AIS 出现故障　　B. 目标船输入到 AIS 的位置数据错误
C. ECDIS 运行不正常　　D. ECDIS 数据未更新

353. 关于电子海图显示与信息系统的主要功能,下列说法不正确的是________。
A. ECDIS 能够自动计算船舶偏离计划航线的距离
B. ECDIS 能够自动记录 24 h 内所使用过的电子航海图单元及其来源、版本和改正资料
C. ECDIS 可将雷达图像和 ARPA 信息叠加显示在电子海图上
D. ECDIS 能够自动监测到航行前方的暗礁、禁航区等

354. 关于光栅扫描海图的特点,下列说法错误的是________。
A. 光栅扫描海图能够反映出纸质海图上的所有信息
B. 光栅扫描海图具有纸质海图同样的精度

C. 光栅扫描海图的显示方向可以任意旋转

D. 光栅扫描海图是通过对纸质海图的光学扫描形成的数据信息文件

355. 关于矢量化海图和光栅扫描海图,下列说法错误的是________。

A. 光栅扫描海图可看作是纸质海图的复制品

B. 光栅扫描海图可以进行选择性查询、显示和使用数据

C. 矢量化海图是将数字化的海图信息分类存储的数据库

D. 矢量化海图可以进行选择性查询、显示和使用数据

356. 下列关于电子海图显示与信息系统优点的说法,不正确的是________。

A. ECDIS 不能自动完成海图作业

B. 以电子海图为背景向驾驶员提供了集成的航海信息显示环境

C. 海图数据存储在磁盘或光盘中,便于保存和传递

D. ECDIS 可通过船载卫星通信设备自动接收海图改正的数据

357. 国际航行的船舶应配备一台 ECDIS,下列说法错误的是________。

A. 在 2012 年 7 月 1 日以前建造的 500 GT 及以上的客船,不迟于 2014 年 7 月 1 日之后的第一次安全设备检验

B. 在 2012 年 7 月 1 日以前建造的 3000 GT 及以上的油船,不迟于 2015 年 7 月 1 日之后的第一次安全设备检验

C. 在 2012 年 7 月 1 日以前建造的 50000 GT 及以上的除油船以外的货船,不迟于 2016 年 7 月 1 日之后的第一次安全设备检验

D. 在 2013 年 7 月 1 日以前建造的 20000 GT 及以上但小于 50000 GT 的除油船以外的货船,不迟于 2017 年 7 月 1 日之后的第一次安全设备检验

358. 目前,英版光栅海图通常都通过________加以改正。

A. 周版纸质航海通告手动　　　B. 软盘版航海通告自动

C. 光盘版航海通告自动　　　D. B + C

359. 电子海图显示与信息系统的主要功能包括 ________。

Ⅰ. 航线设计;Ⅱ. 定位及导航;Ⅲ. 航海信息咨询;Ⅳ. 雷达图像显示;Ⅴ. 航行记录

A. Ⅱ,Ⅲ,Ⅳ　　　B. Ⅰ,Ⅱ,Ⅲ,Ⅳ,Ⅴ

C. Ⅰ,Ⅱ,Ⅲ,Ⅴ　　　D. Ⅰ,Ⅱ,Ⅳ

360. 电子海图显示与信息系统的主要功能包括________。

Ⅰ. 海图显示;Ⅱ. 海图作业;Ⅲ. 航线设计;Ⅳ. 雷达图像叠加显示;Ⅴ. 航行监控

A. Ⅱ,Ⅲ,Ⅳ　　　B. Ⅰ,Ⅱ,Ⅳ

C. Ⅰ,Ⅱ,Ⅲ,Ⅴ　　　D. Ⅰ,Ⅱ,Ⅲ,Ⅳ,Ⅴ

361. 下列关于电子海图显示与信息系统优点的说法,错误的是________。

A. ECDIS 可以选择显示海图信息

B. ECDIS 可实现海图的自动改正

C. ECDIS 不能提供航路指南的资料

D. ECDIS 能够显示纸质海图上的全部信息

362. 电子海图应用的行业领域有________。

①船舶交通管理(VTS)、港口管理;②船舶调度、污染管理;③搜救指挥、航标管理;④渔业、引航、海洋测绘、海洋工程

A. ①　　B. ①②

C. ①②③　　D. ①②③④

363. 关于电子海图显示与信息系统中硬件部分的表述,错误的是________。

A. ECDIS 实质上是一个具有高性能的内、外部接口符合 S-52 标准要求的船用计算机系统

B. 系统的中心是高速中央处理器和大容量的内部和外部存储器

C. 外部存储器的容量应保证能够容纳整个 ENC、ENC 改正数据和 SENC

D. 中央处理器、内存和显存容量应保证显示一幅电子海图所需时间不超过 10 秒

364. 在 ECDIS 的使用中,应充分考虑显示内容分类的功能作用,以利于航行安全的判断与观察,下列说法错误的是________。

A. 航行过程中,合理选择、控制显示模式及其内容,达到最佳的屏幕显示效果,获得最好的观察界面

B. 在公海航行时选择常规显示

C. 在近岸航行时选择标准显示

D. 在港区航行时,通过选择其他显示并挑选必要的航行信息加以显示,以利于航行安全的判断与观察

参考答案

1. C	2. D	3. D	4. B	5. B	6. C	7. A	8. B	9. A	10. D
11. B	12. D	13. C	14. D	15. B	16. C	17. B	18. C	19. C	20. D
21. C	22. A	23. D	24. D	25. B	26. A	27. C	28. D	29. A	30. B
31. C	32. B	33. A	34. D	35. C	36. D	37. D	38. C	39. D	40. D
41. D	42. A	43. A	44. C	45. B	46. B	47. B	48. B	49. C	50. D
51. A	52. C	53. A	54. D	55. D	56. B	57. D	58. C	59. A	60. D
61. B	62. C	63. C	64. D	65. C	66. D	67. A	68. C	69. B	70. B
71. B	72. D	73. D	74. B	75. D	76. C	77. C	78. D	79. A	80. A
81. B	82. C	83. B	84. A	85. D	86. C	87. D	88. C	89. D	90. B
91. B	92. A	93. C	94. C	95. D	96. B	97. A	98. C	99. C	100. A
101. B	102. B	103. A	104. C	105. C	106. A	107. A	108. B	109. A	110. D
111. C	112. D	113. C	114. A	115. C	116. D	117. C	118. B	119. B	120. D
121. C	122. D	123. D	124. A	125. C	126. D	127. A	128. A	129. C	130. D
131. D	132. D	133. C	134. D	135. D	136. C	137. B	138. C	139. C	140. B
141. A	142. D	143. A	144. B	145. C	146. D	147. B	148. C	149. C	150. C
151. C	152. C	153. D	154. D	155. C	156. B	157. C	158. D	159. C	160. B

161. B	162. B	163. D	164. D	165. B	166. C	167. C	168. B	169. C	170. D
171. B	172. B	173. D	174. A	175. D	176. D	177. D	178. A	179. D	180. A
181. A	182. C	183. A	184. D	185. B	186. C	187. C	188. B	189. D	190. B
191. C	192. B	193. B	194. A	195. D	196. C	197. C	198. B	199. D	200. D
201. D	202. A	203. C	204. D	205. B	206. A	207. A	208. D	209. C	210. A
211. C	212. C	213. C	214. C	215. D	216. A	217. D	218. D	219. C	220. A
221. A	222. D	223. D	224. D	225. D	226. B	227. A	228. C	229. D	230. A
231. B	232. D	233. C	234. C	235. B	236. B	237. B	238. D	239. C	240. C
241. D	242. C	243. B	244. C	245. D	246. C	247. C	248. A	249. B	250. D
251. D	252. A	253. D	254. D	255. A	256. A	257. A	258. B	259. A	260. A
261. A	262. D	263. A	264. D	265. C	266. A	267. D	268. B	269. A	270. C
271. C	272. A	273. B	274. C	275. C	276. D	277. A	278. B	279. A	280. A
281. A	282. C	283. C	284. B	285. C	286. A	287. C	288. D	289. A	290. B
291. A	292. C	293. D	294. D	295. B	296. D	297. C	298. D	299. B	300. B
301. C	302. D	303. D	304. D	305. C	306. D	307. B	308. D	309. C	310. C
311. C	312. D	313. C	314. B	315. C	316. C	317. B	318. D	319. B	320. C
321. B	322. D	323. B	324. B	325. D	326. B	327. A	328. D	329. C	330. D
331. B	332. C	333. D	334. C	335. D	336. C	337. C	338. B	339. D	340. D
341. D	342. B	343. D	344. D	345. C	346. C	347. B	348. B	349. C	350. B
351. C	352. B	353. B	354. C	355. B	356. A	357. C	358. C	359. B	360. D
361. C	362. D	363. D	364. B						

部分答案解析

1. 中国海事局的要求是 ECS。
3. 如果后备系统是电子设备,它应能显示至少能显示标准显示的信息,可以不显示全部显示的信息。
5. 安全信息此处理解成指示信息,indication。
6. ENC 导航海图上有的图层才报警,ABD 不在导航海图中。
7. B、D 是纸质海图上有的,不叫新增;C 冰区在纸质海图及 ENC 都没有。
8. 是否穿越安全等深线。
9. 是否穿越非官方海图。
15. ECDIS 必须接入定位系统、罗经、计程仪。
26. 只有船位、航速、首向输入丢失时有报警。
43. 只要使用官方 ENC 即可。
92. 安全水深是水深点,不是线。
96. 根据 S-61。

104. 每隔 1 分钟。
106. 记录 12 小时。
108. 分为基础、标准、所有其他信息。此题只能选 B。
110. ③非标准电子海图没有取得生产机构代码。
132. 提供标准显示。
143. CPA/TCPA 用来辅助避碰。
146. 人工改正不改变 ENC 数据,是另外增加了一个信息图层。
149. 航迹时间标记间隔是 1 ~ 120 分钟。全航程的航次记录的时间标记间隔是不超过 4 小时。
150. 没必要常常升级,但是 ECDIS 软件需要符合 IHO 的现行规范。
156. 点物标可以用简单符号或者传统符号显示。
157. 区域性物标可以用简单边界或者符号化边界显示。
186. 选项,基础数据文件为 DE440000.000;B 选项海图图号为 40000。
196. 更深的一级等深线。
199. 编辑状态只能 1 条,激活状态只能 1 条,备用状态多条。
211. ECDIS 搁浅报警使用的是安全等深线来判断的。
212. ARPA 物标是绿色单圆圈。
217. 与中版海图图号 20000 的纸质海图一致。
218. 可以包含。
221. 航迹记录是记录 12 小时。航次记录是整个航次。
288. 解析:RENC 不是国际组织。
326. 纸质海图中 0.1 mm 表示海图的极限精度。ENC 没有明确定义,但应大于等于纸质海图的精度。
327. SENC 为系统电子航海图。
328. 此题仅仅说纸海图的小改正等效于数字格式的官方更新信息。等效纸质海图的话,应是 SENC 数据。
332. 小于安全水深的点高亮显示。安全等深线加粗显示。
334. 海图显示背景无报警或指示。显示比例尺过大过小时,会有指示。
347. 例如,必须更新 CN412000.001 后才能更新 CN412000.002。若.001 文件未更新,则会拒绝.002。
349. 每隔 1 min。
350. 雷达图像以陀罗北为基准,含有陀罗差。而 ECDIS 以真北向上。以 ECDIS 为准。
353. 12 小时。
357. 在 2013 年 7 月 1 日以前建造的 50000 GT 及以上的除油船以外的货船,不迟于 2016 年 7 月 1 日之后的第一次安全设备检验。
363. 显示一幅电子海图所需时间不超过 5 秒。

第三节　GPS 定位

一、选择题

1. CA 码 GPS 卫星导航仪中所使用的 CA 码是一种________。
   A. 快速、短周期的伪随机二进制序列码
   B. 慢速、短周期的伪随机二进制序列码
   C. 快速、长周期的伪随机二进制序列码
   D. 慢速、长周期的伪随机二进制序列码
2. DGPS 卫星导航系统由________组成。
   A. GPS 卫星网、基准台、数据链(通信链)和用户设备
   B. 基准台、用户设备
   C. 数据链(通信链)、基准台、用户设备
   D. GPS 卫星网、基准台、用户设备
3. DGPS 信号的覆盖面积主要取决于________。
   A. GPS 卫星的发射功率与运载体上 DGPS 接收机的性能
   B. GPS 卫星天线高度与运载体上 DGPS 接收机的性能
   C. GPS 卫星轨道高度
   D. 联网 DGPS 无线电信标台的数目
4. GPS 卫星导航可提供全球、全天候、高精度、________。
   A. 连续、不适时定位与导航
   B. 连续、近于适时定位与导航
   C. 间断、不适时定位与导航
   D. 间断、近于适时定位与导航
5. GPS 导航仪开机后没有显示,或显示很模糊时,应该________。
   A. 关机、重新开机
   B. 调节荧光屏对比度和亮度
   C. 增加 GPS 导航仪的室内照明
   D. 减小 GPS 导航仪的室内照明
6. GPS 导航仪日常关机后,再次启动时发现导航仪存储的航路点、航线等数据丢失,此时应该________。
   A. 重新进行初始化设置
   B. 重新设置航路点、编辑航线
   C. 更换导航仪内部的电池
   D. 更换导航仪电源
7. GPS 导航仪日常关机后,再次启动时发现导航仪显示的船位错误,并长时间不进行更新,此时应该________。
   A. 关闭 GPS 导航仪后,再重新开机
   B. 清除内部历书,进行冷启动
   C. 更换导航仪内部的电池
   D. 正确设定 GPS 初始船位
8. GPS 导航仪所显示的航迹偏差是指________。
   A. 卫星船位到计划航线的垂距
   B. 航迹向与计划航向的差值

C. 卫星船位与推算船位的距离　　D. 卫星船位到推算船位的方向

9. GPS 说明书中的坐标系与海图坐标系不一致,在________查取修正值。

A. 海图标题栏　　B. 海图图廓

C. 无线电信号表第二卷　　D. 总目录 GPS

10. 定位误差与________有关。

Ⅰ. 卫星几何图形;Ⅱ. 测距误差大小;Ⅲ. 操作熟练程度

A. Ⅰ,Ⅱ　　B. Ⅰ,Ⅲ

C. Ⅱ,Ⅲ　　D. Ⅰ,Ⅱ,Ⅲ

11. 在 GPS 卫星导航仪启动时,所输入的世界时误差不大于________。

A. 3 分钟　　B. 60 分钟

C. 10 分钟　　D. 15 分钟

12. GPS 卫星导航系统测速原理核心问题是测________求速度。

A. 伪距离　　B. 伪距离差

C. 多普勒频移　　D. 多普勒频移积分值

13. GPS 卫星导航系统的卫星运行周期为________。

A. 3 小时　　B. 约 12 小时

C. 6 小时　　D. 106 分钟

14. GPS 卫星导航系统发射________两种频率的信号。

A. 1602 兆赫 +0.5625 兆赫、399.968 兆赫　　B. 1246 兆赫 +0.43175 兆赫、149.988 兆赫

C. 1227.60 兆赫、1575.42 兆赫　　D. 1948 兆赫、1946 兆赫

15. GPS 卫星导航系统发射的 L_1 信号的频率由________码调制。

A. P　　B. Y 和 P

C. CA　　D. CA 和 P

16. GPS 卫星导航系统发射两种信号频率的目的是________。

A. 识别卫星　　B. 能同时观测两颗卫星定位

C. 减少无线电信号传播延迟误差　　D. 有更多的通信与定位机会

17. GPS 卫星导航系统发射信号的频率是________。

A. 1575.42 兆赫、1227.60 兆赫

B. 399.968 兆赫、149.988 兆赫

C. 10.2 千赫、13.6 千赫、11.33 千赫

D. 1602 兆赫 + $N\times0.5625$ 兆赫、1246 兆赫 + $N\times0.4375$ 兆赫

18. GPS 卫星导航系统分为距离型、多普勒型和距离多普勒混合型系指按________分类。

A. 工作方式　　B. 工作原理

C. 测量的导航定位参量　　D. 用户获得的导航定位数据

19. GPS 卫星导航系统各颗卫星发射的________不同。

A. 频率　　B. 伪码

C. 时间　　D. 幅度

20. GPS 卫星导航系统共设置________颗 GPS 卫星，分布在________个轨道上。
A. 21 +3;8
B. 18 +3;6
C. 21 +3;6
D. 18 +3;8

21. GPS 卫星导航系统可提供全球、全天候、高精度、连续________导航。
A. 不实时
B. 近于实时
C. 水下、水面
D. 水下、水面、空中

22. GPS 卫星导航系统可提供全球全天候高精度________导航。
A. 不实时
B. 连续近于实时
C. 间断不实时
D. 间断近于实时

23. GPS 卫星导航系统可为船舶在________。
Ⅰ. 江河、湖泊提供定位与导航；Ⅱ. 港口及狭窄水道提供定位与导航；Ⅲ. 近海及远洋提供定位与导航
A. Ⅱ，Ⅲ
B. Ⅰ，Ⅱ
C. Ⅰ，Ⅲ
D. Ⅰ，Ⅱ，Ⅲ

24. GPS 卫星导航系统是________导航系统。
A. 近距离
B. 远距离
C. 中距离
D. 全球

25. GPS 卫星导航系统是一种________卫星导航系统。
A. 多普勒
B. 测距
C. 有源
D. 测角

26. GPS 卫星导航系统由________部分组成。
A. 2
B. 3
C. 4
D. 5

27. GPS 卫星导航系统由________颗卫星组成。
A. 24
B. 18
C. 30
D. 48

28. GPS 卫星导航系统与 NNSS 卫星导航系统相比较，其优点是________。
Ⅰ. 连续定位；Ⅱ. 定位精度高；Ⅲ. 定位时间短
A. Ⅰ，Ⅲ
B. Ⅱ，Ⅲ
C. Ⅰ，Ⅱ
D. Ⅰ，Ⅱ，Ⅲ

29. GPS 卫星导航系统中，________载波频率是用 CA 码和 P 码调制的，________载波频率是用 P 码调制的。
A. 1227.60 兆赫；1575.42 兆赫
B. 1575.42 兆赫；1227.60 兆赫
C. 1570 兆赫；1850 兆赫
D. 1850 兆赫；1570 兆赫

30. GPS 卫星导航系统中，________载波频率是用 P 码调制的，________载波频率是用 CA 码和 P 码调制的。
A. 1570 兆赫；1850 兆赫
B. 1850 兆赫；1570 兆赫

C. 1227.60 兆赫;1575.42 兆赫　　D. 1575.42 兆赫;1227.60 兆赫

31. GPS 卫星导航系统中所使用的 CA 码是一种________的伪随机码。

A. 快速、短周期　　B. 低速、短周期

C. 低速、长周期　　D. 快速、长周期

32. GPS 卫星导航系统中所使用的 P 码是一种________的伪随机码。

A. 快速、短周期　　B. 低速、短周期

C. 低速、长周期　　D. 快速、长周期

33. GPS 卫星导航仪采用________搜索电路。

A. 码片　　B. 频率

C. A + B　　D. A 或 B

34. GPS 卫星导航仪采用________。

A. 码片搜索方式搜索 GPS 卫星信号　　B. 频率搜索方式搜索 GPS 卫星信号

C. A + B　　D. A、B 都不对

35. GPS 卫星导航仪测得的距离不是用户到卫星的真正距离,其中包括________。

Ⅰ. 卫星时钟偏差;Ⅱ. 信号传播误差(电离层折射误差,对流层折射误差);Ⅲ. 用户时钟偏差

A. Ⅱ,Ⅲ　　B. Ⅰ,Ⅲ

C. Ⅰ,Ⅱ　　D. Ⅰ,Ⅱ,Ⅲ

36. GPS 卫星导航仪船位更新的时间间隔为________秒。

A. 3 ~ 5　　B. 10 ~ 30

C. 1　　D. 46 ~ 49

37. GPS 卫星导航仪导航数据更新时间为________秒。

A. 3 ~ 5　　B. 5 ~ 8

C. 1　　D. 30

38. GPS 卫星导航仪的载波环使本机跟踪载波在频率和相位上和接收的载波对准,自动获取和跟踪卫星________。

A. 码　　B. 信号

C. 电文　　D. 载波

39. GPS 卫星导航仪定位时显示 2D 字符表示________。

A. 二维定位　　B. 三维定位

C. 差分 GPS 二维定位　　D. 差分 GPS 三维定位

40. GPS 卫星导航仪定位时显示 3D 字符表示________。

A. 二维定位　　B. 三维定位

C. 差分 GPS 二维定位　　D. 差分 GPS 三维定位

41. GPS 卫星导航仪定位时显示 D2D 字符表示 ________。

A. 二维定位　　B. 三维定位

C. 差分 GPS 二维定位　　D. 差分 GPS 三维定位

42. GPS 卫星导航仪定位时显示 D3D 字符表示________。

A. 二维定位　　B. 三维定位
C. 差分 GPS 二维定位　　D. 差分 GPS 三维定位

43. GPS 卫星导航仪可为________。
A. 水下定位　　B. 水面定位
C. 水面、空中定位　　D. 水下、水面、空中定位

44. GPS 卫星导航仪可为________定位。
A. 水上、水下　　B. 水下、空中
C. 水面、海底　　D. 水面、空中

45. GPS 卫星导航仪内的锂电池通常应该在________年内更换。
A. 1　　B. 2
C. 3　　D. 4

46. GPS 卫星导航仪天线与罗兰 C 等鞭状天线的距离应大于________米。
A. 1　　B. 3
C. 4　　D. 5

47. GPS 卫星导航仪在定位过程中根据________识别各颗 GPS 卫星。
A. 伪码　　B. 频率
C. 莫尔斯码呼号　　D. 时间顺序

48. GPS 卫星导航仪在更换印刷电路板时,首先________。
A. 拔出印刷电路板　　B. 记住印刷电路板的编号
C. 脱开 GPS 卫星导航仪的外壳　　D. 关机

49. GPS 卫星导航仪在冷启动时必须进行初始化操作,船舶驾驶员在进行初始化操作时,只有在利用 GPS 卫星进行________定位时,才不需要输入天线高度。
A. 3D　　B. 2D
C. 2D/3D　　D. A + C

50. GPS 卫星的轨道高度为________千米。
A. 1946　　B. 1948
C. 1100　　D. 20183

51. GPS 卫星分布在________个轨道上。
A. 3　　B. 6
C. 18　　D. 24

52. GPS 卫星经过某一地区上空,每天提前________分钟。
A. 3　　B. 4
C. 3 ~ 5　　D. 30

53. GPS 卫星每帧电文需时________秒,完整的历书需时________分钟。
A. 20;2　　B. 15;4.5
C. 30;8.5　　D. 30;12.5

54. GPS 卫星升起时,GPS 卫星导航仪接收到的频率________发射频率,且逐渐________。

A. 低于;增加　　B. 低于;减小
C. 高于;增加　　D. 高于;减小

55. GPS 卫星时间系统采用的时间基准,实际指的是________。
A. 世界时　　B. 协调世界时
C. GPS 时　　D. 原子时

56. GPS 卫星信号波的调制信号是________。
A. CA 码　　B. P 码
C. P 码和 CA 码　　D. H 码

57. GPS 卫星运行的周期为________。
A. 3 小时　　B. 6 小时
C. 12 小时　　D. 106 分钟

58. 按照工作方式进行分类,卫星导航系统分为________卫星导航系统。
A. 测速和距离变化率　　B. 有源
C. 无源　　D. B + C

59. 差分 GPS 基准台由________组成。
A. 注入站、通信站与协调站　　B. 接收机部分、数据处理部分与发射机部分
C. 跟踪站、注入站与协调站　　D. 注入站、主控站与跟踪站

60. 差分 GPS 无线电信标由________组成。
A. 注入站、通信站与协调站
B. 接收机部分、数据处理部分与发射机部分
C. 差分 GPS 基准台、完善性监视器、发射机与计算机
D. 注入站、主控站与跟踪站

61. 船舶航行时,GPS 导航仪发出报警,并在屏幕上伴随闪烁显示“XTE”,此类报警是________。
A. 到达警　　B. 锚更警
C. 偏航警　　D. 距离警

62. 船舶航行至预计的转向点附近,GPS 导航仪发出报警,并在屏幕上伴随闪烁显示“ARV”,此类报警是________。
A. 到达警　　B. 锚更警
C. 偏航警　　D. 距离警

63. 船舶利用 DGPS 卫星导航仪进行________。
A. 救助、广播　　B. 定位、导航
C. 救生、求生　　D. 授时、照相

64. 船舶锚泊时,GPS 导航仪突然发出报警,并在屏幕上伴随闪烁显示“ANC”,此类报警是________。
A. 到达警　　B. 锚更警
C. 偏航警　　D. 距离警

65. 单频 GPS 采用数字模型校正法,可以使电离层传播延迟减少________。

A. 25%　　B. 50%

C. 75%　　D. 100%

66. 单频道 CA 码 GPS 卫星导航仪所接收的载波频率是________。

A. 1227.60 兆赫　　B. 1750 ~ 1850 兆赫

C. 2200 ~ 2300 兆赫　　D. 1575.42 兆赫

67. 单频道 GPS 卫星导航中,接收的频率是________。

A. 1750 ~ 1850 兆赫　　B. 2200 ~ 2300 兆赫

C. 1227.60 兆赫　　D. 1575.42 兆赫

68. 单通道 GPS 卫星导航仪系指________。

A. 选择 GPS 卫星 L_1 频率的信号　　B. 选择 GPS 卫星 CA 码信号

C. GPS 卫星导航仪用一个接收通道　　D. 选择 GPS 卫星 P 码信号

69. 当 DGPS 数据错误或 DGPS 发射站不发射信号时,GPS 导航仪将显示________。

A. GPS NO fix　　B. DOP Error

C. DGPS Error　　D. GPS Self Test Error

70. 在 GPS 卫星导航系统中,星历表误差属于________。

A. 卫星导航仪误差　　B. 卫星误差

C. 信号传播误差　　D. 几何误差

71. 当 GPS 导航仪显示"GPS NO fix",最有可能的原因是________。

A. GPS 导航仪天线和卫星之间有物体遮挡　　B. GPS 卫星出现故障

C. GPS 定位误差明显偏大　　D. GPS 内部电池的电量不足

72. 当 GPS 信号突然消失或连续 1 分钟都不能定位时,GPS 导航仪将显示________。

A. GPS NO fix　　B. DOP Error

C. DGPS Error　　D. GPS Self Test Error

73. 当系统自检并发现设备存在问题时,GPS 导航仪将显示________。

A. GPS NO fix　　B. DOP Error

C. DGPS Error　　D. GPS Self Test Error

74. 根据 DGPS 基准站位置与 GPS 卫星星历,测算伪距修正值并播发给作用区内的用户,对用户测量的数据进行修正,使用户获得高精度定位,称为________。

A. 伪距 DGPS　　B. 位置 DGPS

C. 局域 DGPS　　D. 广域 DGPS

75. 根据 DGPS 基准站位置与基准站用 CA 码测量的位置,测算位置修正值并播发给作用区内的用户,对用户测量的数据进行修正,使用户获得高精度定位,称为________。

A. 伪距 DGPS　　B. 位置 DGPS

C. 局域 DGPS　　D. 广域 DGPS

76. 根据 DGPS 卫星导航系统的作用距离及定位精度分析,可以看出,DGPS 卫星导航仪可为船舶在________提供定位和导航。

A. 江河、湖泊　　B. 狭窄水道、港口及近海

C. 远洋　　D. 全球

77. 海洋船舶利用 GPS 卫星导航仪进行二维定位时,至少选择________颗 GPS 卫星。

A. 3　　B. 4

C. 6　　D. 11

78. 利用 GPS 监控船舶锚泊时,驾驶员可以设置________以便确定是否走锚。

A. 到达警　　B. 锚更警

C. 偏航警　　D. 距离警

79. 利用 GPS 卫星定位,在地平线________以上,至少可以见到 4 颗卫星。

A. 0°　　B. 5°

C. 7.5°　　D. 15°

80. 利用 GPS 卫星定位,在地平线 7.5°以上,至少可观测到________颗卫星。

A. 3　　B. 4

C. 5　　D. 6

81. 利用 GPS 卫星定位,在地平线以上,至少可见到________。

A. 3 颗卫星　　B. 4 颗卫星

C. 5 颗卫星　　D. 11 颗卫星

82. 在 GPS 卫星导航系统中,卫星钟剩余误差属于________。

A. 几何误差　　B. 信号传播误差

C. 卫星误差　　D. 卫星导航仪误差

83. 利用 GPS 引导船舶航行时,为了便于监控船舶是否偏离计划航线可以设置________。

A. 到达警　　B. 锚更警

C. 偏航警　　D. 距离警

84. 利用 GPS 引导船舶航行时,为了提醒值班驾驶员是否抵达转向点可以设置________。

A. 到达警　　B. 锚更警

C. 偏航警　　D. 距离警

85. 利用多普勒计数或载波相位辅助伪距测量的 DGPS 系统称为________。

A. 伪距 DGPS　　B. 位置 DGPS

C. 相位平滑伪距 DGPS　　D. 以上都不对

86. 商船上用得最多的 GPS 卫星导航仪是________ GPS 卫星导航仪。

A. 单通道、单频、CA 码、时序型　　B. 双通道、单频、CA 码、时序型

C. 单通道、单频、CA 码、多路复用型　　D. 多通道、双频、CA 码和 P 码、连续型

87. 双频道 GPS 卫星导航仪接收的频率是________。

A. 399.968 兆赫、149.988 兆赫

B. 1602 兆赫 + $N \times 0.5625$ 兆赫 、1264 兆赫 + $N \times 0.4375$ 兆赫

C. 9970 兆赫、3000 兆赫

D. 1575.42 兆赫、1227.60 兆赫

88. 双频道 GPS 卫星导航仪所接收的 1227.60 兆赫频率的信号是用________调制的,1575.42 兆

赫频率的信号是用________调制的。

A. CA 码和 P 码;P 码　　B. P 码;CA 码和 P 码

C. CA 码;CA 码　　D. P 码;P 码

89. 双频道 GPS 卫星导航仪所接收的 1575.42 兆赫频率的信号是用________调制的,1227.60 兆赫频率的信号用________调制的。

A. CA 码和 P 码;P 码　　B. P 码;CA 码和 P 码

C. CA 码;CA 码　　D. P 码;P 码

90. 通常,DGPS 所使用的频率范围为 255 ~ 525 kHz,这一频率范围为无线电信标使用的频率范围,该频率范围为________。

A. 低频频率范围　　B. 中频频率范围

C. 甚高频频率范围　　D. 高频频率范围

91. 通常,航海所使用的 DGPS 无线电信标台设在________。

A. GPS 卫星上　　B. 岸或岛屿上

C. DGPS 卫星导航仪所在的船上　　D. 沿海岸边或岛屿海岸边缘处

92. 通常,航海所使用的 DGPS 无线电信标台设在________。

A. GPS 卫星上　　B. A + C 上

C. DGPS 卫星导航仪所在的船上　　D. 沿海岸边或岛屿海岸边缘上

93. 通常,商船上使用________码的 GPS 卫星导航仪定位与导航,其码率为________。

A. P;10.23 兆赫　　B. P;1.023 兆赫

C. CA;10.23 兆赫　　D. CA;1.023 兆赫

94. 卫星测距定位意指确定船位的方法是测量________。

A. 用户到卫星的距离　　B. 用户到卫星的距离差

C. 用户到卫星的距离和　　D. 用户到卫星的距离积

95. 卫星的导航范围可延伸到外层空间,指的是从________。

Ⅰ. 地面;Ⅱ. 水面;Ⅲ. 近地空间

A. Ⅰ,Ⅲ　　B. Ⅱ,Ⅲ

C. Ⅰ,Ⅱ　　D. Ⅰ,Ⅱ,Ⅲ

96. 卫星信号的覆盖面积主要取决于________。

A. 发射功率　　B. 卫星天线高度

C. 轨道高度　　D. 地面接收站的高度

97. 下列不属于船用 GPS 导航仪功能的是________。

A. 显示船位　　B. 编辑航路点

C. 编辑航线　　D. 显示他船航速和航向

98. 要查阅有关世界范围内 DGPS 差分台的有关信息,可以查阅________。

A.《灯标和雾号表》第一卷　　B.《灯标和雾号表》第二卷

C.《灯标和雾号表》第五卷　　D.《灯标和雾号表》第四卷

99. 要查阅有关中国海区 DGPS 差分台的有关信息,可以查阅________。

A. 航标表　　B. 中国航路指南
C. 中国港口指南　　D. 以上都不是

100. 在3D定位模式下如果PDOP大于6,或在2D定位模式下如果HDOP大于4,GPS导航仪将显示________。
A. GPS NO fix　　B. DOP Error
C. DGPS Error　　D. GPS Self Test Error

101. 在GPS卫星导航系统中,GPS卫星导航仪定位误差的大小与下列________因素有关
A. 卫星几何图形　　B. 锂电池寿命
C. 卫星轨道参数　　D. 卫星几何图形与测距误差的大小

102. 在GPS卫星导航系统中,GPS卫星导航仪所接收的GPS导航信息包括________。
A. GPS卫星导航系统工作状态与GPS系统时间
B. GPS卫星星历
C. GPS卫星识别标志
D. A+B+C

103. 在GPS卫星导航系统中,GPS卫星导航仪显示POSN字符表示________。
A. GPS卫星定位　　B. 推算定位
C. 正在进行GPS或者推算定位　　D. 组合导航定位

104. 在GPS卫星导航系统中,GPS卫星导航仪在冷启动时必须进行初始化操作,船舶驾驶员在进行初始化操作时,应该输入________。
A. 时间、推算船位、测地系、报警范围、HDOP值
B. 起始点、中点、终点、世界时、风流压差、航向与航速、推算船位测地系、报警范围、HDOP值
C. 风流压差、航向与航速、推算船位
D. 船舶数据、推算船位、GPS天线高度、起始点、中点、终点、世界时、风流压差、航向与航速、测地系、报警范围、HDOP值

105. 在GPS卫星导航系统中,GPS卫星轨道平面与地球赤道平面的夹角称为GPS卫星的轨道倾角,GPS卫星的轨道倾角为55°,属于________。
A. 极轨道　　B. 同步轨道
C. 任意轨道　　D. 高轨道

106. 在GPS卫星导航系统中,VDOP为________。
A. 时钟偏差因子　　B. 三维位置精度几何因子
C. 水平方向精度几何因子　　D. 高程精度几何因子

107. 在GPS卫星导航系统中,卫星的轨道高度为________。
A. 1948千米　　B. 1946千米
C. 20200千米　　D. 19100千米

108. 在GPS卫星导航系统中CA码的码率为________。
A. 1602兆赫　　B. 1246兆赫
C. 1.023兆赫　　D. 10.23兆赫

109. 在进行二维定位中,至少需________颗 GPS 卫星,其中第 3 颗卫星用来估算出________偏差。

A. 4;用户时钟
B. 3;用户时钟
C. 4;卫星时钟
D. 3;卫星时钟

110. 在进行三维定位中,至少需________颗 GPS 卫星,其中第 4 颗卫星用来估算出________偏差。

A. 4;用户时钟
B. 5;用户时钟
C. 4;卫星时钟
D. 5;卫星时钟

111. 在进行三维定位中,至少需________颗 GPS 卫星。

A. 2
B. 3
C. 4
D. 5

112. 在局域内设置 DGPS 基准台,将 DGPS 修正值播发给用户,对用户测量的数据进行修正,使用户获得高精度定位,称为________。

A. 伪距 DGPS
B. 位置 DGPS
C. 局域 DGPS
D. 广域 DGPS

113. 在使用 MX5400 GPS 卫星导航仪时,若船位变化不大于 100 英里,且该机已收集历书,则可以进行________。

A. 重新设置启动
B. 正常启动
C. 冷启动
D. 热启动

114. 在一定区域内设置 DGPS 基准台网,由主控台接收和处理各监测台的信号,形成有效地将 DGPS 修正电文播发给用户,使用户获得高精度定位,称为________。

A. 伪距 DGPS
B. 位置 DGPS
C. 局域 DGPS
D. 广域 DGPS

115. DGPS 可以消除或削弱 DGPS 基准站和用户 GPS 导航仪的________误差。

A. 导航仪噪声
B. 通道间偏差
C. 量化误差
D. 电离层误差

116. DGPS 可以消除或削弱 DGPS 基准站和用户 GPS 导航仪的________误差。

A. 对流层误差
B. 导航仪噪声
C. 通道间偏差
D. 量化误差

117. DGPS 卫星导航仪能校正________误差。

A. 非公共
B. 公共
C. 非公共与公共
D. 电离层折射

118. GPS 卫星导航系统发射 1575.42 兆赫和 1227.60 兆赫两种频率的信号以提供________。

A. 速度误差校正
B. 高度误差校正
C. 对流层折射误差校正
D. 电离层折射误差校正

119. GPS 导航仪初次开机时,需________后,方能预报卫星在各地的覆盖情况,以便进行最佳卫星配置的选择(DOP)。

A. 15 分钟　　B. 12.5 分钟

C. 25 分钟　　D. 15.5 分钟

120. GPS 导航仪上显示的精度几何因子的大小,直接关系到最终的定位精度,而精度几何因子的大小取决于________。

A. 测者上空卫星的排列　　B. 测者与所测卫星构成的几何体体积

C. 空间卫星所构成的几何图形　　D. 空间卫星编号的顺序

121. 在 GPS 卫星导航系统中,卫导仪噪声属于________。

A. 卫星误差　　B. 信号传播误差

C. 卫星导航仪误差　　D. 几何误差

122. GPS 卫星导航系统发射两种频率的目的是供给________频道接收机消除________的影响。

A. 单;对流层折射　　B. 单;电离层

C. 双;对流层　　D. 双;电离层

123. GPS 卫星导航系统发射两种频率载波信号,可以用来消除________。

A. 定位的双值性　　B. 时钟误差

C. 对流层误差　　D. 电离层误差

124. GPS 卫星导航系统发射两种信号频率的目的是________。

A. 减少时钟误差引起的定位误差　　B. 能同时观测两颗卫星定位

C. 减少无线电信号传播延迟误差　　D. 有更多的定位机会

125. GPS 卫星导航系统为了清除对流层折射误差,采用________。

A. 高稳定的本振频率

B. 发射 1575.42 兆赫和 1227.60 兆赫两种载波频率

C. 只接收仰角为 5°至 85°的 GPS 卫星信号

D. 操作者将 HDOP 置于 10

126. 在 GPS 卫星导航系统中,多径效应属于________。

A. 几何误差　　B. 信号传播误差

C. 卫星误差　　D. 卫星导航仪误差

127. 在 GPS 卫星导航系统中,二维位置精度几何因子是________。

A. HDOP　　B. VDOP

C. TDOP　　D. PDOP

128. 在 GPS 卫星导航系统中,高程精度几何因子为________。

A. GDOP　　B. HDOP

C. PDOP　　D. VDOP

129. 在 GPS 卫星导航系统中,精度几何因子为________。

A. GDOP　　B. HDOP

C. VDOP　　D. PDOP

130. 在 GPS 卫星导航系统中,量化误差属于________。

A. 几何误差　　B. 卫星导航仪误差

C. 信号传播误差 D. 卫星误差

131. 在 GPS 卫星导航系统中，群延迟误差属于________。

A. 卫星误差 B. 卫星导航仪误差

C. 信号传播误差 D. 几何误差

132. 在 GPS 卫星导航系统中，三维位置精度几何因子是________。

A. HDOP B. VDOP

C. TDOP D. PDOP

133. 在 GPS 卫星导航系统中，时钟偏差因子为________。

A. HDOP B. TDOP

C. PDOP D. VDOP

134. 在 GPS 卫星导航系统中，水平方向精度几何因子为________。

A. GDOP B. TDOP

C. HDOP D. VDOP

135. GPS 卫星导航仪电离层折射误差主要在________。

A. 经度方向 B. 纬度方向

C. 两极 D. 赤道附近

136. GPS 卫星导航仪定位误差的大小与卫星几何图形及测距误差的大小有关：伪测距误差 × HDOP 为________误差。

A. 位置 B. 水平位置

C. 高程 D. 钟差

137. GPS 卫星导航仪定位误差的大小与下列哪些因素有关？

A. 卫星几何图形 B. 测距误差的大小

C. 操作者的熟练程度 D. 卫星几何图形与测距误差的大小

138. GPS 卫星导航仪根据卫星电文定时更新历书，若提供的历书的时间已隔很久，或定位误差明显偏大，应________。

A. 停止使用 B. 按操作步骤清除历书及内存

C. 将 GPS 卫星导航仪工作状态置于“高状态” D. 强制启用或停用某颗 GPS 卫星

139. GPS 卫星导航仪接收到由一个以上的传播路径的信号的合成信号，使信号特性变化而产生测量误差称为______。

A. 导航仪噪声 B. 信号传播误差

C. 群延迟 D. 多径效应

140. GPS 卫星导航仪冷启动时，操作者输入的时间误差不超过________。

A. 60 分钟 B. 30 分钟

C. 15 分钟 D. 14 分钟

141. GPS 卫星导航仪启动后，选用的大地坐标系是________。

A. WGS72 B. WGS84

C. TOKTO1941 D. OSGB1936

142. 在 GPS 卫星导航系统中,对流层折射误差属于________。

A. 卫星导航仪误差　　B. 卫星误差

C. 几何误差　　D. 信号传播误差

143. GPS 卫星导航仪天线高度误差引起的 GPS 定位误差,随着 GPS 卫星仰角的增大而________。

A. 减小　　B. 增大

C. 不变　　D. 有时增大,有时变小

144. GPS 卫星导航仪天线高度误差引起的 GPS 定位误差与 GPS 卫星通过时的________。

A. 最大仰角有关　　B. 最小仰角有关

C. 运行速度有关　　D. 天气情况有关

145. GPS 卫星导航仪为了减小对流层折射引起的定位误差,采用________的方法。

A. 高稳定的本振频率

B. 只接收仰角为 5°~85°内的 GPS 卫星信号

C. 接收 1575.42 兆赫和 1227.60 兆赫两种 GPS 载波频率

D. 操作者将 HDOP 置于 10

146. GPS 卫星导航仪误差有________。

A. 星历表误差,卫星钟剩余误差和群延迟误差

B. 导航仪通道间偏差,导航仪噪声及量化误差

C. 电离层折射误差,对流层折射误差和多径效应

D. 水平位置误差,高程误差和钟差误差

147. GPS 卫星导航仪在________时,需要初始化输入。

A. 日常启动　　B. 紧急启动

C. 热启动　　D. 冷启动

148. GPS 卫星导航仪在进行热启动时不需________。

A. 考虑船位变化　　B. 考虑停机时间

C. 初始化操作　　D. 收集历书

149. GPS 卫星通过测者可见距离圈并可进行有效定位时,其________值应该在________之内。

A. 仰角;5°~85°　　B. 仰角;10°~70°

C. 计算迭代次数;3°~8°　　D. 计算迭代次数;8°~10°

150. GPS 卫星误差有________。

A. 水平位置误差、高程误差和钟差误差

B. 电离层折射误差、对流层折射误差和多径误差

C. 导航仪通道间误差、导航仪噪声及量化误差

D. 星历表误差、卫星钟剩余误差和群延迟误差

151. GPS 卫星信号传播误差有________。

A. 星历表误差、卫星钟剩余误差和群延迟误差

B. 导航仪通道间偏差、导航仪噪声及量化误差

C. 电离层折射误差、对流层折射误差和多径效应
D. 水平位置误差、高程误差和钟差误差

152. 船用普通 GPS 导航仪在选择二维定位模式后，为进一步提高定位精度，应根据不同的________，输入________值。
A. 船舶吃水；天线高度　　B. 接收机测得高度显示；天线高度
C. 海况；天线高度　　D. A 或 B

153. 船在营运航行或停泊期间，日常关机后的启动，称为 GPS 卫星导航仪的________启动。
A. 热　　B. 冷
C. 紧急　　D. 日常

154. 单频、单通道、CA 码、时序型 GPS 卫星导航仪启动后首先进入________工作方式，然后进入________工作方式。
A. 数据收集；导航　　B. 导航；数据收集
C. 定位；计算　　D. 计算；定位

155. 单频 GPS 卫星导航仪采用数学模型校正法，可使电离层传播延迟误差________。
A. 完全消除　　B. 减小 1/4
C. 减小 1/2　　D. 减小 3/4

156. 在 GPS 卫星导航系统中，电离层折射误差属于________。
A. 信号传播误差　　B. 几何误差
C. 卫星误差　　D. 卫星导航仪误差

157. 电离层折射造成单频 GPS 卫星导航仪定位误差主要是在________。
A. 赤道附近　　B. 两极
C. 经度方向　　D. 纬度方向

158. 对于 1 纳秒导航精度，其时间误差相当于距离误差________。
A. 100 米　　B. 300 米
C. 0.3 米　　D. 0.03 米

159. 在 GPS 卫星导航系统中，导航仪通道间偏差属于________。
A. 卫星误差　　B. 信号传播误差
C. 几何误差　　D. 卫星导航仪误差

160. 在 GPS 卫星导航系统中，TDOP 为________。
A. 时钟偏差因子　　B. 三维位置精度几何因子
C. 精度几何因子　　D. 高程精度几何因子

161. 如果在设置 GPS 卫星导航仪 HDOP 阈值时太大，则导航仪________。
A. 定位精度高　　B. 定位精度低
C. 不能够定位　　D. 以上都不对

162. 如果在设置 GPS 卫星导航仪 HDOP 阈值时太小，则导航仪________。
A. 定位精度高　　B. 定位精度低
C. 不能够定位　　D. 以上都不对

163. 若 GPS 卫星导航仪 HDOP 分档为 00 ~ 99,一般将其阈值设为________较好。

A. 01　　B. 10

C. 20　　D. 50

164. 若 GPS 卫星导航仪的 HDOP 大于其设定的阈值时,导航仪________。

A. 显示 GPS 船位　　B. 显示推算船位

C. 不能够显示船位　　D. 以上都不对

165. 若 GPS 卫星导航仪的 HDOP 小于其设定的阈值时,导航仪________。

A. 显示 GPS 船位　　B. 显示推算船位

C. 不能够显示船位　　D. 以上都不对

166. 通常 GPS 卫星导航仪启动时,输入的 GMT 误差为________分钟以内。

A. 10　　B. 15

C. 30　　D. 60

167. 为了消除电离层折射误差,GPS 卫星导航仪________。

A. 只接收 5° ~ 85°的 GPS 卫星信号

B. HDOP 由操作者置于 10

C. 接收 1575.42 兆赫和 1227.60 兆赫两种频率的 GPS 信号

D. 不在日出、没前后 1 小时内使用

168. 为提高 GPS 的定位精度,船用 GPS 导航仪一般要求选择二维定位功能,其原因是________。

A. 可获得更小的精度几何因子　　B. 可获得更大的精度几何因子

C. 可获得更好的位置线夹角　　D. 可获得更好的接收信号质量

169. 卫星接收机天线高度误差引起的定位误差与卫星________有关。

A. 最大仰角　　B. 最小仰角

C. 轨道的长半径　　D. 轨道的短半径

170. 沿岸航行,同一时间的 GPS 船位与雷达船位相距较远,可能的原因是________。

A. GPS 导航仪选择的大地测量坐标系与海图的大地测量坐标系不一致

B. GPS 定位误差太大

C. 雷达定位误差太大

D. 海图作业误差太大

171. 影响 DGPS 导航仪定位误差的主要因素是________。

A. 基准站距离　　B. 基准站方位

C. 基准站数量　　D. 以上都是

172. 用 GPS 卫星导航仪定位时,若提供的历书的时间很久或定位误差明显偏大则应该________。

A. 停止使用　　B. 按操作步骤清除内存

C. 工作状态置于高状态　　D. 强制启用或停用某颗卫星

173. 由 GPS 卫星设备和信号传播引起的一种延迟称为________。

A. 导航仪噪声　　B. 信号传播误差

C. 群延迟　　D. 多径效应

174. 在 DGPS 卫星导航系统中，多径效应属于________误差。

A. 非公共　　B. 公共

C. 非公共与公共　　D. 电离层折射

175. 在 DGPS 卫星导航系统中，卫星钟剩余误差属于________误差。

A. 非公共　　B. 公共

C. 非公共与公共　　D. 电离层折射

176. 在 DGPS 卫星导航系统中，星历表误差属于________误差。

A. 非公共　　B. 公共

C. 非公共与公共　　D. 电离层折射

177. 在 GPS 卫星导航系统中，GDOP 为________。

A. 高程精度几何因子　　B. 精度几何因子

C. 三维位置精度几何因子　　D. 水平方向精度几何因子

178. 在 GPS 卫星导航系统中，HDOP 为________。

A. 时钟偏差因子　　B. 水平方向精度几何因子

C. 高程精度几何因子　　D. 三维位置几何因子

179. 在 GPS 卫星导航系统中，PDOP 为________。

A. 精度几何因子　　B. 高程精度几何因子

C. 三维位置精度几何因子　　D. 时钟偏差因子

二、简答题

1. 简述 GPS 系统的作用与组成。
2. GPS 系统伪测距误差主要包括哪些？
3. 简述 GPS 定位原理。
4. 什么是几何精度因子？它的大小与定位精度有什么关系？主要有哪些几何精度因子？

参考答案

1. B	2. A	3. D	4. B	5. B	6. C	7. D	8. A	9. A	10. A
11. D	12. C	13. B	14. C	15. D	16. C	17. A	18. B	19. B	20. C
21. B	22. B	23. D	24. D	25. B	26. B	27. A	28. D	29. B	30. C
31. B	32. D	33. C	34. C	35. D	36. C	37. A	38. D	39. A	40. B
41. C	42. D	43. C	44. D	45. D	46. A	47. A	48. D	49. D	50. D
51. B	52. B	53. D	54. D	55. C	56. C	57. C	58. D	59. B	60. C
61. C	62. A	63. B	64. B	65. B	66. D	67. D	68. C	69. C	70. B
71. A	72. A	73. D	74. A	75. B	76. B	77. A	78. B	79. C	80. B
81. C	82. C	83. C	84. A	85. C	86. A	87. D	88. B	89. A	90. B

91. D	92. D	93. D	94. A	95. D	96. C	97. D	98. B	99. A	100. B
101. D	102. D	103. A	104. A	105. C	106. D	107. C	108. C	109. B	110. A
111. C	112. C	113. D	114. D	115. D	116. A	117. B	118. D	119. B	120. B
121. C	122. D	123. D	124. C	125. C	126. B	127. A	128. D	129. A	130. B
131. A	132. D	133. B	134. C	135. D	136. B	137. D	138. B	139. D	140. C
141. B	142. D	143. B	144. A	145. B	146. B	147. D	148. C	149. A	150. D
151. C	152. A	153. D	154. A	155. C	156. A	157. A	158. C	159. D	160. A
161. B	162. C	163. B	164. B	165. A	166. B	167. C	168. A	169. A	170. A
171. A	172. B	173. C	174. A	175. B	176. B	177. B	178. B	179. C	

部分答案解析

3. GPS 卫星覆盖的面积与卫星高度有关,高度越高,覆盖面积越大;DGPS 信号通过中频电磁波传播,其单个台站的覆盖面积与天线高度、发射功率等有关,但联网的 DGPS 无线电信标台越多,其覆盖面积也会越多。

6. GPS 导航仪的内部电池用于关机后保存存储器内的资料,日常关机后相关数据就丢失,说明内部充电电池坏了,需要更换。

7. 初始船位与实际位置不一致时,GPS 导航仪按初始船位推算的可见卫星与实际可见卫星不一致,导致卫星搜索时间变长,长时间不能定位。此时只要正确设定 GPS 初始船位,即可缩短定位时间。

28. NNSS(子午仪)是美国研制的第一代卫星导航仪,其实现了单星定位,但定位误差大、间隔时间长。

33. 虽然商用 GPS 导航仪只接收 L_1 频率的信号,但由于多普勒频移的现象,实际接收到的电磁波频率在 1575.42 MHz 左右,GPS 导航仪通过频率搜索电路来锁定 GPS 信号。同时,由于每颗卫星的伪随机噪声码不同,GPS 导航仪又需要用码片搜索电路来识别不同的卫星。

45. 更换电池的时间随信号变化,一般为 2 ~ 4 年,此题的答案是 4 年。

48. 更换电路板,关机是必需的,一般不支持也没必要“热插拔”。

53. 25 个帧组成一个主帧,一个主帧就是一个完整的历书。

54. GPS 卫星升起时,GPS 卫星逐渐靠近用户天线,所以此时接收到的电磁波频率将高于卫星发射的频率;当卫星升到最大高度时,卫星与用户之间的距离既不增加也不减少,所以接收到的频率与卫星发射的频率相等,故在卫星升高的过程中,接收到的频率将逐渐降低。

69. GPS 显示的报警信息的含义和可能产生的原因:

    GPS NO fix:GPS 不能定位。当 GPS 信号突然消失或连续 1 分钟都不能定位时将显示此警报。可能原因是 GPS 导航仪没有连接有效的 GPS 天线或者 GPS 导航仪天线和卫星之间有物体遮挡。

    DOP Error:HDOP 或 PDOP 值过大,定位精度低。在 3D 定位模式下 PDOP 大于 6 时,或在 2D 定位模式下 HDOP 大于 4 时显示。

GPS Self Test Error:GPS 自检错误;当系统自检并发现设备存在问题时显示。

74. 关键字:测算伪距修正值。
75. 关键字:测算位置修正值。
85. 关键字:载波“相位”辅助伪距测量。
98. “灯标和雾号表”应改为“无线电信号表”。
112. 关键字:在局域内设置。
114. 关键字:在一定区域内设置。
115. DGPS 只能消除附近 GPS 定位所共有的误差称为公共误差,包括卫星星历表的误差、群延迟、卫星时钟偏差、电离层误差、对流层误差等。而多径效应、导航仪噪声、通道间偏差和量化误差等均为非公共误差,不能依靠 DGPS 来消除。
119. 只有接收一个完成的历书才能预报卫星的覆盖情况,故需要 12.5 分钟。
138. 历书的时间已隔很久,需要清除原有的历书,重新接收新的历书。
143. (144 题参见本题解析)导航仪天线高度的误差会导致导航仪错误认定天线的位置,进而导致较大的伪距误差,卫星高度越高,由此而产生的伪距误差就越大。
148. 热启动时,导航仪中存有:有效的历书和初始化数据,所以一般不用进行初始化操作。
161. 当实际定位时的 HDOP 小于导航仪 HDOP 阈值时,GPS 定位精度较高,将显示 GPS 船位;反之,将显示推算船舶或其他导航系统的船位。如果导航仪 HDOP 阈值设置太大,那么当 GPS 定位精度低时,也仍然显示 GPS 船位,会导致定位精度下降;反之,如果导航仪 HDOP 阈值设置太小,又导致 GPS 总是显示推算或其他导航系统的船位,即 GPS 不能定位。
170. 同一时间的 GPS 船位与雷达船位相距较远,可能的原因是 GPS 导航仪选择的大地测量坐标系与海图的大地测量坐标系不一致。
171. DGPS 的定位精度与导航仪到基准站的距离有关,距离越近精度越高。

第四节 船载自动识别系统

一、选择题

1. AIS 播发和接收信息的方式是________。

A. 人工连续　　B. 自动连续

C. 人工定时　　D. 自动定时

2. AIS 船台设备的工作模式与岸台的工作模式________,有________工作模式。

A. 相同;三种　　B. 相同;两种

C. 不相同;两种　　D. 不相同;三种

3. AIS 船台设备动态信息的更新率为________。

A. 每 10 min　　B. 每 30 min

C. 根据请求每 6 s　　D. 取决于航速和航向的变化

4. AIS 船台设备经过计算,如果目标的 CPA 和 TCPA 不能满足预先设置的最小 CPA 和最小 TCPA 时,将该目标显示为________,并发出目标________报警。

A. 睡眠目标;睡眠　　B. 危险目标;危险

C. 丢失目标;丢失　　D. 已选的目标;已选

5. AIS 船台设备由________组成。

A. AIS 发射机应答器和传感器

B. AIS 发射机应答器、各种必要的传感器和显示器

C. AIS 发射机应答器和各种必要的传感器

D. AIS 发射机应答器和显示器

6. AIS 船载设备的图形显示界面,可以显示活动目标的________。

A. 目的地、ETA　　B. 航向、移动矢量

C. CPA、TCPA　　D. 船名、呼号

7. AIS 船载设备通常工作在________甚高频无线电话国际专用通信频道。

A. 84B、85B　　B. 85B、86B

C. 86B、87B　　D. 87B、88B

8. AIS 船载设备显示的睡眠目标表示________。

A. 某一配有 AIS 的目标

B. 某一配有 AIS 的目标,但 AIS 的电源已经关闭

C. AIS 目标移动的速度为“0”

D. AIS 目标设备处于无人值守状态

9. AIS 船载系统不具备哪种工作模式________。

A. 自主连续模式　　B. 人工模式

C. 指定模式　　D. 查询模式

10. AIS 船载系统的显示器每行至少可显示目标的________。

Ⅰ. 名称;Ⅱ. 呼号;Ⅲ. 方位;Ⅳ. 距离;Ⅴ. CPA;Ⅵ. TCPA

A. Ⅰ,Ⅱ,Ⅲ,Ⅳ,Ⅴ,Ⅵ　　B. Ⅰ,Ⅲ,Ⅳ,Ⅴ,Ⅵ

C. Ⅰ,Ⅲ,Ⅳ　　D. Ⅱ,Ⅲ,Ⅳ

11. AIS 船载系统提供的自动识别信息中不包括________。

A. 航线信息　　B. 静态信息

C. 动态信息　　D. 航次数据

12. AIS 船载系统中的危险目标是指________。

A. 目标马上就要与本船相碰撞

B. 目标的 CPA 小于预先设定的最小 CPA

C. 目标的 TCPA 小于预先设定的最小 TCPA

D. 目标的 CPA 和 TCPA 都小于预先设定的最小 CPA 和 TCPA

13. AIS 的船载设备是一种工作在________频段上的自动船载广播式应答器。

A. MF　　B. HF

C. VHF　　D. UHF

14. AIS 的发射是采用________。

A. 实时转发技术　　B. 存储转发技术

C. 自组织时分多址技术　　D. 单边带调制

15. AIS 发射的信息电文每帧占用时为________。

A. 1 分钟　　B. 5 分钟

C. 12.5 分钟　　D. 30 分钟

16. AIS 可以用于船与船之间的________。

Ⅰ. 识别；Ⅱ. 监视；Ⅲ. 避碰；Ⅳ. 定位；Ⅴ. 通信

A. Ⅰ，Ⅱ，Ⅲ　　B. Ⅰ，Ⅲ，Ⅳ

C. Ⅰ，Ⅱ，Ⅲ，Ⅳ，Ⅴ，Ⅳ　　D. Ⅰ，Ⅱ，Ⅲ，Ⅳ，Ⅴ

17. AIS 每分钟可以处理________个报告。

A. 500　　B. 1000

C. 2000　　D. 5000

18. AIS 每帧电文被划分为 ________ 个时隙，每个 AIS 站的船位报告占用 ________ 个时隙。

A. 2250；2　　B. 2250；1

C. 1；2249　　D. 2；2249

19. AIS 矢量的起点与长度分别代表________。

A. 船位和船长度　　B. 船位和船长度

C. 船尾和船速　　D. 船位和船速

20. AIS 数据每隔________可以更新一次。

A. 1 秒　　B. 2 秒

C. 3 ~ 5 秒　　D. 10 秒

21. AIS 自组织时分多址技术（STDMA）的含义是________。

A. 各船台与岸台 AIS，按照时间分隔制，自行组织传送 AIS 信号

B. 没有主副台之分

C. 虽然它们可能使用同一载频，但是他 们之间不会产生互相干扰

D. A + B + C

22. SOLAS 公约第五章规定：航行于国际航线的 ________ 总吨以上船舶，从 2002 年 7 月 1 日起分段执行配备 AIS 设备。

A. 200　　B. 300

C. 400　　D. 500

23. 船载 AIS 的 VHF 收发信息的频道是________。

A. CH16 和 CH25　　B. CH25 和 CH66

C. CH87 和 CH88　　D. CH88 和 CH99

24. 船载 AIS 自动播发的船舶信息中包括船舶的________信息。

Ⅰ. 静态;Ⅱ. 动态;Ⅲ. 与航行安全有关

A. Ⅰ,Ⅱ
B. Ⅰ,Ⅲ
C. Ⅱ,Ⅲ
D. Ⅰ,Ⅱ,Ⅲ

25. 船载 AIS 按照自身的程序发送其船舶信息,自动解决与其他船舶的冲突问题,适用于所有海域的工作模式称为________。

A. 自主连续模式
B. 指定模式
C. 查询模式
D. 以上都不对

26. 船载 AIS 的工作频率是________。

A. 500 千赫和 2182 千赫
B. 161.975 千赫和 162.025 兆赫
C. 1775.42 兆赫和 1227.60 兆赫
D. 3000 兆赫和 9375 兆赫

27. 船载 AIS 的数据发送间隔与时隙由主管机关遥控,适用于实施 VTS 管理海域的工作模式称为________。

A. 自主连续模式
B. 指定模式
C. 查询模式
D. 以上都不对

28. 船载 AIS 的主要功能有________。

Ⅰ. 自动播发 AIS 信息;Ⅱ. 自动接收 AIS 信息;Ⅲ. 以标准界面输出 AIS 信息

A. Ⅰ,Ⅱ
B. Ⅰ,Ⅲ
C. Ⅱ,Ⅲ
D. Ⅰ,Ⅱ,Ⅲ

29. 船载 AIS 缺省的工作模式为________。

A. 自主连续模式
B. 指定模式
C. 查询模式
D. 以上都不对

30. 船载 AIS 容许的启动时间为________以内。

A. 2 分钟
B. 10 分钟
C. 30 分钟
D. 1 分钟

31. 船载 AIS 设备中,能够提供语音信息的设备是________。

A. ARPA 部
B. GPS 导航仪
C. VHF
D. DF

32. 船载 AIS 响应船舶或主管机关的询问,发送数据的工作模式称为________。

A. 自主连续模式
B. 指定模式
C. 查询模式
D. 以上都不对

33. 关于 AIS,下列说法正确的是________。

A. AIS 增加了操作者的工作强度

B. AIS 是否工作,由驾驶员决定

C. AIS 不能探测到雷达盲区和障碍物之后的目标

D. AIS 能自动存储信息

34. 关于 AIS 船载系统,下列说法正确的是________。

A. AIS 能自动显示周围的所有船舶的信息
B. AIS 信息不一定全部可靠
C. AIS 内部存储的船舶 IMO 编号,可能被驾驶员任意修改
D. AIS 发布信息的时间间隔可以由船长指定

35. 关于 AIS 船载系统,下列说法正确的是________。
A. 船长在必要时可以关闭 AIS
B. 在航行过程中,AIS 一经开启就不能关闭
C. AIS 必须与外部的 GPS 相连接,否则就不能工作
D. 驾驶员在值班期间,可以关闭 AIS

36. 关于 AIS 船载系统的说法中错误的是________。
A. AIS 计算的 CPA 和 TCPA 比雷达和 ARPA 计算的要更准确
B. AIS 探测远距离目标的能力比雷达强
C. AIS 探测近距离目标的能力比雷达强
D. 在电子海图或 ARPA 上,雷达回波和与之对应的 AIS 目标的位置必然是相一致的

37. 利用 AIS 通信信息中,除了 VHF 语音信息外还包括________。
A. 传真　　B. 图像
C. 短信息　　D. 以上全部

38. 能够为船载 AIS 提供航向信息的传感器是________。
A. ARPA　　B. GPS 导航仪
C. 罗经　　D. 计程仪

39. 能够为船载 AIS 提供精确船位信息的传感器是________。
A. ARPA　　B. GPS 导航仪
C. 罗经　　D. 计程仪

40. 能够为船载 AIS 提供时间信息的传感器是________。
A. ARPA　　B. GPS 导航仪
C. 罗经　　D. 计程仪

41. 能够为船载 AIS 提供速度信息的传感器是________。
A. ARPA　　B. GPS 导航仪
C. 罗经　　D. 计程仪

42. 使用 AIS 船载设备计算的 CPA 进行避让时,应该考虑________。
A. 船宽与船长　　B. 船舶吨位大小
C. 定位天线在船上的位置　　D. 船型

43. 下列 AIS 船台设备显示的目标可显示 CPA 和 TCPA 信息的是________。
A. 睡眠目标　　B. 活动目标
C. 已选目标　　D. A + B + C

44. 下列哪项不是 AIS 船载系统的主要功能?
A. 对高优先的调用尽快做出回应

B. 对安全有关的调用尽快做出回应

C. 以适当的更新速率提供船位和操纵信息

D. 快速、机动航行时,每秒发送一次船位信息

45. 下列哪项不是 AIS 船载系统的主要功能?

A. 自动提供自动识别信息　　B. 自动接收自动识别信息

C. 自动发送短信息　　D. 自动存储信息

46. 下列哪种信息不属于 AIS 发送的动态信息?

A. 船位　　B. 航行计划

C. 对地航向　　D. 简明的安全信息

47. 下列哪种信息不属于 AIS 发送的动态信息?

A. 船舶吃水　　B. 航行计划

C. 乘客数量　　D. 简明的安全信息

48. 下列哪种信息属于 AIS 发送的动态信息?

A. 船舶吃水　　B. 航行计划

C. 乘客数量　　D. 简明的安全信息

49. 以下哪些信息是 AIS 播发的动态信息?

A. MMS I　　B. UTC

C. 船名和呼号　　D. GPS 天线位置

50. 以下哪些信息是 AIS 播发的静态信息?

A. 船位　　B. 对地航向

C. 船舶类型　　D. 对地速度

51. 在 AIS 岸台系统中,当通信双方超出 VHF 的覆盖范围时,________。

A. AIS 目标仍然能识别

B. 视具体情况,AIS 目标有时能识别,有时不能识别

C. 网络系统仍进行信息排队处理,直至通信双方进入 VHF 的覆盖范围时为止

D. AIS 信息排队处理中断,直至通信双方进入 VHF 的覆盖范围时为止

52. 在 AIS 船台设备中,与航行相关的信息的更新率为 ________。

A. 每 10 min　　B. 每 30 min

C. 根据请求每 6 min　　D. 取决于航速和航向的变化

53. 在 AIS 类型中 Class A 是________。

A. AIS 基站　　B. 通用船载自动识别设备

C. 搜救飞机及直升机用 AIS 设备　　D. 适合小型船舶安装的 AIS 设备

54. 在 AIS 类型中 Class B 是________。

A. AIS 基站　　B. 通用船载自动识别设备

C. 搜救飞机及直升机用 AIS 设备　　D. 适合小型船舶安装的 AIS 设备

55. 在 AIS 类型中 Class C 是________。

A. AIS 基站　　B. 通用船载自动识别设备

C. 搜救飞机及直升机用 AIS 设备　　D. 适合小型船舶安装的 AIS 设备

56. 在 AIS 类型中 Class N 是________。

A. 航标 AIS 设备　　B. 飞机 AIS 设备

C. 船舶 AIS 设备　　D. 基站 AIS 设备

57. 在 AIS 类型中 Class S 是________。

A. AIS 基站　　B. 通用船载自动识别设备

C. 搜救飞机及直升机用 AIS 设备　　D. 适合小型船舶安装的 AIS 设备

58. 在 AIS 设备的图形显示中,通常图形  表示________。

A. 移动的目标　　B. 固定的目标

C. 跟踪的目标　　D. 危险的目标

59. 在 AIS 设备的图形显示中,通常图形  表示________。

A. 已选的目标　　B. 危险的目标

C. 跟踪的目标　　D. 丢失的目标

60. 在 AIS 设备的图形显示中,通常图形  表示________。

A. 已选的目标　　B. 危险的目标

C. 跟踪的目标　　D. 丢失的目标

61. 在 AIS 设备的图形显示中,通常图形  表示________。

A. 已选的目标　　B. 危险的目标

C. 跟踪的目标　　D. 丢失的目标

62. 在 AIS 设备的图形显示中,通常图形  表示________。

A. 已选的目标　　B. 危险的目标

C. 跟踪的目标　　D. 丢失的目标

63. 在 AIS 设备的图形显示中,通常图形 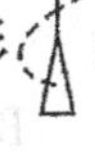 表示________。

A. 已选的目标　　B. 危险的目标

C. 跟踪的目标　　D. 丢失的目标

64. 在 AIS 设备的图形显示中,通常图形  中的曲线表示________。

A. 预测路径　　B. 航迹向

C. 船首向　　D. 计划航线

65. 在 AIS 设备的图形显示中,通常图形  中的虚线表示________。

A. 预测路径　　B. 计划航线
C. 船首向　　D. 航迹向

66. 在 AIS 设备的图形显示中,通常图形 　　中的圆点表示________。

A. 目标的尾迹　　B. 目标的首向
C. 目标的航速　　D. 拖带的目标

67. 在 AIS 设备的图形显示中,通常图形 　　中的直线表示________。

A. 预测路径　　B. 计划航线
C. 航迹向　　D. 船首向

68. 在 AIS 设备的图形显示中,通常图形 　　中的直线端部的短直线表示________。

A. 船舶停止　　B. 船舶转向
C. 船舶加速　　D. 船舶减速

69. 在 AIS 提供的信息中下列哪项信息的可信度较高?
A. 船型　　B. IMO 号码
C. 定位天线在船上的位置　　D. 船首向

70. 在 AIS 提供的信息中下列哪项信息的可信度较高?
A. 航行状态　　B. 船舶吃水
C. 船名与呼号　　D. 危险货

71. 在 AIS 系统中,某一能直接访问到 UTC 的站点,将自己的同步状态设置为________,用 GPS 导航仪来产生 UTC 时间。
A. UCT 间接　　B. UTC 直接
C. 与基站同步(直接或间接)　　D. 与标识数最高的移动电台同步

72. 在 AIS 系统中,与已经与 UTC 同步的其他电台在时间上同步,将自己的同步状态设置为________。
A. UCT 间接　　B. UTC 直接
C. 与基站同步(直接或间接)　　D. 与标识数最高的移动电台同步

73. 在 FURUNO 生产的 FA-150 型 AIS 设备的图形显示中,图形 　　表示________。
A. 已选的目标　　B. 危险的目标
C. 跟踪的目标　　D. 丢失的目标

74. 在 FURUNO 生产的 FA-150 型 AIS 设备的图形显示中,图形 　　表示________。
A. 已选的目标　　B. 危险的目标
C. 跟踪的目标　　D. 丢失的目标

75. 在 AIS 设备的图形显示中，通常图形 表示________。

A. 已选的目标　　B. 危险的目标

C. 跟踪的目标　　D. 丢失的目标

76. 在不能使用 AIS 通道的地区，AIS 发射机接收器必须能够由________通道所接收的信息来转换变化通道。

A. CH16　　B. CH12

C. CH14　　D. CH70

77. 在大洋及所有其他海域，AIS 系统的一般工作模式是双通道模式，即________。

A. AIS 并行地在两个信道中同时接收，同时又在这两个信道中有规律的交替发送

B. AIS 在两个信道中有规律的交替接收，同时又在这两个信道中同时并行地发送

C. AIS 并行地在两个信道中同时接收和发送

D. AIS 这两个信道中有规律的交替发送和接收

78. AIS 可以提高________的效率。

A. 操纵　　B. 搜索救助

C. 分道通航　　D. 进出港

79. 使用 AIS 信息的注意事项，AIS 用于船舶避碰，可以克服雷达/ARPA ________方面的缺陷。

A. 盲区　　B. 量程

C. 显示方式　　D. 运动模式

80. AIS 用于船舶避碰，可以克服雷达/ARPA ________方面的缺陷。

A. 量程　　B. 物标遮挡

C. 显示方式　　D. 运动模式

81. AIS 用于船舶避碰，可以克服雷达/ARPA ________方面的缺陷。

A. 量程　　B. 显示方式

C. 假回波　　D. 运动模式

82. AIS 用于船舶避碰，可以克服雷达/ARPA ________方面的缺陷。

A. 量程　　B. 显示方式

C. 运动模式　　D. 天气与海况影响

83. AIS 用于船舶避碰，可以克服雷达/ARPA ________方面的缺陷。

A. 错误跟踪　　B. 量程

C. 显示方式　　D. 运动模式

84. AIS 用于船舶避碰，可以克服雷达/ARPA ________方面的缺陷。

A. 量程　　B. 显示方式

C. 跟踪丢失　　D. 运动模式

85. 与雷达/ARPA 相比，船载 AIS 的优点是________。

A. 可以设置自动报警区域　　B. 能够进行越障碍传输

C. 可以接收 SART 信号　　D. 具有多种显示方式

86. 与雷达/ARPA 相比,船载 AIS 的优点是________。

A. 可以设置自动报警区域　　B. 可以接收 SART 信号

C. 没有近距离盲区　　D. 具有多种显示方式

87. 与雷达/ARPA 相比,船载 AIS 的优点是________。

Ⅰ. 抗气象和海况干扰强;Ⅱ. 响应时间强;Ⅲ. 可以存储信息,以便事后分析

A. Ⅰ,Ⅱ　　B. Ⅰ,Ⅲ

C. Ⅱ,Ⅲ　　D. Ⅰ,Ⅱ,Ⅲ

88. AIS 系统能够容纳 200 ~ 300 个目标,在超载的情况下,自动放弃________的目标。

A. 远距离　　B. 近距离

C. 危险　　D. 非危险

89. 与 ARPA 雷达相比,AIS 的优越性是________。

A. AIS 自动进行船到岸和船到船间通信、获得交通信息

B. AIS 自动进行船到岸和船到船间观测、识别和监视

C. 使 ARPA 雷达减少或者消除了目标交换、跟踪与丢失等问题

D. A + B + C

90. 在雷达和 AIS 上显示[图标],该图标表示________。

A. AIS 搜救应答标　　B. 真实 AIS 航标

C. 虚拟 AIS 航标　　D. 丢失的 AIS 航标

91. 在雷达和 AIS 上显示[图标],该图标表示________。

A. AIS 搜救应答标　　B. 真实 AIS 航标

C. 虚拟 AIS 航标　　D. 丢失的 AIS 搜救应答器

92. 在雷达和 AIS 上显示[图标],该图标表示________。

A. AIS 搜救应答标　　B. 真实 AIS 航标

C. 虚拟 AIS 航标　　D. 丢失的 AIS 搜救应答器

93. 在雷达和 AIS 上显示[图标],该图标表示________。

A. AIS 搜救应答标　　B. 真实 AIS 航标

C. 虚拟 AIS 航标　　D. 丢失的 AIS 搜救应答器

94. 在雷达和 AIS 上显示[图标],该图标表示________。

A. AIS 搜救应答标　　B. 真实 AIS 航标

C. 丢失 AIS 航标　　D. 丢失的 AIS 搜救应答器

95. 使用 AIS 的主要目的是________。

A. 取代雷达设备　　B. 进行信息交换

C. 主动获取船舶位置信息　　D. 取代 ARPA 系统

96. 与 ARPA 雷达相比,AIS 的优越性是________。

A . AIS 探测远、近距离目标的能力强

B. AIS 探测远距离目标的能力强

C. AIS 探测近距离目标的能力强

D. AIS 是自主的安全监测设施,可以监测未装设 AIS 的目标

97. 为防止干扰和转换频道时造成通信损失,每个 AIS 站均在________频道上收发信息。

A. 87B　　B. 88B

C. 87B 或者 88B 或者 DSC　　D. 87B 和 88B 两个

98. AIS 每帧电文被划分为编号为 0 ~ 2249 的 2250 个时隙,每个时隙约________。

A. 1 min　　B. 26.67 ms

C. 2250 ms　　D. 256 ms

99. SOLAS 公约第五章规定:________从 2002 年 7 月 1 日起分段执行配备 AIS 设备。

A. 航行于国际航线的 300 总吨以上船舶

B. 公约国航行于国内航线的 500 总吨以上的船舶

C. 航行于国际航线的 500 总吨以上船舶和公约国航行于国内航线的 300 总吨以上的船舶

D. A + B

100. 下列 AIS 船台设备显示的目标都具有报警功能的是________。

A. 睡眠目标和丢失目标　　B. 危险目标和丢失目标

C. 危险目标和活动目标　　D. 已选目标和睡眠目标

101. IMO 规定 AIS 应满足的功能要求为________。

A. 船 - 船方式避碰

B. 作为沿海国家获取船舶及其货物资料的一种方法

C. 作为船岸交通管理(VTS)工具

D. A + B + C

102. 在 AIS 中,________。

A. 船舶配备有船基 AIS 设备,基站配备有岸基雷达、GPS 和 VHF 设备

B. 基站配备有岸基 AIS 设备,船舶配备有船基 AIS

C. 基站配备有岸基雷达、GPS 和 VHF 设备,船舶配备有船基雷达设备

D. 基站配备有 VTS 设备,船舶配备有船基 AIS 设备

103. SOLAS 公约第五章要求________应要求配备一台 AIS。

A. 300 总吨及以上的国际航行客船　　B. 500 总吨及以上的非国际航行客船

C. 不论尺度大小的客船　　D. A + B + C

104. 关于 AIS 与雷达/ARPA 相比的优越性,下列叙述不正确的是________。

A. AIS 自动进行船到岸和船到船间通信

B. AIS 探测远距离目标的能力强,可以越障碍传输

C. AIS 探测近距离目标能力强,没有近距离盲区

D. AIS 可以处理所有目标的检测并进行跟踪

105. AIS 矢量的起点与长度分别代表________。

A. 船尾和船长度　　B. 船位和船长度

C. 船尾和船速　　D. 船位和船速

106. 一般小型船舶安装的 B 类 AIS 设备,发射功率低,信息更新间隔延长至________。

A. 10 s　　B. 20 s

C. 30 s　　D. 40 s

107. 下列关于 AIS 船载系统的说法中错误的是________。

A. AIS 可以计算目标的 CPA 和 TCPA

B. AIS 探测远距离目标能力比雷达强

C. AIS 探测近距离目标能力比雷达强

D. 在电子海图或 ARPA 上,雷达回波和与之对应的 AIS 目标的位置必然是相一致的

二、简答题

1. 简述 AIS 船台设备显示的目标类型。
2. 简述 AIS 的主要功能。
3. 简述 AIS 系统的工作模式。
4. 简述 AIS 能够提供主要信息。
5. 与雷达/ARPA 相比,AIS 主要有哪些优点?

参考答案

1. B	2. A	3. D	4. B	5. B	6. B	7. D	8. A	9. B	10. C
11. A	12. D	13. C	14. C	15. A	16. D	17. C	18. B	19. D	20. B
21. D	22. B	23. C	24. D	25. A	26. B	27. B	28. D	29. A	30. A
31. C	32. C	33. D	34. B	35. A	36. D	37. C	38. C	39. B	40. B
41. D	42. C	43. C	44. D	45. C	46. B	47. B	48. D	49. B	50. C
51. C	52. C	53. B	54. D	55. A	56. A	57. C	58. B	59. D	60. C
61. C	62. A	63. C	64. A	65. D	66. A	67. D	68. B	69. B	70. C
71. B	72. A	73. A	74. B	75. B	76. D	77. A	78. B	79. A	80. B
81. C	82. D	83. A	84. C	85. B	86. C	87. D	88. A	89. D	90. B
91. D	92. A	93. C	94. C	95. B	96. A	97. D	98. B	99. D	100. B
101. D	102. B	103. D	104. D	105. D	106. C	107. D			

第五节　VDR 和 LRIT

一、选择题

1. 船载航行数据记录仪可以记录和保存的信息包括________。
   A. 船舶动态、静态和航次相关数据
   B. 船舶动态、静态、航次相关数据和航行安全短消息
   C. 雷达图像和操纵手段
   D. 船舶动态、物理状态、命令和操纵手段
2. 船载航行数据记录仪可以记录驾驶台声音和通信音频，是通过连接________实现的。
   A. 录音机和雷达　　B. 麦克风和 VHF 设备
   C. 录音机　　D. 麦克风
3. 船载航行数据记录仪记录他船的位置和速度是通过________实现的。
   A. 雷达或 AIS　　B. GPS 和 AIS
   C. 雷达和计程仪　　D. GPS 和计程仪
4. 船载航行数据记录仪记录目标的信息是通过________实现的。
   A. 摄像机和 AIS　　B. 雷达或 AIS
   C. GPS 和计程仪　　D. GPS、罗经和计程仪
5. 船载航行数据记录仪记录他船的首向和速度信息是通过________实现的。
   A. 雷达或 AIS　　B. GPS 和计程仪
   C. GPS、罗经和计程仪　　D. 陀螺罗经和计程仪
6. 航行记录仪数据舱放在________。
   A. 驾驶台　　B. 罗经甲板
   C. 专用舱室　　D. 机舱
7. 当发生危机船员生命安全的恶性海南事故准备弃船、时间紧急时，关于船载航行数据记录仪，船舶人员的正确操作是________。
   A. 断电，将数据保护舱携带弃船
   B. 使用移动储存设备将 VDR 数据取出，携带弃船
   C. 断电，将 VDR 主机携带弃船
   D. 无须任何操作
8. 船载航行数据记录仪的电源应包括________。
   A. 主电源　　B. 主电源和应急电源
   C. 主电源和备用电源　　D. 主电源、备用电源、应急电源

9. 关于船载航行数据记录仪记录的数据,所有权应归________。

A. IMO　　B. 船舶所有人

C. 船旗国海事安全部门　　D. 海事事故发证地的还是安全主管部门

10. 根据 IMO 的要求,航行数据记录仪应进行年度测试,已确认系统性能和技术指标满足相关国际标准的要求。测试工作由________承担。

A. 负责数据记录仪管理的驾驶员　　B. 生产商或生产商授权的适任人员

C. 公司指定的技术人员　　D. 港口国检察人员

11. 船载航行数据记录仪的年度性能测试应由________完成。

A. 驾驶员　　B. 船舶所有人

C. 生产商或生产商授权的适任人员　　D. IMO 缔约国海事安全监察机构

12. 要记录他船的位置和速度,VDR 可以通过连接________。

A. 雷达或 AIS　　B. GPS 和计程仪

C. 罗经和计程仪　　D. GPS 和罗经

13. 要记录他船的首向和速度信息,VDR 可以通过连接________。

A. 雷达或 AIS　　B. GPS 和计程仪

C. GPS、罗经和计程仪　　D. 陀螺罗经和计程仪

14. 要记录目标的信息,VDR 可以通过连接________。

A. 摄像机和麦克　　B. 罗经和计程仪

C. 雷达或 AIS　　D. GPS、罗经和计程仪

15. 关于船载 LRIT 设备,以下说法正确的是________。

A. 应保持全天候正常运行,必要时船长有权决定关闭设备,但需要记录在航行日志,并向主管机关说明原因

B. 任何情况下均应保持全天候正常运行,不允许人为关闭

C. 为避免射频干扰,船舶在港期间应关闭设备

D. 在船舶锚泊期间,船长有权决定关闭设备

16. 如果船舶距离另一国家的领海基线不大于________,则该国的国家 LRIT 数据中心都可以通过国际 LRIT 数据交换从船旗国国家 LRIT 数据中心获取该船的 LRIT 信息。

A. 100 海里　　B. 1000 海里

C. 2000 海里　　D. 10000 海里

17. 以下各项中________是船舶远程识别与跟踪系统船载设备发送的信息内容。

A. 本船船载设备识别码,本船位置以及所发射位置的 UTC 时间和日期

B. 本船 MMSI,呼号,本船航速和航向

C. 本船静态信息、动态信息

D. 本船位置、航向、航速

18. 在航时,船舶远程识别与跟踪系统船载设备通过预先设置位置报告发送信息的时间间隔为________。

A. 15 min 到 6 h　　B. 10 s 到 3 min

C. 8 s　　D. 20 min

19. 以下各项中________是典型的 LRIT 船载通信设备。

A. AIS 数据收发器　　B. VHF 数据收发器

C. Inmarsat - C 船站　　D. GPS

20. 某船刚刚更换了发送 LRIT 信息的 Inmarsat - C 站,则________。

A. 可立即正常发射 LRIT 信息

B. 需向 LRIT 数据中心递交设备更新报告,才能正常发送 LRIT 信息

C. 通知船舶所属公司登船检验后,才能正常发送 LRIT 信息

D. 需要重新完成符合性测试工作,才能正常发送 LRIT 信息

21. 关于 LRIT 船载设备的运行,以下说法正确的是________。

A. 应保持在全天候正常运行状态,必要时船长有权利关闭,但需要向主管机关说明理由

B. 应保持在全天候正常运行状态,除故障外,任何情况不允许人为关闭

C. 船舶在航时应保持在全天候正常运行状态,船舶锚泊时应关闭设备

D. 船舶在航时应保持在全天候正常运行状态,船舶锚泊时可关闭设备

22. LRIT 系统于________开始实施,但________海区作业船舶配有 AIS 则不需要配备 LRIT。

A. 2007.01;A3　　B. 2009.01;A1

C. 2009.01;A2　　D. 2011.01;A1

23. ________为新型雷达提供船位和时间基准数据。

A. GNSS　　B. SDME

C. AIS　　D. ENC

24. LRIT 性能标准,DC 具有最近________内存档的信息,应在收到请求 4 分钟内发送。

A. 4 天　　B. 30 天

C. 4 小时　　D. 1 年

25. LRIT 性能标准,对于________内存档的信息,应在收到请求 30 分钟内发送。

A. 4 天　　B. 30 天

C. 4 小时　　D. 1 年

26. LRIT 性能标准,对于________内存档的信息,应在收到请求 60 分钟内发送。

A. 4 天　　B. 30 天

C. 4 ~ 30 天　　D. 1 年

27. LRIT 性能标准,对于________内存档的信息,应在收到请求 5 天内发送。

A. 4 天　　B. 超过 30 天

C. 4 小时　　D. 1 年

28. 在何种情况下需要重新申请 LRIT 船载设备的符合性测试?

A. 船载 LRIT 设备修理后　　B. 船舶进坞修理后

C. LRIT 设备年检后　　D. 船载 LRIT 设备更新后

29. LRIT 船载设备________。

A. 应保持在全天候正常运行状态,必要时船长有权利关闭,但需要向主管机关说明理由

B. 应保持在全天候正常运行状态,除故障外,任何情况不允许人为关闭

C. 应在船舶航时保持在全天候正常运行状态,船舶锚泊时关闭设备

D. 应在船舶航时保持在全天候正常运行状态,船舶锚泊时可关闭设备

参考答案

1. D	2. B	3. A	4. B	5. A	6. A	7. D	8. D	9. B	10. B
11. C	12. A	13. A	14. C	15. A	16. B	17. A	18. A	19. C	20. D
21. A	22. B	23. A	24. C	25. A	26. C	27. B	28. D	29. A	

第九章　潮汐与潮流

第一节　潮汐的成因与潮汐术语

一、选择题

1. 大潮与小潮主要是由________。
   A. 月球、太阳赤纬较大引起的
   B. 月球、太阳和地球相互位置关系不同引起的
   C. 月引潮力与太阳引潮力的合力不同引起的
   D. B、C 都对
2. 潮汐主要是由________引起的。
   A. 月引潮力与地球公转　　B. 月引潮力与地球自转
   C. 月引潮力与月球公转　　D. 月引潮力与月球自转
3. 潮汐半月不等的潮汐现象是________。
   A. 从新月到上弦潮差逐渐增大　　B. 从新月到满月潮差逐渐减小
   C. 潮差的变化是以半个太阴月为周期　　D. A、B、C 都不对
4. 潮汐半月不等主要是由________引起的。
   A. 月亮赤纬较大　　B. 太阳赤纬较大
   C. 日、月与地球相互位置关系不同　　D. 日、月对地球的距离的变化
5. 产生潮汐的原动力是________，其中主要是________。
   A. 月球的引潮力；太阳的引潮力　　B. 天体引潮力；太阳的引潮力
   C. 天体引潮力；月球的引潮力　　D. 太阳的引潮力；月球的引潮力
6. 潮汐的视差不等主要是由________。
   A. 太阳、月球与地球相对位置的不同引起的　　B. 月球赤纬的不同引起的
   C. 太阳、月球与地球的距离变化引起的　　D. 太阳赤纬的不同引起的
7. 潮汐视差不等主要是由________引起的。
   A. 月球以椭圆轨道绕地球转动　　B. 地球自转

C. 地球平动　　D. 月球绕太阳运动

8. 潮汐周日不等的潮汐现象是________。

A. 一天有两次涨潮和两次落潮　　B. 相邻两次高潮或两次低潮潮高不等

C. 涨落潮时间不相等　　D. A + B + C

9. 潮汐周日不等主要是由________。

A. 月球、太阳赤纬较小引起的　　B. 月球赤纬较大引起的

C. 太阳赤纬较大引起的　　D. 太阳和月球与地球相对位置不同引起的

10. 从静力学理论分析,正规半日潮往往出现在月赤纬________。

A. 接近于零时　　B. 最大时

C. 与测者纬度相同时　　D. 以上都不对

11. 从理论上说,大潮出现在________。

A. 近日点　　B. 上弦日

C. 下弦日　　D. 朔望日

12. 从理论上说,某地高潮发生在________。

A. 0 点　　B. 12 点

C. 月中天时刻　　D. A、B、C 都对

13. 大潮的变化周期约为________。

A. 半个太阳月　　B. 一个太阴月

C. 半个太阴月　　D. 以上都不对

14. 根据潮汐静力学观点________。

A. 赤道上没有潮汐周日不等现象

B. 南、北回归线上没有潮汐周日不等现象

C. 两极没有潮汐周日不等现象

D. 纬度等于月球赤纬的地方没有潮汐周日不等现象

15. 实际上,某地出现高潮的时间是________。

A. 0 点　　B. 12 点

C. 月中天时刻　　D. 月中天前后

16. 天体引潮力是________。

A. 天体引力和重力的矢量和

B. 天体重力和地球与天体相对运动产生的惯性离心力的矢量和

C. 天体引力和地球与天体相对运动产生的惯性离心力的矢量和

D. 以上都不对

17. 纬度等于 90° 与月球赤纬之差的地方,________。

A. 一天有两次高潮和两次低潮　　B. 一天只有一次高潮和一次低潮

C. 一天有一次高潮两次低潮　　D. 一天有两次高潮一次低潮

18. 已知月球赤纬 12°,根据平衡潮理论,以下哪个纬度的测者一天只能观测到一次高潮、一次低潮?

A. 0°　　B. 30°

C. 60°　　D. 85°

19. 已知月球赤纬 12°，根据平衡潮理论，以下哪个纬度的测者一天只能观测到一次高潮、一次低潮？

A. 0°　　B. 35°

C. 70°　　D. 以上均不符合条件

20. 引起潮汐半月不等的主要原因是________。

A. 月球、太阳与地球的相互位置不同　　B. 月相不同

C. 月引潮力与太阳引潮力的合力不同　　D. A 或 B 或 C

21. 引起潮汐周日不等的原因是________。

A. 日、月与地球相互位置不同　　B. 月赤纬不等于零

C. 地理纬度不等于零　　D. B + C

22. 月赤纬等于 0°时的潮汐特征为________。

A. 相邻的两个高潮潮高相等　　B. 涨落潮时间相等

C. 相邻的两个低潮潮高相等　　D. 以上三者都对

23. 从新月到上弦，潮差的变化是________。

A. 逐渐增大　　B. 逐渐减小

C. 没有　　D. 时大时小

24. 在分析潮汐的成因时，平衡潮理论假设________。

A. 整个地球被等深的大洋所覆盖

B. 海水只有惯性力没有摩擦力

C. 自然地理因素对潮汐的作用只是在讨论潮汐不等现象时考虑

D. A + B + C

25. 实际上，大潮发生在________。

A. 朔望日　　B. 朔望日之后

C. 月中天　　D. 朔望日之前

26. "高潮间隙"是指________。

A. 从满月到大潮高潮发生的时间间隔　　B. 从月中天到高潮发生的时间

C. 高潮与低潮的时间间隔　　D. 两次高潮的时间间隔

27. 从朔望日到实际大潮发生的时间间隔叫________，从月中天到实际高潮发生的时间间隔叫________。

A. 潮龄；高潮间隙　　B. 高潮间隙；潮龄

C. 大潮升；小潮升　　D. 小潮升；大潮升

28. 半日潮一个周期为________。

A. 12 h 50 min　　B. 12 h

C. 24 h　　D. 12 h 25 min

29. 不正规半日潮港是指________。

A. 每天有两次高潮和两次低潮的港口
B. 每天有两次涨潮和两次落潮,涨落潮时间,潮差几乎相等的港口
C. 每天有两次涨潮和两次落潮,但涨落潮时间不等的港口
D. 一个月内有半个月是每天有两次高潮和两次低潮的港口

30. 不正规日潮港是指________。
A. 潮汐周期为 24 小时 50 分钟的港口
B. 半个月中每天只有一次高潮和一次低潮的天数超过 7 天的港口
C. 半个月中每天只有一次高潮和一次低潮的天数不超过 7 天的港口
D. A、B、C 都对

31. 潮差是________。
A. 相邻高、低潮的潮高之差
B. 主、附港潮高之差
C. 大潮与小潮之差
D. 回归潮与分点潮之差

32. 潮差最大的潮汐称为________。
A. 分点潮
B. 回归潮
C. 大潮
D. 小潮

33. 潮差最小的潮汐称为________。
A. 分点潮
B. 回归潮
C. 大潮
D. 小潮

34. 潮龄是________。
A. 由朔望日至大潮实际发生日之间的间隔天数
B. 由朔望日至实际大潮高潮时的时间间隔
C. 由每天月中天时刻至实际高潮时的时间间隔的长期平均值
D. 由每天月中天时刻至实际大潮高潮时的时间间隔的长期平均值

35. 潮汐周日不等现象最显著的是________。
A. 分点潮
B. 大潮
C. 回归潮
D. 小潮

36. 从潮高基准面至平均大潮高潮面的高度称为________。
A. 大潮差
B. 大潮升
C. 小潮
D. 小潮升

37. 从潮高基准面至平均小潮高潮面的高度称为________。
A. 大潮差
B. 大潮升
C. 小潮差
D. 小潮升

38. 大潮差是指相邻的________之差。
A. 大潮高潮潮高与小潮低潮潮高
B. 低潮高潮潮高与大潮低潮潮高
C. 大潮高潮潮高与大潮低潮潮高
D. 小潮高潮潮高与小潮低潮潮高

39. 大潮升是________。
A. 从潮高基准面到平均大潮高潮面的高度
B. 从平均海面到平均大潮高潮面的高度

C. 高低潮潮高差　　D. 相邻的高潮潮高之差

40. 大潮升是________。

A. 平均高潮潮高　　B. 平均高高潮高

C. 平均大潮高潮高　　D. 平均回归潮高潮高

41. 大潮升是________。

A. 从潮高基准面到平均大潮低潮面的高度　　B. 从潮高基准面到平均小潮高潮面的高度

C. 从潮高基准面到平均小潮低潮面的高度　　D. 从潮高基准面到平均大潮高潮面的高度

42. 大潮是指________的潮汐。

A. 高潮最高、低潮也最高　　B. 高潮最低、低潮也最低

C. 高潮最高、低潮最低　　D. 高潮最低、低潮最高

43. 当潮汐为分点潮时,潮汐表现为________。

A. 周日不等现象最显著　　B. 半日不等现象最小

C. 周日不等现象最小　　D. 半日不等现象最显著

44. 当潮汐为分点潮时,潮汐现象表现为________。

A. 周日不等现象最显著　　B. 周日不等现象最小

C. 半日不等现象最显著　　D. 半日不等现象最小

45. 当潮汐为回归潮时,潮汐现象表现为________。

A. 周日不等最显著　　B. 周日不等最小

C. 半日不等现象最显著　　D. 半日不等现象最小

46. 当低潮发生后,海面有一段时间停止升降的现象称为________。

A. 平潮　　B. 停潮

C. 转潮　　D. 候潮

47. 当高潮发生后,海面有一段时间停止升降的现象称为________。

A. 平潮　　B. 停潮

C. 转潮　　D. 候潮

48. 当月赤纬为0°时,一个太阴日中有相邻两个高潮和低潮潮高相差不大,涨落潮时间也很接近,这种潮叫作________。

A. 半日潮　　B. 混合潮

C. 小潮　　D. 分点潮

49. 当月球赤纬最小时的潮汐称为________。

A. 小潮　　B. 大潮

C. 分点潮　　D. 回归潮

50. 低潮间隙是指________。

A. 从月中天到低潮发生的时间间隔　　B. 从新月到大潮低潮发生的时间间隔

C. 相邻两次低潮的时间间隔　　D. 从高潮到低潮的时间间隔

51. 低低潮是指________。

A. 一月中最低的低潮　　B. 大潮日的低潮

C. 小潮日的低潮　　D. 一天中两次低潮的较低者

52. 低高潮是指________。

A. 一天中两次高潮较低者　　B. 一天中两次低潮较高者

C. 一月中最高的低潮　　D. 一月中最低的高潮

53. 高低潮是指________。

A. 一天中两次高潮较低者　　B. 一天中两次低潮较高者

C. 一天中高潮中最低者　　D. 一月中低潮中最高者

54. 高高潮是指________。

A. 一月中最高的高潮　　B. 大潮时的高潮

C. 回归潮时的高潮　　D. 一天中两次高潮较高者

55. 某港口半个月中有连续一半以上的日子为日潮,其余为半日潮,该港口为________。

A. 正规半日潮港　　B. 不正规半日潮港

C. 正规日潮港　　D. 不正规日潮港

56. 某港口半个月中有一半以上的天数为两次高潮两次低潮,其余日子为日潮,该港口为________。

A. 正规半日潮港　　B. 不正规半日潮港

C. 正规日潮港　　D. 不正规日潮港

57. 某港口每天有两次高潮和两次低潮,潮差和涨落潮时间均不相等,该港口为________。

A. 正规半日潮港　　B. 不正规半日潮港

C. 正规日潮港　　D. 不正规日潮港

58. 某港口每天有两次高潮和两次低潮,潮差和涨落潮时间均几乎相等,该港口为________。

A. 正规半日潮港　　B. 不正规半日潮港

C. 正规日潮港　　D. 不正规日潮港

59. 平潮是________。

A. 潮汐停止升降的时候　　B. 高潮发生后潮汐停止升降的现象

C. 平流的时候　　D. 低潮发生后潮汐停止升降的现象

60. 平均高潮间隙是指________。

A. 由朔望至大潮实际发生的时间间隔

B. 由每天月中天时刻至高潮时的时间间隔的长期平均值

C. 由朔望至实际大潮高潮发生的时间间隔

D. 由每月中天时刻至实际大潮高潮时的时间间隔的长期平均值

61. 平均海面是________。

A. 计算海图水深的起算面

B. 根据长期观测算得的某一时期内的海面平均高度

C. 海面的季节修正值

D. 计算潮高的起算面

62. 平均海面是________。

A. 相邻高潮面与低潮面的平均值
B. 平均高潮面与平均低潮面的平均值
C. 平均大潮高潮面与平均大潮低潮面的平均值
D. 长期观测每天每小时水面高度的平均值

63. 确定下列哪种类型的潮汐为不正规半日潮混合潮,________。
A. 在一个太阴日里,涨落潮时间几乎相等,相邻高潮或低潮的潮差几乎相等
B. 在一个太阴日里,涨落潮时间不相等,相邻高潮或低潮的潮差相差很大
C. 在半个月里至少有一半天数出现一天有一次海水涨落的现象
D. 在半个月中一天出现一次海水涨落的现象的天数少于 7 天

64. 日潮港是指________。
A. 每天只有一次高潮和一次低潮的港口
B. 半个月中有一半以上的天数一天只有一次高潮和一次低潮的港口
C. 半个月中一天只有一次高潮和一次低潮的天数不足 7 天
D. 以上答案都对

65. 朔、望后 1 ~ 3 天发生的潮汐一般是________。
A. 高潮　　B. 高高潮
C. 大潮　　D. 最大天文潮

66. 停潮是________。
A. 潮汐停止升降的时候　　B. 高潮发生后潮汐停止升降的现象
C. 平流的时候　　D. 低潮发生后潮汐停止升降的现象

67. 下列说法正确的是________。
A. 日潮港是指凡一日发生一个高潮和一个低潮的港口
B. 潮龄是指新月或满月后到发生大潮时的天数
C. 高高潮是指大潮时的高潮
D. 分点潮是指春分日和秋分日的潮汐

68. 下列说法正确的是________。
A. 高高潮是指大潮日的高潮　　B. 分点潮是指春分和秋分时的潮汐
C. 日潮港是指发生一日一个高潮和低潮的港口　　D. 以上都不对

69. 小潮差是指相邻的________之差。
A. 小潮高潮潮高与大潮低潮潮高　　B. 大潮高潮潮高与小潮低潮潮高
C. 小潮高潮潮高与小潮低潮潮高　　D. 大潮高潮潮高与大潮低潮潮高

70. 小潮升是________。
A. 平均小潮高潮高　　B. 平均低低潮高
C. 平均小潮潮高　　D. 平均分点潮高潮高

71. 小潮升是________。
A. 从潮高基准面到平均大潮低潮面的高度　　B. 从潮高基准面到平均小潮高潮面的高度
C. 从潮高基准面到平均小潮低潮面的高度　　D. 从平均海面到平均小潮高潮面的高度

72. 小潮是指________。

A. 高潮最高、低潮也最高
B. 高潮最低、低潮也最低
C. 高潮最高、低潮最低
D. 高潮最低、低潮最高

73. 一般情况下潮汐基准面是________。

A. 海图基准面
B. 当地水尺 0 点
C. 平均海面
D. 大潮高潮面

74. 月球赤纬最大的潮汐称为________。

A. 大潮
B. 小潮
C. 分点潮
D. 回归潮

75. 同一地点的大潮和小潮________。

A. 大潮低潮潮高高于小潮低潮潮高
B. 大潮低潮潮高低于小潮低潮潮高
C. 大潮低潮潮高等于小潮低潮潮高
D. 无法确定大潮低潮潮高与小潮低潮潮高谁大谁小

76. 正规半日潮港是指________。

A. 每天有两次高潮和两次低潮的港口
B. 每天有两次高潮和两次低潮,涨落潮时间,潮差几乎相等的港口
C. 每天有两次高潮和两次低潮,但涨落潮时间不等的港口
D. 一个月内有半个月是每天有两次高潮和两次低潮的港口

77. 存在潮汐周日不等的海区,一个太阴日里相邻两次高潮中潮高较高的高潮称为________。

A. 高高潮
B. 高低潮
C. 低高潮
D. 低低潮

78. 存在潮汐周日不等的海区,一个太阴日里相邻两次高潮中潮高较低的高潮称为________。

A. 高高潮
B. 高低潮
C. 低高潮
D. 低低潮

79. 存在潮汐周日不等的海区,一个太阴日里相邻两次低潮中潮高较高的低潮称为________。

A. 高高潮
B. 高低潮
C. 低高潮
D. 低低潮

80. 存在潮汐周日不等的海区,一个太阴日里相邻两次低潮中潮高较低的低潮称为________。

A. 高高潮
B. 高低潮
C. 低高潮
D. 低低潮

81. 对潮汐的形成产生影响的有________。

Ⅰ. 地心引力;Ⅱ. 地球自转运动离心力;Ⅲ. 天体引力;Ⅳ. 地球天体相对运动的惯性离心力

A. Ⅰ,Ⅱ
B. Ⅱ,Ⅳ
C. Ⅰ,Ⅳ
D. Ⅲ,Ⅳ

82. 关于潮汐周日不等的说法正确的有________。

Ⅰ. 地球上所有的地方都存在潮汐的周日不等现象;Ⅱ. 当月球的赤纬最小时,潮汐的周日不

等现象最小；Ⅲ. 随着纬度的升高，潮汐周日不等现象越严重；Ⅳ纬度大于90°与月球之差的地方，一天只有一次高潮和一次低潮

A. Ⅰ，Ⅱ，Ⅲ　　B. Ⅱ，Ⅲ，Ⅳ

C. Ⅰ，Ⅲ. Ⅳ　　D. Ⅰ，Ⅱ，Ⅳ

83. 北部湾属于正规日潮，其特点是________。

A. 在半个太阴月中，日潮的总天数不超过7天

B. 在半个太阴月中，日潮的总天数超过7天

C. 在半个太阴月中，日潮的天数连续超过7天

D. 在半个太阴月中，半日潮的天数连续超过7天

84. 南海某港属于不正规日潮混合潮，其特点是________。

A. 在半个太阴月中，日潮的总天数不超过7天

B. 在半个太阴月中，日潮的总天数超过7天

C. 在半个太阴月中，日潮的天数连续超过7天

D. 在半个太阴月中，半日潮的天数连续超过7天

85. 朔望推迟1~3天的潮汐称为________。

A. 高潮　　B. 小潮

C. 大潮　　D. 天文最大潮

86. 下列有关潮汐的说法中，何者正确？

A. 潮汐的周日不等是由日、月引力潮合力不同形成的

B. 平均海面是相邻高潮潮高和低潮潮高的平均值

C. A和B都对

D. A和B都不对

二、简答题

1. 简述潮汐的成因。
2. 试述潮汐的周日不等、半月不等和视差不等的现象和产生原因。
3. 解释下列名词，并用图解表示。

①高高潮；②高低潮；③低高潮；④低低潮；⑤潮差；⑥大潮升；⑦小潮升；⑧平均高潮间隙；⑨平均低潮间隙；⑩潮汐周期

参考答案

1. D	2. B	3. C	4. C	5. C	6. C	7. A	8. D	9. B	10. A
11. D	12. C	13. C	14. A	15. D	16. C	17. B	18. D	19. D	20. D
21. D	22. D	23. B	24. A	25. B	26. B	27. A	28. D	29. C	30. C
31. A	32. C	33. D	34. A	35. C	36. B	37. D	38. C	39. A	40. C

41. D 42. C 43. C 44. D 45. A 46. B 47. A 48. D 49. C 50. A
51. D 52. A 53. B 54. D 55. C 56. D 57. B 58. A 59. D 60. B
61. B 62. D 63. B 64. B 65. C 66. D 67. B 68. D 69. C 70. A
71. B 72. D 73. A 74. D 75. B 76. B 77. A 78. C 79. B 80. D
81. D 82. B 83. C 84. A 85. C 86. D

部分答案解析

1. 本题考查的是潮汐的半月不等。半月不等的影响因素有三个:月亮、太阳、地球相互之间的空间位置关系,月引潮力与太阳引潮力的合力,月相。
2. 潮汐主要是由月引潮力(外力)产生的。而地球自转产生的惯性离心力属于内力,不产生潮汐,但是没有地球自转就不能产生潮汐的涨落现象。
3. 半月不等以半个太阴月为周期。新月、满月时为大潮,上弦、下弦时为小潮;新月到上弦月,潮差越来越小;上弦到满月,潮差越来越大;满月到下弦月,潮差越来越小;下弦月到新月,潮差越来越大。
6. 潮汐的视差不等主要是由地球和太阳之间的距离变化、地球和月亮之间的距离变化导致的。
9. 产生潮汐周日不等的因素为:测者纬度不为0($\varphi \neq 0$)且月赤纬不为0($\delta_{月} \neq 0$)。月赤纬越大,周日不等现象越显著;测者纬度越大,周日不等现象越显著,如图所示。

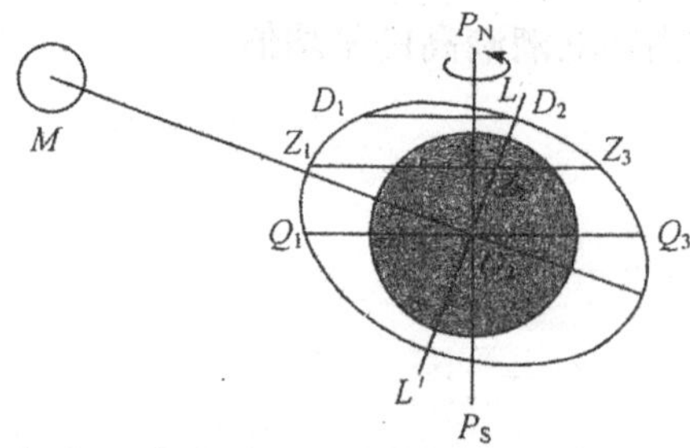

10. 正规半日潮,一个太阴日内发生两次高潮,两次低潮,两次高潮和两次低潮的潮高基本一致,涨落潮时间也接近。当月赤纬为0时,称为分点潮,潮汐周日不等现象最小,如图所示。

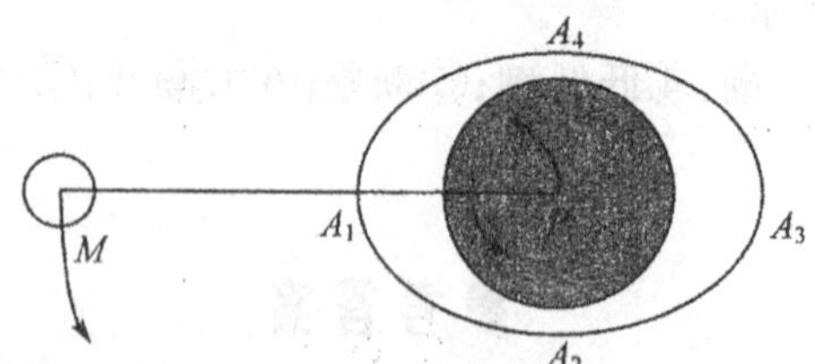

11. 大潮、小潮是由潮汐半月不等产生的。理论上,大潮出现在月引潮力和太阳引潮力相叠加时,即月球、太阳、地球在一条线上时,即朔望日。
12. 由月潮椭圆体可知,月中天时刻为高潮。
14. 考察周日不等的影响因素。赤道上纬度为0,无周日不等现象。
15. 实际高潮时刻发生在月中天前后。

17. $\varphi \geq 90° - \delta_{月}$ 处，一天只有一次高潮一次低潮。

22. $\delta_{月} = 0$ 时潮汐的周日不等现象最小。

24. 平衡潮理论的两个假设：整个地球被等深的大洋所覆盖，所有自然地理因素不起作用；海水没有惯性力和摩擦力，外力使海水在任何时候都处于平衡状态。

25. 大潮日一般发生在朔望日之后 1 ~ 3 天，这 1 ~ 3 天称为潮龄。

28. 半日潮周期为半个太阴日，即 12 h 25 min。

35. 回归潮为月赤纬最大时的潮汐，月赤纬越大，潮汐周日不等现象越显著。

43. 潮汐不等有三种，分别为潮汐的周日不等、潮汐半月不等和潮汐的视差不等，无潮汐半日不等的说法。

51. 低低潮：一天两次低潮里面较低的；高低潮：一天两次低潮里面较高的；高高潮：一天两次高潮里面较高的；低高潮：一天两次高潮里面较低的。

55. 注意：关键句子“半个月中连续一半以上的日子”。

56. 半个月内，一半以上（超过 7 天）为半日潮，其余不到一半的日子（不到 7 天）为日潮的港口为不正规日潮港。不正规半日潮，是指两次涨落潮潮高不相等，涨落潮时间也不相等的潮汐。

61. 关键词：长期、平均。

64. 正规日潮港选 B。C 选项是不正规日潮港。

69. 潮差是指相邻高潮与低潮潮高之差，代表了潮汐的显著程度。小潮差是指小潮日高低潮潮高之差。

70. 潮升是由潮高基准面度量至高潮面的高度，是一个潮高的概念。小潮升：潮高基准面到平均小潮高潮面的高度。大潮升：潮高基准面到平均大潮高潮面的高度，如图所示。

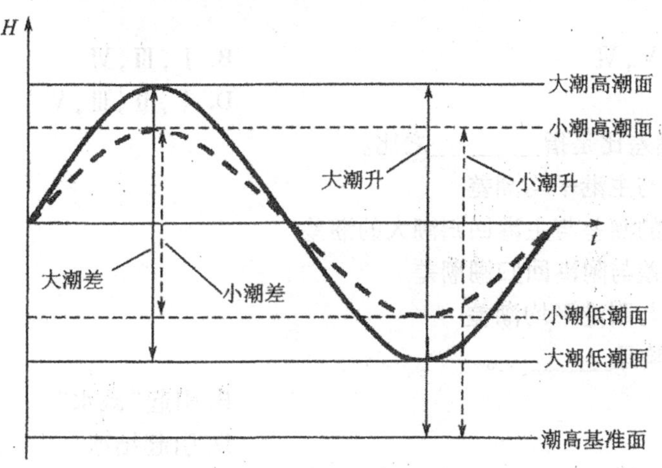

第二节　中版潮汐表与潮汐推算

一、选择题

1. 差比数是主附港之间的________。

A. 潮时差和潮高差　　B. 潮时差与潮差

C. 潮时差、潮差比和改正值　　D. 潮差比与平均海面季节改正

2. 潮差比是________之比。

A. 附港平均潮差与主港平均潮差　　B. 主港潮差与附港潮差

C. 主港平均潮差与附港平均潮差　　D. 附港潮高与主港潮高

3. 潮汐差比数表中的改正值是指________。

A. 附港平均海面－主港平均海面　　B. 主港平均海面－附港平均海面

C. 主港平均海面－附港平均海面×潮差比　　D. 附港平均海面－主港平均海面×潮差比

4. 潮信资料包括________。

Ⅰ. 平均高低潮间隙;Ⅱ. 高、低潮时差;Ⅲ. 大、小潮升;Ⅳ. 平均海面季节改正;Ⅴ. 潮差比;Ⅵ. 平均海面

A. Ⅰ,Ⅱ,Ⅲ,Ⅳ,Ⅴ,Ⅵ　　B. Ⅰ,Ⅲ,Ⅵ

C. Ⅰ,Ⅱ,Ⅲ　　D. Ⅰ,Ⅱ,Ⅲ,Ⅴ

5. 对日潮港来说,潮差比是指________之比。

A. 附港平均潮差与主港平均潮差

B. 附港回归潮大的潮差与主港回归潮大的潮差

C. 主港回归潮潮差与附港回归潮潮差

D. 主港平均潮差与附港平均潮差

6. 寒潮对潮汐的影响是________。

A. 引起"增水"　　B. 引起"减水"

C. 引起下雪　　D. 引起结冰

7. 利用差比数求附港潮高时,直接用表列改正值的条件是________。

A. 主附港平均海面相同　　B. 主附港平均海面季节改正值相等

C. 主附港平均海面季节改正值较小　　D. 以上三者都对

8. 利用中版《潮汐表》求某主港潮汐,可从________查该主港资料所在页数。

A. 主港索引　　B. 目录

C. 地理索引　　D. 梯形图卡

9. 台风对潮汐的影响是________。

A. 引起“增水”

B. 引起“减水”

C. 引起降雨

D. 产生狂浪

10. 我国《潮汐表》预报潮时误差量，在一般情况下为________。

A. 30 分钟

B. 20 分钟

C. 10 分钟

D. 20～30 分钟

11. 以下哪个表不是中版《潮汐表》的内容？

A. 主港潮汐预报表

B. 附港潮汐预报表

C. 潮流预报表

D. 格林尼治月中天时刻表

12. 以下哪些是中版《潮汐表》的内容？

Ⅰ. 主港潮汐预报表；Ⅱ. 潮流预报表；Ⅲ. 格林尼治月中天时刻表；Ⅳ. 差比数和潮信表；Ⅴ. 潮时差与潮高差表

A. Ⅰ，Ⅱ，Ⅲ，Ⅳ

B. Ⅰ，Ⅱ，Ⅳ，Ⅴ

C. Ⅱ，Ⅲ，Ⅳ，Ⅴ

D. Ⅰ，Ⅱ，Ⅲ，Ⅴ

13. 以下哪些因素会引起潮汐预报值与实际值相差较大？

A. 寒潮

B. 台风

C. A、B 都是

D. A、B 都不是

14. 以下哪些因素会引起潮汐预报值与实际值相差较大？

A. 寒潮

B. 春季气旋入海

C. 台风

D. 以上都是

15. 以下哪种不属于中版潮汐表内容？

A. 主港潮汐预报表

B. 潮流预报表

C. 调和常数表

D. 差比数和潮信表

16. 在利用中版《潮汐表》第一册求某附港潮汐时，已知主、附港的平均海面季节改正分别是 23 cm和 35 cm，求附港潮高应用________。

A. 附港潮高 = 主港潮高 × 潮差比 + 改正值

B. 附港潮高 = 主港潮高 × 潮差比 + 改正数 + 潮高季节改正数

C. 附港潮高 = [主港潮高 -（主港平均海面 + 主港平均海面季节改正）] × 潮差比 +（附港平均海面 + 附港平均海面季节改正）

D. 以上均不能用

17. 中版《潮汐表》预报潮高的误差，在一般情况下为________。

A. 10 cm 以内

B. 10～20 cm

C. 20～30 cm

D. 大于 30 cm

18. 中版《潮汐表》中的差比数是指主、副港间的________。

Ⅰ. 高、低潮时差；Ⅱ. 高、低潮高差；Ⅲ. 潮差比；Ⅳ. 平均高、低潮间隙；Ⅴ. 改正值；Ⅵ. 平均海面

A. Ⅰ，Ⅱ，Ⅲ，Ⅳ，Ⅴ，Ⅵ

B. Ⅰ，Ⅲ，Ⅵ

C. Ⅰ，Ⅱ，Ⅲ

D. Ⅰ，Ⅲ，Ⅴ

19. 中版《潮汐表》中的潮时采用________。

A. 世界时　　B. 地方时

C. 当地标准时　　D. 平太阳时

20. 中版《潮汐表》包括以下哪些表?

Ⅰ. 主港潮汐预报表;Ⅱ. 潮流预报表;Ⅲ. 调和常数表;Ⅳ. 差比数和潮信表;Ⅴ. 潮时差与潮高差表

A. Ⅰ,Ⅱ,Ⅲ　　B. Ⅰ,Ⅱ,Ⅳ

C. Ⅲ,Ⅳ,Ⅴ　　D. Ⅱ,Ⅲ,Ⅴ

21. 中版《潮汐表》中,一些重要港口的每小时潮高在以下哪个表中查找?

A. 主港潮汐预报表　　B. 附港潮汐预报表

C. 潮汐预报表　　D. 潮信表

22. 中国国家海洋局海洋情报研究所出版的《潮汐表》哪几册是关于国外海区的?

A. 一、二、三册　　B. 一、二册

C. 四、五、六册　　D. 五、六册

23. 中国国家海洋局海洋情报研究所出版的《潮汐表》哪几册是关于中国海区的?

A. 一、二、三册　　B. 一、二册

C. 四、五、六册　　D. 五、六册

24. 关于中版《潮汐表》中的潮流预报表内容说法错误的是________。

A. 前三册《潮汐表》中潮流预报表给出的是中国一些重要水道、港湾和渔场的潮流资料

B. 包括往复流地点,逐日给出转流时间、最大流速时刻以及相应的最大流速

C. 包括回转流地点,给出潮流回转一周过程中的两个极大值和两个极小值以及对应的时刻和流向

D. 第四册《潮汐表》中的潮流预报报更为详细地给出中国其他地点潮流资料

25. 主、附港的潮时差为"-",说明________。

A. 附港位于主港的东面　　B. 附港位于主港的西面

C. 附港高、低潮潮时早于主港　　D. 附港高、低潮潮时晚于主港

26. 主、附港的潮时差为"+",说明________。

A. 附港位于主港的东面　　B. 附港位于主港的西面

C. 附港高、低潮潮时早于主港　　D. 附港高、低潮潮时晚于主港

27. 从潮信表查得某海区的平均低潮间隙 *MLWI* 为 1147,则 8 月 28 日(农历二十六)的低潮潮时约为________。

A. 0747、2011　　B. 0722、1947

C. 0811、2025　　D. 0659、1923

28. 从潮信表查得某海区的平均高潮间隙 *MHWI* 为 1125,则 5 月 20 日(农历十一)的高潮潮时约为________。

A. 1101、2325　　B. 1125、2349

C. 0725、1949　　D. 0635、1900

29. 某海区大潮升 506 cm，小潮升 406 cm，平均海面 310 cm，则该海区平均大潮低潮潮高为________。

A. 96 cm　　B. 114 cm

C. 196 cm　　D. 214 cm

30. 某海区大潮升 542 cm，小潮升 430 cm，平均海面 310 cm，则该海区平均小潮低潮潮高为________。

A. 78 cm　　B. 120 cm

C. 190 cm　　D. 232 cm

31. 农历六月二十二某地平均高潮间隙是 1021，概算其高潮时为________。

A. 0244 与 1509　　B. 0221 与 1445

C. 0309 与 1533　　D. 0221 与 1509

32. 如 4 月 19 日某主港的高潮潮时为 0117，则高潮时差为 -0228 的附港高潮潮时为________。

A. 4 月 18 日 2249　　B. 4 月 19 日 0345

C. 4 月 18 日 2349　　D. 4 月 19 日 1049

33. 我国某地的 MHWI 为 1225，该地农历初六的高潮时为________。

A. 0335、1600　　B. 0400、1625

C. 0423、1648　　D. 0500、1725

34. 我国某地的大潮升为 4.4 米，小潮升为 3.4 米，则农历初六的高潮潮高约为________。

A. 3.6 米　　B. 4.0 米

C. 4.2 米　　D. 4.4 米

35. 我国某地的大潮升为 4.5 米，小潮升为 3.0 米，平均海面 2.5 米，则农历初五低潮潮高约为________。

A. 1.5 米　　B. 0.5 米

C. 0.9 米　　D. 2.0 米

36. 我国某地的大潮升为 4.5 米，小潮升为 3.1 米，平均海面 2.5 米，则小潮日的低潮潮高约为________。

A. 1.4 米　　B. 0.5 米

C. 1.9 米　　D. 2.0 米

37. 我国某地的大潮升为 4.5 米，小潮升为 3.1 米，则初三、十八的高潮潮高约为________。

A. 4.5 米　　B. 4.3 米

C. 3.8 米　　D. 3.1 米

38. 我国某地的大潮升为 4.5 米，小潮升为 3.1 米，则小潮日的高潮潮高约为________。

A. 4.5 米　　B. 4.3 米

C. 3.8 米　　D. 3.1 米

39. 我国某主港潮汐 T_{HW} 1038，H_{HW} 489 cm，其附港的潮差比为 0.76，潮时差 -0015，改正值 -30，则该附港的 T_{HW} 为________，H_{HW} 为________。

A. 1023;295　　B. 1053;365

C. 1053；335　　D. 1023；342

40. 我国某主港某日潮高为3.6米,某附港的潮差比为1.20,主港平均海面220厘米,附港平均海面222厘米,主附港平均海面季节改正值均为+18厘米,则该附港该日的潮高为________。

A. 3.64米　　B. 4.12米

C. 4.02米　　D. 3.86米

41. 我国某主港某日高潮潮高为4.2 m,其附港潮差比为1.30,改正值+14 cm,则该附港该日的高潮潮高为________。

A. 5.46 m　　B. 5.32 m

C. 5.60 m　　D. 6.68 m

42. 我国某主港某日高潮潮时为1138,其附港高潮时差为0150,改正值为15,则该附港该日的高潮潮时为________。

A. 1328　　B. 1342

C. 0948　　D. 1003

43. 我国沿海某地大潮升4.4 m,小潮升2.9 m,平均海面2.5 m,则该地农历初五的高低潮潮高分别约为________。

A. 3.6 m、1.4 m　　B. 3.0 m、2.0 m

C. 4.0 m、1.0 m　　D. 4.4 m、3.0 m

44. 在潮汐推算中,如主港3月6日低潮时为2357,低潮时差为+0103,则附港发生同一低潮应在________。

A. 3月6日2254　　B. 3月7日0100

C. 3月7日0003　　D. 3月6日0100

45. 我国沿海某地大潮升3.5 m,小潮升2.8 m,平均海面2.3 m,则该地大潮日高潮潮高约为________。

A. 3.5 m　　B. 2.8 m

C. 2.3 m　　D. 3.3 m

46. 我国沿海某地大潮升3.5 m,小潮升2.8 m,平均海面2.3 m,则该地小潮日高潮潮高约为________。

A. 3.5 m　　B. 2.8 m

C. 2.3 m　　D. 3.3 m

47. 我国沿海某地大潮升3.5 m,小潮升2.8 m,平均海面2.3 m,则该地农历初八高潮潮高约为________。

A. 3.5 m　　B. 3.2 m

C. 3.0 m　　D. 1.6 m

48. 我国沿海某地大潮升3.5 m,小潮升2.8 m,平均海面2.3 m,则该地农历初八低潮潮高约为________。

A. 3.5 m　　B. 3.2 m

C. 3.0 m　　D. 1.6 m

49. 我国沿海某半日潮海区平均高潮间隙（*MHWI*）0630，平均低潮间隙（*MLWI*）－0130，则该地农历十八的低潮潮时约为________。

A. 0018、1218　　B. 0630、1855
C. 0006、1231　　D. 0630、1830

50. 中版海图某地大潮升 3.5 m，小潮升 3.0 m，平均海面 2.0 m，某物标图注高程 36 m，当该地潮高为 2.5 m 时，该物标的实际海拔高度为________。

A. 37.5 m　　B. 36 m
C. 35.5 m　　D. 35 m

51. 中版海图某地大潮升 3.5 m，小潮升 3.0 m，平均海面 2.0 m，某物标图注高程 36 m，当该地潮高为 0.5 m 时，该物标的实际海拔高度为________。

A. 37.5 m　　B. 36 m
C. 35.5 m　　D. 35 m

52. 英版海图某地大潮升 3.5 m，小潮升 3.0 m，平均海面 2.0 m，某物标图注高程 36 m，当该地潮高为 2.5 m 时，该物标的实际海拔高度为________。

A. 39 m　　B. 37 m
C. 35 m　　D. 33 m

53. 中版海图某地大潮升 3.5 m，小潮升 3.0 m，平均海面 2.0 m，某架空电缆净空高 36 m，当该地潮高为 2.5 m 时，该电缆最低处距当时海面的实际距离为________。

A. 39 m　　B. 37 m
C. 35 m　　D. 33 m

54. 任意时潮高等于________。

A. 低潮潮高＋潮差×$[1+\cos(t/T\times180)]/2$
B. 高潮潮高＋潮差×$[1-\cos(t/T\times180)]/2$
C. 高潮潮高－潮差×$[1+\cos(t/T\times180)]/2$
D. 低潮潮高＋潮差×$[1-\cos(t/T\times180)]/2$

55. 梯形图卡的作用是________。

A. 求主港高、低潮高　　B. 求附港高、低潮高
C. 求任意潮时的潮高和任意潮高的潮时　　D. 以上均正确

56. 以下哪种水文气象因素的急剧变化会引起潮汐变化的反常现象？

A. 降水　　B. 气压
C. 结冰　　D. 以上都会

57. 回声测深仪测得水深读数 2 米，当时潮高 1 米，吃水 7 米，则该处的海图水深应为________。

A. 10 米　　B. 6 米
C. 8 米　　D. 4 米

58. 某地当日 T_{HW} 0400，T_{LW} 1000，H_{HW} 5 m，H_{LW} 1 m，则 0600 潮高应为________。

A. 1 m　　B. 2 m
C. 3 m　　D. 4 m

59. 某地当日潮汐资料为 0600 500 cm, 1200 100 cm,则 0800 潮高为________。

A. 400 cm　　B. 300 cm

C. 200 cm　　D. 100 cm

60. 某地当日潮汐资料为 1200 400 cm,1900 136 cm,则潮高为 300 cm 的潮时为________。

A. 1350　　B. 1457

C. 1500　　D. 1330

61. 某地某时潮高为 2.9 m,该地海图水深为 5.3 m,海图深度基准面在平均海面下 284 cm,潮高基准面在平均海面下 296 cm,当时该地实际水深为________。

A. 8.08 m　　B. 8.2 m

C. 8.32 m　　D. 11.04 m

62. 某港口资料为 0124 323 cm,0753 096 cm,该港该日 0600 潮高为________。

A. 1.4 m　　B. 1.6 m

C. 1.8 m　　D. 2.0 m

63. 某港某日潮汐资料为 0906 92 cm,1342 418 cm,该港该日潮高 3.0 m 的潮时为________。

A. 1145　　B. 1149

C. 1153　　D. 1159

64. 某港某日潮汐资料为 1100 1.0 m, 2130 3.5 m,该港该日 1930 潮高为________。

A. 3.4 m　　B. 3.2 m

C. 3.3 m　　D. 3.0 m

65. 某港某日潮汐资料为 1100 1.0 m, 2130 3.5 m,该港该日潮高 1.1 m 的潮时为________。

A. 1220　　B. 1230

C. 1240　　D. 1250

66. 某港某日的潮汐资料为 0200 1.0 m,0800 4.0 m,该日 0700 的潮高为________。

A. 3.4 m　　B. 3.8 m

C. 3.2 m　　D. 3.7 m

67. 某港某日的潮汐资料为 0200 1.0 m,0800 4.0 m,该日潮高 1.5 m 的潮时为________。

A. 0350　　B. 0345

C. 0335　　D. 0330

68. 某港图水深基准面在平均海面下 294 cm,潮高基准面在平均海面下 306 cm,预计潮高 300 cm,港图上码头水深 5.4 m,则该港的实际水深为________。

A. 8.28 m　　B. 8.4 m

C. 8.52 m　　D. 9.0 m

69. 某航道上空有大桥净空高度 15 m,该地大潮升 3.2 m,小潮升 1.0 m, 平均海面 280 cm, 1200 潮高为 0.5 m,则 1200 大桥实际水面上高度为________。

A. 17.3 m　　B. 18.7 m

C. 18.3 m　　D. 17.7 m

70. 某航道上有一桥梁,标注高度 15 m,已知该地大潮升 3.2 m,小潮升 1.0 m,平均海面 280 cm,

0800 潮高 0.5 m,则当时桥梁的实际高度为________。

A. 18.7 m　　B. 17.3 m

C. 17.7 m　　D. 18.3 m

71. 某轮吃水 4 米,测深时潮高 6 米,测深仪读数 21 米,当时的可用水深为________。

A. 19 米　　B. 31 米

C. 25 米　　D. 11 米

72. 某轮吃水 8 m,欲通过海图水深为 7 m 的水道,保留富余水深 0.7 m,该水道上空有一高度 34 m的桥梁,要求保留高度 2 m,本船水面上最大高度 33 m,该水道大潮升 4.5 m,小潮升 3.3 m,则通过水道的潮高范围为________。

A. 1.7 m $< H <$ 2.3 m　　B. 1.7 m $< H <$ 3.5 m

C. 1.0 m $< H <$ 3.5 m　　D. 1.7 m $< H <$ 2.9 m

73. 某轮吃水 9.3 米,富余水深 0.7 米,海图水深 7 米,海图基准面在海图平均海面下 2.2 米,潮高基准面在平均海面下 2.0 米,通过该地所需潮高为________。

A. 3.0 米　　B. 3.2 米

C. 2.8 米　　D. 以上都不对

74. 某轮吃水为 9.8 m,某日 0600 在佘山附近测深为 21.1 m,佘山 0600 潮高为 1.4 m,该处海图水深为________。

A. 20.1 m　　B. 22.5 m

C. 29.5 m　　D. 30.2 m

75. 某轮候潮过浅滩,需计算所需潮高,若该轮吃水 7.5 米,要求富余水深 0.5 米,浅滩的海图水深 4.3 米,则通过浅滩所需的潮高为________。

A. 2.7 米　　B. 11.3 米

C. 3.7 米　　D. 12.3 米

76. 某轮使用回声测深仪测得读数为 3 米,吃水为 7 米,当时潮高为 1 米,海图基准面在平均海面下 1.5 米,潮高基准面在平均海面下 1.8 米,则当时的海图水深为________。

A. 9.3 米　　B. 10.3 米

C. 10.7 米　　D. 9.7 米

77. 某轮使用回声测深仪测得读数为 3 米,吃水为 7 米,当时潮高为 1 米,则当时的海图水深为________。

A. 4 米　　B. 9 米

C. 10 米　　D. 11 米

78. 某轮在海上航行,用测深仪测得读数为 5 米,该轮吃水为 9 米,当时潮高为 1.0 米,该水域的平均海面为 1.0 米,潮高基准面在平均海面下为 1.0 米,则当时海图水深为________。

A. 15 米　　B. 13 米

C. 17 米　　D. 11 米

79. 某水道的海图水深 5 拓,当时潮高 2.5 米,海图基准面与潮高基准面一致,则水道的实际水深为________。

A. 12.67 米　　B. 11.5 米

C. 19.33 米　　D. 3.80 米

80. 某水道海图最小水深 6.2 m,潮高基准面在平均海面下 230 cm,海图基准面在平均海面下 200 cm,某轮拟于 5 月 30 日早通过该水道。该轮吃水 7.5 m,要求安全富余水深 1 m,又该水道上空有一电缆高 34 m,该轮主桅高 31 m(水线上高),要求安全余量 2 m。则该轮通过水道的潮高范围为________。(大潮升 330 cm。)

A. $2.6\ m < H < 4.3\ m$　　B. $2.6\ m < H < 4.5\ m$

C. $2.8\ m < H < 4.3\ m$　　D. $2.8\ m < H < 4.5\ m$

81. 某水道浅滩海图水深 6.0 m,该地潮高基准面在平均海面下 220 cm,海图基准面在平均海面下 200 cm,某轮吃水 7.5 m,安全富余水深 0.7 m,则安全通过浅滩所需潮高为________。

A. 3.2 m　　B. 2.2 m

C. 2.4 m　　D. 2.0 m

82. 某水道上空有大桥,其净空高度为 24 m,某轮吃水 7.5 m,主桅高 22 m,型深 9.8 m,与桥的安全余量 1 m,该大潮升 5.3 m,则可安全通过该水道的最大潮高为________。

A. 4.2 m　　B. 3.8 m

C. 4.0 m　　D. 4.5 m

83. 已知某时佘山附近某处海图水深 20 米,当时该地潮高 441 厘米,佘山潮高基准面在平均海面下 229 厘米,该海图基准面在平均海面下 270 厘米,则该时当地实际水深为________。

A. 24.0 米　　B. 27.1 米

C. 27.31 米　　D. 24.82 米

84. 用测深仪测得某地水深为 5 米,当时船舶吃水为 7 米,潮高 3 米,如当时平均海面在海图深度基准面上 3 米,潮高基准面在平均海面下 2 米,则海图水深为________。

A. 12 米　　B. 8 米

C. 10 米　　D. A、B、C 都不对

85. 在候潮过浅滩时,设船舶吃水为 8.7 米,富余水深为 0.7 米,浅滩的海图水深为 6.0 米,则通过浅滩所需潮高至少为________米。

A. 2.0　　B. 3.4

C. 14　　D. 15.4

86. 在英版海图上,某地的大潮升 3 m,平均海面 2 m,该地某一山头的高程为 100 m,如某时该地的潮高为 0.5 m,当时该山头的实际山高为多少?

A. 97.5 m　　B. 100.5 m

C. 102.5 m　　D. 101.5 m

87. 在中版海图上,某地的潮高基准面与海图深度基准面重合,且在平均海面下 2 m,该地某一山头的高程为 100 m,如某时该地的潮高为 0.5 m,当时该山头水面上的实际山高为多少?

A. 97.5 m　　B. 100.5 m

C. 102.5 m　　D. 101.5 m

88. 海图上某地图式为“* (1_5)”或“⊛ (1_5)”(1.5),该地当日潮汐资料为 1227 393 cm,1851 122 cm,

则1530该障碍物上面的水深为________。

A. 1.5 m　　B. 1.2 m

C. 2.7 m　　D. 3.0 m

89. 某地的海图图式为“+”或“⊕”(3.5)，查潮信表该处当时潮汐为1227 3.93 m，1851 1.22 m，则1530该障碍物________。

A. 上面水深3.5 m　　B. 高出水面3.5 m

C. 上面水深6.2 m　　D. 高出水面6.2 m

90. 海图上某处有一图式“⊛”查《潮汐表》得知该地当天的潮汐资料为1227 393，1851 122。经计算在1530时该障碍物________。

A. 上面的水深为3.6米　　B. 上面的水深为2.7米

C. 高出水面2.7米　　D. 高出水面3.6米

91. 某地某时潮高为2.5米，该地海图水深9.5米，海图水深基准面在平均海面下2.5米，潮高基准面在平均海面下1.5米，则当时当地的实际水深为________米。

A. 13　　B. 10

C. 11　　D. 12

92. 某地某时潮高为2.5米，该地海图水深9.5米，海图水深基准面在潮高基准面下1.0米，则当时当地的实际水深为________米。

A. 10　　B. 11

C. 12　　D. 13

93. 在山东高角以北及渤海，由于冬季寒潮的影响，常常使实际水位低于潮汐表的预报，这种现象称为________。

A. 增水　　B. 减水

C. 涨潮　　D. 落潮

94. 在我国闽、浙沿海，由于台风的影响，常常使实际水位高于潮汐表的预报，这种现象称为________。

A. 增水　　B. 减水

C. 涨潮　　D. 落潮

95. 利用中版《潮汐表》计算附港高潮高时，能够首先在“差比数和潮信表”中查取到________。

Ⅰ. 主港高潮高；Ⅱ. 主港名称；Ⅲ. 主、附港平均海面；Ⅳ. 潮时差；Ⅴ. 潮高差；Ⅵ. 主、附港季节改正

A. Ⅰ，Ⅱ，Ⅲ，Ⅳ，Ⅴ，Ⅵ　　B. Ⅱ，Ⅲ，Ⅳ，Ⅴ，Ⅵ

C. Ⅱ，Ⅲ，Ⅳ，Ⅵ　　D. Ⅰ，Ⅱ，Ⅲ，Ⅳ，Ⅴ

96. 中版潮信资料包括________。

Ⅰ. 平均大潮升；Ⅱ. 平均高潮间隙；Ⅲ. 平均海面；Ⅳ. 格林尼治上中天时刻；Ⅴ. 潮龄

A. Ⅰ，Ⅱ，Ⅲ，Ⅳ，Ⅴ　　B. Ⅰ，Ⅱ，Ⅲ

C. Ⅰ，Ⅱ，Ⅲ，Ⅳ　　D. Ⅱ，Ⅲ，Ⅳ

97. 某船吃水9.8 m，航线上某处海图水深28.6 m，查该年度中版《潮汐表》某日潮汐情况为0120

315 cm;0754 81 cm,则该船在当日0600时刻用回声测深仪测得的水深为________。

A. 18.8 m　　B. 19.8 m

C. 20.1 m　　D. 23.8 m

98. 某船2008年12月12日在某处航行,航线上该处海图水深28.6 m,该船在0600时刻用回声测深仪测得该处的水深20.1 m。查该年度中版《潮汐表》该处当日潮汐情况为0120 315 cm,0754 81 cm,则该船的吃水为________。

A. 8.8 m　　B. 9.8 m

C. 10.8 m　　D. 11.8 m

99. 我国某地的 *MLWI* 为1032,该地农历十一的低潮时为________。

A. 0632、1807　　B. 0632、1857

C. 0542、1807　　D. 0542、1857

100. 在利用中版《潮汐表》第一册求某附港潮汐时,已知主、附港的平均海面季节改正分别是2 cm和3 cm,求附港潮高时应用________。

A. 附港潮高 = 主港潮高潮差比 + 改正值

B. 附港潮高 = 主港潮高潮差比 + 改正数 + 潮高季节改正数

C. A、B 均可

D. A、B 均不能用

101. 我国沿海某半日潮海区平均高潮间隙 *MHWI* 0630,平均低潮间隙 *MLWI* −0230,则该地农历初六的低潮时约为________。

A. 0530、1730　　B. 0105、1330

C. 0505、1730　　D. 0130、1330

102. 我国沿海某地大潮升3.5 m,小潮升2.8 m,平均海面2.3 m,则农历二十一的高潮潮高约为________。

A. 3.5 m　　B. 3.2 m

C. 2.3 m　　D. 1.4 m

103. 我国沿海某地大潮升3.5 m,小潮升2.8 m,平均海面2.3 m,则农历二十一的低潮潮高约为________。

A. 3.5 m　　B. 3.2 m

C. 2.3 m　　D. 1.4 m

104. 我国沿海某地大潮升3.5 m,小潮升2.8 m,平均海面2.3 m,则农历二十三的高潮潮高约为________。

A. 3.5 m　　B. 3.2 m

C. 3.0 m　　D. 1.6 m

105. 我国沿海某地大潮升3.5 m,小潮升2.8 m,平均海面2.3 m,则农历二十三的低潮潮高约为________。

A. 3.5 m　　B. 3.2 m

C. 3.0 m　　D. 1.6 m

106. 我国沿海某半日潮海区平均高潮间隙 *MHWI* 0630，平均低潮间隙 *MLWI* –0230，则该地农历十一的高潮时约为________。

A. 0140、1405　　B. 1005、2230

C. 0230、1455　　D. 1030、2230

107. 我国沿海某地大潮升 3.5 m，小潮升 2.8 m，平均海面 2.3 m，则该地大潮日低潮潮高约为________。

A. 3.5 m　　B. 2.8 m

C. 2.3 m　　D. 1.1 m

108. 我国沿海某半日潮海区平均高潮间隙 *MHWI* 0630，平均低潮间隙 *MLWI* –0230，则该地农历十一的低潮时约为________。

A. 0530、1730　　B. 0105、1330

C. 0505、1730　　D. 0130、1330

109. 我国沿海某半日潮海区平均高潮间隙 *MHWI* 0630，平均低潮间隙 *MLWI* –0230，则该地农历十八的高潮时约为________。

A. 0806、2031　　B. 0530、1755

C. 0818、2018　　D. 0530、1820

110. 我国沿海某半日潮海区平均高潮间隙 *MHWI* 0630，平均低潮间隙 *MLWI* –0230，则该地农历二十六的高潮时约为________。

A. 0818、2043　　B. 0205、1430

C. 0818、2018　　D. 0530、1820

111. 我国沿海某半日潮海区平均高潮间隙 *MHWI* 0630，平均低潮间隙 *MLWI* –0130，则该地农历二十六的低潮时约为________。

A. 0018、1218　　B. 0630、1855

C. 0018、1243　　D. 0630、1830

112. 我国沿海某半日潮海区平均高潮间隙 *MHWI* 0630，平均低潮间隙 *MLWI* –0230，则该地农历初六的高潮时约为________。

A. 0140、1405　　B. 1005、2230

C. 0230、1455　　D. 1030、2230

113. 我国某地高潮间隙 0450，概算农历五月初六的高潮时间约为________。

A. 0850、2114　　B. 0825、2050

C. 1050、2314　　D. 0726、1950

114. 我国某地高潮间隙 0525，概算农历十月二十一高潮时为________。

A. 0925、2150　　B. 1013、2237

C. 0825、2049　　D. 1120、2344

115. 我国某地高潮间隙 1050，概算农历八月二十一该地高潮时为________。

A. 0250、1514　　B. 0345、1609

C. 0225、1450　　D. 0450、1714

116. 我国沿海某地大潮升 3.5 m,小潮升 2.8 m,平均海面 2.3 m,则该地农历初六高潮潮高约为________。

A. 3.5 m　　B. 3.2 m

C. 2.3 m　　D. 1.4 m

117. 我国沿海某地大潮升 3.5 m,小潮升 2.8 m,平均海面 2.3 m,则该地小潮日低潮潮高约为________。

A. 3.5 m　　B. 2.8 m

C. 2.3 m　　D. 1.8 m

118. 我国沿海某地大潮升 4.2 m,小潮升 2.7 m,平均海面 2.3 m,则该地农历初六的高低潮潮高分别约为________。

A. 3.5 m、1.4 m　　B. 3.85 m、1.0 m

C. 3.35 m、1.2 m　　D. 3.6 m、1.0 m

119. 在潮汐推算中,若 4 月 19 日某主港的高潮潮时为 0018,高潮时差为 -0148,则附港发生同一高潮应在________。

A. 4 月 19 日 0206　　B. 4 月 19 日 0130

C. 4 月 18 日 2230　　D. 4 月 18 日 0130

120. 我国沿海某地大潮升 4.5 m,小潮升 3.0 m,平均海面 2.5 m,则该地农历初五高潮潮高约为________。

A. 4.1 m　　B. 3.5 m

C. 3.4 m　　D. 4.0 m

二、简答题

1. 中版《潮汐表》的主要内容包括哪些?
2. 使用前 3 册中版《潮汐表》时,如何求取附港的高/低潮的潮时和潮高?
3. 中版《潮汐表》中的差比数和潮信表包含哪些内容?
4. 过浅滩时应注意哪些问题?
5. 过横空障碍物应注意哪些问题?
6. 如何求取某日的高/低潮的潮高和潮时?
7. 列出求任意潮时对应的潮高及任意潮高对应的潮时的公式。

参考答案

1. C	2. A	3. D	4. B	5. B	6. B	7. C	8. B	9. A	10. D
11. B	12. A	13. C	14. D	15. C	16. C	17. C	18. D	19. C	20. B
21. A	22. C	23. A	24. D	25. C	26. D	27. B	28. D	29. B	30. C
31. A	32. A	33. A	34. B	35. C	36. C	37. A	38. D	39. D	40. D

41. C	42. A	43. C	44. B	45. A	46. B	47. C	48. D	49. C	50. C
51. A	52. B	53. B	54. D	55. C	56. D	57. C	58. D	59. A	60. B
61. A	62. A	63. B	64. C	65. A	66. B	67. C	68. A	69. D	70. C
71. C	72. B	73. C	74. C	75. C	76. A	77. B	78. B	79. B	80. A
81. C	82. C	83. D	84. B	85. B	86. C	87. D	88. B	89. C	90. B
91. A	92. D	93. B	94. A	95. C	96. B	97. C	98. B	99. C	100. A
101. B	102. B	103. D	104. C	105. D	106. A	107. D	108. C	109. A	110. B
111. B	112. B	113. B	114. A	115. C	116. B	117. D	118. D	119. C	120. A

部分答案解析

1. 差比数和潮信资料的内容如图所示。

差 比 数 和 潮 信 表

编号	站名	地理位置		主港	差比数				平均高潮间隙	平均低潮间隙	平均大潮升	平均小潮升	$\frac{H_{M_4}}{H_{M_2}}$	$2g_{M_2}-g_{M_4}$	平均海面	潮汐性质
		东经	北纬		高潮时差	低潮时差	潮差比	改正值								
		(°)(′)	(°)(′)		时 分	时 分		cm	时 分	时 分	cm	cm		(°)	cm	
	上海市															
5001	吴淞[illegible]	121 38	31 32	主港					00 18	07 31	324	241	0.15	67	170	0.36
5002	庙港	121 47	31 42	吴淞	-00 26	-00 40	1.32	-12	11 52	06 27	473	335	0.11	81	254	0.34

差比数　　潮信资料

8. 在英版《潮汐表》中称为主港索引，而在中版《潮汐表》中称为目录，下图所示为中版《潮汐表》。

目　　录

11. 中版《潮汐表》的附港潮汐是以差比数形式给出,而英版《潮汐表》的附港潮汐是以附港潮汐预报表(潮时差和潮高差)的形式给出。
12. 潮时差和潮高差表是英版《潮汐表》内容,中版则采用潮差比。
15. 调和常数表是英版《潮汐表》的内容。
16. 中版《潮汐表》前三册中,当季节改正较大(一般大于10)时,附港潮高的计算采用选项C所列公式。
20. 调和常数表及潮时差和潮高差表属于英版《潮汐表》的内容。
25. 由公式:附港高(低)潮时 = 主港高(低)潮时 + 高(低)潮时差,可知,若潮时差为"-",则附港潮时比主港潮时早。
27. 下半月:高(低)潮潮时 =(农历日期 -16) ×0.8 + 平均高(低)潮间隙,另外一次高(低)潮时间为该时间 ±12^h25^m,计算过程如下所示。

月中天时刻	(26 -16) ×0.8	28/8
月中天时刻	0800	28/8
+低潮间隙	1147	
低潮潮时	1947	28/8
-潮汐周期	1225	
另一低潮潮时	0722	28/8

28. 上半月:高(低)潮潮时 =(农历日期 -1) ×0.8 +1200 + 平均高(低)潮间隙,另外一次高(低)潮时间为该时间 ±12^h25^m,计算过程如下所示。

月中天时刻	(11 -1) ×0.8 +1200	28/8
月中天时刻	2000	28/8
+高潮间隙	1125	
高潮潮时	3125	28/8(已为29/8)
-潮汐周期	1255	(推算到28日)
高潮潮时	1900	28/8
-潮汐周期	1225	
另一次高潮潮时	0635	28/8

29. 大潮日(初三、十八):

$$高潮高 = 大潮升(SR)$$

小潮日(初十、二十五):

$$高潮高 = 小潮升(NR)$$

其他日期:

$$高潮高 = SR - \frac{SR - NR}{7.5} \times (所求日与大潮日间隔天数)$$

$$低潮高 = 2MSL - 高潮高$$

32. 附港高潮潮时 = 主港高潮潮时 + 潮时差

=0117(19/4) -0228 =2517(18/4) -0228 =2249(18/4)

34. 同 29 题。高潮高 =4.4 - (4.4 -3.4)/7.5 × (6 -3) = 4.0 m。

35. 同 29 题。高潮高 =4.5 - (4.5 -3.1)/7.5 × (5 -3) = 4.1 m，低潮高 =2 ×2.5 -4.1 =0.9 m。

36. 同 29 题。高潮高 = 小潮升 =3.1 m，低潮高 =2 ×2.5 -3.1 =1.9 m。

37. 初三、十八是大潮日，大潮日高潮高 = 大潮升。

38. 小潮日高潮高 = 小潮升。

39. 附港高潮时间 T_{HW} = 主港高潮时间 T_{HW} + 潮时差 =1038 -0015 =1023。题目中没有给出季节改正大小，给出了改正值，故用此公式：附港高潮高 H_{HW} = 主港高潮高 H_{HW} × 潮差比 + 改正值 =489 ×0.76 -30 ≈342 cm。

40. 题目给出了季节改正值。用公式：附港潮高 =［主港潮高 -（主港 *MSL* + 主港 *SC*）］× 潮差比 +（附港 *MSL* + 附港 *SC*）=［3.6 -(2.2 +0.18)］×1.2 +(2.22 +0.18) = 3.86 m。

43. 同 29 题。初五属于其他日期。高潮高 =4.4 - (4.4 -2.9)/7.5 ×(5 -3) =4 m，低潮高 = 2*MSL* - 高潮高 =2 ×2.5 -4 =1 m。

44. 附港高（低）潮时 = 主港高（低）潮时 + 高（低）潮时差 =2357(6/3) +0103 =2500(6/3) = 0100(7/3)。

50. 先要掌握中版高程起算面：1985 国家高程基准或者平均海面。本题中的大潮升、小潮升，都是干扰数据。解决此类问题最佳方法就是画图，如下图所示。
实际高度 =36 +2 -2.5 =35.5 m。

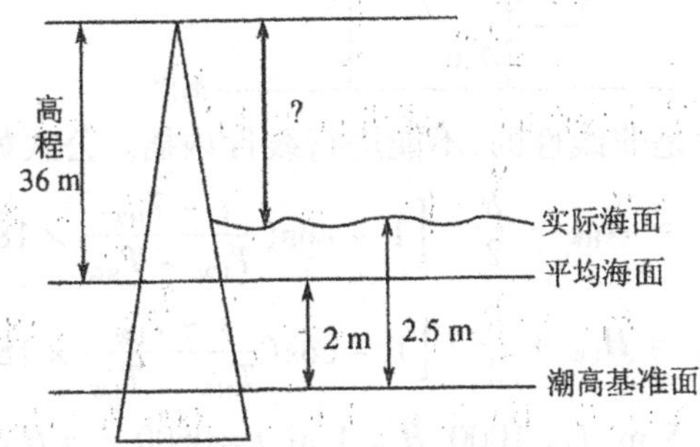

51. 英版高程起算面：一般采用平均大潮高潮面。本题中，小潮升、平均海面是干扰数据。画图解决，如下图所示，实际高度 =36 +3.5 -2.5 =37 m。

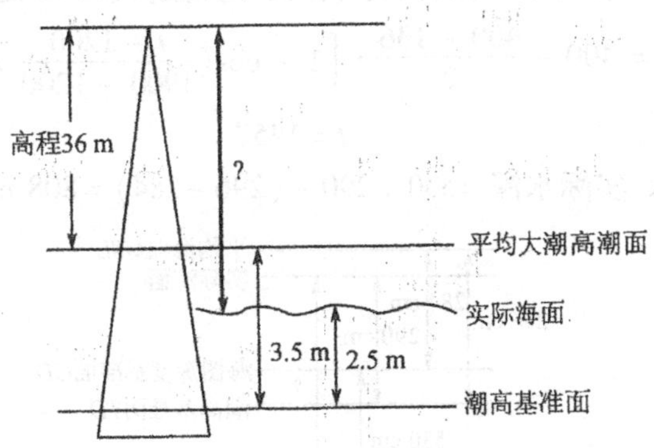

53. 净空高度起算面:平均大潮高潮面、江河高水位、设计最高通航水位。小潮升、平均海面为干扰数据。画图解决,如下图所示,实际净空高度 = 36 + 3.5 - 2.5 = 37 m。

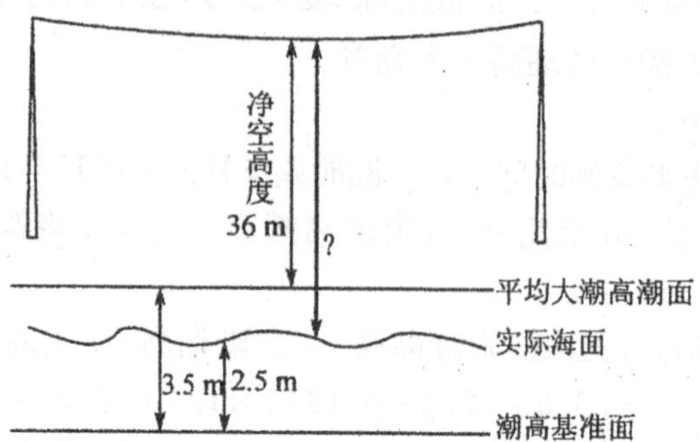

57. 题目未注明潮高基准面与海图深度基准面是否一致,则只能默认两者一致。画图解决,如下图所示,实际水深 = 7 + 2 - 1 = 8 m。

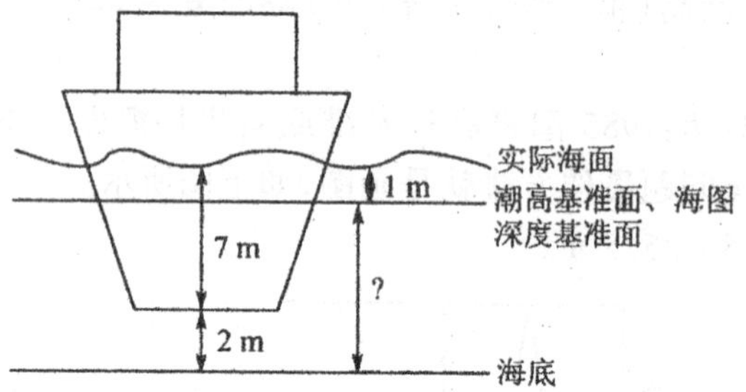

58. 求任意时潮高,注意潮汐是非线性的,不能进行线性内插。公式如下:

$$h_t = H_{HW} - \frac{R}{2} \cdot \left[1 - \cos\left(\frac{t - T_{HW}}{T_{LW} - T_{HW}} \times 180°\right)\right]$$

$$h_t = H_{LW} + \frac{R}{2} \cdot \left[1 - \cos\left(\frac{t - T_{LW}}{T_{HW} - T_{LW}} \times 180°\right)\right]$$

已知条件:T_{HW} 0400,H_{HW} 5 m,T_{LW} 1000,H_{LW} 1 m,t = 0600,$R = H_{HW} - H_{LW}$ = 4 m,代入公式:

$$h_t = 5 - \frac{4}{2} \cdot \left[1 - \cos\left(\frac{0600 - 0400}{1000 - 0400} \times 180°\right)\right] = 4 \text{ m}$$

60. 已知潮高求潮时。将 h_t 作为已知条件,将 t 作为未知数,代入 58 题公式:

$$300 = 400 - \frac{400 - 136}{2} \cdot \left[1 - \cos\left(\frac{t - 1200}{1900 - 1200} \times 180°\right)\right]$$

$$t = 1457$$

61. 画图解决,如下图所示,实际水深 = 530 + 290 - (296 - 284) = 808 cm。

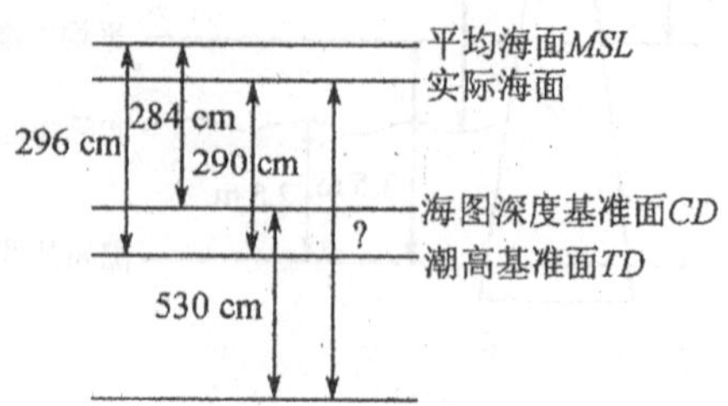

63. 同 58 题。此题应注意，先告之的是低潮信息，所以用 58 题公式。

$$h_t = H_{LW} + \frac{R}{2} \cdot \left[1 - \cos\left(\frac{t - T_{LW}}{T_{HW} - T_{LW}} \times 180°\right)\right]$$

$$300 = 92 + \frac{418 - 92}{2} \cdot \left[1 - \cos\left(\frac{t - 0906}{1342 - 0906} \times 180°\right)\right]$$

$$t = 1149$$

71. 可用水深即实际水深 = 吃水 + 测深仪水深 = 潮高 + 海图水深 + ($CD - TD$)计算。潮高 6 米是干扰数据。

72. 求最小潮高及最大潮高，画图解决。先考虑最小潮高，如下左图所示，最小潮高 = 8 + 0.7 − 7 = 1.7 m；再求最大潮高，如下右图所示，最大潮高 = 34 + 4.5 − 33 − 2 = 3.5 m。

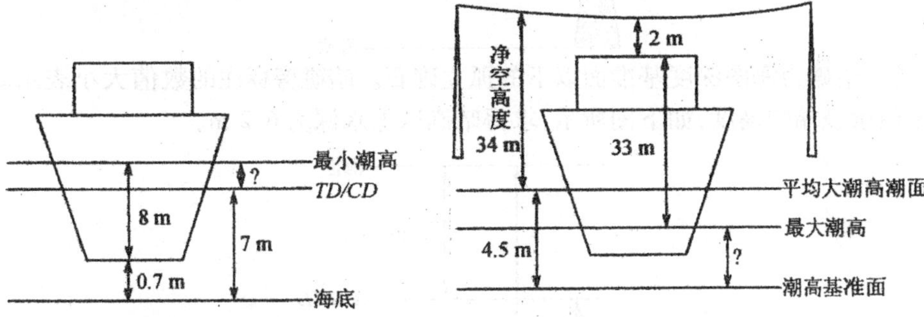

73. 画图解决，如下图所示，所需潮高 = 9.3 + 0.7 − 7 − (2.2 − 2.0) = 2.8 m。

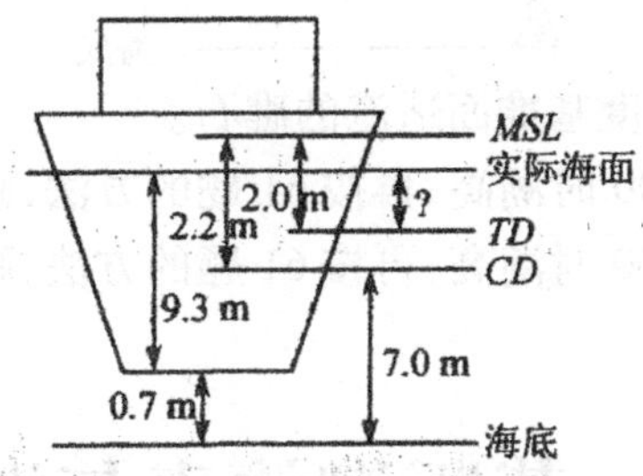

79. 主要考拓与米的换算。1 拓 = 6 英尺，1 英尺 = 0.3048 米。

82. 船自身高度 = 型深 + 主桅高 = 31.8 m，画图解决，如下图所示，最大潮高 = 24 + 5.3 − 1 − 31.8 + 7.5 = 4 m。

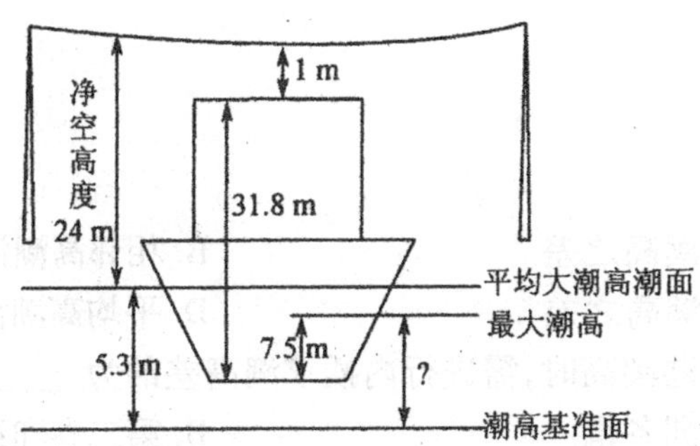

88. 同 58 题。先求 1530 潮高。已知条件：T_{HW} 1227，H_{HW} 393 cm，T_{LW} 1851，H_{LW} 122 cm，t =

1530, $R = H_{HW} - H_{LW} = 271$ cm, 代入 58 题公式求 1530 的潮高：

$$h_t = 393 - \frac{271}{2} \cdot \left[1 - \cos\left(\frac{1530 - 1227}{1851 - 1227} \times 180°\right)\right] = 267.5 \text{ cm}$$

海图图式为干出礁，干出高度为海图深度基准面以上的高度，如下图所示，求得水深为 117.5 cm≈1.2 m。

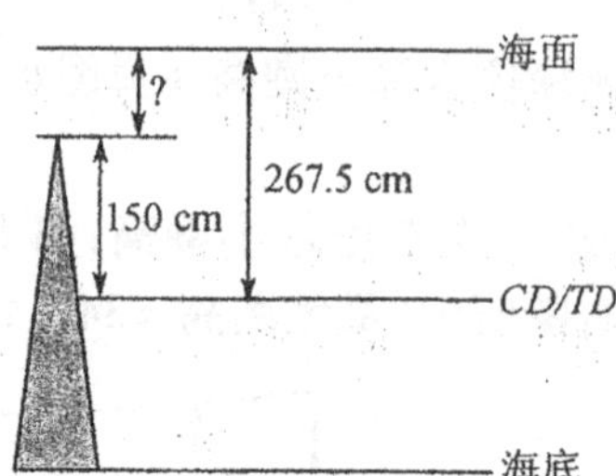

89. 同 88 题。暗礁为海图深度基准面以下的孤立礁石。暗礁旁标注的数值大小表示海图深度基准面至暗礁顶端的高度，如下图所示，求得暗礁以上水深为 6.2 m。

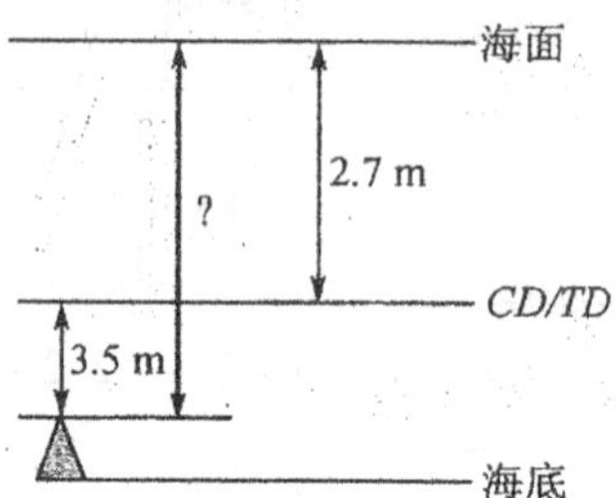

90. 同 88 题。适淹礁是在海图深度基准面适淹的礁石。

97. 首先按 58 题的方法，求的 0600 时潮高；再按 61 题的方法，画图求实际水深。

98. 首先按 58 题的方法，求的 0600 时潮高；再按 61 题的方法，画图求吃水。

第三节　英版潮汐表与潮流推算

一、选择题

1. 潮高差是________。
   A. 附港潮高与相应主港潮高之差　B. 相邻高潮潮高与低潮潮高之差
   C. 平均大潮潮高与低潮潮高之差　D. 平均高潮潮高与低潮潮高之差

2. 利用英版《潮汐表》求附港潮高时，需进行内插求潮高差的为________。
   A. 第一卷和第二卷的欧洲各港　B. 第二卷和第三卷
   C. 第三卷和第四卷　D. 四卷均要求

3. 利用英版《潮汐表》求附港潮时时，潮时差需进行内插的为________。

A. 第一卷和第二卷的欧洲各港
B. 第二卷和第三卷
C. 第三卷和第四卷
D. 四卷均要求

4. 利用英版《潮汐表》求某附港潮汐，可首先从________查该附港的编号，然后根据编号在潮时差与潮高差表中查得所需资料。

A. 主港索引
B. 目录
C. 地理索引
D. 以上均可

5. 利用英版《潮汐表》求某主港潮汐，可从________该主港资料所在页码或编号。

A. 主港索引
B. 目录
C. 地理索引
D. A 或 C

6. 利用英版《潮汐表》推算附港潮高的公式是________。

A. (主港潮高 - 主港平均海面季节改正) × 潮差比 + 附港平均海面季节改正
B. 主港潮高 × 潮差比 + 改正值
C. 主港潮高 - 主港平均海面季节改正 + 潮高差 + 附港平均海面季节改正
D. 主港潮高 + 主港平均海面季节改正 + 潮高差 - 附港平均海面季节改正

7. 利用英版《潮汐表》推算附港潮高时，关于潮高差的求取下列说法正确的是________。

A. 以(主港潮高 - 主港平均海面季节改正)为引数查表内插求取
B. 以(主港潮高 + 主港平均海面季节改正)为引数查表内插求取
C. 以主港潮高为引数，查表内插求取
D. 以(主港潮高 + 附港平均海面季节改正)为引数查表内插求取

8. 哪一卷英版《潮汐表》有主要港口的逐时潮高资料？

A. 第一卷
B. 第二卷
C. 第三卷
D. 第四卷

9. 以下哪项不是英版《潮汐表》的内容？

A. 潮流预报表
B. 差比数与潮信表
C. 调和常数表
D. 潮时差与潮高差表

10. 以下哪些是英版《潮汐表》的内容？

Ⅰ. 主港潮汐预报表；Ⅱ. 潮流预报表；Ⅲ. 格林尼治月中天时刻表；Ⅳ. 差比数和潮信表；Ⅴ. 潮时差与潮高差表

A. Ⅰ，Ⅱ，Ⅲ
B. Ⅰ，Ⅱ，Ⅴ
C. Ⅱ，Ⅲ，Ⅳ
D. Ⅰ，Ⅲ，Ⅴ

11. 以下哪种不属于英版潮汐表内容？

A. 主港潮汐预报
B. 调和常数
C. 潮高差与潮时差
D. 差比数与潮信表

12. 英版《潮汐表》包括以下哪些表？

Ⅰ. 主港潮汐预报表；Ⅱ. 潮流预报表；Ⅲ. 调和常数表；Ⅳ. 差比数和潮信表；Ⅴ. 潮时差与潮高差表

A. Ⅰ，Ⅱ，Ⅲ，Ⅳ
B. Ⅰ，Ⅱ，Ⅳ，Ⅴ

C. Ⅱ,Ⅲ,Ⅳ,Ⅴ　　D. Ⅰ,Ⅱ,Ⅲ,Ⅴ

13. 英版《潮汐表》的补遗和勘误,可在下列哪种英版图书资料上查取?

A. 周版《航海通告》　　B. 当年《航海通告年度摘要》

C. 月末版《航海通告》　　D. 季末版《航海通告》

14. 英版《潮汐表》第二卷不包括________。

A. 潮流预报表　　B. 主港潮汐预报表

C. 调和常数　　D. 潮时差与潮高差表

15. 英版《潮汐表》第一卷不包括________。

A. 潮流预报表　　B. 主港潮汐预报表

C. 调和常数　　D. 潮时差与潮高差表

16. 英版《潮汐表》共有________卷。

A. 3　　B. 4

C. 5　　D. 6

17. 英版《潮汐表》提供了利用潮汐预报表预报主附港潮汐的方法和利用调和常数求潮汐的方法,两者比较________。

A. 精度一样

B. 调和常数法精度高

C. 利用潮汐预报表的方法精度高

D. 对不同性质的潮汐两者精度不一样,故无法比较精度

18. 英版《潮汐表》有以下哪些索引?

Ⅰ. 主港索引;Ⅱ. 附港索引;Ⅲ. 地理索引;Ⅳ. 关键词索引

A. Ⅰ,Ⅱ,Ⅲ　　B. Ⅰ,Ⅱ,Ⅳ

C. Ⅱ,Ⅲ　　D. Ⅰ,Ⅲ

19. 英版《潮汐表》中,从________可查得主港资料所在的页码。

A. 主港索引　　B. 潮时差与潮高差表

C. 地理索引　　D. A + B

20. 英版《潮汐表》中,根据主港索引查潮汐资料时,依据港名所查得的是________。

A. 主港在潮汐表中的编号　　B. 主港在调和常数表中的编号

C. 主港潮汐预报资料在潮汐表中的页码　　D. A + C

21. 英版潮汐表的潮时采用________。

A. 当地标准时　　B. 地方时

C. 世界时　　D. 夏令时

22. 英版潮汐表中,根据港名在地理索引中所查得的是________。

A. 该港在潮汐表中的编号　　B. 该港在差比数与潮信表的编号

C. 该港在潮汐表中的页码　　D. A + C

23. 英版潮汐表中地理索引中的港名如用黑体字,表示该港是________。

A. 潮差大的港　　B. 重要的港

C. 各地区最大的港　　D. 主港

24. 在利用英版《潮汐表》计算附港潮汐时，如果主、附港不在同一时区，则________。

A. 计算附港潮时时需对潮时差进行时区修正

B. 计算附港潮时时直接用表列潮时差即可

C. 计算附港潮时时第一卷需对潮时差进行时区修正

D. 计算附港潮时时除第一卷外的其他各卷需对潮时差进行时区修正

25. 在英版《潮汐表》第三卷和第四卷中印有几张供求任意时潮高和任意潮高的潮时用的曲线图？

A. 一张　　B. 每附港一张

C. 每港一张　　D. 每主港一张

26. 在英版《潮汐表》第一卷中，印有几张求任意时潮高和任意潮高的潮时的曲线图？

A. 一张　　B. 每附港一张

C. 每港一张　　D. 每主港一张

27. 在英版《潮汐表》第一卷中，每主港印有一张求任意时潮高和任意潮高的潮时的曲线图，其中由虚线构成的曲线代表________，由实线构成的曲线代表________。

A. 小潮曲线；大潮曲线　　B. 大潮曲线；小潮曲线

C. 高潮曲线；低潮曲线　　D. 低潮曲线；高潮曲线

28. 在英版《潮汐表》第一卷中，每主港印有一张求任意时潮高和任意潮高的潮时的曲线图，其中虚线代表小潮曲线，实线代表大潮曲线，何时采用虚线？

A. 潮差等于或接近大潮潮差时　　B. 潮差等于或接近小潮潮差时

C. 高潮时　　D. 低潮时

29. 在英版《潮汐表》第一卷中，每主港印有一张求任意时潮高和任意潮高的潮时的曲线图，其中虚线代表小潮曲线，实线代表大潮曲线，何时采用实线？

A. 潮差等于或接近大潮潮差时　　B. 潮差等于或接近小潮潮差时

C. 高潮时　　D. 低潮时

30. 在英版《潮汐表》第一卷中，每主港印有一张求任意时潮高和任意潮高的潮时的曲线图，其中虚线代表小潮曲线，实线代表大潮曲线，下列说法错误的是________。

A. 潮差等于或接近大潮潮差时，利用大潮曲线

B. 潮差等于或接近小潮潮差时，利用小潮曲线

C. 潮差在两者之间时，两条曲线可任意使用

D. 潮差在两者之间时，在两条曲线间内插使用

31. 在英版《潮汐表》中印有求任意时潮高曲线图，以下哪一卷中的曲线图较精确？

A. 第二卷　　B. 第三卷

C. 第四卷　　D. 以上都一样

32. 利用英版《潮汐表》求附港潮汐，主港某日潮汐为 0929 1.0 m，1838 4.0 m。主附港高潮潮高差为 −30 cm；低潮潮高差为 −50 cm。附港高、低潮潮高分别为________。

A. 0.7 m、3.5 m　　B. 0.5 m、3.7 m

C. 1.3 m、4.5 m　　D. 1.3 m、4.3 m

33. 利用英版《潮汐表》求附港潮汐,主港某日潮汐为 0929 1.0 m,1838 4.0 m。主附港高潮潮时差为 -0157,低潮潮时差为 -0230。附港高、低潮时分别为________。

A. 0659、1641　　B. 0732、1608

C. 1126、2109　　D. 1059、2035

34. 某主港低潮潮高 1.2 m,查得潮高差资料如下:

	MHWS	MHWN	MLWN	MLWS
				m
主港	3.5	2.5	1.4	1.0
附港潮高差	+0.6	+0.4	+0.4	-0.4

则与所给主港潮高对应的附港潮高差为________。

A. -0.2 m　　B. +0.4 m

C. 0　　D. +0.2 m

35. 某主港低潮潮高 1.8 m,查得潮高差资料如下:

	MHWS	MHWN	MLWN	MLWS
				m
主港	12.9	9.6	3.2	0.6
附港潮高差	-0.4	-0.2	0.0	-0.2

则与所给主港潮高对应的附港潮高差为________。

A. +0.3 m　　B. -0.3 m

C. +0.1 m　　D. -0.1 m

36. 某主港高潮潮高 11.2 m,查得潮高差资料如下:

	MHWS	MHWN	MLWN	MLWS
				m
主港	12.9	9.6	3.2	0.6
附港潮高差	-0.4	-0.2	0.0	-0.2

则与所给主港潮高对应的附港潮高差为________。

A. +0.3 m　　B. -0.3 m

C. +0.1 m　　D. -0.1 m

37. 某主港高潮潮高 3.0 m,查得潮高差资料如下:

	MHWS	MHWN	MLWN	MLWS
				m
主港	3.5	2.5	1.4	1.0
附港潮高差	+0.6	+0.4	+0.4	-0.4

则与所给主港潮高对应的附港潮高差为________。

A. +0.7 m　　B. +0.6 m

C. +0.5 m　　D. +0.8 m

38. 某主港高潮潮高 3.4 m,查得潮高差资料如下：

	MHWS	MHWN	MLWN	MLWS
				m
主港	3.5	2.5	1.4	1.0
附港潮高差	+0.6	+0.4	+0.4	-0.4

则与所给主港潮高对应的附港潮高差为________。

A. +0.7 m　　B. +0.6 m

C. +0.5 m　　D. +0.8 m

39. 某主港高潮潮高 4.0 m,查得潮高差资料如下：

	MHWS	MHWN	MLWN	MLWS
				m
主港	3.5	2.5	1.4	1.0
附港潮高差	+0.6	+0.4	+0.4	-0.4

则与所给主港潮高对应的附港潮高差为________。

A. +0.7 m　　B. +0.6 m

C. +0.5 m　　D. +0.8 m

40. 已知主港低潮时为 0258，且主附港时差资料为：

	Time Difference			
	High Water		Low Water	
	Zone U. T. (G. M. T.)			m
主港：	0000 and 1200	0600 and 1800	0000 and 1200	0600 and 1800
附港潮时差：	-0030	-0050	-0020	-0015

则对应该主港低潮时的附港潮时差为________。

A. -0018　　B. 0018

C. -0039　　D. 0039

41. 已知主港低潮时为 1039，且主附港时差资料为：

	Time Difference			
	High Water		Low Water	
	Zone U. T. (G. M. T.)			m
主港：	0200 and 1400	0800 and 2000	0300 and 1500	0800 and 2000
附港潮时差：	-0010	-0015	-0035	-0020

则对应该主港低潮时的附港潮时差为________。

A. -0027　　B. 0025

C. -0012　　D. 0012

42. 已知主港低潮时为1518，且主附港时差资料为：

	Time Difference				
	High Water		Low Water		
	Zone U. T. (G. M. T.)				m
主港：	0000 and 1200	0600 and 1800	0000 and 1200	0600 and 1800	
附港潮时差：	-0030	-0050	-0020	-0015	

则对应该主港低潮时的附港潮时差为________。

A. -0017　　B. 0017

C. -0039　　D. 0039

43. 已知主港低潮时为2318，且主附港时差资料为：

	Time Difference				
	High Water		Low Water		
	Zone U. T. (G. M. T.)				m
主港：	0200 and 1400	0800 and 2000	0300 and 1500	0800 and 2000	
附港潮时差：	-0010	-0015	-0035	-0020	

则对应该主港低潮时的附港潮时差为________。

A. -0025　　B. 0025

C. -0012　　D. 0012

44. 已知主港高潮时为0355，且主附港时差资料为：

	Time Difference				
	High Water		Low Water		
	Zone U. T. (G. M. T.)				m
主港：	0200 and 1400	0800 and 2000	0300 and 1500	0800 and 2000	
附港潮时差：	-0010	-0015	-0035	-0020	

则对应该主港高潮时的附港潮时差为________。

A. -0025　　B. 0025

C. -0012　　D. 0012

45. 已知主港高潮时为0913，且主附港时差资料为：

	Time Difference				
	High Water		Low Water		
	Zone U. T. (G. M. T.)				m
主港：	0000 and 1200	0600 and 1800	0000 and 1200	0600 and 1800	
附港潮时差：	-0030	-0050	-0020	-0015	

则对应该主港高潮时的附港潮时差为________。

A. -0018　　B. 0018

C. -0039　　D. 0039

46. 已知主港高潮时为1633，且主附港时差资料为：

	Time Difference				
	High Water		Low Water		
	Zone U. T. (G. M. T.)				m
主港：	0200 and 1400	0800 and 2000	0300 and 1500	0800 and 2000	
附港潮时差：	-0010	-0015	-0035	-0020	

则对应该主港高潮时的附港潮时差为________。

A. -0025　　B. 0025

C. -0012　　D. 0012

47. 已知主港高潮时为2119，且主附港时差资料为：

	Time Difference				
	High Water		Low Water		
	Zone U. T. (G. M. T.)				m
主港：	0000 and 1200	0600 and 1800	0000 and 1200	0600 and 1800	
附港潮时差：	-0030	-0050	-0020	-0015	

则对应该主港高潮时的附港潮时差为________。

A. -0018　　B. 0018

C. -0039　　D. 0039

48. 主港低潮潮高 1.3 m，并设：

	MHWS	MHWN	MLWN	MLWS
主港	3.8 m	2.8 m	1.6 m	1.1 m

附港潮高差	+0.5	+0.2	+0.4	-0.3

则与所给主港潮高对应的主附港潮高差为________。

A. +0.2　　B. 0

C. -0.2　　D. -0.3

49. 主港低潮潮高 1.8 m,并设:

	MHWS	MHWN	MLWN	MLWS
主港	3.9 m	2.8 m	1.6 m	1.1 m
附港潮高差	+0.5	+0.4	+0.4	-0.3

则与所给主港潮高对应的主附港潮高差为________。

A. +0.7　　B. +0.4

C. +1.0　　D. -0.1

50. 主港高潮潮高 3.1 m,并设:

	MHWS	MHWN	MLWN	MLWS
主港	3.8 m	2.8 m	1.6 m	1.1 m
附港潮高差	+0.5	+0.2	+0.4	-0.3

则与所给主港潮高对应的主附港潮高差为________。

A. +0.2　　B. +0.3

C. +0.4　　D. +0.5

51. 主港高潮潮高 3.4 m,并设:

	MHWS	MHWN	MLWN	MLWS
主港	3.8 m	2.8 m	1.6 m	1.1 m
附港潮高差	+0.5	+0.2	+0.4	-0.3

则与所给主港潮高对应的主附港潮高差为________。

A. +0.2　　B. +0.3

C. +0.4　　D. +0.5

52. 主港高潮潮高 3.7 m,并设:

	MHWS	MHWN	MLWN	MLWS
主港	3.8 m	2.8 m	1.6 m	1.1 m
附港潮高差	+0.5	+0.2	+0.4	-0.3

则与所给主港潮高对应的主附港潮高差为________。

A. +0.2　　B. +0.3

C. +0.4　　D. +0.5

53. 利用英版潮汐表推算潮汐,从第二部分"Part Ⅱ Time and Height Difference for Predicting the Tide at Secondary Ports"可以查到的资料有________。

Ⅰ. 主港潮汐资料;Ⅱ. 主港名称和编号;Ⅲ. 主、附港季节改正;Ⅳ. 潮时差;Ⅴ. 潮高差

A. Ⅰ,Ⅱ,Ⅲ,Ⅳ,Ⅴ　　B. Ⅱ,Ⅲ,Ⅳ,Ⅴ

C. Ⅱ,Ⅲ,Ⅳ　　D. Ⅰ,Ⅱ,Ⅲ,Ⅳ

54. 英版《潮汐表》中,根据主港索引查潮汐资料时,依据港名所查得的是________。

A. 主港在潮汐表中的编号　　B. 主港在调和常数表中的编号

C. 主港潮汐预报资料在潮汐表中的页码　　D. 以上都不对

55. 英版 NP158,TIDECALC 是________。

A. 根据英版《潮汐表》计算潮汐的软件磁盘

B. 代替英版《潮汐表》的计算机软件磁盘

C. 英国本土各港潮汐预报用计算机软件磁盘

D. 演示潮汐与天体运动的软件磁盘

56. 英版 NP159A. 潮汐预报的简易调和常数法 PC 版是________。

A. 用以根据《潮汐表》第三部分调和常数计算潮汐的计算机软件磁盘

B. 代替英版潮汐表的计算机软件磁盘

C. 讲解调和常数法的计算机软件磁盘

D. 英国本土各港潮汐预报的计算机软件磁盘

根据下图,回答 57 ~ 63 题。

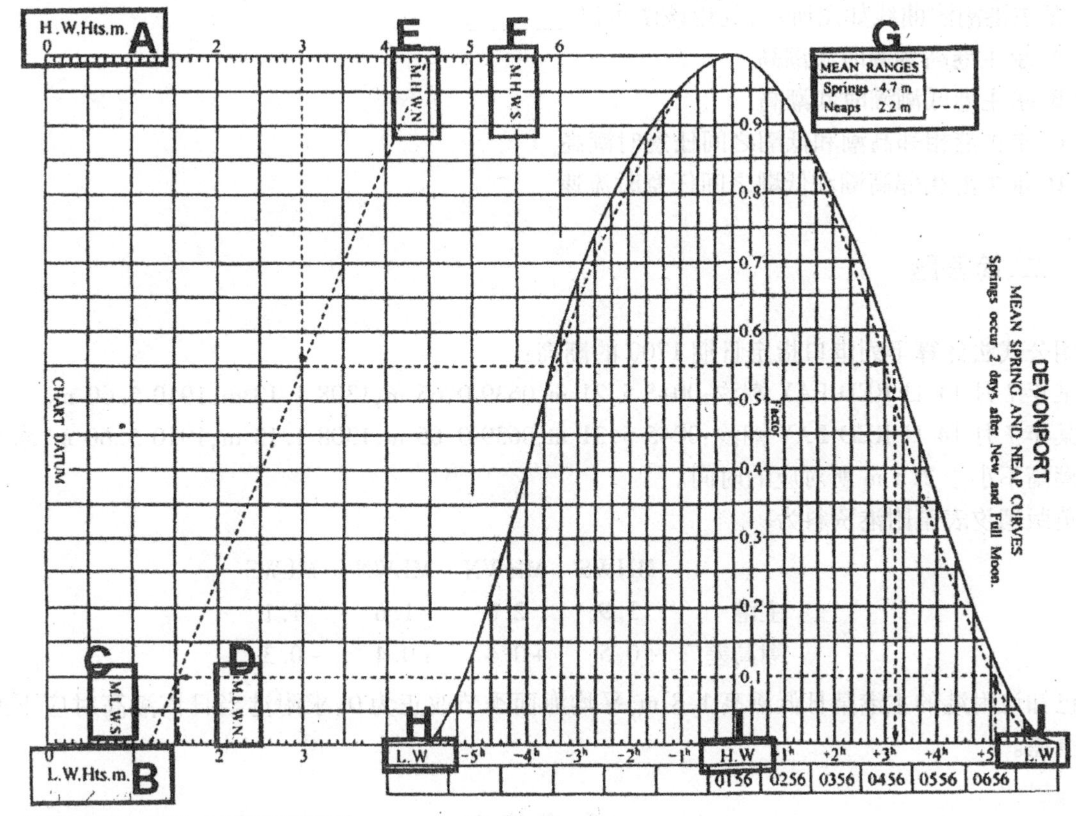

57. 如图所示,平均大潮高潮高为________m。

A. 5.5　　B. 4.4

C. 2.2　　D. 0.8

58. 如图所示,平均小潮高潮高为________ m。
   A. 5.5　　B. 4.4
   C. 2.2　　D. 0.8
59. 如图所示,平均小潮低潮高为________ m。
   A. 5.5　　B. 4.4
   C. 2.2　　D. 0.8
60. 如图所示,平均大潮低潮高为________ m。
   A. 5.5　　B. 4.4
   C. 2.2　　D. 0.8
61. 如图所示,大潮差为________ m。
   A. 5.5　　B. 4.4
   C. 4.7　　D. 2.2
62. 如图所示,小潮差为________ m。
   A. 5.5　　B. 4.4
   C. 4.7　　D. 2.2
63. 某主港潮汐曲线如图所示,利用该图可以________。
   A. 求主港高潮潮时和潮高
   B. 求主港低潮潮时和潮高
   C. 求主港相邻高潮和低潮之间任意时潮高
   D. 求主港相邻高潮和低潮之间任意时流速

二、简答题

1. 用公式法计算下列港口指定日期 1700 的潮高:
   某年 7 月 14 日 RED BAY 潮汐:0045 5.21 m,0639 0.65 m,1308 1.13 m,1910 5.60 m。
2. 某年 7 月 14 日 RED BAY 潮汐:0045 5.21 m,0639 0.65 m,1308 1.13 m,1910 5.60 m,求当日潮高不小于 2.5 m 所对应的时间。
3. 英版潮汐表某附港资料为:

	MHWS	MHWN	MLWN	MLWS
主港	3.9	2.8	1.6	1.1
潮高差	+0.5	+0.4	+0.4	-0.3

已知该附港的主港某日低潮高 1.8 m,平均海面季节改正为 0,求附港当日该潮高对应下的潮高差。

参考答案

1. A　2. D　3. A　4. C　5. D　6. C　7. A　8. A　9. B　10. B

11. D	12. D	13. B	14. A	15. A	16. B	17. B	18. D	19. D	20. C
21. A	22. A	23. D	24. B	25. A	26. D	27. A	28. B	29. A	30. C
31. A	32. B	33. A	34. C	35. D	36. B	37. C	38. B	39. A	40. A
41. A	42. A	43. A	44. C	45. C	46. C	47. C	48. B	49. A	50. B
51. C	52. D	53. B	54. C	55. B	56. A	57. A	58. B	59. C	60. D
61. C	62. D	63. C							

部分答案解析

3. 英版《潮汐表》由英国 UKHO 出版，第一、二卷（即 NP201、NP202）的资料详细，潮时差要内插。NP201 还有主要港口的逐时潮高。
4. 英版《潮汐表》，主港索引：只能查主港所在页码；地理索引：只能查主、附港编号，无页码，主港用黑体字；潮时差与潮高差表：能查到主、附港编号和主港页码。
9. 差比数和潮信表、格林尼治月中天时刻表、目录是中版《潮汐表》的内容。
25. 英版《潮汐表》是由 UKHO 出版的，第一、二卷很详细，每个主港一张；第三、四卷不详细，每卷一张。
33. 附港高潮潮时 = 主港高潮潮时 + 潮时差 = 1838 + (−0157) = 1641，附港低潮潮时 = 主港低潮潮时 + 潮时差 = 0929 + (−0230) = 0659。
34. 先看明白此题干的意思，本题已知主港低潮潮高 1.2 m，即使用低潮潮高内插数据，内插方法如下所示。

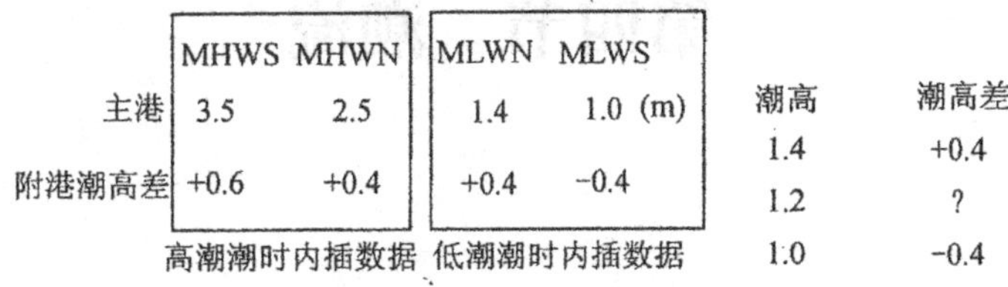

	MHWS	MHWN	MLWN	MLWS
主港	3.5	2.5	1.4	1.0 (m)
附港潮高差	+0.6	+0.4	+0.4	−0.4
	高潮潮时内插数据		低潮潮时内插数据	

潮高	潮高差
1.4	+0.4
1.2	?
1.0	−0.4

40. 先看明白题干的意思，第一列 0000、and、1200、−0300 表示主港高潮时间发生在 0000 点或者 1200 点时，潮时差为 −0030，其他同理。常规做法：已知主港低潮时 0258，用低潮潮时内插数据，如下所示。

	High Water		Low Water	
主港：	0000 and 1200	0600 and 1800	0000 and 1200	0600 and 1800
附港潮时差：	−0030	−0050	−0020	−0015
	高潮潮时内插数据		低潮潮时内插数据	

主港低潮时间	潮时差
0000	−0020
0258	?
0600	−0015

快速做法：已知主港低潮时，直接看低潮时对应的潮时差为 −0020 和 −0015，直接选择在这两个数之间的数字，即为正确答案，因为再怎么内插也在这两个数之间。

44. 已知主港高潮潮时,求对应该主港低潮时的附港潮时差,按照主港高潮计算。

49. 注意潮高不在已知低潮高之间,但是前提还是低潮 1.8 m,用低潮数据,向前内插,如下所示。

潮高	潮高差
1.8	?
1.6	+0.4
1.1	-0.3

57. (58 ~62 题参见本题解析)题目图中的 ABCDEFGHIJ 的含义如下:

A:H. W. Hts. m = high water, heights. m = 高潮潮高,单位为 m;

B:L. W. Hts. m = low water, heights. m = 低潮潮高,单位为 m;

C:MLWS = mean low water spring = 平均大潮低潮高;

D:MLWN = mean low water neap = 平均小潮低潮高;

E:MHWN = mean high water neap = 平均小潮高潮高;

F:MHWS = mean high water spring = 平均大潮高潮高;

G:mean ranges = 潮差,实线为大潮日潮差,虚线为小潮日潮差;

H:LW = low water = 低潮潮时;

I:HW = high water = 高潮潮时;

J:LW = low water = 低潮潮时。

第四节 潮流

一、选择题

1. 根据潮流当天最大流速 v_{max},涨(落)潮流持续时间 T 和任意时与转流时间间隔 ΔT,求任意时流速的公式为________。

A. $v = v_{max}\sin\dfrac{\Delta T}{T}180°$　　B. $v = v_{max}\cos\dfrac{\Delta T}{T}180°$

C. $v = v_{max}\sin\dfrac{T}{\Delta T}180°$　　D. $v = v_{max}\cos\dfrac{T}{\Delta T}180°$

2. 江河口涨潮流的流速比落潮流的流速________。

A. 一样　　B. 要大

C. 要小　　D. 时大时小

3. 英版《潮汐表》的“潮流预报表”中,回转流给出________。

Ⅰ. 两流速极大值及其时刻;Ⅱ. 两流速极小值及其时刻;Ⅲ. 流向;Ⅳ. 转流时间;Ⅴ. 预报位置

A. Ⅰ,Ⅱ,Ⅲ,Ⅳ,Ⅴ　　B. Ⅰ,Ⅱ,Ⅲ,Ⅳ

C. Ⅰ,Ⅱ,Ⅲ　　D. Ⅰ,Ⅱ,Ⅲ,Ⅴ

4. 英版《潮汐表》的“潮流预报表”中,往复流给出________。

Ⅰ. 转流时间;Ⅱ. 最大流速;Ⅲ. 最大流速时间;Ⅳ. 流向;Ⅴ. 预报位置;Ⅵ. 是否包括海流

A. Ⅰ,Ⅱ,Ⅲ,Ⅳ,Ⅴ　　B. Ⅰ,Ⅱ,Ⅲ,Ⅳ,Ⅴ,Ⅵ

C. Ⅰ,Ⅱ,Ⅲ　　D. Ⅰ,Ⅱ,Ⅲ,Ⅴ

5. 关于英版潮汐潮流资料中流速前正、负号的说法正确的是________。

A. 正号一般代表落潮流向　　B. 负号一般代表涨潮流向

C. 正负号代表的具体流向在表中有说明　　D. 以上都对

6. 关于英版潮汐潮流资料中流速前正、负号的说法正确的是________。

A. 正号一般代表涨潮流向　　B. 负号一般代表落潮流向

C. 正负号代表的具体流向在表中有说明　　D. 以上都对

7. 英版潮汐潮流资料中,流速前的正、负号是指________。

A. 流速的增加或减少　　B. 涨潮流速和落潮流速

C. 涨潮流的流向和落潮流的流向　　D. 流速加海流的速度和流速减海流的速度

8. 在中版《潮汐表》的往复流“潮流预报表”中,可查得________。

Ⅰ. 转流时间;Ⅱ. 最大流速及其时间;Ⅲ. 涨潮流流速;Ⅳ. 落潮流流速;Ⅴ. 涨落潮流流向

A. Ⅰ,Ⅱ,Ⅲ,Ⅳ,Ⅴ　　B. Ⅰ,Ⅱ,Ⅲ,Ⅳ

C. Ⅰ,Ⅱ,Ⅴ　　D. Ⅰ,Ⅲ,Ⅴ

9. 中国沿海某海区海图上的往复流图式为$\overset{3\ kn}{\longrightarrow}$,其意思为________。

A. 该海区涨潮流大潮日最大流速为 3 kn　　B. 该海区落潮流大潮日最大流速为 3 kn

C. 该海区涨潮流大潮日最大流速为 6 kn　　D. 该海区落潮流大潮日最大流速为 6 kn

10. 中国沿海某海区海图上的往复流图式为$\overset{1\text{-}3\ kn}{\longrightarrow}$,则该海区小潮日涨潮流最大流速为________。

A. 3 kn　　B. 1 kn

C. 不明　　D. 以上都不对

11. 中国沿海某海区海图上的往复流图式为$\overset{3\ kn}{\longrightarrow}$,则该海区大潮日涨潮流最大流速为________。

A. 3 kn　　B. 1.5 kn

C. 不明　　D. 以上都不对

12. 中国沿海某海区海图上的往复流图式为$\overset{1\text{-}3\ kn}{\longrightarrow}$,则该海区大潮日涨潮流最大流速为________。

A. 3 kn　　B. 1.5 kn

C. 不明　　D. 以上都不对

13. 中国沿海某海区海图上的往复流图式为$\overset{3\ kn}{\longrightarrow}$,其意思为________。

A. 该海区涨潮流大潮日最大流速为 3 kn　　B. 该海区落潮流大潮日最大流速为 3 kn

C. 该海区涨潮流大潮日最大流速为 6 kn　　D. 该海区落潮流大潮日最大流速为 6 kn

14. 中国沿海某海区海图上的往复流图式为 $\xrightarrow{3\ kn}$，则该海区大潮日落潮流最大流速为________。

A. 3 kn
B. 1.5 kn
C. 2 kn
D. 不明

15. 中国沿海某海区海图上的往复流图式为 $\xrightarrow{3\ kn}$，则该海区农历初六落潮流最大流速为________。

A. 3 kn
B. 1.5 kn
C. 9/4 kn
D. 2.5 kn

16. 中国沿海某海区海图上的往复流图式为 $\xrightarrow{3\ kn}$（涨潮流），则该海区农历初六涨潮流最大流速为________。

A. 3 kn
B. 1.5 kn
C. 9/4 kn
D. 2.5 kn

17. 中国沿海某海区海图上的往复流图式为 $\xrightarrow{1\text{-}3\ kn}$，则该海区小潮日落潮流最大流速为________。

A. 3 kn
B. 1 kn
C. 4 kn
D. 2 kn

18. 海图上某地往复流箭矢上标注一个数字是________。

A. 平均流速
B. 小潮日的最大流速
C. 大潮日的最大流速
D. 大潮日和小潮日流速的平均值

19. 回转流的特点有________。

Ⅰ. 在一个潮汐周期内流向改变 360 度；Ⅱ. 流速、流向的变化是在某一方向上由强转弱，然后改向；Ⅲ. 没有流速为零的时刻

A. Ⅰ，Ⅱ
B. Ⅰ，Ⅲ
C. Ⅱ，Ⅲ
D. Ⅰ，Ⅱ，Ⅲ

20. 回转流图中，顶端有数字“2”的箭矢表示________。

A. 主港高潮前 2 h 时的流向
B. 主港高潮后 2 h 时的流向
C. 主港转流流速为 2 kn
D. 该方向流速为 2 kn

21. 回转流图中，矢端注有数字“Ⅱ”的箭矢表示________。

A. 主港高潮前 2 小时的流向
B. 主港高潮后 2 小时的流向
C. 该处高潮前 2 小时的流向
D. 该处高潮后 2 小时的流向

22. 回转流图中，矢端注有数字“0”的箭矢表示________。

A. 主港低潮时的流向
B. 主港高潮时的流向
C. 主港转流流速为 0
D. 当地转流流速为 0

23. 利用海图上的往复潮流资料计算流速，在转流时的流速应为________。

A. 最大流速
B. 平均流速
C. 接近于零
D. 1/2 最大流速

24. 如果海图上往复流箭矢标注两个数字，则分别表示________。
A. 小潮日与大潮日的最大流速　　B. 大潮日与小潮日的最小流速
C. 小潮日的最大流速与平均流速　　D. 大潮日的最小流速与最大流速

25. 回转流图式中心的地名是________。
A. 该处的地名　　B. 附港
C. 主港　　D. 该海图的图名

26. 半日潮港，涨潮流箭矢上标注 2 kn，则该处大潮日涨潮流第二小时内的平均流速为________。
A. 2/3 kn　　B. 4/3 kn
C. 8/3 kn　　D. 2 kn

27. 半日潮港，涨潮流箭矢上标注 2 kn，则该处大潮日涨潮流第六小时内的平均流速为________。
A. 2/3 kn　　B. 4/3 kn
C. 8/3 kn　　D. 2 kn

28. 半日潮港，涨潮流箭矢上标注 2 kn，则该处大潮日涨潮流第三小时内的平均流速为________。
A. 2/3 kn　　B. 4/3 kn
C. 8/3 kn　　D. 2 kn

29. 半日潮港，涨潮流箭矢上标注 2 kn，则该处大潮日涨潮流第四小时内的平均流速为________。
A. 2/3 kn　　B. 4/3 kn
C. 8/3 kn　　D. 2 kn

30. 半日潮港，涨潮流箭矢上标注 2 kn，则该处大潮日涨潮流第五小时内的平均流速为________。
A. 2/3 kn　　B. 4/3 kn
C. 8/3 kn　　D. 2 kn

31. 半日潮港，涨潮流箭矢上标注 2 kn，则该处大潮日涨潮流第一小时内的平均流速为________。
A. 2/3 kn　　B. 4/3 kn
C. 8/3 kn　　D. 2 kn

32. 半日潮港，涨潮流箭矢上标注 4 kn，则该处小潮日涨潮流第二小时内的平均流速为________。
A. 2/3 kn　　B. 4/3 kn
C. 8/3 kn　　D. 2 kn

33. 半日潮港，涨潮流箭矢上标注 4 kn，则该处小潮日涨潮流第六小时内的平均流速为________。
A. 2/3 kn　　B. 4/3 kn
C. 8/3 kn　　D. 2 kn

34. 半日潮港，涨潮流箭矢上标注 4 kn，则该处小潮日涨潮流第三小时内的平均流速为________。
A. 2/3 kn　　B. 4/3 kn
C. 8/3 kn　　D. 2 kn

35. 半日潮港，涨潮流箭矢上标注 4 kn，则该处小潮日涨潮流第四小时内的平均流速为________。
A. 2/3 kn　　B. 4/3 kn
C. 8/3 kn　　D. 2 kn

36. 半日潮港，涨潮流箭矢上标注 4 kn，则该处小潮日涨潮流第五小时内的平均流速为________。

A. 2/3 kn B. 4/3 kn
C. 8/3 kn D. 2 kn

37. 半日潮港,涨潮流箭矢上标注 4 kn,则该处小潮日涨潮流第一小时内的平均流速为________。
A. 2/3 kn B. 4/3 kn
C. 8/3 kn D. 2 kn

38. 对于半日潮的水域,往复流的最大流速一般出现在________。
A. 转流时间 B. 转流后 3 小时
C. 转流前 1 小时 D. 转流后 1 小时

39. 某地区往复流,大潮时潮流流速最强为 4 节,则其小潮流最强流速________,两者平均流速为________。
A. 1 节;2 节 B. 2 节;3 节
C. 3 节;4 节 D. 1/2 节;3/4 节

40. 某河口大潮日最大流速 4 kn,则小潮日涨潮第三小时内平均流速为________。
A. 4 kn B. 3 kn
C. 2 kn D. 1 kn

41. 某往复流港口的潮流资料为:转流时间 0154 0807;最大流速和相应时间 0456 1.9 kn。则该港 0300 的流速为________。
A. 0.6 kn B. 1.0 kn
C. 1.2 kn D. 1.7 kn

42. 某往复流港口的潮流资料为:转流时间 0154 0807;最大流速和相应时间 0456 1.9 kn。则该港 0400 的流速为________。
A. 0.6 kn B. 1.0 kn
C. 1.2 kn D. 1.7 kn

43. 某往复流港口的潮流资料为:转流时间 0154 0807;最大流速和相应时间 0456 1.9 kn。则该港 0500 的流速为________。
A. 1.7 kn B. 1.9 kn
C. 1.5 kn D. 1.4 kn

44. 某往复流港口的潮流资料为:转流时间 0154 0807;最大流速和相应时间 0456 1.9 kn。则该港 0600 的流速为________。
A. 1.7 kn B. 1.9 kn
C. 1.5 kn D. 1.4 kn

45. 若海图上标注大潮日流速,则平均流速为________。
A. 3/4 大潮日流速 B. 1/2 大潮日流速
C. 1/4 大潮日流速 D. 1/3 大潮日流速

46. 中国某海区为往复流,大潮日最大流速为 4 kn,则农历初七该地的最大流速为________。
A. 3 kn B. 4 kn
C. 2 kn D. 3/2 kn

47. 中国沿海某半日潮港,涨潮流箭矢上标注 4 kn,则该处农历初六涨潮流第二小时内的平均流速为________。

A. 1 kn　　B. 2 kn

C. 3 kn　　D. 4 kn

48. 中国沿海某半日潮港,涨潮流箭矢上标注 4 kn,则该处农历初六涨潮流第六小时内的平均流速为________。

A. 1 kn　　B. 2 kn

C. 3 kn　　D. 4 kn

49. 中国沿海某半日潮港,涨潮流箭矢上标注 4 kn,则该处农历初六涨潮流第三小时内的平均流速为________。

A. 1 kn　　B. 2 kn

C. 3 kn　　D. 4 kn

50. 中国沿海某半日潮港,涨潮流箭矢上标注 4 kn,则该处农历初六涨潮流第四小时内的平均流速为________。

A. 1 kn　　B. 2 kn

C. 3 kn　　D. 4 kn

51. 中国沿海某半日潮港,涨潮流箭矢上标注 4 kn,则该处农历初六涨潮流第五小时内的平均流速为________。

A. 1 kn　　B. 2 kn

C. 3 kn　　D. 4 kn

52. 中国沿海某半日潮港,涨潮流箭矢上标注 4 kn,则该处农历初六涨潮流第一小时内的平均流速为________。

A. 1 kn　　B. 2 kn

C. 3 kn　　D. 4 kn

53. 中国沿海某海区海图上往复流箭矢上的数字为 4 kn,则该海区农历初六的最大流速为________。

A. 2 kn　　B. 3 kn

C. 4 kn　　D. 5 kn

54. 中国沿海某海区海图上往复流箭矢上的数字为 4 kn,则该海区农历初三的最大流速为________。

A. 2 kn　　B. 3 kn

C. 4 kn　　D. 1.5 kn

55. 中国沿海某海区海图上往复流箭矢上的数字为 4 kn,则该海区农历初十的最大流速为________。

A. 2 kn　　B. 3 kn

C. 4 kn　　D. 1.5 kn

56. 从 2007 年中国《潮汐表》的“潮流预报表”中查得成山角 8 月 3 日的潮流资料如下图所示,则

8 月 3 日 1000 的流向为________。

(+)表示流向 343°,(-)表示 163°,时区:-0800			
		8 月	
3	转流时间	最大流时间	流速
		0239	-2.6
F	0551	0847	2.6
	1152	1459	-2.3
	1801	2102	2.5

A. 343°
B. 163°
C. +343
D. -163°

57. 从 2007 年中国《潮汐表》的“潮流预报表”中查得成山角 8 月 3 日的潮流资料如上图所示,则 8 月 3 日 1000 的流速为________。
A. 2.0
B. 2.2
C. 2.4
D. 2.6

58. 对于回转流,潮流表一般提供一个周期内的两次极大值和两次极小值的流向和流速及对应时间,其他时间的流向和流速________。
A. 内插求取
B. 与所提供的最接近的时间的流向流速一致
C. 根据半日潮港 123321 规则求取
D. 以上都对

根据下表,回答 59 ~76 题。

回转流表

Hour		A 51°20′.3N 1°34′.3E			B 51°15′.0N 2°14′.0E		
		Dir	Rate(kn) Sp.	Np.	Dir	Rate(kn) Sp.	Np.
Before HW Dover	6	199°	2.0	1.2	248°	0.9	0.5
	5	204	2.6	1.5	236	1.6	0.8
	4	208	3.1	1.7	231	1.9	0.9
	3	213	2.8	1.5	225	1.7	0.7
	2	222	1.5	0.8	214	1.2	0.4
	1	357	0.8	0.5	166	0.5	0.2
HW		015	2.5	1.4	075	0.7	0.5
After HW Dover	1	023	3.2	1.8	058	1.5	0.8
	2	029	2.9	1.6	052	1.8	0.9
	3	044	2.2	1.3	045	1.7	0.8
	4	059	1.2	0.7	039	1.3	0.5
	5		slack		006	0.5	0.2
	6	197	1.4	0.8	260	0.7	0.4

59. 回转流表中,◇A◇B表示________。

A. 表列潮流发生的位置　　B. 主港编号

C. 附港编号　　D. 序号

60. 回转流表通常印在________。

①海图标题栏;②海图图廓;③海图上不影响航行的位置

A. ①②　　B. ①③

C. ①②③　　D. ②③

61. 如回转流表所示,主港高潮时,A 地的流向为________。

A. 015°　　B. 025°

C. 075°　　D. 140°

62. 如回转流表所示,主港高潮时,B 地的流向为________。

A. 015°　　B. 025°

C. 075°　　D. 140°

63. 如回转流表所示,主港高潮前 2 小时,A 地的流向为________。

A. 052°　　B. 222°

C. 214°　　D. 029°

64. 如回转流表所示,主港高潮后 2 小时,A 地的流向为________。

A. 052°　　B. 222°

C. 214°　　D. 029°

65. 如回转流表所示,主港高潮前 2 小时,B 地的流向为________。

A. 052°　　B. 222°

C. 214°　　D. 029°

66. 如回转流表所示,主港高潮后 2 小时,B 地的流向为________。

A. 052°　　B. 222°

C. 214°　　D. 029°

67. 如回转流表所示,主港高潮时,A 地的大潮流速为________。

A. 2.5 kn　　B. 1.4 kn

C. 0.7 kn　　D. 0.5 kn

68. 如回转流表所示,主港高潮时,A 地的小潮流速为________。

A. 2.5 kn　　B. 1.4 kn

C. 0.7 kn　　D. 0.5 kn

69. 如回转流表所示,主港高潮时,B 地的大潮流速为________。

A. 2.5 kn　　B. 1.4 kn

C. 0.7 kn　　D. 0.5 kn

70. 如回转流表所示,主港高潮时,B 地的小潮流速为________。

A. 2.5 kn　　B. 1.4 kn

C. 0.7 kn　　D. 0.5 kn

71. 如回转流表所示,主港高潮前 5 小时,A 地的大潮流速为________。

A. 2.6 kn　　B. 1.5 kn

C. 1.6 kn　　D. 0.8 kn

72. 如回转流表所示,主港高潮后 3 小时,A 地的小潮流速为________。

A. 2.2 kn　　B. 1.3 kn

C. 1.7 kn　　D. 0.8 kn

73. 如回转流表所示,主港高潮前 5 小时,B 地的大潮流速为________。

A. 2.6 kn　　B. 1.5 kn

C. 1.6 kn　　D. 0.8 kn

74. 如回转流表所示,主港高潮后 3 小时,B 地的小潮流速为________。

A. 2.2 kn　　B. 1.3 kn

C. 1.7 kn　　D. 0.8 kn

75. 如回转流表所示,主港高潮后 3 小时,B 地的大潮流速为________。

A. 2.2 kn　　B. 1.3 kn

C. 1.7 kn　　D. 0.8 kn

76. 如回转流表所示,主港高潮前 5 小时,A 地的小潮流速为________。

A. 2.6 kn　　B. 1.5 kn

C. 1.6 kn　　D. 0.8 kn

根据下图,回答 77 ~ 86 题。

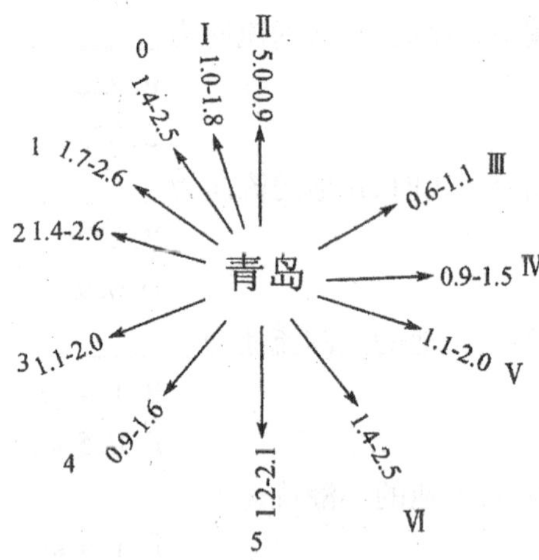

77. 如图所示,9 月 3 日(小潮日),潮汐资料为 THW 0526 TLW 1139,则 0726 时的流向为________。

A. 000°　　B. 090°

C. 180°　　D. 270°

78. 如图所示,9 月 3 日(小潮日),潮汐资料为 THW 0526 TLW 1139,则 0726 时的流速为________。

A. 0.9 kn　　B. 1.5 kn

C. 0.5 kn　　D. 1.2 kn

79. 如图所示，9 月 3 日（小潮日），潮汐资料为 THW 0526 TLW 1139，则 0926 时的流向为________。

A. 000°　　B. 090°

C. 180°　　D. 270°

80. 如图所示，9 月 3 日（小潮日），潮汐资料为 THW 0526 TLW 1139，则 0926 时的流速为________。

A. 0.9 kn　　B. 1.5 kn

C. 0.5 kn　　D. 1.2 kn

81. 如图所示，9 月 3 日（小潮日），潮汐资料为 THW 0526 TLW 1139，则 0026 时的流向为________。

A. 000°　　B. 090°

C. 180°　　D. 270°

82. 如图所示，9 月 3 日（小潮日），潮汐资料为 THW 0526 TLW 1139，则 0026 时的流速为________。

A. 0.9 kn　　B. 1.5 kn

C. 0.5 kn　　D. 1.2 kn

83. 如图所示，9 月 11 日（大潮日），潮汐资料为 THW 0526 TLW 1139，则 0926 时的流向为________。

A. 000°　　B. 090°

C. 180°　　D. 270°

84. 如图所示，9 月 11 日（大潮日），潮汐资料为 THW 0526 TLW 1139，则 0926 时的流速为________。

A. 0.9 kn　　B. 1.5 kn

C. 2.1 kn　　D. 1.2 kn

85. 如图所示，9 月 11 日（大潮日），潮汐资料为 THW 0526 TLW 1139，则 0026 时的流向为________。

A. 000°　　B. 090°

C. 180°　　D. 270°

86. 如图所示，9 月 11 日（大潮日），潮汐资料为 THW 0526 TLW 1139，则 0026 时的流速为________。

A. 0.9 kn　　B. 1.5 kn

C. 2.1 kn　　D. 1.2 kn

二、简答题

1. 如何确定某日的最大流速？

2. 如何求取某日的任意时流速?
3. 英版《潮汐表》的“潮流预报表”中,回转流包括哪些内容?
4. 英版《潮汐表》的“潮流预报表”中,往复流包括哪些内容?
5. 回转流和往复流的特点分别是什么?

参考答案

1. A	2. C	3. D	4. B	5. C	6. D	7. C	8. C	9. A	10. B
11. A	12. A	13. B	14. A	15. C	16. C	17. B	18. C	19. B	20. A
21. B	22. B	23. C	24. A	25. C	26. B	27. A	28. D	29. D	30. B
31. A	32. B	33. A	34. D	35. D	36. B	37. A	38. B	39. B	40. C
41. B	42. D	43. B	44. A	45. A	46. A	47. B	48. A	49. C	50. C
51. B	52. A	53. B	54. C	55. A	56. A	57. B	58. A	59. A	60. B
61. A	62. C	63. B	64. D	65. C	66. A	67. A	68. B	69. C	70. D
71. A	72. B	73. C	74. D	75. C	76. B	77. A	78. C	79. B	80. A
81. C	82. D	83. B	84. B	85. C	86. C				

部分答案解析

15. 大潮日(初三、十八)前后两天即初一至初五、十六至二十,最大流速取大潮日最大流速;
小潮日(初十、二十五)前后两天即初八至十二、二十三至二十七,最大流速取小潮日最大流速;其他日期取平均流速作为当日的最大流速。
平均流速 =(大潮流速 + 小潮流速)/2 ≈3/4 大潮流速≈3/2 小潮流速。
本题为初六,属于其他日期,则最大流速 $=3\times3/4=9/4$ kn。
注意:此类型的题最容易将求取某日最大流速和某日的高潮潮高相混淆。同理,求某日的高潮潮高也容易与求某日最大流速想混淆。

26. 转流时流速为0,转流后1小时的平均流速为当日最大流速的1/3,转流后1~2小时的平均流速为当日最大流速的2/3,转流后2~3小时的平均流速为当日最大流速的3/3,转流后3~4小时的平均流速为当日最大流速的3/3,转流后4~5小时的平均流速为当日最大流速的2/3,转流后5~6小时的平均流速为当日最大流速的1/3,即123321。
本题求的是大潮日的第二小时,首先得知大潮日最大流速为2 kn,然后求得第二小时流速 = 2 kn $\times2/3=4/3$ kn。

32. 先求小潮日最大流速 = 大潮日最大流速 $\times1/2=2$ kn;第二小时流速,用123321计算,即小潮日最大流速 $\times2/3=4/3$ kn。

41. 特别注意,流速不是线性变化,而是符合正弦函数变化。将已知条件代入求任意时流速的公式得 $v=1.0$ kn,计算过程如下。

时间	流速
转流 0154	0
要求流速 0300	?
最大流速 0456	1.9
转流 0807	0

$v = v_{max} \sin \frac{\Delta T}{T} 180°$

其中：$v_{max} = 1.9$

$\Delta T = 0300 - 0154 = 66$ min

$T = 0807 - 0154 = 373$ min

47. 初六最大流速为 $4 \times 3/4 = 3$ kn，第二小时取 2/3，则初六第二小时平均流速为 $3 \times 2/3 = 2$ kn。

56. 将最大流速时间、流速、转流时间、要求时间转化成一张表，如下所示，则 1000 在 0847 与 1152 之间，符号为（+），如表格第一行所示"（+）表示流向 343°"。

时间	流速
0239	−2.6
0551	0
0847	2.6
1000	?
1152	0
1459	−2.3
1801	0
2102	2.5

57. 同 41 题。$v_{max} = 2.6$，$\Delta T = 1000 - 0551 = 249$ min，$T = 1152 - 0551 = 361$ min，代入公式求得 $v = 2.2$ kn。

第十章　航标

第一节　航标的作用与分类

一、选择题

1. 按技术装置不同,航标可分为________。
   A. 沿海航标、内河航标、船闸航标
   B. 灯塔、灯桩、立标
   C. 灯船、灯浮、浮标
   D. 发光航标、不发光航标、音响航标、无线电航标
2. 按设置地点不同,航标可分为________。
   A. 沿海航标、内河航标、船闸航标
   B. 灯塔、灯桩、立标
   C. 灯船、灯浮、浮标
   D. 发光航标、不发光航标、音响航标、无线电航标
3. 航标的主要作用是________。
   Ⅰ. 指示航道;Ⅱ. 供船舶定位;Ⅲ. 标示危险区;Ⅳ. 供特殊需要
   A. Ⅰ,Ⅱ　　B. Ⅱ,Ⅲ
   C. Ⅲ,Ⅳ　　D. Ⅰ,Ⅱ,Ⅲ,Ⅳ
4. 下列沿海航标中,哪些属于固定航标?
   Ⅰ. 灯塔;Ⅱ. 灯船;Ⅲ. 灯桩;Ⅳ. 灯浮;Ⅴ. 立标;Ⅵ. 浮标
   A. Ⅰ,Ⅱ,Ⅲ　　B. Ⅳ,Ⅴ,Ⅵ
   C. Ⅰ,Ⅲ,Ⅴ　　D. Ⅱ,Ⅳ,Ⅵ
5. 与灯桩和立标相比,灯塔所具有的特点是________。
   Ⅰ. 高大坚固;Ⅱ. 形状显著;Ⅲ. 射程较远;Ⅳ. 工作可靠;Ⅴ. 位置准确
   A. Ⅰ,Ⅱ,Ⅲ　　B. Ⅱ,Ⅲ,Ⅳ
   C. Ⅲ,Ⅳ,Ⅴ　　D. Ⅰ,Ⅱ,Ⅲ,Ⅳ,Ⅴ

6. 在工作时间内颜色和亮度不变的长明不断的灯光在中版海图上的表示方法是________。

A. 定　　B. 明暗

C. 闪　　D. 长闪

7. 持续时间不少于 2 s 的闪光在中版海图上的表示方法是________。

A. 定　　B. 明暗

C. 闪　　D. 长闪

8. 在中版海图上，某灯塔的图式标注“闪 4 秒 60 米 21 海里（环向，笛）”，则该灯塔灯高是________。

A. 4 秒　　B. 60 米

C. 21 海里　　D. 不能确定

9. 在中版海图上，某灯塔的图式标注“闪 4 秒 60 米 21 海里（环向，笛）”，则该灯塔射程是________。

A. 4 秒　　B. 60 米

C. 21 海里　　D. 不能确定

10. 在中版海图上，某灯塔的图式标注“闪 4 秒 60 米 21 海里（环向，笛）”，则该灯塔光色是________。

A. 白色　　B. 红色

C. 绿色　　D. 不能确定

11. 在中版海图上，某灯塔的图式标注“闪 5 秒 129 米 14 海里”，其中“闪”表示________。

A. 定光　　B. 闪光

C. 明暗光　　D. 长闪光

12. 在中版海图上，某灯塔的图式标注“闪 5 秒 129 米 14 海里”，其中“5 秒”表示________。

A. 灯光周期　　B. 灯质

C. 光色　　D. 一个周期中光的持续时间

13. 在中版海图上，某灯塔的图式标注“闪 5 秒 129 米 14 海里”，其中“129 米”表示________。

A. 灯高　　B. 射程

C. 比高　　D. 高程

14. 在中版海图上，某灯塔的图式标注“闪 5 秒 129 米 14 海里”，其中“14 海里”表示________。

A. 灯高　　B. 射程

C. 比高　　D. 高程

15. 在英版海图上，某灯塔图式旁标注“Fl. 10s31m21M”，则该灯塔灯质是________。

A. 定光　　B. 闪光

C. 明暗光　　D. 长闪光

16. 在英版海图上，某灯塔图式旁标注“Fl. 10s31m21M”，则该灯塔灯高是________。

A. 31 米　　B. 21 米

C. 31 海里　　D. 21 海里

17. 在英版海图上，某灯塔图式旁标注“Fl. 10s31m21M”，则该灯塔射程是________。

A. 31 米　B. 21 米
C. 31 海里　D. 21 海里

18. 在英版海图上,某灯塔图式旁标注“Fl. 10s31m21M”,则该灯塔光色是________。
A. 白色　B. 红色
C. 绿色　D. 不能确定

19. 在英版海图上,某灯塔图式旁标注“Fl(3)20s32m20M”,则该灯塔光色是________。
A. 白色　B. 红色
C. 绿色　D. 不能确定

20. 在英版海图上,某灯塔图式旁标注“Fl(3)20s32m20M”,其中“Fl(3)”表示________。
A. 定光,周期 3 秒　B. 单闪光,周期 3 秒
C. 联闪光　D. 长闪光,周期 3 秒

21. 在英版海图上,某灯塔图式旁标注“Fl(3)20s32m20M”,其中“32m”表示________。
A. 灯高　B. 射程
C. 比高　D. 高程

22. 在英版海图上,某灯塔图式旁标注“Fl(3)20s32m20M”,其中“20M”表示________。
A. 灯高　B. 射程
C. 比高　D. 高程

二、简答题

1. 航标按设置地点不同分为哪几类?
2. 航标按技术装置不同分为哪几类?
3. 沿海航标中属于固定航标的有哪些?
4. 水上标志的定义是什么?包括哪些航标?

参考答案

1. D　2. A　3. D　4. C　5. D　6. A　7. D　8. B　9. C　10. A
11. B　12. A　13. A　14. B　15. B　16. A　17. D　18. A　19. A　20. C
21. A　22. B

部分答案解析

4. 固定航标包括:灯塔、灯桩、立标、导标。
5. 灯塔特点:大型、固定、结构牢固、射程远、一般有专人管理。
6. (7、15、20 题参见本题解析)灯质是指灯光的性质,它是由灯光节奏和灯光的颜色组成的。
定光(F)——长明不灭;

闪光(Fl)——暗长亮短,亮的时间小于1秒;
明暗光(Oc)——亮长暗短;
互光(Al)——不同颜色的光交替显示;
定闪光(FFl)——长明不灭,在一定周期内发一次更亮的光;
互闪光(Al Fl)——在一定周期内不同颜色的光交替闪光;
长闪光(LFl)——暗长亮短,亮的时间2~4秒;
联闪(3)(Fl(3))——在一定周期内连续闪3次光;
混合联闪光(2+1)(Fl(2+1))——在一定周期内闪2+1次光。

8. (9~14、16~19、21、22题参见本题解析)灯塔、灯桩在大比例尺海图上,按下列顺序给出以下内容:灯光节奏、灯光颜色、周期(秒s)、灯高(米m)、射程(海里M)。没标示颜色的默认为白色。

第二节　海上浮标制度

一、选择题

1. 北方位标的涂色为________。
   A. 上黑下黄　　B. 上黄下黑
   C. 黑黄黑横纹　　D. 黄黑黄横纹
2. 北方位标顶标特征为________。
   A. 两黑色圆锥,底对底　　B. 两黑色圆锥,尖对尖
   C. 两黑色圆锥,尖端向上　　D. 两黑色圆锥,尖端向下
3. 标示疏浚区的浮标的着色为________。
   A. 黑色　　B. 黄色
   C. 绿色　　D. 红色
4. 东方位标的涂色为________。
   A. 上黑下黄　　B. 上黄下黑
   C. 黑黄黑横纹　　D. 黄黑黄横纹
5. 东方位标顶标特征为________。
   A. 两黑色圆锥,底对底　　B. 两黑色圆锥,尖对尖
   C. 两黑色圆锥,尖端向上　　D. 两黑色圆锥,尖端向下
6. 方位标可用于________。
   A. 指明某个区域内最深的水域在该标同名侧　　B. 指明通过危险物时安全的一侧
   C. 引起对航道中特征的注意　　D. 以上均可

7. 方位标志设立在危险物的________,其________为可航水域。

A. 同名侧;同名侧　　B. 异名侧;异名侧

C. 同名侧;异名侧　　D. 异名侧;同名侧

8. 浮标的习惯走向可以是航海员从海上驶近港口、河流、河口或其他水道时所采取的总走向或由适当当局所确定的,原则上应沿________。

A. 环绕小片陆地的顺时针方向　　B. 环绕小片陆地的逆时针方向

C. 环绕大片陆地的逆时针方向　　D. 环绕大片陆地的顺时针方向

9. 孤立危险标的灯质特征为________。

A. Fl (2)　　B. Fl (2+1)

C. L Fl　　D. Fl (3)

10. 孤立危险标的特征是________。

A. 标身为黑红黑竖纹　　B. 标身为红黑红竖纹

C. 标身为红黑红横纹　　D. 标身为黑红黑横纹

11. 孤立危险标顶标为________。

A. 上下两垂直黑色圆锥　　B. 上下两垂直黑色圆球

C. 单个红色圆球　　D. 单个黑色圆球

12. 海区浮标制度规则规定,标准的浮标标身形状有________。

Ⅰ. 罐形;Ⅱ. 锥形;Ⅲ. 球形;Ⅳ. 柱形;Ⅴ. 杆形;Ⅵ. 叉形

A. Ⅰ,Ⅱ,Ⅲ　　B. Ⅰ,Ⅱ,Ⅲ,Ⅳ

C. Ⅰ,Ⅱ,Ⅲ,Ⅳ,Ⅴ　　D. Ⅰ,Ⅱ,Ⅲ,Ⅳ,Ⅴ,Ⅵ

13. 海区浮标制度规则规定,标准的浮标顶标形状有________。

Ⅰ. 罐形;Ⅱ. 锥形;Ⅲ. 球形;Ⅳ. 叉形;Ⅴ. 杆形;Ⅵ. 柱形

A. Ⅰ,Ⅱ,Ⅲ　　B. Ⅰ,Ⅱ,Ⅲ,Ⅳ

C. Ⅰ,Ⅱ,Ⅲ,Ⅳ,Ⅴ　　D. Ⅰ,Ⅱ,Ⅲ,Ⅳ,Ⅴ,Ⅵ

14. 海区浮标制度规则规定,基本的灯标光色有________。

Ⅰ. 红色;Ⅱ. 绿色;Ⅲ. 白色;Ⅳ. 黄色

A. Ⅰ,Ⅱ　　B. Ⅱ,Ⅲ

C. Ⅲ,Ⅳ　　D. Ⅰ,Ⅱ,Ⅲ,Ⅳ

15. 混合联闪光可用于标示________。

A. 锚地　　B. 渔区

C. 航路分支点　　D. 疏浚区

16. 某航标顶标为两黑色圆锥,底对底,则该标为________。

A. 东方位标　　B. 南方位标

C. 西方位标　　D. 北方位标

17. 某航标顶标为两黑色圆锥,尖端向下,则该标为________。

A. 东方位标　　B. 南方位标

C. 西方位标　　D. 北方位标

18. 某航标顶标为两黑色圆锥,尖对尖,则该标为________。

A. 东方位标 B. 南方位标

C. 西方位标 D. 北方位标

19. 某航标顶标为两黑色圆锥,尖向上,则该标为________。

A. 东方位标 B. 南方位标

C. 西方位标 D. 北方位标

20. 某航标涂色为黑黄黑横纹,则该标为________。

A. 北方位标 B. 南方位标

C. 东方位标 D. 西方位标

21. 某航标涂色为黄黑黄横纹,则该标为________。

A. 北方位标 B. 南方位标

C. 东方位标 D. 西方位标

22. 某航标涂色为上黑下黄,则该标为________。

A. 北方位标 B. 南方位标

C. 东方位标 D. 西方位标

23. 某航标涂色为上黄下黑,则该标为________。

A. 北方位标 B. 南方位标

C. 东方位标 D. 西方位标

24. 南方位标顶标特征为________。

A. 两黑色圆锥,底对底 B. 两黑色圆锥,尖对尖

C. 两黑色圆锥,尖端向上 D. 两黑色圆锥,尖端向下

25. 推荐航道位于推荐航道右侧标的________,深吃水进港船舶通常应将其置于本船________通过。

A. 左侧;左舷 B. 左侧;右舷

C. 右侧;右舷 D. 右侧;左舷

26. 推荐航道位于推荐航道左侧标的________,深吃水进港船舶通常应将其置于本船________通过。

A. 左侧;左舷 B. 左侧;右舷

C. 右侧;右舷 D. 右侧;左舷

27. 推荐航道右侧标位于推荐航道的________,其________为推荐航道。

A. 左侧;左侧 B. 右侧;右侧

C. 左侧;右侧 D. 右侧;左侧

28. 推荐航道左侧标位于推荐航道的________,其________为推荐航道。

A. 左侧;左侧 B. 右侧;右侧

C. 左侧;右侧 D. 右侧;左侧

29. 西方位标的涂色为________。

A. 上黑下黄 B. 上黄下黑

C. 黑黄黑横纹

D. 黄黑黄横纹

30. 西方位标顶标特征为________。

A. 两黑色圆锥,底对底

B. 两黑色圆锥,尖端向下

C. 两黑色圆锥,尖端向上

D. 两黑色圆锥,尖对尖

31. 下列何种灯标可显示红色灯光?

A. 水平横纹

B. 竖纹

C. 黄色灯标

D. 专用标

32. 下列何种灯标可显示绿色灯光?

A. 水平横纹

B. 竖纹

C. 黄色灯标

D. 球形灯标

33. 下列有关侧面标的说法中,何者正确?

A. 罐形、锥形侧面标可不配置顶标

B. 侧面标代表形状为罐形和锥形

C. 柱形、杆形侧面标需配置相应的顶标

D. 以上都对

34. 下列有关方位标志的说法中,何者正确?

A. 危险物位于其同名侧

B. 异名侧为可航水域

C. 应将其置于异名侧通过

D. 以上都错

35. 下列有关方位标志的说法中,何者正确?

A. 同名侧为可航水域

B. 危险物位于其异名侧

C. 应将其置于异名侧通过

D. 以上都对

36. 下列有关新危险物标示法的说法中,何者正确?

A. 如危险物特别严重,每个标志应尽快设置重复标志

B. 任何重复标志在所有各方面都应该和它配对的标志相同

C. 新危险物标志必须装设雷达应答器来标示

D. 以上都对

37. 新危险物标可装雷达应答器,其莫尔斯编码为字母________。

A. D

B. X

C. N

D. W

38. 新危险物标可以装设雷达应答器,并发出莫尔斯信号“D”,在雷达屏幕上莫尔斯信号的长度为________。

A. 0.5 n mile

B. 1 n mile

C. 1.5 n mile

D. 2 n mile

39. 下列有关新危险物的说法中,何者正确?

A. 新发现,没有在海图和航路指南中表明的障碍物

B. 新发现,已利用航海通告成分发布的障碍物

C. 新危险物包括自然出现的障碍物,不包括人为的危险物

D. 新危险物包括人为的危险物,不包括自然出现的障碍物

40. 下列哪项不是确定航道走向的原则?

A. 从海上驶进港口的方向

B. 按环绕大片陆地的顺时针方向

C. 复杂水域,由航标主管部门确定并在海图上明示

D. 以上都是

41. 水中固定标志是指水中的立标和灯桩,其设标点的高程在________以下,从而使标志的基础或标身的一部分被淹没。

A. 平均海面　　B. 平均大潮高潮面

C. 平均小潮高潮面　　D. 潮高基准面

42. 船舶顺着航道走向驶入航道中,在本船右舷你应该发现________。

A. 左侧标　　B. 右侧标

C. 推荐航道左侧标　　D. 推荐航道右侧标

43. 船舶顺着航道走向驶入航道中,在本船左舷你应该发现________。

A. 左侧标　　B. 右侧标

C. 推荐航道左侧标　　D. 推荐航道右侧标

44. 沿海航行,发现某浮标标身为红白相间竖纹,则船舶应________。

A. 避开该标航行　　B. 靠近该标航行

C. 从该标左侧通行　　D. 从该标右侧通行

45. 沿海航行,发现一浮标灯质为 Fl (2)5s,则船舶应________。

A. 避开该标航行　　B. 靠近该标航行

C. 从该标左侧通行　　D. 从该标右侧通行

46. 沿海航行,发现一柱形浮标,其上装有上下两黑色球形顶标,则船舶应________。

A. 避开该标航行　　B. 靠近该标航行

C. 从该标左侧通行　　D. 从该标右侧通行

47. 沿海航行,发现一柱形浮标,其上装有一个红色球形顶标,则船舶应________。

A. 避开该标航行　　B. 靠近该标航行

C. 从该标左侧通行　　D. 从该标右侧通行

48. 夜间船舶发现某浮标灯质为 VQk Fl(3)5s,则应将其置于________通过。

A. 北侧　　B. 东侧

C. 南侧　　D. 西侧

49. 夜间船舶发现某浮标灯质为 Qk Fl 或 VQk Fl,则应将其置于________通过。

A. 北侧　　B. 东侧

C. 南侧　　D. 西侧

50. 夜间船舶发现某浮标灯质为 VQk Fl(6) + LFl. 10s,则应从其________通过。

A. 北侧　　B. 东侧

C. 南侧　　D. 西侧

51. 夜间船舶发现某浮标灯质为 VQk Fl(9)10s,则应从其________通过。

A. 北侧　　B. 东侧

C. 南侧　　D. 西侧

52. 用于标示新危险物的装灯标志，必须显示相应的方位标志或侧面标志的________灯光特征。

A. 甚快闪或快闪　　B. 长闪

C. 等明暗　　D. B+C

53. 右侧标设在航道的________,用于标示航道的________界限。

A. 左侧;左侧　　B. 右侧;右侧

C. 左侧;右侧　　D. 右侧;左侧

54. 专用标的特征是________。

A. 黄色标身　　B. 黄色顶标

C. 黄色光色　　D. 以上都是

55. 左侧标设在航道的________,用于标示航道的________界限。

A. 左侧;左侧　　B. 右侧;右侧

C. 左侧;右侧　　D. 右侧;左侧

56. 安全水域标标身的颜色特征为________。

A. 红黑红横纹　　B. 黑红黑横纹

C. 红白相间横纹　　D. 红白相间竖纹

57. 安全水域标的顶标为________。

A. 单个黑球　　B. 垂直两黑球

C. 单个红球　　D. 垂直两红球

58. 安全水域标的作用有________。

A. 指明该标四周均为可航水域　　B. 用作中线标志或航道中央标志

C. 代替方位标志或侧面标志指示接近陆地　　D. 以上都是

59. 中国海区安全水域标灯质有________。

Ⅰ. 明暗光;Ⅱ. 等明暗;Ⅲ. 长闪光;Ⅳ. 莫尔斯信号“A”;Ⅴ. 莫尔斯信号“D”

A. Ⅰ,Ⅱ,Ⅲ　　B. Ⅱ,Ⅲ,Ⅳ

C. Ⅰ,Ⅱ,Ⅲ,Ⅳ　　D. Ⅰ,Ⅱ,Ⅲ,Ⅳ,Ⅴ

60. 国际海区安全水域标灯质有________。

Ⅰ. 明暗光;Ⅱ. 等明暗;Ⅲ. 长闪光;Ⅳ. 莫尔斯信号“A”;Ⅴ. 莫尔斯信号“D”

A. Ⅰ,Ⅱ,Ⅲ　　B. Ⅱ,Ⅲ,Ⅳ

C. Ⅰ,Ⅱ,Ⅲ,Ⅳ　　D. Ⅰ,Ⅱ,Ⅲ,Ⅳ,Ⅴ

61. 安全水域标志只能显示________。

A. 红色闪光　　B. 绿色闪光

C. 白色闪光　　D. 黄色闪光

62. 船舶夜间由海上驶近我国沿海某港口,发现一光质为 Fl(2+1)G,表明________。

A. 该标为左侧标　　B. 该标为右侧标

C. 该标为推荐航道左侧标　　D. 该标为推荐航道右侧标

63. 船舶夜间由海上驶近我国沿海某港口,发现一光质为 Fl(2+1)R,表明________。

A. 该标为推荐航道左侧标　　B. 该标为推荐航道右侧标
C. 该标为左侧标　　D. 该标为右侧标

64. 如在我国沿海发现一浮标，标身颜色为黑黄黑横纹，则船舶应从其________通过。
A. 北侧　　B. 东侧
C. 南侧　　D. 西侧

65. 如在我国沿海发现一浮标，标身颜色为黑黄黑横纹，则可航水域位于其________。
A. 北侧　　B. 东侧
C. 南侧　　D. 西侧

66. 如在我国沿海发现一浮标，标身颜色为黄黑黄横纹，则船舶应从其________通过。
A. 北侧　　B. 东侧
C. 南侧　　D. 西侧

67. 如在我国沿海发现一浮标，标身颜色为黄黑黄横纹，则危险物位于其________。
A. 北侧　　B. 东侧
C. 南侧　　D. 西侧

68. 如在我国沿海发现一浮标，标身颜色为上黑下黄横纹，船舶应从其________通过。
A. 北侧　　B. 东侧
C. 南侧　　D. 西侧

69. 如在我国沿海发现一浮标，标身颜色为上黑下黄横纹，则可航水域位于其________。
A. 北侧　　B. 东侧
C. 南侧　　D. 西侧

70. 如在我国沿海发现一浮标，标身颜色为上黄下黑横纹，应将其置于________通过。
A. 北侧　　B. 东侧
C. 南侧　　D. 西侧

71. 如在我国沿海发现一浮标，标身颜色为上黄下黑横纹，则危险物位于其________。
A. 北侧　　B. 东侧
C. 南侧　　D. 西侧

72. 我国海区水上助航标志制度表示航标特征的方法有________。
Ⅰ. 标色；Ⅱ. 标形；Ⅲ. 顶标；Ⅳ. 光色和光质；Ⅴ. 音响；Ⅵ. 无线电信号
A. Ⅰ，Ⅱ，Ⅲ　　B. Ⅰ，Ⅱ，Ⅲ，Ⅳ
C. Ⅰ，Ⅱ，Ⅲ，Ⅳ，Ⅴ　　D. Ⅰ，Ⅱ，Ⅲ，Ⅳ，Ⅴ，Ⅵ

73. 我国沿海航行，发现一红色柱形浮标，其上有一红色罐形顶标，该标为________。
A. 左侧标　　B. 右侧标
C. 推荐航道左侧标　　D. 推荐航道右侧标

74. 我国沿海航行，发现一红色柱形浮标，中间有一道绿色横纹，其上有一红色罐形顶标，该标为________。
A. 左侧标　　B. 右侧标
C. 推荐航道左侧标　　D. 推荐航道右侧标

75. 我国沿海航行,发现一绿色杆形浮标,其上有一绿色锥形顶标,该标为________。

A. 左侧标 B. 右侧标

C. 推荐航道左侧标 D. 推荐航道右侧标

76. 我国沿海航行,发现一绿色杆形浮标,中间有一道红色横纹,其上有一绿色锥形顶标,该标为________。

A. 左侧标 B. 右侧标

C. 推荐航道左侧标 D. 推荐航道右侧标

77. 我国沿海航行,真航向 025°,发现某灯标的真方位为 035°,下列何种情况下表明你船正处在该标所标示的可航水域?

A. 该标显示快闪光(Q) B. 标身为黑黄黑横纹

C. 显示联快闪加一长闪光(Q(6) + LFl) D. 顶标为两黑色圆锥,尖对尖

78. 我国沿海航行,真航向 065°,发现某灯标的真方位为 055°,下列何种情况下表明你船正处在该标所标示的可航水域?

A. 该标显示快闪光(Q) B. 标身为黑黄黑横纹

C. 显示联快闪加一长闪光(Q(6) + LFl) D. 顶标为两黑色圆锥,尖对尖

79. 我国沿海航行,真航向 115°,发现某灯标的真方位为 125°,下列何种情况下表明你船正处在该标所标示的可航水域?

A. 顶标为两黑色圆锥,尖向上 B. 标身为上黄下黑横纹

C. 显示联快闪光"快(3)或 Q(3)" D. 显示联快闪光"快(9)或 Q(9)"

80. 我国沿海航行,真航向 155°,发现某灯标的真方位为 145°,下列何种情况下表明你船正处在该标所标示的可航水域?

A. 顶标为两黑色圆锥,尖向上 B. 标身为上黄下黑横纹

C. 显示联快闪光"快(3)或 Q(3)" D. 显示联快闪光"快(9)或 Q(9)"

81. 我国沿海航行,真航向 205°,发现某灯标的真方位为 215°,下列何种情况下表明你船正处在该标所标示的可航水域?

A. 该标显示快闪光(Q) B. 标身为黑黄黑横纹

C. 显示联快闪加一长闪光(Q(6) + LFl) D. 顶标为两黑色圆锥,尖对尖

82. 我国沿海航行,真航向 245°,发现某灯标的真方位为 235°,下列何种情况下表明你船正处在该标所标示的可航水域?

A. 该标显示快闪光(Q) B. 标身为黑黄黑横纹

C. 显示联快闪加一长闪光(Q(6) + LFl) D. 顶标为两黑色圆锥,尖对尖

83. 我国沿海航行,真航向 295°,发现某灯标的真方位为 305°,下列何种情况下表明你船正处在该标所标示的可航水域?

A. 顶标为两黑色圆锥,尖向上 B. 标身为上黄下黑横纹

C. 显示联快闪光"快(3)或 Q(3)" D. 显示联快闪光"快(9)或 Q(9)"

84. 我国沿海航行,真航向 335°,发现某灯标的真方位为 325°,下列何种情况下表明你船正处在该标所标示的可航水域?

A. 顶标为两黑色圆锥,尖向上

B. 标身为上黄下黑横纹

C. 显示联快闪光“快(3)或 Q(3)”

D. 显示联快闪光“快(9)或 Q(9)”

85. 我国沿海推荐航道右侧标的特征为________。

A. 红色锥形,中间有一条或多条绿色横纹

B. 红色罐形,中间有一条或多条绿色横纹

C. 绿色锥形,中间有一条或多条红色横纹

D. 绿色罐形,中间有一条或多条红色横纹

86. 我国沿海推荐航道左侧标的特征为________。

A. 红色锥形,中间有一条或多条绿色横纹

B. 红色罐形,中间有一条或多条绿色横纹

C. 绿色锥形,中间有一条或多条红色横纹

D. 绿色罐形,中间有一条或多条红色横纹

87. 我国沿海右侧标的顶标特征为________。

A. 红色罐形

B. 红色锥形

C. 绿色罐形

D. 绿色锥形

88. 我国沿海左侧标的顶标特征为________。

A. 红色罐形

B. 红色锥形

C. 绿色罐形

D. 绿色锥形

89. 夜间,在我国沿海看见一红色闪光灯浮,则船舶应________。

A. 从其右侧通过

B. 将该标置于本船左舷

C. 从其左侧通过

D. 以上都不对

90. 夜间,在我国沿海看见一绿色闪光灯浮,则船舶应________。

A. 从其右侧通过

B. 将该标置于本船左舷

C. 从其左侧通过

D. 以上都不对

91. 夜间船舶在我国沿海航行,发现某浮标灯质为快(3)5 秒,表明其________存在危险物。

A. 北侧

B. 东侧

C. 南侧

D. 西侧

92. 夜间船舶在我国沿海航行,发现某浮标灯质为快(3)5 秒,则应从其________通过。

A. 北侧

B. 东侧

C. 南侧

D. 西侧

93. 夜间船舶在我国沿海航行,发现某浮标灯质为快(6) + 长闪 15 秒,表明可航水域位于该标的________。

A. 北侧

B. 东侧

C. 南侧

D. 西侧

94. 夜间船舶在我国沿海航行,发现某浮标灯质快(6) + 长闪 15 秒,应将其置于________通过。

A. 北侧

B. 东侧

C. 南侧

D. 西侧

95. 夜间船舶在我国沿海航行,发现某浮标灯质为快(9)15 秒,表明可航水域位于该标的________。

A. 北侧

B. 东侧

C. 南侧

D. 西侧

96. 夜间船舶在我国沿海航行,发现某浮标灯质为快(9)15 秒,则应将其置于________通过。

A. 北侧　　B. 东侧

C. 南侧　　D. 西侧

97. 夜间船舶在我国沿海航行,发现某浮标灯质为快闪或甚快闪,表明其________存在危险物。

A. 北侧　　B. 东侧

C. 南侧　　D. 西侧

98. 夜间船舶在我国沿海航行,发现某浮标灯质为快闪或甚快闪,则该船应从其________通过。

A. 北侧　　B. 东侧

C. 南侧　　D. 西侧

99. 夜间某船驶近我国某海港,看见一红色联闪光灯浮,表明________。

A. 该标为左侧标,应将其置于本船左舷　　B. 该标为左侧标,应将其置于本船右舷

C. 该标为右侧标,应将其置于本船左舷　　D. 该标为右侧标,应将其置于本船右舷

100. 夜间某船驶离我国某海港,看见一红色联闪光灯浮,表明________。

A. 该标为左侧标,应将其置于本船左舷　　B. 该标为左侧标,应将其置于本船右舷

C. 该标为右侧标,应将其置于本船左舷　　D. 该标为右侧标,应将其置于本船右舷

101. 夜间某船驶离我国某海港,看见一绿色联闪光灯浮,表明________。

A. 该标为左侧标,应将其置于本船左舷　　B. 该标为左侧标,应将其置于本船右舷

C. 该标为右侧标,应将其置于本船左舷　　D. 该标为右侧标,应将其置于本船右舷

102. 夜间由海上驶近我国沿海某港口,发现前方有一红色混合联闪光灯浮,表明________。

A. 该标为推荐航道左侧标,应将其置于本船左侧通过

B. 该标为推荐航道左侧标,应将其置于本船右侧通过

C. 该标为推荐航道右侧标,应将其置于本船左侧通过

D. 该标为推荐航道右侧标,应将其置于本船右侧通过

103. 夜间由海上驶近我国沿海某港口,发现前方有一绿色混合联闪光灯浮,表明________。

A. 该标为推荐航道左侧标,应将其置于本船左侧通过

B. 该标为推荐航道左侧标,应将其置于本船右侧通过

C. 该标为推荐航道右侧标,应将其置于本船左侧通过

D. 该标为推荐航道右侧标,应将其置于本船右侧通过

104. 夜间由海上驶近我国沿海某海港,看见一红色闪光灯浮,则船舶应________。

A. 从其左侧通过　　B. 将该标置于本船右舷

C. 从其右侧通过　　D. 以上都不对

105. 夜间由海上驶近我国沿海某海港,看见一绿色联闪光灯浮,表明________。

A. 该标为左侧标,应将其置于本船左舷　　B. 该标为左侧标,应将其置于本船右舷

C. 该标为右侧标,应将其置于本船左舷　　D. 该标为右侧标,应将其置于本船右舷

106. 夜间由海上驶离我国沿海某港口,发现前方有一红色混合联闪光灯浮,表明________。

A. 该标为推荐航道左侧标,应将其置于本船左侧通过

B. 该标为推荐航道左侧标,应将其置于本船右侧通过

C. 该标为推荐航道右侧标，应将其置于本船左侧通过

D. 该标为推荐航道右侧标，应将其置于本船右侧通过

107. 夜间由海上驶离我国沿海某港口，发现前方有一绿色混合联闪光灯浮，表明________。

A. 该标为推荐航道左侧标，应将其置于本船左侧通过

B. 该标为推荐航道左侧标，应将其置于本船右侧通过

C. 该标为推荐航道右侧标，应将其置于本船左侧通过

D. 该标为推荐航道右侧标，应将其置于本船右侧通过

108. 中国海区水上助航标志制度规则规定，用于标示分道通航的专用标的闪光节奏为________。

A. 莫“Q”　　B. 莫“P”

C. 莫“O”　　D. 莫“K”

109. 中国海区水上助航标志制度规则规定，用于标示海上作业区的专用标的闪光节奏为________。

A. 莫“Q”　　B. 莫“P”

C. 莫“O”　　D. 莫“K”

110. 中国海区水上助航标志制度规则规定，用于标示禁航区的专用标的闪光节奏为________。

A. 莫“Q”　　B. 莫“P”

C. 莫“O”　　D. 莫“K”

111. 中国海区水上助航标志制度规则规定，用于标示锚地的专用标的闪光节奏为________。

A. 莫“Q”　　B. 莫“P”

C. 莫“O”　　D. 莫“K”

112. 中国海区水上助航标志制度规则规定，用于标示水产作业区的专用标的闪光节奏为________。

A. 莫“C”　　B. 莫“Y”

C. 莫“F”　　D. 莫“K”

113. 中国海区水上助航标志制度规则规定，用于标示水中构筑物的专用标的闪光节奏为________。

A. 莫“C”　　B. 莫“Y”

C. 莫“F”　　D. 莫“K”

114. 中国海区水上助航标志制度规则规定，用于标示娱乐区的专用标的闪光节奏为________。

A. 莫“C”　　B. 莫“Y”

C. 莫“F”　　D. 莫“K”

115. 中国海区水上助航标志制度适用于中国海区及其海港、通海河口的除________外的所有浮标和水中固定标志。

A. 灯塔、灯船、扇形光灯标、导灯

B. 灯塔、灯船、大型助航浮标

C. 灯塔、灯船、扇形光灯标、导标、大型助航浮标

D. 灯塔、灯浮、灯船、扇形光导标、导标、大型助航浮标

116. 中国海区水上助航标志制度所包含的标志类型有________。
Ⅰ. 侧面标;Ⅱ. 方位标;Ⅲ. 安全水域标;Ⅳ. 孤立危险标;Ⅴ. 专用标;Ⅵ. 新危险物标
A. Ⅰ,Ⅱ,Ⅲ,Ⅳ,Ⅴ B. Ⅱ,Ⅲ,Ⅳ,Ⅴ,Ⅵ
C. Ⅰ,Ⅱ,Ⅲ,Ⅳ,Ⅴ,Ⅵ D. Ⅱ,Ⅲ,Ⅳ,Ⅴ

117. IALA 浮标制度规则中,黑色和红色相间横纹的浮标可配备________。
A. 单个红色球形顶标 B. 上下两黑色球形顶标
C. 单个黑色罐形顶标 D. 单个绿色锥形顶标

118. 海图上图式“ ”表示________。
A. 船舶交通流 B. 推荐航路
C. 推荐航线 D. 侧面标设置走向标志

119. IALA 浮标制度规则规定,推荐航道右侧标的特征为________。
A. 红色锥形,中间有一条或多条绿色横纹
B. 红色罐形,中间有一条或多条红色横纹
C. 绿色锥形,中间有一条或多条绿色横纹
D. 绿色罐形,中间有一条或多条红色横纹

120. IALA 浮标制度规则规定,推荐航道左侧标的特征为________。
A. 红色锥形,中间有一条或多条绿色横纹
B. 红色罐形,中间有一条或多条红色横纹
C. 绿色锥形,中间有一条或多条绿色横纹
D. 绿色罐形,中间有一条或多条红色横纹

121. IALA 浮标制度规则中,标身颜色可能是黑色和________相间的横纹。
A. 绿色 B. 黑色
C. 白色 D. 红色

122. IALA 浮标制度规则中,标身颜色可能是红色和________相间的竖纹。
A. 绿色 B. 黑色
C. 白色 D. 红色

123. IALA 浮标制度规则中,标身颜色可能是绿色和________相间的横纹。
A. 绿色 B. 黑色
C. 白色 D. 红色

124. IALA 浮标制度规则中,侧面标的代表形状是________。
A. 左侧标为罐形,右侧标为锥形 B. 左侧标为锥形,右侧标为罐形
C. 左侧标和右侧标均为罐形 D. 左侧标和右侧标均为锥形

125. IALA 浮标制度规则中,红白相间竖纹的浮标可配备________。
A. 单个红色球形顶标 B. 上下两黑色球形顶标
C. 单个黑色罐形顶标 D. 单个绿色锥形顶标

126. IALA 海区浮标制度规则中,带罐形顶标的绿色柱形浮标表明________。
A. 出港航行,置该标于左舷通过 B. 出港航行,置该标于右舷通过

C. 该标可能是推荐航道侧面标志　　D. 以上都可能

127. IALA 海区浮标制度规则中，带锥形顶标的绿色柱形浮标表明________。

A. 出港航行，置该标于左舷通过　　B. 应从该标的北面通过

C. 该标可能是推荐航道侧面标志　　D. 以上都可能

128. 船舶由海上驶近非洲某海港，发现正前方有一红色罐形浮标，应________。

A. 转向将该标置于左舷通过　　B. 转向将该标置于右舷通过

C. 从该标的任意一侧通过　　D. 远离该标航行

129. 船舶由海上驶近非洲某海港，发现正前方有一绿色锥形浮标，应________。

A. 转向将该标置于左舷通过　　B. 转向将该标置于右舷通过

C. 从该标的任意一侧通过　　D. 远离该标航行

130. 船舶由港口驶离日本某海港，发现正前方有一红色锥形浮标，应________。

A. 转向将该标置于左舷通过　　B. 转向将该标置于右舷通过

C. 从该标的任意一侧通过　　D. 远离该标航行

131. 船舶由港口驶离日本某海港，发现正前方有一绿色罐形浮标，应________。

A. 转向将该标置于左舷通过　　B. 转向将该标置于右舷通过

C. 从该标的任意一侧通过　　D. 远离该标航行

132. 船舶在菲律宾沿海航行，看见一顶标为红色锥形的灯浮，则船舶应________。

A. 从其右侧通过　　B. 从其左侧通过

C. 将该标置于本船左舷　　D. 以上都错

133. 菲律宾沿海右侧标的顶标特征为________。

A. 红色罐形　　B. 红色锥形

C. 绿色罐形　　D. 绿色锥形

134. 国际海区水上助航标志制度所包含的标志类型有________。

Ⅰ. 侧面标；Ⅱ. 方位标；Ⅲ. 安全水域标；Ⅳ. 孤立危险标；Ⅴ. 专用标；Ⅵ. 新危险物标

A. Ⅰ，Ⅱ，Ⅲ，Ⅳ，Ⅴ　　B. Ⅱ，Ⅲ，Ⅳ，Ⅴ，Ⅵ

C. Ⅰ，Ⅱ，Ⅲ，Ⅳ，Ⅴ，Ⅵ　　D. Ⅱ，Ⅲ，Ⅳ，Ⅴ

135. 日本沿海右侧标的特征为________。

A. 红色锥形　　B. 绿色锥形

C. 红色罐形　　D. 绿色罐形

136. 日本沿海左侧标的顶标特征为________。

A. 红色罐形　　B. 红色锥形

C. 绿色罐形　　D. 绿色锥形

137. 如某船在英吉利海峡发现一浮标，标身颜色为黑黄黑横纹，则危险物位于其________。

A. 北侧　　B. 东侧

C. 南侧　　D. 西侧

138. 某船在英吉利海峡发现一浮标，标身颜色为黄黑黄横纹，则船舶应从该浮标的________通过。

A. 北侧　　B. 东侧
C. 南侧　　D. 西侧

139. 如某船在英吉利海峡发现一浮标,标身颜色为上黑下黄横纹,则危险物位于其________。
A. 北侧　　B. 东侧
C. 南侧　　D. 西侧

140. 某船在英吉利海峡发现一浮标,标身颜色为上黄下黑横纹,则船舶应从该浮标的________通过。
A. 北侧　　B. 东侧
C. 南侧　　D. 西侧

141. 夜间,船舶由海上驶近美洲某海港,看见一红色闪光灯浮,则表明________。
A. 该标为左侧标,将其置于本船左舷　　B. 该标为左侧标,将其置于本船右舷
C. 该标为右侧标,将其置于本船左舷　　D. 该标为右侧标,将其置于本船右舷

142. 夜间,船舶由海上驶近美洲某海港,看见一绿色闪光灯浮,则表明________。
A. 该标为左侧标,将其置于本船左舷　　B. 该标为左侧标,将其置于本船右舷
C. 该标为右侧标,将其置于本船左舷　　D. 该标为右侧标,将其置于本船右舷

143. 夜间,某深吃水船舶由海上驶近日本沿海某港口,发现一光质为 Fl(2 +1)G,表明________。
A. 该标为推荐航道左侧标,应将其置于本船左舷通过
B. 该标为推荐航道左侧标,应将其置于本船右舷通过
C. 该标为推荐航道右侧标,应将其置于本船左舷通过
D. 该标为推荐航道右侧标,应将其置于本船右舷通过

144. 夜间某船驶离韩国某海港,看见一绿色闪光灯浮,则表明________。
A. 该标为左侧标,将其置于本船左舷　　B. 该标为左侧标,将其置于本船右舷
C. 该标为右侧标,将其置于本船左舷　　D. 该标为右侧标,将其置于本船右舷

145. 在 IALA 海上浮标制度规则规定的 A 区域航行,发现方位标时船舶应________。
A. 从该标同名侧通过　　B. 从该标异名侧通过
C. 将该标置于同名侧通过　　D. A + C

146. 在 IALA 海上浮标制度规则规定的 B 区域航行,发现方位标时船舶应________。
A. 从该标同名侧通过　　B. 从该标异名侧通过
C. 将该标置于异名侧通过　　D. A + C

147. 某船航行中发现前方有海图标注 BY VQ or Q ,则该船在该灯标的________通过是安全的。
A. 南侧　　B. 东侧
C. 西侧　　D. 北侧

148. 某船航行中发现前方有海图标注 BYB VQ(3)5s or Q(3)10s ,则该船在该灯标的________通过是安全的。
A. 南侧　　B. 东侧

C. 西侧　　D. 北侧

149. 某船航行中发现前方有海图标注  RW ,则该船在该灯标的________通过是安全的。

A. 左侧　　B. 右侧
C. 任意一侧　　D. 远离该标

150. 某船航行中发现前方有海图标注  BRB ,则该船________通过是安全的。

A. 在其左侧　　B. 在其右侧
C. 在其任意一侧　　D. 远离该标

151. 某船在某水道航行中发现前方有海图标注  RGR ,则推荐航道在该标的________。

A. 左侧　　B. 右侧
C. 两侧　　D. 北侧

152. 某船在某水道航行中发现前方有海图标注  RGR ,则该标在推荐航道的________。

A. 左侧　　B. 右侧
C. 两侧　　D. 转向侧

153. 某船舶接近某入口航道,发现前方有海图标注  GRG ,该船应将该灯标置于________通过。

A. 左舷　　B. 右舷
C. 任意一舷　　D. 南侧

154. 某船接近某入口航道,发现海图上有一标志  G ,该船应将该标置于________通过。

A. 左舷　　B. 右舷
C. 任意一舷　　D. 远离该标

155. 某船顺时针绕某岛屿航行,英版海图上有图式  G ,则该船应________。

A. 在其外侧通过　　B. 在其内侧通过
C. 在其任意一侧通过　　D. 无法判断

156. 某二副在英版海图上绘画某岛屿外的计划航线时发现前方有图式  G ,则航线应绘画在该标的________。

A. 外侧　　B. 内侧(向岛一侧)

C. 任意一侧

D. 无法判断

157. 某二副在英版海图上绘画某岛屿外的计划航线时,发现岛屿的东侧有图式 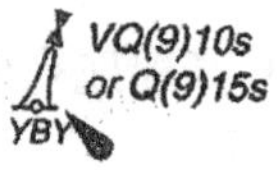 VQ(9)10s or Q(9)15s YBY ,则航线应绘画在该标的________。

A. 外侧

B. 内侧(向岛一侧)

C. 任意一侧

D. 无法判断

158. 某船接近某入口航道,发现海图上有一灯标标志  G ,该船应将该灯标置于________通过。

A. 左舷

B. 右舷

C. 任意一舷

D. 正前方

159. 某船接近某入口航道,发现海图上有一标志  R ,该船应将该标置于________通过。

A. 左舷

B. 右舷

C. 任意一舷

D. 远离该标

160. 某船接近某入口航道,发现海图上有一灯标标志  G ,该船应将该灯标置于________通过。

A. 左舷

B. 右舷

C. 任意一舷

D. 南侧

161. 某船接近某入口航道,发现海图上有一灯标标志  G ,该船应将该灯标置于________通过。

A. 左舷

B. 右舷

C. 任意一舷

D. 西侧

162. 某船接近某入口航道,发现海图上有一灯标标志  G ,则可判断该灯标________。

A. 属于 B 区域

B. 属于 A 区域

C. 为左侧标

D. A 和 C

163. 某船接近某入口航道,发现海图上有一标志  R ,则可判断该标________。

A. 属于 A 区域

B. 属于 B 区域

C. 为左侧标

D. A 和 C

164. 某船接近某入口航道,发现海图上有一灯标标志  G ,则可判断该灯标________。

A. 属于 B 区域　　B. 属于 A 区域
C. 为左侧标　　D. 应远离

165. 某船接近某入口航道,发现海图上有一灯标标志 G ,则可判断该灯标________。

A. 为左侧标　　B. 属于 A 区域
C. 属于 B 区　　D. A 和 C

166. IALA 浮标制度 A 区域中,红色中间有一道绿色横纹的浮标可配备________。
A. 单个红色罐形顶标　　B. 单个红色锥形顶标
C. 单个绿色罐形顶标　　D. 单个绿色锥形顶标

167. IALA 浮标制度 A 区域中,绿色中间有一道红色横纹的浮标可配备________。
A. 单个红色罐形顶标　　B. 单个红色锥形顶标
C. 单个绿色罐形顶标　　D. 单个绿色锥形顶标

168. IALA 浮标制度 B 区域中,红色中间有一道绿色横纹的浮标可配备________。
A. 单个红色罐形顶标　　B. 单个红色锥形顶标
C. 单个绿色罐形顶标　　D. 单个绿色锥形顶标

169. IALA 浮标制度 B 区域中,绿色中间有一道红色横纹的浮标可配备________。
A. 单个红色罐形顶标　　B. 单个红色锥形顶标
C. 单个绿色罐形顶标　　D. 单个绿色锥形顶标

170. IALA 浮标制度规则 A 区域和 B 区域的差别在于________。
A. 侧面标标身形状不同　　B. 侧面标顶标形状不同
C. 侧面标标色和光色不同　　D. 以上都是

171. IALA 浮标制度规则 A 区域和 B 区域的差别在于________。
A. 侧面标标身颜色不同　　B. 侧面标顶标颜色不同
C. 侧面标光色不同　　D. 以上都是

172. IALA 浮标制度规则规定,B 区域右侧标的顶标特征为________。
A. 红色罐形　　B. 红色锥形
C. 绿色罐形　　D. 绿色锥形

173. IALA 浮标制度规则规定,B 区域左侧标的顶标特征为________。
A. 红色罐形　　B. 红色锥形
C. 绿色罐形　　D. 绿色锥形

174. IALA 国际海区水上助航标志制度规则中,A 区域和 B 区域标志的区别在于________。
A. 专用标不同　　B. 侧面标不同
C. 方位标不同　　D. A + C

175. 根据 IALA 浮标制度规则规定,下列哪些国家或地区属于 A 区域?
Ⅰ. 日本;Ⅱ. 韩国;Ⅲ. 菲律宾;Ⅳ. 南北美洲;Ⅴ. 欧洲;Ⅵ. 非洲
A. Ⅰ,Ⅱ,Ⅲ　　B. Ⅰ,Ⅱ,Ⅲ,Ⅳ
C. Ⅳ,Ⅴ,Ⅵ　　D. Ⅴ,Ⅵ

176. 下列哪个国家或地区适用IALA国际海区水上助航标志制度B区域的规定?

A. 香港　　B. 新加坡

C. 日本　　D. 澳大利亚

177. 安全水域标志可用于________。

Ⅰ. 中线标志;Ⅱ. 航道中央标志;Ⅲ. 航道入口标志;Ⅳ. 指名固定桥下最好的通过点

A. Ⅰ,Ⅱ,Ⅲ　　B. Ⅱ,Ⅲ

C. Ⅰ,Ⅱ,Ⅲ,Ⅳ　　D. Ⅱ,Ⅲ,Ⅳ

178. 根据《中国海区应急沉船示位标设置管理规则》(2007年)规定,中国沿海应急沉船示位标的特征是________。

Ⅰ. 浮标表面是等分的蓝黄垂直条纹;Ⅱ. 如装有顶标,顶标为直立/垂直的黄色十字;Ⅲ. 灯光为黄蓝光互闪;Ⅳ. 一般加设雷达应答器(莫尔斯编码"D")和/或AIS应答器

A. Ⅰ,Ⅱ,Ⅲ　　B. Ⅱ,Ⅲ

C. Ⅰ,Ⅱ,Ⅲ,Ⅳ　　D. Ⅱ,Ⅲ,Ⅳ

179. 某轮在中国沿海航行,夜间发现一灯标的灯光的颜色为黄蓝光互闪,且在雷达上显示莫尔斯编码"D",则该标为________。

A. 应急沉船示位标　　B. 安全水域标

C. 孤立危险物　　D. 分道通航专用标

180. 某轮在某国沿海沿计划航线 *CA* 航行,发现海图上有如下标志,则该轮应把该标志置于本船________航行。

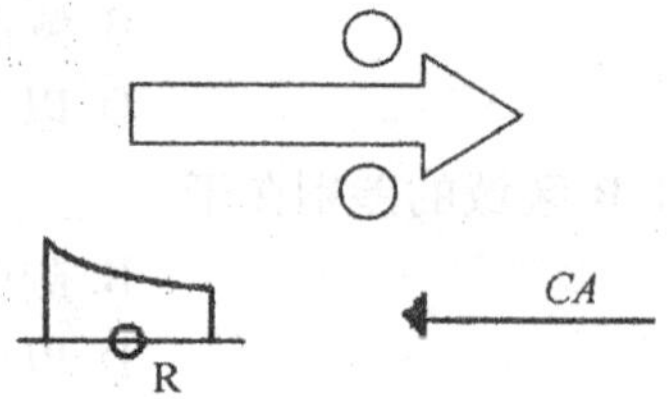

A. 左舷　　B. 右舷

C. 正对船首　　D. 无法判断

181. 某轮在某国沿海沿计划航线 *CA* 航行,发现海图上有如下标志,则________。

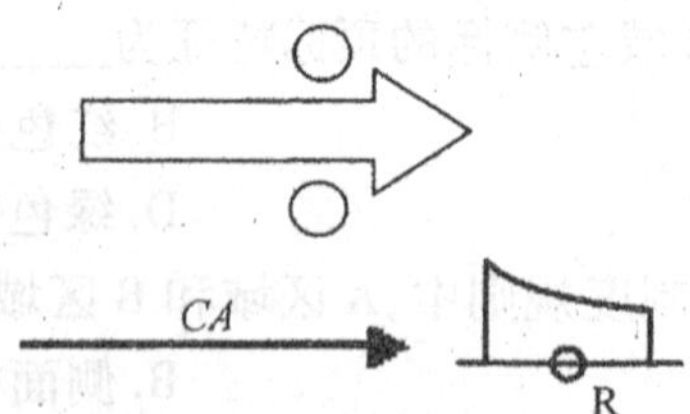

A. 该浮标是左侧标,应该把该标放在本船左舷航行

B. 该浮标是左侧标,应该把该标放在本船右舷航行

C. 该浮标是右侧标,应该把该标放在本船左舷航行

D. 该浮标是右侧标,应该把该标放在本船右舷航行

182. 某轮在某国沿海沿计划航线 *CA* 航行,发现海图上有如下标志,则该轮应把该标志置于本船

________航行。

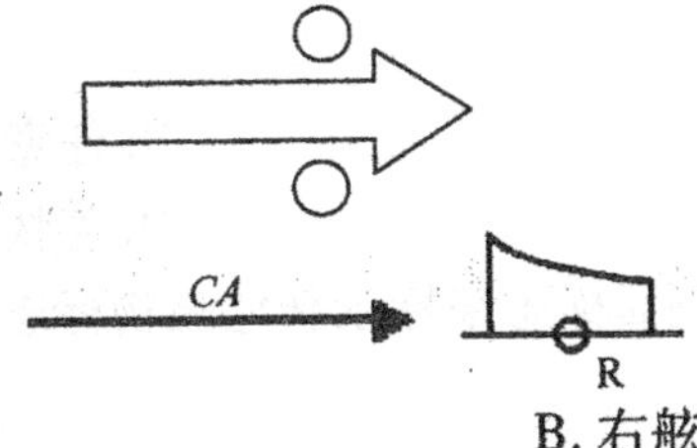

A. 左舷　　B. 右舷

C. 正对船首　　D. 无法判断

183. 某轮在某国沿海沿计划航线 *CA* 航行，发现海图上有如下标志，则该轮应把该标志置于本船________航行。

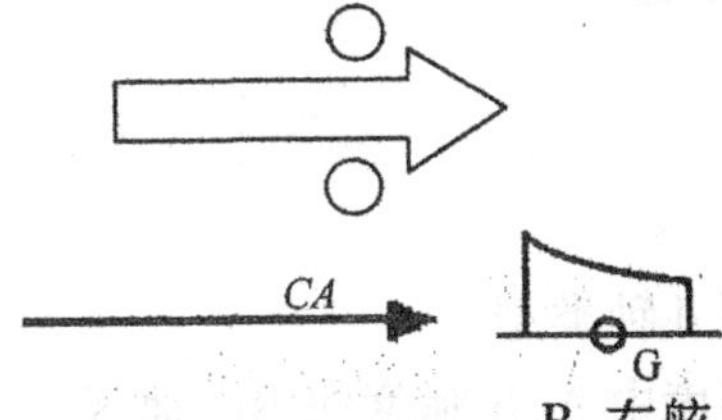

A. 左舷　　B. 右舷

C. 正对船首　　D. 无法判断

184. 某轮在某国沿海沿计划航线 *CA* 航行，发现海图上有如下标志，则________。

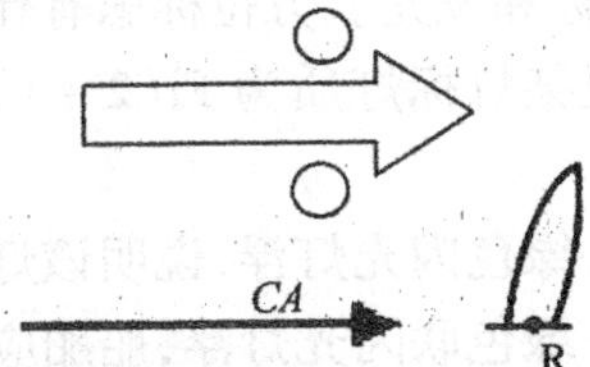

A. 该浮标系统属于 A 系统，应该把该标放在本船左舷航行

B. 该浮标系统属于 A 系统，应该把该标放在本船右舷航行

C. 该浮标系统属于 B 系统，应该把该标放在本船左舷航行

D. 该浮标系统属于 B 系统，应该把该标放在本船右舷航行

185. 某轮在某国沿海沿计划航线 *CA* 航行，发现海图上有如下标志，则________。

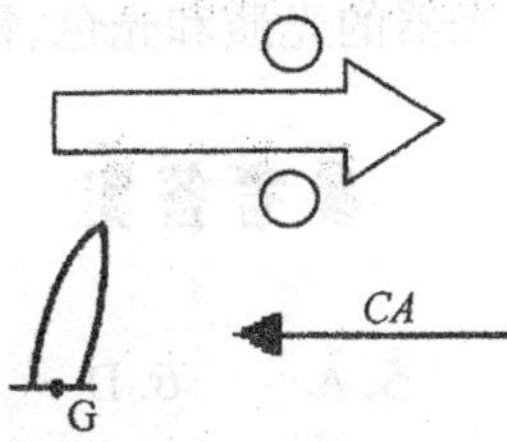

A. 该浮标系统属于 A 系统，应该把该标放在本船左舷航行

B. 该浮标系统属于 A 系统，应该把该标放在本船右舷航行

C. 该浮标系统属于 B 系统，应该把该标放在本船左舷航行

D. 该浮标系统属于 B 系统，应该把该标放在本船右舷航行

186. 关于新危险物标志,若设立方位标志来标示新危险物标志,则灯光节奏应是________,光色应是________。

A. 甚快闪或快闪;白色 B. 任意节奏;白色

C. 任意节奏;红色 D. 甚快闪或快闪;黄色

187 . 关于新危险物标志,若设立侧面标志来标示新危险物标志,则灯光节奏应是________,光色应是________。

A. 甚快闪或快闪;黄色

B. 任意节奏;白色

C. 任意节奏;红色或者绿色

D. 甚快闪或快闪;红色或者绿色

二、简答题

1. 国际海区浮标制度的标志有哪几种类型?
2. 说明国际海区水上助航标志制度中 A、B 制度使用的地区。
3. 国际海区水上助航标志制度中,"浮标的习惯走向"是如何规定的?
4. 对于实行 A 制度的海区,如何辨认左侧标和右侧标? B 制度的区域呢?
5. 试说明方位标志的颜色、形状、顶标和发光。方位标志有什么作用?
6. 某轮夜间进澳大利亚某港口,看见某灯标灯质为 Fl(2+1)G,则该灯标为什么标志,应如何航行?
7. 夜间某船驶离韩国某海港,看见一绿色闪光灯浮,说明该灯浮为什么灯浮,该轮应如何航行?
8. 夜间某船驶离我国某海港,看见一绿色联闪光灯浮,船舶应当如何航行?
9. 夜间进港看见一灯浮灯质为 Q(6)+LFl. 15s,该灯浮是什么何种方位标志?可航水域在它的哪个方向上,船舶应如何航行?
10. 说明孤立危险物标志的颜色、形状、顶标和发光。该标志有什么作用?
11. 说明安全水域标志的颜色、形状、顶标和发光。该标志有什么作用?
12. 说明专用标志的颜色、形状、顶标和发光。该标志有什么作用?
13. 简述新危险物的标示法(标志、发光器的光质和光色、雷达应答器的莫尔斯码)。

参考答案

1. A	2. C	3. B	4. C	5. A	6. D	7. A	8. D	9. A	10. D
11. B	12. C	13. B	14. D	15. C	16. A	17. B	18. C	19. D	20. C
21. D	22. A	23. B	24. D	25. B	26. D	27. D	28. C	29. D	30. D
31. A	32. A	33. D	34. C	35. D	36. B	37. A	38. B	39. A	40. D
41. B	42. B	43. A	44. B	45. A	46. A	47. B	48. D	49. C	50. C
51. D	52. A	53. B	54. D	55. A	56. D	57. C	58. D	59. B	60. C

61. C	62. D	63. A	64. B	65. B	66. D	67. B	68. A	69. A	70. A
71. A	72. B	73. A	74. C	75. B	76. D	77. D	78. C	79. A	80. D
81. B	82. A	83. B	84. C	85. C	86. B	87. D	88. A	89. D	90. D
91. D	92. B	93. C	94. A	95. D	96. B	97. C	98. A	99. A	100. B
101. C	102. A	103. D	104. C	105. D	106. B	107. C	108. D	109. C	110. B
111. A	112. C	113. A	114. B	115. C	116. A	117. B	118. D	119. A	120. D
121. D	122. C	123. D	124. A	125. A	126. B	127. A	128. A	129. B	130. A
131. B	132. D	133. B	134. A	135. A	136. C	137. D	138. D	139. C	140. C
141. D	142. A	143. A	144. B	145. A	146. D	147. D	148. B	149. C	150. D
151. A	152. A	153. A	154. B	155. B	156. A	157. B	158. A	159. B	160. B
161. A	162. D	163. B	164. B	165. D	166. A	167. D	168. B	169. C	170. C
171. D	172. B	173. C	174. B	175. D	176. C	177. C	178. C	179. A	180. B
181. A	182. A	183. A	184. D	185. A	186. A	187. D			

部分答案解析

1. (4、20 ~ 23、29、64 ~ 71、137 ~ 140 题参见本题解析)方位标涂色:北方位标——上黑下黄;东方位标——黑黄黑;南方位标——上黄下黑;西方位标——黄黑黄。

2. (5、16 ~ 19、24、30 题参见本题解析)方位标顶标:锥尖始终指向标身黑的涂色。"上北下南,东菱形,西酒杯"。

8. (40 题参见本题解析)浮标习惯走向:①从海上驶近港口、河流、河口或其他水道所采取的方向;②环绕大片陆地的顺时针方向。

12. (13 ~ 14、54 题参见本题解析)标准浮标的标身形状:罐形、锥形、球形、柱形和杆形。标准浮标的顶标形状:罐形、锥形、球形和叉形。基本的灯标光色:红色、绿色、白色和黄色,红色和绿色一般用于侧面标志;黄色用于专用标志。

31. (32、62 ~ 63、74、76、85 ~ 88、99 ~ 107 题参见本题解析)推荐航道侧面标特点为:①颜色:红色或绿色水平横纹;②光色和光质:红光或绿光闪(2 + 1)。我国为使用 A 制度的国家,左红右绿,左罐右锥。

48. (49 ~ 51、91 ~ 98 题参见本题解析)方位标的灯质可按照钟表指示时间并鸣钟的方法来记忆。例如,北方位标的指向为"方位北",两个顶标的指向均为向上,可以想象成钟表的分时针均指向上方,此时时间为 12 点,这时钟表的鸣钟连续鸣钟不停,代表灯质的快闪或甚快闪;东方位标的指向为"方位东",可以想象成钟表的时针指向 3 点(东方),这时钟表的鸣钟连续鸣 3 次,代表灯质的快闪或甚快闪(3);南方位标的指向为"方位南",可以想象成钟表的分时针均指向下方,相当于 6 点 30 分,钟表的鸣钟需在 6 点连续鸣 6 次后,再在 6 点 30 分鸣 1 次,代表灯质的快闪或甚快闪(6) +1 长闪;西方位标的指向为"方位西",可以想象成钟表的时针指向 9 点(西方),这时钟表的鸣钟连续鸣 9 次,代表灯质的快闪或甚快闪(9)。如下图所示。

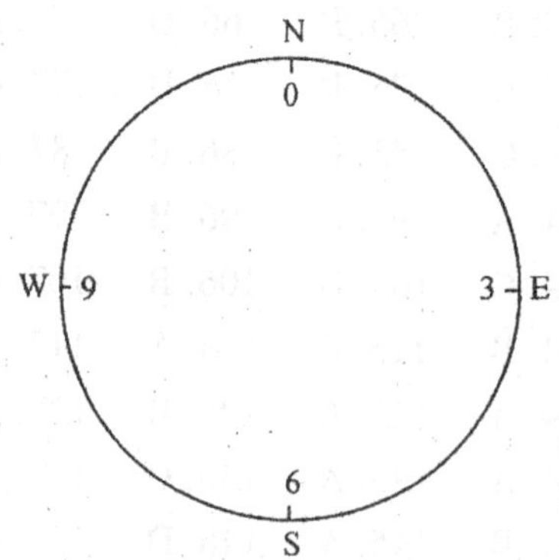

59.(60~61题参见本题解析)根据《中国海区水上助航标志》国家标准,安全水域标志灯质有等明暗、长闪10秒、莫尔斯信号“A”。光色为白色闪光。而国际海区安全水域标志灯质有等间、明暗、长闪10秒、莫尔斯信号“A”。要注意两者之间的区别。

74.(75~76题参见本题解析)侧面标志与推荐航道侧面标志的区别有两点:

①白天:侧面标志的标身颜色为红或绿,而推荐航道侧面标志的标身颜色为“红绿红”或“绿红绿”;

②夜间:推荐航道侧面标志的灯质为“闪[2+1]”,而侧面标志的灯质为除“闪[2+1]”之外的其他灯质。

77.(78~84题参见本题解析)该类型的题目采用画图法解决,但如果采用正常画图法(从碍航点取真方位西北~东北、东北~东南、东南~西南、西南~西北为界限画四个象限)则解题不直观,易出错,建议采用下面的方法解题。方法如下图所示,通过该方法可知:本题中的航向、方位的数值均在北象限,因此方位标志只能是东/西方位标,船舶从该标志的西侧通过,所以该标志位西方位标。

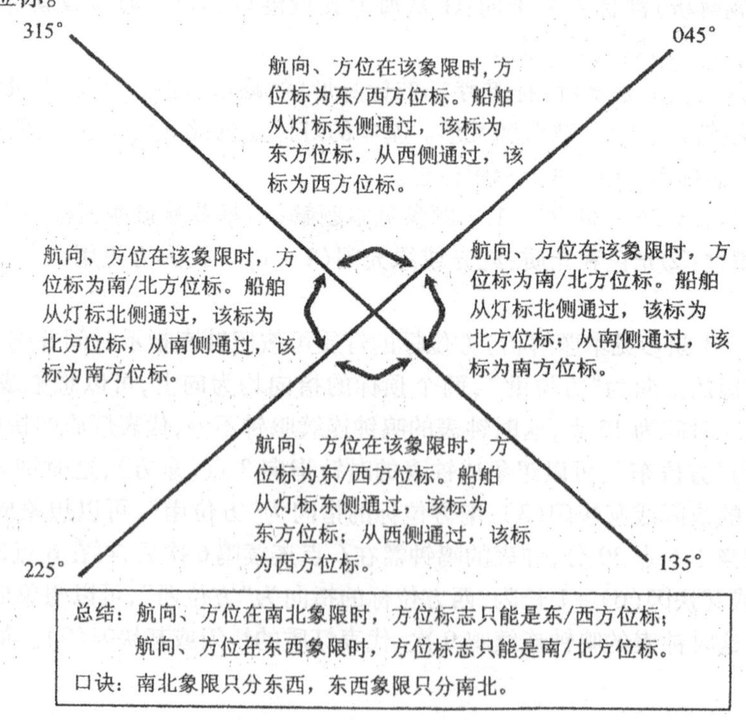

99.（100～107 题参见本题解析）该类型的题目的考点为侧面标志，做这种类型的题目要注意三点：

①船舶在 A 区还是 B 区；

②进港还是出港，即浮标习惯走向的问题；

③是以本船为基准还是以航标为基准来判断左或右。

本题为“驶进我国某港”表明船舶在 A 区，顺着浮标习惯走向。根据题干可判断出该标志为左侧标。本题的答案选项以本船为基准，故而左侧标进港时应置于本船的左舷侧。

108.（109～114、188 题参见本题解析）根据《中国海区水上助航标志》规定，专用标闪光节奏为：

锚地——莫“Q”（— — · —）；

禁航区——莫“P”（· — — ·）；

海上作业区——莫“O”（— — —）；

分道通航制——莫“K”（— · —）；

水中构筑物——莫“C”（— · — ·）；

娱乐区——莫“Y”（— · — —）；

水产作业区——莫“F”（· · — ·）。

119.（120、124、126～131 题参见本题解析）IALA 浮标制度规则规定：无论 A 区域还是 B 区域，侧面标都是左罐右锥；推荐航道侧面标都是左罐右锥，标身颜色为红绿相间。

132.（133、135～136、141～144、175～176 题参见本题解析）使用 B 制度的国家和地区有：美洲各国、日本、韩国、菲律宾和中国台湾。其侧面标为左罐右锥，左绿右红。

145.（146～148、157 题参见本题解析）无论 A 制度还是 B 制度，船舶都从方位标同名侧通过。

149. 安全水域标。

150. 孤立危险物标。

151.（152～154、158～165 题参见本题解析）151、154、159、160 题为锥形侧面标；152、153、158、161 题为罐形侧面标；162、165 题为绿色罐形侧面标；163 为红色锥形；164 为绿色锥形。

155.（156 题参见本题解析）该类型题目中浮标的习惯走向采用“环绕大片陆地的顺时针方向”。具体解释见下图。

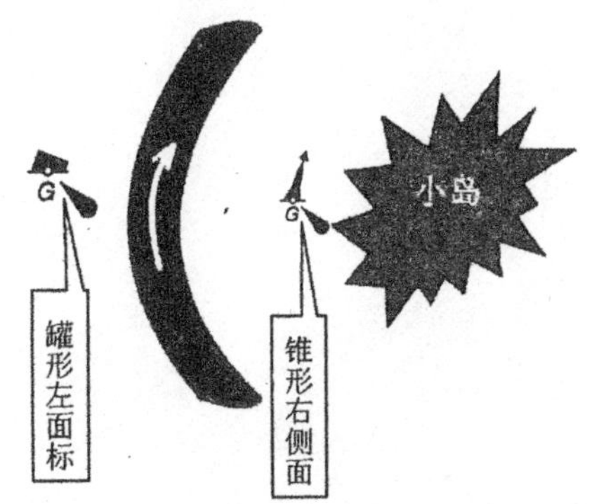

166.（167～174 题参见本题解析）IALA 浮标制度规则规定：A 区域侧面标左罐右锥，左红右绿；B 区域侧面标左罐右锥，左绿右红。A 区域和 B 区域区别在于侧面标标色和光色不同。

180.(181～185 题参见本题解析)做对本类型题目的关键是掌握题干中图形的含义，为侧面标设置走向标志，箭头方向为浮标习惯走向。

CA→ 为计划航线。若计划航线方向与侧面标设置走向标志的箭头方向一致，则表明船舶顺浮标的习惯走向航行(进港航行)；若计划航线方向与侧面标设置走向标志的箭头方向相反，则表明船舶逆浮标的习惯走向航行(出港航行)。

R 为红色罐形，A 区左侧标；R 为红色锥形，B 区右侧标。字母 R 表示红色，G 表示绿色。字母与图形配合可以判断 A/B 区。

本题航线方向与侧面标设置走向标志的箭头方向相反，表明是出港航行。R 为红色罐形，A 区左侧标，故而应置于本船右舷。

第十一章　航线与航行方法

第一节　大洋航行

一、选择题

1. M、N 两船同在 120°E 经线上，M 船在 50°N，N 船在 20°N，各自向正东方向航行，且抵达同一条经线（170°E），则两船采用大圆航线比恒向线航线可缩短航程的情况为________。
   A. M 船比 N 船所缩短航程的百分比大
   B. N 船比 M 船所缩短航程的百分比大
   C. M 船与 N 船所缩短航程的百分比相同
   D. M 船与 N 船所缩短的航程数相同
2. 常用的大洋航线有________。
   A. 大圆航线　B. 混合航线
   C. 恒向线航线　D. 以上都是
3. 大洋航行时，采用混合航线是为了________。
   A. 缩短航程　B. 避开高纬地区水文气象恶劣区域
   C. 便于绘画航线　D. 使船舶有机会沿等纬圈航行
4. 大洋航行中，等纬圈航线是________。
   A. 大圆航线　B. 等角航线（恒向线航线）
   C. 最短航程航线　D. A + C
5. 大圆海图的特点是________。
   A. 图上子午线和等纬圈是直线　B. 图上直线是大圆弧
   C. 纬度愈高，投影变形愈大　D. 以上都是
6. 大圆航法，实质上是指船舶沿着________。
   A. 选定的大圆弧航行　B. 出发点与到达点之间的恒向线航行
   C. 大圆航线上各分点之间的恒向线航行　D. 出发点与到达点之间的恒位线航行
7. 大圆航线通常适用于________。

A. 航程较短时
B. 接近南北向航行时
C. 在低纬近赤道地区航行时
D. 航行纬度较高,航线跨越经差较大时

8. 混合航线是在有限制纬度情况下的________。
A. 最短航程航线
B. 最佳航线
C. 气象航线
D. 气候航线

9. 混合航线适用于________。
A. 由于某种限制不能完全使用大圆航线时
B. 起航点与到达点纬度相同时
C. 航程较短时
D. 气象条件较好时

10. 拟订大圆航线时,确定各分点之间间隔的一般原则为________。
A. 每隔经差 5°/10°取一分点
B. 每隔经差 10°/20°取一分点
C. 每隔约一昼夜航程取一分点
D. A + C

11. 确定大圆航线的方法有________。
A. 大圆海图法
B. 大圆改正量法
C. 公式计算法或查表法
D. 以上都是

12. 下列航线中,哪条航线宜选择大圆航线?
A. 我国至北美洲的航线
B. 我国至日本的航线
C. 我国经印度洋至欧洲的航线
D. 我国至澳大利亚的航线

13. 在下列何种情况下,宜选用大圆航线?
A. 航程较短或航向接近南北向时
B. 高纬度,航向接近东西向时
C. 高纬度,航向接近南北向时
D. A + B

14. 在下列何种情况下,宜选用恒向线航线?
A. 航程较短或航向接近南北向时
B. 高纬度,航向接近东西向时
C. 高纬度,航向接近南北向时
D. A + C

15. 在高纬海区航行,当航向接近东西向且航线跨越的经差较大时,采用何种航线较有利?
A. 大圆航线
B. 等纬圈航线
C. 混合航线
D. 根据限制纬度情况采用 A 或 C

16. 在高纬海区航行,当航向接近南北时,采用何种航线较有利?
A. 大圆航线
B. 恒向线航线
C. 混合航线
D. 等纬圈航线

17. 船舶在赤道无风带内穿越大洋时,一般采用下列何种航线较为有利?
A. 大圆航线
B. 恒向线航线
C. 混合航线
D. 最短航程航线

18. 船舶采用混合航线时,首先应确定限制纬度,下列哪些是确定限制纬度时应考虑的因素?
Ⅰ. 季节;Ⅱ. 气象;Ⅲ. 海况;Ⅳ. 本船条件;Ⅴ. 船员
A. Ⅰ,Ⅱ,Ⅳ
B. Ⅰ,Ⅱ,Ⅲ
C. Ⅰ,Ⅱ,Ⅲ,Ⅳ,Ⅴ
D. Ⅱ,Ⅲ,Ⅳ,Ⅴ

19. 混合航线是为了避开恶劣水文气象条件而采用的最短航程航线,通常有下列哪几种航线组成?

Ⅰ.大圆航线;Ⅱ.恒向线;Ⅲ.等纬圈;Ⅳ.气象航线;Ⅴ.气候航线

A. Ⅰ,Ⅱ,Ⅳ
B. Ⅰ,Ⅲ
C. Ⅰ,Ⅱ,Ⅲ,Ⅳ,Ⅴ
D. Ⅱ,Ⅲ,Ⅳ,Ⅴ

20. 在墨卡托海图上确定大圆航线的方法有________。

Ⅰ.大圆海图法;Ⅱ.大圆改正量法;Ⅲ.公式计算法;Ⅳ.《天体高度方位表》法

A. Ⅰ,Ⅱ
B. Ⅰ,Ⅱ,Ⅲ
C. Ⅰ,Ⅱ,Ⅲ,Ⅳ
D. Ⅲ,Ⅳ

21. 在平面心射投影图上,连接出发点与到达点之间的直线为________。

A. 等角航线
B. 恒向线
C. 大圆航线
D. 双曲线

22. 在下列哪种情况下,大圆航线和恒向线航线的航程相差不大?

A. 航程较短时
B. 接近南北向航行时
C. 在低纬近赤道地区航行时
D. 以上都是

23. 自日本横跨太平洋至美国西海岸的大圆航线比相应的恒向线航线可缩短航程约________。

A. 几海里
B. 几十海里
C. 几百海里
D. 近千海里

24. 船舶沿赤道向东航行,恒向线航向为 090°,相应的大圆始航向为________。

A. 大于 090°
B. 等于 090°
C. 小于 090°
D. 不一定

25. 大洋航行,利用空白定位图进行海图作业是因为________。

A. 缺乏足够的大洋海图
B. 大洋上没有物标和碍航物,且水深足够
C. 大洋总图和小比例尺海图的比例尺太小,海图作业误差太大
D. B + C

26. 起航点 35°S,120°E,到达点 35°S,150°E,两点间大圆航线所经过的纬度________。

A. 大于 35°S
B. 小于 35°S
C. 等于 35°S
D. 不一定

27. 在北半球,若两点间的大圆始航向为 045°,则恒向线航向________。

A. 大于 045°
B. 等于 045°
C. 小于 045°
D. 不一定

28. 在北半球,若两点间的大圆始航向为 090°,则恒向线航向________。

A. 大于 090°
B. 等于 090°
C. 小于 090°
D. 不一定

29. 在北半球,若两点间的大圆始航向为 270°,则恒向线航向________。

A. 大于 270°
B. 等于 270°
C. 小于 270°
D. 不一定

30. 在北半球,若两点间的恒向线航向为045°,则大圆始航向________。
A. 大于045°
B. 等于045°
C. 小于045°
D. 不一定

31. 在北半球,若两点间的恒向线航向为245°,则大圆始航向________。
A. 大于245°
B. 等于245°
C. 小于245°
D. 不一定

32. 在南半球,若两点间的大圆始航向为045°,则恒向线航向________。
A. 大于045°
B. 等于045°
C. 小于045°
D. 不一定

33. 在南半球,若两点间的大圆始航向为090°,则恒向线航向________。
A. 大于090°
B. 等于090°
C. 小于090°
D. 不一定

34. 在南半球,若两点间的大圆始航向为270°,则恒向线航向________。
A. 大于270°
B. 等于270°
C. 小于270°
D. 不一定

35. 在南半球,若两点间的恒向线航向为045°,则大圆始航向________。
A. 大于045°
B. 等于045°
C. 小于045°
D. 不一定

36. 在南半球,若两点间的恒向线航向为245°,则大圆始航向________。
A. 大于245°
B. 等于245°
C. 小于245°
D. 不一定

37. A船位于(43°N,175°W),用测向仪测得某求救信号船的真方位为270°,但用雷达无法测到该船,则该遇难船在________。
A. A船的正西,43°N的纬度线上
B. A船的正西,高于43°N的纬度上
C. A船的正西,低于43°N的纬度上
D. 43°N纬度线上

38. A船位于(45°N,170°E),B船位于(45°N,155°W)处,则________。
A. A测B的真方位为090°,B测A的真方位为270°
B. A测B的真方位为090°,B测A的真方位不可能为270°
C. A测B的真方位小于090°,B测A的真方位为270°
D. A测B的真方位小于090°,B测A的真方位大于270°

39. A船位于(45°N,170°W),测得130°W处B船的真方位为090°,则________。
A. B测A的真方位大于270°,B的纬度低于45°N
B. B测A的真方位为270°,B的纬度等于45°N
C. B测A的真方位小于270°,B的纬度高于45°N
D. B测A的真方位为270°,B的纬度低于45°N

40. A船位于45°N,170°E,B船位于A船的正东155°W处,则________。
A. A测B的真方位为090°,B测A的真方位为270°

B. A 测 B 的真方位为 090°,B 测 A 的真方位不可能为 270°

C. A 测 B 的真方位小于 090°,B 测 A 的真方位为 270°

D. A 测 B 的真方位小于 090°,B 测 A 的真方位大于 270

41. A 船位于 45°N,170°W,B 船位于 A 船的正东 130°W 处,则________。

A. A 测 B 的真方位为 090°,B 的纬度低于 45°N

B. A 测 B 的真方位为 090°,B 的纬度等于 45°N

C. A 测 B 的真方位小于 090°,B 的纬度等于 45°N

D. B 测 A 的真方位为 270°,B 的纬度低于 45°N

42. A 船位于 0°,170°W,B 船位于 A 船的正东 130°W 处,则下列何者错误?

A. A 测 B 的真方位为 090°,B 的纬度不等于 0°

B. A 测 B 的真方位为 090°,B 的纬度等于 0°

C. A 测 B 的真方位为 090°,B 测 A 的真方位为 270°

D. B 测 A 的真方位为 270°,B 的纬度为 0°

43. A 船位于 45°N,170°E,B 船位于 A 船的正东 155°W 处,如果 A 船航向 060°,B 船航向 235°,则 A 船处在 B 船的什么舷角上?

A. 30°右　　B. 35°右

C. 60°右　　D. 大于 035°

44. A 船位于(00°,170°E),B 船位于(00°,155°W)处,如果 A 船航向 060°,B 船航向 235°,则 A 船处在 B 船的什么舷角上?

A. 30°右　　B. 35°右

C. 60°右　　D. 大于 035°

45. 设 A 在北半球,B 在南半球,从 A 到 B 的恒向线航向为 150°,则 B 到 A 的大圆始航向为______。

A. 大于 330°　　B. 小于 330°

C. 等于 330°　　D. 以上均有可能

46. A 船位于(45°N,170°E),B 船位于(45°N,155°W)处,如果 A 船航向 060°,B 船航向 205°,则 A 船处在 B 船的什么舷角上?

A. 30°右　　B. 65°右

C. 60°右　　D. 大于 065°

47. A 船位于 0°,170°E,B 船位于 A 船的正东 155°W 处,如果 A 船航向 060°,B 船航向 235°,则 A 船处在 B 船的什么舷角上?

A. 30°右　　B. 35°右

C. 60°右　　D. 大于 035°

48. A 船位于(45°S,170°E),测得 150 海里外的某遇难船 B 的真方位为 090°,假定 B 的位置不变,A 船也无航行误差,不受外界影响,则 A 船________。

A. 保持 090°航向航行将直达 B 船

B. 向西保持在 45°S 纬度圈上航行将直达 B 船

C. 起始航向 090°,以后其航向应逐渐适当增大可到达 B 船

D. 起始航向 090°,以后其航向应逐渐适当减小可到达 B 船

49. A 船位于 45°S,170°W,测得 150 海里外的某遇难船 B 的真方位为 270°,假定 B 的位置不变,A 船也无航行误差,不受外界影响,则 A 船________。

A. 保持 270°航向航行将直达 B 船

B. 向西保持在 45°S 纬度圈上航行将直达 B 船

C. 起始航向 270°,以后其航向应逐渐适当增大可到达 B 船

D. 起始航向 270°,以后其航向应逐渐适当减小可到达 B 船

50. 设 A 在北半球,B 在南半球,从 A 到 B 的恒向线航向为 230°,则 A 到 B 的大圆始航向为________。

A. 大于 230°　　B. 小于 230°

C. 等于 230°　　D. 以上均有可能

51. 设 A 在南半球,B 在北半球,从 A 到 B 的恒向线航向为 320°,则 A 到 B 的大圆始航向为________。

A. 大于 320°　　B. 小于 320°

C. 等于 320°　　D. 以上均有可能

52. 设 A 在北半球,B 在南半球,从 A 到 B 的恒向线航向为 150°,则 B 到 A 的大圆始航向为________。

A. 大于 330°　　B. 小于 330°

C. 等于 330°　　D. 以上均有可能

53. 关于空白定位图网的特点,以下说法错误的是________。

A. 图上只有经纬线及其图尺　　B. 仅在纬线上标明纬度读数

C. 仅在经线上标明经度读数　　D. 空白定位图在南北纬可以通用

54. 关于空白定位图网的特点,以下说法错误的是________。

A. 在经线上根据需要填写经度读数　　B. 在纬线上根据需要填写纬度读数

C. 纬度线图尺有倒正两个读数　　D. 向位圈由内外两个圈组成

55. 通常情况下在下列哪种海区,可以使用空白定位图进行海图作业?

A. 大洋航行　　B. 沿岸航行

C. 近海航行　　D. 以上都可

56. 利用空白定位图进行海图作业的目的是________。

A. 提高推算速度　　B. 提高定位精度

C. 作图方便　　D. 以上都不是

57. 为了便于南北纬通用,空白定位图上的向位圈有相应的内外两圈,船舶在南纬航行使用空白图时,应使用哪个圈?

A. 内圈读数　　B. 外圈读数

C. 内外圈通用　　D. 两圈读数内差

58. 为了便于南北纬通用,空白定位图上的向位圈有相应的内外两圈,船舶在北纬航行使用空白

图时,应使用哪个圈?

A. 内圈读数
B. 外圈读数
C. 内外圈通用
D. 两圈读数内差

59. 大洋航行,利用空白定位图进行海图作业是因为________。

A. 缺乏足够的大洋海图
B. 大洋上没有物标和碍航物,且水深足够
C. 大洋总图和小比例尺海图的比例尺太小,海图作业误差太大
D. B + C

60. 某船计划由 56°36′N,169°56′W,航行到 34°49′.5N, 139°53′E,则该船的大圆始航向为________。

A. 090°
B. 270°
C. 101°
D. 259°

61. 某船由 60°55′.5N,065°04′W,航行到 36°50′N,8°59′W,则该船的大圆始航向为________。

A. 98°
B. 172°
C. 098°
D. 198°

62. 某轮计划由 12°00′.0N, 83°41′.0W 航行到 74°29′.8N, 19°12′.5E,则该轮的大圆航程为________。

A. 490 n mile
B. 3490 n mile
C. 4910 n mile
D. 4490 n mile

63. 某轮计划由 12°00′.0N, 83°41′.0W 航行到 74°29′.8N, 19°12′.5E,则该轮的大圆始航向为________。

A. 15°
B. 75°
C. 015°
D. 075°

64. 某轮计划由 14°02′.2S, 116°06′.0E 航行到 5°50′.0N, 79°02′.0E,则相应的大圆航程为________。

A. 2508 n mile
B. 2618 n mile
C. 2892 n mile
D. 2708 n mile

65. 某轮计划由 14°02′.2S, 116°06′.0E 航行到 5°50′.0N, 79°02′.0E,则相应的大圆始航向为________。

A. 116°
B. 296°
C. 154°
D. 306°

66. 在大圆海图上如何画大圆航线?

A. 将起始点与到达点按其坐标标在大圆海图上,用直线连接两点,即为大圆航线
B. 先在墨卡托海图上绘制再转移到大圆海图上
C. 先确定分点,再在大圆海图上绘制
D. 大圆海图上不能绘画大圆航线

67. 图中的曲线为大圆弧,则各分段的折线(直线)代表什么?

①恒向线;②恒位线;③实际上用各分段的折线代替大圆弧

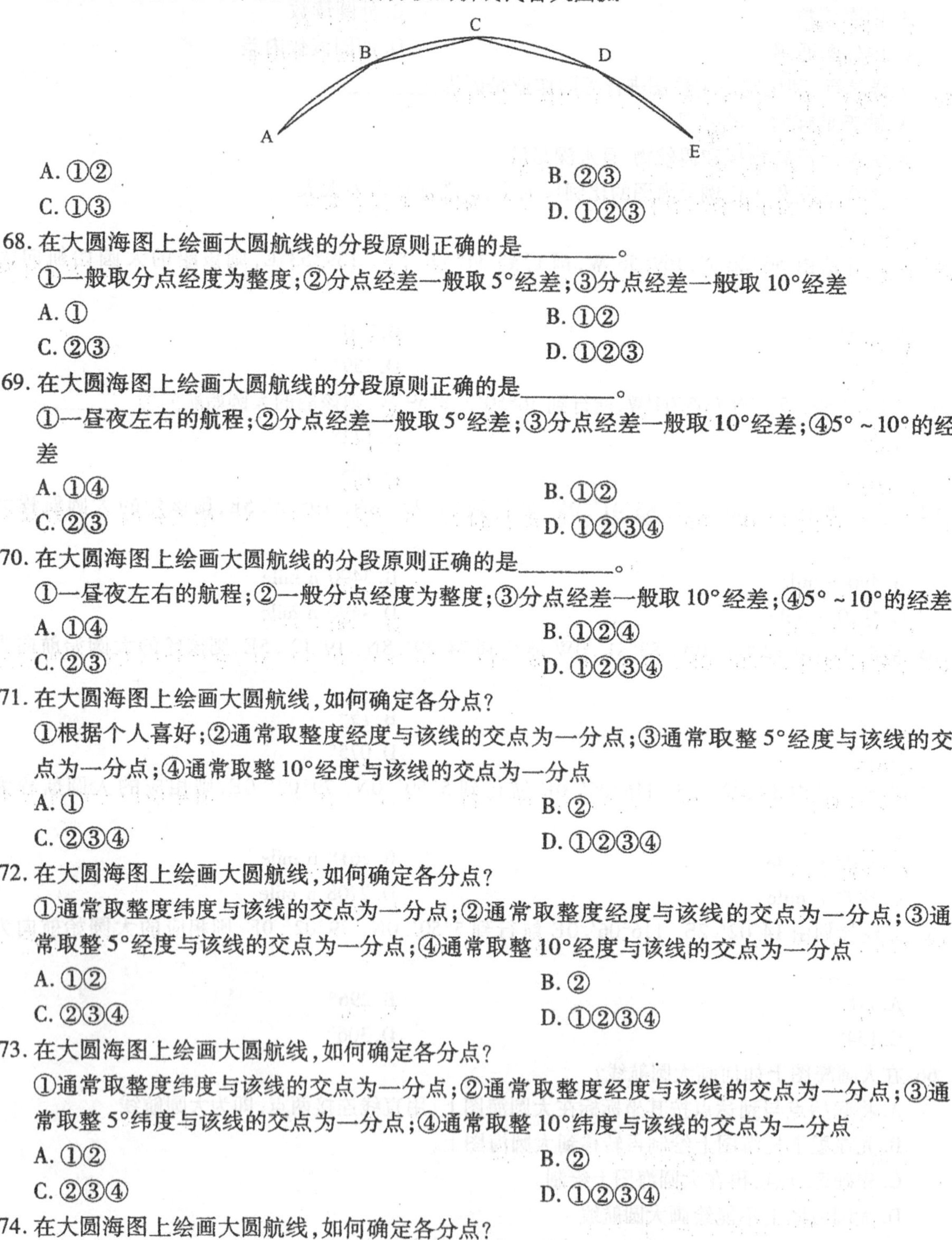

A. ①②　　B. ②③
C. ①③　　D. ①②③

68. 在大圆海图上绘画大圆航线的分段原则正确的是________。
①一般取分点经度为整度;②分点经差一般取5°经差;③分点经差一般取10°经差
A. ①　　B. ①②
C. ②③　　D. ①②③

69. 在大圆海图上绘画大圆航线的分段原则正确的是________。
①一昼夜左右的航程;②分点经差一般取5°经差;③分点经差一般取10°经差;④5°~10°的经差
A. ①④　　B. ①②
C. ②③　　D. ①②③④

70. 在大圆海图上绘画大圆航线的分段原则正确的是________。
①一昼夜左右的航程;②一般分点经度为整度;③分点经差一般取10°经差;④5°~10°的经差
A. ①④　　B. ①②④
C. ②③　　D. ①②③④

71. 在大圆海图上绘画大圆航线,如何确定各分点?
①根据个人喜好;②通常取整度经度与该线的交点为一分点;③通常取整5°经度与该线的交点为一分点;④通常取整10°经度与该线的交点为一分点
A. ①　　B. ②
C. ②③④　　D. ①②③④

72. 在大圆海图上绘画大圆航线,如何确定各分点?
①通常取整度纬度与该线的交点为一分点;②通常取整度经度与该线的交点为一分点;③通常取整5°经度与该线的交点为一分点;④通常取整10°经度与该线的交点为一分点
A. ①②　　B. ②
C. ②③④　　D. ①②③④

73. 在大圆海图上绘画大圆航线,如何确定各分点?
①通常取整度纬度与该线的交点为一分点;②通常取整度经度与该线的交点为一分点;③通常取整5°纬度与该线的交点为一分点;④通常取整10°纬度与该线的交点为一分点
A. ①②　　B. ②
C. ②③④　　D. ①②③④

74. 在大圆海图上绘画大圆航线,如何确定各分点?
①通常取整度纬度与该线的交点为一分点;②通常取整度经度与该线的交点为一分点;③通

常取整度经纬度与该线的交点为一分点

A. ①②
B. ②
C. ②③
D. ①②③

75. 在大圆海图上如何画混合航线？

A. 在大圆海图上用直线连接起止点，即为混合航线
B. 在大圆海图上用直线连接起止点，该直线与限制纬度圈相交部分用等纬圈代替
C. 分别过起止点做限制纬度圈的切线，切点间部分用等纬圈代替
D. 大圆海图上不能绘画混合航线

76. 在大圆海图上绘画混合航线，如何确定各分点？

①与大圆航线的分点原则相同；②没有具体分段原则；③大圆航线部分与大圆航线的分点原则相同

A. ①②
B. ②
C. ③
D. ①②③

77. 在大圆海图上绘画混合航线，如何确定各分点？

①与大圆航线的分点原则相同；②等纬圈部分没有分点；③大圆航线部分与大圆航线的分点原则相同

A. ①②
B. ②
C. ②③
D. ①②③

78. 关于混合航线说法正确的是________。

①首先确定限制纬度；②限制纬度随季节的变化可能发生变化；③等纬圈的航向为090°或270°

A. ①②
B. ②
C. ③
D. ①②③

79.《世界大洋航路》、每月航路设计图等资料中所提供的推荐航线是________。

A. 气候航线
B. 气象航线
C. 最佳航线
D. A + C

80. 大洋航行应充分利用测天定位，正常情况下，每昼夜至少应有________。

A. 两个测天船位（晨昏）
B. 三个测天船位（晨昏和太阳船位）
C. 一个太阳船位
D. 两个太阳船位（中天和特大高度船位）

81. 拟订大洋航线的主要参考资料有________。

Ⅰ.《世界大洋航路》；Ⅱ. 每月航路设计图；Ⅲ.《航路指南》；Ⅳ.《航海图书总目录》；Ⅴ.《进港指南》

A. Ⅰ，Ⅱ
B. Ⅰ，Ⅱ，Ⅲ
C. Ⅰ，Ⅱ，Ⅲ，Ⅳ
D. Ⅰ，Ⅱ，Ⅲ，Ⅳ，Ⅴ

82. 拟订大洋航线时通常应考虑的因素有________。

Ⅰ. 气象；Ⅱ. 海况；Ⅲ. 碍航物；Ⅳ. 定位与避让；Ⅴ. 本船条件；Ⅵ. 推荐航线

A. Ⅰ，Ⅱ，Ⅲ
B. Ⅳ，Ⅴ，Ⅵ

C. Ⅰ,Ⅱ,Ⅲ,Ⅳ,Ⅴ　　D. Ⅰ,Ⅱ,Ⅲ,Ⅳ,Ⅴ,Ⅵ

83. 拟订大洋航线应遵循的主要原则是________。

A. 尽量选择大圆航线　　B. 尽量选择恒向线航线

C. 尽量选择混合航线　　D. 安全、经济

84. 气导公司所提供的航线通常是________。

A. 气候航线　　B. 气象航线

C. 最佳航线　　D. B + C

85. 下列哪种航线属于气象航线?

A. 气导公司的推荐航线　　B.《航路指南》中的推荐航线

C.《世界大洋航路》中的推荐航线　　D. 以上都是

86. 下列有关航线选择的说法中,何种正确?

A. 航程最短,不一定航时最省　　B. 应尽可能使船舶一路顺风

C. 充分考虑流的顺逆,可不考虑风的情况　　D. 应尽可能使船舶一路顺流

87. 下列有关气象导航的说法中,何者是错误的?

A. 是否采用气导公司所推荐的航线由船长决定

B. 气导公司的推荐航线一经采用,中途不得更改

C. 是否需要气导公司提供气象导航服务,由船舶或有关方面决定

D. A + C

88. 在安全的前提下,拟订大洋航线的原则是________。

A. 航程最短　　B. 水文气象最有利

C. 一路顺风顺流　　D. 航时最省

89. 在向气导公司申请导航时,应提供________。

①船舶名称、呼号及航速;②船公司或租船公司名称;③预计离港时间(ETD);④始发港或始发点;⑤目的港(包括中途港及预计停留时间);⑥特殊事项;⑦船舶吃水;⑧本航次要求等其他特殊事项及将使用的联络电台

A. ①②③④⑤　　B. ①②③④⑤⑥

C. ①②③④⑤⑥⑦　　D. ①②③④⑤⑥⑦⑧

90. 船舶在开航前________向气导公司发申请电。

A. 12 h　　B. 12 ~ 24 h

C. 24 ~ 48 h　　D. 24 h

91. 船舶向气导公司发出申请电后________收到气导公司第一次回电。

A. 12 h　　B. 12 h 内

C. 24 h　　D. 24 h 内

92. 航行途中________电告一次中午船位。

A. 12 h　　B. 24 h

C. 36 h　　D. 48 h

93. 若缺乏必要的资料或走大圆航线困难,可电告气导公司________给出一个转向点,船舶据此

改向。

A. 1 d　　B. 1 ~2 d

C. 2 d　　D. 3 d

二、简答题

1. 试述大洋航行的特点。
2. 大洋航行时,可以选用哪几种航线?它们各有什么特点?
3. 试述设计大圆航线时确定分段点的基本原则。
4. 拟订大圆航线可有哪几种方法?
5. 简要说明利用大圆海图拟订大圆航线的过程。
6. 试述拟订大圆航线时,利用天体高度方位表法和大圆改正量法拟订大圆航线的时机。
7. 利用公式计算法求大圆航向时应注意什么问题?
8. 设计大圆航线时,应考虑的因素有哪些?
9. 什么叫限制纬度?在大圆海图上如何拟订混合航线?
10. 在大洋航行过程中应注意什么问题?
11. 拟订大洋航线的原则是什么?

参考答案

1. A	2. D	3. B	4. B	5. B	6. C	7. D	8. A	9. A	10. D
11. D	12. A	13. B	14. D	15. D	16. B	17. B	18. C	19. B	20. C
21. C	22. D	23. C	24. B	25. C	26. A	27. A	28. A	29. C	30. C
31. A	32. C	33. C	34. A	35. A	36. C	37. C	38. D	39. A	40. B
41. A	42. A	43. D	44. B	45. B	46. D	47. B	48. D	49. C	50. A
51. B	52. B	53. C	54. B	55. A	56. B	57. A	58. B	59. C	60. D
61. C	62. C	63. C	64. A	65. B	66. A	67. C	68. A	69. A	70. B
71. B	72. B	73. B	74. B	75. C	76. C	77. C	78. D	79. A	80. B
81. C	82. D	83. D	84. D	85. A	86. A	87. B	88. D	89. D	90. C
91. B	92. D	93. C							

部分答案解析

1. 纬度越高,大圆航程相对恒向线航程所缩短的航程越多;纬度越低,大圆航程相对恒向线航程所缩短的航程越少。所以中高纬度横渡大洋才使用大圆航线。
3. 混合航线是为了避开高纬度海区的恶劣气象条件而采用的大圆航线和等纬圈航线混合的航线。

6. 大圆航线实际上是以大圆弧分点间恒向线折线来代替两点之间的大圆航线,大圆航线的分段原则:每隔经差 5° ~10°或 1 d 左右的航程作为一个分段。

11. 在墨卡托海图上确定大圆航线的方法有四种:大圆海图法、大圆改正量法、公式计算法、查《天体高度方位表》法。

13. (7、12、14、15、16、17 题参见本题解析)使用大圆航线的条件:中高纬,航向接近东西向且航程较长。其他情况使用恒向线航线。

21. 平面心射投影图即大圆海图。

24. 大圆始航向:大圆航线起点的切线方向。赤道既是大圆弧又是恒向线,所以大圆始航向与恒向线航向一致。

25. 空白海图的作用只有一个:提高海图作业精度(由于某些海图的比例尺太小)。

26. 在墨卡托海图上大圆弧为凸向近极的曲线,具体情况如图所示。

27. (28 ~31 题参见本题解析)在墨卡托海图上大圆弧为凸向近极的曲线,大圆始航向为大圆航线起点的切线方向。

题干中两个关键点:

①北半球,即大圆弧凸向北极,向北弯曲;

②大圆始航向为 045°,即大圆航线的切线方向为 045°。

具体情况如图所示。

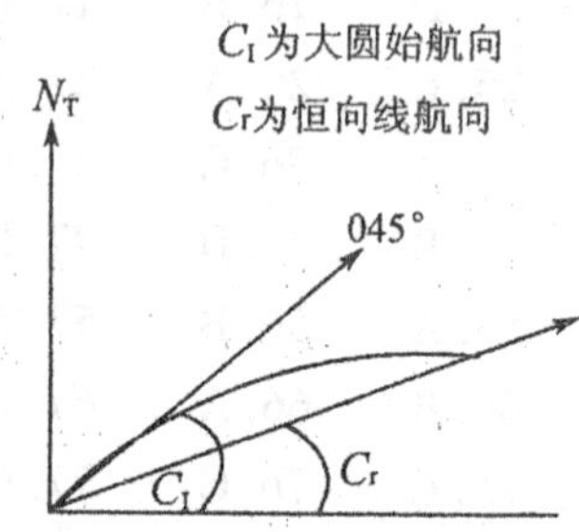

32. (33 ~36 题参见本题解析)在墨卡托海图上大圆弧为凸向近极的曲线,大圆始航向为大圆航线起点的切线方向。

题干中两个关键点:

①南半球,即大圆弧凸向南极,向南弯曲;

②大圆始航向为 045°,即大圆航线的切线方向为 045°。

具体情况如图所示。

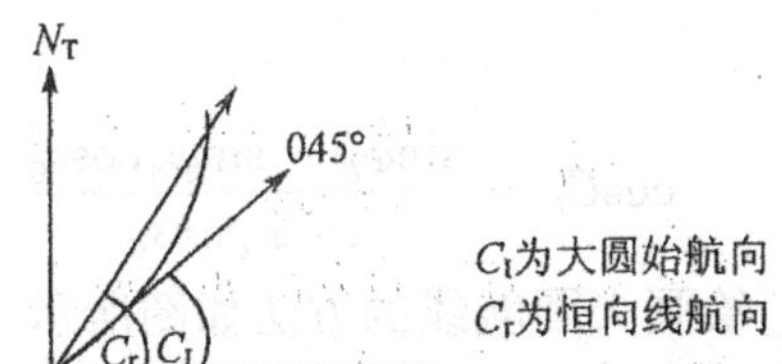

37. (48、49 题参见本题解析)"用测向仪测得某求救信号船的真方位为 270°,但用雷达无法测到该船"表明 A 船测遇难船的方位线为大圆弧。因此,270°即为大圆始航向。具体情况如图所示。

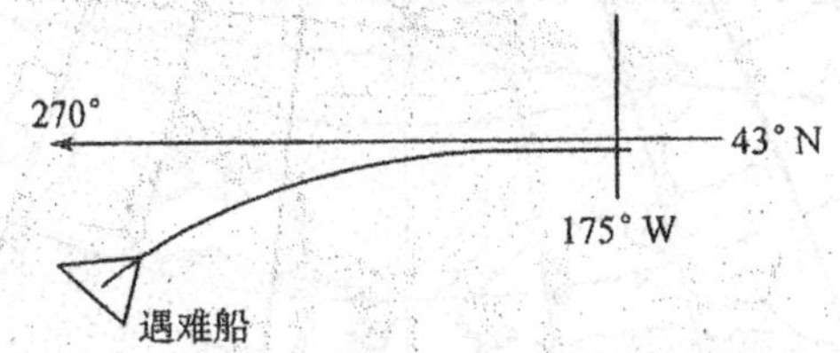

38. (46 题参见本题解析)该题有两个要点:判断 B 船在 A 船的东面;A、B 的距离较远(大于 30 海里)。故 A 测 B 或 B 测 A 的方位线为大圆弧。具体情况如图所示。

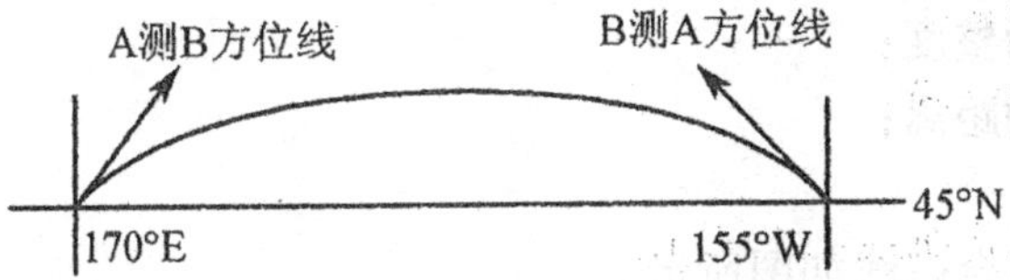

39. (40 ~ 43 题参见本题解析)具体情况如图所示。

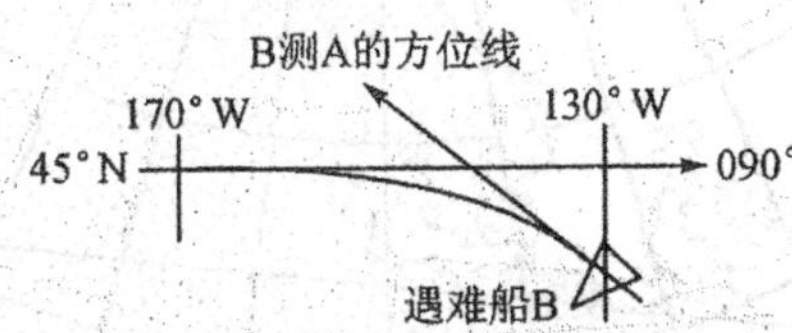

44. (47 题参见本题解析)A、B 同在赤道上,赤道既是大圆弧又是恒向线,故 A 测 B 或 B 测 A 的方位线在墨卡托海图上为直线。

50. (45、51、52 题参见本题解析)具体情况如图所示。

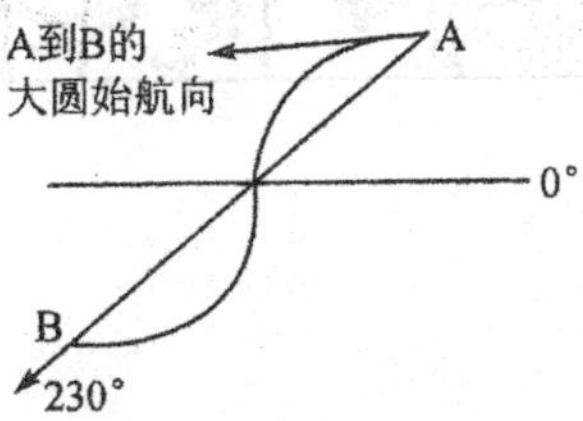

60. (61 ~ 65 题参见本题解析)计算大圆航向与航程公式为:

$$\cos s_G = \sin\varphi_A \sin\varphi_B + \cos\varphi_A \cos\varphi_B \cos D\lambda$$

$$\tan C_I = \frac{\sin D\lambda}{\cos\varphi_A \tan\varphi_B - \sin\varphi_A \cos D\lambda}$$

$$\cos C_{\mathrm{I}} = \frac{\sin\varphi_B - \sin\varphi_A \cos s_{\mathrm{G}}}{\cos\varphi_A \sin s_{\mathrm{G}}}$$

66. 在大圆海图上大圆弧为直线,绘画大圆航线的方法如图所示。

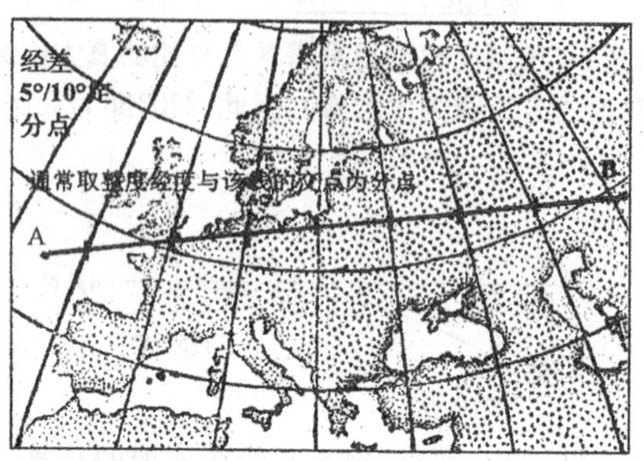

68. (69～74 题参见本题解析)在大圆海图上绘画大圆航线的分段原则:

①一般取分点经度为整度;

②一昼夜左右航程的距离;

③5°～10°的经差。

75. 在大圆海图上绘画混合航线如图所示。

第二节　沿岸航行

一、选择题

1. 船舶在近海、沿岸航行时通常都采用恒向线航法，这是因为________。
   A. 恒向线在墨卡托海图上是直线，即两点间最短航程航线
   B. 船舶按恒向线航行，操纵方便，且航程增加不多
   C. 恒向线能满足海图的纬度渐长特性
   D. 墨卡托海图是等角投影海图，只能使用等角航线
2. 拟订航线的依据是________。
   A. 现行版航海图书资料　　B. 水文气象条件
   C. 本船技术状态　　D. 以上都是
3. 拟订沿岸航线时，一般不用考虑下列哪项因素？
   A. 风流情况　　B. 交通密度
   C. 渔船、渔栅　　D. 安全航速
4. 沿岸航行，大船的航线应设计在________。
   A. 10 m 等深线以外　　B. 20 m 等深线以外
   C. 水深大于吃水的海区　　D. B + C
5. 沿岸航行，大船的航线应设计在________。
   A. 10 m 等深线以外　　B. 20 m 等深线以外
   C. 水深大于 2 倍于本船吃水的海区　　D. B、C 中水深较深的海区
6. 沿岸航行，一般情况下，小船的航线应设计在________。
   A. 10 m 等深线以外　　B. 20 m 等深线以外
   C. 2 倍于本船吃水的海区　　D. A、C 中水深较大的海区
7. 沿岸航行，在没有夜航灯标，船位较难测定的海区，离岸距离一般应为________。
   A. 3 ~ 5 n mile　　B. 5 ~ 10 n mile
   C. 10 n mile 左右　　D. 15 n mile 左右
8. 在能见度良好时，沿岸航线距陡峭海岸的最近距离为________。
   A. 1 n mile　　B. 2 n mile
   C. 5 n mile　　D. 10 n mile
9. 制订航行计划时，实际航速的推算应考虑下列哪些因素？
   Ⅰ. 海流的流向、流速；Ⅱ. 潮流的顺逆；Ⅲ. 风浪大小；Ⅳ. 距危险物远近；Ⅴ. 水深大小
   A. Ⅰ，Ⅱ　　B. Ⅰ，Ⅱ，Ⅲ

C. Ⅰ,Ⅱ,Ⅲ,Ⅳ　　D. Ⅰ,Ⅱ,Ⅲ,Ⅳ,Ⅴ

10. 拟订沿岸航线,确定航线离岸距离时应考虑下列哪项因素?

Ⅰ.风流影响的大小;Ⅱ.船员技术水平;Ⅲ.航程的长短;Ⅳ.海图测量精度;Ⅴ.船舶吃水的大小

A. Ⅰ,Ⅱ,Ⅳ,Ⅴ　　B. Ⅰ,Ⅱ,Ⅲ

C. Ⅰ,Ⅱ,Ⅲ,Ⅳ,Ⅴ　　D. Ⅰ,Ⅱ,Ⅲ,Ⅴ

11. 拟订沿岸航线,确定航线离岸距离时应考虑下列哪项因素?

Ⅰ.经济航速;Ⅱ.船员技术水平;Ⅲ.船舶操纵性能;Ⅳ.测定船位的难易;Ⅴ.能见度的好坏

A. Ⅱ,Ⅲ,Ⅳ,Ⅴ　　B. Ⅰ,Ⅱ,Ⅲ

C. Ⅰ,Ⅱ,Ⅳ,Ⅴ　　D. Ⅰ,Ⅱ,Ⅲ,Ⅴ

12. 拟订沿岸航线,确定航线离岸距离时应考虑下列哪项因素?

Ⅰ.通航密度;Ⅱ.转向和避让的旋回余地;Ⅲ.船舶操纵性能;Ⅳ.测定船位的难易

A. Ⅱ,Ⅲ,Ⅳ　　B. Ⅰ,Ⅱ,Ⅲ,Ⅳ

C. Ⅰ,Ⅲ,Ⅳ　　D. Ⅰ,Ⅱ,Ⅲ

13. 拟订沿岸航线,确定航线离危险物的安全距离时可不考虑下列哪项因素?

A. 船上货物装载情况　　B. 能见度的好坏

C. 风流影响情况　　D. 测定船位的难易

14. 拟订沿岸航线,确定航线离危险物的安全距离时可不考虑下列哪项因素?

A. 海图测量精度　　B. 附近有无可供定位的物标

C. 白天还是晚上通过　　D. 危险物的离岸距离

15. 拟订沿岸航线,确定航线离危险物的安全距离时,应考虑下列哪项因素?

Ⅰ.风流对航行的影响;Ⅱ.船员技术水平;Ⅲ.有无避险物标;Ⅳ.危险物的测量精度

A. Ⅰ,Ⅱ　　B. Ⅰ,Ⅱ,Ⅲ

C. Ⅰ,Ⅱ,Ⅲ,Ⅳ　　D. Ⅰ,Ⅱ,Ⅳ

16. 拟订沿岸航线,为保证船舶安全,应尽量避开海图上的以下哪些区域?

A. 水深点空白区　　B. 连续长礁脉

C. 水深明显比周围浅的点滩　　D. 以上都是

17. 拟订沿岸航线,应尽量选择________的显著物标作为转向物标。

A. 转向一侧附近　　B. 转向另一侧附近

C. 转向一正横侧附近　　D. 转向另一正横侧附近

18. 在拟订沿岸航线选择转向物标时,应尽量避免选择下列哪种物标?

A. 立标　　B. 平坦的岬角

C. 浮标　　D. B + C

19. 沿岸航行中,利用同名侧物标进行转向时,若发现船舶至转向物标的横距比预定的距离大,则应________转向,以使船舶转向后行驶在计划航线上。

A. 提前　　B. 延后

C. 大舵角　　D. 小舵角

20. 沿岸航行中,利用同名侧物标进行转向时,若发现船舶至转向物标的横距比预定的距离小,则应________转向,以使船舶转向后行驶在计划航线上。

A. 提前　　B. 延后

C. 大舵角　　D. 小舵角

21. 沿岸航行中,利用异名侧物标进行转向时,若发现船舶至转向物标的横距比预定的距离大,则应________转向,以使船舶转向后行驶在计划航线上。

A. 提前　　B. 延后

C. 大舵角　　D. 小舵角

22. 沿岸航行中,利用异名侧物标进行转向时,若发现船舶至转向物标的横距比预定的距离小,则应________转向,以使船舶转向后行驶在计划航线上。

A. 提前　　B. 延后

C. 大舵角　　D. 小舵角

23. 沿岸航行中,船舶转向后应在航海日志中记录下列哪些内容?

Ⅰ. 转向时间;Ⅱ. 计程仪航程;Ⅲ. 船位;Ⅳ. 转向时风流情况;Ⅴ. 能见度

A. Ⅱ,Ⅲ,Ⅳ,Ⅴ　　B. Ⅰ,Ⅱ,Ⅲ

C. Ⅰ,Ⅱ,Ⅳ,Ⅴ　　D. Ⅰ,Ⅱ,Ⅲ,Ⅴ

24. 拟订沿岸航线时,在能见度良好的情况下,航线与附近有显著物标可供定位和避险的精测危险物之间的距离,至少应保持在________。

A. 5 链以上　　B. 1.5 海里以上

C. 1 海里以上　　D. 2 海里以上

25. 拟订沿岸航线时,即使在最佳条件下,航线与危险物之间的距离也应在________。

A. 5 链以上　　B. 1 海里以上

C. 3 ~5 海里　　D. 5 海里以上

26. 如图所示,船舶沿 *ADB* 航行要比沿直线 *ACB* 航行增加航程________。

A. 1.5 海里以下　　B. 1.5 ~3.0 海里

C. 3.0 ~5.0 海里　　D. 5.0 海里以上

27. 使用分道通航制的船舶,应将航线设计在相应通航分道内的________。

A. 左侧　　B. 右侧

C. 中央　　D. 尽可能让开分隔带或分隔线处

28. 根据船舶定线制的一般规定,船舶在双向航路内航行,应________。

A. 尽可能靠右行驶　　B. 尽可能靠左行驶

C. 尽可能行驶在航路中央　　D. 可在航路内任何地方航行

29. 在分道通航制区域向外海一侧的边界之外水域,船舶________。

A. 可以以任何航向航行

B. 应以与外侧通航分道内交通流总方向相同的航向航行

C. 应以与内侧通航分道内交通流总方向相同的航向航行

D. 应以与沿岸通航带内交通流总方向相同的航向航行

30. 按照船舶定线制的一般规定,不使用分道通航制的船舶应尽可能将航线确定在________。

A. 分道通航制靠岸一侧　　B. 分道通航制向海一侧

C. 远离分道通航制处　　D. 分道通航制以外任何地方

31. 在船舶定线制区域进行航线设计时,若选择双向推荐航线,则应将航线确定在推荐航线的________。

A. 右侧　　B. 左侧

C. 任何一侧　　D. 推荐航线上

32. 在船舶定线制区域进行航线设计时,下列哪种说法是错误的?

A. 将航线设计在相应的通航分道内

B. 双向航路内的航线设计尽量靠近航道右侧

C. 尽可能使用深水航路

D. 设计航线尽量与分道内的船舶总流向一致

33. 在船舶定线制区域进行航线设计时,下列哪种说法是错误的?

A. 尽可能采用分道通航航路

B. 尽可能将航线设计在双向推荐航线上

C. 让开分隔带或分隔线

D. 在分道的端部航线与交通流向的夹角尽可能小

34. 单一船位线与计划航线平行时,一般可用来判断________。

A. 推算船位偏离航线的误差　　B. 推算航程的误差

C. 推算船位的误差　　D. 观测船位的误差

35. 单一位置线的用途是________。

A. 可以缩小推算船位误差范围　　B. 可以判定船舶左右偏离航线情况

C. 可以作避险线　　D. A + B + C

36. 单一船位线与纬线平行时,能判断________。

A. 推算船位偏离航线误差　　B. 船舶的纬度

C. 推算航程误差　　D. 船舶的观测船位

37. 单一船位线不能________。

A. 测定船位　　B. 测定罗经差

C. 帮助转向　　D. A + B

38. 单一船位线可用于________。

Ⅰ. 避险;Ⅱ. 导航;Ⅲ. 测定罗经差

A. Ⅰ,Ⅱ,Ⅲ　　B. Ⅱ,Ⅲ

C. Ⅰ,Ⅲ　　D. Ⅰ,Ⅱ

39. 单一船位线与子午线平行时,能判断________。

A. 推算船位偏离航线误差
B. 推算航程误差
C. 船舶的经度
D. 船舶的观测船位

40. 单一船位线与航线接近垂直时，一般能判断________。

A. 推算船位偏离航线误差
B. 推算航程误差
C. 推算船位的误差
D. 观测船位的误差

41. 在白天能见度良好情况下，赴指定锚地抛锚时常采用________导航方法。

A. 两方位定位
B. 三标两水平角定位
C. 单标方位距离
D. 导标方位

42. 沿岸航行中发现水深突然变浅，并与海图上所标水深不符，应采取什么措施？

A. 减速并测深
B. 立即转向
C. 立即停车
D. 以上都对

43. 当船舶沿计划航线保向保速航行，利用两物标距离定位时，正确的船位具有以下哪些特点？

①船位点沿抛物线分布；②船位点沿双曲线分布；③船位间距离与观测时间间隔成比例

A. ①②
B. ②③
C. ③
D. ①②③

44. 船舶定向、定速航行，利用两物标距离定位，下列哪种情况说明观测船位是不可靠的？

①观测船位成直线分布；②船位间距与航时成正比；③观测船位成曲线分布

A. ①②
B. ②③
C. ③
D. ①②③

45. 船舶定向、定速航行，利用两物标距离定位，下列哪种情况说明观测船位是不可靠的？

①观测船位成直线分布；②船位间距与航时不成正比；③观测船位成曲线分布

A. ①②
B. ①②③
C. ③
D. ②③

46. 船舶定向、定速航行，利用两物标距离定位，下列哪种情况说明观测船位是不可靠的？

①观测船位成双曲线分布；②船位间距与航时不成正比；③观测船位成抛物线分布

A. ①②
B. ②③
C. ①③
D. ①②③

47. 船舶定向、定速航行，利用两物标距离定位，下列哪种情况说明观测船位是不可靠的？

①观测船位成双曲线分布；②船位间距与航时成正比；③观测船位成抛物线分布

A. ①②
B. ②③
C. ①②③
D. ①③

48. 船舶定向、定速航行，利用两物标距离定位，下列哪种情况说明观测船位是可靠的？

①观测船位成双曲线分布；②船位间距与航时成正比；③观测船位成抛物线分布

A. ①②
B. ②
C. ③
D. ①②③

49. 根据 IMO 船舶定线文件，船舶定线制的目的是增进船舶在________的航行安全。

Ⅰ. 汇聚区域；Ⅱ. 通航密度大的区域；Ⅲ. 受限水域；Ⅳ. 存在航行障碍水域；Ⅴ. 水深受限水

域;Ⅵ.气象条件使船舶操纵受限的区域;Ⅶ.内河;Ⅷ.渔区;Ⅸ.沿岸水域;Ⅹ.近海水域;Ⅺ.雾区

A. Ⅰ~Ⅵ　　B. Ⅱ~Ⅶ

C. Ⅱ~Ⅷ　　D. Ⅰ~Ⅺ

50. 船舶定线制的主要内容之一是________。

A. 分隔反向或接近反向的交通流　　B. 分隔同向或接近同向的交通流

C. 分隔小角度交叉相遇的交通流　　D. 分隔各转向点附近的交通流

51. 船舶定线制的主要内容之一是________。

A. 疏理同向或接近同向的交通流　　B. 疏理汇聚区域的交通流

C. 分隔沿岸交通流　　D. 分隔各转向点附近的交通流

52. 船舶定线制的主要内容之一是________。

A. 疏理同向或接近同向的交通流　　B. 分隔小角度交叉相遇的交通流

C. 引导特殊水域的交通流　　D. 分隔各转向点附近的交通流

53. 在船舶定线制区域,用空心实线箭矢"⇨"标示________。

A. 推荐的交通流方向(recommended direction)　　B. 指定的交通流方向(established direction)

C. 习惯的交通流方向　　D. 不允许有第三方交通流存在

54. 在船舶定线制区域,用空心虚线箭矢"⇨"标示________。

A. 推荐的交通流方向(recommended direction)　　B. 指定的交通流方向(established direction)

C. 习惯的交通流方向　　D. 不允许有第三方交通流存在

55. 船舶定线制包含________。

Ⅰ.过境航行;Ⅱ.双向航路;Ⅲ.推荐航路;Ⅳ.避航区;Ⅴ.分道通航制;Ⅵ.渔区航路;Ⅶ.沿岸通航区;Ⅷ.环行航道;Ⅸ.警戒区;Ⅹ.深水航路

A. Ⅰ~Ⅴ　　B. Ⅱ~Ⅴ

C. Ⅱ~Ⅸ　　D. Ⅱ~Ⅹ

56. 船舶定线制包含________。

Ⅰ.过境航行;Ⅱ.渔区航路;Ⅲ.推荐航路;Ⅳ.避航区;Ⅴ.分道通航制;Ⅵ.双向航路;Ⅶ.沿岸通航区;Ⅷ.环行航道;Ⅸ.警戒区;Ⅹ.深水航路

A. Ⅰ~Ⅸ　　B. Ⅱ~Ⅹ

C. Ⅲ~Ⅹ　　D. Ⅳ~Ⅹ

57. 船舶定线制中的避航区域是________。

A. 航行特别危险,但船舶可不必避离的区域

B. 渔区

C. 航行特别危险,船舶必须避离的区域

D. 航行有危险,某些船舶可以不必避离的区域

58. 船舶定线制文件要求船舶驾驶员根据船舶定线制的一般规定使用定线制,按照船舶定线制的一般原则进行定线,这意味着________。

A. 船舶定线制的一般原则仅适用于船舶定线制区域

B. 在没有船舶定线制的区域,必须设置船舶定线制

C. 即使在有船舶定线制的区域,也不必按定线航路航行

D. 即使在没有船舶定线制的区域,也应遵循定线制原则进行本船的航线设计

59. 根据船舶定线制的规定,船舶________。

A. 允许穿越双向航路,但必须小角度穿越

B. 允许穿越双向航路,但必须大角度穿越

C. 不允许穿越双向航路

D. 允许穿越双向航路,但尽可能缩短穿越时间

60. 根据船舶定线制的规定,双向航路________。

A. 允许有第三方向的交通流

B. 不允许有第三方向的交通流

C. 允许有第三方向的交通流,但保持直角

D. 不允许有第三方向的交通流,但过境交通除外

61. 根据船舶定线制文件,分道通航制和双向航路________。

A. 两者均不允许有第三方向的交通流

B. 两者均允许有第三方向的交通流

C. 前者不允许有第三方向的交通流,后者则允许

D. 前者允许有第三方向的交通流,后者则不允许

62. 当船舶航行在环行航道区域时,应________。

A. 在环行航道内,船舶按逆时针方向绕分隔点或圆形分隔带航行

B. 在环行航道内,船舶按顺时针方向绕分隔点或圆形分隔带航行

C. 在环行航道内,船舶向左绕分隔点或圆形分隔带航行

D. 在环行航道内,船舶出口时向左、进口时向右绕分隔点或圆形分隔带航行

63. 当船舶航行在环行航道区域时,应________。

A. 在环行航道内,船舶向右绕分隔点或圆形分隔带航行

B. 在环行航道内,船舶按顺时针方向绕分隔点或圆形分隔带航行

C. 在环行航道内,船舶向左绕分隔点或圆形分隔带航行

D. 在环行航道内,船舶出口时向左、进口时向右绕分隔点或圆形分隔带航行

64. 船舶定线制中的警戒区是________。

A. 航行特别危险,船舶必须避离的区域

B. 航行有危险,但不必避离的区域

C. 必须谨慎驾驶且必须避离的区域

D. 必须谨慎驾驶,但不必避离的区域

65. 船舶航行于双向航路,________。

A. 应尽可能地靠右行驶

B. 大船可按中线航行

C. 穿越时应大角度

D. 应尽可能地靠左行驶

根据下图,回答66~69题。

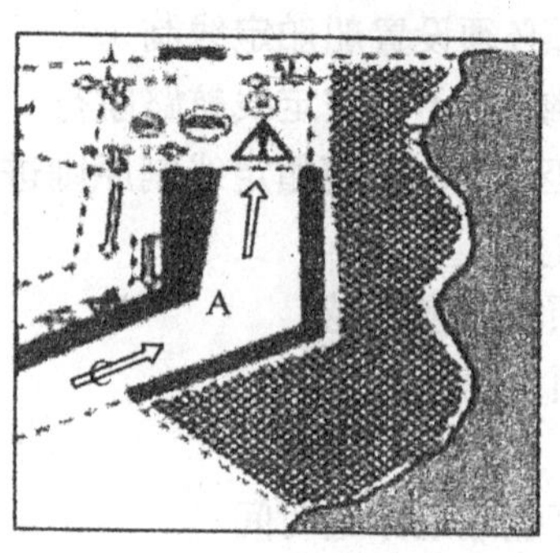

66. 图中阴影区的含义是________。
A. 沿岸通航带
B. 分隔带
C. 分道通航制区域
D. 警戒区

67. 图中A区的含义是________。
A. 沿岸通航带
B. 分隔带
C. 分道通航制区域
D. 警戒区

68. 图中B区的含义是________。
A. 沿岸通航带
B. 分隔带
C. 分道通航制区域
D. 警戒区

69. 图中C区的含义是________。
A. 沿岸通航带
B. 分隔带
C. 分道通航制区域
D. 指定的交通流向

70. 在《船舶定线制的一般规定》中,建议船舶均应使用指定航路及其航行方法,除非________。
①在冰冻区域;②在需要特殊操船行动中;③在狭水道区域
A. ①
B. ②
C. ③
D. ①②

71. 在《船舶定线制的一般规定》中,建议船舶均应使用指定航路及其航行方法,除非________。
①在冰冻区域;②在需要特殊操船行动中;③在需要破冰船援助的薄冰区内
A. ①②
B. ②③
C. ①③
D. ①②③

72. 在船舶汇聚区域航行的船舶,________。
A. 应实行完全的通航分隔
B. 应十分谨慎
C. 特殊船有优越权
D. 以上均正确

二、简答题

1. 试述沿岸航行的特点。
2. 试述拟订沿岸航线的原则。

3. 说明在拟订沿岸航线时确定离岸距离的原则。
4. 说明在拟订沿岸航线时,选择转向点和转向物标应考虑的因素。
5. 试述沿岸航行注意事项。
6. 沿岸航行时,如何有效地利用单一船位线来保证船舶的安全?
7. 简述如何正确处置海图水深的不完整。
8. 为及时准确的转向,应注意哪些问题?
9. 试述船舶定线制的目的、使用时机和注意事项。
10. 什么是分道通航制、推荐航线、推荐航路和警戒区?

参考答案

1. B	2. D	3. D	4. B	5. D	6. D	7. C	8. B	9. B	10. C
11. A	12. B	13. A	14. D	15. C	16. D	17. C	18. D	19. A	20. B
21. B	22. A	23. B	24. C	25. B	26. A	27. D	28. A	29. A	30. C
31. A	32. C	33. B	34. A	35. D	36. B	37. A	38. A	39. C	40. B
41. D	42. C	43. C	44. C	45. D	46. D	47. D	48. B	49. A	50. A
51. B	52. C	53. B	54. A	55. B	56. C	57. C	58. D	59. C	60. B
61. D	62. A	63. A	64. D	65. A	66. A	67. C	68. B	69. D	70. D
71. D	72. B								

部分答案解析

4. (5、6 题参见本题解析)沿岸航行,航线应设计在:
①水深大于 2 倍于本船吃水的海区;
②小船的航线应设计在 10 m 等深线以外,大船的航线应设计在 20 m 等深线以外。
综上所述,航线应设计在①和②中水深较深的海区。
8. 在能见度良好时,沿岸航线距陡峭海岸的最近距离为 2 n mile。
19. (20 题参见本题解析)如下图所示。

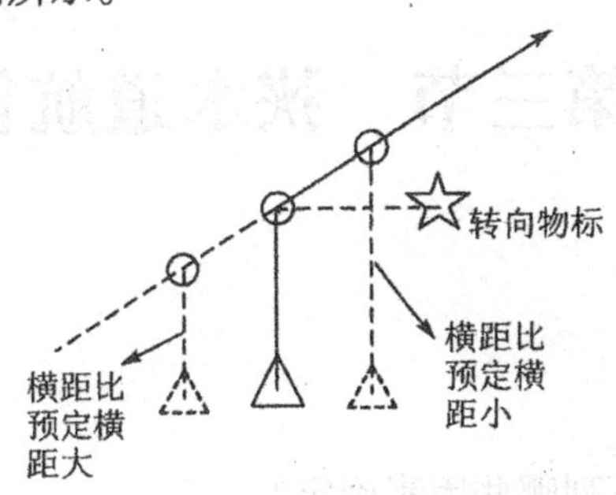

21.(22题参见本题解析)如下图所示。

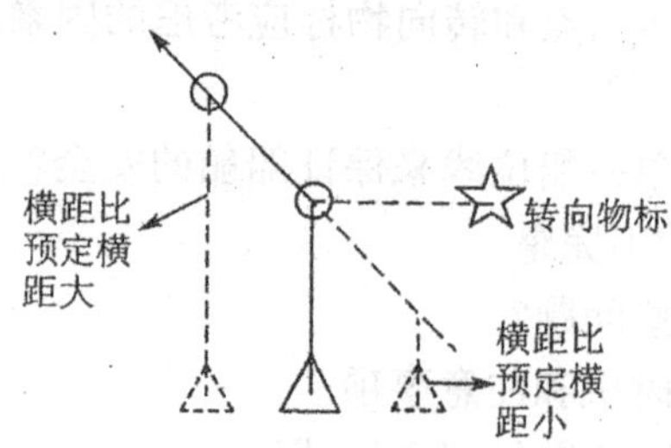

24.(25题参见本题解析)沿岸航行,即使在最佳条件下,航线与危险物之间的距离也应在1 n mile以上。

26. $ADB = AD + DB = 151.49$,故,$ADB - ACB = 151.49 - 150 = 1.49 < 1.5$。

29. 在分道通航制区域外航行的船舶,可以以任何航向航行,但应将航线设计在远离分道通航制处。

37. 单一船位线不能用于定位。

43.(43~48题参见本题解析)题干中提及"船舶沿计划航线保向保速航行",保向表明观测船位沿直线分布,保速表明船位间距与航时成正比。

55. 严格意义上讲,四个选项中没有正确答案,但B选项虽然不全面,却也没有包含错误选项,故只能选最佳答案B。

59. 双向航路不允许有第三方向的交通流,而分道通航制允许有第三方向的交通流。

63. 如下图所示。

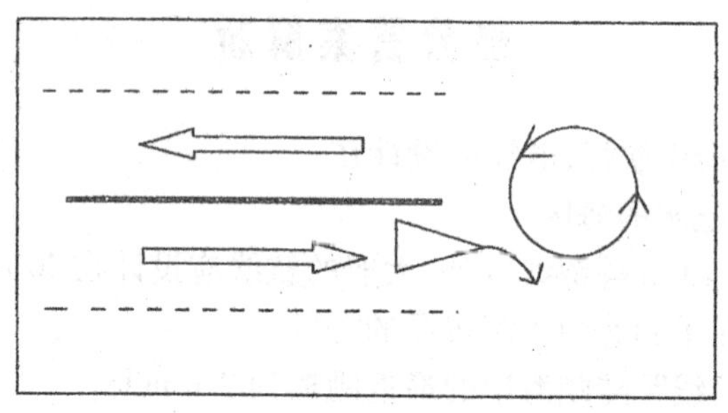

第三节　狭水道航行

一、选择题

1. 过浅滩时,保留水深应根据下列哪些因素确定?

Ⅰ.吃水;Ⅱ.航道变迁;Ⅲ.半波高;Ⅳ.潮高预报精度;Ⅴ.海图水深测量精度;Ⅵ.底质

A. Ⅰ,Ⅱ,Ⅲ　　B. Ⅰ,Ⅱ,Ⅲ,Ⅳ,Ⅴ,Ⅵ

C. Ⅳ, Ⅴ, Ⅵ　　D. Ⅱ, Ⅲ, Ⅳ, Ⅴ, Ⅵ

2. 过浅滩时,最小安全水深应根据下列哪些因素确定?

Ⅰ. 吃水; Ⅱ. 咸淡水差; Ⅲ. 横倾; Ⅳ. 船体下沉; Ⅴ. 半波高; Ⅵ. 保留水深; Ⅶ. 航道变迁

A. Ⅰ, Ⅱ, Ⅲ, Ⅳ　　B. Ⅰ, Ⅱ, Ⅲ, Ⅳ, Ⅴ

C. Ⅰ, Ⅱ, Ⅲ, Ⅳ, Ⅴ, Ⅵ　　D. Ⅰ, Ⅱ, Ⅲ, Ⅳ, Ⅴ, Ⅵ, Ⅶ

3. 船舶过浅滩时,确定最小安全水深可不考虑下列哪些因素?

A. 吃水　　B. 潮高

C. 咸淡水差　　D. 半波高

4. 船舶过浅滩时,确定最小安全水深可不考虑下列哪些因素?

A. 船体下沉　　B. 保留水深

C. 航道变迁　　D. 横倾增加吃水

5. 船舶过浅滩时,确定最小安全水深可不考虑下列哪些因素?

A. 吃水　　B. 保留水深

C. 咸淡水差　　D. 寒潮天气

6. 船舶过浅滩时,确定最小安全水深可不考虑下列哪些因素?

A. 海图水深　　B. 油水消耗减少吃水

C. 半波高　　D. 船体下沉

7. 船舶过浅滩时,确定保留水深可不考虑下列哪些因素?

A. 潮高预报误差　　B. 海图水深

C. 石底　　D. 沙底

8. 船舶过浅滩时,确定保留水深可不考虑下列哪些因素?

A. 咸淡水差　　B. 海图水深测量误差

C. 半波高　　D. A + C

9. 候潮过浅滩,最佳通过时机应选择在________。

A. 高潮时　　B. 平潮时

C. 高潮前 1 小时　　D. 高潮后 1 小时

10. 狭水道航行,为了避开帆船和非机动船,通常应选择在________时进出港。

A. 涨潮　　B. 落潮

C. 平潮　　D. 大潮

11. 出港航行,利用船尾的方位叠标导航,如发现后标偏在前标的右面,表明船舶偏在叠标线的________(测者自海上观测叠标时的左右),应及时________调整航向。

A. 左面;向左　　B. 左面;向右

C. 右面;向右　　D. 右面;向左

12. 出港航行,利用船尾的方位叠标导航,如发现后标偏在前标的左面,表明船舶偏在叠标线的________(测者自海上观测叠标时的左右),应及时________调整航向。

A. 左面;向左　　B. 左面;向右

C. 右面;向右　　D. 右面;向左

13. 出港航行,利用船尾的方位叠标导航,如发现前标偏在后标的右面,表明船舶偏在叠标线的________(测者自海上观测叠标时的左右),应及时________调整航向。

A. 左面;向左　　B. 左面;向右

C. 右面;向右　　D. 右面;向左

14. 出港航行,利用船尾的方位叠标导航,如发现前标偏在后标的左面,表明船舶偏在叠标线的________(测者自海上观测叠标时的左右),应及时________调整航向。

A. 左面;向左　　B. 左面;向右

C. 右面;向右　　D. 右面;向左

15. 叠标导航,发现后标位于前标正上方,你船应________。

A. 向左转向　　B. 向右转向

C. 保持航向　　D. 不可确定

16. 方位叠标的灵敏度是指船舶偏离叠标线时,船舶________。

A. 离开叠标线的最近距离　　B. 离开叠标线的最远距离

C. 与前标之间的距离　　D. 与后标之间的距离

17. 浮标导航,连续观测前方某浮标舷角,如航行中该浮标舷角保持不变,则表明________。

A. 船舶在通过该浮标前一定行驶在该浮标安全一侧

B. 船舶正逐渐被压向该浮标,并将与之发生碰撞

C. 船舶将偏离航道,进入航道一侧的浅水区

D. 以上都有可能

18. 浮标导航,连续观测前方某浮标舷角,如航行中该浮标舷角逐渐减小,则表明________。

A. 船舶在通过该浮标前一定行驶在该浮标安全一侧

B. 船舶正逐渐被压向该浮标,并将与之发生碰撞

C. 船舶将偏离航道,进入航道一侧的浅水区

D. 以上都有可能

19. 浮标导航,连续观测前方某浮标舷角,如航行中该浮标舷角逐渐增大,则表明________。

A. 船舶在通过该浮标前一定行驶在该浮标安全一侧

B. 船舶正逐渐被压向该浮标,并将与之发生碰撞

C. 船舶将偏离航道,进入航道一侧的浅水区

D. 以上都有可能

20. 浮标导航,如果看不见估计应该看见的下一浮标或该标位置不对,此时船舶应________。

A. 继续按计划航线航行,直到看见该浮标为止

B. 立即停车、抛锚,查明原因再续航

C. 立即调头返航,驶往安全水域

D. 立刻采取措施,谨慎驾驶,必要时停车、抛锚

21. 浮标导航,应首先正确辨认各个浮标,通常辨认浮标是观察该标的________。

Ⅰ. 颜色;Ⅱ. 顶标;Ⅲ. 灯质;Ⅳ. 形状;Ⅴ. 编号;Ⅵ. 射程

A. Ⅰ,Ⅱ,Ⅲ　　B. Ⅰ,Ⅱ,Ⅲ,Ⅳ

C. Ⅰ,Ⅱ,Ⅲ,Ⅳ,Ⅴ　　D. Ⅰ,Ⅱ,Ⅲ,Ⅳ,Ⅴ,Ⅵ

22. 进港航行,利用船首的方位叠标导航,如发现后标偏在前标的右面,表明船舶偏在叠标线的________(测者自海上观测叠标时的左右),应及时________调整航向。

A. 左面;向左　　B. 左面;向右
C. 右面;向右　　D. 右面;向左

23. 进港航行,利用船首的方位叠标导航,如发现后标偏在前标的左面,表明船舶偏在叠标线的________(测者自海上观测叠标时的左右),应及时________调整航向。

A. 左面;向左　　B. 左面;向右
C. 右面;向右　　D. 右面;向左

24. 进港航行,利用船首的方位叠标导航,如发现前标偏在后标的右面,表明船舶偏在叠标线的________(测者自海上观测叠标时的左右),应及时________调整航向。

A. 左面;向左　　B. 左面;向右
C. 右面;向右　　D. 右面;向左

25. 进港航行,利用船首的方位叠标导航,如发现前标偏在后标的左面,表明船舶偏在叠标线的________(测者自海上观测叠标时的左右),应及时________调整航向。

A. 左面;向左　　B. 左面;向右
C. 右面;向右　　D. 右面;向左

26. 雷达距离叠标导航,保持雷达活动距标圈始终和前方较近的导标回波相切,此时若发现右侧标志的回波呈现在距标圈外,表明船舶________。

A. 偏左,应向右转向　　B. 偏右,应向左转向
C. 偏左,应向左转向　　D. 偏右,应向右转向

27. 雷达距离叠标导航,保持雷达活动距标圈始终和前方较近的导标回波相切,此时若发现左侧标志的回波呈现在距标圈外,表明船舶________。

A. 偏左,应向右转向　　B. 偏右,应向左转向
C. 偏左,应向左转向　　D. 偏右,应向右转向

28. 利用船首叠标导航,叠标方位 185°,驶真航向 180°时,恰好保持前后标成一直线,表明________。

A. 船舶应向右转向　　B. 受较大东南流的影响
C. 罗经有偏差　　D. 以上都对

29. 利用船首叠标导航,叠标方位 185°,驶真航向 190°时,恰好保持前后标成一直线,表明________。

①船舶应向左转向;②船舶应向右转向;③受较大东南流的影响;④有风流压差

A. ①③　　B. ②③
C. ①④　　D. ③④

30. 利用船首叠标导航,叠标方位 270°,驶真航向 265°时,恰好保持前后标成一直线,表明________。

①船舶应向左转向;②船舶应向右转向;③受较大东北流的影响;④有风流压差

A. ①③ B. ②③

C. ②④ D. ③④

31. 利用船首叠标导航,叠标方位 270°,驶真航向 275°时,恰好保持前后标成一直线,表明________。

A. 船舶应向左转向 B. 受较大东北流的影响

C. 罗经有偏差 D. 以上都对

32. 利用船尾叠标导航,叠标方位 000°,驶真航向 175°时,恰好保持前后标成一直线,表明________。

A. 船舶应向左转向 B. 受较大西南流的影响

C. 船舶应向右转向 D. 受较大东南流的影响

33. 利用船尾叠标导航,叠标方位 000°,驶真航向 185°时,恰好保持前后标成一直线,表明________。

A. 船舶应向右转向 B. 船舶应向左转向

C. 罗经有偏差 D. 受较大西北流的影响

34. 利用船尾叠标导航,叠标方位 090°,驶真航向 265°时,恰好保持前后标成一直线,表明________。

①船舶应向左转向;②船舶应向右转向;③受较大西南流的影响;④有风流压差

A. ①③ B. ②③

C. ④ D. ③④

35. 利用船尾叠标导航,叠标方位 090°,驶真航向 275°时,恰好保持前后标成一直线,表明________。

①船舶应向左转向;②船舶应向右转向;③受较大西南流的影响

A. ①②③ B. ③

C. ②③ D. ①③

36. 利用浮标导航,两浮标间距离为 5 海里,当第一浮标位于船舶正横时测得下一浮标舷角为 2°,则船舶通过下一浮标时,该浮标正横距离约为________。

A. 1.75 链 B. 1.25 链

C. 1.88 链 D. 2.29 链

37. 利用浮标导航,下列哪些方法可判断本船是否行驶在航道内或计划航线上?

A. 查看前后浮标法 B. 前标舷角变化法

C. 舷角航程法 D. 以上都是

38. 狭水道航行,利用浮标转向时,下列说法错误的是________。

A. 选择浮标正横时转向 B. 视具体情况,可提前或推后转向

C. 离浮标远时适当推后转向 D. 顺流时适当提前转向

39. 利用浮标导航,下列哪种情况表明船舶被压向前方浮标?

A. 浮标舷角不变 B. 浮标舷角逐渐增加

C. 船首对着浮标 D. A + C

40. 利用浮标导航，可以估算浮标正横距离的方法有________。

A. 四点方位法
B. 雷达测距法
C. 目视估计法
D. 以上都是

41. 利用浮标导航时，应按________。

A. 浮标标示的航道航行
B. 浮标标示的航道右侧航行
C. 浮标标示的航道左侧航行
D. 本船的计划航线航行

42. 利用航线后方导标方位导航，如实测方位大于导航方位，表明船舶________，应________调整航向。

A. 偏在航线左侧；向左
B. 偏在航线左侧；向右
C. 偏在航线右侧，向右
D. 偏在航线右侧，向左

43. 利用航线后方导标方位导航，如实测方位小于导航方位，表明船舶________，应________调整航向。

A. 偏在航线左侧；向左
B. 偏在航线左侧；向右
C. 偏在航线右侧；向右
D. 偏在航线右侧；向左

44. 利用航线前方导标方位导航，如实测方位大于导航方位，表明船舶________偏离计划航线，应________调整航向。

A. 向左；向左
B. 向左；向右
C. 向右；向右
D. 向右；向左

45. 利用航线前方导标方位导航，如实测方位小于导航方位，表明船舶________偏离计划航线，应________调整航向。

A. 向左；向左
B. 向左；向右
C. 向右；向右
D. 向右；向左

46. 利用设置在航道右侧的前后两个浮标导航，如航行中发现本船位于两标连线的右侧，表明本船________。

A. 行驶在航道内，应保向航行
B. 已进入航道左侧的浅水区，应立刻向右转向
C. 已进入航道右侧的浅水区，应立刻向右转向
D. 已进入航道右侧的浅水区，应立刻向左转向

47. 利用设置在航道左侧的前后两个浮标导航，如航行中发现本船位于两标连线的右侧，表明本船________。

A. 行驶在航道内，应保向航行
B. 已进入航道左侧的浅水区，应立刻向右转向
C. 已进入航道右侧的浅水区，应立刻向右转向
D. 已进入航道右侧的浅水区，应立刻向左转向

48. 连续观测航行前方航道一侧某浮标的舷角导航，如船舶行驶在该浮标所标示的航道安全一侧，则该浮标舷角将________。

A. 保持不变
B. 逐渐增大

C. 逐渐减小
D. 以上都可能

49. 连续观测航行前方航道一侧某浮标的舷角导航,如发现该浮标的舷角逐渐增大,则表明________。

A. 船舶行驶在计划航线上

B. 船舶行驶在该浮标所标示的航道安全一侧

C. 船舶可能将偏离航道,进入航道另一侧的浅水区

D. 以上都可能

50. 设前后两方位叠标标志间的距离为 d,船与前标之间的距离为 D,选择自然方位叠标标志时,为提高导航灵敏度,要求________。

A. 前后标志愈细长愈好
B. 标志标身和背景的亮度易于识别
C. $D \leqslant 3d$
D. 以上都对

51. 设前后两方位叠标标志间的距离为 d,船与前标之间的距离为 D,则下列关于方位叠标灵敏度的说法中,何者正确?

A. d 愈大灵敏度愈高
B. D 愈小灵敏度愈高
C. $D \leqslant 3d$ 即可满足一般的导航要求
D. 以上都对

52. 设前后两方位叠标标志间的距离为 d,船与前标之间的距离为 D,则下列关于选择自然方位叠标标志的说法中,何者正确?

A. d 愈大愈好
B. D 愈小愈好
C. $D \leqslant 3d$ 即可满足一般的导航要求
D. 以上都对

53. 通常,方位叠标在航海上可用于________。

Ⅰ. 导航;Ⅱ. 避险;Ⅲ. 确定转向时机;Ⅳ. 测定罗经差;Ⅴ. 定位;Ⅵ. 判断船位精度

A. Ⅰ,Ⅱ,Ⅲ
B. Ⅰ,Ⅱ,Ⅲ,Ⅳ
C. Ⅰ,Ⅱ,Ⅲ,Ⅳ,Ⅴ
D. Ⅰ,Ⅱ,Ⅲ,Ⅳ,Ⅴ,Ⅵ

54. 狭水道航行,采用平行方位线导航,应调整雷达到________相对运动显示方式,并且调整平行方位线与________相平行。

A. 北向上;船首线
B. 北向上;计划航线
C. 首向上;船首线
D. 首向上;计划航线

55. 狭水道航行,常用的保持船舶航行在计划航线上的导航方法有________。

A. 叠标导航法
B. 导标方位导航法
C. 平行方位线导航法
D. 以上都是

56. 狭水道航行,计划采用导标方位导航法,此时最好选择位于________的单一物标作为导标来引导船舶安全航行。

A. 计划航线正前方
B. 计划航线正后方
C. 计划航线正横附近
D. 船首向附近

57. 狭水道航行,采用导标方位导航法,应事先根据海图确定所选导标的________,然后结合本船的罗经差,换算出相应的________,航行中保持实测方位等于预先测定值。

A. 罗方位;真方位
B. 真方位;罗方位

C. 真方位;磁方位
D. 磁方位;罗方位

58. 下列浮标导航方法中,哪个只适合在无风流情况下使用?
A. 查看前后浮标法
B. 前标舷角变化法
C. 舷角航程法
D. 以上都是

59. 下列关于利用船首单一物标进行导标方位导航的说法中,何者正确?
A. 若导标方位增大,船舶应向右调整航向
B. 若导标方位增大,船舶应向左调整航向
C. 若导标方位减小,船舶应向左调整航向
D. A + C

60. 下列关于利用船尾单一物标进行导标方位导航的说法中,何者正确?
A. 若导标方位增大,船舶应向右调整航向
B. 若导标方位减小,船舶应向右调整航向
C. 若船首对准导标,表明船舶行驶在预定航线上
D. A + C

61. 下列有关雷达方位叠标灵敏度的说法中,何者正确?
A. 两标志间距离愈大,叠标愈灵敏
B. 船至两标志的连线距离愈大,灵敏度愈差
C. 船舶位于两标连线上时,灵敏度最高
D. 以上都对

62. 选择自然叠标时,要求前后标志尽可能________,且两标志间的距离应尽可能________。
A. 粗大;远
B. 粗大;近
C. 细长;远
D. 细长;近

63. 选择自然方位叠标时,应尽可能选择________的标志。
A. 两标间间距大且离测者较远
B. 两标间间距大且离测者较近
C. 两标间距离小且离测者较近
D. 两标间距离小且离测者较远

64. 在狭水道航行中,利用导标方位导航,应保持________。
A. 导标方位不变
B. 导标舷角不变
C. 船舶航向不变
D. 船首对准导标航行

65. 某轮在狭水道航行,计划航向 060°,选择航线正后方某单一物标进行导标方位导航,如航行中实测该导标罗方位 238°,该轮磁差 4°E,自差 2°W,则该轮应________。
A. 向左调整航向
B. 向右调整航向
C. 保持原航向
D. 无法确定

66. 某轮在狭水道航行,计划航向 060°,选择航线正后方某单一物标进行导标方位导航,如航行中实测该导标陀罗方位 238°,陀罗差 4°E,则该轮应________。
A. 向左调整航向
B. 向右调整航向
C. 保持原航向
D. 无法确定

67. 某轮在狭水道航行,计划航向 060°,选择航线正前方某单一物标进行导标方位导航,如航行中实测该导标罗方位 058°,该轮磁差 4°E,自差 2°W,则该轮应________。
A. 向左调整航向
B. 向右调整航向
C. 保持原航向
D. 无法确定

68. 某轮在狭水道航行,计划航向 060°,选择航线正前方某单一物标进行导标方位导航,如航行中实测该导标陀罗方位 058°,陀罗差 2°E,则该轮应________。
A. 向左调整航向
B. 向右调整航向

C. 保持原航向　　D. 无法确定

69. 某轮在狭水道航行，计划航向 060°，选择航线正前方某单一物标进行导标方位导航，如航行中实测该导标真方位 060°，陀罗差 2°E，则该轮应________。

A. 向左调整航向　　B. 向右调整航向

C. 保持原航向　　D. 无法确定

70. 某轮在狭水道航行，计划航向 100°，选择航线正后方某单一物标进行导标方位导航，如航行中实测该导标罗方位 278°，该轮磁差 4°W，自差 2°E，则该轮应________。

A. 向左调整航向　　B. 向右调整航向

C. 保持原航向　　D. 无法确定

71. 某轮在狭水道航行，计划航向 110°，选择航线正后方某单一物标进行导标方位导航，如航行中实测该导标罗方位 290°，该轮磁差 4°E，自差 2°W，则该轮应________。

A. 向左调整航向　　B. 向右调整航向

C. 保持原航向　　D. 无法确定

72. 某轮在狭水道航行，计划航向 120°，选择航线正前方某单一物标进行导标方位导航，如航行中实测该导标陀罗方位 120°，陀罗差 2°E，则该轮应________。

A. 向左调整航向　　B. 向右调整航向

C. 保持原航向　　D. 无法确定

73. 某轮在狭水道航行，计划航向 150°，选择航线正前方某单一物标进行导标方位导航，如航行中实测该导标真方位 150°，该轮磁差 3°E，自差 2°E，则该轮应________。

A. 向左调整航向　　B. 向右调整航向

C. 保持原航向　　D. 无法确定

74. 某轮在狭水道航行，计划航向 160°，选择航线正前方某单一物标进行导标方位导航，如航行中实测该导标陀罗方位 158°，陀罗差 2°W，则该轮应________。

A. 向左调整航向　　B. 向右调整航向

C. 保持原航向　　D. 无法确定

75. 某轮在狭水道航行，计划航向 220°，选择航线正前方某单一物标进行导标方位导航，如航行中实测该导标罗方位 220°，该轮磁差 1°E，自差 2°W，则该轮应________。

A. 向左调整航向　　B. 向右调整航向

C. 保持原航向　　D. 无法确定

76. 某轮在狭水道航行，计划航向 230°，选择航线正后方某单一物标进行导标方位导航，如航行中实测该导标陀罗方位 051°，陀罗差 2°W，则该轮应________。

A. 向左调整航向　　B. 向右调整航向

C. 保持原航向　　D. 无法确定

77. 某轮在狭水道航行，计划航向 260°，选择航线正前方某单一物标进行导标方位导航，如航行中实测该导标罗方位 258°，该轮磁差 4°E，自差 2°E，则该轮应________。

A. 向左调整航向　　B. 向右调整航向

C. 保持原航向　　D. 无法确定

78. 如图所示，船舶由 CA_1 转向 CA_2 时，宜利用灯塔采用________。

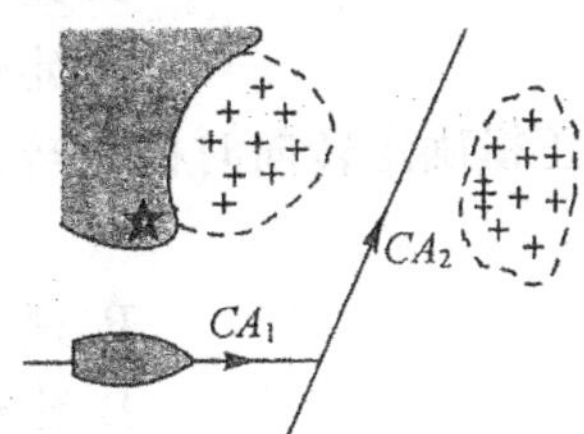

A. 正横转向法　　B. 逐渐转向法
C. 导标方位转向法　　D. 平行方位线转向法

79. 采用导标方位转向法确定转向时机，应选择________的单一物标作为导标。
A. 原航线前后方向　　B. 新航线前后方向
C. 转向点正横附近　　D. 本船首尾线附近

80. 采用物标正横转向法，应选择________附近，转向________侧的孤立、显著的物标作为转向物标。
A. 航线；同名　　B. 航线；异名
C. 转向点；异名　　D. 转向点；同名

81. 采用下列哪种转向方法，无论转向前船舶是否偏离计划航线，都能确保船舶顺利地转到新航线上来？
A. 正横转向法　　B. 导标方位转向法
C. 平行方位线转向法　　D. B + C

82. 船舶在狭水道航行时，下列哪种转向方法必须在雷达的配合下才能进行？
A. 逐渐转向法　　B. 导标方位转向法
C. 平行线转向法　　D. 平行方位线转向法

83. 当新航线两侧存在航行障碍物时，宜采用下列哪种转向方法？
A. 正横转向　　B. 导标方位转向
C. 平行方位线转向　　D. B + C

84. 利用平行方位线转向，自转向物标所做的方位线应________。
A. 与原计划航线垂直　　B. 与新计划航线垂直
C. 与原计划航线平行　　D. 与新计划航线平行

85. 某轮计划利用转向点附近某物标正横确定转向时机右转 20°，如船舶接近转向点前发现本船偏右，则该轮应________。
A. 适当提前转向　　B. 适当推迟转向
C. 物标正横时转向　　D. 定位确认抵达预定转向点后转向

86. 某轮计划利用转向点附近某物标正横确定转向时机右转 20°，如船舶接近转向点前发现本船偏左，则该轮应________。
A. 适当提前转向　　B. 适当推迟转向
C. 物标正横时转向　　D. 定位确认抵达预定转向点后转向

87. 某轮计划利用转向点附近某物标正横确定转向时机左转 20°，如船舶接近转向点前发现本船偏右，则该轮应________。

A. 适当提前转向　　B. 适当推迟转向

C. 物标正横时转向　　D. 定位确认抵达预定转向点后转向

88. 某轮计划利用转向点附近某物标正横确定转向时机左转 20°,如船舶接近转向点前发现本船偏左,则该轮应________。

A. 适当提前转向　　B. 适当推迟转向

C. 物标正横时转向　　D. 定位确认抵达预定转向点后转向

89. 物标正横转向,应结合本船操纵性能,水流的顺逆和船舶的偏航情况,适当提前或推迟转向,通常顶流航行,船舶应________。

A. 适当提前转向　　B. 适当推迟转向

C. 正横时转向　　D. 定位确认抵达预定转向点后转向

90. 物标正横转向,应结合本船操纵性能,水流的顺逆和船舶的偏航情况,适当提前或推迟转向,通常顺流航行,船舶应________。

A. 适当提前转向　　B. 适当推迟转向

C. 正横时转向　　D. 定位确认抵达预定转向点后转向

91. 下列哪种转向方法中,转向物标既可以用来确定转向时机,转向后还可用来导航?

A. 物标正横转向　　B. 导标方位转向

C. 平行方位线转向　　D. B + C

92. 在狭窄且弯度较大的航道中,常采用的转向方法是________。

A. 逐渐转向法　　B. 平行方位线转向法

C. 导标方位转向法　　D. 利用叠标转向法

93. 某轮计划用新航线后方某单一物标确定转向时机,改驶新航向 060°,如该轮陀螺罗经差为 2°E,则当该轮实测该导标陀罗方位为多少时方可立刻转向?

A. 058°　　B. 062°

C. 242°　　D. 238°

94. 某轮计划用新航线前方某单一物标确定转向时机,改驶新航向 060°,如该轮陀螺罗经差为 2°E,则当该轮实测该导标陀罗方位为多少时方可立刻转向?

A. 058°　　B. 062°

C. 060°　　D. 238°

95. 某轮计划用新航线前方某单一物标确定转向时机,改驶新航向 060°,如该轮陀螺罗经差为 2°W,则当该轮实测该导标陀罗方位为多少时方可立刻转向?

A. 058°　　B. 060°

C. 062°　　D. 238°

96. 采用方位避险,如所选避险物标和危险物同在航线右侧,且避险物标位于危险物后方,避险方位为 TB_0,实测方位为 TB,则在下列哪种情况下,船舶航行是安全的?

A. $TB \geqslant TB_0$　　B. $TB \leqslant TB_0$

C. $TB \approx TB_0$　　D. $TB > TB_0$

97. 采用方位避险,如所选避险物标和危险物同在航线右侧,且避险物标位于危险物前方,避险方位为060°，陀罗差2°E，则在下列哪种情况下表明船舶不存在航行危险？

A. 实测陀罗方位060°　　B. 实测陀罗方位058°

C. 实测陀罗方位062°　　D. 以上都不存在危险

98. 采用方位避险，如所选避险物标和危险物同在航线右侧，且避险物标位于危险物前方，避险方位为TB_0，实测方位为TB，则在下列哪种情况下，船舶航行是安全的？

A. $TB \geqslant TB_0$　　B. $TB \leqslant TB_0$

C. $TB \approx TB_0$　　D. A + C

99. 采用方位避险，如所选避险物标和危险物同在航线左侧，且避险物标位于危险物后方，避险方位为TB_0，实测方位为TB，则在下列哪种情况下，船舶航行是安全的？

A. $TB \geqslant TB_0$　　B. $TB \leqslant TB_0$

C. $TB \approx TB_0$　　D. A + C

100. 采用方位避险，如所选避险物标和危险物同在航线左侧，且避险物标位于危险物前方，避险方位为TB_0，实测方位为TB，则在下列哪种情况下，船舶航行是安全的？

A. $TB \geqslant TB_0$　　B. $TB \leqslant TB_0$

C. $TB \approx TB_0$　　D. A + C

101. 当所选避险物标与危险物的连线与计划航线垂直或接近垂直时，宜采用________。

A. 方位避险　　B. 距离避险

C. 水平角避险　　D. 垂直角避险

102. 当所选避险物标与危险物的连线与计划航线平行或接近平行时，宜采用________。

A. 方位避险　　B. 距离避险

C. 水平角避险　　D. 垂直角避险

103. 如图所示，为避开航线左侧的危险沉船，可利用航线右侧的灯塔进行________。

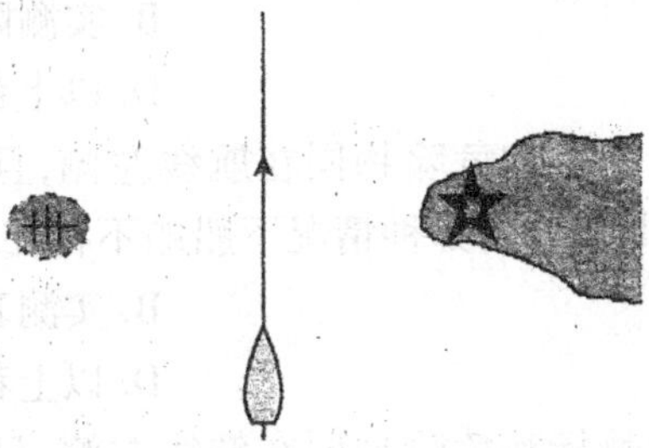

A. 方位避险　　B. 距离避险

C. 平行方位线避险　　D. B或C

104. 狭水道航行利用距离避险线避险时，避险物标和危险物应该位于航线的________。

A. 同侧　　B. 异侧

C. 正前方　　D. 正后方

105. 当所选避险物标与危险物的连线与计划航线垂直或接近垂直并且避险物标与危险物位于航线两侧时，应采用下列哪种避线方法较为有利？

A. 方位避险　　B. 距离避险

C. 水平角避险　　D. 平行线避险

106. 狭水道航行利用方位避险线避险时,避险物标和危险物应该位于航线的________。

A. 同侧　　B. 异侧

C. 正前方　　D. 正后方

107. 采用方位避险,如所选避险物标和危险物同在航线右侧,且避险物标位于危险物后方,避险方位为 060°,陀罗差 2°E,则在下列哪种情况下船舶不存在航行危险?

A. 实测陀罗方位 060°　　B. 实测陀罗方位 058°

C. 实测真方位 062°　　D. 以上都不存在危险

108. 采用方位避险,如所选避险物标和危险物同在航线右侧,且避险物标位于危险物后方,避险方位为 060°,陀罗差 2°W,则在下列哪种情况下船舶不存在航行危险?

A. 实测陀罗方位 060°　　B. 实测陀罗方位 058°

C. 实测陀罗方位 062°　　D. 以上都不存在危险

109. 采用方位避险,如所选避险物标和危险物同在航线右侧,且避险物标位于危险物前方,避险方位为 060°,陀罗差 2°W,则在下列哪种情况下船舶不存在航行危险?

A. 实测陀罗方位 060°　　B. 实测陀罗方位 058°

C. 实测真方位 062°　　D. 以上都不存在危险

110. 采用方位避险,如所选避险物标和危险物同在航线左侧,且避险物标位于危险物后方,避险方位为 060°,陀罗差 2°E,则在下列哪种情况下船舶不存在航行危险?

A. 实测陀罗方位 060°　　B. 实测陀罗方位 058°

C. 实测真方位 062°　　D. 以上都不存在危险

111. 采用方位避险,如所选避险物标和危险物同在航线左侧,且避险物标位于危险物后方,避险方位为 060°,陀罗差 2°W,则在下列哪种情况下船舶不存在航行危险?

A. 实测陀罗方位 060°　　B. 实测陀罗方位 058°

C. 实测真方位 062°　　D. 以上都不存在危险

112. 采用方位避险,如所选避险物标和危险物同在航线左侧,且避险物标位于危险物前方,避险方位为 060°,陀罗差 2°E,则在下列哪种情况下船舶不存在航行危险?

A. 实测陀罗方位 060°　　B. 实测真方位 058°

C. 实测真方位 062°　　D. 以上都存在危险

113. 采用方位避险,如所选避险物标和危险物同在航线左侧,且避险物标位于危险物前方,避险方位为 060°,陀罗差 2°W,则在下列哪种情况下船舶存在航行危险?

A. 实测陀罗方位 060°　　B. 实测陀罗方位 058°

C. 实测真方位 062°　　D. 以上都不存在危险

114. 在 A 岛南端 4 n mile 和 8 n mile 处各有一暗礁,某轮拟在两暗礁中间通过,如用六分仪测 A 岛(海面以上高度 120 m)垂直角 α 来避险,危险圆半径取 1 n mile,则 α 应满足________。

A. $27'.9 \leqslant \alpha \leqslant 55'.8$　　B. $24'.8 \leqslant \alpha \leqslant 44'.6$

C. $31'.9 \leqslant \alpha \leqslant 44'.6$　　D. $\alpha \leqslant 31'.9$ 或 $\alpha \geqslant 44'.6$

115. 岛礁区航行,通过珊瑚礁的最有利时机是微风、________和________时。

A. 高潮;面向太阳　　B. 高潮;背向太阳

C. 低潮;面向太阳　　D. 低潮;背向太阳

116. 岛礁区航行,应选择在低潮、背向太阳,且太阳高度________时,从珊瑚礁的________方向通过。

A. 较高;上风　　B. 较高;下风

C. 较低;上风　　D. 较低;下风

117. 岛礁区航行,应选择在低潮、太阳在背后高照,且风力________时,从珊瑚礁的________方向通过。

A. 较小;下风　　B. 较小;上风

C. 较大;上风　　D. 较大;下风

118. 如图所示,岛礁区航行,船舶由 A 点驶往 C 点,可利用物标 a、b ________来确定转向点 B 点的转向时机。

A. “开门”　　B. “关门”

C. 串视　　D. 闭视

a
b
C
B
A

119. 如上图所示,岛礁区航行,船舶由 C 点驶往 A 点,可利用物标 a、b ________来确定转向点 B 点的转向时机。

A. “开门”　　B. “关门”

C. 串视　　D. 开视

120. 先将转向点附近某物标置于航线正前方用来导航,接近到一定距离时,适当向该物标安全一侧转向,当该物标正横时再转至下一个航向。这种转向方法叫________。

A. 开门转向法　　B. 关门转向法

C. 串视转向法　　D. 二次转向法

121. 岛礁区航行,利用物标“开门”和“关门”的方法转向、避险,其实质是利用________来转向避险。

A. 方位位置线　　B. 方位叠标位置线

C. 距离位置线　　D. 距离叠标位置线

122. 岛礁区航行,利用物标“串视”的方法转向、避险,其实质是利用________来转向避险。

A. 方位位置线　　B. 方位叠标位置线

C. 距离位置线　　D. 距离叠标位置线

123. 岛礁区航行,利用物标“串视”导航,实际是要求船舶航行过程中保持________。

A. 物标的方位不变　　B. 船舶的航向不变

C. 方位与航向都不变　　D. 方位与航向都变化

124. 船舶在岛礁区航行,可利用物标“开视”和“闭视”的方法避让危险物,该方法属于________。

A. 方位避险　　B. 水平角避险

C. 距离避险　　D. 垂直角避险

125. 岛礁区的特点是________。

Ⅰ. 海流和潮流复杂;Ⅱ. 资料缺乏;Ⅲ. 航标较少;Ⅳ. 航行危险;Ⅴ. 难于求助;Ⅵ. 水深较深;Ⅶ. 离岸较近

A. Ⅰ,Ⅱ,Ⅲ,Ⅳ,Ⅴ　　B. Ⅰ,Ⅱ,Ⅲ,Ⅳ,Ⅴ,Ⅵ

C. Ⅰ,Ⅱ,Ⅲ,Ⅳ,Ⅴ,Ⅵ,Ⅶ　　D. Ⅱ,Ⅲ,Ⅳ,Ⅴ,Ⅵ

二、简答题

1. 简述狭水道航行的特点。
2. 简述狭水道航行时航线拟订的原则。
3. 过浅滩时,最小安全水深与哪些因素有关?
4. 何谓方位叠标灵敏度?选用叠标导航时,所选用的叠标应满足什么条件?如何利用叠标导航?
5. 简述如何利用导标方位导航?并说明如何判断船舶偏离航线的情况。
6. 常用的避险方法有哪些?并简述如何利用各种避险方法进行避险?
7. 常用的转向方法有哪些?并简述如何利用各种转向方法进行转向?
8. 常用的导航方法有哪些?并简述如何利用各种导航方法进行导航?
9. 简述珊瑚礁区的特点?简述珊瑚礁区的航行方法、注意事项及最佳通航时机?

参考答案

1. C	2. C	3. B	4. C	5. D	6. A	7. B	8. D	9. C	10. C
11. C	12. A	13. A	14. C	15. C	16. A	17. B	18. C	19. A	20. D
21. C	22. D	23. B	24. B	25. D	26. A	27. B	28. C	29. D	30. D
31. C	32. B	33. C	34. C	35. B	36. A	37. D	38. C	39. A	40. A
41. D	42. D	43. B	44. B	45. D	46. D	47. A	48. B	49. D	50. D
51. D	52. C	53. B	54. B	55. D	56. A	57. B	58. D	59. D	60. B
61. D	62. C	63. B	64. A	65. C	66. A	67. C	68. C	69. C	70. B
71. A	72. B	73. C	74. A	75. A	76. B	77. B	78. D	79. B	80. D
81. D	82. C	83. D	84. D	85. B	86. A	87. A	88. B	89. B	90. A
91. B	92. A	93. D	94. A	95. C	96. B	97. D	98. A	99. A	100. B
101. B	102. A	103. C	104. A	105. D	106. A	107. B	108. D	109. C	110. D
111. C	112. B	113. C	114. C	115. D	116. A	117. B	118. A	119. B	120. D
121. B	122. B	123. A	124. A	125. A					

部分答案解析

1. (7、8 题参见本题解析)注意保留水深和安全富余水深的区别。
2. (3 ~ 6 题参见本题解析)最小安全水深 = 船舶吃水 + 安全富余水深。

11.（12～14、22～25 题参见本题解析）注意两点：

①靠近船舶的为前标；

②判断偏在叠标的左或右，必须首先掌握叠标方位线的方向，然后根据叠标方位线的方向再判断船舶偏在左还是右（叠标方位线的方向为指向叠标的方向）。

如图所示。

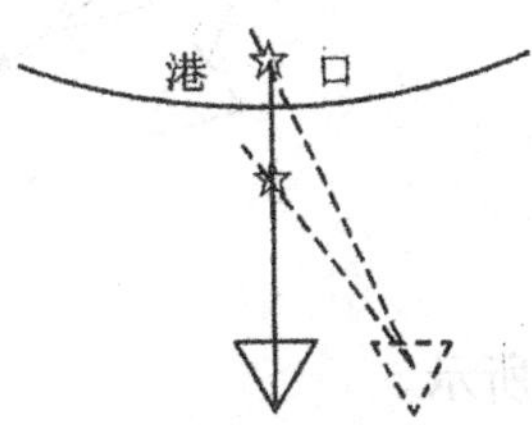

17.（18、19、46～49 题参见本题解析）浮标导航：

①舷角不变或很少变化，则说明船正在压向浮标；

②舷角变小，表明船偏离航道，正被压向航道一侧的浅水区；

③舷角变大，表明船舶航行在航道安全一侧或船舶可能偏离航道，正在进入航道另一侧的浅水区。

26.（27 题参见本题解析）距离叠标导航：船舶沿距离叠标连线的中垂线航行。若右侧标志回波在距标圈外，表明船与右侧标志的距离大于与左侧标志的距离，即船舶靠近了左侧标志（偏左），应向右转向。

28.（29～35 题参见本题解析）题干中“恰好保持前后标成一直线”表明船舶航行在叠标线上，无须转向。而叠标线的方向为 185°，船舶的 $TC = 180°$，说明可能有两种情况：

①罗经有偏差，GB 或 CB 的读数出错导致 TC 出错，即 TC 不是 180°，而是 185°，只是由于罗经有偏差导致的错误；

②如图所示，船舶受到东向的风或西向的流，为了抵制风或流的影响，船舶由 185°转至 180°。

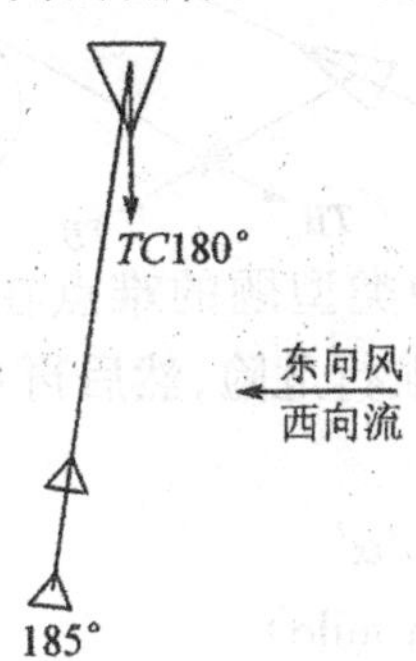

36. 利用舷角航程法求正横距离的公式 $BD = \dfrac{AB \times Q}{57°.3}$ 求取浮标的正横距离。不推荐使用解直角三角形的方法来解题。

42.（43～45、64～77 题参见本题解析）利用导标方位导航，应保持导标方位不变，即导标方位线为船舶航线。因此，只要实测导标方位不等于导航方位，就表明，船舶不在导标方位线上，即船舶偏在导标方位线左或右，解法如图所示。

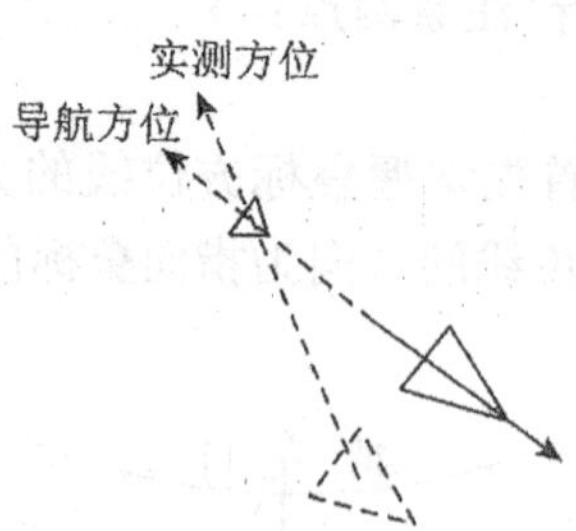

51. 注意与52题的区别。
52. 叠标灵敏度不是越高越好。
85. (86、87、88题参见本题解析)如图所示。

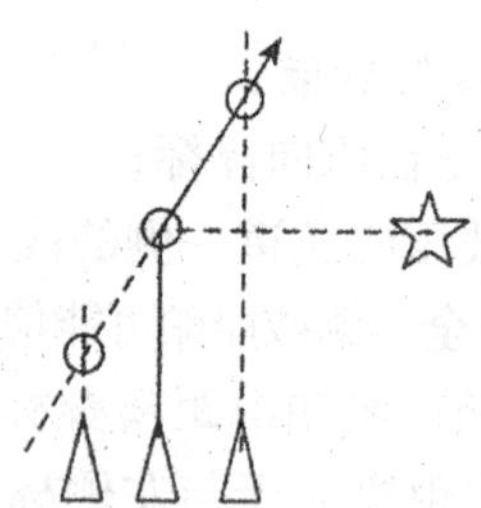

93. (94、95题参见本题解析)利用新航线后方导标确定转向时机,只要船舶驶到新航线上就应立即转向,而此时实测的导标方位等于新航向 ±180°;利用新航线前方导标确定转向时机,转向时,实测的导标方位等于新航向。
96. (97~100题参见本题解析)如下图所示。

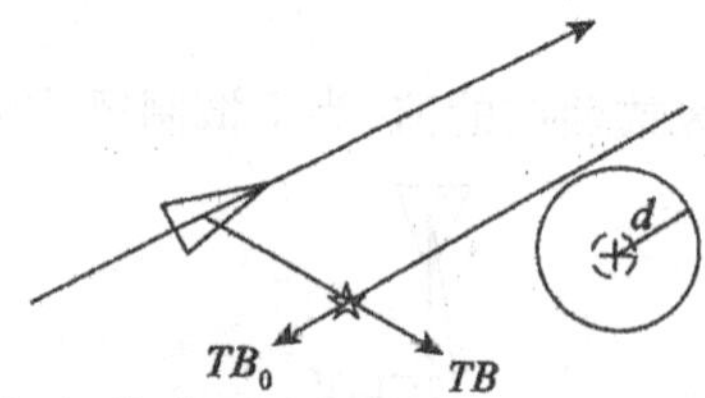

107. (108~113题参见本题解析)这种类型题的难点在于画图,解题方法:首先设避险方位为 TB_0,可以求得 $TB \leqslant TB_0$ 时不存在航行危险,然后再令 $TB_0 = 060°$,即得出 $TB \leqslant 060°$ 不存在航行危险。
114. 利用公式 $D(\text{n mile}) = 1.856H(\text{m})/\alpha'$

推导出公式 $\alpha' = 1.856H(\text{m})/D(\text{n mile})$

可见当 $\alpha_1 \leqslant \alpha \leqslant \alpha_2$ 船舶可安全通过,如图所示。

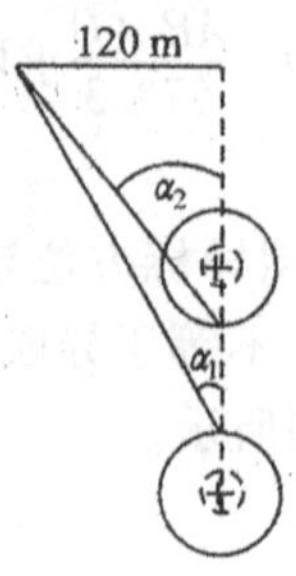

第四节　特殊环境中航行

一、选择题

1. 冰区航行，船舶应尽可能从冰区的________方向接近冰区，并尽量选择在冰块的________处用慢速直角驶入。

A. 上风；凹陷　　B. 上风；突出

C. 下风；凹陷　　D. 下风；突出

2. 冰区航行，如船舶不得不进入冰区时，应________，并且保持船首与冰区边缘成________驶入。

A. 快速；尽可能小的角度　　B. 快速；直角

C. 慢速；直角　　D. 慢速；尽可能小的角度

3. 冰区航行，应采用适当的安全航速，通常应采用________的航速。

A. 3 ~ 5 kn　　B. 2 ~ 3 kn

C. 维持舵效的最低航速　　D. A + C

4. 冰区航行，应尽可能避免在冰区内抛锚，如必须抛锚，则链长应该________。

A. 以 2 ~ 3 节为宜　　B. 以 3 ~ 5 节为宜

C. 不超过水深的 2 倍　　D. 不超过水深的 4 倍

5. 冰区航行，遇到冰山时应及早在________保持适当距离避离，如在大风浪天气发现有碎冰集结时，应在________航行。

A. 上风；上风　　B. 下风；下风

C. 上风；下风　　D. 下风；上风

6. 冰区航行，主要的定位手段为________。

A. 无线电导航仪器定位　　B. 天文定位

C. 陆标定位　　D. 移线定位

7. 冰区航行的可能性取决于冰量、冰质及本船条件，通常冰量在________以下、冰厚在________时尚可航行。

A. 4/10；30 cm　　B. 6/10；50 cm

C. 4/10；50 cm　　D. 6/10；30 cm

8. 一般情况下，冰山水下体积和水上体积分别约为冰山总体积的________和________。

A. 1/8；7/8　　B. 7/8；1/8

C. 2/8；6/8　　D. 6/8；2/8

9. 尖塔形冰山水下的吃水是水上部分的高度的________倍。

A. 1 ~ 2　　B. 3 ~ 4

C.5 ~ 6　　D.7 ~ 8

10. 一般情况下,船舶在冰区航行,当有破冰船引航时,航速通常由________指定。

A. 破冰船　　B. 本船

C. 任意船　　D. 两船协商

11. 船舶在冰区航行,一般冰量为 4/10 时,可取 8 节航速,冰量每增加 1/10,航速应减少________。

A.0.5 节　　B.1 节

C.1.5 节　　D.2 节

12. 船舶在冰区航行,螺旋桨处于下列哪种状态,对船舶航行安全较为有利?

A. 螺旋桨 2/3 没在水中　　B. 螺旋桨 1/3 没在水中

C. 螺旋桨尽可能没在水中　　D. 螺旋桨 1/2 没在水中

13. 船舶不得不进入冰区时,应慢速并且保持船首与冰区边缘成直角驶入,一旦船首进入冰区后,应________以维持船首向和控制船舶运动。

A. 速度不变　　B. 适当加速

C. 适当减速　　D. 以上均可

14. 船舶进入冰区以前,应适当调整本船的吃水和吃水差,通常应尽可能地________吃水,并保持 1.0 ~1.5 m 的________。

A. 增加;尾倾　　B. 增加;首倾

C. 减少;首倾　　D. 减少;尾倾

15. 下列接近冰区的征兆中,何者最不可靠?

A. 出现灰白色反光或薄雾带　　B. 远离陆地,波浪突然减弱

C. 附近无陆地,出现海象等动物和鸟类　　D. 水温下降

16. 下列哪项不能作为接近冰区的预兆?

A. 海面漂浮物突然增多　　B. 某方向出现灰白色反光

C. 发现某区域出现带状薄雾　　D. 远离陆地,波浪突然减弱

17. 要了解有关冰的术语、冰区操作、冰区导航等冰区航行知识,可查阅________。

A. 英版《世界大洋航路》　　B. 英版《无线电信号表》

C. 英版《航路指南》　　D. 英版《航海员手册》

18. 测深辨位时,测深仪所测得的水深应换算成相应的海图水深,其换算方法为________。

A. 海图水深 = 测深值 + 吃水 - 潮高　　B. 海图水深 = 测深值 + 吃水 + 潮高

C. 海图水深 = 测深值 - 吃水 + 潮高　　D. 海图水深 = 测深值 - 吃水 - 潮高

19. 通常情况下,测深辨位的准确性与下列哪些因素有关?

A. 测深和潮高的改正的准确性　　B. 计划航线上水深变化规律

C. 海图上所标水深点位置和水深的准确性　　D. 以上都是

20. 通常情况下,连续测深辨位的准确性主要取决于________。

A. 测深的准确性　　B. 潮高改正的准确性

C. 航线与等深线的交角　　D. 测深次数的多少

21. 为提高测深辨位的可靠性，有时需临时调整航向，使调整后的航线________。
A. 与岸线平行　　B. 与岸线垂直
C. 与等深线平行　　D. 与等深线垂直

22. 雾中航行，采用逐点航法的优点是________。
A. 容易发现物标　　B. 能确保航行安全
C. 能缩小推算误差　　D. 容易确定航向

23. 雾中航行，每一船舶必须________。
A. 缓速行驶　　B. 减速行驶
C. 以安全航速航行　　D. 以能维持舵效的最小航速航行

24. 下列关于船舶沿岸雾航的说法中，何者正确？
A. 应尽可能使航线与岸线总趋势平行
B. 主要使用雷达瞭望，目视瞭望是次要的
C. 采用逐点航法能确保船舶航线安全
D. 雾中航行，能否听到他船雾号，是判断是否存在航行危险的关键

25. 船舶在沿岸雾中航行时，下列说法错误的是________。
A. 船舶进入雾区前尽可能准确的测定船位
B. 船舶进入雾区前尽可能了解周围船舶的动态
C. 为提高定位准确性，应适当减小离岸距离
D. 测深是检查推算的重要方法

26. 对航海员来讲，下列哪种导航方法比较直观？
A. 雷达导航　　B. 目视导航
C. AIS 导航　　D. GPS 导航

27. 下列关于等深线用途的说法中，何者是错误的？
A. 等深线可用于避险　　B. 等深线可用于导航
C. 等深线可用来缩小概率船位区　　D. 等深线可用来测定仪器误差

28. 下列哪种情况下，测深辨位可得出比较准确的结果？
A. 计划航线与等深线平行，等深线稀疏　　B. 计划航线与等深线垂直，等深线稀疏
C. 计划航线与等深线平行，等深线密集　　D. 计划航线与等深线垂直，等深线密集

29. 下列雾航措施中，何者是错误的？
A. 通知机舱备车，采用安全航速　　B. 开启 VHF，按章施放雾号
C. 开启雷达，必要时增派瞭望人员　　D. 保持肃静，关闭所有驾驶台的门窗

二、简答题

1. 测深辨位的准确性取决于哪些方面？
2. 简述雾中航行时等深线的应用。
3. 简述冰区航行的注意事项。

参考答案

1. C 2. C 3. D 4. C 5. B 6. A 7. D 8. B 9. A 10. A
11. B 12. C 13. B 14. A 15. D 16. A 17. D 18. A 19. D 20. C
21. D 22. C 23. C 24. A 25. C 26. B 27. D 28. D 29. D

部分答案解析

4. 进入冰区航行,需将船舶置于冰区的下风侧航行。注意与岛礁区航行的区别。

第五节 船舶交通管理

一、选择题

1. 下列不属于船舶交通管理系统主要功能的有________。
   A. 数据收集 B. 数据评估
   C. 安全检查 D. A + B + C
2. 下列不属于船舶交通管理系统主要功能的有________。
   A. 信息服务 B. 引航服务
   C. 航行协助 D. A + B + C
3. 下列不属于船舶交通管理系统主要功能的有________。
   A. 交通组织服务 B. 海上救助
   C. 支持联合行动 D. A + B + C
4. 建立船舶交通管理系统(VTS 系统)的目的是________。
   A. 保障船舶交通安全 B. 提高交通效率
   C. 保护水域环境 D. 以上都是
5. 我国船舶交通管理系统安全监督管理的主管机关是________。
   A. 国家海事局 B. 地方港务局
   C. 国家海洋局 D. 以上都不对
6. VTS 中心为船舶提供的服务内容有________。
   A. 他船动态、助航标志、水文气象、航行警(通)告和其他有关信息服务
   B. 航行困难或气象恶劣环境下,或船舶出现了故障或损坏时,提供助航服务
   C. 传递打捞或清除污染等信息和协调救助行动

D. 以上都是

7.《中华人民共和国船舶交通管理系统安全监督管理规则》规定："船舶在 VTS 区域内________时，必须按主管机关颁发的《VTS 用户指南》所明确的报告程序和内容，通过甚高频无线电话或其他有效手段向 VTS 中心进行船舶动态报告。"

A. 航行　　B. 停泊

C. 作业　　D. 以上都是

8. 要了解有关某 VTS 区域的报告程序和内容，可以查阅________。

A.《无线电信号表》第一卷　　B.《无线电信号表》第二卷

C.《无线电信号表》第五卷　　D.《无线电信号表》第六卷

9. 根据 IMO 船舶报告系统文件，目前的船舶报告系统主要有________。

A. 以船舶救助和以船舶交通管理为主要目的的报告系统

B. 船位报告系统

C. 船舶动态报告系统

D. 船舶危险货物报告系统

10. 根据 IMO 船舶报告系统文件，船舶报告分为一般报告和特殊报告，一般报告有________。

Ⅰ. 危险货物报告（DG，dangerous goods report）；Ⅱ. 有害物品报告（HS，harmful substances report）；Ⅲ. 航行计划报告（SP，sailing plan）；Ⅳ. 船位报告（PR，position report）；Ⅴ. 变更报告（DR，deviation report）；Ⅵ. 最终报告（FR，final report）；Ⅶ. 海洋污染报告（MP，marine pollutants report）；Ⅷ. 其他报告（any other report）

A. Ⅰ，Ⅱ，Ⅲ，Ⅳ，Ⅴ，Ⅵ　　B. Ⅲ，Ⅳ，Ⅴ，Ⅵ

C. Ⅰ，Ⅱ，Ⅶ，Ⅷ　　D. Ⅰ，Ⅱ，Ⅲ，Ⅳ，Ⅴ，Ⅵ，Ⅶ，Ⅷ

11. 根据 IMO 船舶报告系统文件，船舶报告分为一般报告和特殊报告，特殊报告有________。

Ⅰ. 危险货物报告（DG，dangerous goods report）；Ⅱ. 有害物品报告（HS，harmful substances report）；Ⅲ. 航行计划报告（SP，sailing plan）；Ⅳ. 船位报告（PR，position report）；Ⅴ. 变更报告（DR，deviation report）；Ⅵ. 最终报告（FR，final report）；Ⅶ. 海洋污染报告（MP，marine pollutants report）；Ⅷ. 其他报告（any other report）

A. Ⅰ，Ⅱ，Ⅲ，Ⅳ，Ⅴ，Ⅵ　　B. Ⅲ，Ⅳ，Ⅴ，Ⅵ

C. Ⅰ，Ⅱ，Ⅶ，Ⅷ　　D. Ⅰ，Ⅱ，Ⅲ，Ⅳ，Ⅴ，Ⅵ，Ⅶ，Ⅷ

12. 根据 IMO 船舶报告系统文件，航行计划报告（SP，sailing plan）是________。

A. 船舶将要进入报告系统覆盖区域加入该系统的第一次报告

B. 在离开报告系统覆盖区域内某一港口之前发出的第一次报告

C. 在离开报告系统覆盖区域内某一港口之前发出的最后报告

D. A 或 B

13. 根据 IMO 船舶报告系统文件，船位报告（PR，position report）是________。

A. 一天三次的船位例行报告

B. 为保持报告系统有效而进行的在必要时刻做出的报告

C. 中午船位

D. 船舶转向后作的船位报告

14. 根据 IMO 船舶报告系统文件,变更报告(DR, deviation report)是在________的情况下所做的报告。

A. 实际船位与已报告的预计船位相差甚远　　B. 改变航行计划

C. 船长认为必要时　　D. 以上都有可能

15. 根据 IMO 船舶报告系统文件,最终报告(FR, final report)是________。

A. 离开报告系统覆盖区域时做出的报告

B. 在离开报告系统覆盖区域内某一港口之前做的报告

C. 在报告系统覆盖区域内的最后一个船位报告

D. 加入报告系统做出的确认报告

16. 根据 IMO 船舶报告系统文件,危险货物报告(DG, dangerous goods report)是________。

A. 船舶载有危险货物时所做出的报告

B. 当船载危险货物在距岸 200 n mile 范围内散失时所做出的报告

C. 当船载危险货物在大洋上散失时所做出的报告

D. B 和 C

17. 船舶要加入以船舶搜索救助为目的的报告系统,只需向该系统中心________。

A. 连续报告船位　　B. 提交航行计划报告

C. 每天三次报告船舶动态　　D. 每天提交中午报告

18. 船舶要退出以船舶搜索救助为目的的报告系统,只需向该系统中心________。

A. 停止报告船位　　B. 提交航行计划报告

C. 提交最终报告　　D. 终止报告中午船位

19. 根据 IMO 船舶报告系统文件,参加船舶报告系统________。

A. 是自愿的　　B. 是强制的

C. 船舶搜索救助的报告系统是强制的　　D. 船舶搜索救助的报告系统是自愿的

20. 根据 IMO 船舶报告系统文件,参加船舶报告系统________。

A. 是自愿的　　B. 是强制的

C. 船舶交通管理的报告系统是强制的　　D. 船舶搜索救助的报告系统是强制的

二、简答题

1. 简述建立 VTS 系统的目的及 VTS 系统的主要功能。

2. 简述船舶报告制度的分类。

参考答案

1. C	2. B	3. B	4. D	5. A	6. D	7. D	8. D	9. A	10. B
11. C	12. D	13. B	14. D	15. A	16. B	17. B	18. C	19. D	20. C

第十二章　航行计划与记录

一、选择题

1. 在航速一定的条件下，船舶每日耗油量与________。
   A. 排水量成正比　　B. 排水量的三分之一次方成正比
   C. 排水量的三分之二次方成正比　　D. 排水量的平方成正比
2. 在排水量一定的条件下，船舶每海里耗油量与________。
   A. 航速成正比　　B. 航速的平方成正比
   C. 航速的立方成正比　　D. 航程的平方成正比
3. 在排水量一定的条件下，船舶每日耗油量与________。
   A. 航速成正比　　B. 航速的平方成正比
   C. 航速的立方成正比　　D. 航程的平方成正比
4. 航行船舶单位时间的耗油量与排水量和航速的关系式为________。
   A. $Q \propto D^{\frac{2}{3}} \cdot v^3$　　B. $Q \propto D^{\frac{3}{2}} \cdot v^3$
   C. $Q \propto D^{\frac{2}{3}} \cdot v^2$　　D. $Q \propto D^{\frac{3}{2}} \cdot v^2$
5. 船舶航行耗油量与航速和航程的关系式为________。
   A. $F \propto v^2 \cdot s$　　B. $F \propto v \cdot s^2$
   C. $F \propto v \cdot s$　　D. $F \propto v^2 \cdot s^2$
6. 某船以 18 kn 航行 1000 n mile，需要燃油 100 t。现仅存燃油 80 t，但至目的港尚有 1200 n mile 的航程。为了使船舶能在不增加燃油的情况下续航至目的港，该船应采用的航速为________。
   A. 15 kn　　B. 16 kn
   C. 17 kn　　D. 18 kn
7. 某轮航速 15 kn，每日耗油量 40 t，现改用 14 kn 的航速航行，则每日耗油量为________。
   A. 40 t　　B. 37.5 t
   C. 35.6 t　　D. 32.5 t
8. 某船以 18 kn 航行 1000 n mile，需要燃油 100 t。现仅存燃油 80 t，但至目的港尚有 800 n mile 的航程。船舶计划预留燃油 20 t 作为备用，为了使船舶续航至目的港，该船应采用的航速为________。
   A. 15 kn　　B. 15.6 kn
   C. 16 kn　　D. 16.5 kn

9. 某轮排水量 12000 t,以航速 14 kn 航行一天,燃油耗油 25 t,现改用 12 kn 的航速航行,则每日耗油量为________。

A. 18 t B. 15.7 t

C. 16.9 t D. 13.5 t

10. 某轮排水量 12000 t,以航速 14 kn 航行一天,燃油耗油 25 t,现改用 12 kn 的航速航行,求一天燃油消耗量将减少________。

A. 8 t B. 15.7 t

C. 9.3 t D. 13.5 t

11. 某轮排水量 15000 t,以航速 14 kn 航行一天,燃油耗油 30 t,为赶船期计划航速增加 1 kn,则加速后每日耗油量为________。

A. 38 t B. 35.7 t

C. 37.3 t D. 36.9 t

12. 某轮排水量 15000 t,以航速 14 kn 航行一天,燃油耗油 30 t,为赶船期计划航速增加 1 kn,则加速后每日燃油消耗量比原来多________。

A. 8 t B. 6.9 t

C. 5.7 t D. 9 t

13. 某轮排水量 15000 t,以航速 14 kn 航行一天,燃油耗油 30 t,在中途港加载 1000 t 后,船舶仍以 14 kn 速度航行,则每日燃油消耗量是多少?

A. 31.3 t B. 32.7 t

C. 33.3 t D. 31.9 t

14. 某轮排水量 15000 t,以航速 14 kn 航行一天,燃油耗油 30 t,在中途港加载 1000 t 后,为节省燃料船舶以 13 kn 速度航行,则每日燃油消耗量是多少?

A. 25.1 t B. 22.7 t

C. 27.3 t D. 21.9 t

15. 某轮排水量 15000 t,以航速 14 kn 航行一天,燃油耗油 30 t,在中途港加载 1000 t 后,若计划每日燃油消耗量仍是 30 t,则船舶航行速度应为________。

A. 15.1 kn B. 13.8 kn

C. 17.3 kn D. 11.9 kn

16. 某船航速 20 kn,航行 1000 n mile,需要燃油 120 t。现仅存燃油 110 t,至中途港尚有 800 n mile的航程。若船舶计划加速 1 kn,船舶到达中途港时还剩下多少燃油?

A. 5.1 t B. 3.8 t

C. 4.2 t D. 4.9 t

17. 某船航速 20 kn,航行 1000 n mile,需要燃油 120 t。现仅存燃油 110 t,至中途港尚有 800 n mile的航程。若船舶计划到达中途港时预留燃油 10 t,船舶速度应为________。

A. 20.4 kn B. 17.8 kn

C. 19.2 kn D. 18.9 kn

18. 某船航速 20 kn,航行 1000 n mile,需要燃油 120 t。现仅存燃油 110 t,至中途港尚有

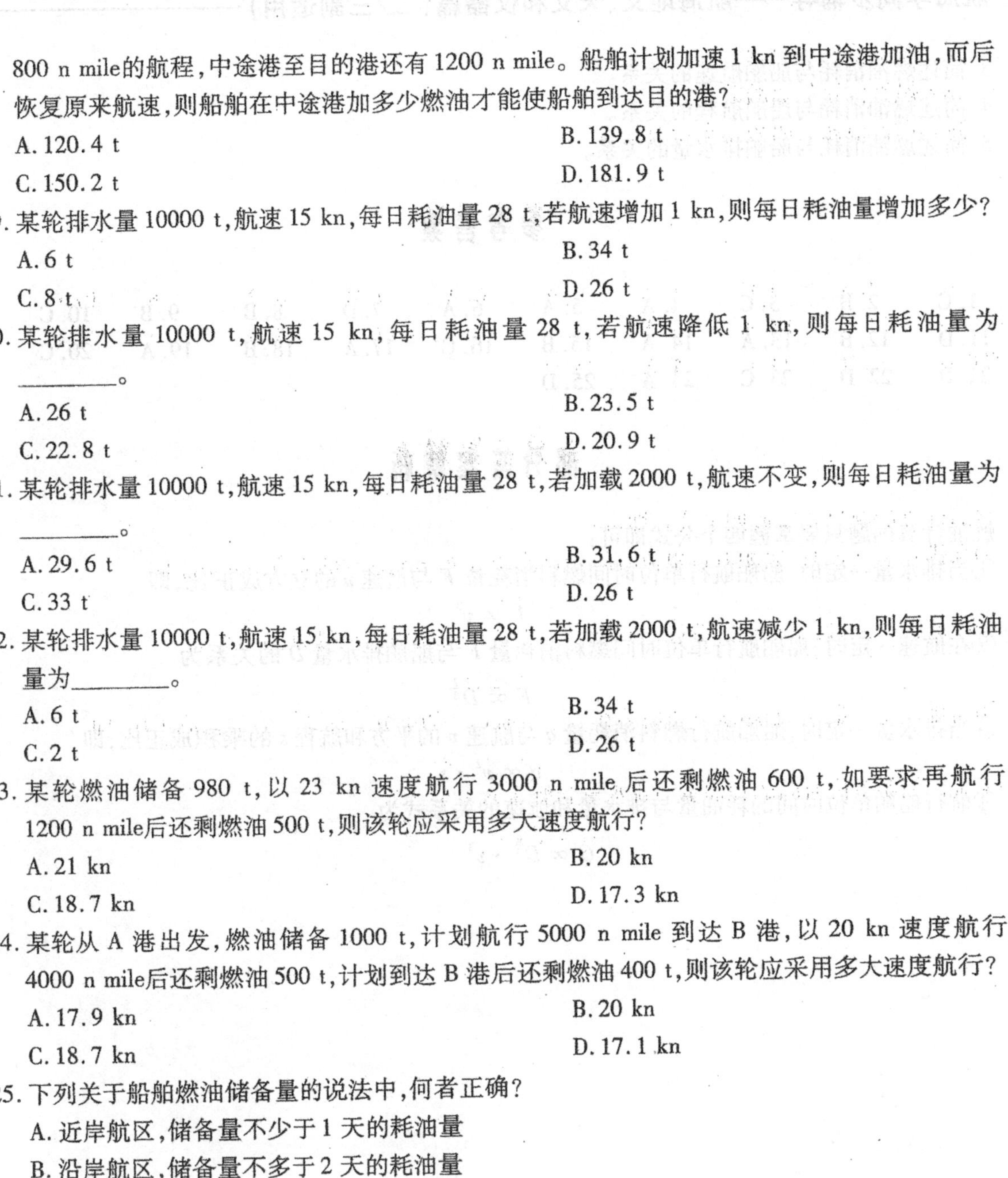

800 n mile的航程，中途港至目的港还有 1200 n mile。船舶计划加速 1 kn 到中途港加油，而后恢复原来航速，则船舶在中途港加多少燃油才能使船舶到达目的港？

A. 120.4 t　　B. 139.8 t

C. 150.2 t　　D. 181.9 t

19. 某轮排水量 10000 t，航速 15 kn，每日耗油量 28 t，若航速增加 1 kn，则每日耗油量增加多少？

A. 6 t　　B. 34 t

C. 8 t　　D. 26 t

20. 某轮排水量 10000 t，航速 15 kn，每日耗油量 28 t，若航速降低 1 kn，则每日耗油量为________。

A. 26 t　　B. 23.5 t

C. 22.8 t　　D. 20.9 t

21. 某轮排水量 10000 t，航速 15 kn，每日耗油量 28 t，若加载 2000 t，航速不变，则每日耗油量为________。

A. 29.6 t　　B. 31.6 t

C. 33 t　　D. 26 t

22. 某轮排水量 10000 t，航速 15 kn，每日耗油量 28 t，若加载 2000 t，航速减少 1 kn，则每日耗油量为________。

A. 6 t　　B. 34 t

C. 2 t　　D. 26 t

23. 某轮燃油储备 980 t，以 23 kn 速度航行 3000 n mile 后还剩燃油 600 t，如要求再航行 1200 n mile后还剩燃油 500 t，则该轮应采用多大速度航行？

A. 21 kn　　B. 20 kn

C. 18.7 kn　　D. 17.3 kn

24. 某轮从 A 港出发，燃油储备 1000 t，计划航行 5000 n mile 到达 B 港，以 20 kn 速度航行 4000 n mile后还剩燃油 500 t，计划到达 B 港后还剩燃油 400 t，则该轮应采用多大速度航行？

A. 17.9 kn　　B. 20 kn

C. 18.7 kn　　D. 17.1 kn

25. 下列关于船舶燃油储备量的说法中，何者正确？

A. 近岸航区，储备量不少于 1 天的耗油量

B. 沿岸航区，储备量不多于 2 天的耗油量

C. 远洋航区，储备量不少于 3 天的耗油量

D. 各类航区，储备量均不少于 2 天的耗油量

二、简答题

1. 确定燃油储备量的大小应考虑哪些因素？
2. 简述遭遇灾害性天气时的航行措施。

3. 简述燃油消耗与船舶航速的关系。
4. 简述燃油消耗与船舶航程的关系。
5. 简述燃油消耗与船舶排水量的关系。

参考答案

1. C	2. B	3. C	4. A	5. A	6. A	7. D	8. B	9. B	10. C
11. D	12. B	13. A	14. A	15. B	16. C	17. A	18. B	19. A	20. C
21. B	22. D	23. C	24. A	25. D					

部分答案解析

燃油计算的题只要掌握四个公式即可:

①当排水量一定时,船舶航行单位时间燃料消耗量 F 与航速 v 的立方成正比,即

$$F \propto v^3$$

②在航速一定时,船舶航行单位时间燃料消耗量 F 与船舶排水量 D 的关系为

$$F \propto D^{\frac{2}{3}}$$

③当排水量一定时,船舶航行燃料消耗量 q 与航速 v 的平方和航程 s 的乘积成正比,即

$$q \propto v^2 \cdot s$$

④航行船舶单位时间的耗油量与排水量和航速的关系式为

$$Q \propto D^{\frac{2}{3}} \cdot v^3$$